LANGUAGE SITUATIONS
IN THE COUNTRIES ALONG THE BELT AND ROAD

U0113398

"一带一路"沿线国家
语言国情手册

主 编

杨亦鸣　　赵晓群

商务印书馆
创于1897　The Commercial Press

2017年·北京

图书在版编目(CIP)数据

"一带一路"沿线国家语言国情手册/杨亦鸣,赵晓群
主编.—北京:商务印书馆,2016(2017.1重印)
 ISBN 978-7-100-12726-4

 I.①一… Ⅱ.①杨…②赵… Ⅲ.①语言国情学—
概况—世界—手册 Ⅳ.①H0-62

 中国版本图书馆CIP数据核字(2016)第269688号

审图号:GS(2016)342号

"一带一路"沿线国家语言国情手册
杨亦鸣 赵晓群 主编

商 务 印 书 馆 出 版
(北京王府井大街36号 邮政编码100710)
商 务 印 书 馆 发 行
北京新华印刷有限公司印刷
ISBN 978-7-100-12726-4

2016年11月第1版 开本787×1092 1/16
2017年1月北京第3次印刷 印张27¼
定价:128.00元

学术指导

国家语言文字工作委员会

中共江苏省委宣传部

江苏省语言文字工作委员会

组　编

江苏高校语言能力协同创新中心

江苏师范大学语言能力高等研究院

《语言科学》编辑部

顾　问　杜占元　曹卫星

编委会

主　任　姚喜双　沈　健

副主任　彭兴颀　朱卫国

执行主任　杨亦鸣　赵晓群

编　委（按音序排列）

蔡　冰　陈美华　侯家旭　黄　行　李明晶　刘　涛　刘俊飞

陆天桥　满在江　欧向军　王仁法　王新青　吴志杰　杨亦鸣

余光武　于　亮　张　强　赵晓群

审　稿　孙宏开　戴庆厦　黄　行　张家骅　黄南津　陈美华　吴志杰

主　　编　杨亦鸣　赵晓群

副 主 编　满在江　余光武　张　强

参编人员（按音序排列）

　　蔡　冰　陈美华　邓　景　封世文　高　健　耿立波　顾绍通　韩玉强

　　侯　旭　侯家旭　胡　伟　黄　行　黄文英　姜占好　焦保清　凯　丽

　　李　娟　李　君　李慧琳子　李明晶　李倩南　梁琳琳　刘　涛　刘洪涛

　　刘继磊　刘俊飞　陆天桥　马创新　马鹏举　玛依拉　满在江

　　莫马丁（Martin Mollik）　欧向军　蒲显伟　戚利萍　邵可青　邵志军

　　沈兆勇　宋　伟　唐兆琪　王　涛　王　星　王仁法　王婷婷　王新青

　　王育平　吴志杰　徐　杰　严培华　严轶伦　杨　龙　杨亦鸣　姚　成

　　叶晓娜　印　蕾　尤德华　于　亮　余光武　俞玮奇　张　强　张　豫

　　张珊珊　张文冠　赵　颖　赵晓群　郑西彦　朱丽田　朱祖德

定稿人员（按音序排列）

　　蔡　冰　耿立波　侯家旭　刘　涛　刘俊飞　陆天桥　满在江　王仁法

　　杨亦鸣　余光武　于　亮　张　强　张文冠

基金支持

国家语委重大项目"语言文字能力建设与文化强国的关系研究"（ZDA125-19）

国家 973 计划课题"语言认知的神经机制"（2014CB340502）

国家社科基金重大招标项目"神经语言学研究及学科建设研究"（10ZD&126）

国家社科基金重点项目"语言能力描述语数据库建设和汉语能力标准制定研究"
　　（13AZD098）

国家社科基金一般项目"构建面向'一带一路'建设战略的外语规划研究"（15BYY048）

国家社科基金一般项目"区域安全视角下'一带一路'的语言规划和语言战略研究"
　　（15BYY059）

江苏师范大学中国语言文学江苏省优势学科二期建设项目（PAPD）

江苏省高校人文社会科学重点研究基地项目

前　言

杨亦鸣

一

2015 年 3 月，国务院授权发布了《推动共建丝绸之路经济带和 21 世纪海上丝绸之路的愿景与行动》（以下简称《愿景与行动》），这标志着此前由习近平总书记等中央领导在不同场合讲话里共同提到的，要与相关国家和地区共建"丝绸之路经济带"和"21 世纪海上丝绸之路"（以下简称"一带一路"）的构想和倡议正式成为我国未来一段时期国家重大战略工程。初步估算，"一带一路"沿线总人口约 44 亿，经济总量约 21 万亿美元，分别约占全球的 63% 和 29%。毫无疑问，"一带一路"倡议对加快我国现代化建设，进一步改革开放，实现中华民族伟大复兴的中国梦，确立中国走向世界舞台并引领人类文明创新的主导地位，具有深远的战略意义；同时，这一倡议也是中国贡献给世界的构建全球合作发展共同繁荣的人类命运共同体的中国方案，必将惠及"一带一路"沿线国家经济繁荣和发展，促进沿线国家乃至促进全球合作共赢，走向更加美好的明天。

我国目前对"一带一路"的规划和讨论涉及经济、文化及政治等多方面内容，特别是在金融、贸易、基础设施建设等方面已有很多大手笔举措，但"一带一路"所有愿景与规划的实现，都要以语言沟通为基础。习近平总书记 2014 年在访问法国和德国时曾说过，"在世界多极化、经济全球化、文化多样化、国际关系民主化的时代背景下，人与人沟通很重要，国与国合作很必要。沟通交流的重要工具就是语言。一个国家文化的魅力、一个民族的凝聚力主要通过语言表达和传递。掌握一种语言就是掌握了通往一国文化的钥匙"。语言是人类最基本的也是最重要的交际工具，语言相通，才可能谈及经贸往来、文化交流、文明互鉴、民心相通。

按照"一带一路"目前的规划路线，其沿线国家达到 64 个（不含中国）。据我们初步统计，这 64 个国家所使用的国语及官方语言共 78 种，除去同一种语言作为多个国家官方语言的情况外，实际使用 56 种官方语言和通用语言，涉及汉藏、印欧、乌拉尔、阿尔泰、闪 - 含、高加索及达罗毗荼等主要语系。在这 56 个语种之中，国内高校尚未开设的语种有 11 个，只有 1 所学校开设的语言也是 11 个。这还不算许多国家拥有繁多的民族语言。目前的统计是"一带一路"沿线国家使用的各种民族语言多达 2400 余种。以菲律宾为例，除了国语和官方语之外，至少还有 100 多种民族语言，其中使用人口超过百万的民族语言就有他加禄语、宿务语、伊洛卡诺语、希利盖农语、比科尔语、瓦雷语、卡片片甘语、邦阿西楠语、马拉瑙语和马京达瑙语等；再如尼泊尔，从人口和国土幅员来看是一个小国，但语言种类却有 118 种之多，涉及印欧、汉藏、南亚和达罗毗荼四大语系。所以，就"一带一路"语言服务来看，形势非常严峻。

即使是我国已开设的语种，在"一带一路"宏大事业中，人才储备也明显不足。比如，某小语种人才本来在某企业的跨国经营中是可以满足的，问题是"一带一路"倡议会催生成百上千个企业参与该国建设，特别是在"互联网+"时代，个体电商都可以参与到"一带一路"的经济循环中，这些都与当地百姓生活密切相关，只能使用当地的民族语言，原有的小语种供需平衡就会被打破，语言问题就变得突出了。我们调查了在世界工程机械排位前5的中国徐工集团，该企业积极呼应国家"一带一路"战略，先行一步，产品已出口到"一带一路"的48个国家，目前在42个国家中有一级经销商80个，另有17个备件中心和16个办事处，并建有4个KD工厂，出口金额达到9.8亿美元。由于面临强大的国际竞争，今年下半年徐工集团推出了以教授操作、问询施工及机器购买和各种服务反馈为核心的"一送、二查、三教、四问、五反馈"标准化服务作业，但这一深耕细作式的工作面临的最大障碍不是技术支撑问题，而是语言交流问题，能否建立起有长期国际竞争力的销售和服务体系从某种意义上说竟然是企业的语言能力问题，这是企业家们始料不及的。

此外，虽然在政府交流层面，英语可以解决一些问题，但"一带一路"倡议的实施必然会深度介入到沿线国家老百姓的生活中去，如果不能掌握当地的语言，并了解语言背后的宗教文化问题，那么许多工程在实施过程中对当地百姓的宣传和解释势必会存在一些问题。比如"一带一路"工程最被看好的重头戏之一是基础设施建设，其实施过程必然会牵涉到所在国大量拆迁问题。以高铁为例，铁路外沿线30米之内为铁路建设永久性用地，土地不可能返还，建设期间还要征用施工用地，这些永久性用地和临时用地的原有土地性质各异，如房屋、工厂、商店、农田、林地等拆迁难度和费用各

不相同，尽管所有工程的实施必然是经所在国和当地政府签约同意和大力支持的，但由于各方力量和利益之间的博弈，拆迁工作还是一场艰巨的任务，如果宣传不到位，即使有很好的政策，仍有可能造成当地老百姓的怨恨。最近印度政府正在酝酿发布《土地征用法修正案》，虽然此草案提出政府将一次性按市场价给予失地农民补偿，并且每户农家将得到政府给予的一个就业岗位，但此草案今年3月一经推出，即遭到各界反对，不少地方的农民举行抗议游行。因此，在"一带一路"共建过程中，我们要注意防止某些沿线国家将本国工业化进程中的问题归咎于"一带一路"倡议的实施；更重要的还是要做好对当地老百姓的宣传解释工作，包括在各种媒体和发布会上的宣传解释。而在解释过程中使用当地语言是第一位的，这项工作不仅当地政府要做，中国方面也应适时主动择机用各种合适的方式参与。此外，在施工第一线配备一定数量的精通当地语言的协调员对解决各种临时纠纷也是必不可少的。否则，仅仅因为拆迁这一件事，就可能因语言沟通问题导致许多国家各类拆迁纠纷事件发生。因此，语言服务和语言能力问题，在国家"一带一路"战略规划中是一个基础工程问题，如果处理不好，很有可能会直接影响中国的国家形象，对"一带一路"的共建共享带来极大的战略风险。

目前一些学者和单位对此已有所认识，比如有的学者考虑到"一带一路"建设中的语言安全问题，有的在积极推动沿线国家语言政策研究，有的高校计划到2020年开出"一带一路"沿线国家尚未开设语种的课程，这些计划都主动呼应了"一带一路"的国家战略，但总体来看这些计划还都属于各自为战，较为零碎、迂远，缺乏细化的评估、全面的规划和通过协调机制来解决当下问题的能力。比如中国丝路基金已对巴基斯坦投入了16.5亿美元，今年底或明年初亚投行就有可能对整个沿线国家开始投

资，基础设施建设和工经贸项目有可能会呈现井喷式发展，语言问题必须现在就要拿出办法，而不是坐等若干年后语言人才的培养。

因此，我们认为"一带一路"战略规划的实施，必须充分认识语言服务和语言能力建设的重要性和先行性。兵马未动，粮草先行。当下就必须要迅即部署并着手解决即将到来的语言人才奇缺和语言服务能力匮乏问题，开展"一带一路"沿线国家语言国情研究，构建"一带一路"语言服务宏大战略工程。总之，"一带一路"，语言先行，语言不通，有可能一无所成。

二

目前构建"一带一路"语言服务的宏大战略工程，可从以下四个方面开展工作：

编制《"一带一路"沿线国家语言国情手册》。 该手册是一本工具书，主要介绍"一带一路"沿线所有国家的语言国情，包括各国的国语、官方语言、主要民族语言、语言历史、语言与民族或社会关系等多方面内容。同时在沿线国家语言资源调查的基础上，利用"互联网＋"技术，开发面向智能手机的"'一带一路'语言通"语言服务应用软件，研制各国常用语境语言300句光盘，后者待适当时机与纸质版本一并提供，便于不掌握所在国语言的工作人员语言服务应急之需。如有必要下一步也可以分国别编写和出版，便于沿线不同国家的中方项目和工程人员携带和使用。

开展我国现有"一带一路"沿线国家语言国情人才现状调查及应对方案研究。 沿线64个国家共计78种国语、官方语言，如果包括沿线各国各民族语言则达到2400余种。这些语言中，我国自己培养的和国外引进的各类语言人才能够掌握多少种，从来没有接触过的有多少种，哪些语种有实际应用价值，这些都需要调查。更为重要的是，那些已经掌握某种语言的人才现在何处？语言水平如何？能否服务"一带一路"工程建设？国内哪些学校培养这种语言的人才？培养情况如何？针对以上这些问题，通过现状调查，制定出有针对性的应对方案，比如建立我国"一带一路"语言服务人才数据库，向相关机构和企业提供所在国各项事业和工程的语言人才服务，切实提升"一带一路"语言服务的能力。

进行"一带一路"沿线国家汉语人才培养和储备现状调查及汉语国际传播策略研究。 "一带一路"，共建共享，沿线各国语言人才，特别是操沿线各国母语而又懂汉语者，是"一带一路"事业语言服务人才重要部分。因此我们不能仅停留于沿线国家语言国情调查研究层面，而是要建立我国"一带一路"语言服务人才数据库，还要调查清楚这些沿线国家的汉语人才的培养、培训和分布情况，包括这些国家的各级各类外国语学校汉语人才培养的情况、华族华裔分布情况及华语教育和人才培养情况，也包括这些国家的孔子学院中文人才培养的情况，并以此为基础，优化"一带一路"沿线国家的汉语人才培养，逐步帮助其建立适应"一带一路"战略工程的汉语人才培养体系。最终要建立动态的"一带一路"沿线国家的汉语语言服务人才数据库，为"一带一路"战略提供语言服务的便利。同时，利用这一调查数据还可以有针对性地适时提出汉语国际教育的建议和策略。

建立"一带一路"语言文化多方协调机制和语言服务人才新型培养机制。 "一带一路"语言问题涉及沿线各国，应协调沿线各国政府部门、语言研究机构和各类语言人才培养单位，举办"'一带一路'沿线国家语言文化高层论坛"，深化与各国语言文化领域精英的交流，以应对沿线各国在实施"一带一路"倡议中所发生的与语言文化相关的突发事件，发掘语言文化研究创新人才，并利用各国语言人才优势，采用合适的教学方法培训和集聚急需的语言人才，以满足当前"一带一路"事业的语言人才的需求。

"'一带一路'沿线国家语言文化高层论坛"，不只是单纯的学术研讨会，更要将其建成沿线各国语言文化协调、交流、融合的一个重要工作平台，为此应成立相应的常设机构，便于长期协调和服务"一带一路"的共建共享事业。此外，要建立语言服务人才新型培养机制，这不同于高等院校外语人才培养的专业建设和学科建设，而是采用特殊教学法的培训，以解决语言服务应急人才的急需，以此为基础还可以构建起中国语言服务和语言人才培养的国家应急机制，与高校外语人才培养体系互为补充。发达国家一直是多渠道培养和储备语言人才的，比如第二次世界大战时期美军采用军队教学法，根据战局急需开设语言人才培训，后来曾当选为美国语言学会会长的中国著名语言学家、清华国学研究院四导师之一的赵元任先生就曾在第二次世界大战期间于哈佛大学为美军培训汉语人才，短期内（4到6个月）即应用于战场，很好地满足了太平洋和亚洲战场的语言服务问题，赵元任先生也是中国汉语国际教育的先行者。

三

我国目前"一带一路"语言服务中存在的问题，说到底是国家语言能力建设问题。语言能力是国家实力的反映，语言能力分为个人语言能力（母语能力、多语能力）、社会语言能力（各种职业、专业语言能力）和国家语言能力（行使国家力量时所需的语言能力，如在抢险救灾、反恐维稳、海外维和、远洋护航、联合军演、护侨撤侨及各种国际合作中，国家语言能力都起着关键作用），"一带一路"语言问题属于国家语言能力问题。广义的国家语言能力的构成包括公民个人语言能力和社会语言

能力，狭义的国家语言能力指国家层面在处理政治、经济、外交、军事、科技、文化等各种国内外事务中所需要的语言能力。

中国的语言能力建设与发达国家相比还存在不小的差距，尤其是国家语言能力方面。比如前几年我国海军在亚丁湾护航时，由于国内没有能力处理索马里海盗所使用的一种阿拉伯语方言，需要以英语为语言中介，致使效率大打折扣。韩国也出现类似情况，韩国军队曾成功捕获三名索马里海盗，但无法审问，三天后美军语言组到达帮助解决了审讯问题。美国于2006年开始实施"关键语言"战略，其目标就是在世界任何一个地方发生事情，都能得到合适的语言支持。

要改变目前国家语言能力不足的现状，需要创新思维方式，改变培养机制，走协同创新之路。江苏师范大学语言能力协同创新中心是江苏省认定的省级"江苏高校语言能力协同创新中心"，也是国内首家语言能力协同创新研究机构，该中心的协同单位包括北京大学、清华大学、北京外国语大学和教育部语言文字应用研究所等十家，曾在国家语委指导下成功策划了首届世界语言大会。2014年6月由中国政府与联合国教科文组织合作在中国苏州召开了人类文明史上第一次世界语言大会，语言能力协同创新中心以其长期的研究成果为基础提出了此次会议的核心概念"语言能力"，并论证、提出了会议的主题"语言能力与人类文明和社会进步"，得到联合国教科文组织和与会的400多位来自100多个国家的政府官员和语言学家的高度认同，中心还为联合国教科文组织起草了概念文件和大会成果文件《苏州共识》。此次大会是习近平主席访问联合国教科文组织重要后续成果之一，在这次大会上，中国声音成为没有争议的世界共识，是中国特色哲学社会科学话语体系在世界学术界和国际社会取得话语主导权的一次重大突破。国家语委专门发

函（国语函（2014）3 号）通报表扬了语言能力协同创新中心和团队成员。

目前，江苏高校语言能力协同创新中心与江苏师范大学语言能力高等研究院携手，正在积极推进构建"一带一路"语言服务宏大战略工程。

首先是在国家语委、中共江苏省委宣传部和江苏省语委指导下启动《"一带一路"沿线国家语言国情手册》的编写工作。下一步我们将在沿线国家语言资源调查的基础上，利用"互联网＋"技术，开发面向智能手机的语言服务应用软件——"'一带一路'语言通"，研制各国常用语境语言 300 句光盘，以供不掌握所在国语言的工作人员语言服务应急之需。

其次是利用协同创新机制，与各协同单位及"一带一路"沿线国家的语言学家深度合作，开展"一带一路"沿线国家语言国情人才现状和"一带一路"沿线国家汉语人才培养和储备现状调查，拟在此基础上建立语言服务和语言人才数据库和档案库，便于直接服务"一带一路"建设。

再次是积极协调各方力量，利用中心的协同创新机制，建立"一带一路"语言服务和语言人才培养的国家应急体系，逐步建立起有中国特色的专门用途外语人才培养途径，形成院校培养与语言人才应急培养体系互为支撑的"一带一路"语言人才培养的新格局。语言服务和语言人才培养国家应急体系和机制的建立，也是国家语言能力长远建设的重要一环。

最后是建议国家相关部门将基于协同创新机制的"一带一路"语言服务工程列入国家"一带一路"战略工程总体设计，并由相关部门给予立项建设。

目前，《"一带一路"沿线国家语言国情手册》的编写工作在课题组全体成员的共同努力下，在相关单位和学者的大力支持下，已经全部完成。本书以国别分列的形式呈现了"一带一路"沿线 64 个国家的语言状况，包括这些国家的国语、官方语言、民族语言、方言的情况，语言与民族、宗教的情况，语言国情历史沿革的情况，还专门设立"语言服务"一节，介绍我国关于这些国家语言人才培养和这些国家关于汉语人才培养及汉语专业开设的情况，包括孔子学院和孔子课堂的开设情况，便于国家和企事业单位了解和把握语言人才分布状况。本书还经国家权威部门授权，首次发布经国家测绘地理信息局审核的"一带一路"沿线国家国别地图，便于了解相关国家的详细情况。最后还要感谢商务印书馆的鼎力支持，使得这本时间紧、任务重、排版繁难的手册得以及时出版。

本书的编写肯定还存在各种不足，希望得到各位读者和专家的指教。我们也在初步解决应急之需的同时，启动了新的修订工作，特别是在各国主要语言的介绍、一些统计数字的口径和国情介绍等部分，拟联合沿线各国的语言研究机构和专家做进一步的修正和补充，并配合"'一带一路'语言通"和国别 300 句光盘的研制，将其内容充实到以后的版本中，以满足"一带一路"语言服务之需。

据统计，截至目前，我国拟赴"一带一路"沿线国家进行共建布局的企业已达 110 000 余家，无语言沟通障碍的企业少之又少，构建"一带一路"语言服务和语言人才培养宏大战略工程任重道远。从更为长远的国家发展战略角度看，经济合作与人文交流是"一带一路"建设之两翼，语言国情研究和语言服务及语言人才培养工程不仅可以解决"一带一路"战略的各项经济建设的语言能力问题，也是随之而来的人文交流的基础工程，更是在国际舞台展示中国国家实力的一项基础工程。

2015 年 9 月

目 录

地图图例

⊛北京 BEIJING 首都、首府

◎芝加哥 Chicago 重要城市

◉清迈 Chiang Mai 城市

○罗萨里奥 Rosario 城镇

● 万隆 Bandung 一级行政中心

国界

未定国界

- - - - - - 地区界

+++++++++ 军事分界线

一级行政区界

未成铁路 铁路

未成高速 高速公路

公路

大道

轮渡

790 (1300) 航海线/海里(千米)

✈ 航空站

⚓ 港口

海岸线

咸 淡
1389 526 湖泊

时令河、时令湖

水库
瀑布 水坝 常年河、伏流河

井、泉

渠道、运河

珊瑚礁

沙洲

沼泽

盐沼泽

干涸河、干涸湖

沙漠

世界遗产

▲ 山峰

▲ 火山

X 关隘或山口

阿尔巴尼亚国旗呈长方形，长宽比7:5。旗面为深红色，中央绘有一只黑色双头鹰。阿尔巴尼亚被称为"山鹰之国"，鹰被认为是民族英雄斯坎德培的象征。

阿尔巴尼亚

The Republic of Albania

哈奇·艾特海姆·培清真寺

阿尔巴尼亚 ALBANIA

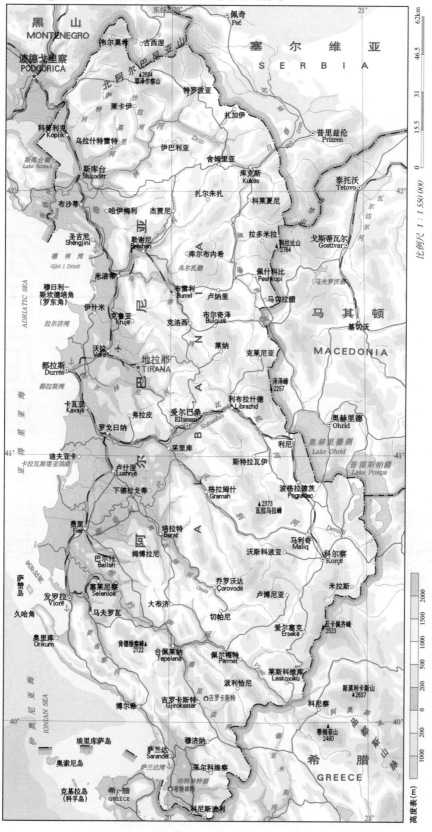

黑 山
MONTENEGRO

塞 尔 维 亚
S E R B I A

波德戈里察
PODGORICA

佩奇
Peć

伟尔莫希
古西涅

北
阿
尔
巴
尼
亚
山

特罗波亚

扎加伊

▲2694
耶泽尔寮山

莱卡伊

扎河

普里兹伦
Prizren

科普利克
Koplik

乌拉什特雷特

伊巴利亚

舍姆里亚

库克斯
Kukës

泰托沃
Tetovo

斯库台
Shkoder

斯库台湖
Lake Scutari

布沙蒂

哈伊梅利
杰贾尼

扎尔朱扎

科莱夏尼

戈斯蒂瓦尔
Gostivar

圣吉尼
Shëngjini

勒谢尼
Lëshon

拉多米拉

科拉比山
▲2764

德林湾
Gjiri i Drinit

库尔布内希

米洛蒂

马尔扎湖

佩什科比
Peshkopi

马夫罗沃湖

穆日利－
斯坎德培角
（罗东角）

布雷利
Burrel

卢纳里

马切拉腊

马
其
顿
MACEDONIA

伊什米

克鲁亚
Krujë

布尔奇泽
Bulqize

基切沃

沃拉
Vlorë

克洛西

莱纳

都拉斯
Durrës

地拉那
★TIRANA

克莱尼亚

泽泽峰
▲2257

都拉斯湾

卡瓦亚
Kavajë

弗拉皮

爱尔巴桑
Elbasan

利布拉什德
Librazhd

奥赫里德
Ohrid

罗戈日纳

采里库

利尼

奥赫里德湖
Lake Ohrid

迪夫亚卡

斯特拉瓦伊

普雷斯帕湖
Lake Prespa

卢什涅
Lushnjë

格拉姆什
Gramsh

波格拉德茨
Pogradec

下德拉戈蒂

▲2373
瓦拉马拉峰

费里
Fier

培拉特
Berat

马利奇
Maliq

巴尔什
Ballsh

姆博拉尼

沃斯科波亚

科尔察
Korçë

塞莱尼察
Selenicë

乔罗沃达
Çorovodë

卢博尼亚

米拉斯

发罗拉
Vlorë

马夫罗瓦

大布济

切帕尼

爱尔塞克
Ersekë

丘卡佩齐峰
▲2523

奥里库
Orikum

肯德维察峰
▲2122

合佩莱纳
Tepelenë

佩尔梅特
Permet

莱斯科维库
Leskoviku

博尔希

吉罗卡斯特
Gjirokaster

吉罗卡斯特

斯莫利卡斯山
▲2637

科尼察

希 腊
GREECE

埃里库萨岛

萨兰达
Sarandë

穆济纳

蒂姆费山
▲2480

奥索尼岛

采尔科维察

克基拉岛
（科孚岛）
希－腊
GREECE

布特林特湖

科尼斯滦利

ADRIATIC SEA

IONIAN SEA

东经 20°

21°

42°

41°

40°

比例尺 1 : 1 550 000

62km
46.5
31
15.5
0

高度表(m)
2000
1500
1000
500
200
0
200
1000

阿尔巴尼亚，全称阿尔巴尼亚共和国，位于欧洲东南部的巴尔干半岛西岸，北接黑山和塞尔维亚，东北与马其顿相连，东南毗邻希腊，西濒亚得里亚海和伊奥尼亚海，与意大利隔奥特朗托海峡相望。国土面积 28 748 平方千米，人口约 290 万。

🌐 语言

阿尔巴尼亚有 8 种语言。官方语言是阿尔巴尼亚语，使用人口占总人口的 98.8%。希腊语使用人口占 0.5%。还有马其顿语、瓦拉几语、土耳其语、意大利语、阿罗马尼亚语、罗姆（吉卜赛）语和塞尔维亚 – 克罗地亚语。

全世界共有 500 多万人使用阿尔巴尼亚语，主要集中在阿尔巴尼亚、科索沃、马其顿和希腊，也包括欧洲东南部阿尔巴尼亚人聚居的地区，如黑山和塞尔维亚的普莱索沃谷地。

阿尔巴尼亚语被认为是印欧语系的一个独立分支，有可能来源于 2000 年前的伊利里亚语。由于历史的原因，阿尔巴尼亚语长期受到许多周边国家语言的影响，很多词汇来自意大利语、土耳其语、法语、现代希腊语、塞尔维亚语和马其顿 – 斯拉夫语。虽然词汇经历了很大的变化，但是语法结构基本上保存较好，仍有相当明显的印欧语特点。阿尔巴尼亚语的冠词置于词尾并且融合在词根后面，这与罗马尼亚语、保加利亚语和马其顿语十分相似。

阿尔巴尼亚语主要有 3 种方言：盖格方言、托斯卡方言和一种过渡性方言。其中盖格方言使用者约 120 万人，托斯卡方言使用者约 157 万人。什昆宾河以北是盖格方言区，以南是托斯卡方言区，中间是过渡性方言区。托斯卡方言是官方语言阿尔巴尼亚语的基础方言。两种方言之间能够互通。

从 15 世纪开始，阿尔巴尼亚人开始借用周边国家的文字记录阿尔巴尼亚语。起初托斯卡方言使用希腊字母，盖格方言使用拉丁字母，这两种方言还都使用过来自土耳其的阿拉伯字母，直到 1908 年才确定使用拉丁字母。

阿尔巴尼亚语的书写系统共有 36 个字母，其中包括 2 个加符字母和 9 个二合字母，拼写和读音基本一致。标准阿尔巴尼亚语有 7 个元音和 29 个辅音。单词重音主要在最后一个音节。

阿尔巴尼亚语示例：

Vendi i shqiponjës, Shqipëria, Ka një histori të gjatë, gjendet në një pozicion të rëndësishëm gjeografike, me një shumëllojshmëri peizazhesh të bukura. Populli i zellshëm shqiptar, ka korrë pa ndërprerë arritje në rrugën e rigjallërimit të ekonomisë dhe të përmirësimit të jetesës dhe tani po ecën me hapa të mëdhnjë drejt objektit të anëtarësimit në Bashkimin Europian.

（ "山鹰之国" 阿尔巴尼亚历史悠久，风光秀美，人杰地灵。勤劳智慧的阿尔巴尼亚人民在振兴经济、改善民生的道路上不断取得成就，如今正朝着加入欧盟的目标阔步前进。）

阿尔巴尼亚的主要外语为英语，也有许多人学习法语、俄语和汉语。

👥 民族

阿尔巴尼亚现有人口约 290 万，其中阿尔巴尼亚族占人口总数的 98%，少数民族主要有希腊族、马其顿族、黑山族、塞尔维亚族、克罗地亚族等。此外，居住在阿尔巴尼亚的还有保加利亚人和犹太人等。

阿尔巴尼亚族属欧罗巴人种巴尔干类型。阿尔巴尼亚民族来源观点尚有不同，较为通行的说法是，阿尔巴尼亚人是巴尔干半岛古代伊利里亚人的后裔，融合了早先居住于此的色雷斯人等发展而成。在长达数千年的历史中，这个民族绝大部分时间与东欧其他民族，特别是与周围邻近民族联系并交错在一起。这个民族曾于1190年建立过阿尔贝里公国，后长期受到奥斯曼土耳其帝国的占领。1443年，阿尔巴尼亚民族英雄斯坎德培曾领导武装起义，斗争失败后，阿尔巴尼亚人被迫改信伊斯兰教。20世纪初，巴尔干各国相继独立，阿尔巴尼亚人被多条国境线划分在国土毗连的不同国家中，形成了跨国民族。第二次世界大战中，巴尔干半岛先后被意大利和德国等国家占领，各国疆界有所变化。第二次世界大战后各国的疆域又出现了或多或少的变动，形成了现在的阿尔巴尼亚版图。

阿尔巴尼亚是欧洲唯一一个伊斯兰教信徒占多数的国家。70%的居民信奉伊斯兰教，20%信奉东正教，10%信奉天主教。

语言国情沿革与发展

古代阿尔巴尼亚的语言国情

公元前2世纪开始，居住在巴尔干半岛的阿尔巴尼亚人的祖先伊利里亚人遭到罗马人的入侵和统治，前后长达550年。公元五六世纪罗马帝国衰落以后，斯拉夫人部落侵入，从此阿尔巴尼亚处于拜占庭帝国和斯拉夫人的统治下，历时千年，期间阿尔巴尼亚人曾短期建立自己的民族国家——阿尔贝里公国。14世纪末开始，奥斯曼帝国开始入侵巴尔干。1440年起，统治阿尔巴尼亚长达500年。虽然不断遭受外族统治，阿尔巴尼亚人仍保持了自己的语言、风俗习惯以及民族身份，但由于经济落后，文化发展水平较低，地区隔绝，宗教分裂，加上外族统治，一直未形成统一的民族书面语。这期间阿尔巴尼亚语的字母表、变格变位表因地区而异。

19世纪中叶，在民族复兴运动的鼓舞下，阿尔巴尼亚语由地区性方言向民族语发展。一个重要的标志是纳乌姆·韦基尔哈尔吉于1812年创制的第一个阿尔巴尼亚语字母表，并用这

些字母书写了一个通告、编写了识字课本。他在通告中提出了用民族语进行教育的主张，认为这是拯救祖国和使祖国进步的手段。同时，爱国人士在阿尔巴尼亚古代作家的著述中收集词汇，与邻近语言做历史比较，试图证明，尽管阿尔巴尼亚语在历史发展过程中兼收并蓄，融进了希腊语、拉丁语、斯拉夫语和土耳其语等语言的成分，但总体上有其自身的特点。

19世纪60年代开始，阿尔巴尼亚语书面语出现了两种方言互相接近的趋向。语言学家、作家康斯坦丁·克利斯托福利齐成为第一个用两种书面方言书写的作者，因而被看作是阿尔巴尼亚民族书面语形成的起点。

这一时期的阿尔巴尼亚语吸收了民间口语的养料，形成了以地区方言为基础的共同口语；同时清除大量的外来词，吸收民间口头创作中保存下来的词汇，也利用阿尔巴尼亚语本身的造词功能构成大量新词，对统一书面语的形成起到了重要作用。

尤为重要的是，1879年，成立了阿尔巴尼亚语字母书写和出版协会，制定了一个较统一的字母表。该字母表成为后来的通用字母表的基础。1908年，在马纳斯蒂尔召开语言代表大会。大会对此前使用的3个字母表（伊斯坦布尔字母表、拉丁语字母表和德·拉达字母表）进行了综合，确定了7个元音和29个辅音。虽然这次代表大会仍承认伊斯坦布尔字母表（以土耳其－阿拉伯字母为基础）和拉丁字母表，但在实际使用中伊斯坦布尔字母表被自然淘汰，拉丁字母表成为今天阿尔巴尼亚语使用的字母表并被确立下来。语言代表大会也因为统一了阿尔巴尼亚语字母表而被载入阿尔巴尼亚语发展史册。

现代阿尔巴尼亚的语言国情

1912年阿尔巴尼亚摆脱奥斯曼帝国的统治，组建第一个阿尔巴尼亚现代政府。此后经

历了两次世界大战和各种政权更迭，1946 年阿尔巴尼亚人民共和国宣布成立，1991 年通过宪法修正案，改国名为阿尔巴尼亚共和国。

1912 年独立前，阿尔巴尼亚在地区性方言基础上已经形成了两种地域性书面语，即南方共同语和北方共同语，两种地域性方言的社会功能不断扩大。独立后，为巩固国家独立和发展，阿尔巴尼亚语得到进一步丰富和统一，语言教育在初级和中等学校普遍得到实施，两种地域性书面共同语互相渗透。尽管语言的发展道路仍坎坷不平，但民主力量坚持不懈地为书面语言的统一而斗争，他们把统一的书面语与社会的民主化和全面进步联系起来。1920 年分别在斯库台和卢什涅召开语言标准化会议以及祖国语言教育代表会议，旨在解决民族书面语的统一问题。到 1944 年反法西斯民族解放战争胜利前，南方共同语传播扩大，北方共同语使用范围缩小。

1946 年，人民政权建立后，经济和社会方面的深刻变化给国家标准语的形成创造了新的条件。政府颁布了促进语言发展的政策，迅速发展文化教育事业，开展扫盲运动，学校进行民族化运动，摆脱宗教和外国的影响，实行义务制教育，普及八年制教育和中等教育，出版物一律以符合规范的标准书面语出版，文艺创作空前繁荣，无线电广播、科学讨论、政治集会、学校授课等都在形成国家标准语过程中发挥了重要作用，语言规范标准的影响涉及社会生活的各个领域。

人口构成的变化也对国家标准语的形成起到了重要作用。书面语的标准化过程主要通过城市语言的标准化形成。到 20 世纪 60 年代末 70 年代初，阿尔巴尼亚人口与第二次世界大战前的 1938 年相比增加了一倍以上，人口结构和地理分布也发生了重大变化。与 1944 年之前相比，阿尔巴尼亚的城市数量增加一倍多，城市人口增加 34% 以上。城市语言的标准化同时影响到农村，加快了书面语标准化的速度。1972 年 1 月 2—25 日召开的全国正字法会议，

确定阿尔巴尼亚语的语音、语法、构词和词汇结构，确认了统一的国家书面标准语。1980 年出版了《现代阿尔巴尼亚语词典》。至此，阿尔巴尼亚国家标准语在语音、词汇、语法和构词上都有了统一的规范标准；书面标准语的作用范围和广度已具有全民族共同语的水平。

此时的阿尔巴尼亚国家标准语吸纳了两种方言的共同成分，同时并不排斥吸收某一方言的个别特点。在语音结构上南方方言的成分与北方方言的比例为 13：8，在语法结构上北方方言的比重有所增加，在词汇和构词方面，两种方言成分的比重则很接近。

在外语政策方面，第二次世界大战后的前 15 年，受苏联影响，阿尔巴尼亚将俄语设为学校的必修课，20 世纪 60 年代初与苏联关系恶化后，俄语的必修课地位被英语取代。目前，阿尔巴尼亚从七年级开始开设外语课程，英语为首选语种。综合性中学开设不同的外语选修课，包括意大利语、法语、德语和西班牙语等。在大学里，英语为公共外语，专业外语包括德语、法语、土耳其语、希腊语、意大利语和西班牙语等。此外，还有相当数量的私立外语教育机构，包括从幼儿园到大学不同办学层次，主要以英语教学为主，个别学校使用希腊语和土耳其语教学。

🤝 语言服务

中国开设阿尔巴尼亚语专业的高校有 1 所，为北京外国语大学，培养本科生和硕士研究生。

中国在阿尔巴尼亚设立的孔子学院有 1 所，为地拉那大学孔子学院，合作单位为北京外国语大学。

阿尔巴尼亚尚未有高校开设中文系或中文专业。地拉那大学于 2009 年 9 月开设首个汉语学习班，其外国语教学中心于 2011 年 2 月开设了汉语夜大成人班。

小贴士

⊙首都

地拉那,阿尔巴尼亚第一大城市,政治、经济、文化和交通中心。位于中部克鲁亚山西侧盆地,伊塞姆河畔,东、南、北三面环山,西距亚得里亚海岸 27 千米,处在阿尔巴尼亚中部平原末端。

⊙姓氏

阿尔巴尼亚人姓氏的来源很多,主要有:基督教或伊斯兰教男名的转化,地名,出身、职业或头衔,绰号。在正式文本中,阿尔巴尼亚人一般只将本人的名与姓一起用,也有少数人在本名后加上父名,然后再写上姓。女子出嫁后通常改用丈夫的姓。一般以辅音字母结尾的是男名,以元音字母结尾的是女名。姓用复数时系指属于该姓的家庭或宗族。

⊙自然与经济

阿尔巴尼亚境内多山,地势东高西低,地形复杂多样。山地和丘陵约占全国面积的四分之三,山谷、隘口、山峦、平原和水系纵横交错。巴尔干半岛西部地区唯一的一块沿海平原就位于阿尔巴尼亚西部地区亚得里亚海岸上,是阿尔巴尼亚的主要农业区。阿尔巴尼亚属亚热带地中海海洋性气候,雨量充沛。农作物主要有小麦、玉米、马铃薯、甜菜等。山区牛羊畜牧业较发达。工业以机械、建筑材料、化学、冶金、动力、食品和轻纺为主。工艺制品在国际上深受欢迎。

⊙美食

烤全羊是阿尔巴尼亚的特色美食。大龙虾最受欢迎,有烤、煮、炸、蒸等多种吃法。

⊙节日

新年(1月1日)、拜兰节(小拜兰节和大拜兰节各一天,日期不固定)、复活节(纪念耶稣复活的节日,一般为春分月圆后的第一个星期日,如果月圆那天刚好是星期天,则推迟一星期)、开斋节(伊斯兰教历 10 月 1 日,伊斯兰教历每年的第 9 个月为斋月,第 10 个月的第 1 日到第 3 日是教徒们的开斋节)、国庆节(11 月 28 日)、解放日(11 月 29 日)、圣诞节(12 月 25 日)等。

⊙名胜古迹

都拉斯 阿尔巴尼亚西海岸中部海滨城市,有全国最大的海港。历史悠久,老城区保存着许多文物古迹,如古罗马时期的半圆形剧场、古代帝王的行宫、古城墙、5 世纪时的拜占庭教堂等。东南海湾有许多天然的海滨浴场。

斯库台 位于阿尔巴尼亚北部,坐落在巴尔干半岛最大的湖泊斯库台湖的南岸,三面环水。斯库台古城中,罗马统治时期的城堡建在公元前 2 世纪的废墟上,具有很高的历史价值。

爱尔巴桑 地处阿尔巴尼亚中部,离首都地拉那 54 千米。古城堡遗址、土耳其浴池、考古博物馆和阿尔巴尼亚教育博物馆是其重要景点。

发罗拉 地处亚得里亚海与爱奥尼亚海岸交汇处,是阿尔巴尼亚南部的主要港口,城市依山傍海;建于 1542 年的穆拉德清真寺和独立博物馆很有特色;美丽宽阔的海滨浴场每年吸引大批的外国旅游者来此休闲观光。

吉诺卡斯特拉 阿尔巴尼亚最南边的城市,靠近希腊边界。该市呈半圆形,位于山坡上,座座小楼层层递高,故称"千级城"。2005 年,吉诺卡斯特拉历史中心作为文化遗产入选联合国教科文组织《世界遗产名录》。

培拉特 位于阿尔巴尼亚中南部奥苏姆河岸,与托莫尔山隔河相望,建于公元前 4 世纪,自古以来就是东正教的中心。城内有 80 多处名胜古迹,是名副其实的"博物馆城"。培拉特的房屋独具特色,窗户敞亮,墙面宽大,有"千窗之城"之称。2008 年,培拉特城作为文化遗产入选联合国教科文组织《世界遗产名录》,加入 2005 年批准的"吉诺卡斯特拉历史中心"遗产项。

阿富汗国旗呈长方形，长宽比3∶2。国旗由黑、红、绿三色长条图案和国徽构成。黑色象征过去，红色象征鲜血，绿色象征未来，同时这三色也是典型的伊斯兰颜色。

首都喀布尔

阿富汗 | The Islamic Republic of Afghanistan

阿富汗　AFGHANISTAN

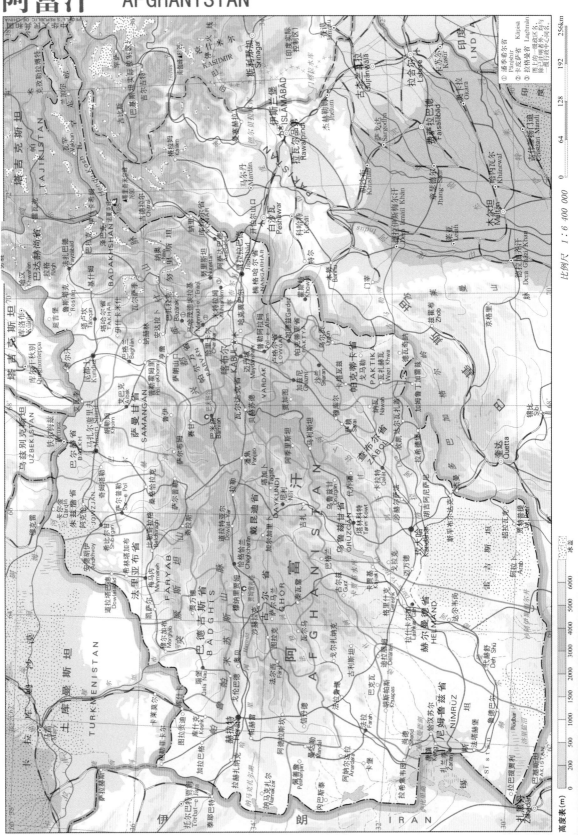

比例尺　1:6 100 000

0　64　128　192　256km

① 潘季希尔省 Panjshir
② 卡皮萨省 Kapisa
③ 拉格曼省 Laghman
图例中的行政区名与
省已划归阿富汗政府区划
一省以行政区中心同名。

高度表(m)
0　200　500　1000　1500　2000　3000　4000　5000　6000　米盘

阿富汗，全称阿富汗伊斯兰共和国，是一个内陆国家，位于西亚、南亚和中亚交汇处。阿富汗北接土库曼斯坦、乌兹别克斯坦和塔吉克斯坦，东北突出的狭长地带与中国接壤，东部和东南部则与巴基斯坦毗邻，西部与伊朗交界。国土面积 647 500 平方千米，人口约 2900 万。

🗨 语言

阿富汗位于东亚与西亚、南亚与北亚的交汇处，是古代丝绸之路南线的重要节点，在世界贸易史上具有独特地位；同时由于周边不同国家、民族部落的不断征伐，使得阿富汗逐渐形成了一个多元文化、不同民族部落混居的国家，也造就了该国多种语言并存的状况。

阿富汗的官方语言是达里语和普什图语（帕图语），通用语言为达里语，英语则主要在中上层通用。不同于一般国家都有国语的情况，阿富汗新宪法规定，阿富汗不设国语，但国歌歌词必须是普什图语且用普什图语演唱。

在阿富汗，达里语的使用人口大约有 1450万，约占总人口的 50%，主要分布在阿富汗的中西部、中北部和东北部与塔吉克斯坦接壤的地区；普什图语的使用人口大约 1015 万，约占总人口的 35%，主要分布在阿富汗的东部、南部、西南部和东北部与巴基斯坦接壤的地区，位于该国东部的喀布尔河谷、兴都库什山南麓的阿富汗首都喀布尔即在普什图语区。在阿富汗，达里语的地位最高，能说达里语往往被认为是身份的象征。阿富汗境内很多人都是双语者或多语者，即除了能说本民族或本部落语言之外，还能说达里语或普什图语。

达里语，又称达里波斯语，属于印欧语系伊朗语支现代西伊朗次语支语言。关于达里语的来源，有两种说法：一种说法是，达里语是从 Farsi-e Darbari 转变而来，意思是"波斯王室的语言"；另一种说法是，达里语来自今天伊朗东北呼罗珊深谷地区发展而来的语言。达里语的语音系统包括 7 个元音、23 个辅音，其中辅音数量因不同的方言而有不同，重音落在词根的最后一个音节上。达里语属于屈折语，即语法关系和构词通过词缀表达。在构词法上是后缀支配构词，尽管有少量的前缀。动词可以表达时态和体貌，并且在人称和数上与主语一致。达里语的词汇系统中没有性的概念和区分，对代词也不标记自然的性。句法上，达里语的直陈句结构为 S(O)V（主语 +〈宾语〉+谓语），宾语加括弧意思是其出现是非强制的；如果是某个特定宾语，则该宾语后一般要加后缀 ra。达里语书写系统参照了阿拉伯字母，但有较大改变，有 33 个字母。

普什图语（帕图语）在文献上有时也被称为阿富汗语，属于印欧语系伊朗语支的现代东伊朗次语支语言，从阿维斯陀语（Avestan）演化而来。主要方言有两支：西部方言（主要通行于阿富汗）和东部方言（主要通行于巴基斯坦）。普什图语语音系统包括 7 个元音、22 个辅音，重音可以落在单词的任何一个音节上。普什图语受印地语的影响很大，也吸收了许多波斯语和阿拉伯语借词，但仍保留了古伊朗语的许多特征。其名词和形容词都有性、数、格的变化，动词有人称、时、态等变化。普什图语与梵语的语法十分近似，除具有较多的共同词语外，还有许多共同的词根，其语序为 SOV（主语 + 宾语 + 谓语）型。普什图语书写系统有 44 个字母，其中 8 个系纯普什图语字母，其余则源自阿拉伯语和波斯语字母。另外，普什图语还有 4 个声调标记符号。

虽然普什图语和达里语都属于伊朗语支，但二者有着较为明显的区别，例如，普什图语有 9 个达里语所没有的音素。普什图语与达里语之间的差别类似于英语与德语、法语与西班牙语之间的差别。这两种语言现在一般都采用阿拉伯字母作为其书写系统，与阿拉伯语一样，都是从右向左读。

达里语示例：

از دیدنت خیلی خوشحالم.

（见到你真高兴。）

普什图语示例：

پسرلی د کال یو ښه فصل دی. په پسرلی کښی باران ډیر اوری.

（春天是一年中一个很好的季节。）

阿富汗的其他语言还有乌兹别克语和土库曼语，使用人口分别约为 261 万和 58 万，分别约占总人口的 9% 和 2%，主要分布在阿富汗的北部与土库曼斯坦、乌兹别克斯坦和塔吉克斯坦接壤的地区。这两种语言均属于阿尔泰语系突厥语族。

阿富汗另有 30 多种少数民族语言，如俾路支语、基齐勒巴什语、吉尔吉斯语、布拉灰语等，使用人口共约 116 万，约占总人口的 4%，其中使用帕萨伊语、努里斯塔尼语的人口主要分布在阿富汗东北部与巴基斯坦接壤的地区，使用俾路支语等其他少数民族语言的人口主要分布在阿富汗南部与巴基斯坦接壤的地区。

2004 年，阿富汗新宪法规定，突厥语、俾路支语、帕萨伊语、努里斯塔尼语和帕米尔语等在各自所属的民族区域内自由使用。

民族

阿富汗与大部分毗邻国家在民族、宗教、语言以及地理上有着一定程度的关联。普什图族、塔吉克族、哈扎拉族、乌兹别克族为阿富汗四大主要民族，另外还有土库曼族、艾马克族、帕萨伊族、俾路支族等 20 多个少数民族。

普什图人，也称帕坦人、巴克同人或阿富汗人，属欧罗巴人种印度－帕米尔类型，是中亚地区重要的横跨阿富汗和巴基斯坦两国的跨国民族。"阿富汗"在古波斯语里的意思是"山上人"，在普什图语（帕图语）里的意思是"普什图人的地方"。普什图族为阿富汗国内最大的民族，约占阿富汗国内总人口的 40%。普什图人主要以部落的形式居住在阿富汗和巴基斯坦两国边境地区。普什图民族在近代中亚的历史上曾建立过盛极一时的阿富汗杜兰尼王朝，断断续续统治阿富汗两个世纪。

今天的阿富汗普什图民族部落主要居住在兴都库什山以南，分布在楠格哈尔、帕克蒂亚和帕克蒂卡省，拉格曼、加兹尼和查布尔省的南部，以及库纳尔和坎大哈省的东部地区。该地区为一狭长地带，从东北到西南约 600 千米，东西约 120 千米，面积大约 60 000 平方千米。该地区居民 99% 是普什图人。除该地区之外，阿富汗南部和西部省份也有相当多的普什图居民。此外，阿富汗与乌兹别克斯坦和塔吉克斯坦的边境地区也有普什图人的飞地。绝大多数普什图人是穆斯林逊尼派。

塔吉克族是阿富汗的第二大民族，亦属欧罗巴人种印度－帕米尔类型，人口约 725 万，约占总人口的 25%。塔吉克族在 14 世纪和 20 世纪 20 年代末曾先后统治过阿富汗两次，是阿富汗历史上人才辈出的民族，在国家中有很强的影响力。大多数部长、银行家和大商人都来自这个民族。塔吉克族是北方联盟的骨干，主要居住在巴达赫尚、塔哈尔、赫拉特、朱兹詹、萨曼甘、巴尔赫、昆都士等省份以及潘杰希尔谷地。塔吉克族的主要语言是达里语，但东北部地区的塔吉克人则讲塔吉克语。绝大多数塔吉克人属穆斯林逊尼派。

哈扎拉族人口约 319 万，约占总人口的 11%，是阿富汗第三大民族。哈扎拉族被认为是成吉思汗的后代，使用波斯方言中的哈扎拉吉语，拥有蒙古人和突厥人的血统，部分人外貌体态与蒙古人相似。哈扎拉人主要居住在阿富汗中部广大的哈扎拉贾特山区，即巴米扬省所在地。此外，在坎大哈、赫拉特、楠格哈尔、巴达赫尚等省，也散居着一些哈扎拉人。

乌兹别克族人口约 261 万，约占总人口的9%。乌兹别克人属欧罗巴人种印度帕米尔类型与蒙古人种的混合。使用乌兹别克语和达里语，其中乌兹别克语又有多种方言，属阿尔泰语系突厥语族。乌兹别克人主要居住在靠近乌兹别克斯坦、土库曼斯坦和塔吉克斯坦接壤的省份。阿富汗的乌兹别克人主要信奉伊斯兰教，属逊尼派。

除了上述的人口较多的民族外，阿富汗境内还有一些人数较少的民族，如俾路支人，主要分布在阿富汗南部，约 30 万人，主要讲俾路支语；帕萨伊人主要生活在阿富汗卡比萨省、拉格曼省和楠格哈尔省，约有 5 万人，主要讲普什图语和本民族的帕萨伊语；艾马克人，主要分布在中部和西部地区，主要讲波斯语，艾马克人信奉伊斯兰教，属逊尼派。

阿富汗各民族中大部分属逊尼派穆斯林，约占总人口的 80%，少部分为什叶派穆斯林，约占总人口的 19%，其他的宗教信仰约占总人口的 1%。

语言国情沿革与发展

阿富汗在地理位置上位于东方与西方的交界点，是中亚、东亚通往印度的必经之地，是东西方文明的"十字路口"。正是由于其拥有重要的地缘战略位置，阿富汗历史上一直处于各个大国角逐的势力范围并受到诸多大国的影响；阿富汗同时也是周边不同游牧民族部落的迁居汇合点，宗教派别繁多，这也造成了其民族构成及语言使用上纷繁复杂的状况，莫卧儿帝国的开国君主巴布尔到达喀布尔后，发现当地百姓使用的口语竟达 10 种之多，如阿拉伯语、达里语、突厥语、蒙古语、印度语、普什图语、帕萨伊语、帕拉齐语、加布里语、比尔基语等。经过一系列的演化，达里语和普什图语逐渐成为今天的阿富汗官方语言。

近代以前阿富汗的语言国情

考古证据显示，公元前 3000 年至前 2000 年间阿富汗就已经产生了世界上最早的一批农业文明，并且出现了城镇文化。约公元前 2000 年，南方的文化开始衰落，北方的文化开始发展起来。

阿富汗有文字记载的历史可以追溯至约公元前 500 年的阿契美尼德王朝，阿富汗被波斯第一帝国阿契美尼德王朝的大流士一世所征服。此时阿富汗居民的语言以波斯语为主，同时由于一些民族从外部迁入阿富汗，对当地的语言产生了重要影响，发生了语言融合的现象，如词汇的借用、语音的整合等。

后来由于在印度南部崛起的孔雀王朝（公元前 324 年—约公元前 187 年）的势力逐渐扩大，波斯帝国对阿富汗的影响逐渐衰落，阿富汗开始进入印度人统治时期。印度文化随之进入阿富汗的政治、经济、军事等领域，印度语言——梵语对阿富汗当地的波斯语等语言产生了重要影响，特别是在语音、词汇和语法方面。

公元前 3 世纪左右，希腊殖民者在中亚建立了奴隶制国家——巴克特里亚王国，其首都位于巴克特拉，即现在阿富汗的巴尔赫。雅利安人、希腊人就在这个时期进入阿富汗，与当地的普什图人发生民族融合，并在语言上输入了丰富的词汇。

巴克特里亚王国衰落之后，贵霜王国、大唐帝国、阿拉伯帝国、伽色尼王朝、古尔王朝、卡尔提德王朝、帖木儿王朝、莫卧儿帝国和波斯萨非王朝又相继统治过阿富汗。正是在这段时期，公元 8—9 世纪，达里语取代阿拉伯语成为阿富汗的书面语言。公元 9—16 世纪，阿富汗的古典文学作品就是用达里语写作的。从公元前 500 年算起，一直到公元 1747 年波斯萨非王朝统治结束止，阿富汗经历了长达 2300 年的外族统治，这期间语言和民族及社会发生的复杂变化可想而知。

1747年，阿富汗军事指挥官艾哈迈德沙·杜兰尼（1724—1773年）建立了杜兰尼王朝，开启了阿富汗人自己统治的新时代，也正是在这个时期，达里语逐渐获得了官方语言的地位，被称作"阿富汗的波斯语"。一直到19世纪末期，达里语一直在阿富汗的政治、经济和文化教育领域中占主体地位。阿富汗国内各地区之间以及阿富汗的对外交流也大都使用达里语。同时由于艾哈迈德沙·杜兰尼属于普什图族，因此普什图语也逐渐成为了阿富汗的主体语言，直到后来获得了官方语言的地位。

杜兰尼王朝衰微后，又被阿富汗的另一部落建立的巴拉克宰王朝替代，该王朝也是普什图人自己建立的王朝，于19世纪至20世纪初统治阿富汗全境，甚至包括巴基斯坦部分地区。该王朝一直存在至1973年穆罕默德·查希尔·沙阿遭到罢黜为止。这期间，普什图语的地位进一步加强，为后来普什图语官方语言地位的确立奠定了更加坚实的基础。1919年阿富汗取得独立后，国家积极发展和提高普什图语的地位，加强了普什图语的研究和应用。

现代阿富汗的语言国情

普什图语于1936年被定为阿富汗的国语，后来又被剥夺了国语资格。1964年的阿富汗宪法规定，达里语和普什图语均为国家官方语言，并在同一年成立特别委员会，旨在研究促进普什图语发展普及的措施和途径。达里语，字面含义为"法庭上的语言"，它至今仍然是阿富汗的法庭语言。

达里语和普什图语都属于印欧语系伊朗语支，但与伊朗波斯语在用词、发音和使用习惯上有很大不同。至于阿富汗达里语与普什图语之间则既有趋同的一面，又有很大的差异。趋同的一面表现在两者在日常词汇方面相互影响和融合，有些词语在达里语和普什图语中甚至完全一样，它们的共同之处还表现在都采用阿拉伯字母拼写，都大量借用阿拉伯语借词；但两者差别又很大，普什图语的字母数量比达里语多（阿拉伯语28个字母，达里语33个字母，而普什图语44个字母），语法上的差异尤其大，在构词法上普什图语有阴阳性、原格和变格以及数的区分，在句法方面，普什图语也较达里语要复杂。因此导致阿富汗出现了一个很普遍的现象：包括普什图人在内的所有阿富汗人都会说达里语，但阿富汗的其他民族很少有人会说普什图语。

由于达里语和普什图语之间的差异，这两种语言的使用者彼此之间并不能完全自如地进行交流，由此也带来一些语言使用方面的混乱。如1953—1963年间，萨达尔·穆罕默德·达伍德主政时，试图将政府公文用语普什图语化。一些非普什图语的政府人员，在传递达里语文件时，需先找人译为普什图语。如果接收方同样是非普什图语的使用者，又得把这些文件交给翻译再译回达里语。在辗转翻译的过程中，难免出现讹误。最终政府公文的普什图语化运动以失败告终。

1994年，发源于阿富汗坎大哈地区的宗教激进主义运动组织——塔利班，以普什图族部落为主体，逐渐发展为具有政治与宗教武力的团体，最终在1996年攻陷喀布尔获取政权，得以占领90%的国土，而反对塔利班的阿富汗北方联盟主要在东北方占有一席之地。此时，普什图语获得了优势地位。

2001年"9·11"事件以后，美国与其盟国采取军事行动以支持反对塔利班的势力，并迫使塔利班政权土崩瓦解。随着普什图族为主的塔利班政权垮台，讲达里语的反塔利班联盟迅速崛起，使达里语获得了空前的发展，在阿富汗国内的使用更为普遍，而普什图语呈现出萎缩局面。

直至今天，阿富汗的两种官方语言达里语和普什图语仍处在此消彼长的竞争中，始终没有取得一家独大的地位，这种情况预计仍会持续下去。

🤝 语言服务

中国开设普什图语专业的高校有 3 所，分别为北京外国语大学、中国传媒大学、解放军外国语学院。中国尚未有高校开设达里语专业，但中国开设波斯语专业的高校有 7 所，具体参见"伊朗"（第 383 页）。

中国在阿富汗设立的孔子学院有 1 所，为喀布尔大学孔子学院，合作单位为太原理工大学。

阿富汗尚未有高校开设中文系或中文专业。喀布尔大学开设了汉语课程，只招收喀布尔大学外语系的在校生，学生规模控制在每届 20 人左右。

小贴士

⊙ 首都

喀布尔，阿富汗的最大城市，一座拥有 3000 多年历史的名城。位于阿富汗东部的喀布尔河谷、兴都库什山南麓，海拔 1800 米。气候温和，四季分明，全年平均气温 13℃ 左右。

⊙ 姓氏

阿富汗人的"姓氏"一般由父名、祖父名、家族名、部族名组成，部族名排列在后，而且是不变的。男子和女子的名字在构成上略有不同。男子名一般由两部分组成：一部分是本人名，一部分是部落名或伊斯兰教圣者名，如"穆罕默德·尤素福·普什图"，名字中的最后一节"普什图"为部落名称；女子只有本人名，一般不用圣者名，结婚后改用夫姓，如"珍纳特·克罗伊辛·卡尔扎伊"。阿富汗人在互相称呼时，一般只称姓或名字加职衔，在正式的文书中一般要写姓名的全称。

⊙ 自然与经济

阿富汗境内多山，高原和山地占全国面积的五分之四，北部和西南部多为平原，西南部有沙漠。平均海拔 1000 米。阿富汗的河流大部分是内陆河，主要河流有阿姆河、喀布尔河、赫尔曼德河和哈里鲁河等。阿富汗属大陆性气候，干燥少雨，全国年平均降雨量只有 240 毫米；冬季严寒，夏季酷热。农牧业是阿富汗国民经济的主要支柱。主要农作物包括小麦、棉花、甜菜、干果及各种水果，主要畜牧产品是肥尾羊、牛、山羊等。工业以轻工业和手工业为主，主要有纺织、化肥、水泥、皮革、地毯、电力、制糖和农产品加工等。矿藏资源较为丰富。

⊙ 美食

阿富汗人的主食是大饼和抓饭，肉食主要是牛肉和羊肉，也吃鸡、鸭等，但不吃猪肉，很少吃鱼。阿富汗人经常用牛奶当饮料，也喜欢喝茶，茶的种类有奶茶、砖茶等。阿富汗人夏季常饮用一种在水中加入适量酸奶、盐和黄瓜片烧开的酸奶汤，喜欢酸、辣、香浓口味。

⊙ 节日

独立日（8 月 19 日）、开斋节（伊斯兰教历 10 月 1 日，伊斯兰教历每年的第 9 个月为斋月，第 10 个月的第 1 日到第 3 日是教徒们的开斋节）、古尔邦节（伊斯兰教历 12 月 10 日，每年的这一天穆斯林们为真主安拉宰牲献祭，也称宰牲节）等。

⊙ 名胜古迹

班达米尔湖 位于阿富汗中部巴米扬省，由 7 个湖泊相连而成，像一串洒落在金色戈壁荒漠间的蓝宝石。也被称为阿富汗的圣湖。

巴米扬山谷 位于阿富汗巴米扬省巴米扬城北兴都库什山区。巴米扬山谷的佛像和岩洞艺术是中亚地区干达拉文化中佛教艺术的典范。巴米扬山谷中700多个岩洞构成了巴米扬石窟群，全长1300多米，是现存最大的佛教石窟群。石窟群中有两座大佛，一尊凿于公元5世纪，高53米，着红色袈裟，俗称"西大佛"；一尊凿于公元1世纪，高37米，身披蓝色袈裟，俗称"东大佛"。两尊大佛相距400米。两尊佛像两侧均有暗洞，洞高数十米，可拾级而上，直达佛顶，其上平台处可站立百余人。2001年，巴米扬大佛被塔利班政权炸得面目全非，目前正在组织修复。2003年，巴米扬山谷的文化景观和考古遗址作为文化遗产入选联合国教科文组织《世界遗产名录》。

扎赫祠 伊斯兰教什叶派创始人阿里的衣冠冢。离扎赫祠40米左右的地方耸立着一块巨石，中心部位有一道宽1米、长2米的大裂缝，传说是阿里用利剑劈开的，被视为圣迹。每年元旦前后，阿富汗居民纷纷前来，举行隆重的宗教仪式。

阿拉伯联合酋长国国旗呈长方形，长宽比 2 : 1。旗面靠旗杆一侧为红色竖长方形，右侧是三个平行相等的横长方形，自上而下分别为绿、白、黑三色。红色象征祖国，绿色象征牧场，白色象征祖国的成就，黑色象征战斗。

帆船酒店

阿拉伯联合酋长国 | The United Arab Emirates

阿拉伯联合酋长国　UNITED ARAB EMIRATES

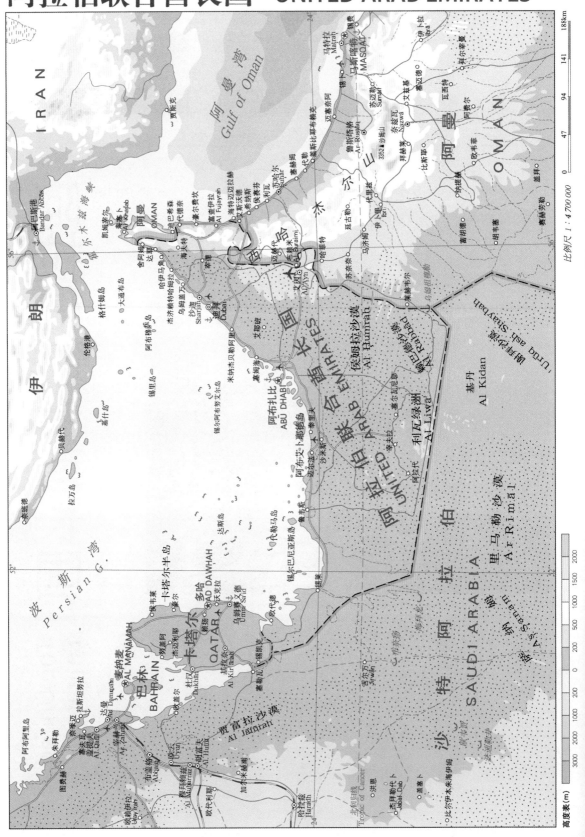

188km

141

94

47

0

比例尺 1 : 4 700 000

高度表 (m)

阿拉伯联合酋长国，位于阿拉伯半岛东部，北与波斯湾相邻，西和南与沙特阿拉伯交界，东和东北与阿曼毗邻，西北与卡塔尔接壤。阿拉伯联合酋长国是由 7 个酋长国组成的联盟，分别是阿布扎比、迪拜、沙迦、乌姆盖万、阿治曼、富查伊拉、哈伊马角。国土面积 83 600 平方千米，人口约 826 万。

🗨 语言

阿拉伯联合酋长国宪法第七条规定，阿拉伯联合酋长国为阿拉伯国家，现代标准阿拉伯语为其官方语言。

阿拉伯语有标准语和方言之分。标准阿拉伯语可分为古典阿拉伯语和现代标准阿拉伯语。古典阿拉伯语主要存在于阿拉伯文学当中，用于阅读和朗诵伊斯兰宗教文章，《古兰经》是古典阿拉伯语的典范。现代标准阿拉伯语（简称标准阿语）在古典阿拉伯语的基础上形成，是阿拉伯国家之间的通用语言，主要出现在正式场合，如广播、电视节目、电影、戏剧、诗歌等。阿联酋宪法规定的阿拉伯语便是现代标准阿拉伯语。阿拉伯语方言则是阿拉伯人在非正式场合使用的形式。阿拉伯语方言与现代标准阿拉伯语的关系类似于汉语方言同普通话的关系。阿拉伯语方言众多，有的甚至不能互相交流。阿联酋阿拉伯语（简称阿联酋阿语）属于海湾阿拉伯语（阿拉伯语方言的一种）。海湾阿拉伯语是东阿拉伯即波斯湾沿岸国家或地区（包括阿联酋、科威特、伊拉克、巴林、沙特阿拉伯东部、卡塔尔、伊朗和阿曼北部等地区）所使用的语言。这些国家或地区的方言间沟通交流并无大的障碍。

阿联酋阿语与标准阿语的差别主要在语音和词汇上。标准阿语中发 /k/ 的音，阿联酋阿语发 /č/，如："你好吗？"标准阿语的发音是 /keef ħaal-ič?/，而阿联酋阿语是 /čeef ħaal-ič?/。

阿联酋阿语书写系统共有 30 个字母，除了标准阿语的 28 个外，Ch 和 Ga 两个字母发音是阿联酋阿语中特有的，标准阿语中并不存在。阿联酋阿语与其他语言融合，产生了一些新的词汇。例如 /see-da/ 源自乌尔都语，/kha-sho-gah/ 源于波斯语，/bush-kar/ 来自土耳其语等。

英语是阿联酋使用人数最多的外语，在某种程度上使用范围已经超过了阿拉伯语。阿联酋海外移民占总人口的 80% 以上。自 1969 年以来，阿联酋凭借石油出口成为富有的国家，由于财富的井喷式发展以及相对自由的经济环境，阿联酋吸引了大量的西方投资者和亚洲劳工，外来人口的数量远远超过了阿联酋本土人口的数量。这些外来人口多数不会阿拉伯语，因此，英语便成了最佳的选择。外来人口的增加使得政府的办事机构需要与大量不会讲阿拉伯语的人进行沟通，公务员不得不改用英语交流。迪拜大街上所有的路标也都使用阿拉伯语、英语两种语言。

除了英语，印地语、马拉雅拉姆语的使用频率也颇高，使用者主要是在阿联酋的印度人。历史上，英国曾是阿联酋的保护国，而印度属于英联邦，曾经代表英国在阿联酋进行实际管理。由于印度国内人口众多，就业环境不理想，因此阿联酋吸引了众多的印度人在此生活。在阿联酋的外来人口中，印度人几乎占了一半。

乌尔都语也是日常生活中出现比较多的外语，是在阿联酋的巴基斯坦人使用的语言。此外，波斯语、孟加拉语以及菲律宾的他加禄族语等也是阿联酋外来人口较多使用的语言。

随着中阿关系的迅速发展，大量中国人赴阿联酋经商、旅游，目前已有将近 20 万中国人在阿联酋生活，迪拜的警察学院甚至还开设了汉语培训班，目的是为了方便迪拜警察与在阿联酋的中国人之间的交流和沟通。因此汉语在阿联酋的影响也越来越大。

阿拉伯语示例：

هي أفضل صديقة لي.

（她是我最好的朋友。）

👥 民族

在阿联酋的人口中，阿拉伯人只占13%，南亚人占58%，其他亚洲人占17%，西方人占8.5%，其他人口占3.5%。

阿联酋的阿拉伯人多数为来自阿拉伯半岛西南部历史古国也门的闪米特人的后代，他们大多信奉伊斯兰教。阿拉伯人向来就有定居和不定居的区分，定居的称为哈德尔人，不定居的称为贝都因人。哈德尔人大多定居在沿海城镇，集中在东部山区、北部沿海、内地绿洲城镇及林泽地区。随着人数日益增加，居住区域也在逐渐扩大。贝都因人则多生活在广阔的沙漠地区，逐水草过着游牧生活。在伊斯兰教兴起前，贝都因人是阿拉伯半岛部落氏族社会的主要组成部分，后来他们纷纷皈依伊斯兰教，聚集成族群，讲阿拉伯语，最终成为阿拉伯人的一部分。定居之后，多数贝都因人在带着畜群迁徙的同时还从事某种形式的农业定居。目前，除了族群上有从属关系，已很难将贝都因人与其他的部落区分开。

阿联酋的阿拉伯人内部还分为不同的族群，现在的阿联酋由7个酋长国组成，每一个酋长国都有一个占主导地位的统治家族或族群。阿布扎比酋长国主要是萨巴尼亚人，迪拜酋长国主要是萨巴尼亚人和布法拉哈人的一个分支，沙迦和哈伊马角酋长国主要是卡西米人或卡瓦西姆人，阿治曼酋长国主要是纳伊姆人，富查伊拉酋长国主要是沙其因人。由于人口的迁移，阿联酋的阿拉伯人还有来自埃及、阿曼和苏丹的阿拉伯人等。

在阿联酋58%的南亚人中，人口最多的要数印度人和巴基斯坦人。印度人主要来自印度西南部的喀拉拉邦，人口超过220万，目前主要生活在三大城市——阿布扎比、迪拜和沙迦。大量印度人生活在阿联酋不仅是因为印度与阿联酋几个世纪的商业和贸易往来，而且印度国内教派矛盾激化导致流血冲突，使得在印度的穆斯林涌入阿联酋。因此无论是历史上还是现实中，印度人在阿联酋的生活都比其他国家的移民有优势。阿联酋的巴基斯坦人包括从巴基斯坦迁徙来的，也包括当地具有巴基斯坦血统的阿联酋人，人口超过120万。巴基斯坦人是仅次于印度人的非阿拉伯人，阿联酋也是世界第三大海外巴基斯坦人聚集地。巴基斯坦人大多信奉伊斯兰教，主要分布在阿布扎比、迪拜和沙迦等，其中仅迪拜的巴基斯坦人就有40万。

阿联酋的菲律宾人超过70万，其中45万生活在迪拜，其余的生活在阿布扎比和艾因等城市。阿联酋的中国人将近20万，其中约有15万生活在迪拜。这些中国人大多来自温州地区，在阿联酋经营日用品商店。中国文化在阿联酋也有一定的影响力，中餐馆在阿联酋尤其是迪拜非常盛行。

📖 语言国情沿革与发展

独立前阿联酋的语言国情

早在公元7世纪时，阿联酋隶属于阿拉伯帝国，居民大多信奉伊斯兰教，阿拉伯语是阿联酋所在地区的民族语言和官方语言。

阿联酋优越的地理位置吸引了来自印度和中国的商人以及欧洲人，尤其是葡萄牙人、荷兰人和英国人。从16世纪开始，葡萄牙、荷兰、法国等殖民主义者相继入侵，19世纪，英国与阿联酋各个酋长国签订了一系列的协议，使得这个地区又沦为英国的保护国。直到1971年，阿联酋才结束了长达300年的殖民统治。但英国的统治将阿联酋与英联邦国家联系起来（如印度），英语便成了相互联系的桥梁。

独立后阿联酋的语言国情

1971 年，阿联酋脱离英国的殖民统治。独立后，阿联酋政府颁布宪法，规定官方语言为现代标准阿拉伯语，所有的政府文件需要用阿拉伯语。但是阿联酋相对开放的经济环境和丰富的石油资源，吸引了来自四面八方的人涌入，这些人并不都会阿拉伯语；加之英国殖民统治的影响，英语在阿联酋的社会生活中已经扎根。作为世界通用语言的英语成为阿联酋经济生活以及与外界联系的重要语言，有时地位甚至超过阿拉伯语。在迪拜、阿布扎比等重要城市，几乎所有的银行、商业部门、医院、大学和私人场所都使用英语，甚至文件也是英文的。

阿联酋外来人口占绝大多数，因此在阿联酋的教育体系中，学校以国际学校为主，目前拥有超过 400 座私立国际学校，而且这些学校越来越受到本土居民的青睐。在这些学校中，通常用二语（阿拉伯语、英语）或三语（阿拉伯语、英语、法语）教学，阿拉伯语课程只是选修，并没有考试或升学的压力，因此阿拉伯语在这些学校变成了一种形式。当前包括阿联酋在内的大部分阿拉伯国家与非阿拉伯国家人民进行交流时倾向于使用英语，即便是使用阿拉伯语，也是简化了的阿拉伯语。这些都不同程度降低了阿拉伯语在社会交际中的地位。从世界范围的人口统计的角度讲，阿拉伯语是世界上增长速度最快的语言，但是在阿联酋却恰恰相反。

阿拉伯语与民族认同

阿拉伯人始终认为他们的母语是最经典的，也是最优美、最有逻辑性的语言。不过，阿拉伯语在阿联酋的现状引起了一些学者的担忧，很多阿联酋学者认为当前英语占据主导地位的现象反映的是英语文化的"侵略"，如果阿拉伯语在日常交际中的从属地位持续下去，那么国家的民族凝聚力将逐渐丧失。

为了提高阿拉伯语在社会生活中的地位，自 2008 年起阿联酋政府相继出台了一系列保护阿拉伯语的措施，要求阿联酋政府的所有公文都要有阿拉伯语的版本，各个政府单位均提供阿拉伯语的服务，街道的标语也应标有相应的阿拉伯语。文件还规定在阿联酋的外国机构也都必须提供阿拉伯语的服务。目前所有商品的外包装、超市购物小票、商场中的指示牌都使用阿拉伯语和英语两种语言，阿拉伯语在日常生活中的地位有了一定程度的改善。2014 年8 月，阿联酋高教科研部与阿联酋阿拉伯语保护协会签署了一项备忘录，旨在强化阿拉伯语在政府部门中的使用，扩大阿拉伯语在居民日常生活中的使用范围，增强阿拉伯人的认同感和凝聚力。

🤝 语言服务

中国开设阿拉伯语专业的高校有近 40 所，分别为北京大学、对外经济贸易大学、北京外国语大学、北京语言大学、北京第二外国语学院、天津外国语大学、大连外国语大学、吉林华桥外国语学院、黑龙江大学、哈尔滨师范大学、哈尔滨外国语学院、河北外国语学院、解放军外国语学院、上海外国语大学、上海外国语大学贤达经济人文学院、山东师范大学、临沂大学、南京大学金陵学院、中国传媒大学南广学院、扬州大学、浙江越秀外国语学院、浙江外国语学院、浙江工商大学、广东外语外贸大学、广东外语外贸大学南国商学院、中山大学、四川外国语大学、四川外国语大学成都学院、西安外国语大学、青海民族大学、西北民族大学、西北师范大学、兰州交通大学、宁夏大学、北方民族大学、银川能源学院、新疆大学和石河子大学等。

中国在阿联酋设立的孔子学院有 2 所，

分别为扎伊德大学孔子学院和迪拜大学孔子学院，合作单位分别为北京外国语大学和宁夏大学。

阿联酋尚未有高校开设中文系或中文专业，但有 2 所大学开设了汉语课程，分别为扎伊德大学和迪拜大学。

小贴士

⊙首都

阿布扎比，也是阿布扎比酋长国的首府，位于阿布扎比酋长国的中西边海岸，波斯湾的一个 T 字形岛屿上，面积 116 平方千米，是阿联酋第一大城市，也是阿联酋政治、文化和商业中心。

⊙姓氏

阿拉伯人姓名一般由 3 或 4 节组成，第一节本人名字，第二节父名，第三节祖父名，第四节家族名（也就是姓）。男性名字当中祖父名、父名前面加上 ibn（伊本）或 bin（本），意思是"某某之子"，女性名字当中祖父名、父名前面加上 binti（本蒂），意思是"某某之女"。

⊙自然与经济

阿联酋绝大部分是海拔 200 米以上的沙漠和洼地，沙漠和洼地中有一些绿洲，是主要农业区。沿海为平原，地势低平，东北部为山地。阿联酋属于热带沙漠气候，全年气温偏高，降水稀少，年均降水量不到 100 毫米。受印度洋气候影响，5—10 月为夏季，气温可达 45℃ 以上，局部沙漠地区有小沙暴。11 月至次年 4 月为冬季，气温 7—20℃。石油和天然气资源丰富。阿联酋还大力发展食品饮料、纺织皮革等工业。

⊙美食

传统的阿联酋食物为阿拉伯风味，菜肴的种类很多，主要有烤全羊、烤羊排、烤羊肉串、烤鸡、烤鱼、烤虾等。阿联酋人喜爱甜食，甜品由肉、水果蔬菜制成，搭配阿拉伯风味的酱汁，香甜可口。阿拉伯大饼以面粉为原料，饼面上撒芝麻，用特制的炉子烘烤，香脆可口，有淡淡的甜味。

⊙节日

登霄节（伊斯兰教历 7 月 27 日，纪念穆罕默德登霄游天见先知）、盖得尔夜（又称平安之夜，伊斯兰教历 9 月 27 日夜，据《古兰经》载，该夜做一件善功胜过平时一千个月的善功）、开斋节（伊斯兰教历 10 月 1 日，伊斯兰教历每年的第 9 个月为斋月，第 10 个月的第 1 日到第 3 日是教徒们的开斋节）、古尔邦节（伊斯兰教历 12 月 10 日，每年的这一天穆斯林们便为真主安拉宰牲献祭，也称宰牲节）、国庆节（12 月 2 日）等。

⊙名胜古迹

帆船酒店 世界上最早的七星级酒店，位于距阿拉伯湾海岸线 280 米处的人工岛上，是帆船造型的塔状建筑，高 321 米。酒店拥有 202 间豪华复式套房，极其华丽，被誉为"波斯湾的明珠"。

迪拜塔 又名哈利法塔，是一栋摩天大楼，由钢筋水泥和玻璃建造起来的建筑和工程学杰作。高 828 米，共 160 层，内设豪华公寓、服装专卖店、游泳池、温泉会所、高级个人商务套房等。

棕榈岛 由朱美拉棕榈岛、阿里山棕榈岛、代拉棕榈岛和世界岛 4 个岛屿群组成，是世界上最大的人工岛。岛上有公寓、别墅、豪华酒店以及各类公共设施。

朱梅勒清真寺 位于迪拜酋长国，具有中世纪法蒂玛王朝的建筑风格，整座清真寺由石块砌成，尖塔和拱顶相互衬托，是伊斯兰建筑风格的典型代表。

阿曼国旗呈长方形，长宽比约 2∶1。旗面包含白、绿、红三种颜色。白色横道代表阿曼的宗教领袖，绿色横道表示阿曼的绿色山脉，红色则是海湾地区国家常用的颜色。红色竖道的左上方有阿曼国徽的图像，整体象征人民不惜以武力捍卫国家主权和独立。

阿曼 | The Sultanate of Oman

马斯喀特门

阿曼 OMAN

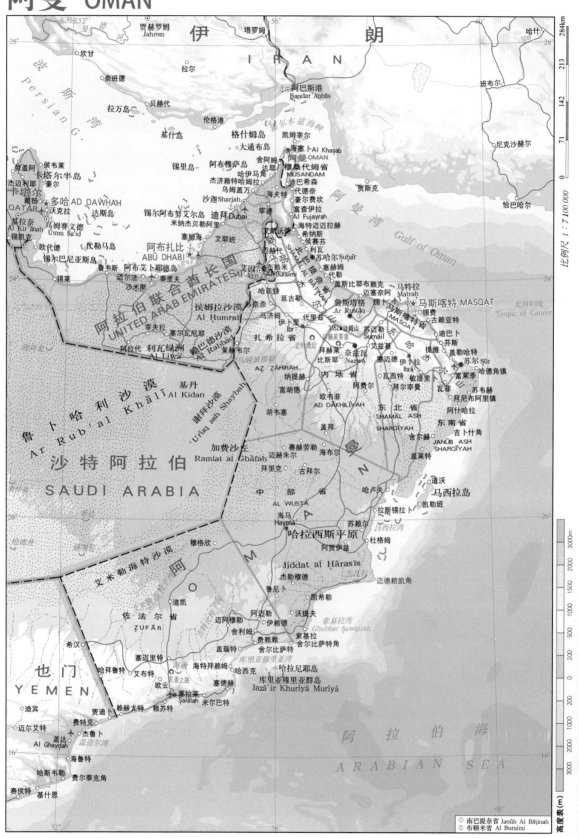

比例尺 1:7 100 000

① 南巴提奈省 Janūb Al Bāṭinah
② 布赖米省 Al Buraimi

阿曼，全称阿曼苏丹国，位于亚洲西南部，三面环海，西北与阿联酋相邻，西部与沙特阿拉伯交界，西南与也门接壤，北隔阿曼湾与伊朗相望。国土面积 309 500 平方千米，海岸线长 1700 千米，人口约 409 万。

语言

标准阿拉伯语为阿曼唯一的官方语言，属于闪－含语系闪米特语族。标准阿拉伯语与阿曼阿拉伯语地方变体在阿曼用于不同的场合。

标准阿拉伯语并非阿曼人的第一语言，只有受过良好教育的人才能较好地掌握，其主要用于教育、官方文件、正式讲话等。英语则是阿曼的通用语言，受过良好教育的阿曼人可用英语交流。

阿曼人在非官方场合使用多种阿拉伯语地方变体，这些阿拉伯语方言属于闪－含语系闪米特语族的地方变体，其中使用人口较多的是阿曼阿拉伯语，使用人口约 72 万，主要分布在哈扎尔高原地区和一些沿海地区，在肯尼亚、坦桑尼亚也有分布。阿曼阿拉伯语语言类型与其他阿拉伯语地方变体不同，是 SVO（主语＋谓语＋宾语）型。另外一种阿拉伯语地方变体是海湾阿拉伯语，它本是科威特 100 多万人使用的主要语种，但在阿曼也有约 44 万人在使用。还有其他一些阿拉伯语方言在阿曼使用人口较少，如多发利语使用人口约 7 万，分布于祖发尔省、莎拉拉省以及邻近的沿海地区；梅荷里语使用人口约 5 万，分布于阿曼南部靠近也门边界的地区；谢赫里语在阿曼的使用人口只有2.5 万，分布在祖发尔省的山区和平原地区，在阿拉伯海的发拉拉附近的库利亚姆利亚群岛也有分布，该语言使用者中越来越多的人同时通用多发利阿拉伯语；史赫希阿拉伯语在阿曼的使用人口则更少，约有 2.2 万，主要分布在阿曼的散达姆省，它为无文字语言，说该语的人往往不会说标准阿拉伯语；巴哈尔那阿拉伯语本是巴林的主要语言（参见"巴林"，第 63 页），在阿曼也被广泛使用；还有一种叫"哈尔苏西语"的阿拉伯语方言在阿曼的使用人数仅约 600 人，分布于中南部阿曼、乌斯塔省、祖发尔省等；比较小的语种还有巴塔里语，此种阿拉伯语方言在阿曼大约只有 200 人使用，分布于祖发尔省以及从咋希尔到施伟米亚的沿海城镇；阿曼境内更小的语种是霍波耶特语，使用者大约 100 人，分布在靠近也门的祖发尔省。

阿曼所使用的标准阿拉伯语的语法特征与其他地区所使用的标准阿拉伯语基本一样。构词法有内部词根和派生关系上的屈折变化，一个词根可以通过叠加各种成分派生出若干含有不同时态的动词和不同含义的名词。词法主要手段是先由几个辅音构成词根框架，然后填进不同的元音，或附加词缀，形成表示各种不同概念的派生词。阿拉伯语字母表共有 28 个字母以及 13 个发音符号，阿拉伯语语音通过字母和发音符号共同拼读而成。名词有性、数、格、式（即确指或泛指）的区别，显示为各种词尾的变化。动词的形态特征包括人称、性、数、时态及语态等。句子没有固定的语序，比较固定的结构是修饰结构，采用前正后偏的形式。阿拉伯语的书写方向是从右往左。

阿曼也有部分人使用印欧语系伊朗语族语言，主要包括南部巴罗奇语、鲁瓦提语、伊朗波斯语、库马扎里语等。南部巴罗奇语的使用者来自巴基斯坦，有 13 万，多数人并非阿曼公民；鲁瓦提语的使用人口有 3 万，该语言内部无方言，使用该语的族群据称迁徙自伊朗，使用者为什叶派穆斯林；伊朗波斯语的使用人口有 2.5 万，其语言类型为 SOV（主语＋宾语＋谓语）型，该语言也叫新波斯语、帕尔斯语、西部波斯语；库马扎里语的使用人口约为 1700 人，是一种走向消亡的语言。

民族

阿曼的民族结构具有多元化特点。2012年联合国经济与社会事务署的统计表明，阿曼公民占总人口的76.3%，外籍人口占23.7%。阿曼居民绝大多数是阿拉伯人，传统上可以分为两支：一支来自南阿拉伯地区，另一支来自阿拉伯半岛中部。外来人口中，印度人、伊朗人、巴基斯坦人等居多。阿曼人主要为欧罗巴人种地中海类型，沿海地区混有尼格罗人种成分。

阿曼有少量华人居民，主要来自中国东北三省，他们主要分布于阿曼的马斯喀特、苏尔、苏哈尔、布莱米等地。

阿曼民族的历史源远流长。"阿曼"这个现代名称据研究是来源于也门的一个地名"乌曼"，阿曼的早期移民是来自此地的阿拉伯部落。这些部落定居在阿曼，靠捕鱼、放牧或养殖牲畜为生。从公元前6世纪到公元7世纪伊斯兰教传至此地，此后，阿曼曾被葡萄牙人、波斯人和英国人统治或影响，但阿曼人一直信奉伊斯兰教，这奠定了阿曼社会文化认同的宗教基础。目前阿曼国内的族群文化认同概况粗略来说可分为3种：部落群体、伊巴迪教派穆斯林和海商群体。前两种广泛分布于内陆地区，由于长期与外界隔绝而文化较为保守。后一种主要从事商业贸易，对其他文化持较为开放和容忍的态度。这3类人之间存在一定的社会文化摩擦以及社会不公的问题。几乎所有阿曼人都是穆斯林，宗教是阿曼族群认同的重要纽带。非穆斯林人口基本上是外国劳工。

语言国情沿革与发展

官方语言的确立

标准阿拉伯语源自古阿拉伯语，随着阿拉伯半岛氏族的分化，古阿拉伯语分化为各部落变体，而后随着伊斯兰教的兴起以及阿拉伯民族认同感的增强，又逐渐趋于统一，最后在《古兰经》的凝聚力之下形成了标准阿拉伯语。标准阿拉伯语的形成基础是古莱氏方言和泰米姆方言，公元5世纪末出现雏形，6世纪初时初具规模，7世纪时则借助宗教的力量得到了快速的发展。伊斯兰教兴起前的数百年，各地阿拉伯人使用的是部落方言，后来阿拉伯半岛的北部在经济、政治、商业、文化等方面得到了长足发展，北部地区强势的经济和繁荣的文化使北部的方言慢慢成为整个半岛的雅言，也就是既雅正又合规范的语言。起初只是商业、政治、文化交往方面的地区通用语，渐渐地便进入南北广大地区的各个领域。实际上，雅言形成于伊斯兰教兴起之前。由于半岛北部地区具有政治、经济和文化的优势，再加上北部的古莱氏方言又被用来书写《古兰经》，后来古莱氏方言和泰米姆方言逐渐融合并最后演变为标准语。据研究，标准语中这两种方言所占的分量几乎相同。伊斯兰教产生后，《古兰经》中的语言变成了阿拉伯半岛上的标准语，真正意义上的阿拉伯民族才得以形成，阿拉伯民族的认同得到进一步加强。

阿曼将标准阿拉伯语规定为官方语言，首先是为了确立一种超方言的国家通用语言，为各族群提供交际的便利；其次是用作维护国家统一和保障政令畅通的重要工具；再次也是用来维护阿曼的阿拉伯民族特征，保持与其他阿拉伯国家的紧密联系；最终目的是取得国家各个社会层面的一体化。

各种阿拉伯语变体在阿曼的使用已经有两千多年的历史。在普通人的日常生活中很少使用标准阿拉伯语，而是使用阿拉伯语的各种民间变体以及其他非阿拉伯语言，能真正熟练运用标准阿拉伯语的人并不多。为了有效发展经济，加强社会的一体化，政府将标准阿拉伯语定为官方语言来加强它的语言地位。

阿曼是一个严格执行君主制的国家。苏丹是国家的最高领导人，掌握着立法、行政、司法、军事、财政等诸方面的权力。阿曼没有制定宪法，管理国家所依据的是沙利亚法，即伊斯兰教法律。宗教在人们的行为规范以及国家立法中起到非常大的作用。所以对《古兰经》的学习和深刻理解便成了培养虔诚伊斯兰教徒的有效途径，标准阿拉伯语水平越高无疑会对伊斯兰教的精髓理解得越透彻，对国家所实行的伊斯兰法就越有认同感，因此推广标准阿拉伯语是阿曼保证国家统一和谐的重要手段。

为了加强国家的一体化，提高国民标准阿拉伯语水平，阿曼自建国起就采取了强制和引导并用的方法来推动标准阿拉伯语的普及。一方面是规定标准阿拉伯语为官方语言，政府机构、法院等必须使用标准阿拉伯语；另一方面是通过发展教育来引导标准阿拉伯语的普及。2008 年联合国教科文组织的统计显示，阿曼人口的识字率为 87%，高于当时世界平均值的 84%，这为标准语的普及奠定了坚实的基础。但在 1970 年以前，阿曼全国仅有 3 所学校，学生 900 人，卡布斯苏丹掌握政权后，阿曼的教育得到了迅速发展。2006—2007 年，阿曼增加到了 1000 多所公立学校，学生 56 万人，私立学校学生人数为 6.5 万人。

语言多元化格局的形成

阿曼政府在推广标准阿拉伯语的同时，确保人们拥有使用各地区阿拉伯语方言的充分自由。在阿曼，普通人之间不用标准阿拉伯语交流，它只是高端人士用在正式场合的语言；表现普通民众日常生活的电影、戏剧、音乐几乎都使用阿拉伯语地方变体。这些方言有时还代替标准语用来讲经。很多正式场合或学术讨论会可能是用标准语做开场白，接着便使用地方变体交流。形成这种语言生态的主要原因是标

准阿拉伯语是神圣而经典的，不可篡改，但它不能像方言那样精确表达阿拉伯国家各自不同的社会文化现象。研究表明，标准阿拉伯语使用的场合有：清真寺讲经、政治演说、大学授课、新闻广播、报纸社论及图片说明、诗歌、个人信件等；阿拉伯语地方变体使用的场合有：对仆人工匠职员做指示、与亲友谈话、戏剧、广播剧、政治性漫画说明、民间文学。标准阿拉伯语名词的词尾分别用主、宾、属 3 个语法格来表示，而阿曼的各阿拉伯语方言对这 3 个语法格位不加区分，它们的语法结构比标准语简单得多。这些方言之间的差别程度各异，有的差异相当大，以至于彼此不能相通。

阿曼语言的多元性部分来源于移民。20 世纪 70 年代以来，石油经济的繁荣使得很多人富裕起来。很多家庭雇佣了来自菲律宾、印度、斯里兰卡、巴基斯坦、阿富汗、泰国等的非阿拉伯劳工，这些外来劳工与当地人用阿拉伯语交谈时夹杂着印地语、乌尔都语、泰语、英语等词汇。来自这些国家的保姆则将自己国家的语言成分教给了阿拉伯人的小孩。

阿曼也有来自科威特、巴林、阿联酋等周边阿拉伯国家的移民，分别形成了海湾阿拉伯语群体、巴哈尔那阿拉伯语群体、史赫希阿拉伯语群体。来自巴基斯坦和伊朗的移民分别带来了伊朗语族的南部巴罗奇语和鲁瓦提语。

在过去近千年的奴隶买卖过程中，被出卖的非洲裔奴隶带来了班图语支的斯瓦希里语。19 世纪初，阿曼的赛义德又率兵平定东非沿海地区的叛乱，连年征战，在北起摩加迪沙、南至德尔加杜角的整个东非沿岸地区确立了阿曼的统治地位，这个时期也有来自非洲的移民，这些移民也加入了原先的非洲语言群体。

英国人曾在军事上和政治上支持阿曼政府多次挫败试图推翻政府的起义，英国对阿曼的军事、政治等的长期支持使英语在阿曼产生了很大的影响，其影响力仅次于标准阿

拉伯语。

虽然阿曼的文化主流是阿拉伯文化和伊巴迪文化，但阿曼人对其他语言和文化具有很强的容忍度。民族、教派、语言方面的冲突很少发生。根据阿曼本国学者的研究，阿曼的文化多样性要比周边的阿拉伯国家丰富。

语言服务

中国开设阿拉伯语专业的高校有近40所，具体参见"阿拉伯联合酋长国"（第19页）。

中国尚未在阿曼设立孔子学院。

阿曼尚未有高校开设中文系或中文专业。

小贴士

⊙首都

马斯喀特，地处波斯湾通向印度洋的要冲，三面环山，东南濒阿拉伯海，东北临阿曼湾。马斯喀特是古代中国和阿拉伯国家贸易的重要港口，是海上丝绸之路途经阿拉伯半岛的唯一港口。

⊙姓氏

阿曼人的姓氏结构属于父子连名制，名字结构是"自己的名字·父名·祖父名·曾祖父名……"。如"萨达姆·侯赛因·阿尔马吉德·阿尔提克里特"中，"萨达姆"是本名，"侯赛因""阿尔马吉德"和"阿尔提克里特"分别是其父亲、祖父和曾祖父的名字。

⊙自然与经济

沙漠或山谷占阿曼国土的82%。阿曼为热带沙漠气候，全年大部分时间高温干燥，只分热季和凉季。阿曼属于传统的农业社会，近一半人口从事农渔牧业。农民种植椰枣、大麦、小麦、蔬菜和瓜果等；牧民放牧绵羊、山羊和骆驼；少数人从事沿海捕鱼和采珠。阿曼石油资源丰富。

⊙美食

阿曼饮食讲究菜肴酥香鲜嫩。口味不太咸，偏辣味。主食以面食为主，尤以饼类最为常见。副食主要是鱼、驼肉、羊肉、牛肉、鸽、鸡等。常见蔬菜有黄瓜、豌豆、西红柿、茄子、土豆等。

阿曼人常用烤驼羔（驼羔净肚内塞进一只羔羊，羔羊净肚内再塞一只鸡，鸡净肚内再塞进一只鸽子，加上各种香料，经烤制而成）来招待贵宾。

⊙节日

圣纪节（伊斯兰教历3月12日，又称圣忌节或冒路德节，伊斯兰教三大节日之一，相传为穆罕默德诞辰和逝世日）、登霄节（伊斯兰教历7月27日，纪念穆罕默德登霄游天见先知）、开斋节（伊斯兰教历10月1日，伊斯兰教历每年的第9个月为斋月，第10个月的第1日到第3日是教徒们的开斋节）、古尔邦节（伊斯兰教历12月10日，每年的这一天穆斯林们便为真主安拉宰牲献祭，也称宰牲节）、国庆日（11月18日）等。

⊙名胜古迹

卡布斯大清真寺 可容纳20 000人做礼拜，下设卡布斯伊斯兰文化中心，藏有20 000册书。寺内礼拜大殿内铺的波斯地毯总重量达21吨，中央吊灯总重量8吨。大清真寺最高宣礼塔高91.3米。

旗帜宫 位于马斯喀特老城内，是苏丹卡布斯的王宫。旗帜宫是卡布斯苏丹陛下主持重大礼仪活动、接受使节国书、召开内阁会议或召见大臣的场所，并用作来访元首级国宾下榻处。

比尼哈利德河谷 河谷河水清澈，沿河两岸因河川长年冲刷侵蚀而形成陡峭的山壁。溯溪而上有一长达450米的巨大岩洞，为著名景观。

阿塞拜疆国旗呈长方形，长宽比 2 : 1。旗面自上而下由蓝、红和绿三色长方形组成。红色部分中间绘有一弯新月和一颗八角星。蓝色象征里海，红色象征进步和光明，绿色象征伊斯兰教和高加索山，新月与八角星代表伊斯兰教，八角星象征八个不同的民族团结一致。

巴库火焰塔

阿塞拜疆

The Republic of Azerbaijan

阿塞拜疆 AZERBAIJAN

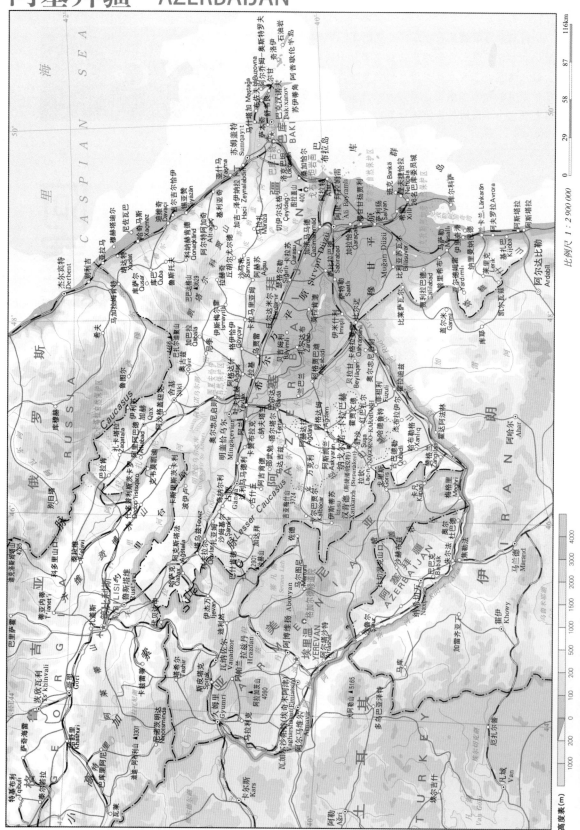

比例尺 1 : 2 900 000

高度表（m）

阿塞拜疆，全称阿塞拜疆共和国，地处亚洲西部外高加索的东南部。东临里海，与哈萨克斯坦、土库曼斯坦隔里海相望，南与伊朗接壤，北邻俄罗斯，西部和西北部与格鲁吉亚、亚美尼亚相连。西南部的纳希切万自治共和国是阿塞拜疆的一块飞地，被亚美尼亚、伊朗和土耳其环绕。大、小高加索山自西向东贯穿全境，余脉没入里海。国土面积 86 600 平方千米，人口约 948 万。

🗨 语言

阿塞拜疆语是阿塞拜疆的官方语言，属阿尔泰语系突厥语族乌古斯语支，与突厥语诸语言、安纳托利亚土耳其语（在土耳其使用）和土库曼语（在土库曼斯坦使用）属于同一个语言群体。现代阿塞拜疆书面语是在 19 世纪中期以巴库和舍马赫方言为基础方言而逐渐形成的。在语法特点上，阿塞拜疆语与其他突厥语类似，名词有数、格和领属人称的变化，动词有人称、式、态、时的变化，使用后置词等。阿塞拜疆语深受俄语的影响，从 19 世纪开始，俄语外来词（尤其是技术名词）、语法和词汇结构就已经开始影响阿塞拜疆语。

阿塞拜疆语示例：

Azerbaycan!Azerbaycan!

Ey qehreman ovladin sanli Veteni!

Senden otru can vermeye cumle haziriz!

Senden otru qan tokmeye cumle qadiriz!

Uc rengli bayraginla mesud yasa!

Uc rengli bayraginla mesud yasa!

（阿塞拜疆！阿塞拜疆！

英勇儿女的尊贵土地！

我们的生命准备为你献上！

我们的鲜血准备为你流淌！

三色旗尊贵地飘扬！

三色旗尊贵地飘扬！）

阿塞拜疆居民中，使用阿塞拜疆语的人约占 90.6%，使用俄语和亚美尼亚语的人分别占 1.8% 和 1.5%，另有约 6% 的人口使用列兹根语、塔雷什语、阿瓦尔语、库尔德语、格鲁吉亚语、乌丁语和塔特语等。这些语言中，除列兹根语、阿瓦尔语、格鲁吉亚语和塔雷什语外，均为濒危语言，使用人数不足万人，有的甚至不足千人。

阿塞拜疆人大多使用双语。80% 的人口以阿塞拜疆语为母语，近 40% 的人口同时可以流利地使用俄语。目前，俄语和英语为主要外语，许多人将俄语或英语作为第二语言。此外，法语、意大利语和德语也有一定的市场。

👪 民族

阿塞拜疆是一个多民族国家，共有 43 个民族。阿塞拜疆族占境内人口总数的 90.6%，为阿塞拜疆的主体民族，属欧罗巴人种西亚类型，形成于 11—13 世纪。古阿塞拜疆人与今伊朗人有共同来源，同属欧罗巴人，使用印欧语系伊朗语族的语言，在公元前 550 年左右同属阿契美尼德帝国（波斯第一帝国），信奉琐罗亚斯德教。公元前 330 年，亚历山大帝国击败阿契美尼德帝国，该地属塞琉西王朝统治，并开始了希腊化时期。公元 1 世纪前后，该地区的居民被称为高加索阿尔巴尼亚人，他们建立了自己的帝国，信奉基督教，公元 252 年后属波斯萨珊王朝的附属国。公元 7 世纪后，高加索阿尔巴尼亚成为阿拉伯穆斯林属国，大部分阿塞拜疆居民转向伊斯兰教。到 11 世纪中期，属突厥乌古斯部落联盟的塞尔柱人占领了阿塞拜疆地区，阿塞拜疆人与突厥人融合，史称"突厥化"，形成了现今的阿塞拜疆人，语言也改为阿尔泰语系突厥语族乌古斯语支的阿塞拜疆语，并与没有突厥化的波斯人、库尔德人在族群和语言上彻底分道扬镳，而与同为塞尔柱人入侵后由波斯族突厥化的土耳其人的语言形成同一个语族和语支。目前绝大多数阿塞拜疆人信奉伊斯兰教,主要分布于阿塞拜疆及吉尔吉斯斯坦、格鲁吉亚、伊朗、塔吉克斯坦、阿富汗等邻近国家。

阿塞拜疆东北部地区的少数民族主要有俄罗斯族、亚美尼亚族和塔特族。在西北部与俄罗斯达格斯坦交界的山区,分布着"高加索各民族"(生活在欧洲南部与亚洲西部的高加索地区的土著民族),主要有阿古尔族、阿瓦尔族、列兹根族、鲁图尔族、沙赫达格族、塔巴萨兰族、塔雷什族和察呼尔族。生活在阿塞拜疆和达格斯坦北部的"山地犹太人"讲塔特语方言,来源不明,但文化方面已与周围的高加索各族融合,受到基督徒和穆斯林的同化。乌丁族和梅斯赫特族是两个格鲁吉亚族群,分布在阿塞拜疆与格鲁吉亚交界地区。

阿塞拜疆主要少数民族及所占人口比例如下:列兹根族2.2%;俄罗斯族1.8%(很多俄罗斯族在20世纪90年代离开阿塞拜疆);亚美尼亚族1.5%(主要集中在纳戈尔诺-卡拉巴赫地区);塔雷什族1%;其他少数民族包括阿瓦尔族、塔特族、格鲁吉亚族、库尔德族、犹太人、乌丁族等,占3%左右。阿塞拜疆的民族关系总体上是平和的,较小的民族基本上同化于阿塞拜疆社会。

语言国情沿革与发展

独立前阿塞拜疆的语言国情

阿塞拜疆语形成于11世纪以后,在上古时期,阿塞拜疆地区的古阿塞拜疆人使用属于印欧语系印度-伊朗语族伊朗语支的古阿塞拜疆语,他们与今伊朗人有共同来源,都属于欧罗巴人种。从上古到中古时期,阿塞拜疆曾遭到许多异族的侵略和统治,先后有米底王国、斯基泰人、波斯帝国、亚美尼亚人、古希腊、罗马帝国、可萨人和阿拉伯人统治这个地区,

其宗教信仰也由琐罗亚斯德教更改为基督教再到伊斯兰教,但语言一直属于印欧语系。11世纪以后突厥乌古斯部落的塞尔柱人占领了阿塞拜疆地区,阿塞拜疆开始出现突厥化。从人口数量上看,阿塞拜疆的突厥人要远远少于古阿塞拜疆人,但此时突厥人也已信奉伊斯兰教,所以在突厥化过程中,阿塞拜疆人在与突厥人融合时,在血统上主要还是保留了古阿塞拜疆人的血统,故现代阿塞拜疆人仍属欧罗巴人种,信仰伊斯兰教,但语言发生了替代,新的阿塞拜疆人使用突厥语族乌古斯语支的突厥语,这标志着新的阿塞拜疆民族和阿塞拜疆语的形成。但是与一般的突厥语相比,阿塞拜疆语不具有元音和谐的特征,带有波斯语的语调,这反映了突厥化人口的非突厥血统的特点。

18世纪末19世纪初沙俄和波斯人的战争,是阿塞拜疆语发展的又一个重要环节。1813年的《古力斯坦条约》和1822年的《土库曼恰条约》的签订标志着战争的结束,阿塞拜疆北部(今阿塞拜疆共和国地区)被割让给俄罗斯帝国。此后,阿塞拜疆被一分为二,并入俄罗斯的阿塞拜疆人的语言被称为北阿塞拜疆语,在发展过程中受到俄语的影响;留在伊朗的阿塞拜疆人的语言被称为南阿塞拜疆语,受到波斯语的影响。

第一次世界大战导致了俄罗斯帝国的瓦解,阿塞拜疆于1918年5月28日成立了其历史上第一个独立的国家政权,但仅仅维持了23个月,1920年4月28日苏联军队占领了阿塞拜疆,同时宣布成立阿塞拜疆苏维埃社会主义共和国。1922年3月加入外高加索苏维埃社会主义联邦共和国并入苏联,1936年12月成为直属苏联的加盟共和国之一。在成为苏联加盟共和国成员后,阿塞拜疆的语言面临着极大的问题,尤其是前50年。1924年,苏联政府开始在阿塞拜疆实施从阿拉伯文字向拉丁字母转化的语言政策。1928年到1929年间,宣布所有操突厥语的人必须使用拉丁字母体系。1933

年，阿塞拜疆放弃了从 20 年代开始采用的拉丁字母而改用新的突厥文字。1939 年，在苏联推行俄罗斯化的背景下，阿塞拜疆语被强制要求以与俄语相近似的西里尔字母来书写。

20 世纪 50 年代，在阿塞拜疆最高苏维埃主席莫查·伊布拉西莫夫的努力下，苏联政府允许阿塞拜疆语成为阿塞拜疆的官方语言。60 年代，阿塞拜疆获准可以在学校初级和高级阶段的教育中使用阿塞拜疆语，也可以出版阿塞拜疆语书籍，主要是民间文学和诗歌创作。学术及政府机构开始使用阿塞拜疆语作为工作语言，但俄语仍然是阿塞拜疆占优势的交际语，科学、医学及商务往来仍使用俄语。

1978 年，阿塞拜疆宪法第 151 条得到修订，明确指出阿塞拜疆语是阿塞拜疆的国语，应该在公共和社会、文化、教育机构使用阿塞拜疆语。与 60 年代相比，阿塞拜疆在读学生中学习俄语的人数有所下降。尽管如此，俄语的统治地位并未改变，只有精通俄语的人才能进入政府、科学界、医学界等重要领域，许多阿塞拜疆人由于不懂俄语而无法在这些部门谋职，俄语更是唯一的学术语言，博士学位论文必须用俄语撰写。会说俄语或接受过俄语教育的人有更多的发展机会，官方会议等正式场合也以俄语为交际语言。与此同时，说阿塞拜疆语的人口呈下降趋势，学生也不会因为阿塞拜疆语成绩不及格而影响毕业，一些学生甚至反对学校继续开设阿塞拜疆语课程。

苏联后期，有 80% 的教育机构教学语言是俄语。从 1988 年开始，使用俄语进行教学的机构逐渐减少。据 1989 年的统计数据，97.7% 的阿塞拜疆人将阿塞拜疆语视为母语。同时，个别学校还用亚美尼亚语和格鲁吉亚语教学。

独立后阿塞拜疆的语言国情

苏联解体以后，阿塞拜疆共和国在 1991 年宣布独立。独立伊始，国家亟须制定一系列的民族认同和复兴国家稳定和发展的政策，语言被赋予深刻的政治及社会意义，成为国家独立、社会融合与民族团结和认同感的象征，语言政策也因此进行了一系列的改革。这些改变同时也反过来影响了社会、政治的格局。语言政策改革主要包括官方语言名称的确定和文字改革两个方面。

从语言关系和历史渊源看，土耳其语与阿塞拜疆语有着密不可分的联系。16 世纪沙阿伊斯梅叶尔克代国王统治时期，阿塞拜疆语被称为土耳其语，是皇宫和军队的官方语言，阿塞拜疆人则被称为土耳其人。阿塞拜疆独立后，亲土耳其的土耳其人民阵线党主张西化和与土耳其融合。1992 年，通过立法将阿塞拜疆国家语言的名称改为土耳其语，语言工作者开始用土耳其词汇取代语言中与阿拉伯语、波斯语、俄语以及欧洲语言有关联的词汇。同时，政府通过媒体和语言教育机构（开设土耳其语言学校、削减俄语学校）大力提升土耳其语的社会地位。但也有不同的声音，认为应该坚持阿塞拜疆语民族语言的地位。1992 年至 1995 年间，阿塞拜疆社会对其官方语言究竟应称为"土耳其语""阿塞拜疆土耳其语"还是"阿塞拜疆语"进行了多次辩论。1995 年，政府推出一项新的法案，明确规定"阿塞拜疆语"为阿塞拜疆官方语言的名称。

字母改革也同样引起阿塞拜疆社会不同声音之间的辩论。亲俄派代表老一代的立场，反对用拉丁字母代替西里尔字母。也有一部分人主张采用阿拉伯字母，认为这有利于弘扬阿塞拜疆以及东方的传统文化。而支持采用拉丁字母的人又分为两个派别，亲土耳其派建议采用传统土耳其字母，另一派则主张采用改进过的土耳其字母，以体现阿塞拜疆语的语音特征。为突显阿塞拜疆语言的民族独立性，2001 年，阿利耶夫政府授权用拉丁字母取代西里尔字母，尤其强调与土耳其语不同的中性元音 Ə 的使用。

此后，政府通过行政措施大力提升了阿塞拜疆语的社会地位，阿塞拜疆语成为正式演讲、官方会议及谈判、学术论文写作等的指定语言，促进了阿塞拜疆社会的稳定，也促使少数民族以及以俄语为母语的人们积极学习阿塞拜疆语，以便获得更好的教育和职业发展机会。同时，也通过作家、诗人的作品和电视、报纸、语文教材等大众传播方式大力推广巩固阿塞拜疆语作为官方语言的地位。

苏联解体后的20多年间，阿塞拜疆社会、政治状况的改变带来了语言状况的改变，阿塞拜疆语的地位得到较大提升，俄语的地位有所下降，与英语一起成为阿塞拜疆的第二语言。现在，阿塞拜疆所有的行政机构、政党、民间组织、商业团体、法律机构在官方场合都必须使用阿塞拜疆语，封条、印章、信笺抬头、价格标签、广告、证明信、说明书、公告等也必须使用阿塞拜疆语，需要时才可以辅以外语。阿塞拜疆语已成为阿塞拜疆政治、文化和社会生活必需的语言。

在民族语言政策方面，政府一方面通过确定阿塞拜疆语的地位体现阿塞拜疆国家和民族的独立，另一方面也给予少数民族使用各自母语的权利。政府鼓励但并不强制人们使用阿塞拜疆语。同时，阿塞拜疆所面临的少数民族语言濒危的现状也促使政府意识到采取措施保护少数民族濒危语言的必要性，对少数民族语言的政策从最初的"容忍其存在"逐渐向"提升其使用"过渡。1992年，阿塞拜疆政府通过立法的形式确保少数民族的权利、自由以及少数民族文化及语言。根据当年10月7日通过的教育法规第6条和国家语言法规第3条规定，少数民族拥有用母语接受教育的权利和机会。1995年，阿利耶夫政府曾颁布法案，确保阿塞拜疆少数民族享有自由使用其语言的权利，包括可以用少数民族语言发行报纸，播放广播节

目，学校开始初级和中级少数民族语言课程，公共管理部门提供少数民族语言服务或翻译。同时，政府仍需要在立法、语言保护、语言研究方面做更多的工作，以保护少数民族语言。

在外语政策方面，特别是在对待俄语的态度方面，阿塞拜疆经历了不同的阶段。阿塞拜疆独立初期，政府开始逐渐削弱俄语的地位，俄语不再享有特殊的社会地位。例如，2000年巴库俄语及文学院更名斯拉夫大学，公共场所的通告、街道路牌改用阿塞拜疆语，广告改用阿塞拜疆语或英语。但是随着时间的推移，对于俄语的政策逐渐从最初的"俄语作为过渡时期的语言"转向"俄语作为一种信息资源"，以利于两国之间的文化交流。在首都巴库，俄语仍享有较高的社会地位，家长因学校减少俄语授课时数而纷纷将孩子送到私立语言培训机构或为孩子找俄语家教。2000—2001年阿塞拜疆国家统计局的数据显示，公立及私立俄语学校在读学生数为108 240人，2005—2006年上升到108 737人。虽然在2007年和2010年该数字下降至108 257人和95 567人，学习俄语的人数占学生总人数的比例仍有提高。2004年，阿塞拜疆的俄语学校有378所。总的来说，阿塞拜疆社会对俄语的态度较为温和，并不认为俄语会威胁阿塞拜疆语的地位，相反，他们认为俄语有助于社会政治和经济的发展，俄语同英语一起成为阿塞拜疆的第二语言。

独立以后的阿塞拜疆，随着社会经济的发展，英语渐渐成为职场广泛使用的语言。在首都巴库，人们逐渐将英语作为办公室语言，许多从事贸易的人都能熟练使用英语，大多数年轻人更是多少能说一些英语。除了英语以外，阿塞拜疆人还使用法语、意大利语和德语。

🤝 语言服务

中国开设阿塞拜疆语专业的高校有5所，

分别为北京大学、北京外国语大学、安徽大学、西安外国语大学和中国石油大学（华东）。

中国在阿塞拜疆设立的孔子学院有2所，分别为巴库国立大学孔子学院和阿塞拜疆语言大学孔子学院，合作单位分别为安徽大学和湖州师范学院。巴库国立大学孔子学院自2011年设立后，先后在巴库国立大学附中、阿塞拜疆总统直属国家管理学院、阿塞拜疆西方大学、阿塞拜疆里海大学、阿塞拜疆欧亚大学、阿塞拜疆国家通讯社、阿塞拜疆外交大学等开办了7个汉语教学点，开展中国文化与汉语教育，组织汉语水平考试。阿塞拜疆语言大学孔子学院于2016年设立。

阿塞拜疆开设中文专业的高校有1所，为阿塞拜疆巴库国立大学。另外，阿塞拜疆语言大学区域学和国际关系系开设有中国学专业。

小贴士

⊙ 首都

巴库，位于阿布谢隆半岛南侧的海湾内，是里海沿岸最大的港口，外高加索地区最大的城市和航运、航空及铁路枢纽，也是全国政治、经济和文化中心。巴库历史悠久，盛产石油。

⊙ 姓氏

阿塞拜疆的人名通常由四部分组成，即名字、父名、表示父子（女）关系的词、姓。目前大部分居民在命名方法上采用俄罗斯人名的后缀，如男性的"夫"（-ov/-ev）、女性的"娃"（-ova/-eva）。阿塞拜疆三大姓氏为马迈多夫、阿利耶夫和哈桑诺夫。妇女结婚后，改姓夫姓。

⊙ 自然与经济

阿塞拜疆超过一半的陆地由山脊组成，其余为平原和低地。气候类型多样，东部、中部干燥，东南部降雨较为充沛，西部与北部山区气温极低。大部分地区夏天为旱季，干燥少雨；秋末至次年春季为雨季，部分地区有降雪。阿塞拜疆是世界上最古老的石油开采之一，经济主要依靠石油和天然气出口，基础设施建设、金融以及不动产等非出口产业呈现出快速增长趋势。

⊙ 美食

阿塞拜疆菜口味偏重。传统饮食是烤大饼、面包、奶油、酸牛奶、小饺子汤和葡萄叶包肉馅儿等。节日或家庭喜庆日吃手抓饭和烤制甜食。干酪薄饼配酸奶是阿塞拜疆人的最爱。早餐有用葡萄和桑果做的果酱，做肉制品时喜欢辅以栗子、杏干、葡萄干和其他蔬菜。阿塞拜疆人绝大多数是什叶派穆斯林，他们对左手传递东西或食物很反感，认为左手卑贱，用其待人是极不礼貌的。阿塞拜疆人禁食猪肉，忌食驴肉、狗肉和骡肉，也不吃自然死亡的动物肉和血。

⊙ 节日

新年（1月1日）、纳乌鲁斯节（3月21日，类似于中国的春节，最大的宗教节日）、胜利日（5月9日，纪念反法西斯战争胜利）、国庆日（5月28日）、民族救亡日（6月15日）、国家独立日（10月18日）、宪法日（11月12日）、民族复兴节（11月17日）、世界阿塞拜疆人团结日（12月31日）等。

⊙ 名胜古迹

巴库古城及希尔凡王宫和少女塔 巴库古城的核心是内城，城外保存了大量12世纪希尔凡王朝时期修筑的防御墙，城中巷道错综、建筑古老、景致如画。希尔凡王宫是巴库古城的最高点，建在突出的悬崖上。王宫全部用闪光平整的石头砌成，彼此连接精巧，辨别不出接缝，是中世纪阿塞拜疆建筑杰出典范之一。少女塔位于巴库古城的中心位置，邻近里海海滨，始建于公元前7世纪，是希尔凡王宫建筑群的一部分，也是现今巴库的标志性建筑，有阿塞拜疆"古建筑明珠"之称，塔身为圆柱形，共有 8 层，全部用石灰石砌成。2000 年，城墙围绕的巴库城及希尔凡王宫和少女塔作为文化遗产入选联合国教科文组织《世界遗产名录》。

拉戈代希自然保护区　位于阿塞拜疆西北部，邻近俄罗斯，面积广大，风景秀丽，森林与平地交织，保护区内拥有各种名贵的动植物，是阿塞拜疆的旅游圣地。

巴库群岛　位于阿塞拜疆东部的里海上，由多个小岛组成。小岛成群分布，景色美丽迷人，有各式各样的珊瑚礁，汇聚了各类鸟群。

希尔万自然保护区　位于阿塞拜疆东部萨利亚内地区，与里海相接，东邻巴库群岛。保护区内地势较低，矿产资源丰富，有多种野生动物，景色优美。

埃及国旗呈长方形，长宽比3：2。旗面自上而下由红、白、黑三个平行的长方形组成，分别代表革命和鲜血、光明的未来和过去黑暗的岁月。中央的国徽为金黄色的"萨拉丁之鹰"，象征勇敢、忠诚与胜利；雄鹰胸部的竖纹盾形徽章象征与穆罕默德相关的库里希部落，鹰爪下方的文字是用阿拉伯文写的"阿拉伯埃及共和国"。

埃及

The Arab Republic of Egypt

金字塔

埃及 EGYPT

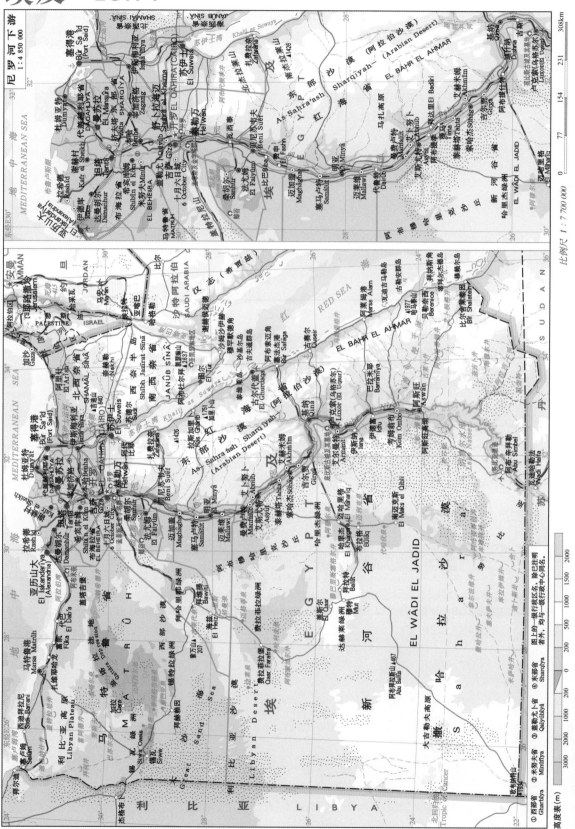

尼罗河下游 1:4 850 000

比例尺 1:7 700 000

高度表 (m)

埃及，全称阿拉伯埃及共和国。主要国土在非洲东北角，东部的西奈半岛属于亚洲。东临红海，东北部与以色列和巴勒斯坦的加沙地带交界，西部与利比亚相邻，南部与苏丹接壤，北边隔地中海与欧洲相望，地理位置居于欧、亚、非三大洲的联结点与交汇处，因而也是国际交通要道。东西和南北两条海岸线分别长995千米和1941千米。尼罗河流经埃及全境，是埃及的母亲河。国土面积约1 001 450平方千米，人口约8670万。

🗨 语言

埃及官方语言为现代标准阿拉伯语，国民通用语言则为阿拉伯语的地方变体——埃及阿拉伯语。除此之外，还有少数埃及人使用科普特语、萨义迪阿拉伯语、苏丹阿拉伯语、贝都因阿拉伯语、贝大维阿拉伯语，埃及少数民族使用多玛吉卜赛语、努比亚语、贝扎语和锡瓦柏柏尔语。埃及的外语主要是英语和法语。

现代标准阿拉伯语，属闪－含语系闪米特语族，不仅是埃及的官方语言，也是22个阿拉伯国家的官方语言和正式场合通用语言，同时还是联合国工作语言之一，以及全世界穆斯林的宗教语言。现代标准阿拉伯语的书写系统为阿拉伯字母，由28个辅音字母组成，从右至左书写。现代标准阿拉伯语语序比较灵活，构词手段极为丰富，有着繁多的形态变化，派生词占很大的比例，句法形态也比较复杂。名词不仅区分单数、双数和复数，并且有阳性、阴性和通性之分，在句中还有主格、宾格、属格和指称性质（确指或泛指）的形态变化，动词有人称、性、数、时态及语态等各种变化。

现代标准阿拉伯语主要用于读写和正式场合，因此难以通过家庭环境和社会环境自然习得，必须通过学校的正规教育学习掌握。所以虽然所有阿拉伯国家的大部分书籍、报刊和

官方文件均使用现代标准阿拉伯语作为书面语言，阿拉伯国家的各级学校在不同的教育阶段所教授的阿拉伯语也只限于现代标准阿拉伯语，但阿拉伯国家普通百姓的第一语言却不是现代标准阿拉伯语，而是具有地域特色的阿拉伯语方言。现代标准阿拉伯语在埃及具有官方语言的重要地位，但实际上却是当地人民的第二语言。

埃及阿拉伯语，又称埃及口语或埃及方言，是埃及的通用语言，大约有68%的人口将埃及阿拉伯语作为第一语言使用，其余人口则将其当作第二语言。埃及阿拉伯语起源于下埃及尼罗河三角洲上的首都开罗，来自公元7世纪征服埃及的阿拉伯穆斯林所用的阿拉伯口语，其发展过程中受到埃及前穆斯林时期的固有语言科普特语的影响，后又受到奥斯曼土耳其语、意大利语、法语和英语的影响。与建立在《古兰经》语言基础上的标准阿拉伯语相比，埃及阿拉伯语发音更为简便，词汇量相对较小，但不断创造新词表达思想感情；名词不变格，不使用双数人称，具有标准语所没有的动词现在进行时和将来时形态。它是一种具有浓重地域口音的简化了的阿拉伯语，广泛通用于埃及老百姓的日常生活以及歌舞、影视、戏剧、诗歌等文艺创作之中。埃及阿拉伯语的广泛使用使得近年来标准阿拉伯语的使用范围日渐缩小，埃及阿拉伯语在发音、语法等方面与现代标准阿拉伯语的差异也越来越大。

由于埃及近现代以来一直在阿拉伯政治、文化和教育领域占据重要地位，再加上有"中东好莱坞"之称的埃及影视业雄霸阿拉伯影视市场，以开罗方言为基础的埃及阿拉伯语输出到其他阿拉伯国家，其使用范围和使用频率因此高居阿拉伯各国方言之首。

除了埃及阿拉伯语外，埃及境内还有多种阿拉伯语方言。一部分埃及人因为所处地区与其他国家接壤，或因生活方式独立，形成了具有各自特点的阿拉伯语方言。萨义迪阿拉伯语

是埃及阿拉伯语之外使用人口较多的阿拉伯语方言,很多埃及南部的农村人口以萨义迪阿拉伯语为第一语言,这部分人占总人口的29%。贝都因阿拉伯语是埃及东北部的贝都因人使用的阿拉伯语方言,这部分人约占总人口的1.6%。苏丹阿拉伯语是埃及南部与苏丹接壤地带部分埃及人使用的阿拉伯语,以苏丹阿拉伯语作为第一语言的埃及人口很少,约占总人口的0.6%。另外,还有贝大维阿拉伯语,目前在埃及只有0.1%的人口使用。

埃及境内还有一些非阿拉伯语的语言,其使用者主要是埃及少数民族多玛吉卜赛人、努比亚人、贝扎人、柏柏尔人。他们多数是本族语和阿拉伯语的双语者,以阿拉伯语为第二语言或第一语言。多玛吉卜赛语,属于印欧语系印度-伊朗语族印度-雅利安语支。虽然多玛吉卜赛人信奉伊斯兰教,受阿拉伯语的影响很大,但目前仍有近30万多玛吉卜赛人说本族语言。努比亚语,属尼罗-撒哈拉语系沙里-尼罗语族,主要是分布在埃及南部的努比亚人使用,使用人口约20万。贝扎语,属闪-含语系含语族库希特语支,主要是生活在埃及东南部沙漠地带的贝扎人使用,约4万人。锡瓦柏柏尔语,属闪-含语系含语族的柏柏尔语支,主要是居住在埃及西北部的锡瓦绿洲的柏柏尔族人使用,约2万人。

本土埃及人最早使用的语言并非阿拉伯语,而是埃及语。埃及语是古埃及人的通用语言,属闪-含语系含语族的一个语支,自公元前2600年一直到公元17世纪,经历了上古埃及语、古埃及语、中古埃及语、近古埃及语、通俗埃及语、科普特语6个阶段的历史变迁。科普特语是埃及语的最后一个发展阶段,主要在公元1世纪到17世纪的埃及使用。公元7世纪阿拉伯人入主埃及后,科普特语的地位逐渐削弱,到17世纪后仅限于埃及基督教会内将其作为宗教仪式语言使用。从这时起,已没

有埃及人将科普特语作为自小习得的母语在日常生活中使用,从这个意义上来说科普特语已经消亡。这同时也意味着,埃及语的使用走到了历史的终点。科普特人在日常生活中说阿拉伯语,只在举行基督教仪式的特定场合才会用到科普特语。

埃及中上层通用的外语是英语,法语次之。街道上的标牌多用阿拉伯语和英语双语标示,也有少数标牌用法语标示。学校教授的最常见外语依次为英语、法语、德语和意大利语。

👥 民族

埃及是中东第一人口大国,在非洲的人口规模仅次于尼日利亚和埃塞俄比亚,但却是非洲国家中民族成分相对单一的国家。境内的民族主体是埃及族,约占总人口的97%,其余3%的人口主要由贝都因族、努比亚族、贝扎族、柏柏尔族和多玛吉卜赛族5个少数民族构成。

作为埃及的主要民族,埃及族人口超过8400万,由阿拉伯穆斯林和科普特人组成。阿拉伯人在公元7世纪征服埃及之后的几个世纪里,大力推行伊斯兰教和阿拉伯语,并与埃及当地人通婚,大多数埃及当地居民放弃了原有的基督教和多神教信仰,逐渐皈依伊斯兰教,成为阿拉伯穆斯林。因此,阿拉伯穆斯林的构成虽以阿拉伯人为主,但也融合了本土原有的埃及人,在总数上占到埃及总人口的87%。也有一部分埃及人一直坚持基督教信仰,这些埃及基督徒的后代就是科普特人。

科普特人大约有900万,占埃及总人口的10%,是中东地区最大的基督教族群,其信仰的科普特教是基督教的一个教派。他们崇尚古埃及的历史和文化,常以"古埃及人的后裔"和"真正的埃及人"自居,以笃信科普特教为荣,其历法、建筑、雕刻、绘画和手工纺织等方面在一定程度上保持了古埃及的文化特色和

风格，在情感上认同埃及的属性。而阿拉伯穆斯林虽也以古老的埃及民族和悠久灿烂的埃及文明为荣，但情感上认同阿拉伯民族，非常珍视阿拉伯历史以及伊斯兰文化遗产。

总体来看，科普特人受教育程度较高，生活较为富裕，但政治空间和文化空间相对狭小，有时会遭到民间普通穆斯林的歧视。历史上多数时期与穆斯林友好相处。虽然有些资料把科普特人看作是埃及的一个少数民族，但绝大多数埃及人并不认为他们是不同于阿拉伯穆斯林的另一个民族。可以说，除了宗教信仰不同，相同的外貌、形体、共同的语言、民俗，以及对埃及的深厚感情，已将科普特人和阿拉伯穆斯林融合为同一个民族。

与其他亚非国家相比，埃及的少数民族并不多。现有的5个主要少数民族中，贝都因人本来就是阿拉伯人赫拉尔部落的后裔，操阿拉伯语，信奉伊斯兰教，他们在西奈半岛和广袤的沙漠地区逐水草而居，人口约90万，主要因其古老的游牧生活方式而与其他定居的阿拉伯人区分开来，成为少数民族。其他4个少数民族，努比亚族、贝扎族、柏柏尔族和多玛吉卜赛族，都在阿拉伯政治文化的强势影响下经历了阿拉伯化，成为皈依伊斯兰教的穆斯林民族。他们多数人是本族语和阿拉伯语的双语者，以阿拉伯语为第二语言或第一语言。努比亚族约22万人，属苏丹尼格罗人种，主要分布在南部。贝扎族约4万人，属黑白混血的埃塞俄比亚人种，主要分布于东南部沙漠地带。柏柏尔族约2万人，属欧罗巴人种地中海类型，主要居住在西北部的锡瓦绿洲，也称锡瓦人。多玛吉卜赛族属于印度雅利安人种，约公元6世纪离开印度次大陆，经波斯和土耳其来到埃及。有学者调查认为他们在埃及的人口多达108万。但由于多玛吉卜赛族出于生存策略多倾向于隐藏自己的民族身份而以埃及族自居，其人口规模一般不见于官方统计资料。他们多以阿拉伯语为第一语言，信仰伊斯兰教，也有20多万人依旧说本族语言多玛吉卜赛语。

语言国情沿革与发展

外族入侵与埃及语的衰亡

古埃及作为人类文明最重要的发源地之一，早在7000年前就进入了铜、石并用时代，考古发现的最早的古埃及象形文字距今已有5200年。古埃及文明历经前王朝时期和王朝时期，延续了4000年，创造了辉煌的古代文化。作为古埃及文化载体的埃及语，是古埃及人民的通用语。

古埃及最早在公元前1650年就遭到西亚的希克索斯人入侵，但于公元前1550年将希克索斯人驱逐出埃及。从公元前10世纪中叶到公元前5世纪末，古埃及先后遭到努比亚人、亚述人和波斯人的入侵和统治。公元前343年，波斯帝国再次入侵，结束了古埃及最后一个法老的统治，历史上埃及本土人对埃及的统治到此结束。

公元前332年，马其顿国王亚历山大征服埃及，埃及又先后成为亚历山大帝国、罗马帝国、东罗马帝国的一部分，史称"希腊埃及"和"罗马埃及"时代。自"希腊埃及"时代起，埃及逐渐成为一个希腊化国家，法老文明被古希腊文明强势遮盖。罗马帝国对埃及的征服，又使基督教在埃及慢慢传播开来，埃及古老的宗教也逐渐被基督教所替代。

历史上连绵不绝的外族入侵和统治，导致古埃及人丧失了对国家权力的主导权，动摇了本土语言埃及语的社会地位。到公元642年阿拉伯人征服埃及时，埃及已经没有统一的语言，官方和知识界普遍使用希腊语；科普特语，即埃及语最后阶段的存在形式，已丧失官方语言的地位，只用于基督教会和日常生活。到11世纪，科普特语在埃及人日常生活中的口语地位又被阿拉伯语所取代。至 17 世纪，科普特语在埃及民间口语中完全消亡，仅在科普特教会的宗教仪式上保留了有限的使用。

埃及的阿拉伯化与阿拉伯语的通行

公元 7 世纪中期，阿拉伯人征服埃及，拉开了埃及阿拉伯化的序幕。但阿拉伯语在埃及的传播经历了一个较为困难的过程，因为当时埃及人仍旧说自己固有的民族语言科普特语。

针对这种情况，倭马亚王朝第五位哈里发（意为"继承人"，是穆罕默德逝世后领导穆斯林社群的政教合一领袖）阿卜杜·马立克于公元 700 年颁布命令，规定阿拉伯语为阿拉伯帝国的官方语言，确立了官方机构用语的阿拉伯化。官方语言地位的确立，在一定程度上激发了谋求公职的非阿拉伯人学习阿拉伯语的积极性。这一政策起初在埃及也遭到科普特语使用者抵制，但到公元 8 世纪 40 年代，埃及行政机关已经普遍使用阿拉伯语了。

此外，阿拉伯人还向埃及大量移民，并与当地人杂居、通婚，推行货币阿拉伯化，鼓励埃及人信仰伊斯兰教。伊斯兰教的推行对阿拉伯语的传播起到至关重要的作用，一旦入教就要用阿拉伯语朝夕诵读《古兰经》。因此，自公元 8 世纪中叶起，埃及的阿拉伯化进程开始加快；公元 9 世纪中叶以后阿拉伯语在埃及迅速传播，逐渐普及到民间；到公元 11 世纪，最终取代本土语言科普特语，成为埃及的全民语言。埃及本土语言的逐渐消失和阿拉伯语在书面语和口语中主流地位的确立，标志着埃及已演变为一个纯粹的阿拉伯国家。

语言与埃及阿拉伯民族主义的发展

1517 年奥斯曼帝国征服埃及，此后在近300 年的时间里切断了埃及与阿拉伯世界的联系。奥斯曼土耳其统治者实行严苛的专制统治，在经济上横征暴敛，在文化上强制推行土耳其语，人为限制阿拉伯语的使用，致使埃及阿拉伯文化受到严重摧残。

18 世纪末，随着法国军队的入侵，欧洲现代学科思想和教育实践首次进入埃及。埃及率先引进和吸收西方文化及其先进的教育制度、行政制度、科学技术，走在了阿拉伯国家的前列。埃及的阿拉伯文化由此获得了新的活力，这为之后埃及阿拉伯民族文化的复兴和阿拉伯民族主义运动的兴起奠定了基础。

而 1882 年英国占领埃及后，推行的是愚民和奴化的殖民主义教育。为保障英国文化压倒法国等其他欧洲文化的优越地位，英国殖民当局规定英语为埃及的科学和教学用语。埃及人民在寻求摆脱英国殖民统治的过程中，"法老民族主义"思潮一度兴起。这种本土民族主义，珍视埃及伊斯兰化之前的悠久历史，将埃及人的埃及性置于阿拉伯性之前；反映在语言方面，就是质疑标准阿拉伯语是构成埃及国家民族身份认同的基础和纽带，提出标准阿拉伯语已不适用于表达现代文明，且与埃及人民口头所说的埃及阿拉伯语脱节，主张从言文一致的角度在书面语领域推广埃及阿拉伯语的使用，因为埃及阿拉伯语底层含有埃及本土语言科普特语的语言成分，埃及阿拉伯语具有更强的埃及性。

但是 20 世纪 30 年代之后，埃及人民在反帝反殖民的斗争中，迫切感到与其他同样受殖民主义者压迫的阿拉伯国家团结起来形成反帝斗争统一战线的必要性。犹太复国主义在临近地区巴勒斯坦的发展壮大更是刺激了埃及的阿拉伯民族主义思潮的兴起。在这种背景下，以纳赛尔为代表的埃及爱国军人 1952 年发动革命并取得成功，1953 年废除帝制并建立共和国。其后埃及的阿拉伯民族主义发展成为"泛阿拉伯民族主义"，"泛阿拉伯民族主义"不强调大多数埃及人的母语埃及阿拉伯语，而是强调作为国语的标准阿拉伯语，将标准阿拉伯语看作是从内到外将埃及人与其他国家阿拉伯人紧密联系在一起的标记。

在纳赛尔的倡导下，埃及与其他阿拉伯国家的联系牢固地建立起来，并成为这个文化共同体的领袖。埃及与其他阿拉伯国家的经贸文化往来日趋活跃，埃及的人力资源和报刊书籍、电影大量输出到其他阿拉伯国家，出现了"阿拉伯文化的埃及化"或者说"埃及文学和文化产品的阿拉伯化"现象。

阿拉伯语和伊斯兰教在泛阿拉伯民族身份的认同上起到了至关重要的纽带作用。大多数埃及阿拉伯民族主义者认为，在民族身份的认同上，阿拉伯语起着比伊斯兰教更为重要的作用，因为阿拉伯语还可以是联系穆斯林和非穆斯林之间的纽带。

虽然伊斯兰宗教教育一直是埃及国家教育的正统意识形态，但埃及独立后一直采取改革开放政策，埃及人接触到大量的西方文化，中上层人士普遍会说英语。20世纪80年代以后，埃及为应对全球化和知识经济的挑战，积极和欧美发达国家开展项目合作研究，并吸引外国政府和大学到埃及投资办学，埃及境内除了已有的开罗美国大学以外，还相继出现了法国大学、德国大学、英国大学、俄罗斯大学等。由埃及教育集团和中国辽宁大学合办的埃及中国大学已于2007年开始招生。

自20世纪70年代末以来，埃及高等教育的国际化得到进一步发展。英语教学在埃及高校相当普遍，在一些高等工程技术学院，直接采用英语作为教学语言的情况也不鲜见。

🤝 语言服务

中国开设阿拉伯语专业的高校有近40所，具体参见"阿拉伯联合酋长国"（第19页）。

中国在埃及设立的孔子学院有2所，分别为开罗大学孔子学院和苏伊士运河大学孔子学院，合作单位分别为北京大学和华北电力大学。

埃及开设中文系的高校有8所，分别为艾因·夏姆斯大学、开罗大学、爱资哈尔大学、苏伊士运河大学、埃及科技大学、明尼亚大学、法鲁斯大学和开罗高等语言翻译学院。其中艾因·夏姆斯大学拥有博士学位授权点，开罗大学拥有硕士学位授权点。此外，还有60余所大学开设了中文课程。

小贴士

⊙ 首都

开罗，北非和阿拉伯世界最大的城市。开罗横跨尼罗河，市区面积453平方千米，人口676万，加上1000多万的市区周边人口，总人口约1800万，是埃及，也是整个中东地区和伊斯兰世界的政治、经济、历史文化和交通中心。开罗是世界上最古老的城市之一，被誉为"城市之母"，是世界旅游胜地，也是一个开放的国际化城市。

⊙ 姓氏

埃及人的名字一般依次由本名、父名和祖父名三部分组成，还可加上别名和称号。埃及穆斯林常用的名字不足1000个，因此三代相加的名字才具有区别人名的作用。埃及人喜用别名和称号，常见的如某某之父（艾卜）、某某儿子（伊本）等，赴麦加朝觐过的人，在其名前加尊称"哈基"等。埃及妇女都有自己的名字，一般婚后也不改名，除非丈夫是非常著名的人物，才会在自己的名字后面加上丈夫的名字。

⊙ 自然与经济

埃及全国地势平坦，境内96.5%的土地为沙漠,只有 3.5% 的土地为耕地和居民区。尼罗河自南向北流贯全境,境内长 1530 千米,形成尼罗河谷和自开罗伸向地中海的富饶的三角洲地区。尼罗河西侧的西部沙漠属于利比亚沙漠,东部沙漠属于西亚阿拉伯沙漠的一部分。东北的西奈半岛属高原地形,衔接非洲和亚洲。全境 96% 的地区处于热带沙漠气候区,只有地中海沿岸地区为典型的地中海气候。经济收入主要来自能源、旅游、运输和侨汇。以旅游业和交通运输业为代表的服务业对国民经济贡献最大,其次是工业和农业。工业以纺织品、食品加工等轻工业为主,主要农产品是棉花、小麦、水稻和玉米等。

⊙ 美食

埃及美食具有浓郁的北非和阿拉伯风格,口味较重。主食如大饼、面包,传统食品有炭烧山羊肉、油炸圆饼、甘蔗酒等。烤全羊(在小羊羔腹中填入混合着葡萄干的阿拉伯炒饭,在火炉中烧烤而成)是婚庆喜宴和款待嘉宾的珍馐,奶油拌果子泥(以蚕豆为主料,是一种味道鲜美的糊状食物)是埃及的国菜,穆鲁赫耶(将一种亚热带蔬菜搅碎后与羊肉或鸡肉煮成糊,味道芳香)是埃及的名汤。

⊙ 节日

东正教圣诞节(1 月 7 日)、闻风节(科普特历的 7 月 25 日,又称春节)、尼罗河节(8 月 28 日,又称尼罗河泛滥节、尼罗河娶妇节)、国庆节(7 月 23 日)、开斋节(伊斯兰教历 10 月 1 日,伊斯兰教历每年的第 9 个月为斋月,第 10 个月的第 1 日到第 3 日是教徒们的开斋节)、古尔邦节(伊斯兰教历 12 月 10 日,每年的这一天穆斯林们便为真主安拉宰牲献祭,又称宰牲节)等。

⊙ 名胜古迹

孟菲斯及其墓地金字塔 位于尼罗河西岸、距离埃及首都开罗不远的吉萨高原上。孟菲斯曾是古埃及的都城,已有 5000 年历史。金字塔是古埃及国王的陵寝,也是古埃及文明最有影响力的象征物之一,其墓葬群遗址主要分布在孟菲斯旧都的周围,主要包括胡夫金字塔、卡夫拉金字塔和孟卡拉金字塔 3 座大金字塔,以及狮身人面像等。其中胡夫金字塔是世界上最大、最高的埃及式金字塔,也是古代世界七大奇迹中唯一尚存的建筑物。1979 年,孟菲斯及其墓地金字塔作为文化遗产入选联合国教科文组织《世界遗产名录》。

卢克索的神庙 卢克索坐落于开罗以南 670 多千米处的上埃及尼罗河畔,原为古埃及的首都底比斯城,是古底比斯文物的集中地。卢克索古迹中最引人注目的是尼罗河东岸的卢克索神庙和卡纳克神庙,前者保存比较完整,后者以庄严、雄伟闻名于世。

帝王谷 埋葬古埃及新王朝时期第十八王朝至第二十王朝期间法老和贵族的陵墓区,坐落在开罗以南 700 千米的一片荒凉的石灰岩峡谷中,主要陵墓有图坦卡蒙墓、拉美西斯三世及六世墓和塞提一世墓等。

阿布辛拜勒神庙 古埃及规模最大的岩窟庙建筑,位于埃及最南端的阿斯旺,为古埃及新王国时期第十九王朝法老拉美西斯二世所建。神庙共有大小两座,全部在尼罗河西岸峭壁上凿刻而成。

亚历山大城古迹 亚历山大城是埃及第二大城市,有"地中海新娘"的美誉,是埃及文明和欧洲文明的联结点。在中西交通史上,亚历山大城是丝绸之路西端的终点站之一,从中国远道而来的丝绸等物品到此经海路转运到罗马和欧洲各地。该城保留着古埃及托勒密王朝和罗马时代古迹,主要有古代世界七大奇迹之一的亚历山大灯塔原址、夏宫、萨瓦里石柱、狮身人面像、罗马剧场、庞培柱等古迹,以及第一个世界性图书馆亚历山大图书馆和保存了约 7000 件文物的希腊罗马博物馆等。

埃及博物馆 世界上最著名、规模最大的古埃及文物博物馆,1902 年建成,位于开罗市中心的解放广场。馆藏极为丰富,收藏了 5000 年前古埃及法老时代至公元 6 世纪的历史文物 25 万件,如法老王石像、宫廷御珍品以及大量的木乃伊等。

爱沙尼亚国旗呈长方形，长宽比 11∶7。旗面由三个平行相等的长方形组成，自上而下分别为蓝、黑、白三色。蓝色象征国家的独立、主权和领土完整；黑色象征国家肥沃的土地和丰富的矿产资源；白色象征自由、光明和纯洁。

爱沙尼亚

The Republic of Estonia

塔林宫殿

爱沙尼亚 ESTONIA

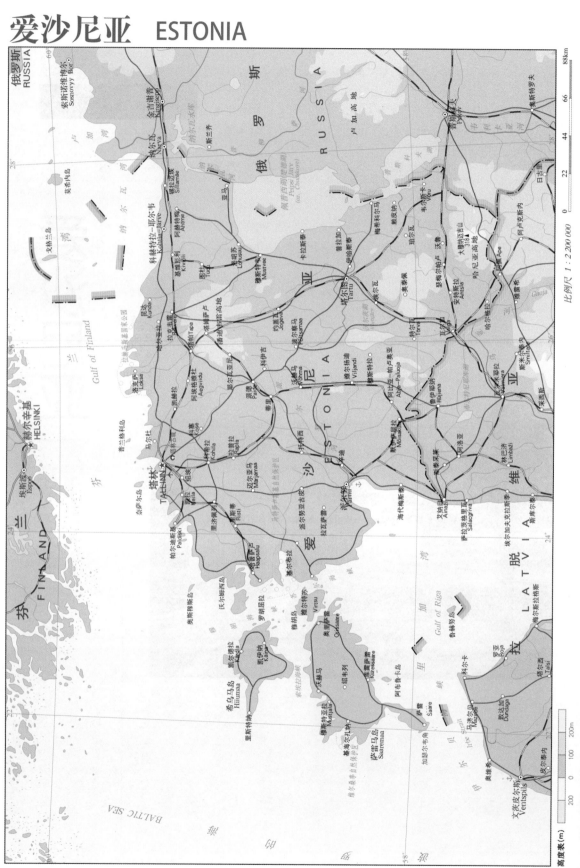

比例尺 1 : 2 200 000

高度表 (m)

爱沙尼亚，全称爱沙尼亚共和国，坐落于欧洲东海岸，为波罗的海三国之一。东与俄罗斯接壤，西南濒临里加湾，南与拉脱维亚相邻，北隔芬兰湾与芬兰相望，国土面积 45 200 平方千米，海岸线长 3794 千米，人口约为 132 万。

🗨 语言

爱沙尼亚的国语和官方语言是爱沙尼亚语，英语、俄语亦被广泛使用。爱沙尼亚语属于乌拉尔语系芬兰－乌戈尔语族，与芬兰语、利沃尼亚语、沃提克语、英格里亚语以及卡累利阿语等语言关系十分密切，但与同属乌戈尔语族的匈牙利语区别较大。爱沙尼亚语除了在爱沙尼亚广泛使用外，俄罗斯的圣彼得堡、普斯科夫和鄂木斯克等城市以及拉脱维亚等国也有一定数量的使用者，使用爱沙尼亚语的总人口约有 110 万，其中约 90 万以之为母语，主要是生活在爱沙尼亚境内的爱沙尼亚人。

最早的爱沙尼亚语书面形式之一是可以追溯到 16 世纪初期的库拉马祈祷文。1535 年，第一部爱沙尼亚语著作面世。随着书面语形式的不断发展完善，在爱沙尼亚境内逐渐形成了两个差异显著的文化中心，一个是北部的塔林，一个是南方的塔尔图。当代爱沙尼亚语有两大方言，即北方方言和南方方言。另一说法是三大方言，还包括东北近海方言。其中北方方言即塔林方言，是标准爱沙尼亚语的基础。

爱沙尼亚语文字系统采用拉丁字母，外加一些读音符号。这些读音符号的主要功能是帮助解决拉丁字母本身不能解决的读音问题。爱沙尼亚语共有 32 个字母，发音比较接近德语，可能与历史上受德语的影响有关。32 个字母中有 5 个（C、Q、W、X 和 Y）只用于外国人名，4 个（F、Š、Z 和 Ž）只用于书写外文单词。爱沙尼亚语单词主要重音落在第一个音节上，词与词之间的句法关系主要由词的语法形态和虚词表示，句中词序相对自由。

爱沙尼亚语示例：

Kas te räägite eesti keelt?

Jah, natuke räägin.

Ma ei saa aru.

Kas Sa saaksid seda korrata?

（你会说爱沙尼亚语吗？

是的，会说一点儿。

我没听明白。

你能再说一遍吗？）

👥 民族

爱沙尼亚境内的主要民族有：爱沙尼亚族，约占总人口的 69.1%；俄罗斯族，约占 25.2%；乌克兰族，约占 1.7%；白俄罗斯族，约占 0.9%；芬兰族，约占 0.6%；犹太等其他民族，约占 2.5%。

爱沙尼亚族是爱沙尼亚的主体民族，属欧罗巴人种波罗的海类型。早在公元前 3000 年左右，爱沙尼亚人的远祖就居住在今天的爱沙尼亚地区。到了中世纪前后，部分北日耳曼人和东斯拉夫人移居至该地区，与当地居民逐渐融合，于 12—13 世纪形成了爱沙尼亚民族。

爱沙尼亚少数民族中的大部分人是在苏联时期从苏联各地迁来的或为其后裔。苏联强制推行俄罗斯化以后，当时的苏联政府通过移民政策，增加了爱沙尼亚人口中说俄语的居民的比例。在迁出爱沙尼亚人的同时，苏联政府又将西俄罗斯和乌克兰的居民大量迁移到爱沙尼亚。外来人口的不断增加对爱沙尼亚的人口结构造成很大影响，爱沙尼亚族在总人口中所占比例从 1934 年的 88% 下降到 1989 年的 61%。

爱沙尼亚信仰宗教的人口不到总人口的三分之一，其中大多数人信仰基督教新教路德教，其他还有东正教和天主教等。

语言国情沿革与发展

独立前爱沙尼亚的语言国情

历史上爱沙尼亚曾先后被丹麦、瑞典、波兰、德国等占领和统治。11—12世纪，丹麦人和瑞典人尝试将基督教传入爱沙尼亚，但并不成功。同一时期，俄国占领爱沙尼亚的企图最终也以失败告终。因此，在13世纪前，爱沙尼亚民族是独立的民族，爱沙尼亚语没有受到什么影响。13世纪初期，爱沙尼亚被日耳曼人和芬兰人分割，日耳曼人统治南爱沙尼亚，北爱沙尼亚则由丹麦王朝控制。1346年，丹麦王朝将北爱沙尼亚的统治权"卖"给了日耳曼人，在随后的近5个世纪内，爱沙尼亚一直由日耳曼人占领和统治，日耳曼语对爱沙尼亚语产生了一定的影响，尤其表现在词汇方面，今天的爱沙尼亚语中仍存在着明显受到日耳曼语影响的词汇。16世纪末至17世纪中叶，丹麦、瑞典和波兰瓜分了爱沙尼亚。17世纪中叶以后，整个爱沙尼亚国家被瑞典占领。但瑞典人很快被俄国打败，"北方战争"后，爱沙尼亚并入俄国，俄语成为当时的官方语言，爱沙尼亚语的教育用语地位也被俄语替代。

1918年2月24日，爱沙尼亚宣布独立，成立爱沙尼亚共和国，这是爱沙尼亚民族历史上的第一次独立。11月，苏维埃俄国宣布对爱沙尼亚拥有主权。1940年7月，爱沙尼亚苏维埃社会主义加盟共和国成立。1941年第二次世界大战期间，爱沙尼亚被纳粹德国占领，1944年被苏联占领。1991年8月20日，爱沙尼亚脱离苏联，宣布恢复独立。从第一次独立到再次恢复独立的70多年间，爱沙尼亚基本上一直由俄国（以及后来的苏联）所统治。第二次世界大战以后苏联强制推行俄罗斯化政策，俄语占据了统治地位。

19世纪前爱沙尼亚有南北之分。19世纪以后，南北分裂的局面有了较大程度的改观，主要原因是爱沙尼亚人民的民族意识不断增强，并进一步发展为民族复兴运动，强调爱沙尼亚的民族认同感，在很大程度上推进了南北的统一。其间发生的两件大事在很大程度上激发了爱沙尼亚人民的民族认同意识：一是克罗伊茨瓦尔德的民族史诗《卡勒瓦波格》的出版，促进了人们对爱沙尼亚民族文学和爱沙尼亚民族的认同。二是1887年爱沙尼亚语作为教育用语的地位被俄语取代，引起了爱沙尼亚人的强烈不满，激发了爱沙尼亚人的民族认同热情。

独立后爱沙尼亚的语言国情

爱沙尼亚重新获得独立后，爱沙尼亚语的地位得到加强，政府重新确立了其官方语言的地位。爱沙尼亚政府重视共同的语言在促进民族融合、缓和民族矛盾、增强国家凝聚力上的作用，采取了许多措施努力提高爱沙尼亚语的使用率，强化爱沙尼亚语的国语和官方语言地位。例如爱沙尼亚初等和中等教育法规定，学校在九年级之前可以进行俄语教学，但在九年级之后一律只能使用爱沙尼亚语教学；语言法规定独立前使用俄语的企业，独立后不得再使用俄语，用俄语发布的文件不再具有法律效力；劳动协议法规定公司或企业可以解雇国语即爱沙尼亚语水平达不到要求的工人；2011年爱沙尼亚议会通过了《语言法案》，用以保护和发展爱沙尼亚语，确保爱沙尼亚语在公共生活中的主导地位。

尽管爱沙尼亚语在社交、行政、媒体、文学、戏剧、商务、教育与科研等方面发挥着重要作用，但受全球化和信息社会发展的影响，爱沙尼亚语的地位也在一定程度上被削弱。出版印刷业的蓬勃发展与信息技术时代的到来，很多印刷品不再用少数民族语言印刷。互联网多使用世界主要大国的语言文字，这也让爱沙尼亚人逐渐接受并习惯使用英语。为了保留爱沙尼亚语并稳固其地位，爱沙尼亚的一些省建立了专门的语言机构并以立法的方式解决语言问题。教育研究部的语言政策司负责制定爱沙尼亚语言政策，并在国外推广爱沙尼亚语。

在少数民族语言方面，爱沙尼亚政府通过区域自治和文化自治政策允许各少数民族使用自己的民族语言。在外语教育方面，独立初期的外语教学以俄语为主，尤其是对非爱沙尼亚族的学生统一开设俄语课；随着全球化时代的到来以及信息社会的发展，英语已成为学校主要教授的语言，目前爱沙尼亚讲英语的年轻人的比例已位居世界前列。

语言服务

中国开设爱沙尼亚语专业的高校有 1 所，为北京外国语大学。

中国在爱沙尼亚设立的孔子学院有 1 所，为塔林大学孔子学院，合作单位最初为广西大学，2014 年 12 月转为上海财经大学。塔林大学孔子学院设立后，先后在爱沙尼亚建立了 6 个汉语教学点。

爱沙尼亚尚未有高校开设中文系或中文专业。

小贴士

⊙首都

塔林，位于爱沙尼亚西北部，波罗的海芬兰湾南岸的里加湾与科普利湾之间，历史上曾是连接中、东欧和南、北欧的交通要冲，被誉为"欧洲的十字路口"，是波罗的海沿岸重要的工业中心、商业港口和旅游胜地。总面积 158.3 平方千米。

⊙姓氏

爱沙尼亚人姓名是在名字后加上姓氏，同时还在教名后加上自选名。姓氏主要来源于父名祖名、住地封地、职业职务、性格外貌、抒情表意等。爱沙尼亚境内的三大姓氏分别是"塔姆""马基"和"伊瓦诺夫"，女子结婚后要改随夫姓。

⊙自然与经济

爱沙尼亚境内平均海拔 50 米，地势低平，间有低矮丘陵，多湖泊和沼泽。主要河流有派尔努河、埃迈厄吉河、纳尔瓦河，沃尔茨湖是境内最大的湖泊。气候属海洋性气候，夏秋季温暖湿润，冬季寒冷多雪，春季凉爽少雨，年平均降水量 500—700 毫米。以畜牧业为主，主要饲养肉牛、奶牛和猪。主要农作物有黑麦、小麦、蔬菜、玉米、马铃薯、亚麻和饲料作物。主要工业部门有建材、机械制造、电子、纺织、木材加工和食品加工业，旅游资源也非常丰富。

⊙美食

爱沙尼亚日常饮食跟德国相近，最普遍的就是土豆、面包和肉类。肉食有几样吃法别致，比如配酸菜的烤鸡、血肠、猪肉。由于俄罗斯族人占一定比例，所以还有很多俄罗斯风味的菜肴。

⊙节日

独立日（2 月 24 日，又称国庆节，纪念 1918 年 2 月 24 日爱沙尼亚脱离沙俄统治获得独立）、胜利日（6 月 23 日，纪念 1919 年抗击德国军队获胜）、恢复独立日（8 月 20 日，纪念 1991 年 8 月 20 日恢复独立）、圣诞节（12 月 25 日）等。

⊙名胜古迹

塔尔图　爱沙尼亚第二大城市，是一座古老的文化城。爱沙尼亚最古老和最著名的塔尔图大学就坐落在该市。

帕尔努　爱沙尼亚西南部城市，位于里加湾东北部，派尔努河口附近。14 世纪辟为海港，是滨海疗养胜地。

萨列马岛 波罗的海东南部莫昂宗德群岛中最大的岛，面积为 2714 平方千米，主要由石灰岩组成。萨列马岛沿岸常栖息众多的海鸟；岛上植物茂盛，种类繁多，世界上大约 80% 的植物都能在萨列马岛发现，西部设有维杜米亚埃自然保护区；最大居民点金吉谢普为疗养胜地。

巴基斯坦国旗呈长方形，长宽比 3∶2。左侧是白色竖长方形，右侧为深绿色长方形，中央有一弯白色新月和五角星。白色象征和平，代表国内信奉伊斯兰教之外的居民和少数民族。绿色象征繁荣，还代表伊斯兰教。新月象征进步，五角星象征光明，新月和五角星还象征对伊斯兰教的信仰。

兰堡宫殿

巴基斯坦 | The Islamic Republic of Pakistan

巴基斯坦 PAKISTAN

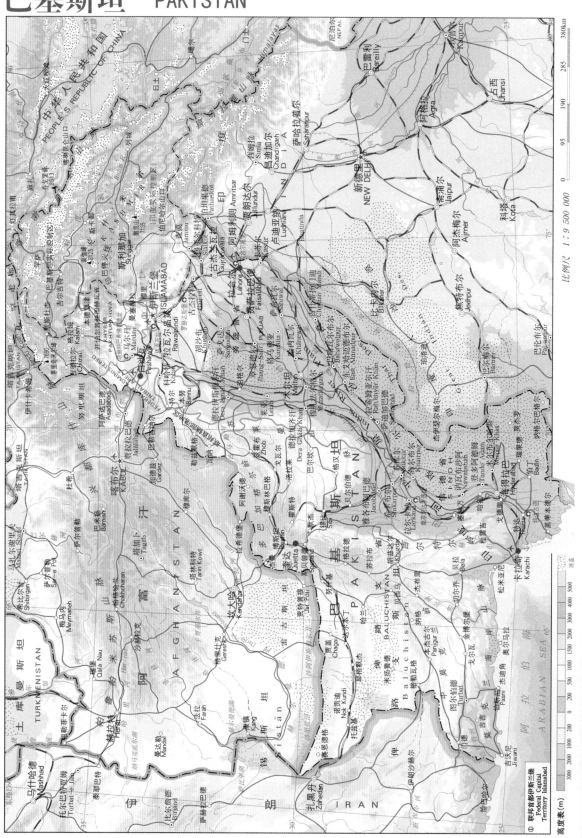

比例尺 1：9 500 000

| 0 | 95 | 190 | 285 | 380km |

◎ 联邦首都伊斯兰堡
Federal Capital
Territory Islamabad

高度表(m)

| 3000 | 2000 | 1000 | 500 | 200 | 0 | 200 | 500 | 1000 | 1500 | 2000 | 3000 | 4000 | 5000 |

冰雪

巴基斯坦，全称巴基斯坦伊斯兰共和国，位于南亚次大陆西北部的印度河流域，南濒阿拉伯海，东、北、西三面分别与印度、中国、阿富汗和伊朗为邻，国土面积 796 095 平方千米（不包括巴控克什米尔），海岸线长 980 千米，人口约 19 700 万。

语言

巴基斯坦是个多语言的国家，境内存有 60 多种语言，其中乌尔都语是国语，也是官方语言之一，另一官方语言是英语。

乌尔都语虽是官方语言，但作为母语使用人口最多的语言是旁遮普语，乌尔都语则是巴基斯坦境内作为母语使用人数最少的语言之一，且乌尔都语并非巴基斯坦领土上本来就存在的语言。乌尔都语被确立为官方语言最主要的原因是其伊斯兰色彩，是巴基斯坦穆斯林民族认同的标志，同时与政府的大力推广密不可分。

乌尔都语属印欧系印度 – 伊朗语族印度语支，分布于巴基斯坦和印度、孟加拉国等，使用人口约 1.04 亿。乌尔都语共有 42 个辅音、12 个元音；名词和部分形容词有性和数的区别；动词有时、态、式的变化；基本语序为 SOV（主语 + 宾语 + 谓语）。

乌尔都语示例：

یہ میری چھوٹی بہن کا کمرہ ہے۔

（这是我妹妹的房间。）

乌尔都语跟印地语非常相似，它们之间最重要的区别在于，前者用波斯 – 阿拉伯文字母书写，而后者用梵文字母书写。乌尔都语也包含许多源自阿拉伯语和波斯语的外来语，而印地语则力图保留一些较古老的印度词汇。

巴基斯坦境内的其他语言多达 60 余种，其中旁遮普语、信德语、普什图语和俾路支语是境内除乌尔都语外的 4 种主要语言，分别对应于 4 个民族，即旁遮普族、信德族、普什图族和俾路支族。除了上述 5 种语言外，其余近 60 种语言的使用人口数量非常少，所占比例不超过人口总数的 10%。

民族

巴基斯坦境内民族众多，旁遮普族是境内的主体民族。历史上最早的土著居民为达罗毗荼人，之后大批移民从不同地区迁入，其中包括雅利安人、希腊人、土耳其人、波斯人、阿富汗人、阿拉伯人和蒙古人等。经过长期的融合，这些居民最终繁衍成为今天巴基斯坦境内的 4 个主要民族。目前，旁遮普族占人口总数的 63%，信德族占 18%，帕坦族占 11%，俾路支族占 4%。97% 以上的居民信奉伊斯兰教（国教），少数信奉基督教、印度教和锡克教等。

旁遮普族绝大多数居住在富有的旁遮普省，部分生活在西北边境的哈扎拉和德拉·伊斯梅尔·汗区，少量生活在白沙瓦、马尔丹、卡拉奇和信德北部等地区。旁遮普族是上层社会中占统治地位的民族，控制军政要职，军队中大多是旁遮普人。旁遮普人绝大多数信奉伊斯兰教，只有 3% 左右的人信奉基督教和其他宗教。

信德族主要居住在信德省，少量生活在俾路支省的拉贝拉地区。信德省被誉为巴基斯坦伊斯兰教的门户，信德人直接受伊斯兰教的影响较大。信德人主要从事农业，近年来，不少信德人也开始从事商业和手工业。90% 以上的信德人信奉伊斯兰教，信奉其他宗教的人口数不到信德族人口总数的 10%。

帕坦族，也称普什图族，多居住在西北边境。帕坦族的社会经济和文化比较落后，迄今为止还保留着部落组织形态。不同部落在语言、风俗习惯等方面也存在着差异。帕坦族大多从事畜牧业，主要信奉伊斯兰教。

俾路支族多居住在俾路支省，少量居住在

信德省。俾路支人与帕坦人血缘关系密切，大多都属于伊朗人和土耳其人的混血后裔。俾路支族社会经济文化较为落后，内部可以分为近 20 个部落族群，主要信奉伊斯兰教。

布拉灰族是巴基斯坦境内的第五大民族，主要居住在俾路支省的克拉特地区，大多数信奉伊斯兰教。巴基斯坦境内还分布着其他一些少数民族，主要居住在西部和北部山区，包括奇特拉尔人、科希斯坦人、布里什克人等。

 ## 语言国情沿革与发展

独立前巴基斯坦的语言国情

最早居住在巴基斯坦地区的土著居民为达罗毗荼人。从公元前 2000 年开始至公元 15 世纪，巴基斯坦分别遭受雅利安人、波斯人、希腊人、阿拉伯人、蒙古人和突厥人的统治。公元 1526 年，突厥人帖木儿的后裔巴布尔建立了莫卧儿帝国。莫卧儿的征服者在印度的首都德里地区学会了印度–雅利安土语。经过几个世纪的变迁，这种印度–雅利安土语逐渐被军人、官僚和商人所接受，最后演变成军营和集市上所使用的混合语。之后，它吸收了波斯语的成分，变成了行政语言。到了 17 世纪和 18 世纪，一种正规的、带有大量波斯语风格的文字逐渐产生，该文字用以阿拉伯文为基础的波斯文体书写，这就与以前的口语体形式完全不同。这种用波斯–阿拉伯文书写的混合语言就是如今的乌尔都语，即兵营语言。

18 世纪中叶后，巴基斯坦和印度成了英国的殖民地。在 1947 年独立前，巴基斯坦和印度同属一个国家，巴基斯坦人主要信奉伊斯兰教，印度人主要信奉印度教。伊斯兰穆斯林使用的语言是乌尔都语，印度教徒则主张使用印地语，两大宗教集团一直强调乌尔都语与印地语的分歧，结果造成了两种语言之间的矛盾越来越大。1947 年印巴分治，巴基斯坦于 8 月 14 日宣布独立。印地语和巴基斯坦语早期被称作"印度斯坦语"，印巴分治后，这一叫法就废弃不用了。巴基斯坦的独立不仅标志着一个新政体的建立，还标志着乌尔都语正式成为巴基斯坦的国语。而乌尔都语与印地语之间的冲突也是印巴分治后尤为突出的问题。

独立后巴基斯坦的语言国情

1947 年巴基斯坦独立后，发生了一系列语言冲突。在巴基斯坦，95% 的人把以下 5 种语言作为母语：孟加拉语、旁遮普语、普什图语、信德语和乌尔都语。东孟加拉 98% 的人以孟加拉语为母语，以信德语为母语的人占巴基斯坦总人口的 5.3%，以普什图语为母语的人占 6.6%，而以乌尔都语为母语的人只占 3.3%。

独立后，巴基斯坦的统治阶层不仅将乌尔都语确定为国语，还试图通过各种语言政策以确保其国语地位不受损害。1973 年的宪法就规定，各省可以教授和使用乌尔都语以外的语言，但"不能使国语的地位受到损害"。因此，巴基斯坦虽是一个多语言国家，但由于政府的政策性因素，乌尔都语的国语身份被牢牢地确定下来。不过，宪法也规定任何公民可以在使用官方语言的前提下，使用自己的母语。

乌尔都语在被确定为国语的过程中，不仅面临着印地语的竞争，还受到孟加拉语的挑战。

巴基斯坦独立后，统治阶层和精英分子等积极倡导和支持乌尔都语的国语地位，这无形中就导致拥有相当数量人口的东孟加拉地区所使用的孟加拉语得不到应有的重视。早在巴基斯坦独立后的两个月内，东巴基斯坦就强烈抗议新成立的国家没有给予孟加拉语应有的重视，1947 年 12 月 5 日爆发了第一次示威游行，在要求给予孟加拉语应有重视的同时，反对将乌尔都语作为唯一的国语。第二年，一些大学的学生也进行示威游行，反对政府坚持把乌尔都语作为唯一的国语。1951 年的统计数据表明，全巴基斯坦只有大约 3% 的人把乌尔都语看作是自己的第一语言，却有 56% 的人认为孟加拉语是自己的第一语言。1952 年 2 月 21 日，4 名孟加拉人死于争取将孟加拉语作为行政语言使用的斗争中（2 月 21 日后来被定为"世界母语日"）。1971 年东巴基斯坦脱离巴基斯坦，成立孟加拉国，虽然语言不是孟加拉民族主义唯一的决定性因素，但其在民族意识觉醒中的作用不可替代。

孟加拉语最终没有成为巴基斯坦的行政语言，在一定程度上可以说是与伊斯兰民族认同有关。乌尔都语从一开始就与民族认同有着千丝万缕的联系，而孟加拉语本质上说是非伊斯兰性质的，主要体现在文字和词汇方面。孟加拉语使用的并不是经过修改的阿拉伯文字，乍一看更像是印地语，其词汇大部分派生于印度的梵语，而乌尔都语则是以阿拉伯文字为基础的波斯文体。由于古阿拉伯语从宗教方面看是伊斯兰民族神圣的优等语言，所以阿拉伯语在巴基斯坦这一伊斯兰国家必然有其重要的作用。曾有人建议用阿拉伯语作为国语，但英语的全球通用地位以及乌尔都语的民族认同感使其继续成为巴基斯坦的两种主要行政语言。

英语目前是巴基斯坦的官方语言之一，在巴基斯坦独立之初也曾面临着存废的争议。

乌尔都语与英语同为巴基斯坦官方语言，这种二者并存的局面是殖民统治的结果。独立后巴基斯坦仍然将英语作为行政语言，用于政府行政及教育部门。政府部门、国内事务、法院以及国家领导阶层都通过英语来处理公务。使用英语已经成为特权阶层的象征。

与许多后殖民国家一样，巴基斯坦的领导者早期认为，英语对于乌尔都语国语地位的确立是一大障碍，应该最终被乌尔都语彻底取代。

1947 年的第一届教育会议曾经提出："我们不应该抛弃一种能让我们轻松接触到西方科学和文化秘密的语言。"因此，为了实现普及乌尔都语但同时又不限制巴基斯坦的发展这一目标，政府成立了一个特别机构，该机构的主要任务是将英语中有关科学以及法律的词汇运用到乌尔都语中，目的是创造新的乌尔都语的词汇，以此来推动科技进步。同时，政府还命令学校用乌尔都语代替英语作为授课语言，法院、立法机构以及政府部门都应该以乌尔都语作为工作语言。然而，由于英语对个人发展的重要作用，用乌尔都语完全取代英语地位的目标并没有实现，私立英语学校不断涌现。家长们，甚至是那些来自并不富裕家庭的父母们，都表示愿意不惜一切代价将孩子送到私立英语学校接受教育。这使得政府不能迁就民族主义的情绪而取消英语教育。这也就是为什么在如今的巴基斯坦，乌尔都语作为国语和官方语言存在，而英语仍然作为官方行政语言的原因。在巴基斯坦，英语的使用反映了民众个人乃至国家发展的意愿，从而超越了民族和宗教的意识。

语言服务

中国开设乌尔都语专业的高校有 4 所，分别为北京大学、北京外国语大学、西安外国语大学和广东外语外贸大学。

中国在巴基斯坦设立的孔子学院有 4 所，分别为伊斯兰堡孔子学院、卡拉奇大学孔子学院、费萨拉巴德农业大学孔子学院和旁遮普大学孔子学院，合作单位分别是北京语言大学、四川师范大学、新疆农业大学和江西理工大学。

巴基斯坦开设中文系的高校有 2 所，分别为国立现代语言大学和卡拉奇大学。

小贴士

⊙首都

伊斯兰堡，世界上最年轻的现代化都市之一，位于海拔 600 多米的波特瓦尔高原上，背依马尔加拉山，东临清澈的拉瓦尔湖，南面是一片葱绿的山丘，气候宜人，景色秀丽。

⊙姓氏

巴基斯坦人的姓名带有浓厚的伊斯兰色彩，主要由种姓、本名、教名、姓 4 个部分依次构成。一些人还喜欢在种姓前加上尊称；很多人不再使用种姓，只保留后面 3 个部分，但顺序稍有不同，教名常置于最前面。本名大多取自真主的名字或美称，教名通常表示对真主的信仰。巴基斯坦人基本上是子继父姓，女子结婚后通常从夫姓。

⊙自然与经济

巴基斯坦境内 60% 的地区为山区和丘陵。南部沿海一带是大片荒漠，往北则是连绵的高原牧场和肥田沃土。属热带气候，气温普遍较高，年平均气温在 27℃ 左右；降水比较稀少，年降水量少于 250 毫米的地区占全国总面积的四分之三以上。经济以农业为主，主要农作物有水稻、小麦、棉花、甘蔗等。水果资源丰富，素有东方"水果篮"之称。平原洼地盛产香蕉、橘子、杧果、番石榴和各种瓜类，山地高原盛产桃子、葡萄、柿子等。主要矿藏储备有天然气、石油、煤、铁、铜、铝土等。最主要的工业是棉纺织业。

⊙美食

巴基斯坦人喜欢香辣食品。常见的菜肴有西红柿、土豆沙拉、炖土豆、用西红柿辣椒汁做成的炖鸡、炖牛羊肉、青菜泥、豌豆肉末，肉末加淀粉做成的小肉饼、生菜等，主要食用油是牛油。主食是面粉和大米。一种叫"恰（查）巴蒂"的粗面饼最受欢迎，此外还有油饼、油炸土豆馅儿

的"三角"。

⊙节日

国庆日（3 月 23 日）、开斋节（伊斯兰教历 10 月 1 日，伊斯兰教历每年的第 9 个月为斋月，第 10 个月的第 1 日到第 3 日是教徒们的开斋节）、古尔邦节（伊斯兰教历 12 月 10 日，每年的这一天穆斯林们便为真主安拉宰牲献祭，又称宰牲节）、赎罪节（3 月 13 日、14 日，犹太新年后的第 10 天，犹太人一年中最重要的圣日，从前一天的日落到当天的日落，持续 25 小时，这段时间犹太人彻底斋戒，停止所有工作，聚集在会堂内祈祷上帝赦免他们在过去一年中所犯罪过）、先知穆罕默德生日（5 月 14 日）、独立日（8 月 14 日）、国父真纳生日（12 月 25 日）等。

⊙名胜古迹

吉拉斯岩画 山区小镇吉拉斯，以古老岩画而闻名，从首都伊斯兰堡出发，沿着印度河向北行驶约 420 千米，就可以到达吉拉斯岩画遗址。简朴的岩画记录了早期人类社会的生活风貌。

摩亨佐·达罗考古遗址 坐落在南部的信德省拉尔卡纳县，是印度河流域文明中最能代表当时文化艺术水平的遗址。1980 年，摩亨佐·达罗考古遗址作为文化遗产入选联合国教科文组织《世界遗产名录》。

拉赫尔古堡 位于东部的旁遮普省。城堡内的镜宫由莫卧儿王朝第五代皇帝沙·贾汗建筑，墙壁全部用白色软玉砌成。1981 年，拉赫尔古堡作为文化遗产入选联合国教科文组织《世界遗产名录》。

白沙瓦 一座历史悠久的文化古城，其布局和建筑受西方文化影响较小，保留了浓郁的普什图文化特色。城内有巴拉希散尔堡、吉沙·卡瓦尼商场、开伯尔山口、塔拉、白沙瓦博物馆等名胜古迹。

巴勒斯坦国旗呈长方形，长宽比 2：1。左侧为红色等腰三角形，右侧自上而下为黑、白、绿三色等宽横条。四种颜色分别代表哈希姆王朝、阿巴斯王朝、倭马亚王朝和法蒂玛王朝，象征阿拉伯民族的解放与团结。

巴勒斯坦

The State of Palestine

圣诞教堂（伯利恒主诞堂）

以色列 巴勒斯坦 ISRAEL PALESTINE

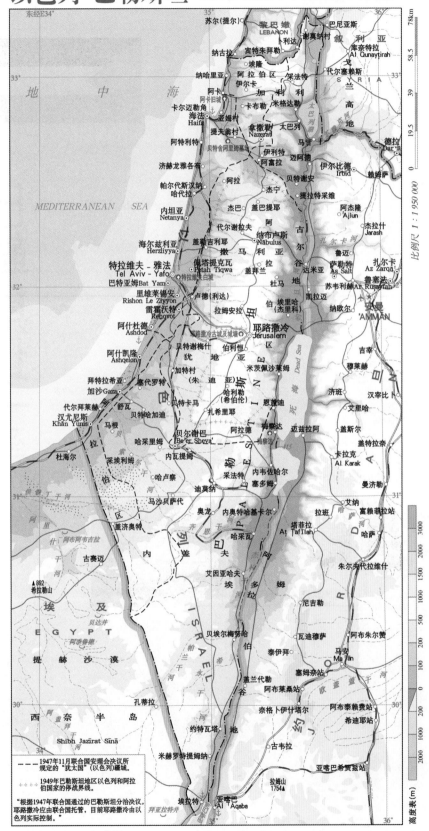

比例尺 1 : 1 950 000

高度表 (m)

巴勒斯坦，全称巴勒斯坦国，位于亚洲西部，地处亚、非、欧三洲交通要冲，战略地位十分重要。1988 年 11 月，巴勒斯坦全国委员会第 19 次特别会议宣告成立巴勒斯坦国，但未能确定其疆界。巴勒斯坦国实际控制地区主要有两个：一个是约旦河西岸，东邻约旦，面积 5884 平方千米，初设杰宁、图勒凯尔姆、纳布卢斯、杰里科、拉姆安拉、耶路撒冷、伯利恒和希伯伦 8 个省，后又增加盖勒吉利耶、图巴斯和萨尔费特 3 个省；一个是加沙地带，西濒地中海，西南临埃及，面积 365 平方千米，设北方省、加沙、代尔拜莱赫、汉尤尼斯和拉法 5 个省。巴勒斯坦人口约 1100 万，其中加沙地带和约旦河西岸人口约 377 万，其余为居住在以色列、阿拉伯国家和其他国家的难民和侨民。

💬 语言

巴勒斯坦的官方语言为现代标准阿拉伯语，国民通用语言为巴勒斯坦阿拉伯语。在东耶路撒冷及其周围地区的犹太人聚居区，通用犹太人的民族语言——希伯来语。此外，依地语和拉迪诺语等也有个别族群使用。

现代标准阿拉伯语主要应用于图书、报刊和官方文件等书面形式，以及讲话、媒体和学校教育等正式场合。现代标准阿拉伯语属闪 - 含语系闪米特语族，共有 28 个辅音、8 个元音，音节必须以辅音开头，没有纯元音和纯辅音的音节。词类分为名词、动词和虚词，名词、动词富于形态变化，虚词没有形态变化。语法有严格的主谓结构、一致原则，注重形式接应，常采用关系词、连接词、介词等形式手段把各种成分连接起来，表达一定的语法关系和逻辑关系，语序并不是十分重要；修饰语不论是单词、短语还是句子，均在中心语之后。

阿拉伯语各方言之间差别很大。巴勒斯坦所使用的阿拉伯语被称为巴勒斯坦阿拉伯语，是巴勒斯坦人的口头通用语言，使用人数占全国人口的 90% 以上。巴勒斯坦阿拉伯语跟叙利亚阿拉伯语、黎巴嫩阿拉伯语和约旦阿拉伯语比较接近，同属黎凡特阿拉伯语。黎凡特阿拉伯语又叫东部阿拉伯语，无法与其他地方的阿拉伯语变体（如埃及阿拉伯语、半岛阿拉伯语、马格里布阿拉伯语等）互通。

巴勒斯坦阿拉伯语可分为城市巴勒斯坦阿拉伯语、农村巴勒斯坦阿拉伯语、贝都因巴勒斯坦阿拉伯语 3 个方言。农村方言有一些不同的特点，例如把字母 ق [qaf] 发作 ك [kaf]；城市方言最接近叙利亚和黎巴嫩的北黎凡特阿拉伯语；贝都因方言更接近阿拉伯半岛阿拉伯语，因为贝都因人在文化、语言、习俗、血统上更接近阿拉伯半岛的阿拉伯人。一般而言，农村方言地位较低而城市方言地位较高。贝都因方言使用广泛，其使用者甚至包括接受过大学教育的贝都因人。

希伯来语属于闪 - 含语系闪米特语族，是犹太人的民族语言。语音系统共有 22 个辅音、5 个元音；语法是部分分析式的，富于形态变化，形容词较为缺乏，因此，犹太人在使用希伯来语表述事物属性时惯用比喻的方式。希伯来语在巴勒斯坦主要集中在东耶路撒冷及其周围的犹太人聚居区使用。

👪 民族

世代生活在巴勒斯坦地区的主要有巴勒斯坦阿拉伯人、犹太人以及居无定所的游牧民族——贝都因人。巴勒斯坦阿拉伯人是主体民族，在加沙地带，占当地人口的 99.4%，在约旦河西岸地区，占当地人口的 83%。犹太人主要集中在约旦河西岸地区，约占该地区人口的 17%。

巴勒斯坦最古老的居民之一是大约在公元前 3000 年至公元前 2500 年从阿拉伯半岛进入古巴勒斯坦地区（包括今巴勒斯坦和约旦等）的迦

南人。后腓力斯丁人、希伯来人、亚述帝国、新巴比伦帝国、波斯帝国、古希腊、罗马帝国、拜占庭帝国等都曾统治过该地区，公元 622 年，阿拉伯人战胜罗马人，接管巴勒斯坦地区，此后阿拉伯人和当地人不断融合，逐渐形成今天的巴勒斯坦阿拉伯人，属于欧罗巴人种地中海类型。

在阿拉伯帝国统治时期，巴勒斯坦实现本地区的阿拉伯化和伊斯兰化，绝大多数居民变成说阿拉伯语、信仰伊斯兰教的阿拉伯人，伊斯兰教成为他们生活习俗、行为规范、价值观念甚至经济生活的准则。当时占巴勒斯坦人口大多数的信仰基督教和犹太教的迪米人，也顺从穆斯林的统治并受到穆斯林的保护，但是他们的宗教生活受到限制，政治地位远远低于阿拉伯人，为获得重要社会地位，迪米人逐渐阿拉伯化，成为巴勒斯坦阿拉伯人的一部分。

犹太族是巴勒斯坦地区最古老的民族之一。犹太人最早出现在阿拉伯半岛，大约在公元前 2000 年左右向北迁徙到当时迦南人居住的巴勒斯坦。在罗马帝国统治时期，犹太人受到迫害，被迫流散到世界各地。直至 20 世纪上半叶，才又重返巴勒斯坦，在联合国 181 号决议框架下重新建立起自己的国家。依据决议，以色列国总人口约 99 万，其中犹太人 50 万，阿拉伯人 49 万；巴勒斯坦国总人口约 73 万，其中阿拉伯人 72 万，犹太人 1 万。不过随后爆发阿以战争，决议中规定的巴勒斯坦国几乎全被以色列占领，原属巴勒斯坦的阿拉伯人或出逃，或成为"流落"在以色列的难民；原属巴勒斯坦的犹太人或加入以色列国籍，或仍生活在巴勒斯坦国的控制地区内。《巴勒斯坦民族宪章》第 6 条规定："在犹太复国主义入侵以前，在正常情况下居住在巴勒斯坦的犹太人也被视为巴勒斯坦人。"

贝都因人是游牧阿拉伯人，他们以氏族部落为基本单位，在沙漠旷野过着游牧生活。贝都因人原住在阿拉伯半岛，后来随着游牧业的发展逐渐扩展，足迹遍及西亚、北非的诸多国家。贝都因人不承认部落传统以外的任何法律，除了本部落酋长外，不服从任何政权，不承认任何政治制度，不把自己当作任何国家的公民，经常在不同国家流动。许多阿拉伯国家也默许这种情况，在人口统计数字中不包括他们。不过现在贝都因人已经开始定居，例如巴勒斯坦内盖夫沙漠地带有许多贝都因人聚居的村庄。

语言国情沿革与发展

巴勒斯坦历史悠久，各种古老的文明或发源于此，或汇聚于此，造就巴勒斯坦地区独特的文明发展历程。按照主要使用语言的不同，可以分为迦南诸语时期、阿拉米语时期、希腊语与阿拉米语并存时期和阿拉伯语时期四个时期。

迦南诸语时期

居住在巴勒斯坦的最古老居民是公元前 3000 年左右的迦南人和亚摩利人。亚摩利人最早不是定居在美索不达米亚，而是在巴勒斯坦的一些高地上。迦南人使用古迦南语，至迟在公元前 22 世纪就已发明迦南语文字。英国埃及学者于 1904—1905 年在西奈半岛一个绿松石矿遗址发现的原始西奈字母，时代约为公元前 1600 年，其产生时间当然更早。此外，在同一时期的黎凡特文本中发现的原始迦南字母，在公元前 1050 年以前一直被迦南人沿用；用迦南语文字记载的文献可以追溯到公元前 14 世纪，例如用迦南楔形文字书写的史诗和神话文本。

腓尼基语是古迦南诸语言的一种。腓尼基人在原始迦南字母的基础上创制出腓尼基字母，在公元前 1000 年左右取代原始迦南文字，成为该地区的通用文字。腓尼基字母对后世文字产生了极其深远的影响，诸如亚拉母字母、希伯来字母、希腊字母、罗马字母、拉丁字母等都是在腓尼基字母的基础上形成的，它大概是除了汉字以外众多书写符号体系的源头。

　　腓尼基人并非巴勒斯坦地区的土著，他们属于海上民族，大概同希腊爱琴海之迈锡尼文化的早期有文化联结，是说印欧语系语言的民族。他们在公元前 13 世纪至前 12 世纪进入迦南沿海地带，带来了冶铁技术，使迦南地区从青铜器时代进入铁器时代。不过在语言文化上，他们则被迦南人同化，在留下任何文字资料之前，他们已采用迦南当地的文化和语言。

　　希伯来人在迦南人之后约 1000 年来到巴勒斯坦地区，也很快采用迦南人的语言和文字，向他们学习宗教礼仪、诗歌、艺术和工艺。在此基础上，大约在公元前 12 世纪左右，希伯来人的语言逐渐形成完整的语言体系希伯来语。它不仅是生活在巴勒斯坦的希伯来人日常通用的、活泼的口头语言，而且有少量碑铭流传下来。在公元前 1025 年希伯来人建立统一的希伯来王国后，希伯来语发展到鼎盛时期。但随着王国灭亡，到公元前 3 世纪，为适应环境，希伯来人已基本改说阿拉米语，只有贤哲和宗教人员在宗教研究与宗教活动中还使用希伯来语，这种情况一直持续了 600 年。公元 2—3 世纪后，犹太人被罗马帝国驱散而被迫流散到世界各地，贤哲们也不再使用希伯来语。直到 20 世纪 40 年代犹太人复国之后，希伯来语才在口语中复活。

阿拉米语时期

　　公元前 6 世纪以前的 2000 年中，阿卡德语的两种方言亚述语和巴比伦语在中东广为通行。然而从公元前 8 世纪起，它们逐渐被阿拉米语边缘化，走向消亡。到公元前 6 世纪，阿拉米语取代它们，成为中东的共同语言，其后又成为波斯帝国的官方语言。公元前 722 年，以色列王国被亚述王国消灭，犹太王国沦为其属国。公元前 586 年，犹太王国又被新巴比伦帝国灭亡。公元前 538 年，波斯帝国战胜新巴比伦帝国，成为巴勒斯坦的统治者，一直到公元前 332 年，这一时期巴勒斯坦地区的官方语言是阿拉米语，也可能短暂使用过阿卡德语。

希腊语与阿拉米语并存时期

　　公元前 332 年至前 142 年，巴勒斯坦处于希腊的统治之下。希腊文化在巴勒斯坦广泛传播，希腊语成为当地正式语言。不过阿拉米语仍被巴勒斯坦地区的民众广泛使用，是口语中的通用语言。

　　公元前 63 年，罗马攻克耶路撒冷，巴勒斯坦和叙利亚一起成为罗马帝国的一个省。罗马帝国分裂后，巴勒斯坦属拜占庭帝国统治，直到公元 7 世纪初。这一时期巴勒斯坦在文化上取得巨大成就，阿拉米语再次成为社会的通用语言，但社会的上层人士仍说希腊语。

阿拉伯语时期

　　公元 7 世纪，出生在阿拉伯半岛的穆罕默德创立了伊斯兰教，并统一了分散在阿拉伯半岛上的各民族和部落，建立起统一的阿拉伯帝国。公元 638 年，阿拉伯军队征服耶路撒冷，标志着巴勒斯坦并入阿拉伯帝国。

　　随着阿拉伯人的进入和伊斯兰教的传播，阿拉伯语开始在巴勒斯坦传播。倭马亚王朝时期开始推行阿拉伯化，规定阿拉伯语为官方语言，所有公文都用阿拉伯文书写，大大提高了阿拉伯语在政治和文化上的重要性。政府中的非阿拉伯公务人员开始学习阿拉伯语，并阿拉伯化。在上层阶级为维持正常活动迅速掌握阿拉伯语之后，讲阿拉米语的普通人在已阿拉伯化的精英阶层的影响下，也逐渐改讲阿拉伯语。阿拔斯王朝时期，对迪米人歧视和限制性的政策导向，加速了当地的阿拉伯化和伊斯兰化进程，巴勒斯坦人口由基督教徒占多数逐渐变为穆斯林占多数。至此，巴勒斯坦在语言和宗教上，都实现了阿拉伯化。

共同的语言、文化、宗教信仰和风俗习惯等把巴勒斯坦阿拉伯人紧密地团结在一起，其后虽然又经历十字军、突厥人、蒙古人、奥斯曼帝国、英国等的侵略和统治，但在语言文化上并没有太大改变。

🤝 语言服务

中国开设阿拉伯语专业的高校有近40所，具体参见"阿拉伯联合酋长国"（第19页）。

中国尚未在巴勒斯坦设立孔子学院。

巴勒斯坦尚未有高校开设中文系或中文专业。

小贴士

⊙首都

1947年11月联合国大会第181号决议规定耶路撒冷国际化，由联合国管理。以色列通过1948年和1967年两次战争先后占领整个耶路撒冷地区，并于1980年7月宣布耶路撒冷为其"永恒的与不可分割的首都"。1988年11月，巴勒斯坦全国委员会第19次特别会议通过《独立宣言》，宣布耶路撒冷为新成立的巴勒斯坦国首都。但目前巴勒斯坦总统府等政府主要部门均设在拉马拉。拉马拉为巴勒斯坦中部城市，坐落在耶路撒冷以北，周围多山，水源充足，夏季凉爽宜人，是约旦河西岸著名的避暑胜地，素有"巴勒斯坦新娘"之称。

⊙自然与经济

巴勒斯坦实际控制的地区包括约旦河西岸和加沙地带。约旦河西岸大部分是山区，包括半沿海地区、山地地区、斜坡地区和约旦河谷4个地形区。加沙地带除两个由沙丘组成的丘陵外，几乎都是平原。巴勒斯坦气候属于亚热带地中海型气候。夏季炎热干燥，7—8月最热，气温最高可达38℃左右。冬季微冷，湿润多雨，平均气温为4—11℃，1月最冷。农业是重要的经济支柱，水果、蔬菜和橄榄（油）占出口产品的25%。工业基础薄弱，以塑料、橡胶、化工、食品、石材、制药、造纸、纺织、制衣、建筑等加工业为主。

⊙美食

巴勒斯坦人的食物主要是手抓饭和大饼配咖喱羊肉、鸡肉等。口味偏香辣，由胡椒、姜黄等做的咖喱食品驰名海外。巴勒斯坦人没有炒菜的习惯，肉类、鱼类、豆类及蔬菜，都喜欢炖。

⊙节日

建国日（11月15日）、独立日（8月14日）、国庆日（3月23日）、开斋节（伊斯兰教历10月1日，伊斯兰教历每年的第9个月为斋月，第10个月的第1日到第3日是教徒们的开斋节）、古尔邦节（伊斯兰教历12月10日，每年的这一天穆斯林们便为真主安拉宰牲献祭，又称宰牲节）、圣纪节（伊斯兰教历3月12日，又称圣忌节或冒路德节，伊斯兰教的三大节日之一，相传为穆罕默德诞辰和逝世日）、棕榈主日（4月1日，当日基督教徒摇动棕榈树叶，欢迎耶稣在周五殉难日前返回耶路撒冷）等。

⊙名胜古迹

希伯伦 位于约旦河西岸南部、耶路撒冷西南部，是巴勒斯坦中部一座历史悠久的城市。因与《圣经》中的列祖亚伯拉罕、以撒、雅各和大卫有关，被尊称为犹太教四大圣城之一和伊斯兰教圣城。

圣诞教堂 亦称伯利恒主诞堂，位于巴勒斯坦约旦河西岸城市伯利恒马槽广场，是世界上仍在使用的最古老的基督教堂之一。圣诞教堂被认为是耶稣诞生地，由罗马君士坦丁大帝的母亲海伦娜于公元326年所建。2012年，圣诞教堂作为文化遗产入选联合国教科文组织《世界遗产名录》。

杰里科 位于约旦河西岸7千米处的约旦河谷，是一座老城，历史可追溯到近万年前，低于海平面300多米，被称为世界上"最低的城市"。

　　巴林国旗呈长方形，长宽比5：3。旗面为红白两种颜色，两色呈锯齿状交叉，中间四个完整锯齿，上下各半个锯齿，共五个锯齿，代表伊斯兰教的五大支柱，亦说代表伊斯兰教教导的五功。

巴林 | The Kingdom of Bahrain

世界贸易中心

巴林 BAHRAIN

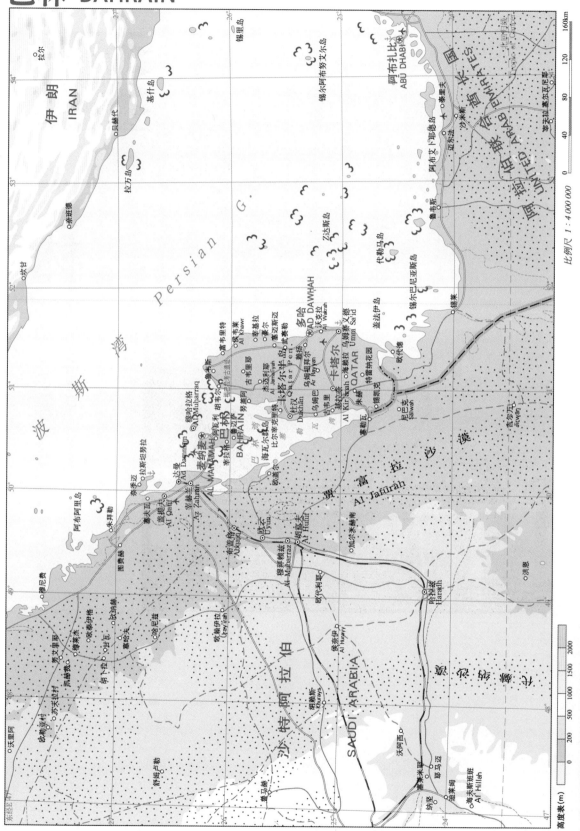

比例尺 1 : 4 000 000

高度表 (m)

巴林，全称巴林王国，位于波斯湾西南部，东北与卡塔尔半岛隔海相望，西和西北与沙特阿拉伯相望，北和东北隔波斯湾为伊朗。巴林是由 40 多个岛屿组成的岛国，素有"波斯湾明珠"之称，最大的巴林岛长 55 千米，宽 18 千米，通过长约 25 千米的法赫德国王大桥与沙特阿拉伯相连。国土面积 767 平方千米，人口约 124 万，是阿拉伯世界面积最小、人口最为稠密的国家。

语言

巴林境内的语言主要为阿拉伯语和英语，其中阿拉伯语有 3 种变体，分别是巴哈尔那阿拉伯语、海湾阿拉伯语和现代标准阿拉伯语。现代标准阿拉伯语是巴林的官方语言。

巴哈尔那阿拉伯语，又称巴林阿拉伯语、巴林什叶派阿拉伯语，有些巴哈尔那阿拉伯语使用者直接称其为巴林语，是阿拉伯语的巴林变体，在什叶派居住地区和麦纳麦部分地方作为主要语言使用。在巴林使用巴哈尔那阿拉伯语的人口达 40 万，此外，阿曼的达希莱省和巴提奈省也有 1 万人使用。巴哈尔那阿拉伯语广泛使用于当地人的日常交际中，是事实上的国家工作语言。除了自身的一些独特性外，巴哈尔那阿拉伯语具有海湾阿拉伯语的主要特征，与现代标准阿拉伯语等其他非巴林阿拉伯语在语法和发音上存在一定的差异，这些差异主要是历史地域因素造成的，其绝大部分词汇与其他阿拉伯语方言相同。

海湾阿拉伯语，也称卡里吉语，是阿拉伯语在海湾地区的变体。据统计，在海湾地区有 680 万使用海湾阿拉伯语，主要集中在阿联酋、科威特、卡塔尔、阿曼等国家。在巴林约有 10 万人使用。海湾阿拉伯语在海湾阿拉伯国家之间存在细微差别，主要体现在词汇、语法和重音方面，但相互之间可以理解交流，并不影响它在海湾阿拉伯国家之间的重要联系纽带作用。巴林的海湾阿拉伯语是其在巴林的一种方言变体。在巴林，海湾阿拉伯语往往被巴哈尔那阿拉伯语者作为第二语言使用。

现代标准阿拉伯语，是巴林各地广泛使用的语言，也是 2002 年宪法中规定的法定国家语言，是教育和各种官方场合使用的语言。现代标准阿拉伯语同时也是西亚和北非 22 个阿拉伯联盟国家共同使用的官方工作语言。1974 年被列为联合国第六种工作语言。现代标准阿拉伯语与古典阿拉伯语都是标准阿拉伯语的变体。古典阿拉伯语，也称《古兰经》阿拉伯语，拥有古语词汇，一般用于宗教和节日仪式；现代标准阿拉伯语只有经过良好教育的人才能熟练掌握，一般用于教育和官方目的，书面材料和正式场合也使用现代标准阿拉伯语。

英语既是巴林的商业语言，也是学校必须学习的第二语言，还是事实上的国家工作语言。巴林教育部《综合课程文件》将英语和阿拉伯语一起作为初中学生必修科目。许多巴林儿童在习得阿拉伯语前就学习了英语。英语也在巴林学生进入高等教育中扮演着重要的角色。

从媒体使用的语言看，巴林的 10 多种报纸中，《海湾消息报》《海湾日报》有阿拉伯语和英语两种版本，《天天报》《中间报》等 5 种用阿拉伯语，《每日论坛报》等 3 种用英语。巴林广播电台用阿拉伯语和英语两种语言广播。巴林电视台的 3 个频道中，2 个是阿拉伯语频道，1 个为英语频道。

巴林境内还有一些移民使用的语言：伊朗波斯语，4.8 万人使用；乌尔都语，2.88 万人使用；葛林芝语（苏门答腊岛上马来语的一种），2.5 万人使用；马拉雅拉姆语（印度西南部德拉威语的一种方言），2.36 万人使用；北库尔德语或泰米尔语，1.8 万人使用；泰卢固语（印度东部德拉维拉语），1.3 万人使用；韩语，1.2 万人使用。另外还有法尔斯语、印地语、他加禄语、孟加拉语等。

巴林的阿拉伯语文字使用阿拉伯字母。阿拉伯字母也是许多阿拉伯国家的书写符号。在世界语言中，阿拉伯字母是除拉丁字母外应用最广泛的一套字母。不仅阿拉伯语地区使用阿拉伯字母，其他的语言，譬如波斯语、库尔德语、普什图语、乌尔都语、一部分突厥语、柏柏尔语、马来语以及中国境内的维吾尔语、哈萨克语、乌孜别克语等也使用阿拉伯字母作为书写符号。阿拉伯文字是一种音位文字，有28个辅音字母，还包括12个发音符号以及一些叠音符。其元音没有字母，通过添加发音符号表示，发音符号一般不出现，只有在启蒙课本和《古兰经》中才使用。阿拉伯语从右往左横向书写，翻阅顺序也由右往左。阿拉伯语字母不区分大小写，但区分印刷体、手写体和艺术体。每个字母在书写中区分单写和连写。

民族

巴林是具有移民特色的国家，随着巴林各项建设事业的发展，外籍移民仍在不断增加。所以巴林民族构成中，除了阿拉伯人，就是外籍移民。

2011年巴林人口中阿拉伯人占60%，其中包括伊朗、阿曼、伊拉克等海湾国家的阿拉伯移民，其他民族占40%，而且人口来源范围很广。据联合国的统计数据，到2013年，巴林移民人口高达55%，所占比例相当大，增长速度相当快。尽管有很多外来移民，但巴林人口中85%的人信奉伊斯兰教，只有15%的人信奉犹太教、基督教、祆教、印度教、佛教，宗教上的同质，加之政府的牢固控制，使得巴林远离族际问题。

相比较而言，巴林的阿拉伯民族内部问题较为复杂。巴林的穆斯林分为什叶派和逊尼派，两派因历史原因具有不同的政治和社会地位，也产生了很大的贫富差异，这使得巴林的民族和宗教内部矛盾突出，宗教内部斗争也成为巴林主要的社会问题。

在伊斯兰教诞生后的200年左右，什叶派就开始在巴林岛居住。巴林是阿拉伯世界什叶派宗教教育和学术研究的中心，与其一道成为中心的还有伊拉克的纳杰夫和库法。1782年，来自卡塔尔的逊尼派哈利法部落征服巴林，什叶派在巴林的主导地位宣告结束，什叶派文化在当地的兴盛也随之结束。面对驱逐和杀戮，什叶派不得不退居巴林岛的西部和北部。19世纪20年代，哈利法部落邀请沙特的达瓦斯尔部落协助其抢占土地，什叶派占领的土地由313个村庄进一步缩小为50个村庄。事实上从18世纪末开始，哈利法家族就已经成为巴林的统治者。随着哈利法家族占领巴林，很多逊尼派阿拉伯人进入巴林，但是在人数上什叶派始终占有相当比例，巴林也是阿拉伯世界中什叶派人口比例最高的国家。

巴林的什叶派主要有两个来源：本土巴林人，占总人口的50%左右，是反对哈利法的主要力量；伊朗裔什叶派，20世纪以前进入巴林，约占总人口的20%。巴林的逊尼派主要有3个来源：从阿拉伯半岛来的哈利法家族，他们是统治者，也是体现政府国防力量的骨干；来自阿拉伯半岛中部利雅得的内志家族，许多人担任政府高官，也从事商业活动；最早居住在海湾地区，后移居波斯，又回到阿拉伯海岸的哈瓦拉人，他们是商业精英。

虽然哈利法家族人口不到巴林总人口数的2%，但他们却是国家权力的主要掌控者，国家元首、首相、国防部长、内政部长、安全和司法部长，甚至法庭庭长、大学校长，以及主要国有公司的董事长，政府的关键职位，都由哈利法家族成员担任。在政府任职的什叶派远低于其人口所占比例，国家安全机构往往只雇用逊尼派，内政部和军队中什叶派人数不到3%，据 2003 年的统计数字，政府的 572 个高级职位中只有 18% 由什叶派担任，议会选举中什叶派议员所占人口比例也与逊尼派相差巨大。

在经济上，尽管巴林人均国民生产总值早就超过两万美元，但多数什叶派生活较为贫困，主要居住在农村，而逊尼派则几乎都居住在城市。尤其是哈利法家族，占据着石油等国家资源，居住在西部繁华的里法地区。巴林的东部地区一般也只对逊尼派开放，而且国家投资也主要集中在东部和里法地区。

政治经济地位的悬殊是形成巴林阿拉伯民族内部冲突的主要原因。尽管巴林政府近年来也采取了很多措施，希望两派可以和谐地生活在一起，但是宗教冲突问题目前仍然较为突出。

🎓 语言国情沿革与发展

考古研究发现，公元前 5000 年巴林岛上就产生了与阿拉伯半岛类似的新石器文化，公元前 3000 年巴林岛出现了城市，巴林开始进入文明社会。公元前 1000 年末期，闪米特族各族群迁移至阿拉伯半岛，在两河流域的河口建立了哈那开拉国，并征服了包括巴林在内的海湾地区，阿拉伯人进入巴林。考古学家在阿拉伯半岛发现了最早产生于公元 5 世纪的一些诗歌和格言，表明当时已经出现了阿拉伯语较为成熟的形式。公元 651 年《古兰经》的定型，奠定了阿拉伯语迅速发展的基础。

伊斯兰教的发源地为位于半岛西部的麦加和麦地那，而巴林与两地相距不远，因而成为较早接受伊斯兰教的地区。公元 621 年，伊斯兰教先知穆罕默德的代表阿拉就来到巴林传教，受到底层民众欢迎，遭到部落贵族抵抗，但很快阿拉就率领穆斯林打败了部落贵族，占领了巴林岛。公元 633 年阿拉成为巴林总督。巴林成为阿拉伯帝国的一个省。穆斯林对巴林的统治标志着阿拉伯语完全走入了巴林人的语言生活。11 世纪，巴林成为波斯的附庸，伊斯兰教什叶派乘机进入巴林，并逐渐成为巴林大多数人的信仰。什叶派穆斯林的引入也给巴林带来了语言文化冲击，它们在巴林的土地上落地生根，与当地的语言融合发展，形成了巴林人自己的语言和文化特色。巴林也是巴林什叶派阿拉伯语成长的鲜活土壤。

公元 13 世纪以后，巴林成为阿曼苏丹国、波斯、葡萄牙等抢占争夺的对象。1782 年哈利法家族占领巴林岛，逊尼派进入巴林，并一直统治巴林至今。19 世纪初，英国进入海湾地区。1820 年，随着英国指挥官与哈伊马角酋长的《总和平协定》签订，开始了英国在巴林长达 100 多年的殖民活动。1844 年，波斯放弃巴林，承认英国在海湾的地位。1861 年，英国驻海湾政治驻节公使琼斯和穆罕默德酋长签订英国巴林专约，确认了巴林对英国的完全依赖关系。英国通过 1880 年和 1892 年的《首次特别协定》《末次特别协定》使得巴林成为英国的"特别势力范围"。1971 年英国宣布结束海湾国家的保护国地位，巴林独立。英国多年的殖民统治，加之巴林作为阿拉伯地区以及东西方经济文化联系的纽带作用，确立了英语在巴林人语言生活中的重要地位，英语成为巴林人的日常通用语言，尤其是商业通用语言，以及通过电视报纸等媒体进行信息联系的纽带。

巴林的特殊地理位置，也让其成为海湾地区阿拉伯国家的政治经济文化交流的中心，因而将巴林与海湾阿拉伯国家的语言文化紧紧联系在一起。18 世纪末期哈利法家族的统治加强了沙特阿拉伯与巴林的联系，尤其是法赫德国王大桥的修建，更将沙特阿拉伯和巴林从地理上联系起来。同时，巴林内部的宗教斗争更强化了巴林的什叶派穆斯林与伊朗、伊拉克、科威特等国什叶派穆斯林的联系。因而形成了海湾阿拉伯语在这些海湾阿拉伯国家中不可缺失的地位，同时也使得这些国家方言差异很小，使用各自的海湾阿拉伯语方言也可以自由交流。

另外，作为东西方交通要塞，巴林因其丰富的珍珠和石油资源以及近年来经济的飞速发展，吸引着来自世界各地的移民和劳动力资源。高达 55% 的外籍人口比例及广泛的外籍来源，形成了巴林社会的多语及多元文化特点。

🤝 语言服务

中国开设阿拉伯语专业的高校有近 40 所，具体参见"阿拉伯联合酋长国"（第 19 页）。

中国在巴林设立的孔子学院有 1 所，为巴林大学孔子学院，合作单位为上海大学。

巴林尚未有高校开设中文系或中文专业。

小贴士

⊙首都

麦纳麦，地处巴林岛东北角，是巴林第一大城市，全国政治、经济、交通和文化中心，海湾地区重要的金融中心、重要港口及贸易中转站，素有"波斯湾明珠"之称。

⊙自然与经济

巴林国土大部分是较低的沙漠平原，地势由沿海向内地逐渐升高，到中部缓慢抬升为低平的断崖，还有部分粗糙石灰岩组成的石山和沙地，其中的杜汉山海拔最高，为 137 米。西南海岸低地为盐沼。巴林属热带沙漠气候，春秋两季短，冬夏两季长。夏季炎热潮湿，冬季温和宜人，岛内气候温差变化大。巴林是海湾地区最早开采石油的国家，同时拥有优质的珍珠资源，建有世界上最大的采珠场。巴林商业发达，被誉为"中东的香港"。

⊙美食

巴林人大都信仰伊斯兰教，不吃猪肉，牛肉也很少见，以羊肉、鸡肉、火鸡肉和鸭肉为主。日常惯吃发酵的薄面饼、烤羊肉串、烤羊腿和各种汤类，喜欢在食物中加入香料。传统菜肴主要利用水产品、羔羊、稻米和椰枣等本地原料。

⊙节日

新年（1 月 1 日）、伊斯兰教新年（伊斯兰教历 1 月 1 日）、开斋节（伊斯兰教历 10 月 1 日，伊斯兰教历每年的第 9 个月为斋月，第 10 个月的第 1 日到第 3 日是开斋节）、古尔邦节（伊斯兰教历 12 月 10 日，每年的这一天穆斯林们便为真主安拉牺牲献祭，也称宰牲节）、国庆日（12 月 16 日）等。

⊙名胜古迹

麦纳麦大清真寺 位于麦纳麦，距法赫德国王大桥不远，是巴林最大的清真寺，也是唯一带有颜色顶的大清真寺，可容纳 7000 名信徒做礼拜。用 60 吨半球形的玻璃纤维打造的自然光可以照到教堂的每一个角落，主殿堂内还有千盏吊灯。

哈米斯市场清真寺 位于麦纳麦南郊，建于公元 692 年，至今仍保存完好。考古学家在清真寺下发现了伊斯兰教传播前的古建筑和古墓。

巴尔巴尔庙 位于巴林岛西北角巴尔巴尔地区，是一座宏大的庙宇遗址，建于公元前 2500 年，从遗址上残留的大门、施行宗教仪式时所用的水池和大型祭坛可以看出当年的恢宏。

冢林 位于巴林岛北部、麦纳麦以西，占地 30 多平方千米，是世界上最大的史前时期的冢林，分布着超过 17 万座的坟茔，形成各年代坟茔层层相叠的奇观，最高可达到 10 米。

法赫德国王大桥 将巴林岛和阿拉伯半岛连接在一起，既是巴林的交通要道，也是巴林的标志性景点。

白俄罗斯国旗呈长方形，长宽比约 2∶1。上半部为红色宽条，下半部为绿色窄条，左侧为具有民族特色的红白花纹竖条。红色代表击败侵略者的白俄罗斯军团的旗帜，象征光荣的过去；绿色代表森林与田地，象征未来的希望；花纹代表民族传统文化与精神的延续，以及人民的团结一致。

白俄罗斯

The Republic of Belarus

胜利广场

白俄罗斯　BELARUS

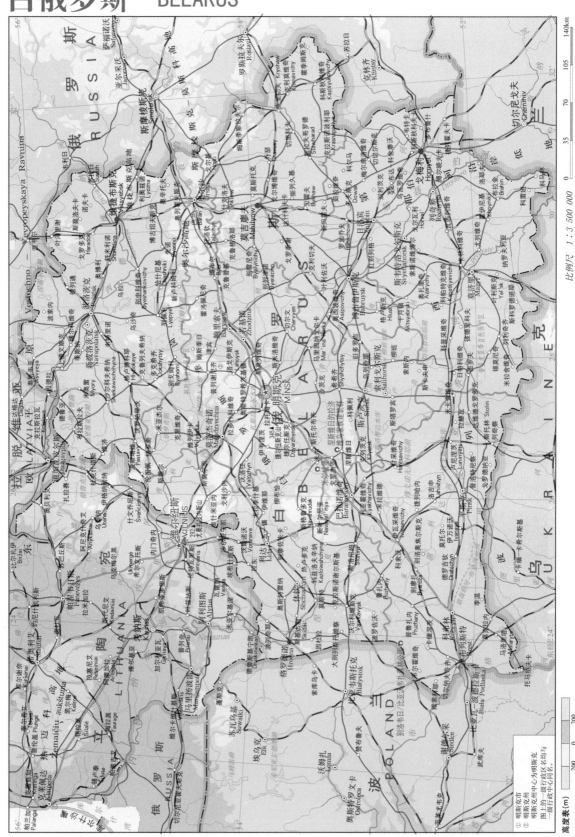

比例尺　1:3 500 000

高度表

白俄罗斯，全称白俄罗斯共和国，位于东欧平原西部，内陆国家，是欧亚两洲陆路交通的必经之路。东邻俄罗斯，西接波兰，北、西北与拉脱维亚和立陶宛交界，南邻乌克兰。国土面积 207 600 平方千米，人口约 946 万。

🗨 语言

白俄罗斯独立后确立白俄罗斯语为国语，俄语为族际通用语，1997 年修宪后，白俄罗斯语与俄语并列为国语。现在，白俄罗斯的官方语言为白俄罗斯语和俄语。在白俄罗斯境内，有 70.2% 的人口使用俄语，23.4% 的人口使用白俄罗斯语，3.1% 的人口使用波兰语和乌克兰语，还有 3.3% 的人口使用其他少数民族语言。

白俄罗斯语属印欧语系斯拉夫语族东斯拉夫语支，与乌克兰语和俄语很相近，但在语音、语法和词汇方面更接近乌克兰语。白俄罗斯语分东北和西南两种方言，其标准语以西南方言的中央次方言的明斯克语为基础。

白俄罗斯语的文字使用西里尔字母，共 32 个符号，其中 10 个元音字母、21 个辅音字母、1 个无音字母——软音符号。白俄罗斯语的词汇基础是原始斯拉夫语词。

白俄罗斯语示例：

Вялікдзень - адно із галоуйных сьвятау на Беларусі.

（复活节是白俄罗斯文化中重要的节日之一。）

在波兰、捷克、乌克兰、俄罗斯和立陶宛也有白俄罗斯语的使用者。目前，全球约有 1000 多万人使用白俄罗斯语。

👥 民族

白俄罗斯是多民族国家，境内有 100 多个民族，主要有白俄罗斯族、俄罗斯族、乌克兰族、波兰族、乌兹别克族和哈萨克族等。白俄罗斯族是主体民族。

白俄罗斯人自称别拉罗斯人、别洛露西亚人，属欧罗巴人种东欧类型。白俄罗斯远祖可追溯至公元初年生活在东欧平原上的东斯拉夫人。公元 9 世纪时，他们与俄罗斯人、乌克兰人一起形成古罗斯部族，属于基辅罗斯；后曾一度摆脱基辅罗斯的统治，14—16 世纪又相继被并入立陶宛公国和波兰，逐渐融合形成单独的白俄罗斯部族；后又多次被波兰和俄国吞并、瓜分，到 19 世纪中期形成现代白俄罗斯民族。1991 年独立前，白俄罗斯族是苏联的第五大民族，其人口数量仅次于俄罗斯人、乌克兰人、乌兹别克人和哈萨克人。独立后，白俄罗斯主体民族人口数量不断增加。2000 年白俄罗斯族人口占全国人口的比例由 1991 年的 77.9% 升至 81.2%。白俄罗斯人除了主要分布在白俄罗斯之外，还分布在俄罗斯、立陶宛、拉脱维亚、乌克兰、哈萨克斯坦等地。

白俄罗斯境内的第二大民族是俄罗斯族，约占 11.4%，分布在东部的莫吉廖夫州、戈梅利州和中部的明斯克州。白俄罗斯独立前，境内的俄罗斯人口不断增长。1991 年宣布独立后，俄罗斯人口所占的比重有所下降（1991 年约 135.7 万，2000 年减少到 113.8 万左右），但仍居全国第二位。俄罗斯人历史上与白俄罗斯人关系密切，他们同属东斯拉夫族，都信奉东正教，在语言、文化、习俗等诸多方面相似或相近。

波兰族是白俄罗斯第三大民族，主要分布在与波兰接壤的布列斯特州和格罗德诺州。据相关统计，1959—1990 年的 30 年间，白俄罗斯境内的波兰人口所占的比重由 6.7% 下降为 4.1%。白俄罗斯独立后，波兰族人口所占比重仍继续下降，1999 年为 3.9%，人口总数为 39.6 万。到 2000 年时，波兰族的人口总数降至约 38.9 万。目前，白俄罗斯境内波兰族人口总数约占总人口的 3%。

乌克兰族是白俄罗斯第四大民族，主要分布在白俄罗斯南部地区。据统计，白俄罗斯独立前，境内的乌克兰族人口不断增长。1990年境内的乌克兰族人数为 29.7 万，占全国人口的比重由 1959 年的 1.7% 上升到 2.9%。独立后，乌克兰族的人口数及其所占比重都有所下降。乌克兰族与白俄罗斯族的民族属性相同，宗教相同，在种族、宗教、文化、习俗等方面有深远的渊源，彼此之间关系十分密切。目前，白俄罗斯境内乌克兰族人口约占总人口的 2.4%。

犹太族是白俄罗斯的第五大民族，散居在全国各州。1959 年犹太人占白俄罗斯境内总人口的 1.9%，1970 年和 1990 年分别降为 1.6% 和 1.1%。据统计，2000 年犹太人已由 1991 年的 11.3 万降至 2.99 万，占全国人口的比重由 1.1% 降为 0.3%。自 20 世纪 70 年代以来，由于犹太人向国外（主要是以色列）大量移民，目前白俄罗斯境内犹太人大为减少。

独立后，白俄罗斯政府十分重视民族问题，奉行民族平等和团结的民族政策，并将此明确载入 1994 年新宪法。新宪法第 16 条规定，"一切民族、宗教和信仰在法律面前一律平等"。宪法序言强调保障公民团结。对各民族之间的关系，宪法第 14 条规定，"国家依据法律面前平等的原则，调整社会共同体、民族共同体以及其他共同体之间的关系，尊重它们各自的权益"。白俄罗斯独立时约有 300 万白俄罗斯人散居在世界各地，其中一半居住在前苏联各共和国。独立后新宪法第 10 条特别规定，"保障白俄罗斯共和国公民，无论是在白俄罗斯共和国境内，还是在境外，都受到国家的保护和庇护"。正是由于奉行民族平等和团结的民族政策，独立后白俄罗斯国内各民族相处和谐融洽，几乎未发生过民族矛盾和民族动乱。这也是该国独立以来国内社会政治局势一直能保持稳定的重要原因之一。

 ## 语言国情沿革与发展

20 世纪 90 年代前白俄罗斯的语言国情

白俄罗斯语口语的发展约在公元 4 世纪，而书面语的发展较晚些，约在 14 世纪。

公元 10 世纪末，随着基督教的传播，东斯拉夫人接受了从保加利亚传入的古斯拉夫语，形成了古俄语和古斯拉夫语并存的局面。自 14 世纪起白俄罗斯语开始从古俄语分化，直至 17 世纪，白俄罗斯语一直是立陶宛公国通用的国语。1569 年，白俄罗斯与波兰合并，波兰语成为主要的交际语言。到 18 世纪末，相当一部分白俄罗斯贵族和多数城市居民都在使用波兰语。1772 年、1793 年和 1795 年，俄罗斯、普鲁士和奥地利三次瓜分波兰，之后白俄罗斯被俄国兼并，波兰语随之逐步退出白俄罗斯，白俄罗斯语得以发展。19 世纪初，许多俄罗斯、波兰学者来到白俄罗斯搜集民间诗歌，采集民间故事。到 19 世纪末，随着白俄罗斯文学的发展，白俄罗斯标准语逐步形成。白俄罗斯语在发展过程中，受到俄语、波兰语和乌克兰方言的影响。白俄罗斯语在语音上与俄语有不同之处，但在字形和造句上保留了很多古俄语和斯拉夫教会语言的特征。

1920 年白俄罗斯苏维埃政府采取一系列措施，以增加白俄罗斯语在社会、政治和文化生活中的使用，并在《1924 年法令》中宣布，白俄罗斯语、俄语、意第绪语和波兰语地位平等。但为了促进白俄罗斯语在城市中的使用，1927 年的宪法第 22 条规定：白俄罗斯语为国家政府、专门机构和公共组织的主要使用语言。

20 世纪 30 年代以后，苏联开始强制推行俄罗斯化，白俄罗斯苏维埃社会主义共和国国内也非常强调俄语的地位和教学，并出现抵制白俄罗斯语的运动，使白俄罗斯民族语言文化遭受重大打击。1933 年，白俄罗斯苏维埃政府出台"关于简化白俄罗斯语的拼写"法案，并通过各种措施缩小白俄罗斯语在社会生活中的使用范围，转而以俄语代替。俄语开始在白俄罗斯普及，白俄罗斯语作为国语的地位大为削弱。白俄罗斯语的出版物比例逐渐降低，俄语出版物的比例则逐步提高。直至今日，原苏联加盟共和国中有不少国家现在开始强调使用当地语言，部分国家不再将俄语作为官方语言，但俄语仍然是这些地区目前使用最为广泛的通用语言。

20 世纪 90 年代后白俄罗斯的语言国情

20 世纪 90 年代初，白俄罗斯境内发起复兴民族语言文化运动，要求恢复白俄罗斯语在社会中的文化、历史地位。为此，白俄罗斯最高苏维埃通过了《白俄罗斯苏维埃社会主义共和国语言法》，以法律的形式承认白俄罗斯语的地位，规定在科学、艺术、教育机构和国家政权机关中逐步使用白俄罗斯语，同时也保证白俄罗斯各族居民有使用本民族语言的权利。为了促使白俄罗斯语尽快适应其国语地位，政府还于 1990 年 1 月通过了《在白俄罗斯推广白俄罗斯民族语言的决定》，并采取有力措施推广白俄罗斯语。例如，政府、机关公文只准用白俄罗斯文印发；国家电视台、广播电台，只准用白俄罗斯语播音；街道名、地铁站名、广告牌大量使用白俄罗斯语；学校教学也要逐渐转用白俄罗斯语等。

但是，鉴于白俄罗斯语本身的状况及俄语已经成为通用语言，短时间内无法替代的既成事实，这些措施尚欠通盘考虑，也不现实，短期内难以全面实现。自白俄罗斯政府推行这些措施以来，俄语居民表达了强烈不满，白俄罗斯境内各地，特别是首都明斯克，发生了多起师生罢课、市民集会的事件，以抗议政府的强制性行为。很多人并不反对推广白俄罗斯语，只是反对政府所采取的强制性做法，认为俄语也应当与白俄罗斯语一样被广泛使用，因为俄语在白俄罗斯已经普及，同时也是能通行于独联体各国的"族际语"。1991 年独立后，白俄罗斯不断调整语言政策，优化语言环境，国家确立白俄罗斯语为国语，俄语为族际之间的通用语。1994 年，白俄罗斯颁布新宪法，其中第 17 条规定："白俄罗斯语是白俄罗斯的国语。国家充分保障公民把俄语作为民族间交际语的权力。"1996 年修宪后，俄语与白俄罗斯语并列为国语，均为国家官方语言。此外，政府还通过了发展白俄罗斯语及国内其他民族语言的国家计划。目前，国内大多数人讲俄语。学校虽然开设了白俄罗斯语课，但其他科目的教学仍在使用俄语。白俄罗斯虽然没有强制推行白俄罗斯语，但国内各主要报刊、电视、广播都实行双语制，同时使用白俄罗斯语和俄语。

🤝 语言服务

中国尚未有高校开设白俄罗斯语专业，但有 120 多所高校开设了俄语专业，具体参见"俄罗斯"（第 112 页）。

中国在白俄罗斯设立的孔子学院有 3 所，分别为白俄罗斯国立大学孔子学院、明斯克国立语言大学孔子学院和白俄罗斯国立技术大学科技孔子学院，合作单位分别为大连理工大学、东南大学和东北大学。另外，还设有 4 个孔子课堂，分别为哥罗德诺扬卡·库帕拉国立大学孔子课堂、明斯克 23 中学孔子课堂、白俄罗斯国际经济大学孔子课堂和弗朗西斯科·斯卡利纳戈梅利国立大学孔子课堂。

白俄罗斯尚未有高校开设中文系或中文专业。但白俄罗斯国立大学和明斯克国立语言大学开设了中文翻译训练专业；白俄罗斯国立大学、白俄罗斯国立师范大学和维捷布斯克国立大学开设了中文教师专业；白俄罗斯国立师范大学、戈梅利国立大学、维捷布斯克国立大学和格罗德诺国立大学举办中文和中国文化培训。

小贴士

⊙首都

明斯克，位于第聂伯河上游支流斯维斯洛奇河畔，白俄罗斯丘陵明斯克高地南部，面积约159平方千米。明斯克是联系波罗的海沿岸与莫斯科、喀山等城市的贸易中心，也是白俄罗斯政治、经济和文化中心。

⊙姓氏

白俄罗斯人姓名的构成和其他东斯拉夫民族相同。姓名一般由三部分组成：姓、名、父名。姓氏最早出现在中世纪晚期，主要来自于职业、父名、地名或个人特征。

⊙自然与经济

白俄罗斯地处第聂伯河流域，地势北高南低，西北部主要以丘陵和山脉为主，东南和南部较平坦，以平原和沼泽为主。河流与湖泊众多，有"万湖之国"的美称。大部分地区属温带和大陆性气候，温和湿润，夏季气候潮湿多雨，冬季多温暖和融雪天气。年降水量550—700毫米。农业和畜牧业较发达，工业基础较好，机械制造业、冶金加工业、机床、电子及激光技术比较先进。主要工业部门有机械制造、金属加工、化工、电子、光学仪器、石油加工、木材加工、轻工、食品加工等。

⊙美食

白俄罗斯人的主食是面包和土豆。用黑麦糊、面粉和土豆做成的土豆薄饼是其传统食物。此外，白俄罗斯人还喜欢吃黑麦面包、猪肉、火腿煎蛋、蔬菜和李子、梨、苹果等水果。传统饮料主要有格瓦斯和桦树嫩芽做的烧酒。

⊙节日

新年（1月1日）、东正教圣诞节（1月7日）、胜利日（5月9日，纪念卫国战争胜利）、独立日（7月3日，又称共和国日，纪念1944年7月3日苏军解放被德国法西斯占领的首都明斯克）、十月革命日（11月7日）、圣诞节（12月25日）等。

⊙名胜古迹

胜利广场　位于首都明斯克市中心，长225米，宽175米。广场上矗立着伟大卫国战争阵亡烈士纪念碑，高40米。广场两侧整齐排列的石碑上刻着苏联12个英雄城市的名称。

泪岛　位于明斯克市特洛伊茨老城城外的斯维斯洛奇河中，为纪念在苏联时期阿富汗战争中阵亡和失踪的800多名白俄罗斯官兵而建造的建筑群。岛中心矗立着阵亡官兵的纪念塔碑。在建筑该岛时，阵亡官兵的母亲们给该岛起名为"悲痛和眼泪的岛"，后简称"泪岛"。

圣灵主教大教堂　位于白俄罗斯首都明斯克，属巴洛克建筑风格，是明斯克东正教重要的活动中心，教堂中供奉着一些宗教珍品，如明斯克圣母圣像等。

别洛韦日国家森林公园　横跨白俄罗斯西部边境和波兰东部边境，总面积约为8.76万公顷，其中在白俄罗斯的面积约为在波兰的面积的19倍。公园是欧洲最大的平原森林，被联合国教科文组织列为80项人类遗产之一。林区景观优美，动植物种类繁多，许多为世界珍稀品种。1992年，别洛韦日原始森林作为自然遗产入选联合国教科文组织《世界遗产名录》。

保加利亚国旗呈长方形，长宽比 5：3。旗面由白、绿、红三个平行相等的长方形组成，白色象征人民热爱和平与自由，绿色象征农业与国家的主要财富，红色象征勇士的鲜血。

保加利亚 The Republic of Bulgaria

里拉修道院

保加利亚 BULGARIA

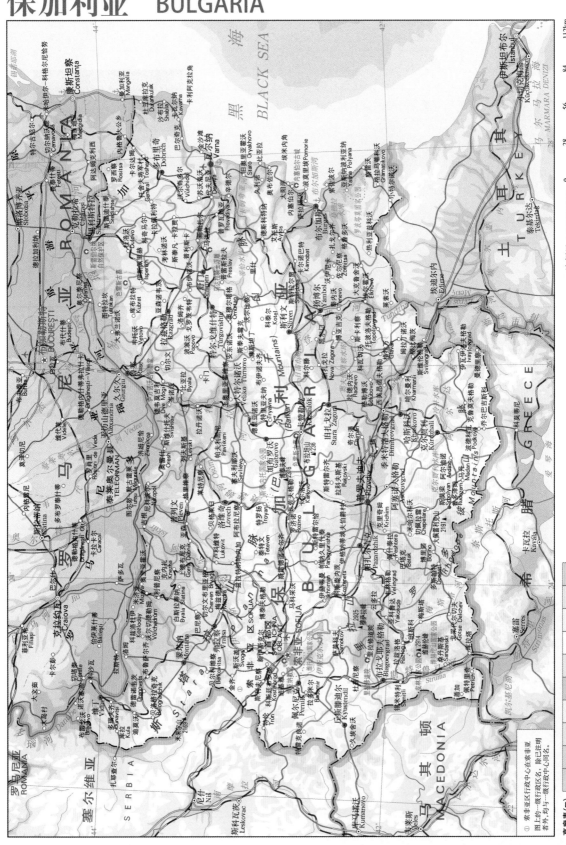

比例尺 1:2 800 000

高度表(m)

保加利亚，全称保加利亚共和国，位于欧洲东南部巴尔干半岛，北与罗马尼亚接壤，西与塞尔维亚、马其顿相邻，南与希腊和土耳其毗邻，东部濒临黑海。国土面积 111 002 平方千米，海岸线长 378 千米，人口约 725 万。

语言

保加利亚语为保加利亚的官方语言，属于印欧语系斯拉夫语族南斯拉夫语支东南斯拉夫次语支。大部分保加利亚人使用保加利亚语。

保加利亚语有东、西部两大方言。东部方言又可分出北、中、南 3 个次方言，西部方言又可分出西北及西南次方言。现代保加利亚语标准语是以东部的中央次方言为基础，并吸收了西部保加利亚语口语的部分特点形成的。保加利亚语共有 44 个音位，包含 6 个元音和 38 个辅音。词汇方面，保加利亚语在 1878 年前受中古希腊语、现代希腊语和土耳其语的影响颇深，而当代主要从俄语、德语、法语和英语中借用了很多词语。由于历史上长期与非斯拉夫语如拜占庭的希腊语、奥斯曼的土耳其语接触，保加利亚语逐渐由综合型语言向分析型语言发展，而与大多数综合型的斯拉夫语言不同。

现代保加利亚语中的名词有阴性、阳性和中性之分，形容词修饰名词时需要与名词保持性、数的一致；动词形态丰富，尤其是过去时的种类较多，包括过去完成时、过去未完成时、过去不定时、过去先行时、过去将来时、过去将来先行时；书面语语序类型为 SVO（主语 + 谓语 + 宾语），口语语序相对灵活。

保加利亚语书写系统使用 30 个西里尔字母，比俄语字母少 3 个，并且没有特殊字母。保加利亚语示例：

Даунлоудваш го на десктопа.
（你将它下载到桌面。）

英语是保加利亚人的主要外语之一。另外，也有人学习和使用俄语、德语、阿拉伯语、土耳其语。有的北部边境地区居民也使用罗马尼亚语，西北部偏向使用塞尔维亚语，东北、南部亦有土耳其语分布。

民族

保加利亚是多民族国家，主体民族为保加利亚族，约占总人口的 84%。

保加利亚族属欧罗巴人种巴尔干类型，系古保加尔人、斯拉夫人、色雷斯人融合发展而成。古保加尔人属于突厥族，公元 2 世纪从西域迁到东欧南俄草原，居住在里海和黑海之间，以游牧为主。6 世纪时，斯拉夫人来到这里，与古保加尔人和色雷斯人融合，7 世纪初组成部落联盟，称"大保加利亚"。不久联盟瓦解，其中一支越过多瑙河，进入今保加利亚东北部，与当时居住在这一地区的刚刚从多瑙河北岸迁来的斯拉夫人以及当地的色雷斯人再次融合，于 681 年建立斯拉夫保加利亚王国，为保加利亚民族的形成奠定了基础。现在，大部分保加利亚人生活在保加利亚境内，多数信仰东正教，少数信仰天主教和伊斯兰教。

在保加利亚少数民族中，土耳其人约占总人口的 9%，罗姆（吉卜赛）人约占 5%，俄罗斯人、亚美尼亚人、瓦拉几人、马其顿人、希腊人、乌克兰人、犹太人、罗马尼亚人等占 2%。

土耳其族是保加利亚人数最多的少数民族，主要分布在东北部地区（拉兹格勒）和东部的罗多彼山地区（克尔贾利）。1878 年的俄土战争结束了奥斯曼帝国在保加利亚的统治，穆斯林土耳其人成为"少数民族"，而且日益封闭。其中，生活在保加利亚东北部的土耳其人，生活水平比较高，主要从事农业和手工业。

保加利亚的穆斯林波玛齐人较为特殊。一方面，具有保加利亚人的普遍特征，即讲保加利亚语；另一方面，信仰伊斯兰教。他们集中居住在克里贾利、斯莫梁和莫拉戈耶夫格勒等地。波玛齐人中有些认为自己是土耳其人，有些认为自己是保加利亚人，缺乏清晰的民族认同。

罗姆（吉卜赛）人多数并不定居于某一区域。根据 2001 年普查，穆斯林罗姆人的数量是 370 908 人。很多穆斯林罗姆人登记为土耳其人，而东正教罗姆人则登记为保加利亚人。

语言国情沿革与发展

保加利亚语的形成和发展与本地区的民族融合有着不可分割的联系。从其历史发展来看，保加利亚语可分为 4 个阶段：

古代保加利亚的语言国情

保加利亚地区的原始居民是色雷斯人，公元前 3500 年左右就居住于此，使用现已消亡的色雷斯语。公元 1 世纪后，罗马帝国占领了保加利亚地区，色雷斯语只在较偏远的地区使用，一直延续到公元 5 世纪。6 世纪时，斯拉夫人来到保加利亚地区，与从黑海北岸和北高加索地区迁移至此的具有突厥血缘的古保加尔人及当地尚存的色雷斯人融合，形成了保加利亚人。公元 681 年，斯拉夫人和保加尔人共同建立了斯拉夫 - 保加利亚王国（史称第一保加利亚王国）。此后到 1018 年第一保加利亚王国灭亡期间，在与斯拉夫人的融合过程中，保加尔人渐渐抛弃原来使用的突厥语，改用斯拉夫语，而斯拉夫语在融合突厥语和色雷斯语等语言的过程中，也逐渐发展为具有南斯拉夫语支特点的古保加利亚语。

公元 9—11 世纪的保加利亚语是古保加利亚语，保留了许多原始斯拉夫语的特点。起初采用希腊文作为书写符号，直至 894 年宗教经典传入，西里尔文便取代希腊文成为官方文字。这在保加利亚语的发展史上具有里程碑式的意义。它不仅阻止了南部希腊人和西部法兰克人

对保加利亚人的同化，同时，保加利亚人还创立了自己的民族文学，并加速了世俗典籍的产生。主教西里尔和美托德将《圣经》译为古保加利亚语后，保加利亚语还成为宗教仪式用语。到公元 9 世纪末，保加利亚语成为当时保加利亚的官方语言和通用语言。这一时期的保加利亚语书面语和口语之间有一定的距离。

中古保加利亚的语言国情

公元 12—15 世纪，被称为中古保加利亚语时期。公元 1185 年，保加利亚人起义成功，建立了第二保加利亚王国，公元 1397 年，第二王国被奥斯曼帝国吞并。在这一时期，一方面由于东罗马帝国和奥斯曼帝国这些非斯拉夫语的影响，保加利亚语在词汇方面吸收了希腊语、突厥语等语言的成分，在语法方面受其影响，格和其他形态变化逐渐消失；另一方面是奥斯曼土耳其帝国的统治时期大力推行民族同化政策，官方文件中不得使用保加利亚语，保加利亚语的使用和发展受到了极大的限制。

近代保加利亚的语言国情

公元 16—19 世纪，为近代保加利亚语阶段。奥斯曼土耳其帝国统治期间虽然限制保加利亚语的使用，但保加利亚修道院里的学校仍用斯拉夫语教学，保加利亚语得以传承，而这些学校的存在也加速了老保加利亚语和新口语的融合。17 世纪后，语言学家称融合后的语言为"新保加利亚语"，也就是现代保加利亚语。19 世纪后，随着俄土战争土耳其失败，保加利亚摆脱了土耳其统治获得独立，民族解放运动和民主运动达到高潮，在东部方言的巴尔干次方言基础上，逐渐形成了统一规范的标准保加利亚语。

现代保加利亚的语言国情

1946 年，保加利亚人民共和国宣布独立；1990 年保加利亚共产党决定实行多党制和市场

经济，改国名为保加利亚共和国。独立后的保加利亚主要从学校教育和词典编撰两个方面来加强保加利亚语的使用规范。

从 19 世纪开始，许多学者和作家就致力于现代保加利亚语的规范和推广工作。1923 年，语言学家仓科夫对保加利亚语的拼写方式进行探索，撰写了《保加利亚语正音指南》。第二次世界大战后，保加利亚语发生了一系列变化，产生了大量新词新语。为此，国家对文字进行进一步的改革和规范，以消除说与写之间的不一致。同时，政府推出学校教育法等法律，规定学校教育应该促进保加利亚语的使用、学习和规范，使得保加利亚语的规范化工作得到了进一步保障。

词典的编撰对现代保加利亚语的研究和规范工作起到相当大的促进作用。1895—1908 年，奈登·格罗夫编撰的《保加利亚语词典》六卷本陆续出版，这是保加利亚语最早的一部词典；该词典出版后，极大地方便了现代保加利亚语的教学和研究。20 世纪中叶以后，保加利亚语言学家又相继编写了几部词典。例如，1977 年，克里斯塔林娜·乔拉科娃等编撰了新《保加利亚语词典》，到 2004 年该词典已增补至 12 卷。2004 年，瓦西尔卡·拉德娃编写的《保加利亚语详解词典》，是保加利亚语目前最新的词典，收录了不少近些年来出现的新词以及外来词。

保加利亚政府在少数民族语言政策方面，经历了不同的时期。20 世纪 70 年代前，基本上能平等对待各少数民族，尊重语言多样性，但从 1972 年开始，保加利亚提出要建立"保加利亚民族国家"，对土耳其人、犹太人、罗姆人等实施驱逐或同化政策，80 年代甚至要求所有土耳其族和穆斯林必须统一改为斯拉夫语的名字，禁止使用土耳其语等，这些政策遭到土耳其族的强烈反对，到 80 年代末，保加利亚

已处于分裂的边缘，政治和经济也发生了严重危机。1989 年，保加利亚政府改变政策，解除了不允许在学校使用和教授土耳其语的禁令，承认其语言和文化，承诺拨款重建土耳其语学校等。到 2000 年前后，土耳其语学校大量出现，土耳其语教材、报纸、杂志均能自由出版。

随着政治、经济和文化体制的转轨，保加利亚外语教育政策也发生了变化，俄语的主导地位被英语取代，但由于历史关系，目前保加利亚仍有约三分之一的中小学把俄语列入课程计划。同时欧洲其他国家的语言以及巴尔干半岛国家的语言也得到足够的重视，中学外语学校除了开设英语和俄语课程外，还开设德语、法语、意大利语、西班牙语等语种的课程。

🤝 语言服务

中国开设保加利亚语专业的高校有 1 所，为北京外国语大学。

中国在保加利亚设立的孔子学院有 2 所，分别为索非亚大学孔子学院和大特尔诺沃大学孔子学院，合作单位分别为北京外国语大学和中国地质大学（武汉）。另有孔子课堂 1 个，为索非亚 18 中学孔子课堂。

保加利亚开设中文专业的高校有 2 所，分别为索非亚大学和大特尔诺沃大学。索非亚大学于 1953 年开设汉语讲习班，1991 年开设汉语言文学专业，招收汉语言文学专业硕士研究生，1996 年招收汉语言文学专业本科生，1999 年招收汉语言文学专业博士研究生。大特尔诺沃大学 20 世纪 90 年代开始开设汉语及相关专业，分别设置了汉语言文学、俄汉应用语言学、法汉应用语言学、英汉应用语言学、德汉应用语言学等专业，其汉语教学涉及本、硕、博 3 个层次。

小贴士

⊙首都

索非亚，位于保加利亚中西部，地处索非亚盆地南部，跨伊斯克尔河及其支流。索非亚是一座有着2800多年历史的文化古城，也是闻名世界的花园城市。索非亚是全国政治、经济、文化中心，面积167平方千米，人口约131.98万。

⊙姓氏

保加利亚的姓名由3个部分组成，分别是本名、父名和姓。通常情况下父名省略不用，全名只在文件和证件中使用。日常生活中只叫名，并且大都用昵称。对长辈或有身份的人称名和姓，或只称姓以示尊敬。女子婚后要改从夫姓。

⊙自然与经济

保加利亚平均海拔470米，北面是多瑙河平原，占国土的三分之一，而高原和山地占41%。境内有500多条河流，最长的河为伊斯卡河，长达368千米。北部属大陆性气候，南部属地中海式气候，冬季较暖。年平均降雨量大约630毫米。农产品主要有小麦、烟草、玉米、向日葵等，盛产蔬菜、水果。酸奶、葡萄酒酿造技术非常著名，玫瑰油产量和出口居世界第一。工业以机械制造、化工、冶金、造船、炼油等为主。主要矿藏有煤、锌、铜、铁、铀、锰、铬、矿盐和少量石油。

⊙美食

保加利亚人偏爱各式色拉，喜欢喝各种汤，也爱吃各式糕点。保加利亚菜式或烤或蒸或炖，煎炸不是很常见，以丰富多样和优质的乳制品、葡萄酒、酒精饮料而闻名。多吃猪肉、鱼肉和鸡肉，很少吃牛肉。

⊙节日

解放日（3月3日，又称国庆日）、教育文化和斯拉夫文字节（5月24日，纪念西里尔和梅塞多斯创造了斯拉夫文字）、玫瑰节（每年6月的第一个星期日，节日游行持续5天，通常举办玫瑰皇后选举、玫瑰采摘仪式、歌舞表演等活动）、统一日（9月6日，纪念1885年9月6日东部保加利亚"东鲁米利亚"与西部保加利亚公国合并统一）、民族启蒙者日（11月1日，纪念文艺复兴时期以来的文化名人、教育家以及民族英雄）等。

⊙名胜古迹

特尔诺沃 保加利亚三大古都之一，位于中北部的查雷维茨山和特拉佩济察山上，扬特拉河蜿蜒其间，地势险要，在中世纪仅次于君士坦丁堡，是巴尔干半岛的第二大城市。现保存有多处古迹和名胜，也是历代帝王陵墓所在地。

伊凡诺沃岩洞教堂 位于保加利亚东北部鲁塞城附近的伊凡诺沃村一带，修凿在洛姆河沿岸。教堂内石雕工艺精细，壁上绘有风景或人物，反映了古希腊艺术特色，其中特萨克瓦塔教堂的壁画最为著名，是现实主义的杰作和中世纪壁画的孤品。1979年，伊凡诺沃岩洞教堂作为文化遗产入选联合国教科文组织《世界遗产名录》。

色雷斯古墓 发现于1944年，至今保存完好。古墓由三座砖制的房屋构成，堪称当时色雷斯建筑艺术的典型，其地道和墓室的墙壁上绘有壁画，描绘了独特的葬礼宴会场景。

玫瑰谷 保加利亚玫瑰花的集中产地，包括相毗连的卡赞利克谷和卡尔洛沃谷两个山谷。位于索非亚东南约40千米处，是一个东西长130千米、南北宽15千米、海拔约350米的狭长地带。北面以巴尔干山高峰为屏障，挡住北来寒风，斯特列玛河和登萨河流贯谷内，地中海暖流从南部穿峡沿河而过，给玫瑰的生长提供了理想的条件。

波兰国旗呈长方形，长宽比8：5。旗面由上白下红两条同宽的水平色条构成。白色象征古老传说中的白鹰，代表纯洁，表达波兰人民渴望自由、和平、民主、幸福的美好愿望；红色象征热血，代表革命斗争取得胜利。

波兰

The Republic of Poland

华沙王宫城堡

波兰 POLAND

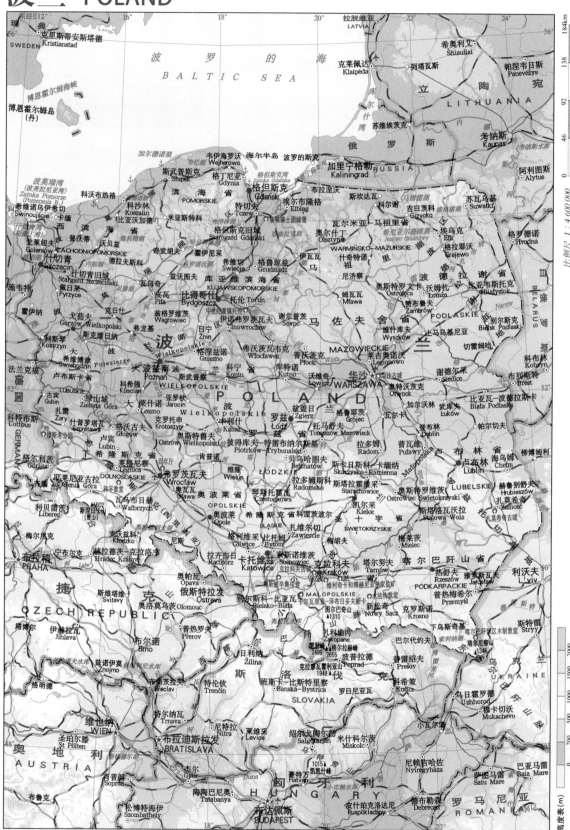

波 罗 的 海
BALTIC SEA

POLAND

高度表(m)

波兰，全称波兰共和国，位于中欧、西面与德国接壤，南部与捷克和斯洛伐克为邻，东面与乌克兰和白俄罗斯毗邻，东北部与立陶宛及俄罗斯相连，北面濒临波罗的海，海岸线全长 528 千米。国土面积约 312 685 平方千米，人口约 3850 万。

🗨 语言

波兰语是波兰的官方语言，也是欧盟的官方语言之一。目前全世界使用波兰语的总人口约 4850 万，其中约 3850 万在波兰，1000 万分布在世界各地。波兰约有 98% 的人将波兰语作为母语使用，是讲官方语言人数比例最高的欧洲国家。

波兰语属于印欧语系斯拉夫语族西斯拉夫语支莱赫分支，在西斯拉夫语支中，波兰语是使用人数最多的语言。波兰语有 4 个主要方言，即以波兹南城市为中心的大波兰方言，以克拉科夫城市为中心的小波兰方言，以卡托维兹城市为中心的西里西亚方言，以华沙城市为中心的马佐夫舍方言。此外，也有学者把以波罗的海沿岸的格但斯克市为中心的卡舒比方言视为波兰语的第五方言。

波兰语使用 32 个拉丁字母书写，其中 9 个元音字母、23 个辅音字母，部分字母是在拉丁字母上附加一些符号而形成的。波兰语有 44 个音位，包含 8 个元音音位和 36 个辅音音位。其元音系统相对简单，只包括 6 个口元音和 2 个鼻化元音，波兰语的元音都是单元音；波兰语的辅音系统却相当复杂，包含一系列的塞擦音和颚音，塞擦音是用双音字母来表示，颚音是由锐音符或在字母后再加上一个 i 来表示。波兰语重音一般落在倒数第二音节上。

波兰语属于屈折语，其语法范畴主要依靠词形变化等语法手段来表达。波兰语名词和形容词有 3 种性，即阴性、阳性和中性，不同性

的词尾形式不一样；还有 7 种格变化，即主格、属格、与格、宾格、工具格、前置格和呼格，每一种格都有其特定的词尾表现形式及单复数之分。波兰语的动词有第一、第二、第三人称形态，其形态随着句子中主语的单复数的不同而不同，同时也存在过去、现在和将来的时态变化以及完成体和未完成体之别。过去时和将来时的动词词缀，除了表示语法意义，还包含性别意义，一个词缀常常可以有很多语法意义。对外国人来讲，波兰语语法变化较多，部分发音（如 vs，rz，u，h，ch 等）连本土人都觉困难，要想精通波兰语十分不容易。

波兰语示例：

Wszyscy ludzie rodzą się wolni i równi w swojej godności i prawach. Są obdarzeni rozumem i sumieniem i powinni postępować wobec siebie w duchu braterstwa.

（人人生而自由，在尊严和权利上一律平等。他们赋有理性和良知，并应以兄弟关系的精神相对待。）

波兰是一个多语言的国家，除波兰语外，还有 2% 的人口讲其他少数民族语言，如卡舒比语、德语、白俄罗斯语、卢森尼亚语、立陶宛语、斯洛伐克语、捷克语、乌克兰语、罗马尼亚语、亚美尼亚语、匈牙利语等。另外，波兰还有少数外来移民语言，如俄语、越南语、阿拉伯语、希腊语、汉语、保加利亚语、土耳其语和印地语等。

2005 年 1 月 6 日，波兰颁布实施《全国少数民族、外来民族及边远地区语言法》。除了波兰语外，有 16 种少数民族语言得到官方的正式认可，包括外来少数民族语言，如白俄罗斯语、捷克语、德语、犹太语、立陶宛语、俄语、斯洛伐克语及乌克兰语；本国少数民族语言，如卡拉伊姆语、卡舒比语、卢森尼亚语、罗马尼亚语和鞑靼语等。该政策的实施确保了这些少数民族族裔除使用波兰国语外，还获得了使

用本民族语言接受教育、组织管理以及推广和传播本民族语言和文化的权利。

波兰境外使用波兰语的 1000 万人口主要为立陶宛、白俄罗斯和乌克兰等前苏联、独联体国家的波兰裔居民。这些波兰裔居民是第二次世界大战后因部分波兰领土被并入苏联而至今留在立陶宛、白俄罗斯和乌克兰等国所形成的人口较多的波兰裔少数民族，如：立陶宛有 9% 的人口把波兰语作为母语，在立陶宛首都维尔纽斯，讲波兰语的人数占到其总人口的 31.2%；乌克兰境内的鲁维和鲁克地区的居民使用波兰语，白俄罗斯西部布勒斯特和格罗德诺地区的居民讲波兰语。实际上，在白俄罗斯、立陶宛和乌克兰的西部地区以及捷克和斯洛伐克的北部地区，波兰语通常被作为第二语言使用。因此，在中东欧地区，波兰语无论是在外交领域还是学术领域都是极为重要的语言。

此外，还有一些讲波兰语的人分布在美国、英国、德国、俄罗斯、奥地利、希腊、匈牙利、以色列、哈萨克斯坦、阿塞拜疆、巴西、比利时、克罗地亚、加拿大、爱沙尼亚、芬兰、丹麦等国家，这些国家的波兰移民及其后裔中很多人会说波兰语。仅在美国讲波兰语的人口就超过100 万，主要集中在伊利诺伊州、纽约州和新泽西州等。在加拿大有 24.2 万人说波兰语，主要集中在多伦多和蒙特利尔。英国现在也有超过 50 万人把波兰语当作他们交流的主要语言。

民族

波兰是一个由波兰族占主导地位的多民族国家，其主体民族是波兰族，约占波兰人口总数的 98%，少数民族仅占总人口的 2%，主要包括西里西亚人、德意志人、白俄罗斯人、乌克兰人、俄罗斯人、卡舒比人、卢森尼亚人、立陶宛人、罗马人、犹太人、捷克人和斯洛伐克人等。在外国移民群体中，越南人最多，其

次是亚美尼亚人。

波兰族是欧洲最古老的民族之一，属欧罗巴人种中欧类型。远古时期，生活在维斯瓦河流域和奥得河流域的波莫瑞人、马佐夫舍人、维斯瓦人、莱赫人等都是波兰族人的祖先。公元 1025 年博莱斯瓦夫一世加冕为波兰国王，波兰成为一个强大而统一的封建国家，波兰人作为一个独立的民族实体而存在，在当时的中欧政治舞台上曾发挥了重要的作用。1386 年波兰王国与立陶宛大公国实行王朝联合，1569 年两国正式合并，史称"波兰第一共和国"，波兰成为一个多民族的农奴制联邦国家。18 世纪下半叶，波兰被沙俄、普鲁士和奥地利 3 次瓜分，1795 年波兰被瓜分而灭亡。1918 年 11 月，波兰恢复独立。1921 年 3 月，波兰议会通过宪法，波兰成为议会制的资产阶级共和国，史称"波兰第二共和国"。由于多年遭受俄罗斯、普鲁士和奥地利帝国的 3 次瓜分及拿破仑帝国及沙皇俄国的外族统治，波兰国内的民族形态不断变化，到第二次世界大战前，波兰族人只占全国总人口的 64.9%，犹太人占 10.3%，乌克兰人占 7.6%，白俄罗斯人占 7.1%，德意志人占 4.8%，此外还有少数的立陶宛人、捷克人、斯洛伐克人、罗马尼亚人等。第二次世界大战期间，因为德国的入侵以及部分国土被苏联占领，波兰东部和西部的民族人口被迫不断迁移，波兰的民族结构再度发生较大变化，不仅很多波兰人迁居国外，波兰境内的少数民族，如德意志人、犹太人、白俄罗斯人、立陶宛人等更是移居国外，波兰从此逐渐成为一个单一民族为主体的国家。

根据 2011 年波兰人口普查数据，波兰总人口中波兰族占绝对多数，其他少数民族有：西里西亚人（81.7 万），卡舒比人（22.9 万），德意志人（12.6 万），乌克兰人（4.9 万），白俄罗斯人（4.6 万），俄罗斯人（1.3 万），卢森尼亚人（1 万），立陶宛人（0.8 万），

罗马人（1.6万），斯洛伐克人（0.3万），捷克人（0.3万），越南人（0.4万），亚美尼亚人（0.3万）。西里西亚人主要分布在靠近德国和捷克边境的上西里西亚省，德意志人主要分布在靠近德国西南部的奥波莱和卡托维兹地区，乌克兰人分布在波兰东部和北部地区，白俄罗斯人主要分布在毗邻白俄罗斯的比亚维斯托克地区，俄罗斯人分布在靠近俄罗斯的东部和北部地区，卢森尼亚人分布在小波兰省和喀尔巴阡地区，立陶宛人分布在波兰东北部地区，卡舒比人分布在格但斯克地区，斯洛伐克人分布在波兰南部靠近斯洛伐克边境，捷克人分布在卢茨克地区，罗马人分布在波兰南部地区，越南人分布在首都华沙地区，亚美尼亚人分布在格达斯科、华沙和格利维策地区。

尽管波兰目前少数民族人口数量不多，但少数民族问题一直比较突出，影响着波兰的社会团结和国家发展。1997年，波兰通过新宪法，以立法形式保障少数民族的公民有保持和发展其语言、风俗习惯及文化传统的自由。

近年来，随着对外移民数量的增加和人口出生率的急剧下降，波兰人口呈下降趋势。加入欧盟后，波兰移民主要流向英国、德国和爱尔兰等国，以便寻找更好的就业机会。目前大约有1000万波兰人生活在美国、澳大利亚、英国、奥地利、巴西、加拿大、捷克、芬兰、德国、希腊、匈牙利、以色列、罗马尼亚及独联体国家。

波兰境内教堂林立，其天主教堂的密度在欧洲首屈一指，全国有95%的人信奉天主教，逾七成的人依然严格遵守天主教习俗，特别尊崇圣母马利亚，每周去教堂做弥撒仍是大多数波兰人重要的生活内容。其余5%的波兰人大多信奉东正教或基督教新教。在波兰，教会对人们的社会生活和文化生活具有广泛而深远的影响。

 语言国情沿革与发展

波兰语的起源与发展

波兰语的起源与斯拉夫语言密切相关。3500年前，波罗的海斯拉夫语从东印欧语系分离。约3000年前，波罗的海语言与斯拉夫语也相互分离，之后，斯拉夫语与希腊语、拉丁语、凯尔特语、日耳曼语及其他语言并行发展。波兰语是在之后的1500年过程中逐步形成的。波兰人早先为斯拉夫人的一支。据考证，早在旧石器时代晚期，今日波兰境内的维斯瓦河谷为古代斯拉夫人的发祥地，至公元前8世纪，古斯拉夫人业已形成，其分布地区向南向东扩展到喀尔巴阡山至顿河上游一带。公元4—6世纪，居住在这一地区的古斯拉夫人开始形成部落联盟。由于受到"民族大迁徙"浪潮的冲击，其居住区域不断扩展，这些古斯拉夫人逐渐分化为西、东和南3个支系。其中西支的古斯拉夫部落仍然留居在维斯瓦河流域及西里西亚地区，如波莫瑞人、马佐夫舍人、维斯瓦人、莱赫人、斯里扎人、贾道什人、博布舍人等，这些人便是后来波兰民族的先民。

公元10世纪初，波兰境内出现了以波兰公国和维斯瓦公国两大"部落公国"为主的众多封建土帮，其中波兰公国由皮亚斯特家族统治。公元966年，皮亚斯特王朝的波兰大公梅什科一世接受基督教信仰，并引进拉丁文，进一步促进了波兰公国社会、经济和文化的发展，国势日盛，同时团结了维斯瓦河和奥德河流域文化和语言相互有联系的所有部落，逐步将其统治扩大到西里西亚以及马佐夫舍人、波莫瑞人和维斯瓦人的地区。公元1025年，博莱斯瓦夫一世加冕国王，基本统一波兰各部族，波兰民族和民族语言基本形成。但波兰在这一时期的历史文献都是用拉丁语书写，只有写人名和地名时才使用波兰语，波兰语在此之前只是作为口语而存在。信奉基督教后，波兰人开始采用拉丁字母拼写波兰语，使得波兰语书面语的产生成为可能。公元 14—17 世纪上半叶，由于波兰－立陶宛联邦王国政治、文化、科学和军事上的强大影响，波兰出现了大量波兰语文献，有圣十字经文、格涅兹诺经文、圣母颂诗等；16 世纪波兰文学语言兴起，第一部波兰语语法书于 1568 年问世。

历史上波兰民族和周边国家民族之间不断迁徙变化，波兰语先后受到拉丁语（公元 9—18 世纪）、捷克语（公元 10 世纪和公元 14—15 世纪）、意大利语（公元 15—16 世纪）、法语（公元 18—19 世纪）、德语（公元 13—15 世纪和公元 18—20 世纪）、匈牙利语（公元 14—16 世纪）和土耳其语（公元 17 世纪）的影响，从中吸收了大量的词汇。作为波兰很长一段历史时期中唯一的官方语言，拉丁语对波兰语产生的影响最为深刻，很多波兰语词汇都是直接从拉丁语借鉴过来的。除了大量的拉丁语借词外，在波兰文学作品中还可以见到拉丁语短语的波兰语直译形式。这些外来词汇进入波兰语时，发音和拼写形式要根据波兰语的音位规则和波兰语正字法做适当调整。17 世纪下半叶至 18 世纪末，波兰出现了波兰语同拉丁语、意大利语、法语混杂的现象，形成了混合波兰语，文学语言中这种现象更为严重。这一时期一般被认为是波兰语发展过程中的衰落期。

18 世纪末至今，波兰人开始为纯洁和丰富本民族语言而奋斗。波兰著名诗人密茨凯维奇（1798—1855 年）和著名作家显克维奇（1846—1916 年）等为近代波兰文学语言的形成做出了巨大贡献，波兰语得到进一步的规范和发展。

第二次世界大战期间，波兰遭受德国人侵，其东部边疆部分国土被苏联吞并。波兰人口出现 3 个方向的迁移：很多波兰人和犹太人从西部迁入南部，白俄罗斯人、罗马尼亚人、南斯拉夫人及德意志人从东部迁向西部，德国占领区的乌克兰人和白俄罗斯人迁向东部地区。为避免波兰语的使用受到很大影响，当时的波兰政府不得不自上而下实行单一化波兰语语言政策。1945 年，波兰颁布《国语法》，规定波兰语为波兰的官方语言。

近年来波兰的语言国情

1989 年东欧剧变后，波兰逐渐盛行崇尚使用外语的风气，尤其是使用英语。使用英文的店铺和招牌随处可见，有 29% 的波兰人会使用英语，波兰语受到了英语的强烈冲击。现在波兰语中最主要的外来词都是源自英语，尤其是英语中那些以拉丁语或希腊语为词根的词。不少波兰人言谈中越来越频繁地夹杂使用不规范的外来词语。在上西里西亚地区，波兰语还受到德语的影响。

为防止波兰语言被异化，波兰议会于 1999 年 8 月通过《波兰语言法》，以替代 1945 年颁布的《国语法》。《波兰语言法》规定，波兰语是波兰的官方语言，所有让本国公众知晓的信息都必须用波兰语发布，波兰所有参与公共生活的行政机构、组织和团体都必须注意使用正确的波兰语，不得随意简化。波兰各种商品的名称和说明书、服务业的名称等都必须使用波兰语，各种张贴的布告以及各类广告的外文名称都必须用波兰语来代替，进口商品的外文说明书、保险单、收据和发票等也应附有波兰文，在波兰实施的合同必须有波兰语文本，波兰新闻出版单位以及广播和电视的播音员应该正确使用波兰语言。

尽管如此，不同地区的波兰人说标准波兰语仍然存有差异，虽然这种差异似乎并不大。第一语言是波兰语的波兰人相互交流理解比较容易，而第一语言非波兰语的波兰人在用波兰语理解和交流时则可能会有一定的困难。

🤝 语言服务

中国开设波兰语专业的高校有 3 所，分别为北京外国语大学、广东外语外贸大学和哈尔滨师范大学。北京外国语大学早在 1954 年就开设了波兰语专业。

中国在波兰设立的孔子学院有 5 所，分别为雅盖隆大学克拉科夫孔子学院、奥波莱工业大学奥波莱孔子学院、密茨凯维奇大学孔子学院、弗罗茨瓦夫大学孔子学院、格但斯克大学孔子学院，合作单位分别为北京外国语大学、北京工业大学、天津理工大学、厦门大学、中国青年政治学院。天津理工大学与维斯瓦大学还合作建立了波兰首家孔子课堂。

波兰开设中文系或中文专业的高校有 10 所，分别为华沙大学、雅盖隆大学、密茨凯维奇大学、罗兹大学、西里西亚大学、华沙理工大学、华沙经济学院、华沙商学院、华沙社会心理学院、克拉科夫私立大学等。华沙大学于 1937 年建立汉语系，现可授予学士、硕士和博士 3 个层次的学位。

事实上，汉语传播在波兰有着悠久的历史。17 世纪，波兰传教士卜弥格是第一个将中国古代的科学和文化成果介绍给西方的欧洲人。他编写的《西安府碑文》是欧洲最早公开发行的汉语字典。波兰也是 1949 年后最早派遣留学生赴中国学习汉语的国家之一。

小贴士

⊙ 首都

华沙，位于波兰中部平原，维斯瓦河中游西岸，面积 450 平方千米，是波兰第一大城市，也是波兰工业、贸易和科学文化中心。华沙是波兰最大的交通枢纽，也是中欧诸国贸易通商的要道。

⊙ 自然与经济

波兰地势平坦，国土大部都是平原。北低南高，北部多冰碛湖，南部是低丘陵，主要山脉有喀尔巴阡山脉和苏台德山脉。气候介于东欧大陆性气候和西欧海洋性气候之间，全年气候温和，年均气温为 6℃ 左右。波兰自然资源丰富，煤储量位居世界前列，硫黄储量位居欧洲首位，波兰还是世界上最大的产银国之一。水力资源丰富，工业以采煤、造船、机械、钢铁、炼铜、化工等为主，农作物主要是黑麦、马铃薯、饲料作物、甜菜、油菜等。猪、牛、禽类的养殖业也较为发达。

⊙ 美食

波兰人以吃面食为主，爱吃烤、煮、烩的菜肴，口味较淡。在饮料方面，爱喝咖啡和红茶。饮食禁忌主要有不吃酸黄瓜和清蒸的菜肴。波兰的烹饪地区性明显，北部菜肴以鱼为主，中部的汤菜很有名，南部有酸白菜汤和羊奶做成并熏黑的干酪。此外，波兰伏特加在全世界享有盛誉。

⊙ 节日

新年（1 月 1 日）、国庆节（5 月 3 日）、独立日（11 月 11 日）、圣诞节（12 月 25 日）等。

⊙ 名胜古迹

克拉科夫古城 也被称为"永恒之城"，是波兰古迹保存最好的地方，古城以中央广场为中心，满布着古旧典雅的建筑物、鹅卵石街道、传统的粉色房子、有数百年历史的餐厅或店铺等，弥漫着中世纪的风情，被誉为波兰最美丽的城市。1978 年，克拉科夫历史中心作为文化遗产入选联合国教科文组织《世界遗产名录》。

华沙历史中心 其著名景点包括华沙王宫、华沙瓦津基及华沙古城等。华沙王宫，也称为华沙城堡，王宫画廊里陈列的全部是波兰历史上最有名的画家扬·马特伊科描绘波兰历史的油画。

王宫西侧的广场南端立有一根 22 米高的花岗石圆柱，圆柱顶端是决定定都华沙的奇格蒙特三世的青铜铸像。这根圆柱是华沙最古老的纪念碑，也是华沙的象征之一。华沙瓦津基，是波兰最美丽的公园之一，具有英国园林风格，因公园内立有肖邦的雕像，故中国人也称之为"肖邦公园"。华沙古城，是华沙最古老的地方，也是首都最有特色的景点之一，建于 13、14 世纪之交，为哥特式建筑风格。1980 年，华沙历史中心作为文化遗产入选联合国教科文组织《世界遗产名录》。

维利齐卡盐矿　欧洲最古老且现在仍在开采的一座富盐矿，是波兰国家的瑰宝。该盐矿开掘于公元 11 世纪，已开采 9 层。目前 1—3 层已完全停止采盐，被开辟为古盐矿博物馆，供游人参观。在这里，艺术天赋极高的矿工们和艺术家合作，巧妙地利用大小不同的空间，凿出一座座风格迥异的建筑，雕塑出栩栩如生的人物，把美丽的神话传说和故事呈现在游人面前。1978 年，维利齐卡盐矿作为文化遗产入选联合国教科文组织《世界遗产名录》。

波斯尼亚和黑塞哥维那国旗呈长方形，长宽比 2∶1。蓝色旗面，图案为金黄色大三角形，沿三角形的一条边还有一排白色五角星。三角形的三条边象征组成波黑共和国的三个主要民族——波什尼亚克族、塞尔维亚族和克罗地亚族。金色象征着波黑人民心中充满希望。蓝色和白色五角星标志着波黑是欧洲的一部分。

萨拉热窝老镇

波斯尼亚和黑塞哥维那 | Bosnia and Herzegovina

波斯尼亚和黑塞哥维那 BOSNIA AND HERZEGOVINA

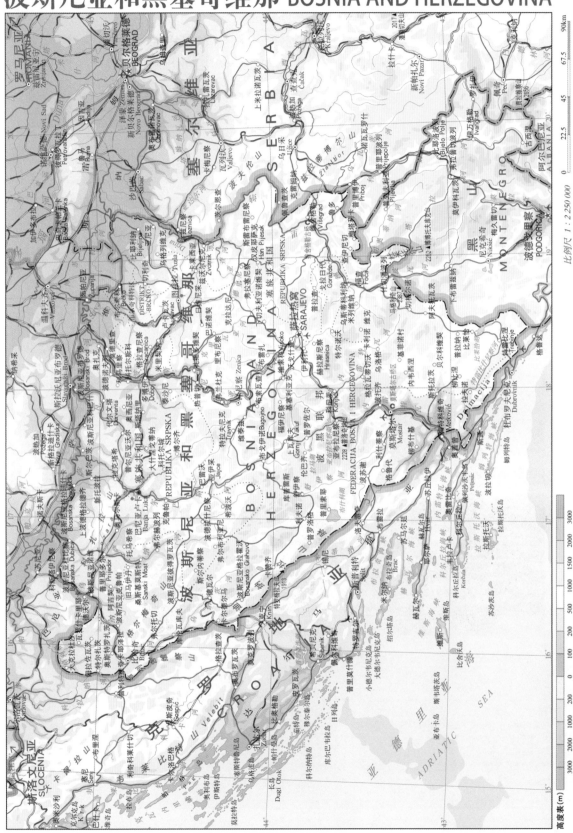

比例尺 1 : 2 250 000

高度表(m)

波斯尼亚和黑塞哥维那，位于巴尔干半岛中西部，东与塞尔维亚毗邻，南与黑山接壤，西、北两个方向与克罗地亚相连。国土面积 51 209 平方千米，人口约 377 万。

🗨 语言

波斯尼亚和黑塞哥维那宪法中未明确规定国语或官方语言。目前，波黑人使用的主要语言为波斯尼亚语（也称波什尼亚克语）、塞尔维亚语和克罗地亚语。根据 2013 年的调查，约 53% 的波黑人将波斯尼亚语作为母语使用，约 31% 的波黑人将塞尔维亚语作为母语使用，约 15% 的波黑人将克罗地亚语作为母语使用。波黑人使用的其他语言包括意大利语、德语、土耳其语和拉蒂诺语。

波斯尼亚语隶属印欧语系斯拉夫语族南斯拉夫语支。波斯尼亚语主要使用者为波什尼亚克人，这种语言在南斯拉夫社会主义联邦共和国解体前，与塞尔维亚语、克罗地亚语、黑山语等语言被统称为塞尔维亚－克罗地亚语。在内战的过程中，波什尼亚克人开始称他们所使用的语言为波斯尼亚语。事实上有些人认为波斯尼亚语就是克罗地亚语，但是由于民族意识等因素，波什尼亚克人有意地借用土耳其语、波斯语和阿拉伯语等语言中的词汇，目的是让波斯尼亚语成为一种与克罗地亚语有所区别的独立的语言。波斯尼亚语也是塞尔维亚、黑山和科索沃的少数民族语言或地区性语言。

波斯尼亚语是在塞尔维亚－克罗地亚语使用最为广泛的地域方言——什托卡夫语的基础上形成的标准语。其文字同时采用拉丁字母和西里尔字母，与克罗地亚语有着相同的拉丁字母表。在日常用语中，波斯尼亚语采用拉丁字母。

波斯尼亚语中含有大量来自土耳其语、波斯语和阿拉伯语的外来词。尤其在被奥斯曼帝国统治的 400 多年期间，不少改信伊斯兰教的

波什尼亚克人与土耳其人通婚。男孩常被掳到土耳其接受宗教和军事教育，虽然他们仍讲塞尔维亚－克罗地亚语（含后来的波斯尼亚语），但在其语言中却增添了大量土耳其词汇，比如他们的姓名中常常可以见到"哈桑""埃米尔""穆罕默德"等伊斯兰国家常见的姓名。

波斯尼亚语示例：

Šta se ima vidjeti u gradu? Koje još znamenitosti postoje?

（这个城市里有什么景点可以游览？除此之外还有什么名胜古迹？）

塞尔维亚语属印欧语系斯拉夫语族南斯拉夫语支，通用于塞尔维亚、黑山、波黑、克罗地亚等国家。塞尔维亚语在南斯拉夫社会主义联邦共和国时期被称作"塞尔维亚－克罗地亚语"，随着南斯拉夫社会主义联邦共和国的解体，塞尔维亚和克罗地亚都不承认"塞尔维亚－克罗地亚语"或"克罗地亚－塞尔维亚语"的存在，认为塞尔维亚语和克罗地亚语虽然相似，却是两种彼此独立的语言。历史上塞尔维亚语曾经分别使用希腊字母、西里尔字母、拉丁字母、格拉哥里字母和阿拉伯字母进行书写。目前在波黑，塞尔维亚语兼用西里尔字母和拉丁字母，两种字母都得到官方认可。

塞尔维亚语示例：

Bojim se da je zadnji autobus već otišao. Bojim se da moramo uzeti taksi.

（我担心最后一班公共汽车已经走了。恐怕我们得乘出租车。）

克罗地亚语属于印欧语系斯拉夫语族南斯拉夫语支，与塞尔维亚语、波斯尼亚语及黑山语相差不大，可以互通。克罗地亚语字母表使用拉丁字母附加符号而形成的 30 个盖伊字母，其中包含 5 个元音字母、22 个辅音字母和 3 个双字母。音位与字母相对应，也是 5 个元音、25 个辅音。辅音中有一个成音节辅音 R，余者皆与塞尔维亚语相同。

克罗地亚语示例:

Pogled naputovanje, Jesu li tajnasumrak.

Ako vam se sviđasvjetla, Shine moj putprema naprijed.

（海上的旅行，属于秘密的黄昏，你如灯火般，照耀我前行的路。）

 民族

波黑境内有 3 个主体民族，即波什尼亚克族（亦称穆斯林族）、塞尔维亚族和克罗地亚族。波什尼亚克族约占全国总人口的 43.5%，塞尔维亚族和克罗地亚族分别约占 31.2% 和 17.4%。信奉伊斯兰教的波什尼亚克族构成了波黑联邦居民的主体，信奉天主教的克罗地亚族聚居在波黑东南部地区，而信奉东正教的塞尔维亚族占据了塞族共和国居民人口的绝大部分。境内其他民族包括南斯拉夫族、黑山族、罗马尼亚族和阿尔巴尼亚族等。

波黑地区最早的居民是古伊利里亚人，后来被罗马人征服、同化。公元 7 世纪，斯拉夫人来到这里时，波黑还是拜占庭帝国的属地，后曾被克罗地亚人、塞尔维亚人和马扎尔人统治过，这里也曾出现过独立的国家。14—19 世纪波黑沦为奥斯曼帝国的属地。19 世纪末又被划入奥匈帝国的势力范围，1908 年被奥匈帝国吞并。第一次和第二次世界大战后，波黑分别成为南斯拉夫王国和南斯拉夫社会主义联邦共和国的组成部分。

波黑独特的地理位置和历史遭遇，使信仰天主教的克罗地亚人、信仰东正教的塞尔维亚人以及信仰伊斯兰教的穆斯林这三大民族、宗教集团很早就在这里交错混居。1961 年南斯拉夫社会主义联邦共和国的人口统计显示，塞尔维亚族是波黑境内最大的民族，当时塞尔维亚族、波什尼亚克族（主要为穆斯林族）和克罗地亚族这三部分居民占波黑总人口的比例分别

为 42.7%、25.7% 和 21.7%。

1971 年，南斯拉夫联邦政府正式把波黑穆斯林列为民族。这时不少塞尔维亚人和克罗地亚人分别迁居塞尔维亚和克罗地亚，加之穆斯林人口的迅速增长，从 70 年代开始，波黑人口中比例为穆斯林第一，塞尔维亚人第二，克罗地亚人第三。其后穆斯林人口比例仍逐年上升，塞尔维亚人和克罗地亚人的比例则在下降。

事实上，早在第二次世界大战期间，波黑被划入克罗地亚独立国，克罗地亚人和塞尔维亚人除了相互施暴外，还对穆斯林族进行迫害和杀戮。铁托领导的南共倡导"兄弟团结与友爱"的民族政策，及时纠正了这种民族对抗。在铁托的领导下，波黑在相当长的时间里没有成为民族问题的重灾区。当时波黑民族关系融洽，民族交往也趋频繁，异族通婚也很平常，"南斯拉夫主义"风行，一些不同民族通婚的后代以及具有强烈"南斯拉夫主义"情感者在申报民族属性时，宣布自己是"南斯拉夫族（人）"。

然而，民族分离主义浪潮和南联邦的解体使得南斯拉夫认同感被破坏殆尽，最终造成政治主张上的分道扬镳。1992 年 2 月 19 日，波黑在塞尔维亚人抵制的情况下，举行公投，宣布独立，而境内塞尔维亚人的 5 个自治区却宣布联合成立塞族共和国，独立于波黑，塞族此举立即招致波黑政府的镇压，冲突最终酿成全面内战，波黑战争爆发。这次战争造成 20 万人死亡，超过 200 万人流离失所。2006 年举行大选，波黑主要由波斯尼亚人与克罗地亚人建立的波黑联邦和塞尔维亚人建立的（波黑）塞族共和国两个实体组成。

语言国情沿革与发展

独立前的语言统一历程

1850 年 3 月，塞尔维亚和克罗地亚的知名知识分子联名签署《文字协议》，希望将同属斯

拉夫语族的克罗地亚语和塞尔维亚语统一起来，作为南斯拉夫各民族的通用语言予以推广。不过，这一倡议因两次世界大战的爆发而被迫搁置。

第二次世界大战结束后，南斯拉夫社会主义联邦共和国成立，南斯拉夫各民族继续努力追求塞尔维亚语和克罗地亚语的统一。1954 年 12 月，南联邦颁布《诺维萨德协议》，为塞尔维亚－克罗地亚语的产生奠定了基础。依据《诺维萨德协议》，统一正字手册的两种官方版本，即塞－克双语版官方正字手册和克－塞双语版官方正字手册，地位平等。《协议》还规定联邦官方文件须用拉丁字母埃化次方言印刷。

1963 年，波斯尼亚和黑塞哥维那共和国宪法将塞尔维亚－克罗地亚语定为官方语言。直至波黑从南联邦分离出来，塞尔维亚－克罗地亚语的官方语言地位始终没有改变。

虽然塞尔维亚人和克罗地亚人说的都是塞尔维亚－克罗地亚语，但各自使用的书写系统存在很大不同。塞尔维亚人使用西里尔字母，克罗地亚人使用拉丁字母，均是受宗教的影响。基督教于公元 1054 年分裂为天主教和东正教，克罗地亚人和斯洛文尼亚人接受了天主教，而塞尔维亚人接受了东正教。使用拉丁文字的天主教会坚决抵制西里尔文字，结果造成克罗地亚人使用拉丁字母，而作为东正教教徒的塞尔维亚人则使用西里尔字母。

独立后的语言与民族认同

波黑独立后，新宪法没有明确规定官方语言。塞尔维亚语和克罗地亚语仍然是波黑境内使用的主体语言。

由于波什尼亚克族、塞尔维亚族和克罗地亚族的聚居地相对独立，加之波黑在行政和管理上的三分一体现象，波斯尼亚语、克罗地亚语和塞尔维亚语成了实际上的地方性官方语言，带有强烈的民族色彩。

如果说塞尔维亚语和克罗地亚语从南联邦时期的塞尔维亚－克罗地亚语中分离出来反映了波黑的塞尔维亚族和克罗地亚族独立的民族意识，那么，波斯尼亚语的出现更是波什尼亚克族维护民族及宗教身份的表现。现代波斯尼亚语形成于 20 世纪 90 年代至 21 世纪初。在词汇方面，与伊斯兰教有关的外来词使用频率不断增高。拼写、语法上的一些变化则反映出波什尼亚克人在第一次世界大战前的语言文学传统，尤其是 20 世纪初的"波什尼亚克复兴"思潮。

波黑的一些塞尔维亚族人和克罗地亚族人（包括大部分塞尔维亚族语言学家）认为所谓的波斯尼亚语其实应该称为"波什尼亚克语"。但波什尼亚克族语言学家并不这么认为，他们指出，波斯尼亚语是唯一合法的波什尼亚克人的语言。1994 年的波黑宪法称其为"波什尼亚克语"，而 2002 年颁布的第二十九修正案改为"波斯尼亚语"。以上纷争和宪法文书中称谓的变化表明，波斯尼亚语是民族斗争的产物和工具，同时也是民族认同的结果。为了实现民族认同，波什尼亚克人有意识地借用土耳其语、波斯语和阿拉伯语等语言中的词汇，让波斯尼亚语成为一种彻底独立的、具有民族象征性的语言。

波黑的外语使用在不同历史时期有不同特色。历史上波黑曾先后流行过土耳其语、阿拉伯语和意大利语；第一次世界大战后，在奥匈帝国占领地盛行德语；第二次世界大战后，俄语曾在短时期内流行过。目前，英语成为首要的外语，其普及程度很高。

语言服务

中国尚未有高校开设波斯尼亚语专业，开设塞尔维亚语和克罗地亚语专业的高校有 1 所，为北京外国语大学。北京外国语大学于 20 世纪 60 年代初期创建塞尔维亚－克罗地亚语专业，2006 年在原专业的基础上设置了克罗地亚语和塞尔维亚语两个独立的专业。

中国在波黑设立的孔子学院有 1 所，为萨拉热窝大学孔子学院，合作单位为西北师范大学。

波黑开设中文专业的高校有 1 所，为东萨拉热窝大学（2011 年开设）。

小贴士

⊙首都

萨拉热窝，波黑政治、经济和文化中心，全国第一大城市，面积 142 平方千米。萨拉热窝位于波黑中东部，地处丘陵地带，四周环山，是一座世界名城，是欧洲唯一一座 4 种宗教（基督教、伊斯兰教、犹太教、天主教）和文化相互交融的城市，有许多历史文化古迹。

⊙姓氏

波黑人的人名结构为"名＋姓"。波黑三大姓氏为：霍德季奇、哈季奇、桑季奇。各民族姓氏主要来源于父名、族名、居住地、职业、动植物等。例如，"科瓦茨"的意思是"铁匠"，"维伊"的意思是"狼"，"哈德季奇"指"哈吉的儿子"。塞尔维亚族和波什尼亚克族的女子结婚后不需要改随夫姓，而克罗地亚族则是子承父姓、妻随夫姓。

⊙自然与经济

波黑地形以山地为主，山区占全国面积的42%，平均海拔 693 米，境内河流纵横。南部区域以地中海气候为主，年均降雨量 600—800 毫米；中部和北部属高山气候，年均降雨量 1500—2500毫米。四季分明，夏季炎热，冬天寒冷，多雪、雾天气。主要农产品为玉米、小麦和土豆；主要畜产品为羊、猪、牛和家禽；主要工业产品为煤、电和木材加工品。矿产资源丰富，主要有褐煤、铝矾土、铁矿、岩盐、重晶石、铅锌矿和石棉等。水力资源也很丰富。

⊙美食

波黑人的正餐主要有烤羊肉、油煎虹鳟鱼、煎烤混合肉、土豆焖小牛肉及贝伊汤。大众传统风味小吃中最具特色的当属切瓦比（牛羊肉丸拌洋葱夹馕饼）和布雷格馅儿饼。波黑人酷爱甜食。啤酒和梅子酒很有名。

⊙节日

新年（1 月 1 日）、东正教圣诞节（1 月 7 日）、独立日（3 月 1 日）、开斋节（伊斯兰教历 10 月 1 日，伊斯兰教历每年的第 9 个月为斋月，第 10 个月的第 1 日到第 3 日是教徒们的开斋节）、古尔邦节（伊斯兰教历 12 月 10 日，每年的这一天穆斯林们便为真主安拉宰牲献祭，又称宰牲节）、圣纪节（伊斯兰教历 3 月 12 日，又称圣忌节或冒路德节，为伊斯兰教三大节日之一，相传为穆罕默德诞辰和逝世日）、圣诞节（12 月 25 日）等。

⊙名胜古迹

拉丁桥　曾为木质桥，后遭洪水破坏，1798年重建。1914 年，在拉丁桥的北侧，奥匈帝国的帝位继承者弗朗茨·斐迪南大公夫妻被暗杀，成为第一次世界大战的导火索。

苏捷斯卡国家公园　波黑最古老的国家公园，也是第二次世界大战中战胜德国占领军的胜利战场。占地 175 平方千米，是欧洲仅存的两大原始森林之一。内有高达 75 米的斯卡卡瓦茨瀑布。

亚霍里纳山　位于萨拉热窝的东南部，海拔1913 米，是萨拉热窝第二高山。夏季，漫山遍野的野花点缀绿色大地，非常适宜徒步旅行、郊游等户外活动。冬季，银装素裹，是滑雪爱好者的天堂。

莫斯塔尔古镇　位于黑塞哥维那的涅雷特瓦州，横跨雷特瓦河深谷，15—16 世纪和 19—20世纪奥匈帝国时期作为土耳其的边境镇被开发和建设，以古老的土耳其房屋和莫斯塔尔老桥而闻名，并因桥而得名。莫斯塔尔老桥始建于 1566 年，其风貌与周围以古老石头为主体的建筑和大鹅卵石铺砌的古街道相呼应，展现了 16 世纪波斯尼亚的古朴风情和艺术风格。老桥也将居住在河两岸的穆斯林族和克罗地亚族居民联系在一起。2005年，莫斯塔尔古镇的老桥及其周边地区作为文化遗产入选联合国教科文组织《世界遗产名录》。

不丹国旗呈长方形，长宽比3：2，由金黄色和橘红色的两个直角三角形组成，旗面正中是足踩四颗宝珠的白龙。金黄色象征国王在领导宗教以及世俗事务方面的权力和作用；橘红色象征佛教的精神力量；白龙象征国家的权力，代表"神龙之国"。

不丹
The Kingdom of Bhutan

国家纪念碑

不丹 BHUTAN

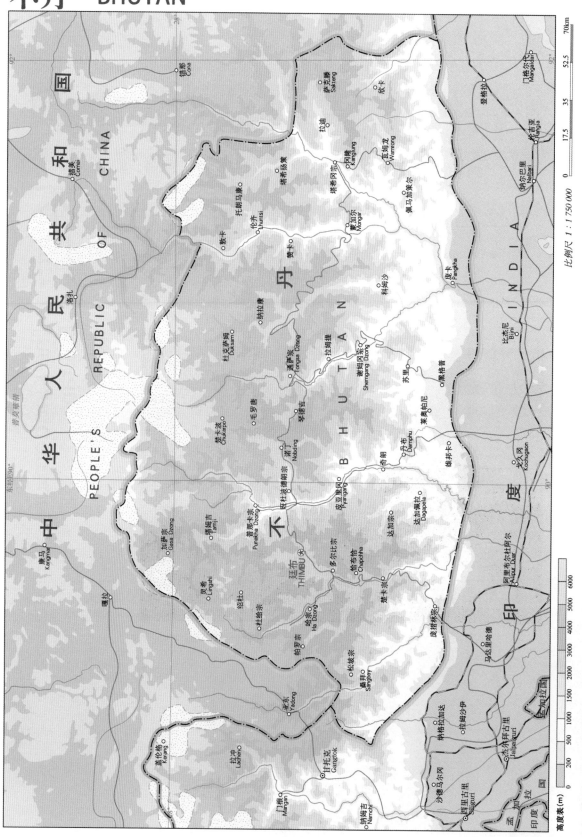

错那
Cona

国

措美
Comai

和

CHINA

洛扎

共

OF

民

REPUBLIC

人

PEOPLE'S

华

中

普莫雍措

东经90°

康马
Kangmar

朋马

嘎拉

盖伦格
Kerang

拉冲
Lachen

托朗马康
Lhuntsi

拉迪
Sakteng

萨克腾
Sakteng

欣卡

登格拉

门格尔卡
Mangaidan

绒加亚
Rangia

纳尔巴里
Naibari

托朗马康
Lhuntsi

塔希扬赛
Trashiyangtse

阿鲁
Kanglung

有姆龙
Niamrong

佩马加寨尔

伦齐
Lhuntsi

敦卡

纳拉康

资卡

蒙加尔
Mongar

庞卡
Pangkha

不

丹

BHUTAN

杜克萨姆
Duksam

通萨宗
Tongsa Dzong

拉姆提

科姆沙

比杰尼
Bijni

INDIA

度

印

楚卡波
Chukorpo

毛罗唐

琴德普
Zhemgang

谢姆冈宗
Shemgang Dzong

苏里

黑格普

莱奥帕尼

诺丁
Nobding

旺杜波德朗宗
Wangdue Phodrang Dzong

皮亚里冈
Pyangang

奇阳

丹布
Damphu

雄邦卡

戈久冈
Kochugaon

加萨宗
Gasa Dzong

塔姆吉
Tamji

普那卡宗
Punakha Dzong

达加宗
Dagana

达加佩拉
Dagapela

灵希
Lingshi

绍杜拉

廷布
THIMBU

多尔比宗

恰布恰
Chapcha

庞洁林宗

阿里布尔阿尔
Alipur Duar

绍杜拉

哈宗
Ha Dzong

楚卡宗

马达里哈德

纳格拉加达

拉姆沙伊

塞拜
Sangbay

松卡宗

格马尔冈

亚东
Yadong

盖伦格
Kerang

拉冲
Lachen

门塘
Mangan

甘托克
Gangtok

沙德马尔冈
Shiliguri

西里古里
Shiliguri

纳姆吉
Namchi

门塘
Mangan

印度

孟加拉国

比例尺 1 : 1 750 000

```
0    17.5   35   52.5   70km
```

高度表(m)

```
0  200  500  1000 1500 2000 3000 4000 5000 6000
```

不丹，全称不丹王国，地处南亚，位于喜马拉雅山脉东段南坡，东部、北部、西北部与中国西藏接壤，西接印度的锡金邦，南部与印度的西孟加拉邦和阿萨姆邦相邻。国土面积38 000 平方千米，人口约 75 万。

🗨 语言

不丹国家的语言状况较为复杂，虽然国土面积不大，民族种类和人口数量不多，但由于境内地形复杂，交通和社会经济文化落后，各地区人们交往较少，导致地区间的语言差异很大。目前，不丹境内的语言有 25 种左右。

宗卡语是不丹的国家语言和官方语言，也是使用人数最多的语言，全国大约有 16 万人说宗卡语，约占人口总数的 21%。随着不丹政府在全国的大力推广普及，宗卡语目前已经是学校教育中的通用语言，在不丹广播电视服务系统所使用的语言中，宗卡语也居首位。除了不丹，宗卡语在尼泊尔和印度卡里姆邦也有人使用。目前全世界约有 17 万人说宗卡语。

宗卡语属于汉藏语系藏缅语族，是藏语南部方言的一个分支，由古藏语在不丹境内经过许多世纪的独立演化而形成，所以宗卡语在词汇、语音、文字等方面都受到古藏语的影响。例如，宗卡语的许多词汇都来自古藏语，书写系统使用的是藏文字母。

宗卡语的语音系统包括 5 个元音、30 个辅音和 2 个声调。2 个声调分别为高声调和低声调。元音分为长元音和短元音。辅音保留了古藏语的浊辅音，有清音与浊音的对立，有不送气清塞音与送气清塞音的对立，有清送气音与浊送气音的对立，还有很少一部分复辅音。

宗卡语示例：

འགྲོ་བ་མི་རིགས་ག་ར་དབང་ཆ་འདྲ་མཉམ་འབད་སྒྲིག་ལས་ག་ར།
གིས་གཅིག་གིས་གཅིག་ལུ་སྤུན་ཆ་དང་ཆོས་བརྩི་བ་དགོ།

（人人生而自由，在尊严和权利上一律平

等。他们赋有理性和良知，并应以兄弟关系的精神相对待。）

英语也是不丹的官方语言，最初主要用于外交，使用人群主要为国家高级公务员和军队高级官员等。从 1960 年起，在官方政策的引导下，英语在全国范围内被积极推广，所有有条件的学校都要求开设英语课程，目前英语已经在不丹全国通用。

不丹较为重要的语言还有尼泊尔语（洛昌语）和仓洛语。尼泊尔语属于印欧语系印度语族，在不丹的使用人口约 15.6 万，主要分布在不丹南部地区，是居住在此处的尼泊尔移民及其后裔的母语。仓洛语则属于汉藏语系藏缅语族，在不丹的使用人口约 14 万，是不丹东部土著居民夏却普族使用的语言，还曾长期作为不丹东部不同人群间的交际语使用，所以有时也被称为"东部语"，中国境内门巴族也使用仓洛语。目前不丹国家广播电视服务系统中所使用的 4 种主要语言就是宗卡语、英语、尼泊尔语和仓洛语。

不丹境内的其他 20 多种语言都属于汉藏语系藏缅语族，多数语言都没有自己的文字系统，使用人口也都很少，使用者在 0.5 万人以上的语言有坑卡语（约 5 万人）、朝参嘎查卡语（约 3 万人）、德扎拉卡语（约 2.2 万人）、布姆塘卡语（约 2 万人）、库尔托卡语（约 1.5万人）、尼恩卡语（约 1 万人）、拉卡语（约 0.8万人）、泽库语（约 0.64 万人）、布洛克配克语（约 0.5 万人）等。

👥 民族

不丹境内主要分布着 3 个民族，分别是噶隆族、夏却普族和尼泊尔族。噶隆族主要分布在不丹的西部和中部地区，也被称为西部不丹人，是中国西藏人的后裔，属亚洲蒙古人种。公元 9 世纪时，噶隆族从中国西藏迁居到不丹，因此他们的文化和生活习俗与藏人十分相似，信奉藏传佛教，语言是来源于古藏语的宗卡语。夏却普族主要居住在不丹的东部地区，也被称为东部不丹人，很多世纪之前从印度阿萨姆邦和缅甸迁居到此，是最早在不丹定居的族群。尼泊尔族主要分布在不丹的南部和西南地区，17世纪初由尼泊尔王国迁入不丹，是尼泊尔人的后裔，在文化和生活习俗方面与尼泊尔王国的居民十分相似，多数人信奉印度教，使用尼泊尔语。

在人数上，夏却普族是不丹最大的族群，而噶隆族是少数民族。但在长期的发展过程中，由于噶隆族在文化上占优势地位，夏却普族逐渐被融合到噶隆族的文化之中。因此，噶隆族、夏却普族与不丹中部地区的族群，以及不丹北部的其他佛教团体经过长期同化，形成了一个统一的族群，称为不丹族。由于不丹族普遍信仰藏传竺巴噶举派佛教，所以不丹族有时也被称为"竺巴族"。不丹族的人数占全国总人口的50%，尼泊尔族占35%，此外，不丹还有一些土著人和移居者，主要分布在不丹中部的河谷地区，人数占总人口的15%左右。

语言国情沿革与发展

虽然不丹王国境内的语言大约有25种之多，但宗卡语最终被不丹政府确定为国语，这实际上是语言与民族认同关系的体现。藏传佛教是不丹的国家宗教，在不丹国家形成和民族统一中起到了重要作用，而宗卡语正是起源于藏传佛教所使用的古藏语，在不丹民族的历史进程中，神圣的佛经、医疗科技文献以及所有的经典作品都是用古藏文写成的。因此，宗卡语是不丹境内唯一一种有着不丹本族传统的语言，所有土生土长的不丹人都把宗卡语当作他们的共同财产。所以选择宗卡语作为不丹的国语，比选择不丹境内其他任何语言的理由都要充分。

建国前不丹的语言国情

不丹宗卡语国语地位的确立与藏传佛教在不丹民族认同中所起的作用密不可分。

公元7世纪中叶，不丹成为吐蕃王朝属地，吐蕃王朝的首领松赞干布将佛教奉为国教，并大规模修建寺庙，其中两座寺庙就修建在不丹中部的布姆塘河谷和西部的帕罗河谷。公元8世纪中期，藏传佛教宁玛派鼻祖莲花生大师又来到不丹东部进行了长期的传教活动。自此，藏传佛教对于不丹的影响开始形成。公元841年吐蕃赞普朗达玛实施灭佛运动，大批喇嘛被迫逃到不丹，他们的到来极大地推动了藏传佛教以及藏族生活习俗、语言文化等在不丹的传播和发展。宗卡语就是在古藏语的基础上形成的，最早主要由这一时期从中国西藏移居到不丹西部的噶隆人所使用。

公元9世纪中叶吐蕃王朝崩溃后，不丹成为一个相对独立的部落。从公元12世纪末到公元17世纪，藏传佛教竺巴噶举派在不丹各佛教宗派的斗争中胜出，统一不丹并实行政教合一的统治制度（沙布东体制），竺巴噶举派佛教逐渐成为不丹各地区人们统一的宗教信仰。宗教信仰上的认同最终促成了不丹族的形成，同时也为在藏语方言基础上所形成的宗卡语被确立为不丹族的民族语言奠定了基础。

从公元12世纪开始，在藏传佛教的政治统治下，僧院既是不丹的军事和政治中心，也是教育和学术中心，教学的内容主要集中在佛教哲学、佛教经典和佛教精神纪律方面，教学语言是古藏语，大量著作也都使用古藏语撰写。但当时不丹贵族、僧侣、军队、政府和行政机关人员以及受过良好教育的社会精英使用的则是由古藏语发展而来的已经成为白话口语的宗卡语。此时宗卡语实际上已经有了"官方语言"的地位。在不丹东北部地区，德扎拉卡语的使用者称宗卡语为"garpa的语言"，而garpa在德扎拉卡语中就是"官方"或"首席"的意思，由此也可以看出宗卡语作为政府和行政机构语言的古老传统。

公元18世纪后期，不丹开始遭受英国侵略。1773年和1864年英国通过东印度公司先后两次入侵不丹，占领了很多领土，并在1865年强迫不丹签订了不平等的《辛楚拉条约》。自此，不丹开放边界，允许英国商人在不丹自由贸易，不丹沦为英国的保护国，英语开始在不丹通行。英语后来成为不丹的官方语言之一，肇始于此。

建国后不丹的语言国情

1907年，不丹王国成立，虽然第一任国王乌颜·旺楚克实行政教分离的国家政策，但由于藏传佛教长期以来在不丹历史发展中发挥了重要作用，是不丹国家和民族认同的基础，因此宗教在国家政治、生活、教育、语言文化等方面仍然具有重要的影响力。在学校教育中，不丹一方面保持传统的僧院教育，另一方面也开始在国内建立学校，推行正式的普通教育。最初学校的教学语言仍然是传统的古藏语，但这种注重佛教礼仪的语言已经与现代形式的普通教育不相适应。而且由于古藏语缺乏现代学习资料，所以在使用古藏语教学时，必须再选择一种第二语言进行辅助。最初选择的辅助教学的第二语言是印地语，因为从邻邦印度可以随时获得印地语学习材料，保证学校教育体系能够得到快速启动。但是印地语既不是不丹的母语，也不是一种国际语言，所以不丹政府最终用英语取代印地语作为辅助教学语言。同时，不丹皇家政府在1961年发起了一项国家语言的现代化计划，着手建立民族语言系统，将来源于藏语方言同时又具有现代语言形式的宗卡语确立为国语，并要求在学校教学中使用。然而，传统的古藏语的影响力仍然巨大，直到1971年，学校教学中依然会使用古藏语。

从1971年起，不丹政府采取了一系列的官方政策，进一步提升宗卡语的国语地位。1971年，以语言本地化和生活化为目标，不丹教育部成立宗卡语司，主要任务是开发并在学校中使用宗卡语教学材料。1971年出版的《新方法宗卡语手册》细致研究了古藏语和现代宗卡语书面语之间的区别，大概同一时间出版的《宗卡语与罗马字母对照指南》，介绍了宗卡语与罗马字母的对应关系；1977年出版的《宗卡语导论》和1986年出版的《宗卡语手册》都用英语介绍了宗卡语的语音、词汇和文字系统。宗卡语逐渐成为学校教学语言。

1986年，不丹政府专门成立了宗卡语咨询委员会，旨在制定推广宗卡语的政策方针，解决宗卡语标准化和书面语形式问题，以及解决在推广宗卡语为国家教学语言过程中所出现的各种问题。

同年，不丹皇家教育部出版了具有很强学术性的《不丹语字典》，并发布《宗卡语发展报告》，首次对宗卡语的音韵做了有益的研究。1989年出版的《消失的音节和宗卡语声调曲线》，从历时层面为宗卡语的声调轮廓提供了解释。在20世纪90年代以前，宗卡语虽然被不丹政府确定为国语，但并没有真正成为全国通用语，例如不丹南部地区主要使用尼泊尔语；在学校教育中，也缺乏足够的宗卡语教材。而英语则由于历史原因在不丹全国范围内得以普及，当时很多受过教育的不丹人都能读写英文，但却只能半通宗卡文。

为了加强宗卡语在国家语言生活中的作用和地位，不丹官方政策规定每一个不丹公民都应该接受宗卡语教育，并且要具备在工作中熟练使用宗卡语的能力。

1989年，教育部宗卡语司和宗卡语咨询委员会合并，成为一个新的独立的政府部门——宗卡语发展委员会，其主要职责包括：为不丹的学校系统编写宗卡语教材，开发宗卡语课程；编写不丹语词典，补充新词汇和新拼写方法；

协调和组织宗卡语语言学研究，为学术及教学服务；协调与组织对不丹其他语言的研究，从而推动学术研究，保护不丹丰富的语言遗产。1990年，宗卡语发展委员会推出了《新宗卡语语法》一书，该书用宗卡语撰写，主要用于母语者的高等教育，解释了宗卡语语法和拼写中的许多难点问题。1992年，宗卡语发展委员会又出版了用英文撰写的《宗卡语语法》，作为语言参考语法和宗卡语教科书使用。宗卡语发展委员会在20世纪90年代初期对宗卡语的书写形式也进行了改革，根据对宗卡语的语音分析，制订了一套标准的罗马正字法和《宗卡语罗马化官方指南》，这种正字法被称为"罗马宗卡语"，并在1991年9月被不丹政府确定为官方标准，主要用于学术著作和双语词典。与此同时，不丹政府在1989年将宗卡语列为不丹南部地区学校中的必学语言；1990年又规定学校不再进行尼泊尔语教学，学校大纲中删除了尼泊尔语的内容。

此后，在不丹宗卡语发展委员会和不丹教育部的共同努力下，宗卡语不仅是官方文件中的国语和官方语言，而且逐渐成为不丹真正的国家通用语言。

不丹王国在宗卡语国语地位的确定和推广方面采取多种举措，取得了很大的成效。这也体现在对不丹其他语言的政策上。不丹政府对尼泊尔语的政策经历了支持和限制两个阶段。1864年，英国与不丹的战争结束后，英军将英属印度的尼泊尔人赶到不丹南部垦殖。当时不丹政府的民族政策较为宽松，移居不丹南部的尼泊尔人不断增加，尼泊尔语也成为不丹的主要语言之一。在不丹南部，尼泊尔语与宗卡语和英语一样，享有官方语言的地位，学校教育中也使用尼泊尔语教学。

随着尼泊尔族人口的过快增长，不丹政府开始担心不丹族在民族结构中的主体地位受到影响，以及本国境内的尼泊尔人会效仿印度的

尼泊尔人发起民族自治运动，因此在20世纪80年代推出一系列"不丹化"政策对不丹境内的尼泊尔人进行打压。在语言方面，不丹皇家政府1986年出版了专门为不丹南部讲尼泊尔语者设计的宗卡语学习材料；也就有了1989年和1990年相继推出的将宗卡语列为南部地区学校必学语言和不再进行尼泊尔语教学的语言教育政策，尼泊尔语在不丹的地位也随之下降。不丹政府实施这种语言政策主要出于3个方面的考虑：首先，尼泊尔语在不丹南部的广泛使用直接阻碍了移民同化，也影响宗卡语作为国语推广政策的实施；其次，在免费的教育设施中使用尼泊尔语，会进一步鼓励非法的尼泊尔移民进入不丹；另外，不丹教育部认为，在学校教育中已经存在宗卡语和英语两种语言的情况下，没有必要再用有限的财政资源开发尼泊尔课程。但不丹政府在尼泊尔语研究和语言文化遗产保护方面没有予以限制。

在对待英语的政策上，不丹政府经历了被迫接受和主动推广两个阶段。1907年不丹王国建立后，国王乌颜·旺楚克为了巩固政权，在政治上寻求英国的支持，1910年与英国签订《普那卡条约》，丧失了外交主导权，进一步沦为英国的附庸国。印度脱离英国的统治取得独立后，不丹又在1949年与印度签订了《永久和平与友好条约》，受到印度的政治控制。在英印控制不丹期间，英语自然成为行政管理语言，客观上成为官方语言之一；1952年，不丹第三代国王吉格梅·多尔吉·旺楚克即位后，在发展经济的同时，改革内政外交，并鉴于科学和教育发展的方向，于1960年制定官方政策，主动引导在全国范围内推广英语。1961年，不丹在全国推广英语教学，要求有条件的学校都必须开设英语课程，将英语设定为中小学必学语言，在70年代中期，英语甚至成为第一教学语言，很多课程都直接使用英语教材进行讲授；正是由于官方政策的引导，英语成了不丹

全国通用的官方语言。虽然在现实生活中英语与宗卡语形成竞争关系，但宗卡语作为不丹传统文化和民族统一的象征，加强宗卡语在国家生活中的作用和地位始终是不丹政府语言政策的中心。

🤝 语言服务

中国尚未有高校开设宗卡语专业。
中国尚未在不丹设立孔子学院。
不丹尚未有高校开设中文系或中文专业。

小贴士

⊙首都

廷布，位于中国西藏南面的旺曲河谷，海拔2000米以上，面积为1900平方千米，是不丹的政治、军事、宗教和文化中心。廷布最有宗教特色的建筑叫作扎什曲宗，意为"天府"，是不丹政府部门、国民议会（"赞都"）和国家最大的寺院所在地。

⊙姓氏

不丹人没有姓，只有名，而且男女通用，重复率很高。但不丹的王室和贵族引进了姓氏，例如王室的姓为"旺楚克"，置于名后。

⊙自然与经济

不丹是一个山地内陆国家，地势从北至南逐渐下降，可以分为三大地形区：北部高山区、中部河谷区和南部丘陵平原区。北部高山区位于不丹最北面的大喜马拉雅山区，中部河谷区是不丹重要的经济区和政治文化中心，南部丘陵平原区由喜马拉雅山山麓丘陵地带和杜瓦尔平原组成。不丹国内各地气候相差较大，北部大喜马拉雅高山区为高寒气候区，中部河谷区为温带气候区，南部丘陵平原区为亚热带气候区。农业是不丹的支柱产业，主要农作物有玉米、稻子、小麦、大麦、荞麦、马铃薯和小豆蔻等。畜牧养殖较普遍，水电资源丰富，旅游业是不丹外汇的重要来源之一。

⊙美食

传统的不丹食物又热又辣。辣椒芝士是不丹的国菜，也是最著名和最主要的传统食物，其做法是将芝士与红色干辣椒或绿色鲜辣椒一起炖煮，具有浓郁的奶味和辣味。主食为米饭，主要包括白米和红米，其中淡褐色的红米更有特色，属于糙米的一种，米粒分明，虽然没有白米香，但营养成分比较高。不丹的酥油茶 Suja 是当地人的最爱，奶茶也是人们的日常饮品。不丹本国生产的啤酒名为 Red Panda 和 Chang，但更受欢迎的是自酿的米酒 Ara。

⊙节日

国王生日（2月21日）、加冕日（11月6日）、戒楚节（不丹最著名、最盛大的节日，也是不丹最重要的宗教节日，为了纪念佛教圣僧莲花生，由不同的地区在每年特定的时候举行，时间通常4—5天，规模较大的戒楚节都在城堡"宗"中举行，不丹最大的戒楚节是每年春季的帕罗戒楚和秋季的廷布戒楚）、国庆节（12月17日）等。

⊙名胜古迹

虎穴寺 不丹国内最神圣的佛教寺庙，坐落在帕罗河谷中的悬崖壁上，被誉为世界十大超级寺庙之一。相传佛教圣僧莲花生骑虎飞过此地时曾在一处山洞中冥想，走后便形成了现在的虎穴寺。虎穴寺中的殿堂都不大，但是各个殿堂都有着巨大精美的铜佛像，壁画艺术也十分独特，先将画绘在布上再贴在墙上，绘画细腻生动。

楚克旺耶纪念碑 坐落在不丹内陆重要关口多楚拉山口附近，实际上为108座佛塔，修建于2005年，是不丹政府为了纪念剿灭不丹南部阿萨姆反政府武装中牺牲的人和祈祷世界和平而建。楚克旺耶纪念碑在不丹的地位仅次于不丹帕罗宗的虎穴寺。

祈楚寺 坐落在帕罗河谷，是不丹最古老的寺院，也是一座双寺庙建筑，两座寺庙的修建时间相距 1300 多年。祈楚寺是不丹皇室举行盛大庆典的重要场所，还是不丹人民朝拜的神圣之地，寺内珍藏着许多重要文物。

普纳卡堡 不丹最华丽雄伟的城堡，始建于 1637 年，坐落在不丹富河（父亲河）和莫河（母亲河）的交汇处，海拔 1463 米。普纳卡堡内收藏了不丹王国历代的很多珍贵文物、大批的不丹佛教手稿、佛教名人名册、宗教画和宗教名人肖像。普纳卡堡曾是不丹最高统治者的住所和举行重要国家仪式的场所，目前是不丹国师及中央僧侣团的冬官，在不丹的民族和宗教事务中也具有重要的地位。

帕罗宗 又称日莲堡，意为"堡垒上的珠宝堆"，始建于 1644 年。帕罗宗曾是不丹国民议会和地方法院等政府办公机关的所在地，目前是不丹最为知名的寺庙。每年春天这里都会举行盛大的帕罗戒楚节。

扎什曲宗 始建于 13 世纪，位于旺曲河西岸，海拔 2500 米，是不丹著名的佛教寺院和首都廷布的政府中心。现任国王的办公场所以及内政、财政部门等机构都设在扎什曲宗，这里同时也是宗教领袖和中央宗教机构夏季的驻所。

东帝汶国旗呈长方形，长宽比 2：1。旗面为红色，左侧有一个黑色的等边三角形和一个黄色的等腰三角形重叠图案，黑色等边三角形上有一颗白色五角星。五角星象征光明和引导，红色背景代表了独立过程中烈士的鲜血，黑色部分则象征着东帝汶将近 400 年的殖民黑暗历史，黄色象征殖民主义者的痕迹，白色象征和平。

首都帝力

东帝汶 | Democratic Republic of Timor-Leste

东帝汶 EAST TIMOR

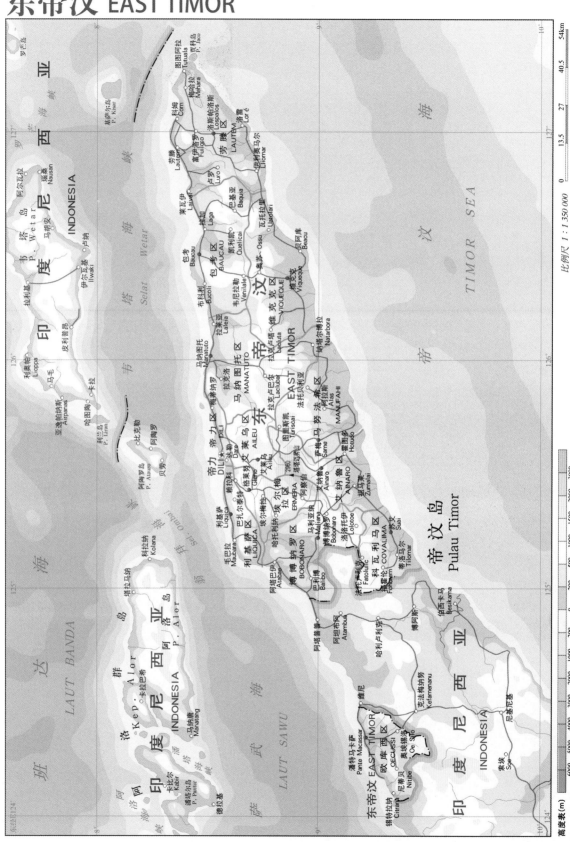

比例尺 1 : 1 350 000

0　　13.5　　27　　40.5　　54km

高度表 (m)

6000　5000　4000　3000　2000　1000　500　200　0　200　1000　1500　2000　3000

东帝汶，全称东帝汶民主共和国，位于东南亚努沙登加拉群岛的东端，西与属于印度尼西亚的西帝汶相接，南面相隔帝汶海与澳大利亚相望。国土面积 14 874 平方千米，包括帝汶岛东部和西部北海岸的欧库西地区以及东端的雅库岛和附近的阿陶罗岛，人口约 118 万。

 ## 语言

东帝汶语言资源丰富，约有 30 种本土语言。德顿语是东帝汶最主要的本土民族语言，被作为通用语言、国语和官方语言使用。此外，东帝汶还把葡萄牙语定为官方语言，把印尼语和英语定为国家工作语言。

东帝汶常用的本土语言一般认为有 16 种。属于南岛语系法布洛尼克语族的本土语言有 8 种，分别是德顿语、卡瓦米纳语、加洛勒语、韦塔语、伯凯斯语、达瓦语、哈本语和马库瓦语。其中德顿语使用范围最广，境内三分之二以上的地区都说德顿语及其各种变体。卡瓦米纳语的使用者则主要集中在东帝汶东北部；加洛勒语的使用范围在帝力和包考县之间的北部海岸地区；韦塔语主要在阿陶罗岛使用；伯凯斯语的主要使用区域在东帝汶和印度尼西亚的边境地区；达瓦语（巴伊克努语）的使用者主要集中在欧库西地区；哈本语和马库瓦语使用较少，前者集中在马纳图托南部地区，而后者已经接近绝迹。属于南岛语系拉姆拉伊克语族的本土语言共有 4 种，分别是东帝汶第三大语言曼拜语、西北部使用的科玛克语、西北部海岸使用的托克德德语、中部地区使用的埃德特语。隶属于跨新几内亚语系的本土语言有 4 种，分别是在西南部使用的布拉克语、主要在包考地区使用的东帝汶第二大语言马凯赛语、主要在东南沿海地区使用的马卡莱洛语以及在最东部使用的法塔卢克语。

作为国语的德顿语，是东帝汶最主要的通用语和官方语言，使用人口 70 多万。由于历史上东帝汶曾是葡萄牙的海外殖民地，德顿语中包含了非常多的葡萄牙语外来词。在发音方面，德顿语的字母发音与葡萄牙语和西班牙语基本相同，但需要注意的是德顿语的重音一般在倒数第一个音节。在语法方面，德顿语名词没有形态变化，动词没有时态、人称和数的变化，形容词放在被修饰语之后。

德顿语示例：

Laran kontenti tebes atu hasoru malu ho ita.

（见到你很高兴。）

德顿语主要有 4 种方言：帝力德顿语或城市德顿语，使用范围主要是首都帝力及其周边地区；贝录德顿语或贝录语，使用范围包括翁拜海峡与帝汶海之间的地区，西帝汶的阿塔布布和阿坦布阿，东帝汶的巴里布、法托米安、弗和雷姆和苏艾等地区；德瑞克德顿语，使用范围主要是东帝汶的南部海岸，维克克及其周边的几个地区；纳纳埃克方言，是帝力和马纳图托之间海岸线上米迪纳罗村地区所说的德顿语的一种。实际上绝大部分东帝汶居民都会讲城市德顿语。

东帝汶的另一官方语言是葡萄牙语，但实际生活中说葡萄牙语的人数大约只占总人口的 7%。目前学校的各类教材大多用葡萄牙语编写，教堂和政府也主要使用葡萄牙语。此外，报纸、杂志和通讯社等媒体也把葡萄牙语作为主要语言使用。

民族

在东帝汶 118 万人口中，原住居民（巴布亚与马来族或波利尼西亚的混血人种）约占 78%，印度尼西亚人约占 20%，另外还有 2% 左右的华人。

在过去的数千年里，东帝汶一直保持着历史悠久而多样的土著语言和文化习俗。从 17

世纪开始，东帝汶逐渐沦为葡萄牙的海外殖民地。尽管葡萄牙 20 世纪初期已在东帝汶建立起了较为完备的行政统治机构，但是东帝汶旧有的部族社会特征并没有太大的变化。20 世纪 70 年代中期，东帝汶的土著人口主要包括 4 个人种，分别为：原始马来人，约占 60%；次生马来人，约占 19.3%；吠陀－南岛人，约占 13%；美拉尼西亚人，约占 7.5%。语言、文化以及人种等方面的多样性不可避免地限制了各部族之间的交流与融合。

除了语言多样性以及人种等方面的障碍，葡萄牙的殖民统治和影响也极大地延缓了东帝汶统一民族形成进程。第二次世界大战后直到 20 世纪 70 年代初东帝汶仍没有出现有组织的民族解放运动，只有少数受过教育的精英分子通过天主教的刊物传播民族主义思想。1974 年 4 月，葡萄牙发生"武装部队运动"领导的政变，新政府宣布将顺应历史潮流，积极推进葡属殖民地的非殖民化运动。1975 年，葡萄牙政府正式允许东帝汶实行民族自决。在这一背景下，东帝汶独立革命阵线（简称"革阵"）主张完全独立，东帝汶民主联盟主张继续同葡萄牙维持既有附属关系，而东帝汶人民民主协会则主张同邻国印度尼西亚合并。三方政见的尖锐对立很快引发了内战。革阵于 1975 年 11 月 28 日突然单方面宣布东帝汶完全独立，成立东帝汶民主共和国。同年 12 月，印度尼西亚出兵东帝汶并于次年宣布东帝汶成为印度尼西亚的一个省，致使东帝汶独立进程发生逆转。革阵领导的是一场民族民主性质的革命，具有民族独立和社会进步的双重意义。尽管革阵的社会文化政策实行的时间并不长，但对东帝汶民族的形成影响极为深远，它首次把东帝汶人作为一个整体团结起来，并从根本上改变了他们原有的身份和族群观念。民族共同语言——德顿语也开始为越来越多的东帝汶人所接受和承认。事实上，Maubere 一词的使用代表了一种

全新的观念，成为东帝汶民族共同意识形成的第一步。

迫于国际压力，印度尼西亚最终于 1999 年 1 月正式同意东帝汶采用全民公决选择自治还是完全脱离印度尼西亚。8 月，东帝汶举行全民公决，最终高达四分之三的民众投票赞成独立。公决结果公布后，东帝汶亲印度尼西亚派与独立派之间爆发流血冲突。随后，联合国安理会通过决议授权成立以澳大利亚为首的多国部队，于 1999 年 9 月进驻东帝汶，并与印度尼西亚驻军进行权力移交。2002 年 4 月东帝汶举行了首届总统选举，5 月 20 日，东帝汶民主共和国正式成立。

虽然被印度尼西亚出兵占领了 20 多年，东帝汶的国民教育和经济发展并没有因为印度尼西亚的军事高压而发生印度尼西亚化，反而民族更加团结，民族意识的形成也进一步加快。土著东帝汶人越加珍视并认同"东帝汶"人这一特殊的身份。随着东帝汶民主共和国的正式成立，东帝汶作为一个具有共同的民族语言和民族意识的单一民族逐渐形成。

语言国情沿革与发展

沦为殖民地之前东帝汶的语言国情

尽管东帝汶的大部分语言都属于南岛语系，然而在早期，帝汶岛上的大部分土著居民说得最多的还是新几内亚语。东帝汶和西帝汶位于帝汶岛的东部和西部，历史上，先后经历了 3 次大规模的人口迁入，人口大迁移的重要影响之一是为帝汶岛带来了较为丰富的语言文化遗产。大约在公元前 2000 年，新几内亚人来到帝汶岛。这是帝汶岛第一次大规模的人口迁入，这些移民所讲的是新几内亚语，也就是现在仍然在东帝汶流传的布拉克语、马凯赛语、马卡莱洛语和法塔卢克语的最初形态。大约 1000 年前，第二次人口大迁入发生，原居住于

印度尼西亚西里伯斯岛（现苏拉威西岛）东南部的穆纳岛、布敦岛、图康伯西群岛的土著居民逐步移居帝汶岛，带来了南岛语系的法布洛尼克语和拉姆拉伊克语；这次的人口迁入使帝汶岛开始逐步融入南岛语系之中。第三次人口大迁入大约发生在 12 世纪，原本居住在印度尼西亚摩鹿加群岛的土著居民相继迁居到了帝汶岛，并带来了同样是南岛语系的摩鹿加语言和文化风俗。布敦语、摩鹿加语和原先帝汶岛的土著语出现了语言融合，最终形成了帝汶岛的本土语言。到 16 世纪左右，东帝汶境内语言构成的基本框架已经成型并延续至今。

殖民地时期东帝汶的语言国情

17 世纪开始，东帝汶逐渐沦为葡萄牙的殖民地。在东帝汶文化中，葡萄牙殖民统治的影响体现在大大小小很多方面，例如，现在的德顿语中葡萄牙语的词汇几乎随处可见。但在 17 世纪和 18 世纪，葡萄牙的有效统治范围从来没有超出过现在东帝汶首都帝力及其周边区域，因此，除了帝力地区之外，其他地方说葡萄牙语的人其实并不多。从 19 世纪晚期开始，葡萄牙当局逐步加强对帝力以外其他地区的影响和控制，并试图彻底消除土著语言以及马来语在东帝汶的影响和传播。到了 20 世纪 60 年代，葡萄牙语被正式确立为东帝汶唯一的行政语言，进一步强化了葡萄牙对东帝汶在语言、文化及社会生活等各方面的影响和渗透。

1974 年葡萄牙发生政变成立新政府之后，积极推行葡属殖民地的非殖民化政策。在此背景下东帝汶诸多政党纷纷成立。其中以追求民族统一和国家独立为目标的东帝汶独立革命阵线，派出大批的城市知识青年深入到偏远地区传播和教授德顿语。并组织编写了一部《帝汶是我们的国家》的德顿语识字课本，更新了 Maubere 的词语内涵。Maubere 原本是东帝汶

最贫困的曼拜部族山民称呼"朋友"的用语，常常被葡萄牙人用作蔑称，指称来自内地的落后、原始的乡巴佬；而革阵却开创性地赋予该词"我的兄弟"和"帝汶之子"的全新意义，并进一步把它作为自己所代表的群体的名称。至此，Maubere 的含义已经初步等同于"东帝汶人民"。

独立前后东帝汶的语言国情

1975 年，东帝汶内战爆发，东帝汶独立革命阵线于 11 月夺取政权，成立东帝汶民主共和国。新政权曾计划通过教会和学校来推广东帝汶本土的德顿语，确立它为国语和官方语言，以达到强化和巩固东帝汶民族意识的目的。然而短短 10 天之后，印度尼西亚发兵占领东帝汶全境，宣布东帝汶成为印度尼西亚的一个省，彻底阻断了德顿语的推广计划和国语化进程。在随后整整 24 年的时间里，印度尼西亚当局强制在东帝汶全境推行全面而系统的社会、经济和语言同化政策，开展所谓的"印尼化"运动，并镇压在公共场所使用德顿语等本土语言甚至葡萄牙语的人士。印度尼西亚当局企图强制用印度尼西亚语取代东帝汶的本土语言，通过消灭以德顿语为代表的本土语言来清除东帝汶的民族意识，进而消灭东帝汶的民族历史文化，最终实现对东帝汶彻底同化的战略目标。

由于东帝汶独特的语言历史国情，2002 年东帝汶民主共和国成立后，东帝汶成为一个典型的多语言国家。德顿语成为该国经常使用的本土语言，并被确立为国语和官方语言。然而，由于历史上先后受到过不同"殖民母国"统治的影响，现在东帝汶年青一代更多地说印度尼西亚语，而老一辈则多使用葡萄牙语，此外，还使用英语等外语。目前，在东帝汶的社会生活中，教堂里使用最多的是德顿语，政府部门则广泛使用葡萄牙语。

🤝 语言服务

中国尚未有高校开设德顿语专业。中国开设葡萄牙语专业的高校有 13 所，分别为北京外国语大学、中国传媒大学、北京第二外国语学院、北京大学、对外经济贸易大学、天津外国语大学、上海外国语大学、中国传媒大学南广学院、西安外国语大学、大连外国语学院、哈尔滨师范大学、吉林华桥外国语学院和广东外语外贸大学。

中国尚未在东帝汶设立孔子学院。

东帝汶尚未有高校开设中文系或中文专业。

小贴士

⊙首都

帝力，位于帝汶岛东北海岸，三面环山，北濒海洋，气候炎热，终年高温，是一个深水良港。人口约 23.47 万。帝力是全国政治、经济和文化中心，也是东帝汶的主要港口和商业中心。

⊙自然与经济

东帝汶境内多山，高温多雨，无寒暑季节变化。大部分地区属热带雨林气候，平原、谷地属热带草原气候，年平均气温 26℃，年平均降水量为 1200—1500 毫米。东帝汶经济以传统服务业和农业为主，服务业占经济结构的 55%、农业占 32%、工业占 13%，有石油及天然气资源。主要进口机械产品，主要出口产品为咖啡、橡胶、紫檀木、原油、天然气等。

⊙美食

东帝汶的食物与印度尼西亚、马来西亚等周边地区大致相似，较为常见的是鸡肉、鱼肉、羊肉等，辣椒和咖喱则是最主要的调味品。

⊙节日

恢复独立日（5 月 20 日，又称建国日，纪念 2002 年 5 月 20 日东帝汶正式独立建国）、独立公投日（8 月 30 日，纪念 1999 年 8 月 30 日东帝汶就独立问题举行全民公投）、宣布独立日（11 月 28 日，纪念 1975 年 11 月 28 日东帝汶独立革命阵线宣布独立）、圣诞节（12 月 25 日）等。

⊙名胜古迹

基督像海滩 位于首都帝力，以海滩旁边有一座基督雕像而得名。基督像海滩是理想的潜水之地，在海底可以看到色彩斑斓的珊瑚、品种丰富的鱼类，海滩以及附近的港湾还特别适宜观赏海鸟。整个海滩沙质细软，周围青山环绕，山上的红树林风景如画。海滩旁边的基督雕像，类似于巴西的基督雕像，矗立在帝力东部的悬崖上；游客攀爬阶梯到达山顶，可以俯瞰到帝力市全貌。

阿陶罗岛 东帝汶最大的岛屿，位于小巽他群岛，北向距帝力 25 千米。该岛是一个风景优美、悠闲僻静之地。岛屿外围有美丽的珊瑚礁，四周是绿宝石般的海水。岛上雨季和旱季分明，春秋季节相对舒适，是最佳旅游时间。

拉美劳山 坐落于帝力南部约 70 千米处，是东帝汶最高的山，海拔 2694 米。山顶矗立着一尊圣母马利亚的雕像，高 3 米，每年 3 月底都吸引着很多朝圣者前来朝圣。

俄罗斯国旗呈长方形，长宽比 3∶2。旗面由白、蓝、红色三个相等且平行的长方形组成。白色代表俄罗斯的寒带一年四季白雪皑皑的自然景观，象征着真理；蓝色代表亚寒带，为俄罗斯丰富自然资源的象征，还代表纯洁与忠诚；红色代表温带，象征俄罗斯悠久的历史和对人类文明的贡献，还是美好和勇敢的标志。

俄罗斯

克里姆林宫

俄罗斯 RUSSIA

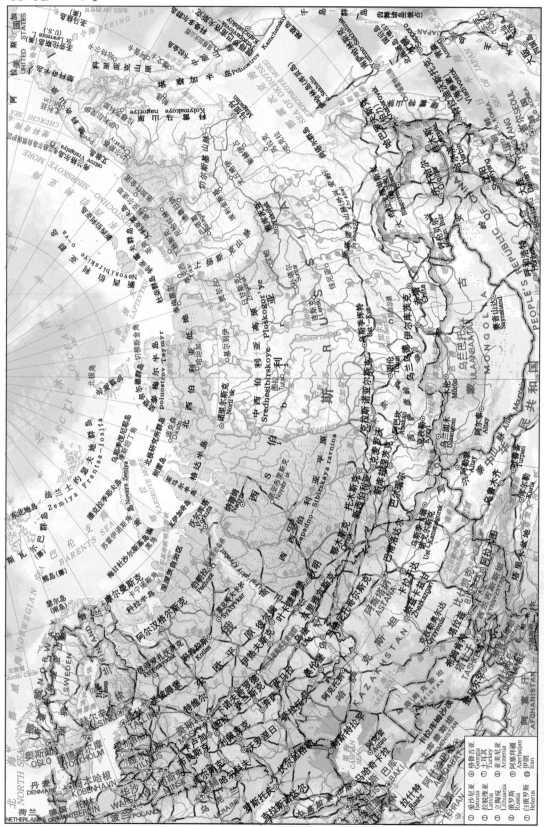

比例尺 1:36 500 000

0	365	730	1095	1460km	

高度表(m)

冰盖

7000 6000 5000 4000 3000 2000 1000 500 200 0 200 500 1000 2000 3000 4000 5000

① 爱沙尼亚 Estonia
② 拉脱维亚 Latvia
③ 立陶宛 Lithuania
④ 俄罗斯 Russia
⑤ 白俄罗斯 Belarus

⑥ 格鲁吉亚 Georgia
⑦ 土耳其 Turkey
⑧ 亚美尼亚 Armenia
⑨ 阿塞拜疆 Azerbaijan
⑩ 伊朗 Iran

俄罗斯，全称俄罗斯联邦，位于欧亚大陆北部，属于联邦总统制共和国。从西北到东南边界，与俄罗斯接壤的国家分别有挪威、芬兰、爱沙尼亚、拉脱维亚、立陶宛、波兰、白俄罗斯、乌克兰、格鲁吉亚、阿塞拜疆、哈萨克斯坦、中国、蒙古和朝鲜。除了陆上邻邦，俄罗斯在鄂霍次克海与日本有海上边界，与美国阿拉斯加州隔白令海峡相望。俄罗斯国土面积居世界之首，17 075 400 平方千米，横跨亚洲北部和东欧大部。俄罗斯人口数约 14 367 万，居世界第九位。

语言

俄罗斯的官方语言是俄语。俄语属于印欧语系波罗的－斯拉夫语族东斯拉夫语支，俄语使用人口大约 11 900 万，约占俄联邦人口总数的 83%。俄联邦欧洲部分的西北部和中部地区是俄语使用人群的主要聚集区。此外，在半数以上的俄联邦共和国中，使用俄语的人数超过使用本民族语言的人数。

俄语的语音系统有 6 个元音、36 个辅音。俄语字母共计 33 个，其中元音字母 10 个、辅音字母 21 个、无音字母 2 个。标准俄语以圣彼得堡方言为基础，且具有很强的重音变化和适度的音调变化等明显特征。俄语还存在区域之别，有南俄方言和北俄方言之分。俄语是印欧语系中保留古代词形变化较多的语言之一。名词、动词、形容词的形式较多，尤其动词最为复杂，包括体、时、态、式、形动词、副动词等一两百种形式。

俄语示例：

Но растениям и животным приходится трудно и потому, что люди часто рвут красивые растения, а животных истребляют ради меха или мяса, а иногда просто так, ради развлечения.

（然而，植物和动物的生存亦很艰难，因为人们往往有时只是为了娱乐，便会撕掉美丽的植物和动物的皮毛，或者消耗动物之肉。）

除俄语外，俄罗斯境内还有 100 多种少数民族语言，其中使用人口较多的几种语言是：鞑靼语，使用人口 550 多万，主要居住在鞑靼斯坦共和国；乌克兰语，使用人口约 436 万，主要聚居在俄罗斯各大城市和边境地区；楚瓦什语，使用人口约 178 万，主要居住在楚瓦什共和国，还有少部分分布在鞑靼斯坦共和国、巴什科尔托斯坦共和国以及乌里扬诺夫、古比雪夫、萨拉托夫等地；巴什基尔族语，使用人口约 145 万，主要集中在乌拉尔山脉南坡及附近平原；白俄罗斯语，使用人口约 120.6 万，主要分布在俄罗斯主要大城市及边境地区；莫尔多瓦语，使用人口约 107.3 万，主要分布在莫尔多瓦自治共和国，部分分布在萨拉托夫、巴什基尔、楚瓦什共和国奔萨、奥伦堡及鞑靼、乌利扬诺夫斯克、高尔基等地；车臣语，使用人口约 95.7 万，主要分布在车臣共和国。此外，苏联解体后，有大规模人口从前加盟共和国（尤其是高加索和中亚地区）迁移到俄罗斯。这些外来人口操多种语言，其中最主要的有亚美尼亚语（83 万人）、阿塞拜疆语（51.5 万人）、哈萨克语（47.2 万人）、乌兹别克语（24.5 万人）、塔里克语（17.7 万人）、乔治亚语（10.2 万人）、吉尔吉斯语（9.3 万人）和莫尔多瓦语（9 万人）。

民族

俄罗斯族是俄罗斯联邦第一大民族，约占全国人口的 77.7%，主要分布在俄罗斯联邦的欧洲部分，其中最主要的聚居区为西北部和中部地区。此外，在很多俄联邦共和国内，俄罗斯族的人口数量都占有相当大的比例。

俄罗斯境内还分布着 175 个大大小小的少

数民族，其中人口超过 65 万的少数民族有鞑靼族、乌克兰族、楚瓦什族、巴什基尔族、白俄罗斯族、哈萨克族和车臣族等。鞑靼族，人口 550 多万，俄联邦第一大少数民族，主要分布在鞑靼斯坦共和国及其周边地区。乌克兰族，人口约 436 万，主要聚居在俄联邦边境地区和各大城市。楚瓦什族，人口约 178 万，主要分布在楚瓦什共和国，还有一部分居住在巴什科尔托斯坦共和国、鞑靼斯坦共和国、古比雪夫以及萨拉托夫、乌里扬诺夫等地。巴什基尔族，人口约 145 万，主要分布在乌拉尔山脉南坡及附近平原。白俄罗斯族，人口约 120.6 万，主要分布在俄联邦边境地区以及主要大城市。车臣族，人口约 95.7 万，主要分布在车臣共和国。哈萨克族，人口约 68.3 万，主要聚居在俄联邦边境地区和主要大城市。此外，人口较多的少数民族还有莫尔多瓦族、马里族、日耳曼族、乌德穆尔特族、阿瓦尔族、雅库特族等。

俄罗斯族与白俄罗斯族、乌克兰族同宗同源，有着共同的祖先，即公元 9—13 世纪形成的古罗斯部族。蒙古人于公元 13 世纪占领了古罗斯地区，并统治该地区长达近 240 年。13 世纪末，莫斯科公国成立，在随后的 14、15 世纪，莫斯科公国日益强大并领导其他公国展开摆脱蒙古人统治的斗争，在此过程中，古罗斯人开始一分为三，俄罗斯民族逐渐形成。沙皇统治下的俄罗斯经过 4 个世纪的对外殖民和扩张，占据了伏尔加河下游、北高加索、乌拉尔、西伯利亚、波罗的海沿岸、外高加索、中亚、哈萨克斯坦和远东地区，以上地区的各民族逐渐被俄罗斯人统治，俄罗斯由单一民族国家演变成多民族国家。苏联解体后，大量人口从前加盟共和国（尤其是高加索和中亚地区）迁移到俄罗斯，最终形成了今天俄联邦以俄罗斯族为主体、少数民族多达 175 个的多民族共存现状。

 ## 语言国情沿革与发展

俄罗斯民族形成时期的语言国情

俄罗斯人的祖先是公元 6 世纪之前生活在东欧平原的东斯拉夫人的一支，他们以游牧为生。在公元 8 世纪末 9 世纪初发展到部落联盟阶段之前，东斯拉夫人尚未形成统一的语言文字系统，当时的部落方言（如诺夫哥罗德方言）在后来俄罗斯族的形成过程中扮演着重要的角色。公元 882 年，统一的基辅罗斯国家建立，西里尔字母随基督教传入罗斯国，成为今日俄文字母的开端。政治统一和文字出现后，俄罗斯语开始基于罗斯国口语萌芽，俄罗斯民族的形成与发展本应由此进入快车道；但进入公元 12 世纪后，封建割据使得基辅罗斯四分五裂，众多小公国取代了统一的基辅罗斯国家，蒙古人乘虚而入，征服了各公国，并开始了长达 240 年的统治。内忧外患之下，各公国方言差异开始加大，统一民族形成的进程渐缓。蒙古人对罗斯的统治政策使得原本是偏僻村落的莫斯科发展成为独立公国，且日益壮大，直至成为东北罗斯的主导力量，领导诸公国抗击蒙古人并最终摆脱其统治。16 世纪，重新统一后的罗斯人国家开始称俄罗斯（俄国），罗斯人开始被称为俄罗斯人，其他公国的方言开始围绕政治上处于主导地位的莫斯科公国方言发展，语言发展出现了向心趋同的态势，并最终形成了以莫斯科公国口语为基础、主要在官方文件中使用的"公文语言"，并取代了书面的斯拉夫语。政治的统一和语言的趋同助推了俄罗斯民族的形成。

俄罗斯帝国时期的语言国情

俄罗斯帝国时期（从 1682 年彼得大帝加冕沙皇到 1917 年俄国十月革命），彼得大帝实行了多方面的改革举措，国家实力增强。彼得大帝的政治改革伴随着字母表的改革，他将宗教界原来使用的字母简化为易于书写的"民用字母",并废除一些多余的字母,世俗化和西方化的目标得以实现,西欧语言中大量的专用词汇得以应用。但是,直到 1800 年,大多数贵族日常仍使用法语,有时也用德语(当时的法兰西是欧洲最强大的国家,法语是当时整个欧洲外交和上流社会的通用语)。当时俄语的发展深受法语和德语的影响。1712 年,彼得大帝将俄罗斯首都从莫斯科迁至圣彼得堡,为现代俄语提供了新的方言基础,即圣彼得堡方言。彼得大帝以及其后的几位沙皇都在不断扩张俄罗斯的领土,随着新的领地和民族被纳入治下,俄罗斯开始由单一民族国家发展成多民族国家,统一书面语成为巩固国家统治的迫切要求。19 世纪 30 年代,亚历山大·普希金在俄罗斯文坛掀起改革浪潮,他摒弃古代语法和词汇,更多地使用当时口语中的语法和词汇,这也是俄罗斯现代书面用语的肇始。统一的书面语对沙皇巩固多民族国家的统治起到重要作用,但沙皇采取极端手段,禁止其他民族使用本族语言,要求统一学习俄语,这在一定程度上激化了国内民族矛盾,并最终成为诱发社会变革的导火索之一。

苏联时期的语言国情

1917 年十月革命胜利后,苏维埃政权建立,时称苏俄。当时境内的少数民族多达 100 多个,俄罗斯人只占总人口的 51%,少数民族语言多达 130 多种,新政权面临比沙皇时代更为复杂的民族问题。如何有效运行国家机器,确保对这个庞大国家的统治,成为摆在新生苏维埃政权面前的重要问题。语言再次作为有效的工具走上历史舞台。新政权上台伊始便确立俄语为唯一官方语言,并对其进行了具体改革,废除了 4 个重复的字母,1934 年又增加了卡拉姆津于 18 世纪创造的字母,最终确立了俄语字母表。虽然改革后的俄语作为官方语言开始在其他加盟共和国推广,但当时的苏维埃政权接受沙皇时代语言政策的教训,提倡各民族语言平等的思想,并将其写入联盟条约和各加盟共和国的宪法中,这为加强民族团结、巩固新政权提供了有力支撑。20 世纪 50 年代之后,苏联开始出现语言歧视,忽视民族语言发展。学校教育要求必修俄语,所有科目的教科书要用俄语编写,一切课程用俄语讲授,苏维埃政权甚至要求各加盟共和国将俄语定为"国语",推广俄语成为一场政治运动。简言之,那是一个"俄语化"的时代。俄语独大,民族语言衰落的速度加快,语言问题再次出现,民族矛盾开始突显。然而当时的苏维埃政权并未能妥善处理这一问题,最终民族矛盾激化,成为日后政权更迭的助推剂之一。

当代俄罗斯的语言国情

苏联解体后,俄罗斯除面临种种政治、经济问题之外,民族和语言问题依然存在。同时,巨大的社会变革也对俄语产生了强烈的冲击。苏联时期,为了表达西方国家中所出现的许多新事物和新概念,俄语中出现了很多被赋予了时代色彩的负面词汇,同时大量的宗教语汇也从人们的言语中消失;随着苏维埃时代的结束,伴其产生的概念和词汇已成为历史,那些在苏联时代带有特定修辞色彩的词汇恢复了中性色彩,同时随着宗教活动越来越多地进入人们的日常生活,宗教词汇不仅"复活",而且成了常用词。语言的新变化促使社会结构和民族思想也发生了转型。政府开始采用更为灵活的政策,推广俄语的同时重视保护民族语言的发展。2015 年俄罗斯最新统计数据显示,俄罗斯约 160 万学生(占全国学生总数的 12%)选择学习他们本族语言(非俄语),大部分为鞑靼语、车臣语和楚瓦什语。俄语与少数民族语言的共存极大地促进了俄罗斯的转型和恢复。近年来,俄罗斯经济的复苏使得俄语学习在俄罗斯各共和国逐渐升温。与苏维埃时代被动接受学校俄语教育不同，人们开始主动学习俄语以方便更好地开展社会交往和经济交流。语言以其特有的魅力为新时期俄罗斯民族融合发挥着作用。

在少数民族语言方面，尽管俄罗斯联邦政府为保护和发展民族语言提供了较大的空间，赋予各主体共和国相应的立法权，但在联邦层面，政府实质上并未采取任何有效措施。随着俄语的发展和普及，以及国家语言政策层面对俄语的不断倾斜，民族语言在发展中呈现出衰退的趋势。

在外语政策方面，俄罗斯政府倡导多元化的教育理念，遵循语言多元化的原则，大力推进双语和多语种外语教学。俄罗斯的教育机构除了开设英语、法语、德语和西班牙语等欧洲语言专业或课程之外，还开设一些相邻国家的语言，如汉语、日语等。在具体外语选择方面，俄罗斯教育部建议第一外语选择英语，第二外语选择一种欧洲语言或一个相邻国家的语言。

🤝 语言服务

中国开设俄语专业的高校有 120 多所。其中黑龙江 20 所，如黑龙江大学、哈尔滨工业大学、哈尔滨师范大学、佳木斯大学等；吉林 12 所，如吉林大学、东北师范大学、长春大学、延边大学等；辽宁 11 所，如东北大学、大连外国语大学、辽宁大学、辽宁师范大学等；北京 11 所，如北京大学、北京外国语大学、中央民族大学、对外经济贸易大学、北京师范大学、北京第二外国语学院等；山东 10 所，如山东大学、山东师范大学、曲阜师范大学、青岛科技大学等。

中国在俄罗斯设立的孔子学院有 17 所，分别为远东联邦大学孔子学院、俄罗斯国立人

文大学孔子学院、莫斯科大学孔子学院、莫斯科国立语言大学孔子学院、梁赞国立大学孔子学院、圣彼得堡大学孔子学院、下诺夫哥罗德国立语言大学孔子学院、伏尔加格勒国立社会师范大学孔子学院、伊尔库茨克国立大学孔子学院、新西伯利亚国立技术大学孔子学院、喀山联邦大学孔子学院、布拉戈维申斯克国立师范大学孔子学院、卡尔梅克国立大学孔子学院、托木斯克国立大学孔子学院、布里亚特国立大学孔子学院、乌拉尔联邦大学孔子学院、阿穆尔国立人文师范大学孔子学院，合作单位分别为黑龙江大学、对外经济贸易大学、北京大学、北京外国语大学、长春大学、首都师范大学、四川外国语大学、天津外国语大学、辽宁大学、大连外国语学院、湖南师范大学、黑河学院、内蒙古大学、沈阳理工大学、长春理工大学、广东外语外贸大学、哈尔滨师范大学。另有孔子课堂 4 个，分别为俄罗斯国立职业师范大学广播孔子课堂、新西伯利亚国立大学孔子课堂、莫斯科 1948 中学孔子课堂和圣彼得堡"孔子"非国立教育机构孔子课堂。

俄罗斯开设中文系或中文专业的高校有300 多所，其中较为著名的有莫斯科国立大学、圣彼得堡国立大学、新西伯利亚国立大学、俄罗斯人民友谊大学、俄罗斯国立大学、罗斯托夫国立大学、伯尔姆国立大学、达吉斯坦国立大学、托姆斯克国立大学、图拉国立大学、喀山国立大学、乌拉尔国立大学、沃罗涅什国立大学、乌里扬诺夫斯克国立大学、阿穆尔国立大学、南乌拉尔国立大学、下诺夫哥罗德国立大学、特维尔国立大学、弗拉基米尔国立大学、雅罗斯拉夫国立大学、贝尔哥罗德国立大学、诺夫可罗德国立大学、马里埃尔国立大学、布里亚特国立大学、瑟克特夫卡尔国立大学、阿尔泰国立大学等。

小贴士

⊙首都

　　莫斯科，面积 2510 平方千米，人口超过 1100 万，位于东经 37°55，北纬 55°45，海拔 175—200 米，处在俄罗斯平原中部，伏尔加河与奥卡河之间。莫斯科是俄罗斯全国的政治、经济和文化中心，也是全国最大的综合性交通枢纽，还是机械工业和纺织工业中心。

⊙姓氏

　　俄罗斯人的姓名由名字、父名和姓组成。如"尤里·谢尔盖耶维奇·伊万诺夫"，"尤里"为本人名字，"谢尔盖耶维奇"为父名，"伊万诺夫"为姓。排列顺序通常是名字、父名、姓，但也可以把姓放在最前面，特别是在正式文件中，名字和父名都可缩写，只写第一个字母。

⊙自然与经济

　　俄罗斯的地形以平原和高原为主，国土横跨东欧平原、西伯利亚平原、中西伯利亚高原、北西伯利亚低地、东西伯利亚山地、乌拉尔山脉等，境内最高峰为厄尔布鲁士山，海拔 5642 米。俄罗斯处于多种气候带之中，但大多数地区属温带和亚寒带大陆性气候。冬季严寒漫长，夏季凉爽短暂，春秋两季较短。年降水量为 200—3000 多毫米。冬季几乎全境降雪。俄罗斯自然资源丰富，自给能力较强；工业基础雄厚，门类齐全，以机械、钢铁、石油、冶金、煤炭、天然气、森林工业及化工等为主。俄罗斯农牧业并重，农业生产主体包括农业企业、个体农民和普通居民三部分。俄罗斯旅游业为新兴经济部门，近年来发展迅速，但目前仅占国民生产总值的 3%。俄罗斯进出口贸易反映出其经济结构的特点，主要出口商品是能源和重工业产品，包括石油、天然气、金属、木材及纸浆、化工产品、军工产品、机械设备和交通工具等；主要进口商品是食品、农业原料产品、橡胶、纺织服装类产品等。

⊙美食

　　俄罗斯美食一般油脂多、口味浓。俄罗斯人特别讲究小吃，俄式小吃包括各种冷菜，多为生鲜且味带酸咸，丰富多样，常见的有沙拉、禽冷盘、鱼冻、肉冻、鸡蛋冷盘等。鱼类是俄罗斯人不可或缺的食材，较为常见的有鲟鱼、鲱鱼、鲑鱼、鳟鱼、红鱼子、黑鱼子以及烟熏咸鱼。俄式经典菜肴有红菜汤（罗宋汤）、鱼子酱、土豆烧牛肉、俄式冻肉等，主食有大列巴（俄式大面包）等，酒类有伏特加等。

⊙节日

　　新年（1 月 1 日）、东正教圣诞节（1 月 7 日）、祖国保卫者日（2 月 23 日）、宇航节（4 月 12 日，纪念人类第一次太空之旅）、国际劳动节（5 月 1 日）、胜利日（5 月 9 日，纪念卫国战争结束）、俄语日（6 月 6 日，纪念现代俄罗斯标准语的缔造者普希金诞辰）、国庆日（6 月 12 日）、俄罗斯人民团结日（11 月 4 日）、宪法节（12 月 12 日）等。

⊙名胜古迹

　　克里姆林宫和红场　莫斯科市中心的克里姆林宫曾为沙皇官邸，宫内有兵器馆、圣母安息大教堂、阿尔罕格尔斯基大教堂、伊凡大帝钟楼、布拉戈维申斯基教堂等。红场位于克里姆林宫西面，占地 7 公顷，建于 15 世纪末，17 世纪开始沿用此名至今。历史上，红场一直是俄罗斯重要国家活动的举办场所，苏联时期这一场所被赋予了革命的含义，与克里姆林宫一并成为国家权力的标志。1990 年，克里姆林宫和红场作为文化遗产入选联合国教科文组织《世界遗产名录》。

　　阿尔巴特大街　莫斯科最著名的大街之一，是老莫斯科城的象征，18 世纪末便形成了繁华街区。在阿尔巴特街有普希金故居博物馆、玛林娜·茨维塔耶娃故居博物馆和尤里耶维奇·莱蒙托夫故居博物馆。

　　冬宫　建于 1754 至 1762 年，坐落在圣彼得堡宫殿广场上，原为俄国沙皇的皇宫，十月革命后辟为圣彼得堡国立艾尔米塔奇博物馆的一部分。整个宫殿长约 230 米，宽 140 米，高 22 米，呈封闭式长方形，占地9万平方米，建筑面积超过4.6万平方米。冬官的四面各具特色，但内部设计和装饰风格则严格统一，大殿小厅金碧辉煌，富丽堂皇。

马涅什广场 位于莫斯科市中心的练马场和亚历山大花园旁边，建于1997年。马涅什广场不仅是大型的商业中心，同时也是人们喜爱的休闲场所。整个广场上最具风情的是众多喷泉和根据普希金童话故事情节创作的雕塑。

　　菲律宾国旗呈长方形，长宽比 2∶1。旗面包含红、白、蓝、黄四种颜色。蓝色象征忠诚、正直，红色象征勇气，白色象征和平和纯洁；三颗五角星代表菲律宾的三大地区：吕宋、萨马和棉兰老岛；太阳和光芒图案象征自由；八道较长的光束代表最初起义争取民族解放和独立的八个省，其余光芒表示其他省。

菲律宾 | Republic of the Philippines

巴洛克教堂

菲律宾 PHILIPPINES

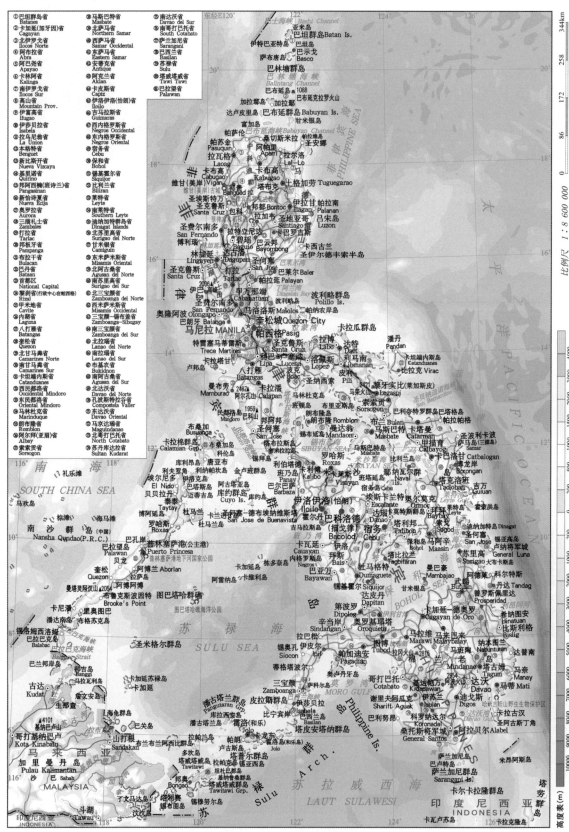

菲律宾，全称菲律宾共和国，位于赤道和北回归线之间，东临太平洋，北隔巴士海峡与中国台湾相邻，西濒南海，南和西南与印度尼西亚、马来西亚隔海相望。菲律宾由 7107 个岛屿组成，被誉为"千岛之国"。陆地总面积 299 700 平方千米，人口约 10 000 万，是东南亚第二人口大国，世界第 12 个人口逾亿的国家。

语言

"千岛之国"的地理国情以及长时间遭受殖民的历史经历等多种因素促使菲律宾成为一个多种语言共存、多元文化交融的国度。菲律宾历史上，各岛屿之间相对隔绝，交通不便，未形成一个占有绝对优势的民族和一个本土通用语言，而是逐渐形成了几个较大的民族和为数众多的少数民族及其语言。独立以来，政府大力推进以本土他加禄语为基础的国语发展，并将其和英语一起作为官方语言。目前菲律宾施行一种国语（菲律宾语）、两种官方语言（菲律宾语和英语）和不同民族地区不同官方辅助语的语言政策，政府又强化在不同民族地区基础教育中推行基于母语的多元语言教学政策。在日常生活中，人们又多使用各自不同的民族语，这就形成了菲律宾独特的语言现象。

菲律宾语是菲律宾国语和官方语言。1935 年，菲律宾自治政府成立，并制定了以本土他加禄民族语为基础发展通用国语的政策。他加禄语之所以被选中，是因为其文学传统优良，书面文献众多，而且在地理区域上有着无可比拟的优越性，分布在以首都马尼拉为中心的他加禄地区，该地区经济文化较其他民族更为发达先进。1946 年菲律宾完全独立，政府更加积极地推广国语，并于 1959 年将以他加禄语为基础的国语正式命名为"菲律宾（Pilipino）"，为了进一步加强其代表性，又将 Pilipino 更名为 Filipino，增加了本土语言所缺少的 F 这个唇齿摩擦辅音。1987 年宪法中再次确认这一新的名称，并明确表示继续以菲律宾国内现有的各种语言为基础发展和丰富菲律宾语。

他加禄语在语言谱系中属于南岛语系印度尼西亚语族，与马来语、印度尼西亚语、台湾高山语等都有密切的亲缘关系，长期跟英语、西班牙语、汉语、梵语以及菲律宾国内其他语言接触，互相影响。菲律宾语继承了这一传统并继续从以上诸语言中汲取营养，不断丰富和发展。当前菲律宾语中大约有英语词汇 15 800 个，西班牙语词汇 5000 个，汉语词汇 1500 个，但仍呈现出相当明晰的南岛语特色。菲律宾历史上曾使用过一种叫"贝贝因"的文字体系，后来西班牙殖民者将西班牙语拉丁字母引入菲律宾。受此及以后英语的影响，菲律宾语采用拉丁字母体系。目前使用的是 1987 年政府颁布实施的《现代菲律宾字母表》。该字母表较以前的版本有所增加，由 28 个字母组成。一般一个字母只有一个发音，词汇通常按照发音来拼写。

菲律宾语示例：

Kumusta naman ang pamilya mo?

（你家人还好吗？）

经过多年的努力，政府推广普及菲律宾国语的政策取得非常大的成绩。目前将菲律宾语作为母语或第二语言使用的，合计超过全国人口的 90%。菲律宾语不仅成为国内不同地区的通用语，而且通行于海外菲律宾社群，成为菲律宾民族身份的象征。

作为官方语言之一，菲律宾语在政府机构、企事业单位、教堂、学校等的非限定领域（限定领域如议会、政府的政策辩论和法院案件的审理、企业的高层管理等必须使用英语）广泛使用。菲律宾语已经取代英语，成为历史、价值观、人格、健康、体育等课程的教学语言。但是菲律宾语在科学技术和学术出版等方面还无法撼动英语的主体地位，英语仍然是数学、科学、经济学等课程的主要教学语言。

英语在美国殖民统治期间得到积极推广，并逐渐成为菲律宾社会的通用语。目前菲律宾拥有仅次于美国和英国的操英语人口，是世界第三大英语国家，在英语非母语国家中英语普及率最高，大多数受过良好教育的菲律宾人都是双语者甚至多语者。宪法规定了英语的官方语言地位，国家的法律法规、法院的审判判决、政府的决定命令等几乎全部使用英语，同时英语也是知识生活的主要语言。

菲律宾英语融合了当地语言的特点而"本土化"，形成了英语的一个重要变体。菲律宾英语整体趋于简化，以利于掌握，例如：句中常省略冠词；动词第三人称单数的 s 常省略；日期多使用基数词；不少单词直接按照字母音发音，像 have、develop 中的 a 和 o 都发字母音。菲律宾英语有非常规律的菲律宾语音特色，如大多数菲律宾人的母语没有 f、v 这两个辅音，分别发成近似的 p、b，比如 ploor（楼层）。从听觉角度说，菲律宾英语语调不像英美英语那样具有明显的连续性和重音节律，而是一字一音，音节划分明显。

虽然大多数菲律宾人都能使用英语，但英语主要是作为二语来学习和使用的，真正以英语为第一语言的人很少。家庭日常生活中人们并不怎么说英语，而是使用各自的民族语，当然其间可能会经常转换语码而夹杂英语单词。

据估计，菲律宾境内目前至少有 100 多种民族语。使用人口超过百万的除了他加禄语外，还有宿务语、伊洛卡诺语、希利盖农语、比科尔语、瓦雷语、卡片片甘语、邦阿西楠语、马拉瑙语和马京达瑙语等。根据学者的归类，伊洛卡诺语、卡片片甘语、邦阿西楠语为北部分支；他加禄语、宿务语、希利盖农语、瓦雷语和比科尔语为中部分支；而马拉瑙语和马京达瑙语则主要分布在南部的棉兰老岛，为当地的摩洛人所使用。另外两种较大的语言是塔乌苏格语和查巴卡诺语，前者主要为苏禄群岛上的摩洛人所使用，后者是西班牙词汇和本地语法结合而成的土生克里奥尔语。这 12 种语言作为政府规定的主要地区语言，在各民族地区扮演着地区通用语的角色，是当地政府的官方辅助语，也是基础教育阶段的教学语言。

除了这 12 种语言之外，还有其他为数众多的少数民族语言。这些少数民族的民众碍于社会和经济压力，更加积极主动地学习菲律宾语、英语以及地区通用语，致使一些使用人口特别少的语言受到挤压而面临生存危机，甚至消亡，这些濒危语言需要特别保护。

菲律宾本土语言基本上属于南岛语系印度尼西亚语族，为黏着语类型，整体上有菲律宾特色：语音系统相对简单，但语法上却有着相对复杂的态和格系统，通过附加成分、助词、短语换位、重音转移等不同方式表示。不过菲律宾各语言之间的差异也比较明显，基本不能相通，这就形成了菲律宾独特的语言现象：在主要民族语言区，菲律宾人在非正式场合多使用自己的民族语，在正式场合多使用菲律宾语或英语。少数民族情况更为复杂，通常他们只会在家庭或部族成员等亲密圈内使用自己的民族语，而在此圈外多使用地区通用语，在特别正式的场合还能够使用菲律宾语，甚至英语。

菲律宾还有一些除英语之外的非南岛语，如汉语（闽南话）、阿拉伯语、西班牙语等。

民族

菲律宾的民族与其语言国情特点相一致，由几个相对较大的民族和众多的少数民族构成，前者占据了全国人口的大部分。就来源而言，菲律宾群岛上的阿埃塔等土著人的祖先是菲律宾史前时期最早的居民矮黑人，其次是约在公元前 3000 年至公元前 1000 年自亚洲大陆由水路迁到菲律宾的原始马来人，再后来新马来人从公元前 200 年到公元 16 世纪又分批迁入。

在矮黑人、新旧马来人的混合中逐渐形成了今天菲律宾的众多民族。尽管这些民族在发展过程中又与华人、印度人、阿拉伯人和欧洲白人等融合，不过主体仍属于蒙古人种马来类型。

学术界一般将菲律宾的民族分为三大类：平原民族、山地民族和南方摩洛人（穆斯林民族）。平原民族所在地区是菲律宾群岛富裕地区，各民族人数多，占全国人口比重大，在经济、政治和社会生活方面占主导地位，主要信奉天主教。比萨扬属于平原民族，也是菲律宾最大的族群，主要分布在中部的比萨扬群岛，并逐渐向南部棉兰老岛等地移民。比萨扬人各分支的语言差异较为明显，现在一般被视为不同的语言，如宿务语、希利盖农语、瓦雷语等，其民族分支也相应被视为不同的民族。以语言作为划分民族的标准，他加禄、宿务和伊洛卡诺是最大的3个民族。他加禄人在菲律宾各民族中政治、经济、文化最为发达，主要分布在吕宋岛中南部以首都马尼拉为中心的地区，菲律宾语就是以他们的民族语为基础发展而来；伊洛卡诺人，早先主要居住在吕宋岛西北部地区，他们是种植水稻的能手。2000年的统计资料显示，他加禄、宿务和伊洛卡诺三个民族分别占全国人口的28.1%、20.7%和9%，三者合计接近60%。其他相对较大的民族还有希利盖农、比科尔、瓦雷、卡片片甘和邦阿西楠等。

从19世纪后半期起，菲律宾的民族意识逐渐形成，并掀起了反抗殖民统治、争取民族独立的解放战争。"菲律宾人"开始用来指称不分种族、民族的全体菲律宾人，而之前特指在菲律宾出生的西班牙人，又扩展用于菲西、菲华"梅斯蒂佐人"（混血人）等。这些混血人，特别是菲华后裔（据估计占近20%的人口）的加入充实了菲律宾民族形成的过程，不断增强各民族的泛菲倾向。从美国人统治时期一直到国家独立，许多民族都卷入到社会发展之中，城市和采矿中心人口大量增加、种族混合程度

不断加强，同时大量他加禄人、宿务人和伊洛卡诺人等从拥挤的工农业地区移居到新开垦的土地，移民较多的是南部的棉兰老岛。这种民族迁移变动过程促使各民族日趋接近，人数少的民族同化于较大的民族，泛菲民族倾向增长较快。这在平原大民族中表现明显，其中他加禄族和以他加禄语为基础的菲律宾语在泛菲民族形成进程中起着核心作用，宿务人和伊洛卡诺人的影响也很重要。不过山地少数民族融入泛菲民族的速度相对缓慢，而南方的穆斯林摩洛人则根本不愿意接受泛菲民族的思想。

山地少数民族（包括为数不多的土著民族）主要居住于吕宋岛、棉兰老岛等山地地区以及偏远的岛屿上，条件艰苦，人口较少。20世纪以来，山地民族开始介入现代生活，外出工作、接受基督教和文化知识的传播等，旧的社会组织形式解体加速，一些人口特别少的民族的文化和语言濒临消亡。

南方摩洛人（穆斯林民族）主要分布在棉兰老岛西南部以及苏禄群岛上，主要有马京达瑙人、马拉瑙人和塔乌苏格人等民族分支。他们是接受伊斯兰教的菲律宾本地人，种族上与其他菲律宾人没有区别，也属于蒙古人种马来类型，语言上也比较类似。"摩洛"为西班牙人所取，意为信仰伊斯兰教的摩尔人。由于历史原因和现实一些政策问题，摩洛人和菲律宾政府以及基督教民族关系较为紧张，菲律宾南部的摩洛省份获得政府确认建立了"棉兰老穆斯林自治区"，不过还是有较为明显的分离主义倾向。与此同时，摩洛人并不统一，不同民族分属于不同教派，不同教派之间也有矛盾。

在菲律宾群岛非南岛语系的民族中，华人数量最多，有100多万，大多分布在各岛屿的商业中心，以马尼拉市最为集中。由于自古以来居住密集，并且抱有浓厚的乡土观念，华人社区保留了自己的语言、习俗和信仰，有自己的学校和报纸。华人在菲律宾的影响与贡献很大。

语言国情沿革与发展

早期菲律宾的语言国情

14世纪之前，菲律宾土著居民尚未形成统一的国家或王朝，历史上菲律宾各部族曾长期处于权力割据的分裂状态。由于民族众多，岛屿隔绝，交通不便，阻碍了区域相通，菲律宾各地的语言纷繁复杂，长期没有统一的语言。

1380年伊斯兰教开始传入菲律宾，作为伊斯兰宗教语言的阿拉伯语也随之传入。100年间伊斯兰教主要在菲律宾棉兰老岛和苏禄群岛传播，并在15世纪以后建立了伊斯兰教的苏禄苏丹国及马京达瑙苏丹国。1521年，麦哲伦率领西班牙远征舰环球航行，成为到达此地的第一个西方人，此后西班牙人开始统治菲律宾，并用国王菲力普二世的名字将该地正式命名为菲律宾群岛，并把接受了伊斯兰教的菲律宾人命名为摩洛人。随着西班牙殖民统治的建立，菲律宾居民逐渐接受了天主教，摩洛人的生存空间不断受到挤压。今天伊斯兰教和阿拉伯语的影响主要在菲律宾南部地区，不过除用于《古兰经》的阅读和伊斯兰教会学校的教学外，阿拉伯语只有很少一部分人使用。

西班牙殖民统治的范围主要在菲律宾北部的吕宋岛和中部的比萨扬群岛。在300多年的统治期间，殖民政府对当地的民族语言不予干涉，任其自由发展，也没有认真开展过普及西班牙语的教育活动，他们的宗教传播主要使用菲律宾各地方语言，西班牙语只限于行政、司法、立法和高等教育等特定领域。菲律宾没有成为一个西班牙语国家，却产生了一个接受西班牙文化、谙熟西班牙语的本土知识分子精英阶层，国父何塞·黎刹等一大批独立运动的鼓吹者、组织者就来自这个阶层，西班牙语在他们手中成了争取菲律宾民族解放、国家独立的重要武器，影响很大。不过随着美国殖民者的到来，英语迅速发展，西班牙语的作用和影响逐渐降低。1930年，西班牙语不再作为法庭语言使用，取而代之的是英语；1973年又失去了与英语共享的官方语言地位；1987年更从大学必修课程降格为选修课程。

美国对菲律宾的统治始于1898年美西战争后。与西班牙殖民者不同，美国人立足伊始，就有计划地大规模普及英语。1901年颁布教育法令，设立公共教育局，建立初级英语教育系统，使用美国课本，并从美国引进了大批职业教师。美国殖民者还选派大量菲律宾青年远赴美国学习，并在菲律宾兴办英文报纸，不断扩大英语的影响。美国人在短暂的时间里取得了惊人的成果。1903年，菲律宾讲西班牙语的人达到80万之多，1918年降至75万人，而讲英语的人则升至90万。自此，西班牙语和英语地位的差距急剧拉大，英语逐渐成为通行全国的语言，国家法律条文、告示以及政府管理的口头和书面文件都使用英语。

独立后菲律宾的语言国情

1946年，在美国的同意和支持下，菲律宾获得完全独立。在独立之前异族统治时期，虽然阿拉伯语、西班牙语、英语等先后传入菲律宾群岛，但菲律宾人自始至终都没有放弃本土马来－波利尼西亚语言（即南岛语系语言）的使用。1935年菲律宾自治政府成立后，大力扶持本国语言，确定将他加禄语培育为国家通用语，作为全国民众正常生活以及彼此交往使用的语言。英语和西班牙语作为官方语言继续使用。1940年起，菲律宾自治政府规定所有学校必须教授他加禄语。1941年，日本入侵菲律宾后，也曾推广他加禄语，计划将官方语言改为日语和他加禄语。1946年，真正独立后的菲律宾更加重视对民众进行国家和民族意识的培养，积极推广国语。

1959年，以他加禄语为基础发展而成的国语正式确定并被命名为Pilipino，后又更名为 Filipino。为加强菲律宾语的影响，打破英语作为各级学校教育媒介的垄断地位，1974年菲律宾政府出台双语政策，规定菲律宾语和英语一并作为教学用语，1987年政府更规定了两种语言在基础教育的课程分工。不过在高等教育和学术研究等领域，菲律宾语还无法撼动英语的垄断地位。菲律宾既缺乏足够的人力和财力，也缺乏把菲律宾语培育为精英话语的决心，特别是菲律宾已经成为世界第三大英语系国家，英语水平成了菲律宾在国际竞争中的最大优势，英语对菲律宾经济发展有着极大的现实意义。政府、学校和民间在推广国语的同时，仍然重视英语学习。不过，除了作为交际工具，英语似乎并没有也不太可能在民族心理上取得成功。菲律宾语已经成为菲律宾国民身份的标志和象征，满足了其民族认同和民族自尊的需要。

菲律宾语和英语享有的特殊地位致使许多民族语言不断受到挤压。为保护不同语言，传承多元文化，促进社会和谐，2009年，菲律宾政府制定了在全国各级教学中采用基于母语的多元语言教学政策，将12种主要地区语言作为课程列入基础教育体系，并规定从学前教育到小学六年级或者至少四年级前各民族地区以其母语作为教学语言，期间菲律宾语和英语只作为两门课程来学习。2013年政府又新加了另外7种少数民族语言作为教学语言，分别是伊巴纳克语、伊巴丹语、三宝语、阿克兰农语、基那来阿语、亚坎语和苏里高农语。目前多元母语教学语言的总数达到了19个。政府也加大了濒危语言的保护力度。依据宪法设立的菲律宾语言委员会主要职能除了推广和发展国语之外，就是保护和促进各民族语言的发展。

语言服务

中国开设菲律宾语专业的高校有3所，分别为北京大学、北京外国语大学和中国民用航空飞行学院。

中国在菲律宾设立的孔子学院有4所，分别为亚典耀大学孔子学院、布拉卡国立大学孔子学院、红溪礼示大学孔子学院和菲律宾大学孔子学院，合作单位分别为中山大学、西北大学、福建师范大学和厦门大学。

菲律宾开设中文系或中文专业的高校有13所，分别为中正学院、西里曼大学、菲律宾师范大学、圣路易斯大学、亚典耀大学、圣乔斯尼古雷德斯大学、亚太大学、碧瑶大学、安吉利斯大学、中央大学、利加智比省安基那斯大学、南吕宋大学和西北大学。

小贴士

⊙首都

马尼拉，菲律宾最大港口，位于吕宋岛马尼拉湾的东岸，由马尼拉、奎松、卡洛奥坎、帕萨伊4个市和玛卡蒂等16个区合并而成，面积达638.55平方千米，人口超1000万，是亚洲最大的城市之一，被称为"亚洲的纽约"。

⊙姓氏

菲律宾人采用西班牙姓氏，这是西班牙殖民统治的结果。1849年11月11日，西班牙驻菲律宾的总督命令所有菲律宾人采用西班牙姓氏，并在这项法令后附一个姓氏名册，供菲律宾人按地区挨村挨户地选用。所以，在菲律宾，一个镇或一个村的人大都使用同一个字母起首的西班牙姓氏。

⊙自然与经济

菲律宾群岛除部分岛屿有较宽广的内陆平原外，多数岛屿仅在沿海有零星分布的狭窄平原，主要由山地、高原和丘陵构成。菲律宾属于季风型热带雨林气候，具有高温、多雨、湿度大和台风多等特征，大部分地区年平均降水量在 2000—3000 毫米。经济以农业及工业为主，第三产业服务业也占较大比重，旅游业是外汇收入重要来源。土壤肥沃、水资源丰富，农业在国民经济中占有重要地位，而水稻是其农业发展的重中之重。

⊙ 美食

菲律宾菜肴中香茅等香料用得比较少，但椰油、虾酱等用得多。菲律宾人的主食是大米和玉米，农民在煮饭前才舂米，放在瓦缸或竹筒里煮，手抓进食。菲律宾人最喜欢椰子汁煮木薯、椰子汁煮饭，用香蕉叶包饭。

⊙ 节日

五月花节（5 月的最后一个星期日，这是菲律宾最隆重热闹的节日之一，由于在百花盛开的 5 月举行而得名，这一节日的特点是选"花后"和举行圣母像大游行）、独立日（6 月 12 日，又称国庆节，纪念 1898 年 6 月 12 日菲律宾推翻西班牙殖民统治而宣告独立）、圣诞节（12 月 25 日）、黎刹日（12 月 30 日，又称英雄节，纪念国父黎刹殉难）等。

⊙ 名胜古迹

巴洛克教堂 西班牙殖民者 16、17 世纪所建，包括位于马尼拉、圣玛利亚、帕瓦伊和米亚高四地的 4 所教堂。这些教堂由中国工匠和菲律宾工匠共同建造，是基督教文化与东方建筑艺术相结合的杰作。1993 年，巴洛克教堂作为文化遗产入选联合国教科文组织《世界遗产名录》。

科迪勒拉水稻梯田 被誉为"世界第八大奇迹"，位于马尼拉以北 250 千米的安第斯山上，它是当地土著族群为了谋生而在裸露的山地上开垦出来的土地。1995 年，科迪勒拉水稻梯田作为文化遗产入选联合国教科文组织《世界遗产名录》。

普林塞萨地下河国家公园 位于巴拉望省北岸圣保罗山区，包括一个完整的"山－海"生态系统。这里大约三分之二受保护的植被都处于原始状态，其中的低地森林是世界野生动物保护基金组织保护的生态区域之一，以拥有亚洲最繁荣的树木植物群著称。1999 年，普林塞萨地下河国家公园作为自然遗产入选联合国教科文组织《世界遗产名录》。

维甘历史古城 位于南伊洛卡诺省，修建于 16 世纪，是亚洲保存最为完好的西班牙殖民城市。该建筑将欧洲的建筑风格与菲律宾和中国的建筑特色融合在一起，从而创造出独特的文化。1999 年，维甘历史古城作为文化遗产入选联合国教科文组织《世界遗产名录》。

图巴塔哈群礁海洋公园 始建于 1988 年 8 月 11 日。该公园自然条件优越，是东南亚最大的珊瑚生成水域，此外还生活着种类丰富的其他海洋生物。1993 年，图巴塔哈群礁海洋公园作为自然遗产入选联合国教科文组织《世界遗产名录》。

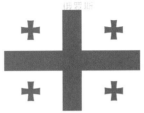

格鲁吉亚国旗呈长方形，长宽比 3 : 2。旗面为白色，红色十字将旗面分为四部分，每部分各有一个博尔尼西小红十字；白底红十字图案是格鲁吉亚民族和国家的象征。

格鲁吉亚

Georgia

首都第比利斯

格鲁吉亚　GEORGIA

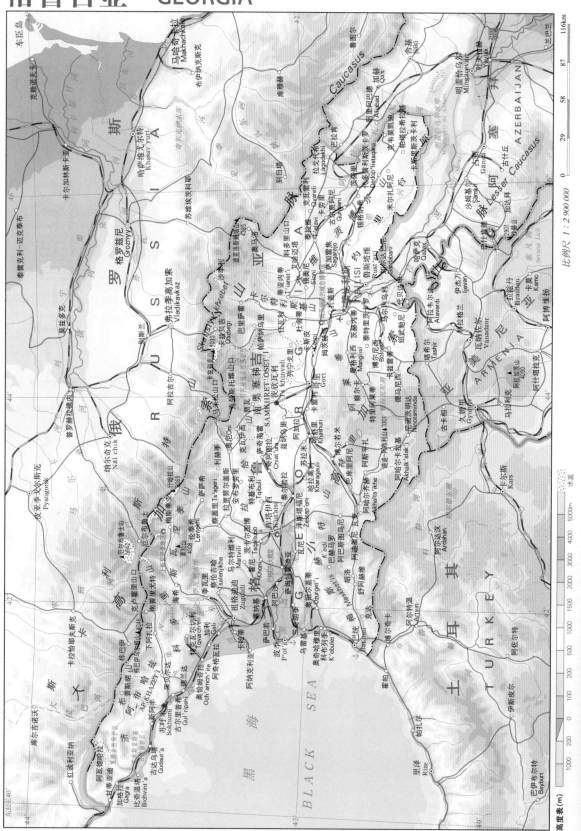

比例尺 1 : 2 900 000

0　　29　　58　　87　　116km

高度表 (m)

1000　200　0　100　200　500　1000　1500　2000　3000　4000　5000m

冰盖

格鲁吉亚位于外高加索中西部，地处欧亚交界处，包括外高加索整个黑海沿岸、库拉河中游和库拉河支流阿拉扎尼河谷地。西临黑海，西南与土耳其接壤，北面毗连俄罗斯，东南和南部分别与阿塞拜疆和亚美尼亚相邻，是古代丝绸之路和现代欧亚交通必经之地。国土面积 69 700 平方千米，海岸线约 310 千米，人口约 478 万。

🗨 语言

格鲁吉亚语为格鲁吉亚官方语言，使用人数约占总人口的 94%，属于伊比利亚－高加索语系卡尔特维里语族，该语言融合了罗马语、波斯语、阿拉伯语、斯拉夫语等多种语言的特点。语音方面，现代格鲁吉亚语共有 33 个音素，其中元音 5 个、辅音 28 个。按发音方法可将塞音和塞擦音分为 3 种，分别是浊音、清送气音和清喉化音。词类上，格鲁吉亚语没有冠词，名词有 6 个格，但没有宾格，也没有性的范畴。动词有现在时、不定过去时和完成时 3 种时态，动词的变化必须根据动作的主体和客体的人称和数变化。有多种方言，比如伊美利田、阿扎尔、古利昂、拉夏雷昆、卡特里安、普夏夫等。书面文字为格鲁吉亚文，从左到右书写。

格鲁吉亚语示例：

რა არის ქალაქში სანახავი?

（这城市里有什么景点可以参观？）

除格鲁吉亚语外，格鲁吉亚的通用语言还有俄语和英语。在苏联时期，俄语被确立为官方语言，学习俄语是每个公民的义务。苏联解体后，格鲁吉亚宪法规定格鲁吉亚语为国语，俄语逐渐变为少数民族语言，但仍然是较为通用的语言，据统计，全国大概有 83.3% 的人使用俄语。20 世纪 90 年代以来，英语逐渐在政府官员和年轻人中流行，也成为较为通用的语言。

格鲁吉亚境内的其他少数民族语言还有波兰语、那科语、斯拉夫语、伊朗语、土耳其语等，使用人数约 16%，主要分布在靠近土耳其、俄罗斯、乌克兰和伊朗的边境地区。

👪 民族

格鲁吉亚是多民族国家，共有 97 个民族，主体民族是格鲁吉亚族，约占总人口的 84%。

格鲁吉亚人属欧罗巴人种高加索类型，其构成主要有 3 个大的部族：卡特人、美格里安人和斯万人。美格里安人生活在西部塞末格力罗省；斯万人主要居住在大高加索山西南坡；卡特人由 19 个不同的部族构成，主要居住在西部，如卡海迪安人、米修里安人等。

格鲁吉亚人的构成情况在不同历史时期呈现出不同特点。中世纪时格鲁吉亚人占总人口的 90%，中世纪后期到 19 世纪初期，随着奥塞梯族、阿扎尔族等民族的迁入，格鲁吉亚人比例降到不足 80%。俄罗斯帝国时期为 70%，到苏联时期的 1939 年则不足 60%。从 20 世纪 50 年代开始，格鲁吉亚人的人口比例逐渐上升，1989 年为 70.1%。格鲁吉亚人在不同地区的分布也不同，城市为 80%，农村为 85%；西部地区比例较高，如伊麦瑞缇、贾瑞尔、塞米格瑞里欧为 96%—98%，拉卡－莱克胡米和斯万奈特为 99%。东部地区，如卡海缇为 83%，而南部地区，如扎维海缇仅为 3%。

其他主要民族有：阿塞拜疆族，约占总人口的 6.5%；亚美尼亚族，约占总人口的 5.7%；俄罗斯族，约占总人口的 1.5%。而其他少数民族的人数则相对较少，如基斯特族、奥塞梯族、阿布哈兹族、希腊族、乌克兰族、耶希迪库尔德族、犹太族、美斯黑田族等，仅占总人口的 2.3%。阿布哈兹族属于欧罗巴人种，91.2% 的阿布哈兹人居住在阿布哈兹自治共和国境内，其余的则居住在阿扎尔自治共和国，另有少数居住在土耳其。奥塞梯人起初生活在中部，

17—18 世纪扩展到山前和平原地带。基斯特人主要生活在东部的阿克美塔地区，2011 年，有超过 7000 人居住在潘基斯乔治的 6 个村庄里。关于犹太族族源，有人认为是从伊朗或高加索其他地区迁入格鲁吉亚的外来移民；有人则认为是当地的土著居民。格鲁吉亚犹太人认为自己是地地道道的格鲁吉亚人，讲格鲁吉亚语。

格鲁吉亚有 83.9% 的人口信仰东正教，3.9% 的人口信仰亚美尼亚基督教，9.9% 的人口信仰伊斯兰教，0.8% 的人口信仰罗马天主教，还有一定数量的犹太社团和各种新教徒。公元 3 世纪末，基督教传入；4 世纪，基督教广泛传播并被定为国教。基督教成为国教后，宗教在格鲁吉亚人民的生活中发挥了特殊作用，教会成为影响格鲁吉亚政治进程的重要力量。16—18 世纪，格鲁吉亚受到波斯和土耳其的入侵，土耳其统治地位确立后，向格鲁吉亚大量移民，发展伊斯兰文化，在一定程度上冲击了基督教文化，但由于格鲁吉亚人民的顽强抵抗，基督教在格鲁吉亚得以保存。

 语言国情沿革与发展

早期格鲁吉亚的语言国情

格鲁吉亚语与其他卡特维拉语一样，出现于高加索伊拜瑞尔王国，是南高加索语言的一个分支。公元 4 世纪中叶，格鲁吉亚上层社会皈依基督教，宗教的发展促进了格鲁吉亚语书面文字的发展。格鲁吉亚语一直沿用其独特的字母体系，主要有 3 种并行存在的字母形式，分别是正圆体字体（Asomtavruli）、小草体字体（Nuskhuri）和骑士字体（Mkhedruli）。正圆体主要用于撰写圣徒传记和基督教书籍，一直使用到 9 世纪。小草体一直使用至 11 世纪，成为中世纪格鲁吉亚王国的书面语字体。10—12 世纪民间作品的创作促进了骑士字体的迅猛发展，该字母成为现代格鲁吉亚语的文字形式。

17 世纪 20 年代，格鲁吉亚文字首次铸造成字模，以格鲁吉亚语撰写的《格鲁吉亚语经文》的印刷出版标志着现代格鲁吉亚语的诞生。此后，格鲁吉亚语的字母没有发生太大的变化，仅在 18 世纪安顿国王一世统治时期增加了几个字母，19 世纪 60 年代，伊利亚·柴夫查韦斯的改革删除了 5 个字母。

公元 16—20 世纪格鲁吉亚的语言国情

公元 16—18 世纪的格鲁吉亚是伊朗和奥斯曼帝国的争夺对象，格鲁吉亚在很长时期内受到波斯文化的冲击，格鲁吉亚语中存在大量的波斯语词汇。1817 年，第一所俄国东正教学校在首都第比利斯开设，之后，哥里、捷拉维等地以及一些农村也开设了宗教中学，这些学校都使用俄语教学。到了 19 世纪末，在俄国沙皇统治之下，格鲁吉亚语失去国语的地位，并被禁止在学校教授和使用；为加强统治，俄国还规定格鲁吉亚教堂举行礼拜日或进行日常祈祷时，祈祷词要用俄语朗读。为了抵制俄国的民族同化政策，格鲁吉亚人通过民族语言的保护同统治阶级展开了一系列斗争，格鲁吉亚语在宗教和教育方面作为辅助语言被保留下来。

苏联时期，由于文学传统较为悠久，格鲁吉亚一直使用自己独特的字母符号。1921 年，格鲁吉亚宪法规定格鲁吉亚语为国语，同时宣布其他语言享有平等地位。1926—1927 年，格鲁吉亚有 359 所用其他民族语言教学的学校。20 世纪 30 年代到 50 年代，奥塞梯语很有影响力，格鲁吉亚开设了许多奥塞梯语学校。进入六七十年代，格鲁吉亚语既是教学语言，也作为一门课程开设，学习和使用格鲁吉亚语的人越来越多。从 20 世纪 80 年代开始，政府实施了一系列改革措施，关注格鲁吉亚的历史和语言。1988 年，已有三分之二的小学生在格鲁吉亚语学校就读。

独立后格鲁吉亚的语言国情

1991 年，格鲁吉亚独立以后，政府做了两方面的工作：一是保护少数民族语言权益，二是大力推广官方语言格鲁吉亚语。根据格鲁吉亚《普通教育法》，母语非格鲁吉亚语的公民有权利使用自己的母语接受初中教育。政府共资助 141 所亚美尼亚语学校、117 所阿塞拜疆语学校、151 所俄语学校、161 所双语学校和 6 所三语学校等。1988 年，25% 的学生能够在小学阶段接受少数民族语言（主要是奥塞梯语和阿布哈兹语）的教育。90 年代少数民族语言教育有所停滞，格鲁吉亚语成为大多数小学唯一的教学语言。2008 年，为了使每位格鲁吉亚公民都享有接受高等教育的机会，全国普通技能考试首次增加了阿扎瑞语和亚美尼亚语语种。该项语言教育政策的出台促进了这些少数民族儿童的母语教育，但在一定程度上不利于格鲁吉亚各民族的融合，妨碍了少数民族与政府的沟通以及接受高等教育和就业的机会。鉴于此，格鲁吉亚教育与科学部开始着手改革语言政策，以推行官方语言的教育。根据《普通教育法》第 4 条和第 7 条，所有格鲁吉亚公民都要学习格鲁吉亚官方语言；格鲁吉亚语成为学校教授语言、文学、历史、地理课程的教学语言。2010—2011 年，由于缺少格鲁吉亚语教师，全国仅有 40 所学校尝试用母语和格鲁吉亚语教授历史和地理课程，仍有 100 多所学校尚未开始实施该项改革举措，约有三分之一的课程还未使用格鲁吉亚语开设。

在外语使用方面，格鲁吉亚主张积极融入国际社会，不仅重视同阿塞拜疆、亚美尼亚、土耳其、乌克兰等周边国家发展友好关系，也主张改善对俄关系，与美国和欧盟则一直保持友好关系，因而，俄语、英语等在格鲁吉亚使用广泛。独立前，俄语曾是各加盟共和国的族际语；独立后，俄语使用仍然比较广泛，目前官方文件、报刊、广播、电视、电影以及商业广告、招牌等仍同时使用格鲁吉亚语和俄语。但是格鲁吉亚语学校的俄语教学时间及教学质量都有所降低，导致这些学校毕业生的俄语水平也随之下降。英语在格鲁吉亚发展很快。格鲁吉亚独立后，英美国家抢占先机进入格鲁吉亚，原来没有私立学校的格鲁吉亚陆续出现了美国学校和英国学校，英语的普及进程一直在加快，英语教师遍布格鲁吉亚。超过半数的私立学校由英美国家和格鲁吉亚合作办学，三分之一的私立学校聘请英语母语者教师授课。公立中学也从一年级开始学习英语。由于历史上波兰和格鲁吉亚的特殊关系，波兰语在格鲁吉亚的使用者也很多。波兰为格鲁吉亚中小学和大学提供交换学习的名额。格鲁吉亚也对波兰实行免签政策，提供语言学习、旅游和贸易的便利。由于和土耳其密切的地缘关系，土耳其语在格鲁吉亚也得到保护和发展，在靠近土耳其边境的南部城市巴统，许多人普遍使用土耳其语和本族语。

目前格鲁吉亚有各种各样的语言俱乐部，如英语俱乐部、法语俱乐部、俄语俱乐部、西班牙语俱乐部、荷兰语俱乐部、韩语俱乐部、波兰语俱乐部等。总之，进入 21 世纪以来，在巩固格鲁吉亚语官方语言地位的同时，格鲁吉亚境内的语言生活呈现出多元化的发展模式。

🤝 语言服务

中国尚未有高校开设格鲁吉亚语专业。

中国在格鲁吉亚设立的孔子学院有 1 所，为第比利斯自由大学孔子学院，合作单位为兰州大学。

格鲁吉亚开设中文系的高校有 1 所，为第比利斯自由大学，其前身第比利斯亚非国家学院于 1992 年就建立了中文系。另有 2 所高校开设汉语课程，分别为开放大学和国立大学。

小贴士

⊙ 首都

第比利斯，位于中东部，格鲁吉亚最大的城市，政治、经济、文化、教育中心，也是重要的交通枢纽。

⊙ 姓氏

格鲁吉亚姓氏主要来自父名，人名大多来自《圣经》人物和历史名人的名字，也有本民族特有的名字，还有很多人名来自其他国家或民族。父名构成的姓氏主要形式为父名＋后缀，表示"××的儿子"，但是各地表示"××的儿子"的后缀不尽相同，如东部地区为 -shvili/-შვილი，西部地区为 -dze/-ძე。

⊙ 自然与经济

格鲁吉亚地形复杂，以高原山地为主。北部为大高加索山脉，南部为小高加索山脉，中间为山间低地、平原和高原，西部沿海一带为平原。各地气候垂直变化显著，西部为湿润的亚热带海洋性气候，东部为干燥的亚热带性气候，年平均气温 15.8℃ 左右。自然资源比较贫乏，主要经济活动包括农产品种植(主要有葡萄、柑橘、榛子)，锰、铜、金矿开采以及酒精类和非酒精类饮料、金属、机械、化工产品的小规模生产。

⊙ 美食

格鲁吉亚人以面食为主，主食有小麦、玉米、马铃薯和姆恰迪（一种面食）等，副食有牛羊肉、奶制品、禽蛋、各种蔬菜和水果等。牛奶和面包是生活中的必需品。口味偏重，喜食甜、酸，传统菜肴有以火鸡为主料的萨齐维、水煮包子、烤肉、加奶酪馅儿烘烤的大饼——哈恰布里。喜饮红葡萄酒，格鲁吉亚是葡萄酒酿制工艺发祥地之一，"葡萄酒"这一名词就是由格鲁吉亚文译为拉丁语、英语、德语、法语、俄语的。

⊙ 节日

新年（1月1日）、圣诞节（信奉基督教和天主教的人按格里高利历12月25日过节，信奉东正教的人按朱利安历1月7日过节）、复活节（3—4月之间）、国庆日（5月26日）、圣乔治日（11月23日，圣乔治是罗马帝国时代生活在近东地区的基督徒，因杀死祸害当地人的毒龙而深受爱戴）等。

⊙ 名胜古迹

第比利斯 多温泉，是重要的矿泉疗养区。第比利斯东部附近的素罗拉克山麓，自南向北保存有17—19世纪的女修道院、18世纪的教堂等古代建筑。在山脊上，有残破的古代城堡和第二次世界大战后竖立的"格鲁吉亚母亲"雕像（象征格鲁吉亚反法西斯战争的伟大胜利，成为城市的象征）。沿山路北行，有建于公元4世纪的第比利斯古城堡废墟。

梅斯蒂亚 位于古老而又独特的斯瓦涅季的中心地区，是滑雪胜地，拥有全新的箱式电缆，可将滑雪者送往2350米的山峰，体验2600米长的红色滑道。

圣三一大教堂 位于第比利斯市伊利亚山上，建于1995—2004年，现在是格鲁吉亚东正教母堂，也是格鲁吉亚最高的教堂。大教堂建筑群包括院墙、钟楼、若干小礼拜堂等。

哈萨克斯坦国旗呈长方形，长宽比 2∶1。旗面为浅蓝色，代表天空，也象征康乐、和平、宁静；中间是一轮金色的太阳，放射出 32 道光芒，其下有一只展翅飞翔的雄鹰；左侧为垂直长条形金色哈萨克传统纹饰。

哈萨克斯坦 | The Republic of Kazakhstan

首都阿斯塔纳

哈萨克斯坦 KAZAKHSTAN

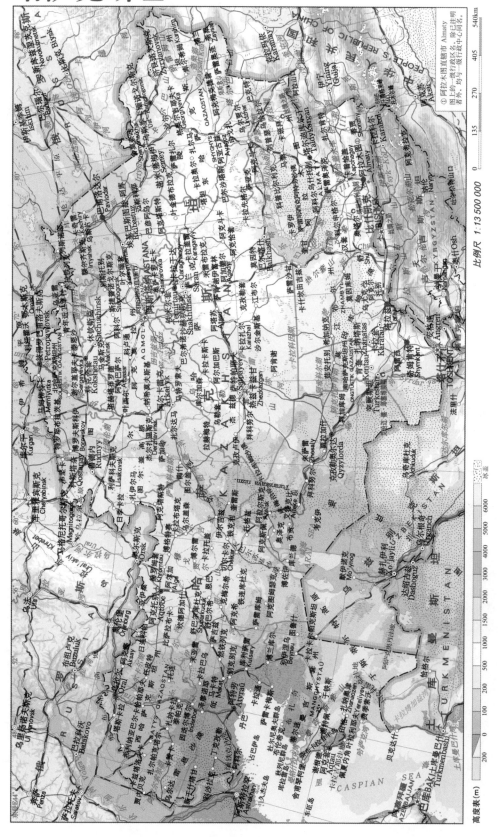

哈萨克斯坦，全称哈萨克斯坦共和国，位于亚洲中部，是世界上最大的内陆国。东邻中国，北接俄罗斯，西濒里海，南面毗连乌兹别克斯坦、土库曼斯坦、吉尔吉斯斯坦。国土面积 2 724 900 平方千米，人口约 1742 万。

语言

哈萨克斯坦是一个多语言国家，境内约有 120 余种语言。哈萨克语是哈萨克斯坦的国语，属阿尔泰语系突厥语族西匈语支克普恰克语组。在哈萨克斯坦，以哈萨克语为母语的人数占总人口的 64.4%。哈萨克语为黏着语，与它相近的亲属语言有维吾尔语、柯尔克孜语、塔塔尔语等。

哈萨克语有 9 个元音、24 个辅音，重音落在末尾音节。哈萨克语的基本语序是 SOV（主语 + 宾语 + 谓语），修饰成分一般在中心语之前。名词有格、数、领属等的变化；动词有肯定、否定、人称、数、时、态、式等的变化；形容词有级的变化。构词方式一般有两种，词干加后缀构成新词，或由两个单词合成新词。因畜牧业发达，哈萨克语中畜牧业方面的词汇较为丰富。在与波斯语、阿拉伯语、俄语、汉语以及蒙古语等语言的接触过程中，哈萨克语借入了不少外来词。

哈萨克语有两大方言组，即北部和西部方言组、南部方言组。两大方言组之间的差别较小，主要表现在语音和词汇方面。

在书写方面，历史上哈萨克语曾使用阿拉伯字母。1929 年后，采用拉丁化文字。1938 年起，改用西里尔字母。哈萨克文所使用的西里尔字母与俄文有所区别，共计 42 个，其中 9 个为哈萨克文所独有。

哈萨克语示例：

Биіл Әсет орта мектепті тауысып институтка түскен.

（今年艾赛提中学毕业进入大学。）

俄语是哈萨克斯坦的官方语言，大多数哈萨克斯坦人都会讲俄语。从这一意义上讲，哈萨克斯坦可以说是一个双语国家。俄语通常使用在商业往来、政府活动和族际交流中，但目前哈萨克语正逐渐取代俄语在这些场合中的使用。

哈萨克斯坦境内的语言还有维吾尔语、乌兹别克语、鞑靼语、德语、白俄罗斯语和乌克兰语等，使用人口都在 10 万以上；土耳其语、阿塞拜疆语、朝鲜语等，使用人口都超过 5 万；希腊语、东干语、印古什语、吉尔吉斯语、库尔德语、波兰语、塔吉克语、楚瓦什语、摩尔达维亚语等，使用人口都在 1 万以上；其他诸如卡尔梅克语、哈卡斯语、阿布哈兹语等，使用人口较少，只有几千甚至是几百人，有的处于消亡或即将消亡状态。

民族

哈萨克斯坦是一个多民族国家，境内约有 140 个民族。在哈萨克斯坦人口的民族构成中，哈萨克族占 63.6%，俄罗斯族占 23.3%，乌兹别克族占 2.9%，乌克兰族占 2%，维吾尔族占 1.4%，鞑靼族占 1.2%，德意志族占 1.1%，其他少数民族占 4.5%。在哈萨克斯坦，约有一半以上的人口信奉伊斯兰教（逊尼派），其余多信奉东正教、天主教和佛教。

哈萨克斯坦的许多民族都不是哈萨克斯坦的土著民族。如俄罗斯族，在 18 世纪初期，俄罗斯族伴随着沙俄在哈萨克草原的侵略扩张，来到了哈萨克斯坦，苏联时期，俄罗斯族又有 3 次大规模的迁入；又如朝鲜族、鞑靼族和德意志族，这 3 个民族的经历相似，都是第二次世界大战时期，被当时政府以"通敌"的罪名，分别从远东地区、克里米亚地区和伏尔加河地区强制迁至哈萨克斯坦的。

1992 年 1 月，哈萨克斯坦独立后的第一部宪法规定："作为一个国家体系的哈萨克斯坦是自决的哈萨克民族国家，她保证所有公民享有平等的权利。""哈萨克斯坦是哈萨克人的国家"这种提法虽然增强了哈萨克族的民族自豪感，但也促使了哈萨克族的大民族主义的滋生，同时伤害到其他各民族的感情，忽视了他们的政治利益，进而不利于民族团结和国家发展。当时有些专家预言：哈萨克斯坦将发生严重的民族冲突，国家有可能分裂。后来，哈萨克斯坦的领导人认识到这一严重问题，在 1995 年宪法中取消了这一说法，改为"哈萨克斯坦是全体哈萨克斯坦人的国家"，使得民族和睦得到保证。这也是哈萨克斯坦独立以来，政治、经济不断发展的重要原因。

语言国情沿革与发展

独立前哈萨克斯坦的语言国情

早在青铜器时代，哈萨克斯坦地区就已有哈萨克人的远亲突厥塞种人、乌孙人和阿兰人等居住。14 世纪时，伊斯兰教开始在伏尔加河下游广泛传播，使得始建于 13 世纪的金帐汗（又译钦察汗）国的突厥人伊斯兰化获得成功，至此，中亚地区的四大汗国与元帝国（信奉佛教）分道扬镳。15 世纪中叶，一部分原属于金帐汗国、月即别汗（又译乌兹别克汗）国的部分突厥人脱离其统治，逐步形成了哈萨克民族及哈萨克语（属突厥语族），并建立了哈萨克汗国。18 世纪时，部分哈萨克部落进入中国新疆北部地区居住和放牧，形成中国的哈萨克族。19 世纪，哈萨克汗国逐渐被俄罗斯吞并。由于宗教和地缘的原因，历史上，哈萨克族曾长期使用突厥、回鹘等民族的语言和文字。15 世纪后，哈萨克人逐渐使用哈萨克语，采用的文字是以阿拉伯字母为基础的拼音文字，这种情况一直持续到 20 世纪 20 年代。

18 世纪起，俄罗斯人开始在哈萨克地区开展商贸活动，俄罗斯族和哈萨克族之间的交流日趋频繁。在与俄罗斯人交往的过程中，部分哈萨克人学会了俄语。另外，俄罗斯人在进入哈萨克地区后，还建立了一些现代化的学校，不少哈萨克人将孩子送到这些学校，学习现代知识。这些学校都是采用俄语授课，这无疑加快了俄语的传播速度、增加了俄语的使用人数。这一时期哈、俄文化上的交流，为后来哈萨克斯坦产生的双语现象奠定了基础。

十月革命后，列宁提出坚持"民族平等和语言平等"的原则，大力倡导国家事务要实行民主化，严格防止并坚决避免俄罗斯至上的倾向；反对把俄语当作国语在全国范围内强制推行。苏俄时期，列宁的这一语言平等原则成为苏联语言政策的基础，在一定程度上保证了哈萨克语的地位和独立性。

20 世纪 30 年代起，苏联的语言政策发生了根本性变化。斯大林强调俄语的重要性，要求所有学校的学生都必须学习俄语，并对哈萨克语中的外来词语严加限制，规定外来词语只能是俄语词。境内俄语学校的数量迅速增长，少数民族语言的学习被限制。1929 年，哈萨克人开始使用拉丁字母，代替了原来的阿拉伯字母。在 20 世纪 30 年代末期，哈萨克文由拉丁字母拼写改用西里尔字母拼写。这种改变一是可以促进俄语的学习和推广，二是可以防止境内突厥语群体与阿拉伯国家以及土耳其有过密的联系。这一时期的语言规划是苏联政府建立新的认同以及政治一体化的手段。

1958 年的苏联教育法规定，父母有权为自己的子女选择接受教育的语言。然而，由于俄语在这一时期作为苏联的族际共同语已经被接受并大范围使用，虽然苏联政府未把俄语规定为国语，但无论是在赫鲁晓夫时期，还是勃列日涅夫时期，苏联都坚持贯彻推行俄语的政策，这无疑抑制了其他民族语言的使用与发展。20 世纪 70 年代，苏联官方曾宣称，虽然国内民族众多，但已经形成了一个新的族际共同体，即苏联人民，而俄语自然而然地成为全体苏联人民的族际交际语，俄语的社会功能不断扩大。这对中亚地区的语言发展造成巨大影响，哈萨克斯坦被俄语同化的局面也不可逆转。在国家语言政策影响下，哈萨克斯坦境内的非俄罗斯族中掌握俄语的人数不断增加，俄语的使用范围甚至超过了本土语言哈萨克语。

独立后哈萨克斯坦的语言国情

1991 年苏联解体，中亚各国获得独立。独立后的各国在构建自己的国家时，都强调发展自己主体民族的语言，在这种情况下，哈萨克斯坦的语言状况也产生了一系列变化。虽然哈萨克斯坦政府很快就把哈萨克语当作哈萨克斯坦的官方语言，但哈萨克斯坦政府仍然承认，俄语是"最广泛使用的语言，也是民族间沟通的语言"。

哈萨克语在复兴哈萨克文化的进程中扮演着举足轻重的作用。作为以哈萨克民族为主体的国家，哈萨克斯坦的哈萨克语目前使用状况堪忧，纳扎尔巴耶夫总统甚至担心哈萨克语已沦为"厨房"用语。独立初期，在哈萨克斯坦，能够流利地使用俄语的人占总人口的 73.6%（其中包括哈萨克人的 62.8%），非哈萨克族居民中熟练掌握哈萨克语的人仅占总人口的 0.9%，而哈萨克族约有三分之一的人不会或基本不会使用自己的母语，在全国总人口中，能流利使用哈萨克语的人不超过 30%。

在中亚五国中，哈萨克斯坦是俄罗斯化程度最高的国家。为了与俄罗斯保持一定的距离，哈萨克斯坦开展大规模的去俄罗斯化运动。最有效的办法就是复兴哈萨克民族，增强民族的独立意识。其次是大力发展哈萨克民族

文化，压缩俄罗斯文化的发展空间，最大限度地降低俄罗斯文化的影响。哈萨克斯坦宪法还做出规定，参选总统的必要条件之一是熟练掌握哈萨克语。

为了适应全球化的趋势，当今的哈萨克斯坦也积极开展外语教学。以日语为例，2009 年 8 月，哈萨克斯坦特·雷斯库洛夫经济大学与日本驻哈萨克斯坦大使馆签署了关于成立哈萨克斯坦日语中心的议定书。该中心的宗旨是促进哈萨克斯坦人力资源市场的经济化。中心还提供有日语、英语和俄语界面的互联网接入的上网区等。

🤝 语言服务

中国开设哈萨克语专业的高校有 5 所，分别为北京外国语大学、中央民族大学、解放军外国语学院、新疆大学和伊犁师范学院。

中国在哈萨克斯坦开设的孔子学院有 4 所，分别为哈萨克斯坦国立民族大学孔子学院、哈萨克斯坦欧亚大学孔子学院、哈萨克阿克托别朱巴诺夫国立大学孔子学院和卡拉干达国立技术大学孔子学院，合作单位分别是兰州大学、西安外国语大学、新疆财经大学和石河子大学。

哈萨克斯坦开设中文系或中文专业的高校有 3 所，分别为哈萨克斯坦国立民族大学、哈萨克斯坦国立欧亚大学和哈萨克斯坦国际关系与世界语大学。哈萨克斯坦国立民族大学在 20 多年前就开设了汉语教学课程，是哈萨克斯坦最早开展汉语教学的高校。此外，阿拉木图外国语与职业大学等多所高校也开设了汉语课程。

小贴士

⊙首都

阿斯塔纳，位于哈萨克斯坦中心略偏北，距原首都阿拉木图约1300千米，被伊希姆河绕城而过，是哈萨克斯坦工农业的主要生产基地、全国铁路的交通枢纽。阿斯塔纳气候舒适，环境优美，城市规模不断扩大。

⊙姓氏

哈萨克人有名字，但可以没有姓氏。有的哈萨克人姓名后面有一个后缀，如"耶夫""耶娃"，这是苏联时期的遗留，现在有不少哈萨克人都已去掉这个后缀。一般哈萨克人名字的写法是"本名·父名·祖父名"，但用什么姓氏很自由。有的人用父亲的名字当姓氏，有的人用爷爷的名字，有的人用太爷爷的名字，甚至还有人用哥哥的名字作为姓氏。

⊙自然与经济

哈萨克斯坦境内多为低地和平原。地势的主要特点是西低东高。西南部属图兰低地和里海沿岸低地。中、东部属哈萨克丘陵，东缘多山地。山脉主要有阿尔泰山、外伊犁阿拉套山、塔尔巴哈台山、准噶尔阿拉套山、天山等。哈萨克斯坦属大陆性气候，1月平均气温-19—-4℃，7月平均气温19—26℃。哈萨克斯坦经济以石油、天然气、采矿和农牧业为主，轻工业和加工工业相对落后，大部分日用消费品依靠进口。哈萨克斯坦地广人稀，全国可耕地面积在2000万公顷以上，每年农作物播种面积在1600—1800万公顷之间。主要农作物有小麦、大麦、燕麦、黑麦和玉米。

⊙美食

哈萨克人主要食物由肉、奶、面食和蔬菜等构成。哈萨克人的传统食品是羊肉、羊奶、马奶及其制品，较流行的菜肴是手抓羊肉。在哈萨克语中，手抓羊肉名为"别什巴尔马克"，意思是"五指"，即用手来抓着吃。在严冬时节，许多住在北方严寒地区的人们食马肉抗寒，马肠肉是哈萨克斯坦的一道美食。

⊙节日

新年（1月1日）、纳乌鲁斯节（3月21日，哈萨克斯坦的新年）、宪法日（8月30日，纪念哈萨克斯坦于1995年8月30日通过宪法）、共和国日（10月25日）、独立日（12月16日）、开斋节（伊斯兰教历10月1日，伊斯兰教历每年的第9个月为斋月，第10个月的第1日到第3日是教徒们的开斋节）、古尔邦节（伊斯兰教历12月10日，每年的这一天穆斯林们便为真主安拉宰牲献祭，又称宰牲节）等。

⊙名胜古迹

奇姆布拉克高山滑雪基地　1972年建成，1975年曾荣获苏联国家奖金。该滑雪基地的滑冰场面积为10 500平方米，冰厚达2.3米，基本上可以全年使用，有"创造纪录的摇篮"和"世界上最出色的滑冰场"的美誉。

科克托别电视塔　位于阿拉木图市南部的科克托别山坡上。电视塔旁有观景台，站在台上，可以俯瞰整个阿拉木图的市景。

独立纪念碑　位于阿拉木图市中心的独立广场中央，萨特巴耶夫大街和巴伊塞托夫街的交汇点，碑高28米，于1999年竣工，是在哈萨克斯坦总统纳扎尔巴耶夫倡议和支持下建成的。

黑山国旗呈长方形，长宽比 2∶1。旗面为红色，四周镶有金边，中央为"双头鹰"，鹰胸前的金狮是黑山古王朝的象征。

黑山 | Montenegro

科托尔湾

黑山 MONTENEGRO

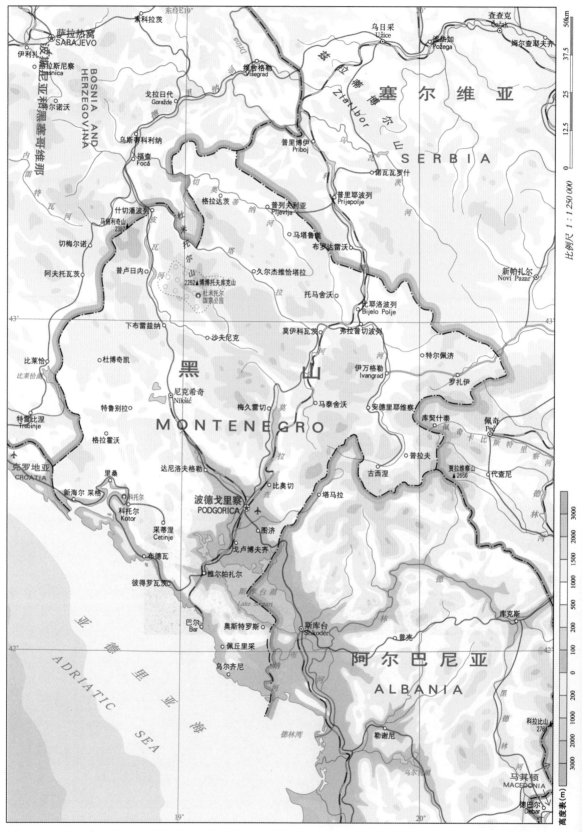

比例尺 1:1 250 000

50km
37.5
25
12.5
0

萨拉热窝
SARAJEVO

索科拉茨

东经E19°

乌日采
Užice

波热加
Požega

查查克
Čačak

姆尔查耶夫齐

伊利扎

蒂斯利尼察
Bosnica

维舍格勒
Višegrad

塞 尔 维 亚
SERBIA

尔诺沃

波斯尼亚和黑塞哥维那
BOSNIA AND HERZEGOVINA

戈拉日代
Goražde

兹拉博尔山
Zlatibor

内雷特瓦河

乌斯蒂科利纳

普里博伊
Priboj

福查
Foča

格拉达茨

什切潘波列
马格利奇山
2387

普列夫利亚
Pljevlja

普里耶波列
Prijepolje

诺瓦瓦罗什

切梅尔诺

塔拉河

马塔鲁舍
布罗达雷沃

新帕扎尔
Novi Pazar

阿夫托瓦茨

普卢日内

2252▲博博托夫库克山
杜米托尔
国家公园

久尔杰维恰塔拉

托马舍沃

尤耶洛普波列
Bijelo Polje

43°

下布雷兹纳

沙夫尼克

莫伊科瓦茨

弗拉普切波列

43°

比莱恰
比莱恰湖

杜博奇凯

特尔佩济

伊万格勒
Ivangrad

罗扎伊

特雷比涅
Trebinje

特鲁别拉

尼克希奇
Nikšić

梅久雷切

马泰舍沃

安德里耶维察

库契什泰

佩奇
Peć

格拉霍沃

黑   山

MONTENEGRO

莫拉

拉查河

普拉夫

古西涅

贾拉维察山
▲2656

代查尼

克罗地亚
CROATIA

里桑

达尼洛夫格勒

比奥切

塔马拉

新海尔采格

科托尔
Kotor

波德戈里察
PODGORICA

图济

戈卢博夫齐

采蒂涅
Cetinje

布德瓦

维尔帕扎尔

彼得罗瓦茨

斯库台湖
Lake Scutari

德里姆河

阿尔巴尼亚
ALBANIA

巴尔
Bar

奥斯特罗斯

斯库台
Shkodër

普卡

库克斯

佩丘里采

乌尔齐尼

42°

42°

科拉比山
2764

德林湾

勒谢尼

马其顿
MACEDONIA

乌尔济湖

德巴尔
Dibar

19°

20°

3000
2000
1500
1000
500
200
100
0
200
1000
2000
3000

高度表(m)

ADRIATIC SEA
亚 得 里 亚 海

黑山，位于欧洲南部巴尔干半岛中北部，东北与塞尔维亚相连，东与科索沃接壤，东南与阿尔巴尼亚为邻，西北连接波黑以及克罗地亚，西南部地区濒临亚得里亚海。国土面积13 800平方千米，人口约62万。

🌐 语言

黑山的官方语言为黑山语，亦称蒙特内哥罗语。同黑山语相比，塞尔维亚语在黑山境内使用者更多，并且通行于塞尔维亚、波黑、黑山、克罗地亚等国。这两种语言的使用者加起来约占黑山全国人口总数的81%。其中，约23万人的母语是黑山语，约27万人的母语是塞尔维亚语。

黑山语属印欧语系斯拉夫语族南斯拉夫语支，与塞尔维亚语、克罗地亚语、波斯尼亚语非常接近。黑山语采用拉丁字母和西里尔字母两种书写系统。

黑山语（拉丁字母）示例：

Od kada ona ne radi više? Od njene udaje?

Da, ona ne radi više od kada se udala.

（从什么时候起她不工作了？自从她结婚以后吗？

是啊，自从她结婚以后就不再工作了。）

除黑山语和塞尔维亚语以外，黑山境内目前还存在其他20多种语言。2011年人口普查资料表明，全国人口中5.33%的人讲波斯尼亚语，5.27%的人讲阿尔巴尼亚语，2.03%的人讲塞尔维亚－克罗地亚语。其他人口所说的语言包括罗马语（0.83%）、波什尼亚克语（0.59%）、克罗地亚语（0.45%）、俄语、塞尔维亚－黑山语、马其顿语、黑山－塞尔维亚语、匈牙利语、克罗地亚－塞尔维亚语、英语、德语、斯洛文尼亚语和罗马尼亚语等。

民族

2011年的统计资料显示，黑山境内有20多个民族，其中主要民族有黑山族、塞尔维亚族、波什尼亚克族、阿尔巴尼亚族和穆斯林族，约占总人口的90.5%，其他民族占总人口的9.5%。黑山族的人口数量接近28万，约占全国总人口的45%。塞尔维亚族的人口数量接近18万，约占全国人口的29%。人口数量介于1万到10万之间的有波什尼亚克族、阿尔巴尼亚族和穆斯林民族，分别占全国人口数量的8.6%、4.9%和3.3%。人口数量介于1000到10 000之间的有克罗地亚人、罗马人、塞尔维亚－黑山人、埃及人、黑山－塞尔维亚人和南斯拉夫人。俄罗斯人、马其顿人、波斯利亚人、斯洛文尼亚人、匈牙利人、穆斯林－黑山人、戈拉尼人、穆斯林－波什尼亚克人、波什尼亚克－穆斯林人、黑山－穆斯林人、意大利人、德国人及土耳其人的人口数量不足1000人。黑山境内还有1000多名土著人和30 000多名未申报民族身份的人。

黑山共和国境内大多数人信奉东正教，是否信奉东正教也是黑山族和塞尔维亚族民族身份的重要标志。阿尔巴尼亚族和沿海地区的克罗地亚族信奉天主教，而东部地区的穆斯林族信奉伊斯兰教。黑山境内的穆斯林人包括阿尔巴尼亚人、波什尼亚克人等。其中阿尔巴尼亚族主要居住在东南部地区，波什尼亚克族主要居住在北部地区。

巴尔干地区的长期动荡使得黑山境内的民族成分日益复杂。来自塞尔维亚、黑塞哥维那等地的难民和阿尔巴尼亚人不断加入黑山人的行列。而闭塞的地理环境、连绵不断的战争和军事化的生活严重阻碍了黑山的社会经济发展，也使黑山人能够长期保留古老的宗法部落制度。

语言国情沿革与发展

彻底独立前黑山的语言国情

公元 6 世纪末和 7 世纪初，部分斯拉夫人移民至巴尔干半岛，与当地伊利里亚人融合。公元 9 世纪他们在黑山地区建立了杜克利亚王国，后归顺拜占庭帝国。1042 年，杜克利亚王国独立，之后改称泽塔国。公元 12 世纪末，泽塔被并入塞尔维亚，成为塞尔维亚的一个行政省。公元 15 世纪，奥斯曼帝国占领了现今波德戈里察及其以北地区，泽塔国沦陷。1878 年，黑山得以摆脱奥斯曼帝国的统治，成为独立国家。1918 年起，黑山再次被并入塞尔维亚，加入塞尔维亚－克罗地亚－斯洛文尼亚王国，即后来的南斯拉夫王国。1941 年，遭受德、意法西斯入侵。

在这段漫长的历史时期内，黑山人使用的是塞尔维亚语。期间，由于受到强国的外来统治，大量外来语出现在黑山人的语言生活中，意大利语、土耳其语、德语等都曾在黑山地区的不同历史时期兴盛过。

公元 1054 年，随着基督教分裂为天主教和东正教，信奉东正教的黑山人开始使用西里尔字母，信奉天主教的黑山人使用拉丁字母。

1945 年第二次世界大战结束后，南斯拉夫联邦人民共和国成立，将塞尔维亚－克罗地亚语作为联邦的官方语言。1963 年，国家更名为南斯拉夫社会主义联邦共和国，加盟南斯拉夫社会主义联邦共和国的黑山共和国通过宪法，也将塞尔维亚－克罗地亚语定为共和国的官方语言。从第二次世界大战结束到南斯拉夫社会主义联邦共和国解体之前的近 50 年时间里，黑山的官方语言一直都是塞尔维亚－克罗地亚语。

1991 年人口普查资料显示，82.97% 的黑山境内居民称自己的母语是国家官方语言塞尔维亚－克罗地亚语。1981 年人口普查相关数据也证实了塞尔维亚－克罗地亚语在黑山的国语地位。早在 20 世纪 60 年代的第一次南斯拉夫社会主义联邦共和国的人口普查中，绝大多数黑山居民将塞尔维亚语登记为自己的母语。塞尔维亚语、塞尔维亚－克罗地亚语基本上是同一种语言的不同名称。

彻底独立后黑山的语言国情

1991—1992 年，克罗地亚、斯洛文尼亚、波黑、马其顿四个南斯拉夫的加盟共和国相继宣布独立，黑山和塞尔维亚成为南斯拉夫仅存的两个加盟共和国，1992 年南斯拉夫更名为南斯拉夫联盟共和国（简称南联盟），1993 年又更名为塞尔维亚和黑山（简称塞黑）。南斯拉夫社会主义联邦共和国解体之后，黑山语、塞尔维亚语、克罗地亚语和波斯尼亚语纷纷"闹独立"，要求从塞尔维亚－克罗地亚语中脱离出来。2004 年，黑山社会主义民主党首次提出黑山语应作为一个独立语言而存在。

21 世纪初，黑山独立运动蓬勃开展，并最终于 2006 年通过公投宣告独立。独立后的黑山人开始关注如何将黑山方言变体从塞尔维亚语中脱离出来。2007 年 10 月 19 日，黑山共和国议会通过黑山独立后的第一部宪法，新宪法规定黑山语是黑山共和国的官方语言，而非塞尔维亚语；波什尼亚克语、克罗地亚语、塞尔维亚语和阿尔巴尼亚语均为官方使用语言，因为这些民族的人口均已达到全国总人口的 1%。根据该宪法，所有媒体有义务使用少数民族语言播报新闻和文化类、教育类、体育类及娱乐类节目，少数民族享有使用本民族语言接受普通教育和职业教育的权利。

在黑山知识精英和一些政党的共同努力之下，黑山语的地位逐渐提高。黑山独立之初，大部分人声称塞尔维亚语是他们的母语，仅有 37% 的人认为自己的母语为黑山语，18 岁以下人群的大部分将黑山语视为母语。值得注意的是，以黑山语为母语的人不仅仅是黑山族人，也包括黑山境内其他族群的人。不过，此时黑山语的标准还在酝酿当中。2008年1月，黑山政府成立了黑山语言法规编委会，力图根据国际标准实现黑山语的标准化。该编委会制定各种文件来指导学校的教育教学活动。

2009年7月10日，第一部黑山语正字法正式颁布。该正字法提出，应采用塞尔维亚－克罗地亚语的字母表，并在它的基础上增加ś和ź这两个字母，用以替代二合字母sj和zj。该提案没有得到黑山教育部的支持。迄今为止，只有黑山共和国议会的网站上采用了字母ś和ź。2010年6月21日，编委会推出了第一部黑山语语法读本。2014年，针对1001名黑山居民开展的一项民调显示，41.4%的人称自己的母语是黑山语，39.1%的人称自己的母语是塞尔维亚语，3.9%的人称自己的母语是塞尔维亚－克罗地亚语，1.9%的人称自己的母语是波斯尼亚语，1.7%的人称自己的母语是克罗地亚语。但有12.3%的人认为塞尔维亚语、黑山语、波斯尼亚语、克罗地亚语以及塞尔维亚－克罗地亚语其实是同一种语言。

黑山语其实就是塞尔维亚语，稍有一些变化而已，黑山语与塞尔维亚语、塞尔维亚－克罗地亚语、波斯尼亚语等都很接近。历史上，黑山人一直使用塞尔维亚语，后又称塞尔维亚－克罗地亚语，独立后的黑山共和国又将官方语言定为黑山语，反对者认为说了几百年的话突然就换了名称，觉得难以接受。欧盟对这些独立的新国家不断确立自己的独立官方语言（且许多没有什么差别，或差别很小）也略感压力，这些语言给欧盟的翻译工作增加了不少困难，但这已成为欧洲新的语言生态，只好接受。

黑山在历史上曾遭受过一些强国的统治，黑山地区曾使用过意大利语、土耳其语、德语等，第二次世界大战后，也使用过俄语，外来语因而大量出现在黑山人的语言生活中，特别是涉及政治、外交、军事、贸易、文化、科技等领域的，在黑山语中既用外来词，也用本族词，两者并存。外来词源自不止一种外语。英语目前已成为黑山主要的外语，普及程度很高。

🤝 语言服务

中国尚未有高校开设黑山语专业。不过黑山语与塞尔维亚语、克罗地亚语非常接近，中国开设塞尔维亚语的高校有1所，为北京外国语大学，开设克罗地亚语的高校有1所，同样为北京外国语大学。

中国在黑山设立的孔子学院有1所，为黑山大学孔子学院，合作单位为长沙理工大学。

黑山尚未有高校开设中文系或中文专业。

小贴士

⊙首都

波德戈里察，黑山第一大城市，全国政治、经济和文化中心，位于黑山东南部斯库台盆地莫拉查河畔，靠近斯库台湖，面积1399平方千米，全城面积的七分之一是公园和游乐设施。

⊙姓氏

黑山人的人名结构是名在前，姓在后。姓氏来源包括父母或祖先的名字、职业职务、工具器物等。常见的姓氏有"乔瓦诺维奇、佩特诺维奇、尼克利奇、马克维奇、霍瓦特、科瓦切维奇、巴比奇"等。

⊙自然与经济

黑山境内主要是山脉、丘陵，西南部主要为喀斯特地貌，东部地区比较富饶，有大片森林和草地。只有沿海地区为狭长的平原地区。黑山的气候主要为温带大陆性气候，沿海地区为地中海气候。年平均气温 13.5℃，谷地气候温和，但较高的地区气候恶劣。全年都有降水，其中秋季降水集中。服务业是黑山的主要经济支柱，工业以铝材、钢铁等制造业和农产品加工业为主，但基础较为薄弱。大量的工业产品、农产品、能源及日用消费品依赖进口。

⊙美食

黑山有丰富的海产，当地人烹制的鱼、虾、蟹和海鲜汤均十分美味。主食往往以烧烤为主。黑山最著名的小吃为布列克，几乎任何时候都能吃到。布列克类似饼派，馅儿料可以是奶酪、肉末或蘑菇等。

⊙节日

新年（1月1日）、东正教圣诞节（1月7日）、复活节（3—4月之间）、国际劳动节（5月1日）、二战胜利日（5月9日）、独立日（5月21日）、国庆节（7月13日）等。

⊙名胜古迹

杜米托尔国家公园　由冰川和河流切割出来的自然公园。公园内有欧洲最著名的塔拉河峡谷，距离塔拉河 82 千米，是欧洲最深的峡谷，平均深度约 1300 米。塔拉河峡谷的黑松林是欧洲最后几处原始黑松林之一，覆盖山坡的森林中有大量珍禽异兽。1980 年，杜米托尔国家公园作为自然遗产入选联合国教科文组织《世界遗产名录》。

科托尔和科托尔老城　科托尔是亚得里亚海沿岸保存中世纪古城原貌最完整的城市之一，科托尔老城中有建于 1166 年的圣特里芬大教堂和长达 4500 米的古城墙。1979 年，科托尔的自然和文化历史区作为文化遗产入选联合国教科文组织《世界遗产名录》。

奥斯特罗格教堂　建于 17 世纪，是东正教的圣地。教堂由山脚和山腰两处建筑组成，号称是山洞中的教堂，保留了大量的精美壁画以及奥斯特罗格的圣体和遗物。

布德瓦老城　拥有长达 11 310 米的沙滩以及地中海式的建筑物，是黑山境内最受欢迎的旅游目的地。

吉尔吉斯斯坦国旗呈长方形，长宽比 5 : 3。旗面为红色，一轮放射 40 道光芒的金色太阳悬于旗面中央，太阳中间为每组三条、互相交叉的两组线条。两组线条组成的图案来自当地传统民居毡房的房顶，象征祖国与天地；旗面的红色象征胜利；太阳象征生命永恒，四十道光芒代表四十个部落。

首都比什凯克阿拉套广场

吉尔吉斯斯坦

The Kyrgyz Republic

吉尔吉斯斯坦　KYRGYZSTAN

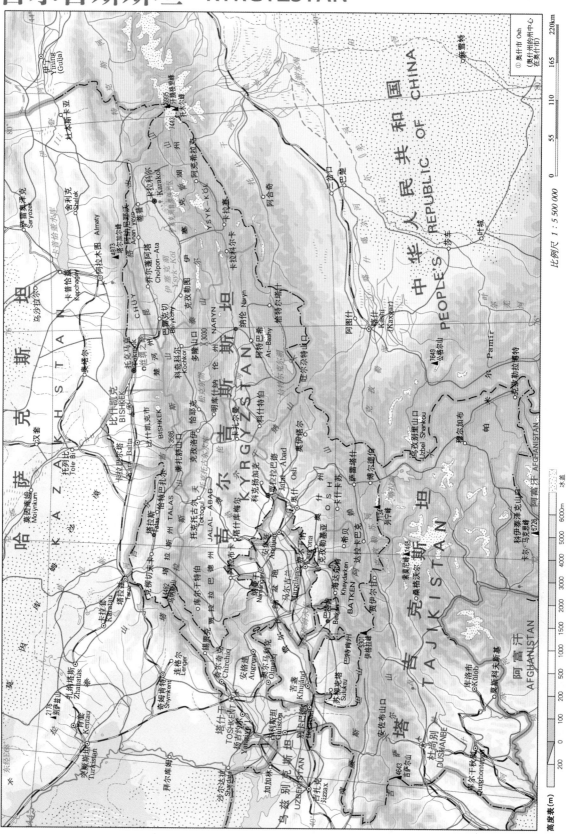

① 奥什市 Osh
（奥什州的州中心）
在奥什市）

比例尺 1 : 5 500 000

0　　55　　110　　165　　220km

高度表 (m)

200　0　100　200　500　1000　1500　2000　3000　4000　5000　6000m　　冰盖

吉尔吉斯斯坦，全称吉尔吉斯共和国，是位于中亚东北部的内陆国家，北邻哈萨克斯坦，南接塔吉克斯坦，西南毗邻乌兹别克斯坦，东南及东面与中国接壤，是连接欧亚大陆和中东的枢纽。国土面积 198 500 平方千米，人口约 566 万。

语言

吉尔吉斯斯坦是一个多民族的国家，因而语言状况也比较复杂。吉尔吉斯斯坦的国语为吉尔吉斯语（中国称为"柯尔克孜语"），使用人口为 383 万（2009 年人口普查），世界上使用该语言的总人口约 680 万。吉尔吉斯斯坦的官方语言为俄语，使用人口约有 48.2 万人。吉尔吉斯语有两大方言，分别为吉尔吉斯斯坦北部用语和吉尔吉斯斯坦南部用语，标准语以北部方言为基础。

吉尔吉斯语属于阿尔泰语系突厥语族西北语支。在语音方面，吉尔吉斯语中有 14 个元音，其中包括 8 个短元音和 6 个长元音；辅音有 24 个。单词的重音落在最后一个音节上。

吉尔吉斯语中的不少词汇与突厥语族的其他语言同源，也有一些词汇为其所独有。受民族习惯和经济结构等因素的影响，吉尔吉斯语中富含畜牧业的词汇。在长期的对外文化交流过程中，吉尔吉斯语从波斯语、阿拉伯语、蒙古语、汉语、俄语等语言中借用了一些外来词。

在词法方面，吉尔吉斯语具有大多数突厥语所固有的一些特征。通常认为，吉尔吉斯语共有九大词类，附加成分繁多，而且各有较多的变体，动词有态、式、时、数、人称、形动词、副动词，名词有数、格、领属人称和谓语性人称，形容词有级等语法范畴。

历史上，吉尔吉斯文曾使用过突厥印尼文和察合台文，后来又以阿拉伯字母来拼写自己的语言。1928 年，在苏联的主导下，进行拉丁化文字改革。1941 年后，采用西里尔字母，并沿用至今。现行的吉尔吉斯文共 36 个字母。

吉尔吉斯语示例：

"Навруз" фарс тилинен кыргызча которгондо "жаңы күн" дегенди билдирет.

（"纳乌鲁斯"一词借自波斯语，其义为"新的一天"。）

除了吉尔吉斯语和俄语，吉尔吉斯斯坦境内的语言还有东干语、塔吉克语、哈萨克语和乌兹别克语等。

民族

吉尔吉斯斯坦有 90 多个民族。吉尔吉斯族是吉尔吉斯斯坦的主要民族，吉尔吉斯斯坦总人口中，近 387 万人为吉尔吉斯族，约占总人口的 68.4%；其次是乌兹别克族，占 14.3%，主要集中在国家南部；俄罗斯族占 9.5%，主要居住在北部。除此之外，吉尔吉斯斯坦境内还生活着塔吉克、哈萨克、土库曼、鞑靼、乌克兰、土耳其、犹太、东干、维吾尔、朝鲜、德意志、白俄罗斯、阿塞拜疆、亚美尼亚、摩尔多瓦、格鲁吉亚、立陶宛、爱沙尼亚、拉脱维亚和车臣等民族。

吉尔吉斯斯坦众多的民族中，吉尔吉斯族、哈萨克族、乌兹别克族和塔吉克族世代居住在中亚，他们大多数信奉伊斯兰教。其他民族则大多是由外地迁移至此的外来民族。多民族的格局促进了国家的繁荣进步，在一定程度上也带来了民族矛盾和冲突的隐患。

语言国情沿革与发展

总体而言，沙俄时期，政府强制被征服民族学习俄语，在当时的吉尔吉斯斯坦，吉尔吉斯语的地位非常低下。苏联时期大力推广俄语，吉尔吉斯语的使用发展受到较大的限制。独立后，吉尔吉斯语地位有所上升，但俄语依然占据非常重要的位置。

独立前吉尔吉斯斯坦的语言国情

俄国时期，吉尔吉斯斯坦大多数居民是文盲，识字率仅为3%，当时主要通过附属于清真寺的经文学校开展教学活动。教科书基本上用难以识写的阿拉伯文、波斯文编写。学校全部按照俄国教育制度进行运作，采取俄语和当地民族语两种语言进行教学。俄国在中亚创办俄罗斯学校，一方面在中亚地区普及了俄语，另一方面也无可否认地对中亚居民的生活方式、风俗习惯和宗教信仰起到了"俄罗斯化"的作用。

十月革命后，苏维埃政府在全国范围内进行大规模扫盲工作，努力发展正规教育，提高全体居民的科学文化水平。为发展少数民族的语言，政府于1924年对吉尔吉斯斯坦的文字进行改革，正式颁布了基于阿拉伯字母的吉尔吉斯文字表。1928年，政府公布了以拉丁字母为基础的新文字，1941年起，又规定吉尔吉斯语的书面符号用西里尔字母。

自1938年起，官方强制规定俄语为学校的必修课程，这为俄语在吉尔吉斯斯坦的广泛使用提供了制度保障。苏联时期，懂俄语的人在求学、就业等方面都占有绝对的优势，因此，在吉尔吉斯斯坦地区，学习俄语的人不断增加。

20世纪80年代末90年代初，随着吉尔吉斯斯坦民族独立运动兴起，吉尔吉斯语被赋予"国语"地位。1989年9月23日，吉尔吉斯斯坦通过了《关于吉尔吉斯苏维埃社会主义共和国国语法》，该法明确规定，吉尔吉斯语为吉尔吉斯斯坦的国语，自此，吉尔吉斯语在国家政治、经济、科技、教育、文化以及共和国公民的交际等方面起到了至关重要的作用。

独立后吉尔吉斯斯坦的语言国情

1991年8月31日，吉尔吉斯斯坦发表《独立宣言》，宣布独立。吉尔吉斯民族按照自己的思维模式建立了自己的国家，要求复兴和发展长期被压制的民族语言、民族历史和文化。1993年《吉尔吉斯斯坦宪法》更加明确了吉尔吉斯民族的优势地位，吉尔吉斯语作为国语逐渐被广泛使用。

尽管1993年的宪法也允许各民族使用包括俄语在内的本民族语言进行教学，学生们在学校可自愿选择所学语种，但独立之初，为了复兴吉尔吉斯斯坦语言文化，吉尔吉斯斯坦政府在政策上对非主体民族采取排斥态度，这使得其国内族际关系有恶化的趋势。政府大力推行吉尔吉斯语，引起了俄罗斯族等俄语使用者的不满，他们对推行国语——吉尔吉斯语持消极态度，主张提高俄语的地位。面对民众压力，加上对外交流的需要，吉尔吉斯斯坦政府不得不调整语言政策。2000年5月25日，吉尔吉斯斯坦议会通过了《官方语言法》，规定俄语是吉尔吉斯斯坦的官方语言，俄语可以在国家管理、司法和诉讼等各领域使用，和国语吉尔吉斯语发挥同样作用。2004年4月4日，吉尔吉斯斯坦总统阿卡耶夫再次声明，在吉尔吉斯斯坦，俄语非但不会遭到削弱，还将继续受到官方的保护，永久享受与国语吉尔吉斯语同等的地位。

总体上说，吉尔吉斯斯坦的语言呈现出一种双语制的局面。不过，这种双语制存在不平衡现象，即使用吉尔吉斯语的吉尔吉斯族等民族一般会学习并熟练掌握俄语，但大部分俄语使用者却并不一定懂得吉尔吉斯语。这种现象在俄语成为吉尔吉斯斯坦官方语言后，更为明显。

作为多民族多语言的中亚内陆国家，吉尔吉斯斯坦自独立以来，积极以开放、民主的姿态面对外语及外来文化，为民众创造了很好的外语学习环境。同时，为推动外语的学习，吉尔吉斯斯坦与外国合办高等院校，如吉尔吉斯—

俄罗斯斯拉夫大学、吉尔吉斯－美国中亚大学、吉尔吉斯－土耳其玛纳斯大学、吉尔吉斯－乌兹别克高级工学院和奥什吉尔吉斯－乌兹别克大学等，外语教育（如汉语、阿拉伯语、土耳其语、韩语等）在吉尔吉斯斯坦进入了快速发展阶段。

英语在吉尔吉斯斯坦的外语教育体系中占有绝对优势。美国在吉尔吉斯斯坦建立了吉尔吉斯－美国中亚大学。此外，美国还在吉尔吉斯斯坦大部分地区都设置了美国角，向广大民众免费发放英文书刊，培训英语教师，介绍新的英语学习软件，并派遣大量志愿者到吉尔吉斯斯坦的大学和中小学，开展英语教学活动。这些举措促进了英语在吉尔吉斯斯坦的广泛传播和使用。

除英语外，在吉尔吉斯斯坦使用的外语还包括德语、法语、汉语、西班牙语、韩语、土耳其语、日语和阿拉伯语等，但只有少数学校开设了相应的课程，目前尚未形成规模。

语言服务

中国开设吉尔吉斯语专业的高校有 2 所，分别为中央民族大学和解放军外国语学院，其中中央民族大学俄语－中亚语系从 2003 年开始，按年度轮流招生，每年开设一个中亚国家语言专业。

中国在吉尔吉斯斯坦设立的孔子学院有 3 所，分别为比什凯克人文大学孔子学院、吉尔吉斯民族大学孔子学院和奥什国立大学孔子学院，比什凯克人文大学孔子学院的合作单位是新疆大学，后两所孔子学院的合作单位都是新疆师范大学，其中，位于吉尔吉斯斯坦第二大城市奥什的国立大学孔子学院，办学规模在整个中亚地区堪称最大。

吉尔吉斯斯坦开设中文系的高校有 2 所，分别为吉尔吉斯斯坦国立民族大学和吉尔吉斯斯坦比什凯克人文大学，两校分别于 1991 年和 1992 年成立中文系。

小贴士

⊙首都

比什凯克，原名伏龙芝市，是古代重镇和中亚名城，也是该国政治、经济、文化、科学中心，重要的交通枢纽。

⊙ 自然与经济

吉尔吉斯斯坦境内多山，素有"中亚山国"之称。吉尔吉斯斯坦属大陆性气候，大部分谷地的平均气温 1 月份为 $-6\,^{\circ}\mathrm{C}$，7 月份为 $15—25\,^{\circ}\mathrm{C}$，年降水量 200—800 毫米。吉尔吉斯斯坦经济以农牧业为主，工业相对薄弱。主要农作物有小麦、玉米、甜菜和烟草等。主要工业有电力、采矿、燃料、化工、有色金属等，黄金资源丰富。食品工业以肉、奶制品业和制粉、制糖业为主，是中亚国家中为数不多的产糖区。该国山地旅游业有极大的潜力。

⊙美食

吉尔吉斯人的饮食主要包括奶类和肉类食品。奶类食品主要有酸牛奶、纯酸牛奶、由煮过的牛奶制作的酸凝乳、乳酪、用羊奶制作的奶渣干酪、乳皮、黄油以及炼过的动物油等。面食品大多由小麦、燕麦、大米、玉米和黍制成。

⊙节日

新年（1 月 1 日）、东正教圣诞节（1 月 7 日）、纳乌鲁斯节（3 月 21 日，类似于中国的春节，吉尔吉斯斯坦的第一大节日）、开斋节（伊斯兰教历的 10 月 1 日）、古尔邦节（伊斯兰教历 12 月 10 日，每年的这一天穆斯林为真主安拉宰牲献祭，也称宰牲节）、人民革命日（3 月 14 日）、劳动节（5 月 1 日）、宪法日（5 月 5 日）、胜利日（5 月 9 日）和独立日（8 月 31 日）等。

⊙名胜古迹

伊塞克湖　吉尔吉斯语为"热湖"之意，是世界最大的山地湖泊之一，湖泊面积约 6300 平方千米。此湖在冬季也不结冰，湖中鱼类资源丰富，有 20 种以上的鱼类。湖的东西两岸是水鸟过冬的栖息地，过冬鸟主要有水鸭、绿头鸭、潜鸭和秃头蹼鸡等。目前该湖四周分布着多家疗养院，每年都有大批游客来此观光疗养。

阿克别希姆城古突厥遗址　阿克别希姆城位于吉尔吉斯斯坦楚河南岸托克马克城西南 8 千米处，建于公元 5 世纪，是西突厥王庭的遗址。这里有千年古塔——布兰那塔。1982 年，在当地出土了一块汉文碑铭，碑铭的记载证实了阿克别希姆遗址就是唐朝安西都护府的碎叶城，也就是玄奘在取经路上经过的"素叶水城"。据历史记载，

唐朝著名诗人李白也出生在碎叶城。

玛纳斯村　位于首都比什凯克市，占地面积约 1 公顷。玛纳斯村是吉尔吉斯斯坦为庆祝《玛纳斯史诗》1000 周年而修建的一组建筑群，其建筑设计十分别致，目前已成为比什凯克市的标志性景观。

帕米尔高原　被称为"万山之源"，位于天山、昆仑山、喀喇昆仑山三大山系交汇处。著名的"昆仑三雄"公格尔九别峰、公格尔峰和慕士塔格峰 3 座巨大的雪山也位于此。帕米尔高原雪山众多，风光壮丽，气势恢宏。高原上的卡拉库里冰川湖与昆仑三雪山相邻，湖光山色，交相辉映。

伏龙芝博物馆　伏龙芝，比什凯克人，是苏联国内战争中最著名的红军统帅之一。伏龙芝不仅是苏维埃革命的一面旗帜，更是比什凯克的荣耀，1925 年逝世。为缅怀这位伟人，吉尔吉斯斯坦政府当年将其故居改造为博物馆。馆内珍藏约 1400 份珍贵的原始文件、照片及私人物品，共分 5 个展厅，分阶段地展现了伏龙芝各个时期的生活和经历。

柬埔寨国旗呈长方形，长宽比3:2。旗面由三个长方形相连而成，中间为红色，上下均为蓝色。蓝色代表光明和自由，红色代表吉祥和喜庆。红色长方形中间绘有白色镶金边的吴哥寺，象征柬埔寨悠久的历史和灿烂的文化。

柬埔寨 | Kingdom of Cambodia

吴哥窟

柬埔寨 CAMBODIA

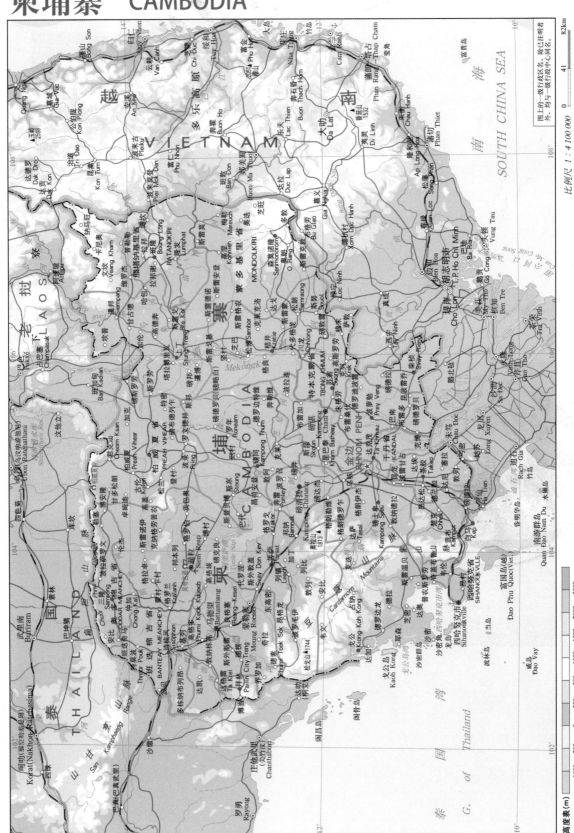

比例尺 1 : 4 100 000

SOUTH CHINA SEA

南海

越南 VIETNAM

老挝 LAOS

泰国 THAILAND

柬埔寨 CAMBODIA

金边 PHNOM PENH

G. of Thailand
泰国湾

柬埔寨，全称柬埔寨王国，旧称高棉，位于东南亚中南半岛南部，东部和东南部与越南接壤，东北部与老挝交界，西部及北部与泰国毗邻，西南部濒临泰国湾，海岸线长约 460 千米，国土面积 181 035 平方千米，人口约 1541 万。

🗨 语言

柬埔寨语，又称高棉语，是柬埔寨的官方语言，属于南亚语系孟高棉语族。柬埔寨语以金边高棉语为标准音，可分为三大方言区：临近越南的东部方言区、以马德望为中心的西部方言区、以金边市为中心的中部方言区。尽管方言之间存在一定差异，但基本上可以互通。柬埔寨约有 90% 以上的人口使用高棉语，全世界高棉语的使用者约有 1700 万，除了柬埔寨以外，主要分布在东南亚地区的泰国、老挝、越南、马来西亚等国家，在美国、法国、澳大利亚、加拿大等国家也有一些人使用高棉语。柬埔寨语为南亚语系中使用人口数量仅次于越南语的语言。

柬埔寨语是一种 SVO（主语＋谓语＋宾语）型孤立语，语法关系由语序和冠词体现；名词和动词缺乏屈折变化，名词的数只能从上下文加以判断；动词的时态、体、语气等范畴无标记，可以通过动词前后的助动词显示出来。柬埔寨语文字是在梵文、巴利文基础上结合高棉族语言创制出来的一种多缀拼音文字。柬埔寨语语音系统中有 11 个元音、33 个辅音；柬埔寨语是非声调语言，重音往往落在最后一个音节。柬埔寨语词汇多是单音节或由半音节（不重读的弱元音）后接一个单音节构成，多音节词则大多是带有明显文化特征的源自梵语和巴利语的借词。此外，柬埔寨语中还有很多源自泰语、越南语、汉语、法语、英语的借词。

柬埔寨语示例：

ភាមផ្ស៎រ មើលទៅ លោកនឿយហត់ណស់ហើយ!

（您一路上很辛苦吧！）

柬埔寨是一个以佛教为国教、皇权至上的君主立宪多党民主体制的国家，佛教和皇权对柬埔寨的语言生活影响至深，形成诸多语言禁忌。柬埔寨古高棉语在漫长的进化过程中形成了皇族用语、僧侣用语和世俗用语 3 个不同的词汇层级，层级森严，绝不能混用；皇族用语多采用源自梵语和巴利语词汇，专归柬埔寨国王及王族使用，各级官员和平民百姓都不能擅用皇族用语，否则会因越级误用、亵渎皇权而受到严惩。柬埔寨人尊崇佛教，柬埔寨语中更有一套跟僧侣交流的专用词汇，普通人在跟僧侣交流时绝不能使用世俗词语，须用专门的僧侣用语，否则会被认为对僧侣不尊重，是不礼貌的语言行为。普通人交流讲究礼节，讲究长幼有序，熟人之间打招呼时，一般不称姓只称名，且要在名的前面添加上表示性别、长幼、尊卑的冠词，以示礼貌之意。

柬埔寨是一个多民族国家，语言生活相当丰富，汉语、占语、泰语、越南语、马来语皆有分布。汉语是华人使用的语言，汉语人口多分布于城市地区，约占总人口的 4.6%。华人在柬埔寨的历史悠久，最晚在宋、元时期已有华人在此定居。占语是占族人使用的语言，占语人群来源于古代占婆国的遗民，主要分布在湄公河谷地以及洞里萨湖地区，约占总人口的 1.6%。泰语是泰族人使用的语言，泰语人群主要分布于柬埔寨西北部省份，大部分聚居在西部柬泰边境，主要分布于柬埔寨西部谷地马德望、奥多棉吉、退粒、戈公一带。越南语是京族人使用的语言，越南语人口数量约占总人口的 0.3%。越南语人群主要来源于法国殖民者迁移的大量越南人。法国殖民时期，法国把许多越南人带到柬埔寨作为管理者、种植园工人和城市工人，越南移民数量有了大幅增长。由于历史、经济等方面原因，英语、法语在柬埔寨亦相当通行，尤其是在管理、教育等领域。

民族

柬埔寨境内有 20 多个民族，高棉族是其主体民族，占全国总人口的 80% 以上。其他民族有占族、普农族、佬族、泰族、华裔、京族、缅族、马来族、斯丁族等，另外还有一些人口数量很少的土著族群，如波鲁族、加莱族、嘎作族、嘎威族、格楞族、潘朗族、东奔族、坦坡族、科伦族、扶农族、仑族、蓄族、卡丘族等。

高棉族是柬埔寨的主体民族，人口约为 1200 多万，绝大多数人信奉佛教。高棉族是一个具有悠久历史和灿烂文化的民族。公元 7 世纪高棉人就创制了自己的文字。11 世纪高棉文化发展到了鼎盛时期，创造了灿烂的吴哥文明。柬埔寨高棉人又分为平原高棉人和山地高棉人，平原高棉人主要分布在湄公河沿岸、洞里萨湖周围平原以及沿海地带，山地高棉人则分布在偏僻山区和边境地带。泰国和越南亦居住着大量的高棉人，泰国高棉人很好地融入了当地社会，已看不出明显的本民族特征。在越南南部生活的高棉人被称为越南南部高棉人。

柬埔寨的京族人口约 74 万，占总人口的 4.8%，主要分布于柬埔寨东南部和中部地区，尤以金边、干拉省、波罗勉省和磅通省居多。由于历史、政治等多种原因，高棉族和京族的关系一度非常紧张，京族曾经受到歧视，柬埔寨民主政权和红色高棉时期，甚至发生了杀戮和强制驱逐京族人的事件。

柬埔寨华裔人口约 69.5 万，占总人口的 4.5%。华裔大多居住在城市地区，主要从事商业贸易。华裔群体中说潮州话的人最多，其次

是说粤语、闽南语、客家话和海南话的人。19 世纪 30 年代后期潮州人移民柬埔寨之前，粤语群体是柬埔寨华人的主要语言群体。据《后汉书》记载，华人和高棉人的交往始于汉代，历史上中国和柬埔寨总体上保持友好关系，双方经常互通使者。自吴哥时期以来，柬埔寨一直受到中国文化的影响，柬埔寨高棉人和华裔通婚由来已久，华裔血统和受中国文化影响的人口数量更多。尽管华裔在柬埔寨曾经受到歧视，但在殖民地时期移民急剧增加，居住在城市里的华裔人口很多。

占族由古代占婆王国的遗民发展而来，人口约 25 万，约占总人口的 1.6%。占族多数是穆斯林。占族分为平原占族人和高地占族人，平原占族人分布于干丹省西北部乌栋至磅湛省的湄公河沿岸以及干丹省至贡布省的沿海地区，高地占族人则分布于各省区人口稀少的高地小村落中。占族人聚族而居，重要聚居地大都建有清真寺。占族人主要从事经商、纺织与捕鱼，兼营种植、贩卖和航运，畜牧业较发达。占族人有自己的语言和文字，占族人的文字，同高棉族人一样都是从印度的梵文演化而来。占族人在柬埔寨民主政权期间受到迫害。近年来，占族人与在马来西亚、印度尼西亚、阿拉伯国家的穆斯林的联系日益密切。

普农族人口约 10 万，占总人口的 0.65%，主要生活在柬埔寨东北部山区，刀耕火种，生活贫困。他们是柬埔寨的古老民族，讲高棉语方言，信奉佛教。

佬族人口约 2.5 万，占总人口的 0.16%，主要分布在柬埔寨北部与老挝相邻或相近的省份，与老挝的佬族属同一个民族，主要从事农业、牧业、渔业。

泰族人口约 2 万，占总人口的 0.13%，主要分布在柬埔寨西北部省份，与泰国的泰族属同一个民族，主要从事农业、狩猎、畜牧、捕鱼等。

语言国情沿革与发展

近代之前柬埔寨的语言国情

柬埔寨的考古发掘表明，公元前4000多年，就有人类在今天的柬埔寨地区居住。大约公元前6世纪至公元前5世纪，古高棉人从中国西南地区（也有说从青藏高原乃至印度，或澳大利亚等地）迁徙到柬埔寨。古高棉人在中南半岛迁徙的过程中，最先与孟人形成极为密切的关系，因而民族学家和语言学家用"孟－高棉语族"来称呼以这两个民族语言为代表的隶属于南亚语系的部分语言。柬埔寨的文化发端于公元1—6世纪东南亚的古老王国——扶南。当时的扶南领土辽阔，疆域包括当今柬埔寨全境以及越南南部、老挝南部和泰国东南部一带，在周边地区拥有一些属国，其中较著名的是真腊。当时湄公河三角洲地区商业兴盛，海上贸易频繁。今天的越南南部地区在当时就已有了港口城市，成为联系中国和印度之间商业贸易的桥梁。公元1世纪，婆罗门教传入扶南，当时的扶南王国在语言、艺术、建筑、宗教等方面受到印度文化的影响极深。高棉语在这一时期吸纳了大量的梵语成分。公元2世纪，佛教由商人传入扶南，逐渐在民间传播。从公元3世纪起，梵文成为扶南的官方文字，作家使用梵语进行文学作品的创作，用梵文来纪念国王的功绩或表示宗教信仰。4世纪末，扶南的婆罗门教更加兴盛，佛教也有所发展，扶南的文字、历法及一些风俗习惯受到印度文化的很深影响。高棉文字，源自印度古代婆罗米字母的变体帕拉瓦字母，可能早在公元3世纪就已出现。这一时期的社会分化成掌握梵语的精英阶层和只会高棉语的平民阶层。

公元6世纪以后，扶南的属国真腊逐渐崛起，7世纪时兼并了扶南，统治了柬埔寨及其周围大片土地。真腊兼并扶南后的相当长时期内，内外战争不断，局势动荡不安，但同时也加速了民族融合与文化融合。古高棉碑文显示，古高棉语文字受到了印度文化的影响，当时就已具备了标准化的拼写规范，显然已是一种相当成熟的文字。

公元9—15世纪，吴哥王朝兴起。吴哥王朝又称为高棉帝国。吴哥王朝时期，国势强盛，疆域广阔，版图包括现今整个柬埔寨、老挝、缅甸、越南及泰国部分地区。吴哥王朝时期，经济、社会、文化获得了空前的发展，繁荣昌盛数百年。吴哥时期是高棉文化发展的鼎盛时期，周围各国的语言，尤其是老挝和泰国的语言，都受到了高棉语很大的影响，借用了很多高棉语词汇。吴哥时期高棉语逐渐形成了3个不能逾越的社会语用等级，分别是皇族用语、僧侣用语和世俗用语。梵语长期用作柬埔寨的官方用语，公元13世纪，小乘佛教从暹罗传入柬埔寨，巴利语取代梵语成为柬埔寨的官方用语。吴哥时期，高棉语受梵语和巴利语影响很大，从中吸收了大量词汇，丰富了高棉语的词汇系统。

1238年泰人摆脱吴哥的统治，建立了素可泰王国。从1296年开始，到14世纪末期，泰人的素可泰王国、阿瑜陀耶王朝先后4次攻陷、洗劫吴哥；1431年，吴哥又一次被阿瑜陀耶王朝的军队占领，柬埔寨国王蓬黑阿·亚特放弃吴哥，迁都至湄公河东岸的巴桑。吴哥王朝走向灭亡，柬埔寨丧失了中南半岛强国、大国的地位，国家政局进入分裂、动荡时期，暹罗东扩、越南西进，柬埔寨的版图遭到挤压、蚕食，先后数度成为暹罗的属国、越南的"保护国"。暹罗控制期在柬埔寨推行暹罗化政策，越南保护期又推行越南化政策，柬埔寨的语言生活受到暹罗、越南的控制，存有大量泰语、越南语词汇。

近代以来柬埔寨的语言国情

1863年，法国武力胁迫诺罗敦国王草签了《法柬条约》，1864年3月，法国军队占领乌东，柬埔寨沦为法国的保护国。法国殖民统治时期，殖民当局掌控了柬埔寨的经济命脉，大肆掠夺经济资源，但很不重视教育，1935 年柬埔寨才创建了第一所高级中学，到 1939 年仅有 4 个学生毕业，而高等学校直到柬埔寨独立前也没有建立起来。在语言政策方面，殖民者强行以法语为官方语言，学校只准教授法语，高棉语受到排斥。这一时期，许多法语词汇进入高棉语。1953 年 11 月 9 日，法国退出柬埔寨，柬埔寨终结了约 90 年的法属时期，宣告独立。1970 年 4 月，美国和南越又入侵柬埔寨，在柬埔寨的语言生活中英语逐渐取代了法语的地位。

尽管在殖民语言政策的高压下，柬埔寨的语言生活受到了很大的冲击，但柬埔寨人民一直不屈不挠地坚守着母语。1911 年，柬埔寨国王下令全国学校教授高棉语；1932 年，柬埔寨政府组织成立教材编写委员会，组织人员采用高棉语编写教材；1939 年和 1943 年又先后出版了柬埔寨语字典第一卷和第二卷。1953 年，柬埔寨摆脱法国殖民统治宣告独立后，为了清除法国殖民文化遗留的影响，柬埔寨政府重新确定了高棉语的国语地位。1993 年，柬埔寨政府颁布宪法明确规定高棉语为柬埔寨官方语言，高棉文字为柬埔寨官方文字。

由于政治、经济等多方面的原因，现在法语在柬埔寨的地位已让位于英语，英语已成为柬埔寨第一外语，但是法语仍在柬埔寨的语言生活中扮演着重要的角色，尤其是政府事务、科技、教育等领域。

中柬交流历史悠久，20 世纪后半期以来，随着中国经济的快速发展以及中国和柬埔寨经济、文化交流的日益频繁，高棉语从汉语中吸收了大量的有关商业、饮食和日常生活的词语。目前，英语和汉语在柬埔寨最为流行，越南人、中国人和占族人，往往使用双语，自由地使用自己民族的语言。

🤝 语言服务

中国开设柬埔寨语专业的高校有 7 所，分别为北京外国语大学、广东外语外贸大学、云南民族大学、广西民族大学、广西外国语学院、云南师范大学、红河学院。

中国在柬埔寨设立的孔子学院有 1 所，为柬埔寨王家学院孔子学院，合作单位为九江学院。另有孔子课堂 3 个，分别为柬埔寨暹粒省吴哥高中孔子课堂、金边警备旅孔子课堂和警察学院孔子课堂。

柬埔寨开设中文系的高校有 3 所，分别为柬埔寨亚欧大学、柬埔寨棉芷大学、柬埔寨智慧大学。另外，云南大理学院、红河学院和玉溪师范学院共同在柬埔寨金边皇家大学设立 DHY（Do Hanyu Yourself）汉语培训中心，并已开始招收汉语本科班。柬埔寨马德望大学开办了汉语培训班。

小贴士

⊙首都

金边，地处柬埔寨中部平原，位于湄公河、洞里萨河和巴萨河的交汇处，面积 289 平方千米，人口约 150 万，是柬埔寨最大的城市，为柬埔寨政治、经济、文化、交通、贸易、宗教中心。金边属热带季风气候，雨季和旱季分明，一年中气温变化在 22—35℃。

⊙姓氏

柬埔寨人姓在前，名在后。贵族与平民的姓名有所不同：贵族一般承继父姓，先人有伟大功绩时，祖先的名字即成子女的姓氏，如"诺罗敦、西索瓦"。平民起名一般比较随意，多以父名为姓，因而姓氏代代不同，但是现在用父亲的姓作为子女姓的情形越来越多。柬埔寨人通常不称呼姓，只称呼名，并在名字前加一个冠词，以示性别、长幼、尊卑之别。如"宁"意为姑娘；"洛克"意为先生；"阿"意为小孩；"召"意为孙儿；"达"意为爷爷。比如：一个名叫"安"的男子，祖父辈称他为"召安"，叔伯辈叫他"克莫依安"（"克莫依"意为侄儿），同辈叫他"邦安"（"邦"意为兄长）。对于女子"妮"，长辈叫她"宁妮"，同辈则叫她"邦妮"（"邦"意为姐姐）。对于一位年纪大叫"森"的人，是男子尊称为"达森""欧姆森"（"欧姆"意为大伯）或"布森"（"布"意为叔叔），是女子则尊称为"耶依森"（"耶依"意为奶奶），"欧姆森"（"欧姆"意为大妈）或"铭森"（"铭"意为姑、姨）。

⊙自然与经济

柬埔寨中部和南部是广阔的平原，东部、北部和西部则被高原和山地环绕，大部分地区为森林覆盖。豆蔻山脉东段的奥拉山海拔1813米，为境内最高峰。湄公河流贯东部，境内长约500千米。沿海分布有许多大大小小的岛屿，主要有隆岛、戈公岛等。柬埔寨属热带季风气候，年均气温29—30℃，分旱雨两季，5—10月为雨季，11月至次年4月为旱季，受季风、地形等因素的影响，各地降水量差异较大。柬埔寨境内森林、水电力资源丰富，盛产铁木、柚木、紫檀等高级木材，矿藏资源有铜、铁、锰矿以及金矿、宝石等，石油和天然气资源储量很大。柬埔寨是传统农业国，工业基础较为薄弱。

⊙美食

柬埔寨人喜食素菜，偏爱辣、甜、酸。饮酒比较普遍，水果也可以做下酒菜。阿莫克鱼是柬埔寨最有特色的食物之一，是一种鲜鱼佐以椰汁和咖喱酱（由柠檬香草、姜黄根、大蒜、青葱、高良姜和中国生姜制成）的美味佳肴。猪肉饭是柬埔寨最简单、最美味的食物之一，是把猪肉切成薄片放在炭火上慢慢烘烤而成，带有自然的清甜；或把猪肉浸在蒜汁或者椰汁内，或将烤好的猪肉放在米饭上，再加上新鲜腌制的黄瓜、萝卜和姜。米粉汤一般作为早餐食物，用柠檬香草、姜黄根以及泰国酸橙制作的青咖喱和米粉作为原料制作而成，上面覆有绿豆、豆芽、香蕉花、薄荷叶、黄瓜和其他蔬菜。柬埔寨人亦喜食蜘蛛、蚂蚁、土蛾等昆虫。

⊙节日

独立日（11月9日。1953年11月9日，柬埔寨王国摆脱法国殖民统治宣布独立，这天被定为柬埔寨国庆日，也是柬建军日）、西哈莫尼国王诞辰（5月14日）、佛历新年（4月中旬）、御耕节（一般在公历5月，由国王或其代表在毗邻王宫的王家田举行象征性耕种仪式，模拟一年劳作的过程，祈祷来年风调雨顺，五谷丰登，国王和王后会驾临现场观看，官员和外国使节也盛装出席）、送水节（也称龙舟节，柬民族传统节日，每年10月底或11月上旬举行，人们在王宫前洞里萨河上举行龙舟比赛，表达对洞里萨河、湄公河养育之恩的感谢）等。

⊙名胜古迹

吴哥古迹 吴哥为公元9—15世纪时柬埔寨吴哥王朝的首都，以宏伟的石结构建筑和精美的雕刻闻名世界。15世纪中叶，吴哥王朝因遭受暹罗入侵南迁，吴哥旧都逐渐荒芜。19世纪末被重新发现，现存古迹600余处。吴哥古迹中保存最完好的庙宇是吴哥窟，又称吴哥寺，意思为"毗湿奴的神殿"，中国古籍称之为"桑香佛舍"。吴哥窟的造型已经成为柬埔寨国家的标志，展现在柬埔寨的国旗上。1992年，吴哥窟作为文化遗产入选联合国教科文组织《世界遗产名录》。

四臂湾大王宫 诺罗敦·安·吴哥国王于1866—1870年建成。王宫为长方形，长435米，宽402米，外有城墙。王宫的建筑极具高棉传统建筑风格和宗教色彩，宫殿均有尖塔，象征繁荣昌盛，殿身涂以黄、白两色，黄色象征佛教，白色象征婆罗门教。

　　独立纪念碑　为纪念 1953 年 11 月 9 日柬埔寨摆脱法国殖民统治获得完全独立而建造，1958 年 3 月落成。纪念碑高 37 米，共 7 层，四周雕有小乘佛教文化象征蛇神 100 条，极具高棉民族历史与文化特色。每年独立节时，柬埔寨国王都在此举行隆重庆典。

　　国家博物馆　位于四臂湾大王宫北侧，1920 年建造。主要致力于柬埔寨文化遗产的保护、收藏与传承，馆内陈列有柬埔寨历代王朝的手工艺品、佛像、珠宝、雕刻等 5000 余件藏品。柬埔寨国家博物馆是世界上收藏高棉物质文化遗产最为丰富的博物馆之一。

捷克国旗呈长方形，长宽比 3：2。国旗左侧为蓝色等腰三角形，右侧是两个相等的梯形，上白下红。白色代表神圣和纯洁，象征人民对和平与光明的追求；红色代表勇敢和不畏困难的精神，象征人民为国家的独立解放和繁荣富强而奉献的鲜血和取得的胜利；蓝色是原来的摩拉维亚和斯洛伐克省徽章的颜色。

捷克

The Czech Republic

布拉格广场

捷克 CZECH REPUBLIC

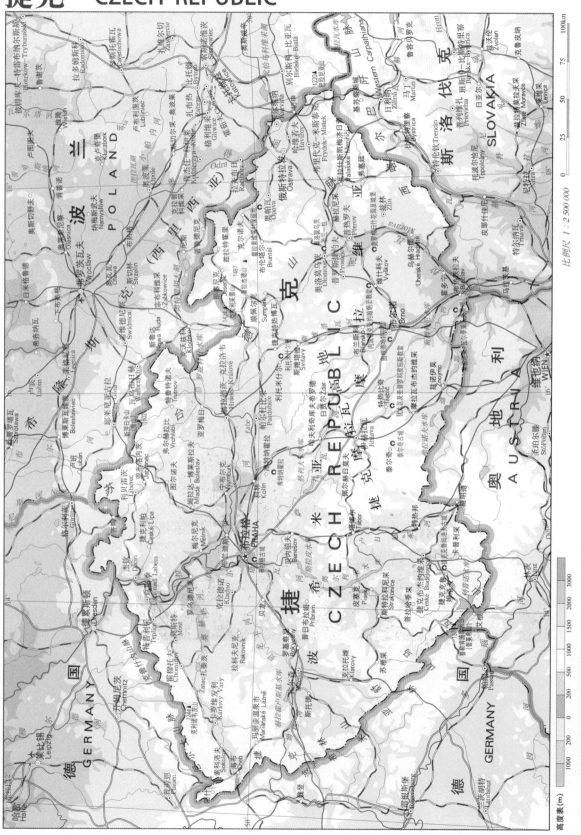

比例尺 1 : 2 500 000

高度表(m)

捷克，全称捷克共和国，是欧洲中部的内陆国家，东邻斯洛伐克，南接奥地利，西面与德国接壤，北面与波兰为邻。国土面积 78 866 平方千米，人口约 1051 万。

语言

捷克语是捷克的官方语言，在捷克国内的使用人数超过 1000 万，主要分布于波希米亚地区和摩拉维亚地区。捷克也有人说斯洛伐克语、波兰语和吉卜赛语。

捷克语有规范捷克语和通俗捷克语之分。规范捷克语主要是书面语；通俗捷克语则是一种在日常会话中通用的非正式的口语，基本上能为全体捷克人所理解和使用，但由于表达不规范，在正式场合中很少使用。捷克语的口语和书面语存在很大的差异，口语和书面语分离是捷克语中的一个显著现象。

捷克语属印欧语系斯拉夫语族西部语支。现代捷克语由古斯拉夫语发展而来，元音有 13 个，包括 5 个短元音、5 个长元音和 3 个双元音；辅音有 25 个，其中有 3 个成音节辅音，即 M、L、R。捷克语的书写符号系统使用 42 个字母，包括 14 个元音字母、27 个辅音字母和 1 个双字母。部分字母使用长音符号"ˊ""˚"和软音符号"ˇ"。

捷克语有两个主要特点：第一，屈折形态变化丰富。捷克语中几乎每一个词都有许多不同的形式，例如名词 pes（狗），可以按照其句法功能以不同语义格变成 psa、psovi、psem、psi 和 psy 等。捷克语的形态变化超过 200 种，句子内的词语可以根据形态变化自由组合，而不用担心语序问题。第二，发音独特。捷克语的辅音 b、v、f、d、s、z、m、l、n、g 与英语辅音发音基本相同，但 p、t、k 与英语不同，为不送气音。词汇重音固定在第一个音节上，重音音节的长度并不增加，非重音音节

的元音音质也无变化，这与英语有所不同。

捷克语示例：

Ve kterém hotelu bydlíte?

（您住在哪一个宾馆？）

捷克语主要有 4 种方言，即中捷克方言、摩拉维亚中部方言（哈纳克方言）、摩拉维亚东部方言（摩拉维亚－斯洛伐克方言）和西里西亚方言（拉赫方言）。标准捷克语是在中捷克方言的基础上形成的。捷克语内部方言间差异不大，相互间容易理解。

民族

捷克是个多民族的国家，国内至少有 20 多个不同的民族。捷克族是捷克的主体民族，人数约占总人口的 94.2%。捷克族有 3 个分支，分别是波希米亚分支（占总人口的 90.4%）、摩拉维亚分支（占总人口的 3.7%）和西里西亚分支（占总人口的 0.1%）。捷克族属欧罗巴人种阿尔卑斯类型，主要信仰天主教。

除捷克族外，捷克国内还有斯洛伐克人、德意志人、波兰人、罗姆人、匈牙利人、摩拉维亚人等，人口都不是很多。有许多捷克人认为他们来自两个民族，可以拥有双重民族身份，例如 2011 年的捷克人口普查显示，有近 10 万人是波希米亚－摩拉维亚双重民族，近 2 万人是波希米亚－斯洛伐克双重民族。

1993 年捷克独立后，罗姆（吉卜赛）人与捷克其他民族的相处问题成为较突出的社会问题。虽然捷克政府在解决罗姆人问题上也采取过一些措施，但是这一问题至今也没有得到妥善处理。

语言国情沿革与发展

早期捷克语的形成和发展

捷克土地上的土著居民先后为凯尔特人和

日耳曼人，分别讲印欧语系凯尔特语族和日耳曼语族的语言。公元5—6世纪，斯拉夫人西支的几个部落来到波希米亚、摩拉维亚等地，之后随着部落统一，方言也慢慢统一，捷克语的口头语言得以形成，但尚未形成自己的文字。

从公元9世纪起，教会斯拉夫语成为捷克地区规范的宗教和文学语言。教会斯拉夫语是古斯拉夫语的书面语形式，其产生与基督教传播紧密相关。最初从东法兰克帝国来捷克传播基督教的传教士主要使用拉丁语，但不为平民阶层接受。9世纪中叶，斯拉夫人建立大摩拉维亚国后，为保持民族独立性，要求拜占庭帝国派遣通晓斯拉夫语的传教士前来传教。公元863年，西里尔兄弟从拜占庭帝国来到摩拉维亚传教，他们在希腊萨洛尼卡城所讲语言（保加利亚－马其顿方言）的基础上，创造了教会斯拉夫语，并基于希腊语字母，创制出一套斯拉夫文字——格拉果尔文字。西里尔兄弟创造的语言文字深刻影响了捷克语的规范化进程。

公元10世纪初，波希米亚各部落脱离大摩拉维亚帝国，建立了捷克王国，并于11世纪中叶兼并摩拉维亚地区，统一的捷克民族得以形成。随着大摩拉维亚帝国的瓦解，捷克地区的斯拉夫语被拉丁语取代。但在12世纪初，捷克的一些拉丁语文献中出现了用拉丁字母拼写的捷克语注释。12世纪下半叶，出现了《圣经·赞美诗》的捷克语译本。可以说古斯拉夫语和拉丁语影响并奠定了捷克语的基本形态。13世纪末期，捷克语圣歌《贡胡妲的祈祷》和《奥斯特洛夫斯基之歌》问世。在这一时期的文学作品中，捷克语和拉丁语形成了竞争和并存的局面。

14世纪时，用捷克语创作的文学作品大量增加。捷克境内的大部分拉丁语著作都被译成了捷克语。《圣经》也有了全本的捷克语版本。在教育领域，捷克语也有一定的地位。1348年，查理大学在布拉格建立，采用捷克语作为官方教学语言，并推出了一些捷克语的学术专著。

总体上，15世纪之前的捷克语受拉丁语影响非常大。词汇方面，宗教和公共生活领域的一些拉丁词汇被捷克语借用。在句法上，为了适应僧侣及贵族阶层的文化需要，大量使用从句，吸收了很多外来词，同时还保存了许多古语，这些使得捷克语变得生涩难懂。在正字法方面则使用了受波兰语影响的连字法，即用两个或多个字母来表达一个音素。

德语对早期捷克语的发展也产生了一定的影响。13世纪中期，随着德国对捷克统治的加强，在捷克各个城市形成了捷克语－德语的双语机制，德语成为当时的宫廷语言和贵族语言。不少德语词汇进入捷克语，特别是在城市环境用语方面，德语词汇借用现象更为突出。

现代捷克语的形成和发展

15世纪初，捷克地区爆发了著名的胡斯运动，这是一场反对天主教会和德国封建统治的宗教改革和民族解放运动。胡斯运动增强了捷克人的民族意识，对捷克语的发展也产生了巨大影响。宗教改革家胡斯在传教活动中要求推广普及捷克书面语，他一方面对捷克书面语进行规范化，另一方面促使书面语更接近人民群众的口语，从而促进了捷克民族语言的统一。1411年，胡斯写了捷克语的第一部纯语言研究的专著《捷克语正字法》，用附加符号标注捷克语特有的音素，取代了原有的相对复杂的"字母连写法"，并统一了部分词形变化，促进了捷克语的现代化。此外，胡斯还反对在捷克语中直接使用德语词汇，所倡行的语言基本接近民间用语。

胡斯运动之后，文艺复兴的文化潮流渗透到了捷克的文化生活领域。这一时期从事捷克语言研究的人文主义者大多出身于市民阶层，他们有意识地致力于捷克语的加工完善，以便使其在表达能力和文体的优雅方面能与拉丁文相媲美，同时对贵族中指责捷克语不完美的拉丁语派进行了批驳。捷克的人文主义语言学家们还致力于词汇和句法的完善，他们扩充了捷克语的词汇，并让人们听得懂外来语。

17世纪白山战役之后，由于强行恢复天主教，捷克语又让位于德语，失去了官方语言地位，但民众的世俗用语抵制了日耳曼化，在日常生活和丰富的民俗文化中仍然大量使用捷克语。

进入18世纪，随着资本主义的兴起，大批捷克农民和手工业者进入城市，城市成为复兴捷克语言和文化运动的阵地。18世纪70年代至19世纪下半叶，是捷克的民族复兴时期。当时出版了大批弘扬民族传统的古捷克语著作，一些科学著作也采用捷克语撰写，这些著作推动了捷克语的复兴。这一时期对捷克语做出贡献最大的是约·多布罗夫斯基，他在《详细捷克语法》一书中论述了捷克语的语法结构，反对创造新词，赞成用被遗忘的旧词、方言，或从其他斯拉夫语（特别是俄语和波兰语）中挖掘词汇等。旧正字法被新正字法取代，古老的哥特体德文被拉丁字母取代，捷克语字体逐渐简化，形成今天捷克语的雏形，从19世纪40年代沿用至今。

生活在18—19世纪的捷克语言学家容格曼，翻译了歌德、夏朵布里昂和密尔顿等人的著作，这些译作为现代捷克语言的形成奠定了基础。19世纪，捷克著名学者帕拉茨基出版了一系列的美学哲学著作，这是民族复兴时代用捷克文发表的较早的一批哲学著作。这些著作的语言对现代捷克哲学美学术语乃至现代捷克语的形成和发展都有一定的促进作用。此外，像卡·希·马哈、杨·聂鲁达等语言文学家还创作了大量高水平的文学作品，在诗歌、散文中运用了许多新词，并且大量使用民间口语，这些文学作品也极有力地促进了捷克语的振兴，现代捷克语至此已完全成熟。

20世纪以来捷克的语言国情

第一次世界大战后，奥匈帝国瓦解，捷克斯洛伐克共和国于1918年成立，捷克语成为官方语言之一，并进入军事、铁路和邮政等被德语最后掌控的领域。文学语言更是飞速发展，风格、修辞异彩纷呈，俗语、俚语和鲜活的日常用语都出现在各类文学作品里。著名的布拉格语言学派不仅对捷克语的发展做出了重大贡献，更对世界语言学和文学的发展起到了划时代的作用。虽然第二次世界大战期间，德国占领捷克，关闭捷克所有高校，并强行推行德语，但并没能阻碍作为民族象征的捷克语的发展。

第二次世界大战后，捷克各方言趋向统一，标准捷克语成为全民族的通用语，但相对保守的标准语规则与人们日常生活化的口语习惯有很大差异，二者之间产生了矛盾。因此第二次世界大战后通俗捷克语被积极推广，加快了捷克标准语与日常用语的统一化进程，标准语中的口语形式得到加强。

1993年，捷克成为独立的主权国家，捷克族成为国家主体民族，捷克语被确立为唯一的官方语言，在国家中的主体地位一直保留至今。在捷克语内部，由之前主要从德语中吸纳词汇，转向从英语中接收新词。

🤝 语言服务

中国开设捷克语专业的高校有1所，为北京外国语大学。 1954年初创于北京大学俄罗斯语言文学系，1956年调整到北京俄语学院，成立波捷语系，1959年北京俄语学院与北京外国语大学合并。

中国在捷克设立的孔子学院有1所，为奥洛穆茨帕拉茨基大学孔子学院，合作单位为北京外国语大学。

捷克开设中文系或中文专业的高校有2所，分别是布拉格查理大学、奥洛穆茨帕拉茨基大学。另外，布尔诺马萨里克大学开设了中国文化学专业。

小贴士

⊙首都

布拉格，位于捷克中部，横跨伏尔塔瓦河，面积为 496 平方千米，是捷克最大的城市，也是政治、经济和文化中心。布拉格地处欧洲大陆的中心，位于欧洲重要城市维也纳和柏林的中间，地理和战略位置尤为重要。

⊙姓氏

捷克人的姓氏跟大多数欧洲人一样，名在前，姓在后。姓氏有男性和女性的区分，假如男性的姓氏是 Novák 的话，女性在使用这一姓氏的时候，就要加上 ová 这样的后缀，即 Nováková。

⊙自然与经济

捷克位于欧洲板块的中心，主要由波希米亚断层构成，该断层高出海平面 900 米。环形山脉环绕着一大块升起的盆地——波希米亚高原。主要河流是易北河和伏尔塔瓦河。捷克气候温和，四季分明。捷克是欧盟最大的工业国之一，也是出口导向型国家。主要工业部门有冶金、机械、汽车、电子、化工、食品、玻璃、药品、造纸等。服务业也是经济主导部门。农业处于从属地位。

⊙美食

传统的捷克美食以高热量、高胆固醇的肉类为主。真正传统的捷克餐讲究原材料的高品质，包含各种野味、鱼、熏肉、野生蘑菇、家庭养殖鸡等。"猪肉-馒头-酸白菜"和鸡肉排加土豆沙拉是捷克非常传统的菜肴。此外还有最传统的捷克苹果派，用纯天然苹果、核桃仁和葡萄干做成，刚刚烤出来时外酥里嫩。

⊙节日

元旦（1 月 1 日）、劳动节（5 月 1 日）、反法西斯战争胜利纪念日（5 月 8 日）、康斯坦丁和麦托杰耶传教士纪念日（7 月 5 日）、扬·胡斯纪念日（7 月 6 日，纪念扬·胡斯，其为捷克宗教思想家、哲学家、改革家，曾任布拉格查理大学校长，以献身教会改革和捷克民族主义的大义而殉道留名于世，他的追随者被称为胡斯信徒）、国庆节（10 月 28 日）、圣诞节（12 月 25 日）等。

⊙名胜古迹

布拉格 有"百搭之城"或"所有的城市之母"之称，被认为是欧洲最古老的城市之一和欧洲最美丽的城市，拥有诸多各个历史时期、各种风格的建筑，其中巴洛克和哥特式风格的建筑尤为出色。城中最主要的古迹有查理桥、布拉格城堡、布拉格老城广场、布拉格小城、布拉格天文钟等。1992 年，布拉格历史中心作为文化遗产入选联合国教科文组织《世界遗产名录》，成为全球第一个整座城市被认定为世界文化遗产的城市。

克鲁姆洛夫小镇 最受各地游客追捧的捷克景点之一，位于南波希米亚地区，曾是很多捷克王室的驻地，在历史上具有举足轻重的地位。最主要的古迹有城堡、内城区等。1992 年，克鲁姆洛夫小镇作为文化遗产入选联合国教科文组织《世界遗产名录》。

卡罗维发利 位于西波希米亚，由罗马帝国皇帝查理四世于 1370 年建成，并以他的名字命名。卡罗维发利是欧洲最著名和捷克最大的温泉镇，因温泉疗养久负盛名。

卡塔尔国旗呈长方形，长宽比28∶11，由白色和红褐色两种颜色组成，白色代表和平，红褐色代表历史上的战争，两色结合处呈锯齿状，9个锯齿代表卡塔尔1916年成为第九个与英帝国签订《永久休战条约》的海湾地区国家。

多哈伊斯兰艺术博物馆

卡塔尔

The State of Qatar

卡塔尔 QATAR

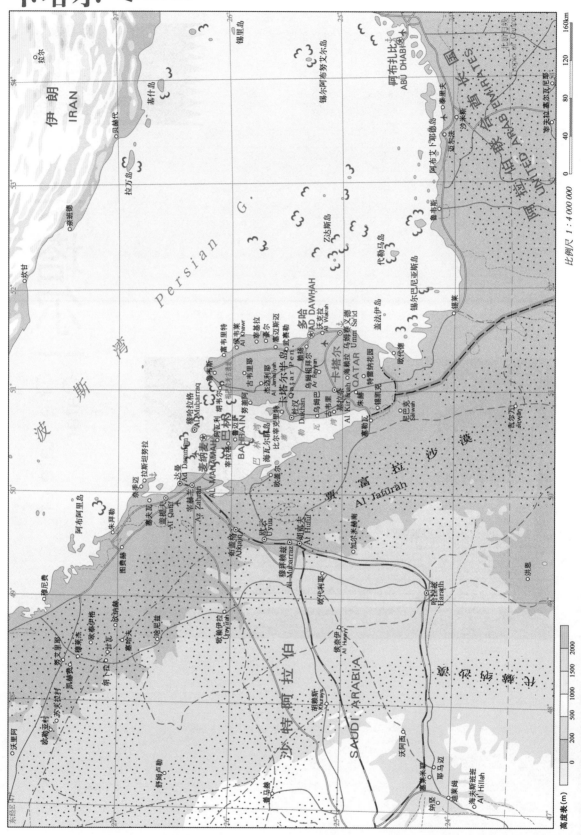

拉尔

伊 朗
IRAN

Persian G.

波 斯 湾

比例尺 1 : 4 000 000

0   40   80   120   160km

沙 特 阿 拉 伯
SAUDI ARABIA

巴 林
BAHRAIN

卡塔尔半岛 Qatar Pen.

多哈
AD DAWHAH

阿 联 酋 United Arab EMIRATES
阿布扎比
ABU DHABI

阿布阿里岛

锡里岛

阿布艾卜努艾尔岛

代勒马岛

锡尔巴尼亚艾尔岛

盖法伊岛

达延 Ad Dawḥah
穆哈拉格 Al Muḥarraq
麦纳麦 AL MANĀMAH
萨勒 Sal

阿 拉 伯
AL MANĀMAH

乌姆赛义德 Umm Saʻīd

杜汉 Dukhan

卡塔尔 QATAR

典 法 鲁 拉 沙 漠
Al Jafūrah

萨尔瓦 Salwah

哈拉兹
Harāḑ

乌云 ʻUyūn
湖法夫 Al Hufūf

侯奈伊 Al Ḩuayy

欧代利耶

绍艾斯 Khuray

高度表（m）
0   200   500   1000   1500   2000

东经E

卡塔尔，全称卡塔尔国，位于亚洲西部，阿拉伯半岛东北部，波斯湾西南岸，南与沙特阿拉伯接壤，北隔阿拉伯海湾与伊朗相望，东、西分别同阿拉伯联合酋长国、巴林隔海相望。卡塔尔由卡塔尔半岛及周围的岛屿组成，国土面积 11 521 平方千米，海岸线长约 700 千米，常住人口 212 多万。

🗨 语言

卡塔尔官方语言为现代标准阿拉伯语。1974 年，卡塔尔独立后不久颁布的《卡塔尔临时宪法》第一条中正式规定官方语言是阿拉伯语。相对于 7 世纪之前各种阿拉伯语方言，以《古兰经》语言为标志的古典阿拉伯语称为"标准阿拉伯语"，与之相区别，当代的标准阿拉伯语称为"现代标准阿拉伯语"。

阿拉伯语属于闪 - 含语系闪米特语族，在阿拉伯半岛流行了两千多年，是闪米特语族中最古老、最有生命力、使用范围最广的一种语言。1974 年，现代标准阿拉伯语被联合国列为第六种工作语言。

现代标准阿拉伯语在古典阿拉伯语基础上发展而来。不少学者认为，古典阿拉伯语起源于阿拉伯半岛上的希贾兹（汉志）和纳季德（内志）地区，主要由古莱什语和台米木语组成，直到现在，在众多阿拉伯语方言中，希贾兹一带的方言也被认为是最接近现代标准阿拉伯语的。后来，阿拉伯语渐渐传播到也门、叙利亚、埃及、伊拉克、苏丹和利比亚等国家。公元 8 世纪，阿拉伯语成为阿拉伯人统一的民族语言和宗教语言，也是中世纪重要的学术语言。阿拉伯语是《古兰经》所使用的语言，是全世界穆斯林共同使用的宗教语言，对东西方文化沟通、交流和传播起到了极为重要的作用。阿拉伯语也因为伊斯兰文化的传播在许多国家得到了推广，并对波斯语、乌尔都语、土耳其语、

西班牙语、英语和法语等产生了深远的影响。阿拉伯人也从波斯语、乌尔都语等其他语言中吸收了大量日常生活词汇以及政治、经济、文化、社会和宗教方面的术语，阿拉伯人很注重将外来语"阿拉伯化"，从语音、词型和语法等多方面加以变化和改进，使其可以与阿拉伯语交融在一起。

现代标准阿拉伯语的语音系统、形态变化和文字系统都极为复杂。作为官方语言，现代标准阿拉伯语多用于官方文件、报刊等书面语中，或是运用于非常正式的场合。阿拉伯人在日常生活中并不使用现代标准阿拉伯语，他们的第一语言是阿拉伯语的某一方言。

卡塔尔人日常交际使用的口语就是被称为"海湾阿拉伯语"的一种阿拉伯语方言。海湾阿拉伯语在不同国家之间又形成下位方言，这些方言之间在语音、形态变化和词汇方面都有区别，但是大部分方言之间可以进行交流。卡塔尔阿拉伯人使用的方言属于西亚地区阿拉伯语系列，是卡塔尔使用最广泛的语言，有 47 万人（大多数是本国的阿拉伯人）使用。卡塔尔人使用的海湾阿拉伯语又被称为哈力吉语（Khaliji）或卡塔尔语（Qatari），从具体的使用来看又可以再分为北部卡塔尔阿拉伯语和南部卡塔尔阿拉伯语两种方言。卡塔尔阿拉伯语可以与巴林、伊朗等邻国阿拉伯语顺畅通用，但与北非地区的阿拉伯语差异较大。

卡塔尔的通用外语为英语。卡塔尔在 1916 年成为英国的"保护国"之后，英国的殖民统治使得英语在卡塔尔开始被接受并逐渐通行。正因为独立之前的卡塔尔曾长期受英国托管和影响，英语在卡塔尔使用较为普遍，是中学的必修课程，不少小学和学前班也都开设了英语课。因此，在卡塔尔的很多公共场合经常会出现阿拉伯语和英语共同使用的情况。

卡塔尔还有大量的外籍居民，既有来自其他阿拉伯国家的居民，也有来自印度、巴基斯

坦、菲律宾等国家的居民，后者在各自的民族内部分别使用印地语、波斯语和乌尔都语等多种语言。因此，卡塔尔的外籍居民有的使用标准阿拉伯语和阿拉伯语的多种方言，也有的使用非阿拉伯语的其他多种语言。据民族语言网（第 18 版）2015 年最新在线数据，在卡塔尔，除卡塔尔阿拉伯语外，使用人口较多的语言有 10 多种，33.5 万人使用北黎凡特阿拉伯语，22.8 万人使用南黎凡特阿拉伯语，17 万人使用波斯语，15.3 万人使用泰米尔语，10.7 万人使用乌尔都语，7.5 万人使用他加禄语，4.6 万人使用马拉雅拉姆语，3.4 万人使用埃及阿拉伯语，3.4 万人使用纳吉德阿拉伯语，3.4 万人使用苏丹阿拉伯语，3.4 万人使用俾路支语，3.4 万人使用锡兰语等。因此，卡塔尔的很多场合如商场、机场和医院等，不仅会出现阿拉伯语和英语双语共同使用的情况，还会出现阿拉伯语、波斯语、印地语和英语等多种语言交杂使用的现象，很多语言如波斯语、乌尔都语等的词汇也经常会出现在口语交际中。

民族

卡塔尔是西亚的阿拉伯国家，人口数量少，是阿拉伯世界人口最少的国家之一。卡塔尔的常住居民主要由两大部分组成：卡塔尔阿拉伯人和外籍居民。

卡塔尔的阿拉伯民族发源于阿拉伯半岛的闪米特族分支阿拉伯民族。18—19 世纪，卡塔尔周边的阿拉伯邻国的游牧部落经过多次迁移，最后在卡塔尔半岛定居，他们发展到现代成为卡塔尔阿拉伯民族的主体部分。因此，如今的卡塔尔阿拉伯人大多与科威特、沙特阿拉伯、巴林、阿拉伯联合酋长国以及阿曼等国一些阿拉伯部落有着血缘关系。

卡塔尔的阿拉伯民族有不同部落与家族之分，主要的阿拉伯家族包括阿勒萨尼家族、阿

瓦米尔家族、阿提亚家族、库瓦里家族、卡阿比家族、贝尼塔米姆部族、内地的贝尼哈贾尔人与沙漠中的梅纳希尔人，另外还有贝尼哈立德、瓦伊勒部落和盖赫旦等部落。阿勒萨尼家族是卡塔尔的统治家族，是 18 世纪初从今沙特阿拉伯境内迁徙而来，并于 1849 年定居今卡塔尔首都多哈，卡塔尔的埃米尔一直由萨尼家族的成员担任，世袭制度实行了 100 多年。伊斯兰教是卡塔尔的国教，卡塔尔的穆斯林绝大多数都是伊斯兰教逊尼派瓦哈比教派，包括哈马德埃米尔及其家族也是瓦哈比教派。如今，卡塔尔人绝大多数已成为城镇居民或从事农渔业的乡村人口，但也还有一些踪迹不定的游牧民，仍被称为贝都因人。

卡塔尔有很多外籍居民，据统计，19 世纪末卡塔尔人口仅有 7900 多人，第二次世界大战之后人口数量迅速增加，但其中外籍居民就占了 40%，2012 年卡塔尔居民超过 180 万，外籍居民占 83%。目前，卡塔尔的外籍居民除来自埃及、巴勒斯坦等国家的阿拉伯人外，还主要包括来自亚洲的印度、巴基斯坦、菲律宾和孟加拉国等的人口，他们与阿拉伯人属于不同的民族，在语言、风俗习惯等很多方面都不一样，甚至有与阿拉伯人截然不同的宗教信仰。

语言国情沿革与发展

卡塔尔官方语言的确立

古典阿拉伯语属于闪 – 含语系闪米特语族西南闪米特语中的北阿拉伯语，但从语言发展来看，今天的现代标准阿拉伯语是在长期发展过程中南北阿拉伯语以渐进和持续的方式融合的结果。

伊斯兰教出现之前，北阿拉伯语占较大优势，不仅对南阿拉伯语有较大影响，而且深入阿拉伯半岛各地，也包括卡塔尔半岛。古典阿拉伯语的形成以公元 6—7 世纪的诗歌语言和《古兰经》所使用的语言为标志。公元 651 年，

《古兰经》定本的出现极大地推动了阿拉伯语的发展，加速了阿拉伯语书面语言的发展，也促进了阿拉伯语字母及发音符号系统的完善。公元 7 世纪，阿拉伯帝国建立时，许多被征服地区都使用当地语言，如沙姆地区的官方语言是希腊语，但在生活中使用古叙利亚语，为了帝国的统一和阿拉伯政策的推行，倭马亚王朝第五位哈里发颁布命令，规定阿拉伯语为阿拉伯帝国的官方语言。公元 8 世纪是标准阿拉伯语发展的关键时期，第一部完整的阿拉伯语语法著作西巴维希的《书》的问世规定了古典阿拉伯语的正确形式，使阿拉伯语成为必须经过学校教育才能掌握的标准语，这也使阿拉伯语成为阿拉伯人政治、经济和文化发展的重要工具，从而确立了阿拉伯语的重要地位。

此时，卡塔尔就在阿拉伯帝国的统治下，阿拉伯语理所当然也成为卡塔尔的官方语言。卡塔尔半岛的居民主要为游牧部落，有些阿拉伯的部落如哈里发和萨乌德部落都曾统治过卡塔尔。公元 8 世纪，卡塔尔与巴林合为一个地区，同属一个酋长国，被阿拉伯伊斯兰帝国阿拔斯王朝统治，先后被盖拉米特、乌尤纳等阿拉伯家族统治。这一时期，伊斯兰教在阿拉伯半岛迅速传播，统治者也纷纷号召在巴林地区统治下的卡塔尔当地居民加入伊斯兰教。伊斯兰教的传播无疑加速了古典阿拉伯语在卡塔尔的传播和发展。在之后一段时间里，卡塔尔在阿拉伯伊斯兰帝国的统治下，经济、文化和语言都得到了发展，阿拉伯语作为阿拉伯帝国的官方书面语言和宗教语言，在卡塔尔也具有同等重要的地位。

16—17 世纪卡塔尔被葡萄牙和奥斯曼土耳其帝国统治过一段时间。葡萄牙人统治时间很短，不到 40 年，对卡塔尔阿拉伯文化和语言的影响不大。在奥斯曼土耳其帝国统治的过程中，阿拉伯民族文化和民族语言受到歧视和摧残，奥斯曼土耳其帝国试图人为地消灭阿拉伯语，代之以土耳其语。土耳其统治者对阿拉伯语的限制，的确对阿拉伯语的诸多方言造成了一定程度的影响，但对卡塔尔形成的冲击并不特别大，因为尽管卡塔尔归属奥斯曼土耳其帝国，但并没有真正受土耳其人控制，奥斯曼土耳其帝国不得不承认阿拉伯半岛东部地区实际统治者贝尼哈立德的合法统治地位，卡塔尔由贝尼哈立德任命的酋长直接领导，较少受到其他国家的统治和干涉。总的来说，在这一历史时期，土耳其语对阿拉伯语的影响主要表现在有些土耳其语词汇进入了阿拉伯语口语中，但阿拉伯人用阿拉伯语的构词法规则对其进行改造，形成了新的阿拉伯语词。整体上阿拉伯语受土耳其语的影响不是特别大。

卡塔尔独立后，在古典阿拉伯语基础上形成的现代标准阿拉伯语被确立为卡塔尔的官方语言，而卡塔尔人在日常生活中则使用卡塔尔阿拉伯语。

卡塔尔多语言现状

1916 年，英国同卡塔尔签订了友好保护条约，英国的殖民统治使得英语在卡塔尔流行范围变广，重要性也日益提升，加上独立前的卡塔尔没有设立驻外使领馆，这使得英语成为卡塔尔的通用外语。

大量外籍居民的涌入是造成卡塔尔多语言现状的又一原因。20 世纪 40 年代之后，来自印度、巴基斯坦、孟加拉国、尼泊尔、菲律宾、埃及、巴勒斯坦等国家的众多外籍居民涌入卡塔尔，外籍居民占到 80% 以上。外籍居民中有一部分来自巴勒斯坦、叙利亚和埃及等阿拉伯国家，他们使用黎凡特阿拉伯语、埃及阿拉伯语等阿拉伯语方言，不少阿拉伯语方言之间可以进行交流，但也存在不能完全沟通的情况；另外一部分外籍居民来自印度、菲律宾等亚洲国家，由于他们所使用的语言无法相互交流，因此他们只在各自区域里使用印地语、波斯语和乌尔都语等多种语言。在外籍居民多的场所，有时阿拉伯语和英语双语混合使用，有时多种语言混合使用，但尽管如此，仍会产生语言交流的障碍。

从卡塔尔目前新闻媒体使用的语言也能看出卡塔尔语言的多样性，卡塔尔报刊的主要语言是现代标准阿拉伯语和英语，阿拉伯语报刊包括《多哈月刊》《阿拉伯人日报》《旗帜报》等；英语报刊包括《海湾时报》等。卡塔尔半岛电视台是世界著名的电视台之一，该电视台除了阿拉伯语的新闻频道外，还有英语频道和乌尔都语频道，另外还有一个英阿双语的网站。多哈广播电台用阿拉伯语、英语、法语和乌尔都语等多种语言广播。

🤝 语言服务

中国开设阿拉伯语专业的高校有近 40 所，具体参见"阿拉伯联合酋长国"（第 19 页）。

中国尚未在卡塔尔设立孔子学院。

卡塔尔尚未有高校开设中文系或中文专业。

小贴士

⊙首都

多哈，位于卡塔尔半岛东海岸中部，因其东部环抱的月牙形小海湾而得名，是卡塔尔政治、经济、文化和交通中心。多哈是卡塔尔人口最集中的地区，人口约占全国人口的 44%，是卡塔尔第一大城市。海滨大道两侧排列着富有民族特色的王宫与政府机构等建筑，还有规划得体的贝达公园等。

⊙自然与经济

卡塔尔半岛地势总体上是西高东低，按自然地形地貌划分，大致可分为南部沙漠与沙丘、东部沿海沼泽与盐碱平地、西部丘陵与高地、中部荒漠平原及东北部洼地 5 个地带，半岛周围分散的岛礁自成一个地带。卡塔尔属沙漠性气候，夏季炎热而冬季温暖，春秋两季较短；昼夜温差较大，冬季气候较为宜人，春季常有沙尘暴。天然气、石油是卡塔尔的重要经济支柱，天然气储量居世界第三位，石油储量居世界第 13 位，是世界第一大液化天然气生产和出口国，国民收入六成以上来自天然气和石油。

⊙美食

卡塔尔人对餐饮非常讲究，注重色香味结合，喜欢微辣口味，膳食以米饭、牛羊肉、海鲜为主。

⊙节日

伊斯兰元旦（伊斯兰教历 1 月 1 日）、先知穆罕默德生日（3 月 12 日）、开斋节（伊斯兰教历 10 月 1 日，伊斯兰教历每年的第 9 个月为斋月，第 10 个月的第 1 日到第 3 日是教徒们的开斋节）、古尔邦节（伊斯兰教历 12 月 10 日，每年的这一天穆斯林们便为真主安拉宰牲献祭，又称宰牲节）、国庆日（12 月 18 日）等。

⊙名胜古迹

莫瓦布古堡　位于杜汉城北 15 千米处，建于公元 9 世纪阿拔斯王朝时期。其周围分散着 5 片居民建筑，共有 250 户住宅和 2 座清真寺。

拉基亚特古堡　位于多哈北部约 110 千米处，是海湾地区典型的军事城堡，建于 19 世纪末 20 世纪初，主要由 3 个长方形角塔和 1 个圆形塔组成。

瓦吉巴城堡　位于多哈南部约 15 千米处，建于 19 世纪。该城堡为方形，四周各有一个瞭望塔或箭楼。阿勒萨尼家族第三、四代卡塔尔酋长曾将此堡作为行宫使用。

石灰岩洞　卡塔尔有 3 个石灰岩洞很有特色。鸽子洞离多哈约 7 千米，因野鸽子在洞中筑巢而得名，洞口圆周约 51 米，洞深 9 米。露真洞离多哈约 26 千米，呈新月形，深达 40 余米。幽暗洞宽大、多水而又阴暗，倾斜的洞壁又窄又长。

科威特国旗呈长方形，长宽比2∶1。靠旗杆一侧为黑色梯形，右侧自上而下由绿、白、红三色横条组成。其颜色源于诗人萨菲丁·希利的一首诗："白色是我们的创造，黑色是我们的战绩，绿色是我们的牧场，红色是我们的历史。"另有一说，白色代表纯洁，红色象征为国家流血牺牲，其余相同。

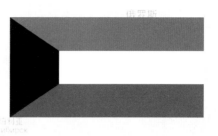

科威特 | The State of Kuwait

水塔

科威特 KUWAIT

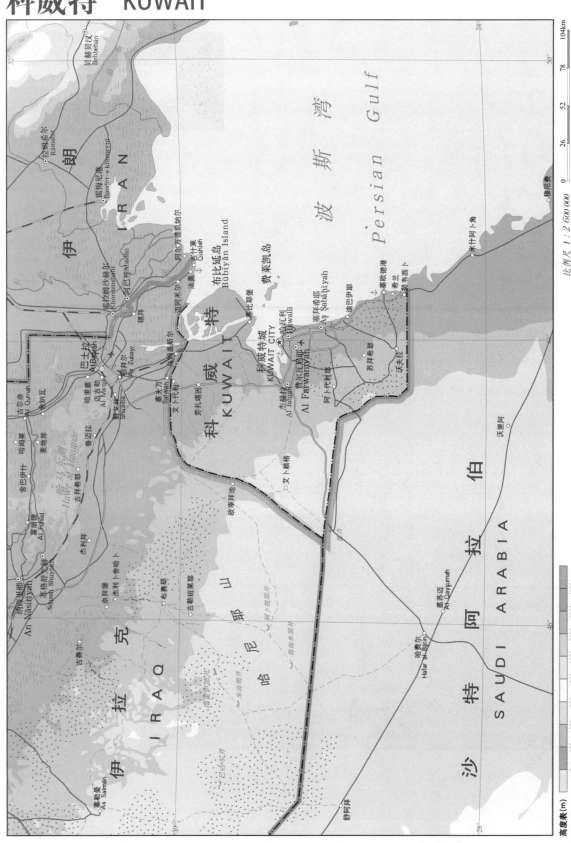

贝赫贝汉
Behbehān

拉姆舍尔
Ramshīr

朗

伊

班德尔赫梅尼港
Bandar-e khomeyni-

霍拉姆沙赫尔
Khorramshahr

IRAN

阿巴丹河
Ābādān

阿瓦兹鲁凯纳尔

法奥米尔

吉什莱
Qīshlah

锡拜

布比延岛
Būbiyān Island

Persian

波

特

斯

湾

Gulf

比那耶堡

费莱凯岛

迈阿盖尔尔

盖纳瓦

伊

巴士拉
Al Basrah

祖拜尔
Az Zubayr

艾资哈尔

萨尔曼

劳扎塔因

艾卜代利

艾卜格格

科威特城
KUWAIT CITY

哈瓦利
Hawalli

杰赫拉
Al Jahrah

贾尔瓦

费尔瓦尼耶
Al Farwaniyah

沃里阿

萨巴希耶
As Sabahiyah

迪巴伊耶

婆欧德港

希兰

婆韦西卜

米什阿卜角

SAUDI ARABIA

沙

特

阿

拉

伯

科

威

KUWAIT

特

阿卜代利耶

苏拜希耶

沃夫拉

古尔奈
Al Qurnah

哈里塞

乌姆卡斯尔
Al Ma'qil

舒艾拜
Shuaiba

哈姆莱

麦地那

鲁迈拉

古尔奈

哈马尔湖
Hawr al Hammar

古拜希那

富胡德
Al Fuhud

杰利拜

赤拜堡

杰利卜舍尤卜
Jalib Shuyukh

布赛那

古勒班奥那

艾哈奈那

阿卜杜拉井

哈

尼

耶

山

欧宰拜池

舒阿拜

巴乔水井

阿卜纳那

塞伯米那井

未海勒井

An Nasiriyah

苏格舍尤赫
Shush Shuyukh

IRAQ

克

拉

伊

盖苏迈
Al Qaysumah

哈费尔
Hafar al Batin

塞勒曼
As Salman

古赛尔

沃里阿

比例尺 1:2 600 000

0   26   52   78   104km

橡尼费

高度表 (m)

0 100 200 500 1000 1500 2000 3000 4000m

科威特，全称科威特国，位于西南亚阿拉伯半岛东北部，波斯湾西北部，南部与沙特阿拉伯交界，北部与伊拉克接壤。国土面积17 818平方千米，海岸线长290千米，水域面积5625平方千米，人口约404万。

语言

科威特的官方语言是现代标准阿拉伯语，属闪－含语系闪米特语族，文字采用阿拉伯字母。由于科威特本土居民均为阿拉伯人，阿拉伯语成为科威特人唯一的母语。但是，科威特也存在一些方言，科威特人称之为海湾阿拉伯语（也称科威特阿拉伯语）。另外，因经历了一段时期的英国殖民，加之如今的科威特外来人口众多，英语已成为该国的通用语言，甚至成为商务场合的首选语言。除此之外，某些外来人口聚集的社区还分布着乌尔都语、波斯语、印地语等。

现代标准阿拉伯语是科威特官方文书、媒体使用的正式语言。科威特总人口中，除了130万科威特本土阿拉伯人，还有120万左右阿拉伯国家侨民，阿拉伯人约占居住人口的62%，因此，现代标准阿拉伯语在科威特民间也被广泛使用。与现代标准阿拉伯语相对的是古典阿拉伯语。古典阿拉伯语是记载大量古阿拉伯诗歌和散文的伊斯兰教"圣书"《古兰经》所使用的语言，从7世纪到9世纪这一古老的语言一直被广泛使用，且几个世纪始终保持不变。随着社会的发展，古典阿拉伯语在各个阿拉伯国家的传播中不断变异，形成了一系列互相难以理解的分支。现代标准阿拉伯语与古典阿拉伯语基本类似，只是在其基础上进一步适应现代社会生活的需要，扩充了新的表达，因此二者一般统称为标准阿拉伯语。科威特的绝大多数书籍、报纸、杂志、公文和教材使用的都是现代标准阿拉伯语，学校教育也学习和使用现代标准阿拉伯语，因此，在科威特，几乎所有阿拉伯人都能理解现代标准阿拉伯语。

科威特人所使用的现代标准阿拉伯语的语音、词汇和语法具有鲜明的特征。从语音上看，阿拉伯语不仅利用多数语言都使用的舌、上颚、唇、舌尖、牙齿等器官发音，还会利用喉、舌根、舌尖的颤动、部位间的联合等进行发音。阿拉伯语中的词汇一般由数个字母组成，组合成单词后又形成数个音节，有重音节、轻音节之分。阿拉伯语的句法比较灵活，很多成分可提前、可后置，也可省略、重复。

除了现代标准阿拉伯语，科威特还存在一些阿拉伯语方言。科威特阿拉伯语属于西亚地区阿拉伯语方言，与埃及阿拉伯语代表的北非地区阿拉伯语方言存在很大差别。纵观科威特的历史，阿拉伯语一直受到其他社会和语言的影响，科威特城市和农村的口语也存在差异。其中沿波斯湾海岸地区的科威特人日常所讲的阿拉伯语方言被称为海湾阿拉伯语。海湾阿拉伯语与古典阿拉伯语比较类似，其重要特征是存在少数波斯语词汇。

英语是科威特最重要的通用语言，绝大多数科威特人都能够使用英语交流。科威特的学校中英语和阿拉伯语常被同时使用，但英语在教学课程安排中被置于更为重要的位置。英语在科威特的通行让使用英语的外籍雇员没有太多必要去学习阿拉伯语，大量的广播和电视使用英语播报，报纸和杂志也使用英语呈现，大多数路标、商务和酒店标识也同时使用阿拉伯语和英语。

科威特居住人口中包含了很多来自世界不同地区的外国人，其中非阿拉伯国家的外来人口占据了科威特居住人口的近30%，如来自印度、孟加拉国、伊朗、阿曼、菲律宾的侨民。人口的多样化影响了科威特的语言生态，很多外来人口社区促成了科威特的语言多样化，使得科威特还活跃着乌尔都语、波斯语和印地语等多种语言，但这些语言仅在特定外来人口的聚居地区使用。

民族

科威特是单一民族国家，国民均为阿拉伯人。阿拉伯民族是闪米特族的主要分支，属欧罗巴人种地中海类型，北非和南部阿拉伯人混有尼格罗人种特征。阿拉伯民族曾被欧洲人称作萨拉森人，主要分布在西亚和北非地区的阿拉伯国家，还有一些散布在土耳其、伊朗、阿富汗、印度尼西亚、索马里、乍得、坦桑尼亚等国家。目前，全世界有 4 亿多阿拉伯人。在科威特，除了 130 万科威特本土居民属阿拉伯民族，还有 120 万来自其他阿拉伯国家的侨民。

科威特还吸纳了 120 余个国家的外来侨民。根据 2014 年的统计，科威特的居住人口中外来人口占比超过了 70%，除了其他阿拉伯国家的人口输入，还有 140 万亚洲侨民和 7 万多非洲侨民。2013 年的统计显示，在科威特生活着近 70 万印度人、55 万埃及人、18 万菲律宾人、15 万叙利亚人和 12 万巴基斯坦人，此外还有伊朗人、巴勒斯坦人和土耳其人，共计约 12 万。

多数科威特人信奉伊斯兰教，大部分居民是穆斯林，虽然没有官方数据，但粗略估算逊尼派占 70%、什叶派占 30%，还有一些小型的教派，但是人数极少。除此之外，科威特也有一部分基督教徒、印度教徒、佛教徒和锡克教徒。

外来人口的增加使得科威特人在他们自己的国家逐渐成了少数派，也引起了他们对于优势丧失的担忧。科威特人努力地在越来越复杂的社会环境中维持着族群文化的优势地位，并坚持在这片沙漠组成的国土上发展伊斯兰教所传授的传统价值，但这也使科威特人和生活在科威特的其他种族人群文化习俗的关系愈加紧张；同时大多数科威特人都能在政府工作，而外国侨民无法享受到这一机会。此外，外来人口在贸易上还会受到诸多限制，社会地位和经济上的差异也使得科威特人和外来人口的族群关系不断趋于紧张。

从科威特社会现状看，目前已经根据财富的差异分化成 5 个不同的阶层。处于顶层的是统治家族，其后是商人家族，处于中层的是早期石油工业兴起时迁入的贝都因人和阿拉伯游牧民族，下一阶层是从邻国迁入的阿拉伯人，处于底层的是其他外国人。强大的家族关系控制并维持着科威特的社会结构，不同阶层的族群之间存在着巨大的鸿沟，也带来了很多社会问题。近年来，女性地位问题也成了争论的主体。同时，伊斯兰教对政治结构的影响也成为很多冲突的根源。种种问题都考验着不断走向人口多元的科威特。

语言国情沿革与发展

科威特官方语言的形成

上古时期，科威特地区作为连接印度洋、西亚和欧洲之间的商业纽带，先后经历了以"迪蒙"为代表的两河流域文明、古希腊文明和波斯文明，这一时期，科威特地区尚未形成统一的民族语言，希腊语、波斯语都曾在这片土地上使用过。伊斯兰教兴起前，很多阿拉伯游牧部落在向两河流域迁徙时会短暂停留在阿拉伯地区，伊雅德部落还曾在如今的卡济麦城所在地建立了城堡，古阿拉伯语逐渐在科威特地区扩散。

公元 7 世纪，阿拉伯帝国兴起，科威特作为帝国的一部分曾十分繁荣，是波斯湾的一个贸易港口和造船中心。公元 630 年，穆罕默德带领信徒确立了伊斯兰教的统治地位。翌年，整个阿拉伯半岛基本统一，伊斯兰教也被大多数部落所接受。与此同时，《古兰经》的诞生使标准阿拉伯语得以确立。为了传播伊斯兰教，巩固阿拉伯帝国的疆域，倭马亚王朝的第五位哈里发（意指伊斯兰阿拉伯政权元首）颁布命令，规定阿拉伯语为阿拉伯帝国的官方语言。随着伊斯兰教的扩张，阿拉伯语已经完全取代了科威特地区的其他语言。

公元 1258 年，蒙古人灭亡了阿拉伯帝国阿拔斯王朝，给阿拉伯文明带来了沉重的打击，阿拉伯语遭到废止，很多阿拉伯文典籍也被焚毁。但是，蒙古的入侵未能消灭科威特土地上已历经数百年发展的阿拉伯文化，甚至在阿拉伯语的词典中很难发现蒙古语外来词。

17 世纪 40 年代，当时控制科威特一带的哈立德部落建立了一座小小的要塞。1756 年，萨巴赫家族首领萨巴赫·本·贾比尔被推选为政教合一的执行官，建立了科威特酋长国，"科威特"这一地名真正出现。1871 年，科威特成为奥斯曼帝国巴士拉省的一个县。奥斯曼帝国在阿拉伯半岛地区推行土耳其语，使得阿拉伯语中出现了大量的土耳其语外来词。

1899 年，科威特埃米尔（意指国王）穆巴拉克·本·萨巴赫（1896—1915 年在位）与英国签订了《科英协定》，保证除非英国同意，不得割让、出售、租借科威特领土，未经英国同意，不允许任何外国的代表入驻科威特；英国则承认科威特是一个内政独立的国家，负责科威特的防御和外交，并提供财政援助。1913 年，英国和土耳其签订了《海湾协定》，其中规定科威特在奥斯曼政府的主权范围之内，但政府不以任何方式干涉其事务，也不派军队驻扎；奥斯曼帝国承认科威特是在英国保护下的独立国家。第一次世界大战后，沙特图谋征服科威特，英国海军出面干预，维护了科威特的独立，科威特事实上已处于西方的统治之下。这一时期的战乱和入侵使得阿拉伯人认识到科学技术的重要性，大量的西方书籍被翻译成阿拉伯语，一大批外来词也被阿拉伯语吸收。

第二次世界大战后，科威特人民展开了争取民族独立的斗争。1960 年，英国承认科威特的自治权，并归还了司法权和货币管理权。1961 年 6 月 19 日，《科英协定》废除，英国承认科威特独立。1961 年 7 月 1 日，英国派兵登陆科威特，受到阿拉伯国家联盟的压力，当年 9 月开始撤离。1962 年 1 月科威特召开国家制宪会议，同年 11 月颁布《科威特宪法》，明确规定"国家的官方语言是阿拉伯语"，并且要求国民议会议员"善于读写阿拉伯语"，自此，阿拉伯语正式以法律的形式被确立为科威特的官方语言。

科威特的多语化趋势

随着经济的发展，科威特语言国情呈现出多语化的典型特征。1938 年发现石油后，依靠石油资源的科威特迅速成为人均收入居世界前列的富裕国家。大量的外国侨民涌入参与石油贸易，这些变化也改变了科威特的语言生态。

大量外国侨民的涌入，造成科威特境内侨民人数超过科威特本土居民，使得科威特成为"外国人的国家"，除了其他阿拉伯国家的侨民，还有很多印度人、巴基斯坦人、伊朗人以及大量从事石油贸易的西方人，因此，跨文化交际成为社会经济交往的常态。外资公司员工不仅需要精通英语，还必须懂阿拉伯语，甚至还要了解波斯语、乌尔都语。语言的多样化使多语教育成为迫切的需要。除了阿拉伯语是科威特的官方语言被广泛使用，英语在科威特也扮演了通用语的地位。1899—1961 年科威特被英国殖民期间，英语被广泛推广，所以很多受过教育的科威特老人能够讲一口流利的英语。英语和阿拉伯语双语教育，也成为科威特的传统保留至今。今天，科威特公立学校的教学以阿拉伯语为主，外语多以英语为主。而私立学校的外语教学除英语外，还包括乌尔都语和波斯语等。

🤝 语言服务

中国开设阿拉伯语专业的高校共有近40所，具体参见"阿拉伯联合酋长国"（第19页）。

中国尚未在科威特设立孔子学院。

科威特尚未有高校开设中文系或中文专业。2008年科威特海湾科技大学与中山大学合作开设了科威特第一个汉语培训中心，由中山大学提供教师和教材，纳入海湾大学正规教育课时。该中心成立后，每年选修中文的阿拉伯学生都有200人以上。

小贴士

⊙首都

科威特城，位于波斯湾西岸，阿拉伯半岛东岸最重要的深水港。科威特城是科威特的政治、经济、文化中心，也是波斯湾海上贸易的国际通道。科威特城年最高气温55℃，最低8℃，面积为80平方千米，人口约38万，主要工业有石油化工、化肥、建筑材料、肥皂、海水淡化、电力、食品加工和饮料等。

⊙自然与经济

科威特全境多为平坦的沙漠，地势由西向东呈坡度式倾斜，从西部边陲海拔300米的什嘎亚和萨勒米，直到东部的海平面。科威特地处沙漠地带，属热带沙漠气候。夏季长、炎热、干燥；冬季短暂、温和，时而有雨。石油天然气工业是科威特的经济命脉。渔业资源丰富，盛产大虾、石斑鱼和黄花鱼。农业以生产蔬菜为主，农牧产品主要依靠进口。

⊙美食

科威特饮食习惯以肉食为主，以羊肉、骆驼肉、牛肉、马肉和椰枣、大饼等为主食，喝羊奶、马奶、骆驼奶及椰枣汁、茄红等草本饮料。

⊙节日

元旦（1月1日）、国庆日（2月25日）、哈拉节（1月30日至2月28日，科威特的传统节日，"哈拉"是欢迎的意思）、开斋节（伊斯兰教历10月1日，伊斯兰教历每年的第9个月为斋月，第10个月的第1日到第3日是教徒们的开斋节）、古尔邦节（伊斯兰教历12月10日，每年的这一天穆斯林们便为真主安拉宰牲献祭，又称宰牲节）等。

⊙名胜古迹

科威特国家博物馆　位于科威特城，建于1983年，1986年2月16日对外开放。该博物馆由四座建筑组成一个矩形，中间围绕着一个花园。科威特国家博物馆曾经珍藏了许多伊斯兰教艺术品，是世界上最重要的综合性博物馆之一。

萨斯饭店　坐落在科威特城海滨6000平方米的人造海岛上。萨斯饭店的外形是一艘大船，总长为83.7米，船首宽度为18.5米，是当今世界上最大、最豪华的木船饭店，被载入吉尼斯世界纪录，为科威特标志性建筑之一。

科威特水塔　科威特人储存淡水的建筑。科威特有6座海水淡化厂，用以满足居民生活用水和工业用水。为了储水，科威特还建设了许多高大的水塔，就连居民民宅的房顶上也都有储水水箱，这成为科威特一大特色。

克罗地亚国旗呈长方形，长宽比 3：2。旗面自上而下由红、白、蓝三种颜色的长方形组成。旗面中间为国徽，由红白格子徽章和 5 个历史纹章组成，5 个纹章象征了 9 世纪时克罗地亚王国的 5 个省区。

克罗地亚

The Republic of Croatia

萨格勒布国家歌剧院

克罗地亚 CROATIA

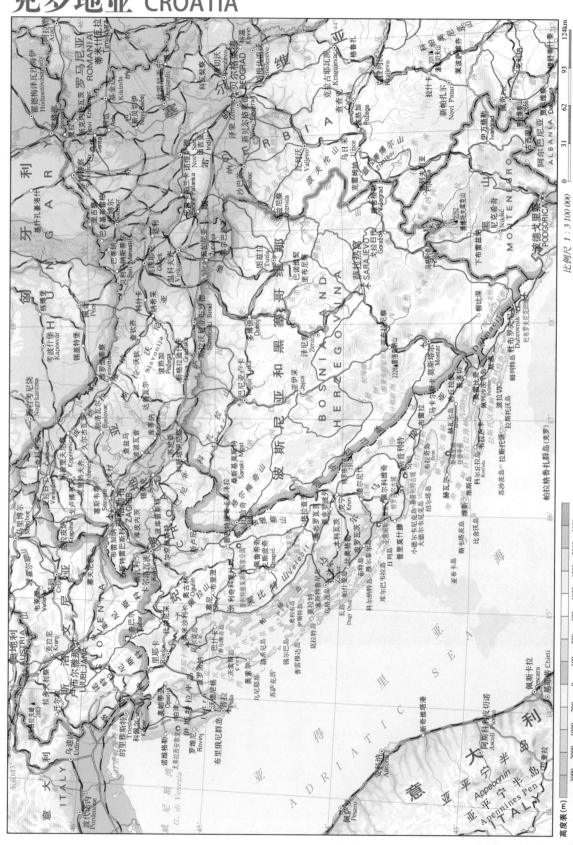

比例尺 1 : 3 100 000

高度表 (m)

克罗地亚，全称克罗地亚共和国，位于欧洲中南部，东北部与匈牙利相邻，西北部接壤斯洛文尼亚，东部和东南部与塞尔维亚、波斯尼亚和黑塞哥维那、黑山交界，西部和南部濒临亚得里亚海，与意大利隔海相望。最南部的杜布罗夫尼克地区与主要领土仅通过领海相连，系实质上的外飞地。杜布罗夫尼克与克罗地亚主要领土之间为波斯尼亚和黑塞哥维那涅姆地区。国土面积 56 594 平方千米，人口约 426 万。

💬 语言

克罗地亚境内现存 15 种语言。官方语言是克罗地亚语，使用人口约 420 万。捷克语、匈牙利语、意大利语、塞尔维亚语和斯洛伐克语分别是一些地区的区域性官方语言。

克罗地亚语属于印欧语系斯拉夫语族南部语支，与塞尔维亚语、波斯尼亚语及黑山语相差不大，可以互通。克罗地亚语、塞尔维亚语和波斯尼亚语有各自的标准语，其中克罗地亚语采用拉丁字母书写，塞尔维亚语和波斯尼亚语的文字系统同时使用拉丁字母和西里尔字母。黑山语于 21 世纪初才与塞尔维亚语分开，正在逐步形成标准语。

克罗地亚语属于高度屈折语，词形变化丰富，形容词和名词都有 3 个语法性、7 个格以及单复数形式。句子中形容词须在性、数、格的形式上与被修饰的名词保持一致。

克罗地亚语吸收了许多来源于拉丁语和德语的词汇，还有较多的捷克语和俄语词汇，并且通过合并和改造现有词汇的方式创造新词。

克罗地亚语示例：

Sva ljudska bića rađaju se slobodna i jednaka u dostojanstvu i pravima. Ona su obdarena razumom i sviješću i trebaju jedna prema drugima postupati u duhu bratstva.

（人人生而自由，在尊严和权利上一律平等。他们赋有理性和良知，并应以兄弟关系的精神相对待。）

克罗地亚语可以区分为什托方言、卡伊方言和查方言，这 3 种方言的名称来源于"什么"一词在三地的不同发音。卡伊方言流行于克罗地亚扎戈列、梅吉穆列、普里戈尔列、波库普列和戈尔斯基科塔尔等地区；查方言流行于伊斯特拉半岛、克罗地亚北部沿海地区、克瓦尔内里奇海峡到拉斯托沃海峡的区域、克罗地亚南部诸岛屿、利卡的西北部地区、斯普利特及扎达尔附近地区。其他地区说什托方言。什托方言是克罗地亚语中使用最广泛的方言，标准克罗地亚语以什托方言为基础。

在克罗地亚，还有约 20 万人说塞尔维亚语，约 13 万人说罗姆语，约 2.3 万人说斯洛文尼亚语，约 2 万人说波斯尼亚语，约 1.9 万人说意大利语，约 1.7 万人说匈牙利语，约 1 万人说捷克语，不到 1 万人讲斯洛伐克语、卢森尼亚语和乌克兰语。

克罗地亚常用的外语包括德语、英语和法语等。大部分克罗地亚人至少会说一门外语，以英语居多。中学生一般选修英语或德语作为外语。

👪 民族

克罗地亚的民族构成相当复杂。克罗地亚族是主体民族，属欧罗巴人种巴尔干类型，约占全国总人口的 90.42%。克罗地亚宪法中明确提到的少数民族有 22 个，分别为：塞尔维亚族，约占总人口的 4.36%；波斯尼亚族，约占 0.73%；意大利族，约占 0.42%；阿尔巴尼亚族，约占 0.41%；罗姆族，约占 0.4%；匈牙利族，约占 0.33%；斯洛文尼亚族，约占 0.25%；捷克族，约占 0.22%；斯洛伐克族、马其顿族，各约占 0.11%；黑山族，约占 0.1%；日耳曼族，约占 0.07%；鲁塞尼亚族，约占 0.05%；乌克兰族，约占 0.04%；俄罗斯族，约占 0.02%；犹太族、奥地利族、保加利亚族、波兰族、罗马尼亚族、土耳其族、瓦拉几族，各约占 0.01% 或不足 0.01%。克罗地亚族主要信奉天主教，塞尔维亚族主要信奉东正教，波斯尼亚族主要信奉伊斯兰教。

克罗地亚人是古斯拉夫人的一支。公元 6 世纪至 7 世纪初，克罗地亚人部落从今天乌克兰共和国的下多瑙河谷地区西迁至今天的克罗地亚一带定居。8 世纪建立起较强的部落联盟，9 世纪逐渐走向统一。从 11 世纪末至第一次世界大战结束，克罗地亚又先后被匈牙利人、哈布斯堡王朝、奥匈二元帝国、土耳其人、意大利人和法国人等外族所统治或侵略。

1918 年，塞尔维亚、克罗地亚和斯洛文尼亚合并成立南斯拉夫王国，1945 年成立南斯拉夫联邦人民共和国，此后的 20 余年里，多个民族生活在一个国家，人口流动十分频繁，不同民族通婚的现象时有发生，许多其他民族的居民也移居到克罗地亚。

1991 年，克罗地亚宣布脱离南联邦而独立，境内的塞尔维亚人坚决反对，随之单方面宣布脱离克罗地亚独立，成立了塞尔维亚克拉伊纳共和国，并与波黑境内的塞尔维亚族控制区及塞尔维亚共和国合并。克罗地亚政府坚持对克拉伊纳塞族控制区恢复行使主权，和平谈判破裂后与境内的塞尔维亚人和南斯拉夫人民军发生战争。克罗地亚和塞尔维亚两族关系恶化到第二次世界大战结束以来的极点。

南联邦的解体、民族间的冲突以及局部战争的爆发导致某些民族与种族的分布产生新的变化，其他民族在克罗地亚所占比重有所减少，特别是克罗地亚和塞尔维亚两族的尖锐冲突，使得塞尔维亚人在克罗地亚的人口数量锐减，从 1991 年的 12.16% 减少到 2001 年的 4.54%。

📖 语言国情沿革与发展

20 世纪前克罗地亚的语言国情

公元 6 世纪，克罗地亚人从白克罗地亚（或称大克罗地亚，今波兰和捷克的一部分）迁出时，讲古克罗地亚语，属古斯拉夫语的一支。

公元 9 世纪，拜占庭帝国应大摩拉维亚帝国（当时克罗地亚部分疆土在大摩拉维亚帝国统辖范围内）的请求，派希腊萨洛尼卡城的西里尔兄弟到摩拉维亚用斯拉夫语传播基督教。西里尔兄弟在希腊文的基础上创制出一套斯拉夫文字——格拉果尔文字。格拉果尔文字在很长的历史时期内被看作克罗地亚文字，甚至被认为是克罗地亚文化的本质特征之一。公元 1100 年，兹沃尼米尔国王向克尔克岛上的一所本笃会女修道院捐赠了一篇最早用格拉果尔文字书写的文章，这奠定了克罗地亚文学发展的基础。中世纪晚期，克罗地业的法律文本、条约以及《圣经》故事、传说、《新约》和西方中世纪文学的译著都是用格拉果尔文字书写的。1054 年基督教分裂为天主教和东正教后，克罗地亚人改信天主教，接受了天主教正式用语并改用拉丁文字。

进入 19 世纪之后，随着欧洲进步思想的传播、法国大革命的影响、欧洲民族民主运动的发展以及克罗地亚民族资产阶级的成长，克罗地亚的民族意识开始觉醒。加上新式学校的兴办，一批具有进步思想的知识分子于 19 世纪 30—40 年代发动了被称为"伊利里亚运动"的语言文化运动，旨在用巴尔干原始居民伊利里亚人的文明来唤醒民族意识、倡导民族统一。

当时，克罗地亚各地文字拼写十分混乱，人们使用的拉丁字母中某些特定的音节一直没有统一的字母。路德维特·盖伊在克罗地亚语拼写法的基础上，根据捷克语、斯洛伐克语和波兰语进行修改，使每个字母对应克罗地亚语的一个音位，也能对应塞尔维亚语西里尔字母，改革并规范了克罗地亚语的拼写规则。1830 年，盖伊在匈牙利布达出版了《克罗地亚－斯拉沃尼亚语正字法概要》，是当时流行的关于克罗地亚语拼写法的著作。

19 世纪中叶，塞尔维亚和克罗地亚签订协议，将他们的语言定名为塞尔维亚－克罗地亚语（或克罗地亚－塞尔维亚语）。

20 世纪以来克罗地亚的语言国情

1945 年 11 月，南斯拉夫联邦共和国成立，塞尔维亚－克罗地亚语与马其顿语和斯洛文尼亚语成为南联邦时期的三大官方语言。然而，塞尔维亚－克罗地亚语却使用两种拼写方法，塞尔维亚人用西里尔字母，克罗地亚人用拉丁字母，所以同一个词在语义特别是拼写读音方面差异很大，这就造成塞尔维亚和克罗地亚民族关系紧张的潜在危机。1967 年，《塞尔维亚－克罗地亚语言词典》前两卷出版，这被看作确定全国性标准读音的权威性词典，但克罗地亚知识界认为一些标准的克罗地亚用语在词典中被塞尔维亚化了。克罗地亚 19 个文学团体联合发表《关于克罗地亚书面语言的名称和地位的宣言》，抗议这部词典对克罗地亚文字的歧视，从而引发了一场持续近 5 年的"克罗地亚危机"。克罗地亚的知识分子强烈要求把塞尔维亚－克罗地亚语看作两种不同的语言，并写进宪法，还要求克罗地亚社会生活的各个方面都必须使用克罗地亚语，基础学校的学生也只能学习克罗地亚语。1971 年，克罗地亚学者编纂的克罗地亚语音标及词典正式出版。

南斯拉夫分裂后，克罗地亚和塞尔维亚各自重新使用自己语言的名称。现在两国的官方和民间都不承认有"塞尔维亚－克罗地亚语"或"克罗地亚－塞尔维亚语"的存在，他们认为塞尔维亚语和克罗地亚语是两种非常相似但又互相独立的语言。

克罗地亚独立后，为了维护民族稳定，把保护少数民族的语言和文化作为政府的基本政治任务之一。宪法第 15 条规定，在克罗地亚共和国，所有民族成员平等，对所有大小民族的成员均保障其表达民族属性的自由，保障自由使用自己的语言和文字，并保障文化自治。2000 年 5 月，随着宪法的修订，颁布了两个有关语言文字的法律：《在克罗地亚共和国使用民族语言文字法》和《用民族语言及文字教学法》。

🤝 语言服务

中国开设克罗地亚语专业的高校有 1 所，为北京外国语大学，招收本科生和硕士研究生。

中国在克罗地亚设立的孔子学院有 1 所，为萨格勒布大学孔子学院，合作单位为上海对外经贸大学。

克罗地亚开设中文专业的高校有 1 所，为萨格勒布大学，该校设立了三年学制的汉语专业作为第二或第三选修专业。另外，萨格勒布经济学院开设了汉语选修课程，学制一年。

小贴士

⊙首都

萨格勒布，中欧历史名城，位于克罗地亚西北部，坐落在萨瓦河西岸、梅德韦德尼察山脚下，面积为 284 平方千米。

⊙姓氏

克罗地亚人名在前，姓在后。名字主要来源于圣人或圣徒名字、住地或封地名称以及其他抒情表意、工具器物、性格外貌一类的语词。姓氏来自父母或祖先的名字、职业职务或工具器物的名称等。女性婚后改随夫姓。三大姓氏为霍瓦特、科瓦切维奇和巴比奇。

⊙自然与经济

克罗地亚南部为亚得里亚海海岸；中南部为高原和山地；西南部为迪纳拉山地，多岩溶地貌；东北部为平原；北部为斯拉沃尼丘陵与萨瓦河沿岸平原。克罗地亚大体上处在东欧温带大陆性气候和南欧亚热带地中海气候的过渡带上。与亚得里亚海岸平行的迪纳拉山脉东北部的广大内地，属于过渡型大陆性气候，夏季温度较高；山区冬季多雪而寒冷，夏天较凉爽，降水量较大；沿海地带属于典型的亚热带地中海式气候，夏季漫长、炎热而干燥，冬季短促而温和，降水量较大。主要农产品为小麦、玉米、黄豆、葵花子、烟草、苹果、橄榄、葡萄等。主要农副产品为牛奶及乳制品、肉及肉制品等。

⊙美食

克罗地亚大陆地区的菜肴既有斯拉夫式的风格，又与匈牙利、维也纳和土耳其的很多美食联系密切，主要以肉制品、淡水鱼和蔬菜为主。沿海地区深受希腊、罗马、伊利里亚和后来的地中海菜系——意大利菜和法国菜的影响，以海鲜为主。酒主要有达尔马提亚葡萄酒、巴比克酒、玛尔维萨白葡萄酒、普罗塞克和温克缇娜酒，以及各种利口酒，如著名的黑樱桃酒。

⊙节日

新年（1月1日）、狂欢节（一般在2月，以多姿多彩的大游行著称。以兹沃尼查尔的狂欢节大游行最负盛名。里耶卡的国际狂欢节是欧洲传统狂欢节）、复活节（3—4月间，传统风俗主要包括制作克莱佩塔利科和采格尔塔利科——能够发出格格声的物品和铃舌，饮葡萄酒，编织枝条，制作复活节彩蛋，用彩蛋打"蛋仗"）、圣诞节（12月25日）、国庆节（6月25日）等。

⊙名胜古迹

杜布罗夫尼克古城 位于克罗地亚亚得里亚海的南部，被誉为"亚得里亚海明珠"和"城市博物馆"。建于中世纪后期，城内完好地保存了中世纪时期的城市特征。杜布罗夫尼克大公府是城内最具代表性的建筑，曾是"共和国"政府所在地，建于15世纪，古朴典雅，既保持了原有的哥特式风格，又融入了巴洛克和文艺复兴时期的建筑特色。1979年，杜布罗夫尼克古城作为文化遗产入选联合国教科文组织《世界遗产名录》。

幼发拉底王宫 位于波雷奇的长方形教堂，以幼发拉底主教的名字命名。长方形教堂是基督教建筑的典范，并以独特的方式融入了古典主义和拜占庭王国的元素。教堂的后殿装饰了大量的镶嵌图案，这是欧洲最为重要的一种图案。

特罗吉尔古城 建于公元前3世纪，位于达尔马提亚的中心，靠近斯普利特。特罗吉尔是体现城市整体连续性的典范，岛上直角街道的设计可以追溯到希腊时期，后来的统治者又使用许多精美的公共场所以及住宅和防御工事对其进行修饰，威尼斯时期出色的文艺复兴式和巴洛克式建筑又对罗马式教堂进行了补充。特罗吉尔大教堂是其最重要的建筑，也是克罗地亚最重要的罗马哥特式建筑。1997年，特罗吉尔古城作为文化遗产入选联合国教科文组织《世界遗产名录》。

普利特维采湖群国家公园 位于克罗地亚西部利卡－塞尼县，克罗地亚最大、最美和最有名的国家公园。普利特维采湖群由16个天然湖泊组成，湖泊根据地形不同分为高低两组，上组位于白云石亚地层山上，下组则处在一条石灰岩峡谷中，湖水颜色深邃多变。湖群四周环绕着茂密的森林，其中生活着许多稀有动物。1979年，普利特维采湖群国家公园作为自然遗产入选联合国教科文组织《世界遗产名录》。

史塔瑞格雷德平原 位于亚得里亚海赫瓦尔岛上的文化景观，以古老的石墙和小型石砌居所为特色。2008年，史塔瑞格雷德平原作为文化遗产入选联合国教科文组织《世界遗产名录》。

拉脱维亚国旗呈长方形，长宽比 2：1。旗面自上而下由红、白、红三个横宽条组成。这里的红色是一种独特的暗红色，国际上习惯称之为"拉脱维亚红"，象征拉脱维亚人勇于献身祖国的精神；白色则象征拉脱维亚人对和平、安宁的向往和渴望。

自由纪念碑

拉脱维亚 | The Republic of Latvia

拉脱维亚　LATVIA

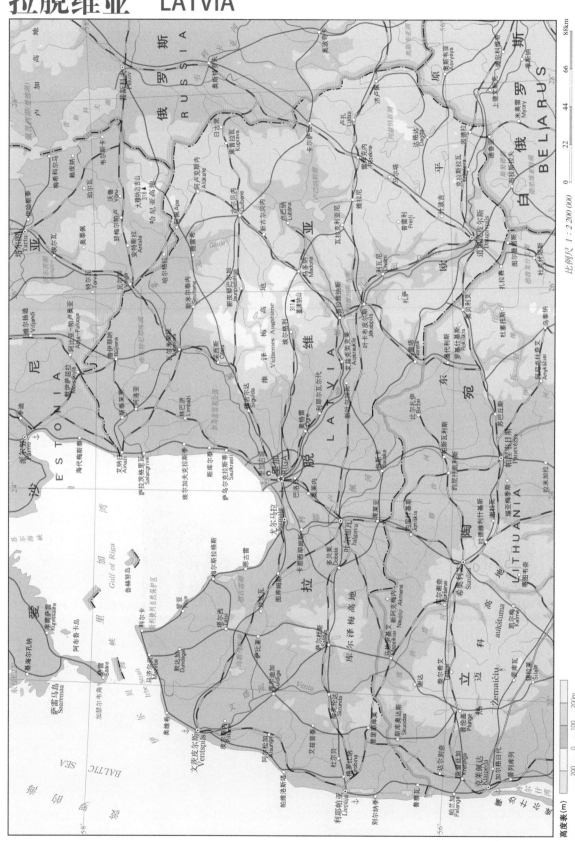

比例尺 1 : 2 200 000

0　22　44　66　88km

高度表(m)

200　0　100　200m

拉脱维亚，全称拉脱维亚共和国，位于波罗的海东岸，北与爱沙尼亚、南与立陶宛、东与俄罗斯、东南与白俄罗斯毗邻。国土面积 64 589 平方千米，人口约 200 万。

语言

拉脱维亚语是拉脱维亚的官方语言，使用人数近 200 万（包括居住在他国的拉脱维亚人）。有关拉脱维亚语的最早记录见于 1585 年的《天主教教理问答手册》。现代标准拉脱维亚语以中部方言为基础，形成于 19 世纪末 20 世纪初。拉脱维亚书面语为全体拉脱维亚人所使用，但拉脱维亚口语常带有方言特点。拉脱维亚语的主要方言有中部方言、高地拉脱维亚语、利冯尼亚方言。中部方言主要分布在拉脱维亚中部及西南部地区，该方言又分为维泽梅、库尔斯和塞米加利亚 3 种变体。高地拉脱维亚语分布在东部地区，该方言在语音上与拉脱维亚语其他方言有些差别，有塞洛尼亚和非塞洛尼亚两种变体。利冯尼亚方言，也称塔赫米亚方言或西部拉脱维亚语，受到利冯尼亚语言底层的部分影响，分为维泽梅和库尔兰两种变体。

历史上的移民使得拉脱维亚境内存在大量少数民族，因此拉脱维亚境内说拉脱维亚语的人大多为非本族裔居民。苏联解体前，拉脱维亚语和俄语都是官方语言。苏联解体后，俄语丧失官方语言地位，拉脱维亚语成为唯一的官方语言，并被规定为公共场所通用语，在教育中起着重要作用。这也使得少数民族不得不使用拉脱维亚语。

拉脱维亚语和立陶宛语是印欧语系波罗的语族仅存的两种语言，在词汇和语法上保留了印欧语系早已过时的语言特征。拉脱维亚语的词重音一般落在第一个音节上，经过多年的发展变化，音高重音已经不复存在，任何由两个短音节构成的音节核心都表示一个区别性声调。在单词的尾部音节上，拉脱维亚语存在短元音和单元音，与立陶宛语的长元音和双元音不同。此外，尽管拉脱维亚语早期词汇与立陶宛语相似，但拉脱维亚语具有更多的新创词。加前缀、后缀和复合构词法是拉脱维亚语的主要构词手段。作为屈折型语言，拉脱维亚语失去了许多屈折词尾；语法分阳性和阴性、单数和复数；动词有 3 个人称、3 种时态（现在时、过去时、将来时）；名词有主格、与格、宾格、呼格、属格、工具格和方位格。拉脱维亚语的文字以拉丁字母为基础，共有 33 个字母，其中 22 个为原拉丁字母，另 11 个字母在原拉丁字母的基础上加变音符号。

拉脱维亚语示例：

Visi cilvēki piedzimst brīvi un vienlīdzīgi savā pašcieņā un tiesībās. Viņi ir apveltīti ar saprātu un sirdsapziņu, un viņiem jāizturas citam pret citu brālības garā.

（人人生而自由，在尊严和权利上一律平等。他们赋有理性和良知，并应以兄弟关系的精神相对待。）

俄语也是拉脱维亚境内常用的语言，约有 33.8% 的拉脱维亚人能使用俄语。此外，约 0.6% 的人讲波兰语、乌克兰语和白俄罗斯语，9.4% 的人讲其他语言。

民族

拉脱维亚是一个多民族的国家。"拉脱维亚"这一名字来源于波罗的海 4 个部落之一的古代拉特加莱人，在公元 8—12 世纪，这一群体是拉脱维亚居民的核心组成部分。13 世纪之后德国人控制了拉脱维亚地区，16 世纪至 17 世纪初拉脱维亚民族形成，18 世纪之后，沙俄和苏联相继兼并了这一地区。第二次世界大战以前，在现在的拉脱维亚境内，拉脱维亚族仍占大多数，非拉脱维亚族约占 25%，其中俄罗斯族约占 10%，犹太人约占 5%，德国人和波兰人约占 2%—3%。第二次世界大战结束后，犹太人和德国人的数量减少。但随着大批俄罗斯人、乌克兰人和白俄罗斯人的涌入，拉脱维亚族的比例大大降低，约占 61.1%。拉脱维亚境内的其他民族有：俄罗斯族，约占 26.2%；白俄罗斯族，约占 3.5%；乌克兰族，约占 2.3%；波兰族，约占 2.2%；立陶宛族，约占 1.3%；吉卜赛人、犹太人、爱沙尼亚人和德国人等，约占 3.4%。另有大约 20 万拉脱维亚人居住在美国、加拿大和阿根廷等国家。

尽管历史上很多年一直遭受日耳曼和沙俄的压制与蹂躏，拉脱维亚人始终保持着自己的民族语言、文化和生活习惯。拉脱维亚人的民间创作非常丰富，其中歌谣和叙事诗最为杰出。

拉脱维亚多数居民有自己的宗教信仰，主要信奉基督教新教、罗马天主教，另有部分居民信奉俄罗斯东正教、旧教、浸礼教等。但是只有极少数居民经常参加教会活动。

语言国情沿革与发展

独立前拉脱维亚的语言国情

今天的拉脱维亚大部分地区在古代被称为利沃尼亚，拉脱维亚人的祖先早在公元前 3000 年左右就在此居住。公元 5 世纪拉脱维亚出现阶级社会，后于 10—13 世纪建立了早期的封建公国。1285 年里加加入汉莎同盟，与欧洲其他部分保持密切的联系。17 世纪初拉脱维亚民族形成。1710—1795 年，拉脱维亚被俄国占领。1795—1918 年，拉脱维亚东部和西部分别被俄罗斯和德国割据。第一次世界大战结束后，拉脱维亚于 1918 年 11 月 18 日获得独立。第二次世界大战期间，苏联兼并拉脱维亚，并于 1940 年将其纳为加盟共和国。1991 年 8 月 22 日，拉脱维亚共和国恢复独立。

19 世纪以前，拉脱维亚社会的上层阶级主要由波罗的海德国人组成，这使得拉脱维亚语深受德语影响。19 世纪中期，由一群年轻的拉脱维亚人领导的民族觉醒运动，普及推广使用拉脱维亚语，为标准拉脱维亚语的形成奠定了基础。该运动同时对外来语进行拉脱维亚化。但是，19 世纪 80 年代沙皇亚历山大三世统治时期，随着俄罗斯化的开始，一些拉脱维亚语言学家甚至建议拉脱维亚语的文字采用西里尔字母。沙皇去世后，大约在 20 世纪初，民族主义运动再度出现。

作为官方语言的拉脱维亚语是在 20 世纪经历了多次语言政策变化后才得以确立的。苏联时期，俄罗斯化政策严重影响了拉脱维亚语，许多拉脱维亚人以及拉脱维亚的其他少数民族都面临着被驱逐出境或者受到迫害的危险。同时，由于来自乌克兰、白俄罗斯等地人口的大量迁入，拉脱维亚成了多民族地区，而这些移民不学拉脱维亚语，使得俄语一度成为占据主导地位的官方语言，拉脱维亚语及各少数民族语言则退居相对次要的位置。

20 世纪 80 年代后期，包括拉脱维亚在内的所有非俄罗斯共和国呼吁确立其民族语言的地位，旨在对抗俄语的统治地位。1988 年，拉脱维亚确立了拉脱维亚语的官方语言地位，后于 1998 年将此写入了宪法。

独立后拉脱维亚的语言国情

1991 年，拉脱维亚独立后，拉脱维亚语虽然成为唯一的官方语言，但俄语却在各民族的语言使用中占有相当的优势，为此，政府提出了语言归化政策，以加强民族认同。拉脱维亚的语言归化政策要求公民须掌握拉脱维亚语，并规定拉脱维亚语优异者可获得公民资格，体现了国家对语言的重视，把语言作为民族身份的标志。拉脱维亚独立后颁布的《语言法》明确规定了拉脱维亚语的国语地位，要求公共场合一律使用拉脱维亚语；还要求教育系统加强本国语言教育，并采取措施推广拉脱维亚语在广播、出版、公共标识语和公共生活中的运用。20 世纪 90 年代中期开始，政府规定只要公立大学用拉脱维亚语授课，政府可以提供一定的学费支持。2004 年起，规定在公立初级中学必须用拉脱维亚语授课。

继语言归化政策后，拉脱维亚议会于 2011 年 7 月通过《电子媒体法》，该法在很大程度上限制了广播和电视等媒体使用非国家语言进行报道的权利。2012 年，拉脱维亚举行了题为"是否设俄语为拉脱维亚第二官方语言"的全民公投，结果显示，74.8% 的民众反对将俄语设为第二官方语言，只有 24.9% 的人持支持态度。虽然当时有 44% 的居民讲俄语，但全民公投使俄语变成了标准的"外语"，而拉脱维亚语则保留了"拉脱维亚唯一官方语言"的地位。此外，拉脱维亚相关法律加强了对苏联时期迁入拉脱维亚的外国人及其子女公民身份的认定，法律要求此类群体必须通过拉脱维亚语言测试才能获得公民身份，否则不具有投票权，且无资格在公共部门任职。

在拉脱维亚，俄语地位问题一直是个敏感话题。拉脱维亚语被拉脱维亚看作"独立"的象征，公投结果反映出拉脱维亚主流社会进一步"摆脱"俄罗斯影响的现实态度。

在拉脱维亚政府的政策支持下，世界范围内近 200 万的拉脱维亚语使用者中，约有 140 万左右将拉脱维亚语作为母语。每年的拉脱维亚语出版物约有 2000 种，总发行量约 500 万册。这些书籍的出版在一定程度上巩固并加强了拉脱维亚语的语言地位。

此外，在保证拉脱维亚语官方语言地位的同时，拉脱维亚宪法规定，少数民族有保留和发展本族语言的权利，将拉脱维亚语、特加莱语和利冯尼亚语确定为本土语言，其他语言（包括俄罗斯语、白俄罗斯语、乌克兰语、立陶宛语、波兰语及罗马尼亚语）都作为外语或少数民族语言使用。这些语言政策很好地服务了拉脱维亚的民族整合。政府还提供资金资助少数民族小学实施双语教育，这些少数民族语言包括俄语、意第绪语、波兰语、立陶宛语、乌克兰语、白俄罗斯语和爱沙尼亚语等。

拉脱维亚人同时注重外语学习。2013 年特恩斯市场研究公司舆论研究结果表明，拉脱维亚 95% 的居民掌握一种外语。有 54% 的居民通晓两门外语，水平足以应付交流需要；13% 的居民掌握 3 种外语。

🤝 语言服务

中国开设拉脱维亚语专业的高校有 2 所，为北京外国语大学、北京第二外国语学院。

中国在拉脱维亚设立的孔子学院有 1 所，为拉脱维亚大学孔子学院，合作单位为华南师范大学。另有孔子课堂 1 个，为里加文化中学孔子课堂（波罗的海三国中小学第一所孔子课堂）。

拉脱维亚开设中文专业的高校有 1 所，为拉脱维亚大学。1991 年拉脱维亚大学外语学院东方语言系开设汉语专业；2005 年改为拉脱维亚大学现代语言学院亚洲学系汉语专业。另外，瓦尔米耶拉市的维泽梅大学开设了汉语课程。

小贴士

⊙首都

里加，濒临里加海湾，北距波罗的海15千米，面积302.8平方千米。里加是拉脱维亚经济和文化中心，也是3个波罗的海国家（立陶宛、拉脱维亚、爱沙尼亚）中最大城市，其港口战略意义重大，被称为"波罗的海跳动的心脏"。

⊙姓氏

拉脱维亚人的名字大约有1000种。大多数人的姓名来自当地的各种欧洲教名，通过研究姓氏，可以追溯一个家庭的根源到一个特定的教区。少数源自德国、波兰、瑞典和俄罗斯的姓氏。

⊙自然与经济

拉脱维亚境内地势低平，大部分是平原，有低地和低丘，平均海拔87米，东部地势略高，西部滨海多沙滩。境内有许多河流和湖泊。拉脱维亚气候温和湿润，属海洋性气候向大陆性气候过渡的中间类型。夏无酷暑，冬无严寒，气候宜人，雨水充足，年降水量500—600毫米，湿度大，全年约有一半时间为雨雪天气。工农业基础较好，矿产资源较贫乏。种植业以亚麻、甜菜、谷物、马铃薯和饲料为主。畜牧业主要是肉、奶两用的养畜业，饲养猪和牛，养蜂业发达。滨海和岛屿地区的居民从事渔业。

⊙美食

拉脱维亚居民的主要食物为面食、豌豆、肉冻、酸奶汤、面包汤、香肠、带有葛缕子的黑面包，奶酪、蜂蜜和莓果也是出了名的美食。特色菜有夹着腊肉和洋葱的馅儿饼、牛奶鱼汤、奶油大麦汤以及黑面包布丁等。当地人喜欢喝啤酒，啤酒种类繁多，以里加啤酒最为著名。

⊙节日

圣诞节（12月25日，在拉脱维亚传统文化中，圣诞节是太阳少女获得重生之日，最有名的传统是面具表演）、复活节（3—4月间）、詹尼节（6月，又称夏至节，拉脱维亚历史最悠久、最受人们喜爱的节日，詹尼烟火是仲夏庆祝的主要方式）、独立日（11月18日）等。

⊙名胜古迹

里加 拉脱维亚首都，被看作是欧洲最精美的"新艺术"建筑风格的中心。里加历史中心分老城和新城，包括砖制圆顶屋、圣彼得教堂、圣雅可比教堂、圣约翰教堂、火药塔、瑞典门、里加城堡以及许多博物馆和艺术画廊等著名的景点。1997年，里加历史中心作为文化遗产入选联合国教科文组织《世界遗产名录》。

尤尔马拉 "尤尔乌拉"意为海滨。绿地占城市面积的一半，明亮的白色沙滩长达33千米，是波罗的海地区最大的海滨度假疗养胜地，被誉为"波罗的海的宝石项链"，被欧盟委员会授予"欧洲卓越目的地"称号。

锡古尔塔 主要包括始建于1207年的希古达城堡、始建于1214年的图瑞达（意为神的花园，由古城堡、博物馆和教堂组成）、高亚河山谷、洞穴、庄园等景点，以及缆车、滑雪等娱乐项目。

隆达烈宫 建于18世纪，是俄罗斯圣彼得堡冬宫的设计者、意大利裔俄国建筑师拉斯特雷利为库尔兰公爵设计的夏宫，被誉为"小凡尔赛宫"。宫殿内有壁画、油画、花瓶和天花板雕花等艺术作品，宫殿外环绕着玫瑰花园。

森林公园 拉脱维亚是世界第二大绿色国家，森林公园众多，主要有特尔维特自然公园、凯美瑞国家森林公园和高亚国家森林公园。高亚国家森林公园内景点包括野生动物园、木雕和"欧洲卓越目的地"利盖特内村。特尔维特公园也被授予"欧洲卓越目的地"称号，同样以木雕著称。凯美瑞国家森林公园是欧洲最大的湿地公园。

老挝国旗呈长方形，长宽比 3 : 2。国旗以红、蓝及白为主色，上下为红色的长方形。蓝色象征富饶美丽的国土，表示人民热爱和平安宁的生活；中间为白色圆轮，象征老挝人民及国家光明的未来；红色象征革命，表明不惜以鲜血为代价捍卫国家尊严。

老挝

The Lao People's Democratic Republic

塔銮

老挝 LAOS

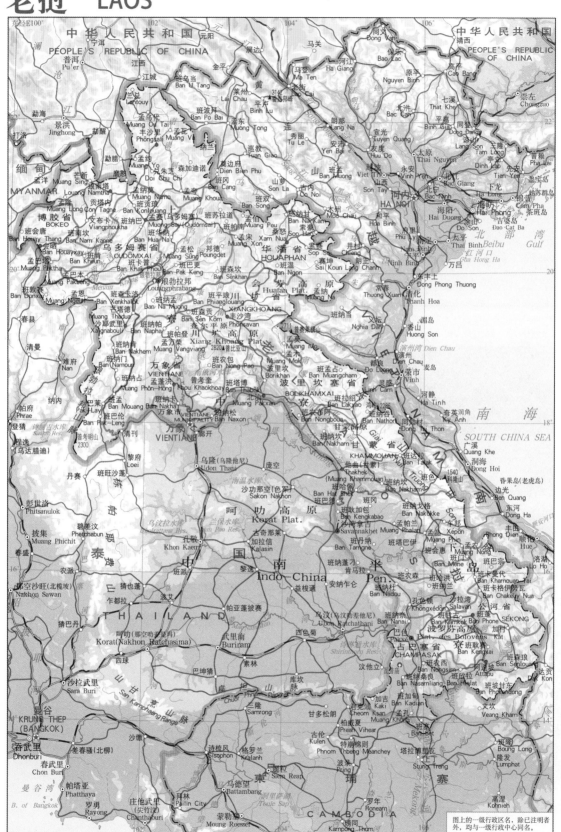

图上的一级行政区名，除已注明者外，均与一级行政中心同名。

老挝，全称老挝人民民主共和国，是位于亚洲中南半岛东部唯一的东南亚内陆国家，北靠中国，南接柬埔寨，东临越南，西北西南毗连缅甸、泰国。国土面积 236 800 平方千米，人口约 651 万。

💬 语言

老挝的官方语言是老挝语。全世界老挝语的使用人口约 2000 万；其中老挝境内使用人口 450 多万，约占老挝人口总数的 69.1%。老挝语内部方言差异较大，有上寮、中寮和下寮 3 种方言，中寮方言的万象话是老挝标准语的基础。除老挝通行老挝语外，泰国北部和东北部的部分地区也说老挝语。越南、泰国和柬埔寨的泰族，缅甸的掸族，中国的傣族、壮族的语言和老挝语语源相同，语言相似程度较高。

老挝语隶属于汉藏语系壮侗语族壮傣语支，是一种声调语言，有 6 个声调（低平调、中平调、高平调、中升调、高降调、低降调）；共有 29 个元音，其中单元音 18 个、复合元音 6 个，另有 5 个特殊元音；辅音 32 个，其中低辅音 12 个、中辅音 8 个、高辅音 12 个。老挝语的构词方式主要有偏正式、联合式等。老挝语属于孤立型、分析型语言，缺少形态变化，语序和虚词是表达语法意义的主要手段。老挝语属于 SVO（主语＋谓语＋宾语）型语言，名词修饰语常出现在名词之后；量词很丰富，数词、量词和名词组合时，顺序为"名＋数＋量"，但当数词为"一"时，数词则后置于量词。

老挝语采用的文字系统属于表音音位文字，有两种不同的形体：一种是较古老的文字，称为"多坦"，意为经文，其形体和拼写均似旧傣仂文，多见于贝叶经中，常在佛教寺庙中使用；另一种称为"多老"，意为老文，形体和拼写都类似现代的泰文，但经过皇家教令的正字法改革，标音规则性更强。

老挝语示例：

ເຈົ້າຊິໄປໃສຊັ້ນນະ?

（你要去哪里呢？）

老挝境内民族众多，语言丰富。除老挝语外，还有克木语、北赖语、台登语、普泰语等 84 种语言。其中，50 多种语言运用相对较多，10 种语言使用人数相对较少，2 种语言已濒临消亡。使用人口数量较多的语言有：克木语，使用人口约 61.4 万，约占总人口的 9.4%；北赖语，使用人口约 21.9 万，约占 3.4%；台登语，使用人口约 20 万，约占 3.1%；普泰语，使用人口约 18.7 万，约占 2.9%；赫蒙语，使用人口约 17 万，约占 2.6%；泐语，使用人口约 12.3 万，约占 1.9%；卡唐语，使用人口约 11.8 万，约占 1.8%；青苗语，使用人口约 10 万，约占 1.5%；阿卡语，使用人口约 6.6 万，约占 1%。其他一些民族的语言使用人口则较少，比如，台保语使用人口约 0.3 万；泰康语仅分布在波里坎赛省，只有 200 余人在使用。

老挝境内的语言主要涉及汉藏语系的壮侗语族、苗瑶语族、藏缅语族和南亚语系的孟 – 高棉语族。壮侗语族是老挝最大的语族，主要包括老挝语、泰语、普安语和普泰语；苗瑶语族主要包括苗语（老挝境内称赫蒙语，包括青苗语、红苗语和黑苗语）和瑶语；藏缅语族主要包括阿卡语、拉祜语、伊呙语、彝语；孟 – 高棉语族主要包括克木语、拉默语和高棉语。

老挝境内使用的外语主要是法语、英语和越南语。目前，只有很少一部分人会法语和英语，其中，英语用得更广泛一些。

👪 民族

老挝是一个多民族国家，族群众多，民族问题复杂。2000 年，老挝政府召开专门会议，讨论族群问题。2005 年出版的《老挝人民民主共和国各族群》一书公布的资料显示，老挝的民族有佬泰族群、孟 – 高棉族群、藏缅族群、苗瑶族群 4 个族群，共 49 个民族。佬泰族群包括佬、泰、润、央、普泰、泰泐、些克、泰纳；孟－高棉族群包括阿拉克、克木、巴莱、兴门、尔都、拉蔑、叁刀、卡当、玛龚、德里、达奥、日鲁、达伶、布劳、卡都、奥衣、卡伶、色当、雅晖、拉维、巴科、高棉、都姆、克里、温、毕、朋、艾、芒、薔、隋；藏缅族群包括巴拿、阿卡、拉祜、西拉、哈尼、俚俚、普内、贺；苗瑶族群包括苗、瑶。一般百姓并不太清楚 49 个民族的称谓，平时基本上使用 1985 年以前通用的"佬龙""佬听""佬松"的族称。

佬龙族，意为"居住在谷地里的老挝人"，包括讲佬泰各语言的族群，人数约占全国人口的 67%。其中最大的民族是佬族，人口近 300 万，约占总人口的 46.1%，通行老挝语，以种植水稻为生，多聚居在经济较为发达、地势较为平缓的平坝、江河沿岸和城镇地区，以万象平原、沙湾纳吉平原、巴色平原和湄公河沿岸及其支流地区居多，约占这些地区总人口的 80%。佬龙族主要信奉小乘佛教。

佬听族，意为"居住在山腰的老挝人"，属南亚语系族群，人数约占全国人口的 23%。其中克木族人数最多，这是一个跨境民族，在中国、越南、老挝、泰国、缅甸均有分布，但老挝人数最多，约 61 万，占老挝总人口的 9.4%。克木人是古高棉人的一支，主要分布在北部的南塔、乌端木塞、丰沙里、桑怒、川圹、琅勃拉邦和万象等省，最集中的是琅勃拉邦和乌端木塞，以种植稻谷、玉米、木薯为主。佬听族主要信奉佛教。

佬松族，意为"居住在高山上的老挝人"，人数约占全国人口的 9%。其中，赫蒙族（苗族）人口数量最多，50 多万，占总人口的 7.7%。这也是一个跨境民族，在中国、老挝、泰国、越南、缅甸均有分布；老挝东北部的川圹、华潘省，西北部的沙耶武里、波乔省，北部的琅勃拉邦、丰沙里、琅南塔、乌多姆赛省等地区都有他们聚居区，赫蒙人主要居住在山脉两侧的

高山地区，海拔多在 1000 米以上，经济水平一般落后于佬龙族、佬听族。佬松族主要信奉佛教。

贺族，指从中国云南迁徙而来的汉族，主要居住在风沙里、琅南塔、乌多姆赛、琅勃拉邦和华潘等省，总人口约 1 万。

作为一个多民族的内陆国家，老挝各民族的发展过程也受到周边国家的文化和经济的影响，其中对老挝当代民族影响较大的主要是越南和泰国。越南与老挝在近现代史是有"特殊关系"的国家，越南在政治和经济上对老挝有着较大的影响。泰国是一个在历史和民族领域都与老挝有着密切联系的国家，其民族和文化与老挝有着许多相似性，老挝语与泰语语源相同，二者在一定程度上可以互相交流。

📖 语言国情沿革与发展

20 世纪之前老挝的语言国情

老挝土地上较早的居民为古高棉人和孟人。公元 6 世纪之后，原属中国古代南方百越族群的、生活在中国云南大理洱海一带的佬族人的一支从洱海迁徙到西双版纳，8 世纪中叶继续向南迁徙至黄金大地，与当地古高棉人和孟族人杂居。12 世纪之前，整个老挝地区基本上属于高棉人的势力范围，尽管佬泰先民早已迁入这一地区，但是始终都处于高棉人的统治之下，老挝地区的优势语言是古高棉语，因而老挝语中存在大量的高棉语借词。

12 世纪末期，高棉人的势力在中南半岛走向衰弱，佬泰人迅速崛起，在老挝地区建立了孟斯瓦、老告、牛吼、盆蛮、哀劳等城邦制国家，其中琅勃拉邦的孟斯瓦比较强盛。1353 年，孟斯瓦王子法昂创建了老挝历史上第一个统一的中央集权封建主义国家——澜沧王国。澜沧王国的建立，标志着佬泰语真正取代了高棉语的统治地位。法昂王的梵文尊号为"宋勒帕昭法昂愣喇陀拉尼西萨达腊卡纳虎"，意为"百万大象土地

之君主"，为统一信仰，巩固统治，法昂定佛教（小乘佛教）为国教。17世纪末，澜沧王国达到全盛期，雄极中南半岛，由于历代封建统治者的倍加推崇，小乘佛教更加兴盛，终成为老挝人民日常生活中不可或缺的一部分。小乘佛教盛行之前，婆罗门教曾一度流行于老挝地区，随着佛教的日益传播和深入民心，梵语和巴利语成为老挝语中借词的最主要来源，梵语、巴利语借词极大地丰富了老挝语的词汇表达系统。

18世纪初，澜沧王国解体，先后分裂成数个小王国。18世纪末至19世纪末，老挝先后多次受到暹罗国的侵略和统治，老挝人被迫学习泰语，泰语成为老挝语借词的来源之一。

近代以来老挝的语言国情

1893年10月，在法国的武力威胁下，暹罗国与法国在曼谷签订了《法暹条约》，暹罗割让湄公河东岸的老挝领土给法国，从此，老挝由暹罗的属国变为法国的保护国，被并入"法属印度支那联邦"，一直到1954年，老挝历史称之为"法属时期"。

在法国统治的60年间，老挝的语言、文字遭到歧视，法语是老挝唯一正式的官方语言。法国统治者规定：中小学课程全部用法语讲授；初中学生在校只能用法语对话。官场上的一切公务活动只准讲法语，政府公务员，即使是做杂务的公务员，也只有懂法语才可能被录用，所以，法语在当时的老挝是绝对的优势语言。法语词汇，尤其是有关科学技术、政治、经济、军事等方面的词语，被大量借入老挝语。1945年老挝宣布独立，1947年建立了老挝王国。1947年5月11日颁发的《老挝王国宪法》确定老挝语为国语，法语为官方语言。

1954年9月，美国趁法国撤出老挝之机，成立了"东南亚集体防务条约组织"，把老挝置于"保护范围"之内。1964年5月美国出动飞机对老挝解放区进行大规模轰炸，1971年美国入侵老挝。为了达到通过语言同化来控制老挝的目的，殖民政府制定并采取了一系列的语言政策，大肆推广英语，老挝语在中学只是选修课，英语逐渐替代了法语在老挝的地位。美国的殖民统治导致老挝语中的英语借词开始大量出现，许多法语借词也被英语借词替换。

1975年，老挝人民民主共和国成立，12月2日，第一届老挝全国人民代表大会召开，会议确定老挝语为通用语，学校统一使用标准老挝语进行教学。1990年，召开老挝语言政策圆桌会议，成立专门的研究所负责监督和制定国家的语言政策，以促进官方老挝语的标准化建设。在这一进程中，法语的影响依然存在，街头的路牌一般是老挝语和法语的双语版，法语依然广泛应用于老挝政府、商界和教育领域。1997年，老挝加入东盟，作为东盟通用语言的英语近年来在老挝受重视的程度越来越高，老挝推行了一系列有利于英语推广的语言政策，并规定英语作为大学之前教育阶段的第二外语。

🤝 语言服务

中国开设老挝语专业的高校有8所，分别为解放军外国语学院、解放军国际关系学院、北京外国语大学、广西民族大学、广东外语外贸大学、云南民族大学、广西民族大学相思湖学院和红河学院。其中，解放军外国语学院、解放军国际关系学院为部队培养翻译人员。

中国在老挝设立的孔子学院有1所，为老挝国立大学孔子学院，合作单位为广西民族大学。

老挝开设中文系或中文专业的高校有3所，分别为老挝国立大学、万象警察高等专科学校和老挝国防学院。老挝的汉语教学根据教学对象和教学机构的不同大致可以分为3个层次：老挝国立大学等承担高等院校汉语教学，华侨公学承担中小学汉语教学，私人开办的汉语培训机构承担各级各类汉语技能的培训。目前老挝有 5 所华文学校，分别为万象寮都公学、北部琅勃拉邦市新华学校、中部甘蒙省他曲华侨学校、南部沙湾拿吉省坎他武里市崇德学校和百细市华侨公学。一些语言培训机构近些年也加入汉语教学的行列，对汉语在老挝的推广起到了很重要的作用。

小贴士

⊙首都

万象，位于湄公河中游左岸，隔河与泰国相望，是老挝最大的工商业城市，也是政治、经济和文化中心，人口约 85 万。市内寺庙、古塔随处可见，塔銮为老挝最著名的佛塔，是万象市的标志和东南亚重要名胜古迹之一。

⊙姓氏

老挝人的姓氏一般来自父名、地名、父姓、夫姓，取姓用词多来源于梵文、巴利文中吉祥的词，如"班雅、朱拉玛尼、冯沙万、丰萨万、诺萨万、翁沙万"等。老挝人一般只问名字不问姓氏，姓氏一般只在正式场合使用。老挝人一般都有两个名字，一是正式名字，二是小名（绰号、昵称）。通常是名在前，姓在后。名字前常添加一个称呼语，如男名前加"陶"（意为先生），女名前加"娘"（意为女士），贵族名前加"昭"（意为亲王），和尚名前加"马哈"（较高的僧侣等级）等。女性婚后改用丈夫的姓氏。

⊙自然与经济

老挝境内 80% 为山地和高原，且多被森林覆盖。地势北高南低，北部、东部为高原，西部是湄公河谷地和湄公河及其支流沿岸的盆地和小块平原。老挝属热带、亚热带季风气候，年平均气温约 26℃。雨量充沛，平均年降水量约为 2000 毫米。经济以农业为主，工业基础薄弱，旅游业发展潜力很大。矿产资源丰富，已发现的金属矿产有铜、铁、锡、铅、锌、锰等，非金属矿产有翡翠、蓝宝石、水晶等。

⊙美食

老挝美食以酸、辣、甜、生为主要特色，味道浓郁而少油腻。糯米饭是老挝人最爱吃的主食；竹筒饭是特色主食，将浸泡过的大米、糯米或紫米加上鱼肉、椰子汁或椰蓉，装入竹筒并用芭蕉叶封口，放在炭火上烧烤，味道清香可口。腊普是一种颇具老挝民族特色的菜肴，将新鲜鱼肉或猪肉、鸡肉、牛肉、鹿肉等剁细，拌以辣椒、香菜、番茄、柠檬、葱、蒜、盐、鱼露等制成。老挝烤鱼，鲜嫩爽口。此外，凉拌木瓜丝、酸辣汤、烧烤、考顿、皮阿等也是特色美食。

⊙节日

老挝人民军成立日（1 月 20 日）、老挝人民革命党成立纪念日（3 月 22 日）、独立日（10 月 12 日）、国庆日（12 月 2 日）、宋干节（佛历 1 月，又称泼水节）、佛诞节（佛历 4 月，又称吠舍法节）、高升节（佛历 6 月，又称六月节、火龙节）、塔銮节（佛历 12 月，因位于首都万象的塔銮而得名，仅在万象市举行）等。

⊙名胜古迹

琅勃拉邦古城 位于湄公河岸边，距离万象大约 500 多千米，海拔高度 300 米。古城反映了 19—20 世纪欧洲殖民者建造的城市结构与传统建筑相融合的风格。1995 年，琅勃拉邦古城作为文化遗产入选联合国教科文组织《世界遗产名录》。

占巴塞文化风景区 包括瓦普神庙建筑群、湄公河两岸的两座文明城市和普高山。瓦普神庙建筑群以山顶至河岸为轴心，在方圆 10 千米的地方，整齐而有规划地建造了一系列庙宇、神殿和水利设施，完美表达了古代印度文明中天人关系的文化理念，是一处完好保留了 1000 多年的人类文化杰作。湄公河两岸的两座文明城市和普高山体现了公元 5—15 世纪以高棉帝国为代表的老挝文化发展概况。2001 年，占巴塞文化风景区作为文化遗产入选联合国教科文组织《世界遗产名录》。

玉佛寺 澜沧王国的赛塔提腊国王于 1565 年下诏建设，位于万象市塞塔提拉大街，主要用来供奉从龙坡邦带来的碧玉佛像。玉佛寺是 3 层高的华丽建筑，藏有许多古代文化藏品。

黎巴嫩国旗呈长方形，长宽比 3：2。旗面上下为红色，中间为白色，旗面中间为绿色全株黎巴嫩雪松。红色象征自我牺牲，白色象征和平，雪松代表挺拔强劲的力量及纯洁、永生。

黎巴嫩

The Republic of Lebanon

巴勒贝克神庙

黎巴嫩 LEBANON

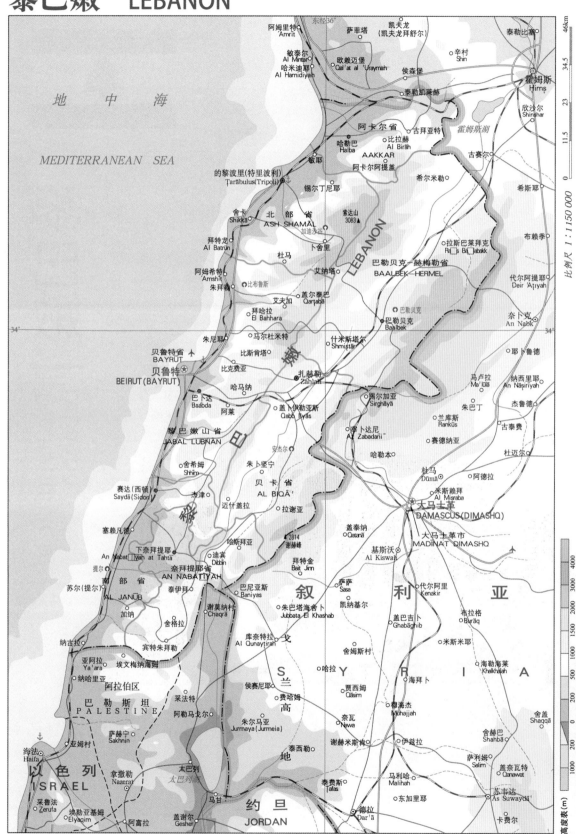

地 中 海

MEDITERRANEAN SEA

东经36°

阿姆里特 Amrīt
萨菲塔
凯夫龙 (凯夫龙拜舒尔)
泰勒比嫩

敏泰尔 Al Mintar
哈米迪耶 Al Hamidiyah
欧赖迈堡 Qal'at al 'Uraymah
辛村 Shin
侯森堡
霍姆斯 Hims
欣沙尔 Shinshar

阿卡尔省 AAKKAR
哈勒巴 Halba
比拉赫 Al Birah
古拜亚里特
霍姆斯湖
古赛尔

的黎波里(特里波利) Ţarābulus(Tripoli)
敏耶
锡尔丁尼耶
阿卡尔阿提盖
希尔米勒
希斯耶

舍卡 Shikka
北部省 ASH SHAMAL
索达山 3083▲
加迪沙谷
布赖季

拜特龙 Al Batrūn
杜马
卜舍里
拉斯巴莱拜克 Ra'is Ba'labakk

阿姆希特 Amshit
朱拜勒 比布鲁斯
艾纳塔
巴勒贝克-赫梅勒省 BAALBEK—HERMEL
代尔阿提耶 Deir 'Aţiyah

盖尔泰巴 Qarţaba
拜哈拉 El Bahhara
奈卜克 An Nabk

朱尼耶 马尔杜米特
什米斯塔尔 Shmiştār
巴勒贝克 Baalbek

贝鲁特省 BAYRUT
比斯肯塔
耶卜鲁德

贝鲁特 BEIRUT(BAYRUT)
比克费亚
扎赫勒 Zahlat
锡尔加亚 Sirghāyā
马卢拉 Ma'lūla
纳西里耶 An Nāşirīyah

巴卜达 Baâbda
哈马纳
朱巴丁
兰库斯 Rankūs
古泰费

阿莱
盖卜伊勒亚斯 Qabb Ilyās
宁卜达尼 Al Zabadāni
赛德纳亚

黎巴嫩山省 JABAL LUBNAN
安杰尔
杜迈尔

舍希姆 Shhim
朱卜坚宁
哈勒本
杜马 Dūmā
阿德拉

米斯赖拜 Al Misraba

赛达(西顿) Saydā(Sidon)
贝卡省 AL BIQĀ'
大马士革 DAMASCUS(DIMASHQ)

杰津
迈什盖拉
拉谢亚

塞赖凡德
2814
谢赫峰
大马士革市 MADINAT DIMASHQ

下奈拜提耶 An Nabaţīyah at Tahtā
哈斯拜亚
拜特金 Bait Jim
盖泰纳 Qastanā
基斯沃 Al Kiswah

提尔
奈拜提耶省 AN NABAŢĪYAH
迪宾
萨萨 Sasa
代尔阿里 Kenakir

苏尔(提尔) AL JANUB
南 部 省
泰伊拜
巴尼亚斯 Baniyas
凯纳基尔
布拉格 Burāq

谢莫纳村 Chaqrā
朱巴塔海舍卜 Jubbata El Khashab
盖巴吉卜 Ghabāghib
米斯米耶
海勒海莱 Khalkhalah

加纳
舍格拉
库奈特拉 Al Qunaytirah
戈兰高地
哈拉
舍姆斯村
海拜卜
舍盖 Shaqqā

宾特朱拜勒
贾西姆 Qāsim
穆海杰 Muhajjah

纳古拉
亚阿拉 Ya'ara
埃文梅纳海姆
侯赛尼耶
奈瓦 Nawa
伊兹拉

纳哈里耶
阿拉伯区
采法特
费哈姆
谢赫米斯肯
萨利姆 Salim
盖奈瓦特 Qanewat

巴勒斯坦 PALESTINE
阿勒马戈尔
朱尔马亚 (Jurmeia)
泰费斯 Tafas

萨赫宁 Sakhnin
亚姆村
马利哈 Malihah
舍赫巴 Shahbā

海法 Haifa
以色列 ISRAEL
太巴列 太巴列湖
泰西勒
东加里耶

采鲁法 Zerufa
拿撒勒 Nazerat
马甘
泰费斯 Tafas
苏韦达 As Suwaydā'

埃勒亚基姆 Elyaqim
阿富拉
盖谢尔 Gesher
约旦 JORDAN
德拉 Dar'ā

比例尺 1:1 150 000

46km
34.5
23
11.5
0

高度表(m)
4000
3000
2000
1500
1000
500
200
0
200
1000

34°

黎巴嫩，全称黎巴嫩共和国，位于亚洲西南部，南部接壤以色列、巴勒斯坦，东部和北部毗邻叙利亚，西部濒临地中海。国土面积 10 452 平方千米，人口约 458 万。

语言

黎巴嫩的官方语言为标准阿拉伯语，通用语言为法语和英语。

大部分黎巴嫩人在一般事务和口头交际中使用黎巴嫩阿拉伯语，也称黎巴嫩语，而标准阿拉伯语则广泛运用于法律文书、政府公文、新闻报刊、文学作品以及学术论文和著作等书面语体和正式的社交场合。黎巴嫩语属于黎凡特阿拉伯语的一种，可进一步划分为 7 种方言：北部黎巴嫩语、中部山区黎巴嫩语、南部黎巴嫩语、传统贝鲁特黎巴嫩语、贝卡黎巴嫩语、德鲁兹山区黎巴嫩语以及在最近几十年内发展形成的现代黎巴嫩语。在同一所大学里，来自北部的黎波里的学生有时会听不懂来自南部赛达的学生说的话。目前黎巴嫩绝大部分地区使用现代黎巴嫩语，其他方言均已濒临死亡。

黎巴嫩语与标准阿拉伯语的最大差别在于音节结构。在标准阿拉伯语中，每个单词的起始辅音必须紧跟一个元音构成一个单独音节，如迪拜（Dubai）；而在黎巴嫩语中，很大一部分单词在一开头便为两个甚至多个辅音，如布舍里（Bcharré）。

黎巴嫩语与标准阿拉伯语相比，还具有以下特点：句法更简单且无格的变化；不论主语是否被事先提及（即无论是动词句还是名词句），动词都需要与主语保持性和数的一致；还存在大量源自中东其他语言和欧洲语言的借词，其中大约 47% 来自阿拉伯语，40% 来自叙利亚语，5% 来自奥托曼土耳其语，5% 来自希腊语，3% 来自法语和英语。

黎巴嫩曾为法国殖民地，因此黎巴嫩人的

法语基础也很好。在黎巴嫩，大约 40% 的黎巴嫩人可以讲法语，有 70% 的中学使用法语作为教学语言。英语使用的广度要稍逊于法语，但由于英语国际通用语的重要地位以及近十几年来各级各类学校，尤其是高校，无论是在课程设置上还是在具体教学中对英语都十分重视，使得英语在黎巴嫩也具有十分重要的地位。亚美尼亚语是除法语、英语以外黎巴嫩人说得最多的语言，有不少黎巴嫩国民将亚美尼亚语作为第一语言，而将阿拉伯语、英语和法语分别作为第二语言、第三语言和第四语言，同时还懂点儿西班牙语或德语。

民族

黎巴嫩人的基因总体上与塞浦路斯、马耳他及其他现代黎凡特人种（如叙利亚和巴勒斯坦人）相似。在黎巴嫩总人口中，95% 为阿拉伯人，4% 为亚美尼亚人，1% 为其他人种（包括库尔德人、土耳其人和希腊人等）。

黎巴嫩是阿拉伯国家中唯一伊斯兰教不占绝对优势的国家，其境内有近六成的居民信奉伊斯兰教，主要是什叶派、逊尼派和德鲁兹派。什叶派穆斯林超过总人口的四分之一，主要集中在北部和西部贝卡、南部及贝鲁特南郊，黎巴嫩议会议长始终由什叶派穆斯林担任。逊尼派穆斯林也超过总人口的四分之一，大多集中在西部贝鲁特、的黎波里、西顿、中部和西部贝卡以及阿卡北，黎巴嫩总理始终由逊尼派穆斯林担任。德鲁兹派占总人口的 5.6%，主要聚居在黎巴嫩山和舒弗区。其他穆斯林教派，如伊斯玛仪派（什叶派中的一个极端派别）和阿拉维派，加起来不到总人口的 1%。

黎巴嫩境内近四成民众信奉基督教，主要为天主教马龙派、希腊东正教、罗马天主教和亚美尼亚东正教等。马龙派教徒是黎巴嫩最大的基督教团体，占总人口的 21%，黎巴嫩总统始终由马龙派教徒担任。

黎巴嫩人口分属不同的宗教派别，导致黎巴嫩民族和宗教问题更为复杂。在某种程度上来说，黎巴嫩的宗教信仰已经取代了族裔区分。换句话说，黎巴嫩的民族认同问题并非单纯依靠血统，而是主要围绕文化和宗教认同展开。

 ## 语言国情沿革与发展

早期语言国情和阿拉伯语国语地位的确立

总体来说黎巴嫩人的文化和语言遗产是腓尼基元素与几千年来征服过这片土地的所有异域文化融合的产物。腓尼基人早在 3000 多年前就已经生活在黎巴嫩这片土地上，并发明了腓尼基文字。公元前 12 世纪由于阿拉米人的大量迁徙，古黎巴嫩逐渐阿拉米化，多数民众放弃腓尼基语、迦南多神信仰的宗教及其文化规范，改用阿拉米语，并皈依基督教。

公元 7 世纪，阿拉伯人占领黎巴嫩，黎巴嫩阿拉伯语的国语地位自此逐渐确立。伍麦叶王朝哈里发阿卜杜·马立克和瓦立德一世在位时，强制推行阿拉伯化，规定阿拉伯语为官方语言，各级政府部门的公文一律使用阿拉伯语。这样，阿拉伯帝国内原有的民族和被征服的民族，包括黎巴嫩人，都被迫学习阿拉伯语，阿拉伯语成为帝国内的通用语言。在阿拉伯帝国分裂后，黎巴嫩虽然多次被异族征服，但黎巴嫩人一直使用阿拉伯语。

土耳其和法国统治时期黎巴嫩的语言国情

1517 年，黎巴嫩被奥斯曼土耳其帝国占领，其语言又受到土耳其语的影响，主要体现在口语方面，特别集中在食物、服饰和行政领域。近年来，土耳其语在黎巴嫩的社会地位日渐下降，使用频率在黎巴嫩人日常生活中呈明显降低的趋势，很多有土耳其词源的阿拉伯词语也不再通用。土耳其统治时期，黎巴嫩保留了绝大部分的自治权，这主要是由黎巴嫩的多宗派社会所决定的。黎巴嫩包含 6 个主要社群，分别是马龙派基督徒、希腊东正教基督徒、天主教基督徒、什叶派穆斯林、逊尼派穆斯林和德鲁兹派穆斯林。西方国家往往支持与自己具有相同宗教信仰的黎巴嫩社群，例如，法国支持马龙派基督徒和天主教基督徒，俄罗斯支持希腊东正教基督徒，土耳其则支持穆斯林。由于这些宗教上的联系，西方国家在黎巴嫩建立了很多学校，向黎巴嫩传播西方文化和语言。例如，法国耶稣会建立了以法语为教学语言的学校，如 1875 年所建的圣约瑟夫大学。美国新教徒也建立了很多以英语为教学语言的学校，如广为人知的黎巴嫩贝鲁特美国大学。

第一次世界大战后，黎巴嫩成为法国委任统治地，当时法语在黎巴嫩一度占主导地位，成为除阿拉伯语外的另一种官方语言，所有的学校都会教授法语，法语也成为各个教育系统的教学中介语言，即便是私立的美国和英国学校也必须教授法语。法国殖民者还从各个方面限制使用阿拉伯语，并且加大对黎巴嫩的建设，不断向其输出资本与技术，进行现代化港口、道路、教堂、学校等基础设施建设，进行文化殖民和意识形态的渗透。

独立后黎巴嫩的语言国情

1943 年 11 月 22 日，黎巴嫩宣布独立，成立黎巴嫩共和国，阿拉伯语被确定为唯一的官方语言。1946 年，法语和英语被规定为中学的两种必修语言，在课程体系上法语与英语被放在了同样重要的地位。

1975 年，黎巴嫩内战爆发，大部分公立学校的教学质量迅速下滑，而私立学校的数量上升，这些私立学校主要集中在大贝鲁特区域。使用英语作为教学语言的学校数量也呈上升趋势，大部分在内战时期建立的学校都是使用英语作为教学语言的，在一些法语主导的区域，也出现了很多以英语为教学语言的大学。

1989 年，内战结束后，黎巴嫩强调阿拉伯语的母语及唯一官方语言地位，但是仍然承认英语和法语的重要性。例如，1994 年黎巴嫩部长会议批准实施新的《国家语言课程》，规定黎巴嫩所有学校必须教授英语或法语。据 2006 年黎巴嫩教育部的调查显示，教授法语作为第一外语的学校占 55.8%，教授英语作为第一外语的学校占 21.6%，将英、法两种语言都视为第一外语进行教授的学校占 22.6%。

标准阿拉伯语虽然被定为黎巴嫩的官方语言，但黎巴嫩人对其认同感却因人而异。标准阿拉伯语在黎巴嫩穆斯林心中的地位相对比较牢固。出于宗教因素考虑，他们认为标准阿拉伯语是他们的母语，同时又是穆斯林最崇高的宗教经典《古兰经》的语言，为此必须积极捍卫标准阿拉伯语。而黎巴嫩基督徒对待阿拉伯语的态度相对比较激进，他们认为随着时代的进步，黎巴嫩社会的主流语言应使用法语和英语，而非标准阿拉伯语。黎巴嫩著名语言学家乔瑟夫·亚斯指出："标准阿拉伯语正面临着严峻的挑战，当代的年轻人始终在排斥它，更夸张的是许多青年人不知道如何正确书写标准语，难以背全阿拉伯语字母。"黎巴嫩教育部阿拉伯语学科带头人乔瑟夫·耶兹比克指出："潜在的问题在于不管是学生还是家长都觉得阿拉伯语并无多大用处，除了那些与阿拉伯语有直接关系的领域（如法律等），人们觉得在其他领域掌握阿拉伯语毫无工作前景可言。"

还有一些黎巴嫩语言学家则致力于树立黎巴嫩语的权威地位，甚至建立了"黎巴嫩语学会"网站来区分黎巴嫩语与标准阿拉伯语。19 世纪末 20 世纪初，黎巴嫩曾爆发过一场关于阿拉伯语和方言使用的争论。一方面，一些亲西方的激进阿拉伯学者附和一些欧洲东方学家的观点，主张与时俱进，以经济性和高效率为出发点，在处理一切事务时使用黎巴嫩阿拉伯语，而减少学习标准阿拉伯语的时间和精力。另一方面，很多阿拉伯民族主义诗人、作家和宗教学者强烈反对这种做法。他们认为阿拉伯语是把阿拉伯人和阿拉伯文化相互联结起来的重要纽带和核心成分；如果摒弃阿拉伯语，则意味着阿拉伯民族的分裂；另外，绝不能将优美丰富文学语言的标准阿拉伯语降格到方言水平。

虽然黎巴嫩已经独立 70 多年，"阿拉伯化"政策也实施了半个多世纪，但由于长期受法国的殖民统治，黎巴嫩在经济、政治、文化等领域对法国十分依赖，黎巴嫩人对法语的认同感也较强。调查显示，法语在黎巴嫩人的生活中确实地位非常重要，四分之三以上的人能看懂法国电影，超过一半的人喜欢看法语电影，近三分之一的人在公司或政府机构使用法语交谈，在黎巴嫩基督区这种比例则更高。另外，黎巴嫩各地的公路和街道的公示语大部分是法、阿双语，商业广告及各类商店名称基本只用法语或英语。法语不仅出现在经贸合同等文书中，还常用于一般公共事务。高等学府也多用法语教授医学、法学和经贸等现代学科课程。

另外，目前黎巴嫩人整体英语水平也颇高，其通用程度已接近法语。可以说，在教育、社交和企业界，法语和英语的使用已远胜过阿拉伯语，特别是在国际贸易和计算机领域，英语使用占主导地位。

🤝 语言服务

中国开设阿拉伯语专业的高校有近 40 所，具体参见"阿拉伯联合酋长国"（第 19 页）。

中国在黎巴嫩设立的孔子学院有 1 所，为黎巴嫩圣约瑟夫大学孔子学院，合作单位为沈阳师范大学。

黎巴嫩尚未有高校开设中文系或中文专业。

小贴士

⊙首都

贝鲁特，位于黎巴嫩海岸线中部突出的海岬上，面向地中海，背靠黎巴嫩山脉，是地中海东岸最大港口城市。面积为67平方千米。属地中海气候，年平均气温21℃，年温差小，冬季多雨。

⊙姓氏

黎巴嫩姓氏来源很多，其中很大一部分来源于其所在部落或所在家族的名称，有的也来源于某位先辈的绰号。受不同文化影响，其姓氏有的是来自阿拉伯语的准确音译，有的是音译的变体；有的姓氏已成英语化的姓氏，而有的仍保留阿拉伯语的源头。早期黎巴嫩人有的采用自己的绰号作为姓氏，而有的出于移民的考虑采用英国或爱尔兰姓氏。

⊙自然与经济

黎巴嫩境内地形由西向东为沿海平原、黎巴嫩山地、贝卡谷地和安提黎巴嫩山。黎巴嫩山纵贯全境，最高峰的海拔3083米的库尔内特－萨乌达山；河流众多，向西注入地中海。黎巴嫩属地中海气候，夏季炎热干燥，冬季微冷多雨。黎巴嫩实行自由、开放的市场经济，私营经济占主导地位。农业欠发达，农产品以水果和蔬菜为主。工业基础相对薄弱，以加工业为主。

⊙美食

黎巴嫩人的主食是鸡肉、牛肉、羊肉及蔬菜，有六成菜式都以蔬菜为主。肉类首选是羊肉，为尝到最鲜嫩的羊肉，黎巴嫩人有吃生羊肉的传统。

⊙节日

新年（1月1日）、东正教圣诞节（1月7日）、圣马龙节（2月9日）、天使报喜节（3月25日）、耶稣受难日（4月18日）、复活节（3—4月之间）、劳动节（5月1日）、烈士节（5月6日）、抵抗和解放日（5月11日）、开斋节（伊斯兰教历10月1日，伊斯兰教历每年的第9个月为斋月，第10个月的第1日到第3日是教徒们的开斋节）、独立日（11月22日）、圣诞节（12月25日）等。

⊙名胜古迹

比布鲁斯 中东地区乃至世界上少数几个一直有人居住的最古老的城镇之一，有古腓尼基人的神庙遗址、古罗马建筑的高大残柱、十字军修建的石头教堂和城堡。1984年，比布鲁斯作为文化遗产入选联合国教科文组织《世界遗产名录》。

巴勒贝克 位于黎巴嫩贝卡谷地外山麓，在希腊时期以太阳神而闻名，"巴勒贝克"即为"太阳之城"之意。巴勒贝克神庙是世界上最完整的罗马时期的神庙，为腓尼基文明与罗马文明融合的产物，也是世界上规模最宏伟的古罗马建筑群之一。1984年，巴勒贝克作为文化遗产入选联合国教科文组织《世界遗产名录》。

赛达古堡 建于1228年，是黎巴嫩南方省省会赛达最具历史性的建筑物之一。古堡是为抵御来自海上的敌人而建，包括两座警戒塔：一座位于古堡东北部，形状为矩形，由罗马时代的花岗岩石柱横向加固，还有一座奥斯曼帝国时期的小清真寺坐落于塔顶；一座位于古堡西南部，分为底层和顶层，分别修建于十字军时期和马穆鲁克时期。

卡迪沙圣谷 基督教马龙派的圣地和纪伯伦的故乡。卡迪沙圣谷是一个几百米深的切割峡谷，不同年代的教堂散布在谷底、岩洞和悬崖上，别具特色。1998年，卡迪沙圣谷作为文化遗产入选联合国教科文组织《世界遗产名录》。

贝特丁宫 位于贝鲁特南部45千米处，始建于18世纪末期，造型优美，雕刻精细，是阿拉伯传统建筑的瑰宝。贝特丁宫由巴哈尼埃宫、马斯塔宫和哈里姆宫3个部分组成，展现了当年王室成员的生活及办公全景。

立陶宛国旗呈长方形，长宽比 5∶3。旗面自上而下由三个平行相等的黄、绿、红长方形组成。其中，黄色带代表丰收、光明和善良，绿色带代表森林、自由和希望，红色带代表勇气以及抵御外敌时所洒下的鲜血。

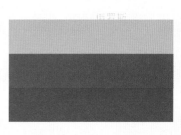

立陶宛

The Republic of Lithuania

特拉盖城堡

立陶宛 LITHUANIA

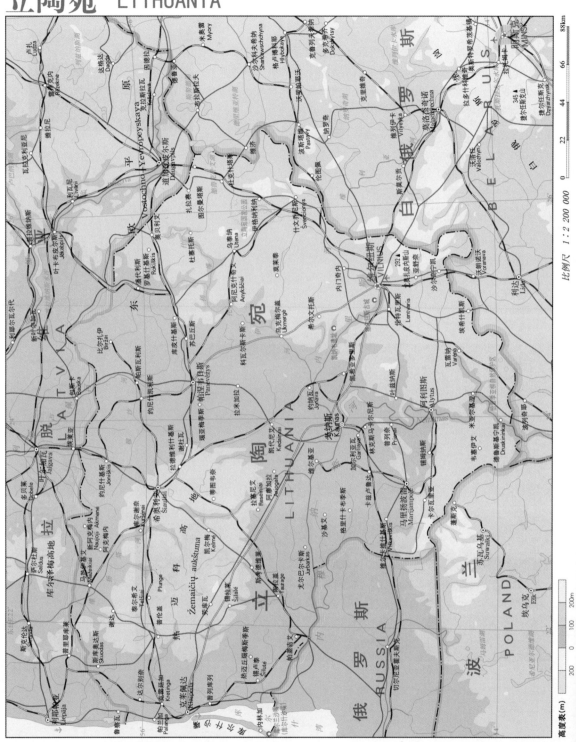

比例尺 1:2 200 000

高度表 (m)

立陶宛，全称立陶宛共和国，位于欧洲北部，北与拉脱维亚接壤，东、南与白俄罗斯毗连，西南与俄罗斯和波兰相邻，西面是波罗的海。处于亚欧交通走廊和波罗的海南北交通动脉的十字路口，是波罗的海三国中最大的国家。国土面积 65 300 平方千米，人口约 294 万。

🌐 语言

立陶宛语是立陶宛的官方语言和国语。立陶宛境内大约96%的人口都可以讲立陶宛语，大约85%的人口将立陶宛语作为母语。居住在国外的立陶宛人，绝大多数仍使用立陶宛语交流。

立陶宛语属于印欧语系波罗的语族。波罗的语族因波罗的海而得名，现仅存拉脱维亚语和立陶宛语两种语言。立陶宛语比拉脱维亚语的历史更为悠久。立陶宛语的方言差异较大，主要分为低地立陶宛语和高地立陶宛语。

语音方面，立陶宛语具有音高重音。辅音共 45 个，除 /j/ 外，其余 44 个辅音以腭化和非腭化两两相对；元音包括 6 个长元音和 5 个短元音，长短是其发音的主要特征，短元音的发音部位集中在舌中，长元音的发音部位偏向舌边缘位置。立陶宛语有丰富的屈折变化。名词有性、数、格的语法范畴；形容词的词形变化必须与名词的性、数、格保持一致；动词有时、体、态等屈折形态；主要通过附加法（添加前缀或者后缀）和复合法构词。立陶宛语使用拉丁字母书写，文字系统包含 32 个字母，一个字母通常对应一个音素。与英语相比，立陶宛语字母也区分大小写，其中包含 9 个英语中没有的字母，即 Ą、Č、Ę、Ė、Į、Š、Ų、Ū 和 Ž，并缺少 3 个英语使用的字母，即 W、Q 和 X。

立陶宛语示例：

Lietuviai taikos metu į pokalbį, "prašau" ir

"ačiū" yra labai dažnas, net žmonėms, kurie yra labai gerai susipažinę su jų pačių yra ne išimtis.

（立陶宛人在平时谈吐中，"请"与"谢谢"的使用非常普遍，即使对自己非常熟悉的人也不例外。）

在立陶宛，使用人数最多的少数民族语言是俄语和波兰语，分别有 8.2% 和 5.8% 的人口以其为母语。以俄语为母语的人主要包括俄罗斯人、白俄罗斯人、乌克兰人、犹太人等，他们大部分生活在城市。此外，还有 70% 的人口将俄语作为第二语言使用。以波兰语为母语的人主要居住在东南部，包括首都维尔纽斯等。在某些城镇，波兰语甚至作为主要语言使用。立陶宛也有许多用俄语和波兰语出版的报刊。

英语作为一门外语，在立陶宛的使用人口约占总人口的 30%，在青年人中这一比例更高，达到 80%。

👪 民族

立陶宛总人口的六分之五为立陶宛族。其他较具规模的民族有：波兰族，约占总人口的 6.7%；俄罗斯族，约占 5.8%；白俄罗斯族，约占 1.2%；乌克兰族，约占 0.5%。另外一些人口较少的民族，如犹太人、鞑靼人、德国人、罗马人、拉脱维亚人、摩尔多瓦人等，加起来约占总人口的 1.8%。犹太人、鞑靼人、德国人、拉脱维亚人、卡拉伊姆人和吉卜赛人都是传统的少数民族，每一个民族在立陶宛的历史都可以追溯到 14—15 世纪。

立陶宛族历史较为悠久。在距今约 12 000 年前的旧石器时代，现在的立陶宛境内已经有人类居住活动的痕迹。早期的立陶宛人主要由波罗的海西南岸和南部迁徙到麦尔吉斯河、涅里斯河及奈姆纳河流域。此后，立陶宛人与拉脱维亚部族结盟，共同抵御东北部芬兰乌戈尔族的侵略，并于公元前 2000 年前后形成了波罗的海部族。他们的活动范围从波罗的海向西延伸到伏尔加河流域，根据地域划分为东波罗的海人和西波罗的海人。东波罗的海人受外来民族影响较小，主要居住在欧洲东部。公元前 6 世纪至公元前 5 世纪，西波罗的海人逐步分化为普鲁士、库尔什和亚特维亚格 3 个部族。这段时间也是欧洲民族大融合的时期，哥特人迁入西波罗的海地区，而汪达尔人迁入了东波罗的海地区。经过长时期的复杂演变，一些小的波罗的海族群逐渐形成。其中，奥克什泰特人生活在立陶宛东部，雅特维雅吉人生活在南部，热买特人生活在西部，而库尔什人及泽姆加尔人生活在北部。19 世纪末，这些族群在共同生活、交流以及抵抗外来侵略的过程中不断融合，最终形成了今天的立陶宛族。立陶宛人大多信奉天主教，少数人信奉东正教。

波兰族作为立陶宛最大的少数民族，主要居住在立陶宛东南部的维尔纽斯地区。俄罗斯族是仅次于波兰族的第二大少数民族，主要集中在维尔纽斯和克莱佩达两大城市。犹太人在第二次世界大战前占立陶宛总人口的 7.5%，目前大约只有 3200 人生活在立陶宛。另外，原本人数较少的一些少数民族（主要指 1990 年之后来到立陶宛的新移民群体）的人口近年来有了较大的增长，例如土耳其人和中国人。

📖 语言国情沿革与发展

近代之前立陶宛的语言国情

史前和早期历史时期，立陶宛语只有口语形式，在立陶宛族聚居区使用。之后在民族的融合过程中，立陶宛语引入了拉丁语和波兰语，并从斯拉夫语和其他一些语言中借入词汇来进一步丰富发展。

14 世纪时，立陶宛是欧洲最大的国家，版图包括现在的俄罗斯、白俄罗斯、乌克兰以及

波兰的部分地区，当时的官方语言是斯拉夫语，拉丁语为辅助语言。1447 年，立陶宛大公卡西米尔·雅盖隆成为波兰的国王。这样，波兰和立陶宛实际上由同一个统治者统治。1569 年，根据卢布林条约，波兰－立陶宛联邦成立，双方约定如果与其他国家签订协议，需要经彼此同意。不过虽然立陶宛在当时保留了法律和军队等机构的独立，但波兰才是真正意义上的统治主体。波兰化对立陶宛的政治、语言、文化和国家认同都产生了深远影响。立陶宛的上层社会曾一度使用波兰语作为主要交流语言，在一些政府文件中，波兰语也曾取代立陶宛语。例如，1588 年，《立陶宛法规》仍使用鲁塞尼亚斯拉夫语书写，与早期的法典使用的书写语言相同；但从 1700 年开始，立陶宛的官方文件开始使用波兰语，贵族也开始在语言上被波兰化，在日常生活中主要使用波兰语。

立陶宛人也曾行动起来抵抗波兰化，但收效甚微。17 世纪和 18 世纪初，教会向农民和农奴传达上帝福音时，都使用立陶宛语。传教士纷纷学习立陶宛语，并以此推进宗教改革，但此举终因宗教改革的失败而告终，学习立陶宛语的传教士比例不断下降，立陶宛语甚至曾被禁止在维尔纽斯教堂使用。这一时期，立陶宛大公为了使立陶宛语免受波兰语的侵蚀，引入了德文，例如 1735 年出版的《圣经》译本就是用德语翻译的，但也未能扭转立陶宛波兰化进程。

沙俄和苏联统治时期立陶宛的语言国情

1655—1661 年、1700—1721 年，立陶宛经历了两次战争。第一次战争中，瑞典军队占领了立陶宛的领土；第二次战争立陶宛又遭到俄罗斯的入侵。由于对外长期战争，加上国内动乱不止，立陶宛国力迅速衰退，最终在 1772 年、1793 年和 1795 年被俄罗斯、普鲁士及奥地利先后三次瓜分后灭亡。立陶宛大公国的领

土，自此成为沙俄版图的一部分。俄罗斯女皇凯瑟琳曾在 1764 年秘密指示官员对被征服者进行俄罗斯化。沙俄教育部也公开发布声明，对所有外国人的教育目标应该是俄罗斯化。

立陶宛分别于 1831 年和 1863 年进行了两次民族起义，不过均遭到镇压。沙皇当局紧锣密鼓地实施了一系列俄罗斯化政策，如禁止立陶宛出版社出版著作，封闭立陶宛的文化和教育机构。俄罗斯斯拉夫派学者希法亭提议，为了方便俄罗斯语言学家研究立陶宛语，让立陶宛使用俄语字母表，这个提议迎合了俄罗斯化的政策。1864 年，俄语字母表正式在立陶宛语中使用，立陶宛的出版物必须用俄文书写。

19 世纪农奴制废除后，立陶宛语的地位获得了一定提升。一方面是因为立陶宛的领导人开始意识到立陶宛语的重要性，另一方面是印欧语言学的研究也在一定程度上促进了立陶宛语的发展。19 世纪后期，立陶宛开展了民族运动。为了摆脱沙俄的文化压迫，几代立陶宛文学家使用立陶宛语创作了大量立陶宛国家和民族历史题材的文学作品，促进了民族意识的觉醒。1904 年，针对立陶宛语出版物的禁令被沙俄解除后，立陶宛的文化和科学迅速发展，涌现出大量用立陶宛语书写的出版物。

1918 年 2 月 16 日，立陶宛委员会宣布立陶宛独立。同年 12 月至次年 1 月，苏维埃政权逐渐在立陶宛的大部分领土建立。1919 年 2 月，立陶宛与白俄罗斯联合，成立立陶宛－白俄罗斯苏维埃社会主义共和国，同年 8 月成立资产阶级共和国，并宣布独立。

1926 年立陶宛国内发生政变，立陶宛民族主义联盟上台执政。1939 年 9 月，苏联将被波兰侵占长达 19 年的维尔纽斯归还给立陶宛，但在 1940 年 6 月，根据《莫洛托夫－里宾特洛甫条约》（又称《苏德互不侵犯条约》）的秘密协议，苏联吞并了立陶宛。一年后纳粹占领立陶宛。德军撤退后，苏联重新统治了立陶宛。由于波兰的苏占区享有的权利要比立陶宛境内的波兰裔少数民族更多，所以，立陶宛境内的波兰裔少数民族纷纷移民，数量减少。

1944 年，立陶宛苏维埃社会主义共和国成立，加入苏联，俄语成为其官方语言。

独立后立陶宛的语言国情

1990 年 3 月 11 日，立陶宛宣布脱离苏联独立。次年 9 月 6 日苏联正式承认立陶宛独立，立陶宛语重新成为立陶宛的官方语言。立陶宛政府要求国家公共部门的雇员必须通过立陶宛语委员会批准的语言测试。

立陶宛于 1995 年发布《国家语言法》，规定：少数民族享有使用自己的语言组织活动和刊发信息的权利。电视和广播节目也播出除立陶宛语以外其他少数民族语言的节目，少数民族语言出版的图书和报纸也有销售。2003 年修订的《教育法》规定：教育机构必须在课程设置上包含有少数民族文化的内容，少数民族可以获得国家投资的中等和高等学校的受教育机会，包括用他们自己的语言讲授的课程。

进入 21 世纪后，随着加入北约和欧盟，英语对立陶宛的影响也越来越大。

🤝 语言服务

中国开设立陶宛语专业的高校有 1 所，为北京外国语大学。

中国在立陶宛设立的孔子学院有 1 所，为立陶宛维尔纽斯大学孔子学院，合作单位为辽宁大学。

立陶宛尚未有高校开设中文系或中文专业。

小贴士

⊙首都

维尔纽斯，位于立陶宛东南部维尔尼亚河和内里斯河的汇合处，是全国经济和文化中心。面积 394 平方千米。该城始建于 10 世纪，14 世纪时成为首都。"维尔纽斯"由立陶宛语"维尔卡斯（狼）"演变而来，该城因此又称狼城。

⊙姓氏

立陶宛最受欢迎的名字来源于基督教，中世纪立陶宛领导人妻子的名字也被普遍使用，如 Vytautas、Gediminas 等。立陶宛语有阴性词和阳性词的区分，所以没有男女通用的名字，女性的名字以 -ė 或 -a 结尾，大部分男性的名字则以 -as、-is 或 -us 结尾。此外，每个女性姓氏的词尾有三种变体：表示未婚（以 -aitė、-ytė、-ūtė 或 -utė 结尾），表示已婚（以 -ienė 结尾），不披露婚姻状况（以 -ė 结尾）。一些少数民族（尤其是被同化的民族）会在名字中加入立陶宛的词缀，例如，立陶宛一个叫 Ivan Ivanov 的俄罗斯族可能会把名字改为 Ivanas Ivanovas 或 Ivanas Ivanov。

⊙自然与经济

立陶宛地形以丘陵、平原为主，湖泊众多，全境有 3000 多个湖泊。立陶宛气候介于海洋性气候和大陆性气候之间，冬季较长，多雨雪，少日照；夏季较短而凉爽，日照时间较长。年平均降水量 748 毫米。工业是支柱产业，主要由矿业及采石业、加工制造业以及能源工业组成。畜牧业占农产品产值的 90% 以上，主要农作物有亚麻、马铃薯、甜菜和各种蔬菜，谷物产量很低。

⊙美食

主要食物有面食、土豆、甜菜、白菜、猪肉、羊肉和奶制品等。将猪肉和土豆做得极为美味，马铃薯布丁、土豆香肠、巴洛克式的年轮蛋糕都是很受欢迎的菜肴。火腿、香肠、熏猪肉是传统肉制品。他们一般都喜欢烤制食品，也爱吃土豆或豌豆煮的稀饭和用土豆泥、奶渣及肉末做的甜饺子。

⊙节日

新年（1 月 1 日）、国家重建日（2 月 16 日，1918 年 2 月 16 日立陶宛宣布国家重建，立陶宛共和国成立）、立陶宛重获独立日（3 月 11 日，1990 年 3 月 11 日立陶宛发表恢复独立宣言）、国家日（7 月 6 日，1253 年 7 月 6 日立陶宛国王明陶卡斯加冕）、万圣节（11 月 1 日）等。

⊙名胜古迹

十字架山 位于距离沙乌尼城 12 千米的沙乌尼至里格公路上，不到 3 层楼房高，只有一个足球场大。十字架山并非墓地，但整座山插有一万个左右的十字架，用来缅怀那些战争中牺牲以及下落不明的人，人们也借助它祈求囚犯赦免、身体健康、合家平安，并纪念幸福之日。

特拉盖城堡 位于加尔瓦湖湖心岛上，是立陶宛古代众多城堡中仅存的一个，也是立陶宛最著名的风景点。现在该城堡为历史博物馆，展出工艺美术作品，城堡客厅可举行音乐会。

维尔纽斯圣安娜教堂 著名的罗马天主教堂，位于维尔尼亚河河畔，哥特式建筑的代表作。立陶宛大公爵为其夫人安娜而建，最初为木质结构，1419 年不幸被大火毁坏，1582 年重建，高 22 米，宽 10 米，全部用红砖砌成，仅教堂外墙红砖就有 33 种不同形状，整体布局均匀，色调和谐。

莱姆斯克斯露天博物馆 位于考纳斯水库北岸的莱姆斯克斯小镇，是著名的露天人种志博物馆，也是欧洲最大的露天博物馆之一。该博物馆通过一系列真实的传统建筑展示立陶宛田园生活遗产，再现立陶宛人民的历史生活和工作环境。博物馆的农庄及其周边环境展示了立陶宛 4 个最主要的人种志地区——奥克什泰提亚、萨莫吉希亚、祖克亚和苏瓦尔克亚的风俗文化。

格迪米纳斯塔 维尔纽斯的著名景点，维尔纽斯上城堡唯一幸存的部分。该塔代表了维尔纽斯市乃至立陶宛整个国家的历史，在立陶宛货币和许多爱国诗歌中都曾出现过格迪米纳斯塔。塔内展示了其所在区域以及周边的一些考古遗迹，站在塔顶可以俯瞰维尔纽斯老城的风光。

　　罗马尼亚国旗呈长方形，长宽比3∶2。旗面从左至右由蓝、黄、红三个垂直长方形组成。蓝色象征蓝天，黄色象征丰富的自然资源，红色象征人民的勇敢和牺牲精神。在民族色彩上，蓝色象征特兰西瓦尼亚，黄色象征瓦拉几亚，红色象征摩尔多瓦。

罗马尼亚

Romania

国民议会大厦

罗马尼亚 ROMANIA

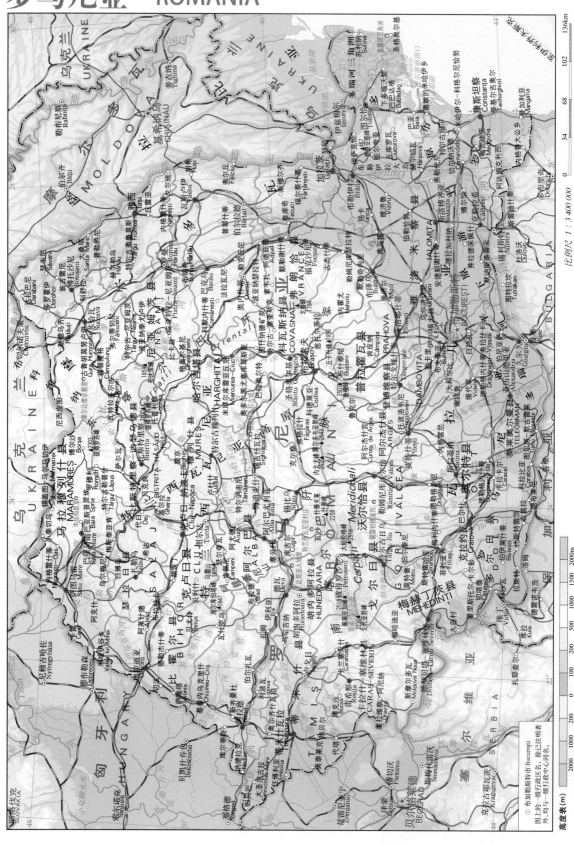

比例尺 1 : 3 400 000

0   34   68   102   136km

① 布加勒斯特市 Bucureşti，除已注明者
图上的每一级行政区名，除已注明者
外，均与一级行政中心同名。

高度表 (m)

罗马尼亚，位于欧洲东南部，巴尔干半岛的东北部，东临黑海，北部和东北部分别与乌克兰、摩尔多瓦为邻，南接保加利亚，西南和西北与塞尔维亚及匈牙利接壤。国土面积 238 391 平方千米，人口约 1994 万。

语言

罗马尼亚语是罗马尼亚的官方语言，也是最重要的语言，除了罗马尼亚族，境内的一些少数民族居民也以罗马尼亚语作为母语。

罗马尼亚语属于印欧语系罗曼语族东支，与其他罗曼语族语言，如意大利语、法语、西班牙语、葡萄牙语等，有许多相似之处。

罗马尼亚语的语法系统显示了它与拉丁语和其他罗曼族语言之间的亲属关系，如名词性和数的变化（单数名词通过更改结尾字母来获得复数形式等）、代词变格、动词变位等印欧语系特征。罗马尼亚语也有不少语法现象与其他罗曼语族语言不同，如有与主格和宾格对应的属格和予格，定冠词后置并与词尾相连，等等。

罗马尼亚语的发音与意大利语接近，略受斯拉夫语言影响。根据罗马尼亚语的拼写规则，单词重音一般在倒数第二个音节上，以辅音字母结尾的单词重音则在最后一个音节上。罗马尼亚语改用拉丁字母之后，有 5 个加变音符号的特殊字母 ţ、ş、î、ă、â。

在词汇方面，罗马尼亚语与其他罗曼语族语言有很大的相似性。罗马尼亚语词汇与意大利语、法语、西班牙语有着很大的相似性。1961 年马克瑞的词源统计表明罗马尼亚语词汇的 43% 来源于罗曼语（主要是法语），20% 来源于拉丁语，11.5% 来源于斯拉夫语，2.4% 来源于现代希腊语，2.17% 来源于匈牙利语，还有 2% 来源于德语。另外，罗马尼亚语也保留了许多来源于色雷斯－达契亚语的词汇。

罗马尼亚语示例：

Toate fiinţele umane se nasc libere şi egale în demnitate şi în drepturi. Ele sunt înzestrate cu raţiune şi conştiinţă şi trebuie să se comporte unele faţă de altele în spiritul fraternităţii.

（人人生而自由，在尊严和权利上一律平等。他们赋有理性和良知，并应以兄弟关系的精神相对待。）

在罗马尼亚，还有 6.6% 的人说匈牙利语，1.2% 的人说罗姆语，0.26% 的人说乌克兰语，0.13% 的人说德语，0.14% 的人说土耳其语，0.1% 的人说鞑靼语，0.1% 的人说俄语，还有一些人说其他语言（如保加利亚语、克罗地亚语等）。其中，说匈牙利语和罗姆语的人主要在特兰西瓦尼亚地区，说乌克兰语的人主要在西北部，说土耳其语的人主要在东南部，说俄语的人主要在东北部。

法语是罗马尼亚国内传统上比较通用的外语。随着时代的发展，英语的影响不断扩大，是大部分年轻人优先学习与使用的外语。目前英语是罗马尼亚的第一外语，而德语开始替代法语作为第二外语。

在世界范围内，罗马尼亚语的使用人口约有 2600 万，除了罗马尼亚本土之外，摩尔多瓦、俄罗斯、保加利亚、匈牙利、阿尔巴尼亚、希腊和美国等也有数量不等的使用人口。

民族

罗马尼亚最主要的民族是罗马尼亚族，其他的主要少数民族有匈牙利族、罗姆族和日耳曼族等。罗马尼亚境内华人数量较少，虽不能跟匈牙利族、罗姆族这些少数民族相比，但也是罗马尼亚官方认可的少数民族。

匈牙利族，又称马扎尔族，是罗马尼亚最大的少数民族，约占人口总数的 6.6%。在特兰西瓦尼亚地区一些县区，绝大多数居民是匈牙利族人，如哈尔吉塔县和科瓦斯纳县匈牙利族人口分别占 84.6%、73.8%。在历史上，尽管由于周边强国的干预，特兰西瓦尼亚地区的归属数度变更，遗留了一些问题，但罗马尼亚族与匈牙利族始终和睦相处。1990 年以后，匈牙利族成立了代表本民族的政党，在罗马尼亚的政治生活中发挥了重要作用，并在改善民族关系、保护和发扬匈牙利族的历史文化传统方面做出了很大贡献。

罗姆族是第二大少数民族。罗姆人社会经济地位较为低下，生存状况备受关注。这种状况的形成有着复杂的历史和社会原因。中世纪时，罗姆人从印度迁徙到罗马尼亚，因其手工艺技术高超而成为依附于豪门贵胄的仆役，他们也因此失去了人身自由。直到 19 世纪中叶，罗姆人才获得自由公民的地位，但第二次世界大战期间，在当时政府统治下，罗姆人又遭到迫害。20 世纪 90 年代，罗姆人积极参加政治活动，组织政党参加议会选举并赢得了席位，在改善罗姆人的政治、社会和经济地位方面取得重大进展。同时，政府也制订专项计划，采取多项措施改善罗姆人的生活状况。

日耳曼族主要分布在特兰西瓦尼亚地区。19 世纪，许多日耳曼族人从事贸易活动致富，成为资产阶级。1945 年后，日耳曼族的土地作为战争赔偿被没收，一些人因此迁离罗马尼亚。这一迁徙运动在 20 世纪 80 年代末到 90 年代初达到高潮，仅 1989—1991 年间就有约 10 万人离开，这使得留在罗马尼亚的日耳曼族人数量大为减少。

罗马尼亚境内还居住着俄罗斯族、穆斯林民族等。现阶段政府十分注重民族关系的发展，采取多项有效措施维护和保障各少数民族的权益。

语言国情沿革与发展

古代罗马尼亚的语言国情

罗马尼亚语的形成与罗马帝国占领达契亚密切相关。在达契亚人之前，早在新石器时代罗马尼亚地区就已经有文明（库库特尼文化）出现。达契亚人是已知生活在罗马尼亚地区的比较早的古代人群，公元前 70 年曾建有第一个中央集权和独立的达契亚国。达契亚人是色雷斯人来源的一部分，使用属于印欧语系的色雷斯语。语言学家们研究发现，大约 160 多个罗马尼亚语词起源于达契亚文明。这些词汇涵盖了很多领域，包括人体、家庭、农业、牧业、葡萄种植和养鱼活动等。

公元 2—3 世纪，罗马帝国征服了达契亚。罗马帝国的军事占领、贸易发展和基督教传播促进了达契亚的罗马化进程。在这一进程中，普通民众逐渐接触并熟悉了拉丁语，对罗马尼亚语的形成具有重要意义。

当时文字传播途径有限，书面的文学语言对达契亚的影响不大，大多数民众接受的是以口语为主的通俗拉丁语。以通俗拉丁语为主，结合原有达契亚语的一些因素，逐渐形成新的通用语言——罗马尼亚语。罗马帝国撤军之后，罗马尼亚语虽然受到邻国的斯拉夫语影响，吸收了一些词汇，但语言主干中拉丁语的基础始终未被动摇。公元 7 世纪以后，随着罗马尼亚民族的形成，罗马尼亚语演化形成过程基本完成。

在罗马人取消行政管理和撤出军队后的近 8 个世纪中，达契亚曾先后被许多迁入民族占据，但这对达契亚－罗马人几乎没有什么影响。公元 567 年，阿瓦尔人打败格庇德人，为斯拉夫人大举进入达契亚扫清了道路。公元 602 年，斯拉夫人与阿瓦尔人共同突破拜占庭帝国的多瑙河边界，占领了巴尔干半岛的大部分。

斯拉夫人所操的斯拉夫语对罗马尼亚语产生了很大影响，突出表现在发音方面。罗马尼亚语的发音与其他同语族语言的发音有所不同，是因为当时的斯拉夫人学习说拉丁语时带有很重的口音。例如，罗马尼亚语人称代词的首字母音 /e/ 被腭化为 /yel/，这与几乎所有其他罗曼语言的发音都不同。

公元 10—12 世纪，斯拉夫民族的入侵迫使居住在多瑙河南岸的罗马尼亚人向南迁移，与本土的罗马尼亚人分离，形成罗马尼亚语的不同方言。迁徙到伊斯特拉半岛（在今克罗地亚和斯洛文尼亚境内）的人说的是伊斯特拉 – 罗马尼亚方言；迁徙到希腊北部的人说的是梅戈莱诺 – 罗马尼亚方言；在马其顿、阿尔巴尼亚、希腊和保加利亚等地散居的居民说的是阿罗马尼亚方言。

近代以来罗马尼亚的语言国情

进入 19 世纪后，罗马尼亚的语言学家和学者不满于语言中的斯拉夫化倾向，决心开始一场拉丁化运动，以创造一种"纯粹"的拉丁语言。19 世纪上半叶，罗马尼亚的知识分子倡导"启蒙运动"，将西方许多作家的文学作品翻译成罗马尼亚语。他们有意识地在正字法里体现拉丁词源，大量输入同为罗曼语的法语、意大利语借词。在文字方面，罗马尼亚文早期使用西里尔字母书写，16 世纪时一些文献开始用拉丁字母书写，从 1860 年开始正式改用拉丁字母拼写，并一直沿用至今。这些都促进了现代罗马尼亚语的形成。

当前，罗马尼亚语作为官方语言在罗马尼亚的政治、经济、社会和文化等方面具有其他语言不可替代的作用。作为保持民族传统和提高民族凝聚力的最重要手段，政府高度重视维护罗马尼亚语的地位。2002 年，罗马尼亚议会通过《关于在公共场所和人际交往中使用罗马尼亚语的法案》，规定在罗马尼亚境内的文艺演出、学术报告和产品商标以外的任何外国语文材料，无论是书面还是口头形式，均须配有罗马尼亚译文或译音，进口外文报刊和书籍以外的任何外国商品必须配有罗马尼亚文说明书。

罗马尼亚政府也重视发展少数民族的文化事业，对使用少数民族语言文字的报刊、广播和电视予以大力扶持。2000 年，罗马尼亚境内用少数民族文字出版的报刊约 170 种，用少数民族语言播出的广播节目约 6000 小时，电视节目约 500 小时。报刊、广播与电视使用的主要少数民族语言文字包括匈牙利语、德语等。根据《公共行政法》（2001），在各级别行政区域内，如果某一少数民族的人口所占比例高于 20%，则该民族人民有权在街道标志、学校和正式文本中使用本民族的语言和文字。在教育方面，政府出台新规，不会用罗马尼亚文书写的罗姆人，可以接受 6 个月的免费基础教育；国家电视台专门制作罗曼尼语（罗姆人的语言）教育节目，以吸引不识字者学习罗曼尼语。罗马尼亚法律还规定，居住在罗马尼亚的外国公民和无国籍人士，有权通过他们自己的语言获得教育和社会公平。

🤝 语言服务

中国开设罗马尼亚语专业的高校有 1 所，为北京外国语大学。1956 年，根据中国和罗马尼亚两国政府间的文化交流协定设立。

中国在罗马尼亚设立的孔子学院有 4 所，分别为布加勒斯特大学孔子学院、锡比乌卢奇安布拉卡大学孔子学院、克鲁日巴比什 – 波雅依大学孔子学院和特来西瓦尼亚大学孔子学院，合作单位分别为中国政法大学、北京语言大学、浙江科技学院和沈阳建筑大学。另有孔子课堂 3 个，分别为康斯坦察大学维第乌斯大学孔子课堂、西吉斯蒙德·托杜策艺术中学孔子课堂和胡内多拉孔子课堂。

罗马尼亚开设中文系或中文专业的高校有 5 所，分别为布加勒斯特大学、锡比乌大学、巴比什 – 波雅依大学、卢奇安布拉卡大学和特来西瓦尼亚大学。1956 年，布加勒斯特大学开设中文专业并成立汉语教研室，是罗马尼亚第一所开设中文专业、进行汉语教学的高校。

小贴士

○ 首都

布加勒斯特，全国经济、文化、工业和交通中心，为全国第一大城市。位于东部瓦拉几亚平原中部，多瑙河支流登博维察河畔，面积605平方千米。属温带大陆性气候，冬季寒冷，夏季暖热，四季分明。

○ 姓氏

罗马尼亚人通常把姓放在后，名放在前。职业是确定姓氏的重要因素之一，如"杜尔格鲁（木匠）、非耶拉鲁（铁匠）、博加西耶鲁（小贩）、乔巴努（牧羊人）"等。有些姓氏则代表了祖先所从属的民族、种族、族群等，如"阿尔伯纳舒（阿尔巴尼亚人）、布尔加鲁（保加利亚人）、格宙库（希腊人）、内亚姆楚（德国人）、塞尔布（塞尔维亚人）"等。

○ 自然与经济

罗马尼亚平原、山地、丘陵大约各占国土面积的三分之一。多瑙河、喀尔巴阡山和黑海是三大国宝。总体上属于四季分明的过渡型温和大陆性气候，南部和东部低地是最热的地区，全国年平均温度在10℃左右，年平均降水量一般不超过700毫米。主要粮食作物有玉米、小麦、大麦、马铃薯等，经济作物有大麻、亚麻、向日葵、甜菜、烟草、葡萄等。多瑙河三角洲是欧洲现存最大的天然湿地，罗马尼亚有一半的淡水鱼从三角洲捕获，有"永不枯竭的渔场"之称。工业以机械制造、石油化工、石油提炼、电力、钢铁等产业为主，轻纺工业也较发达。石油、天然气、岩盐储量较大，有"欧洲油田"之称，岩盐探明储量居世界首位，又有"岩盐王国"之称。

○ 美食

罗马尼亚人口味比较重，喜焦香浓郁。兼有法国、俄国、土耳其等国的烹调形式，喜欢用煎、炒、焖、烤的方法制作饭菜。罗马尼亚人对盐有特别的嗜好，不论吃什么东西，常蘸些盐和胡椒，生葱、大蒜、辣椒等调味品也常用；以面食为主食，兼吃米饭，有时土豆也作为主食，棒子面糕、酸汤、土豆烧牛肉等是他们的家常菜肴，各种香肠是特产。

○ 节日

元旦（1月1日）、复活节（3—4月之间）、传统手工艺节（6月）、姑娘节（8月，传统的"找对象"节）、国庆节（12月1日）、圣诞节（12月25日）等。

○ 名胜古迹

佩雷什王宫 始建于1873年的哥特式建筑，外观体现了德国文艺复兴时期的风格。宫殿前面是一个大理石平台，平台上有水池和千姿百态的石雕。宫殿内部设有160个大小不等、功能不同的厅，展现了德、意、英、土等不同国家的风格。

克卢日纳波卡 罗马尼亚西北部的大城市，有2000多年历史。市中心的老城区保持着中世纪风貌，有15世纪的哥特式大教堂等。该市有一座东南欧最大的植物园，培植有300多个品种的玫瑰花，被称为"玫瑰花王国"。

布朗城堡 又称德古拉城堡，位于罗马尼亚中西部，由匈牙利国王于1377年开始兴建，最初是用来抵御土耳其人的防御工事。城堡建在地势极为险要的山包上，背靠难以翻越的大山。城堡中最有特色的是角楼，4个角楼通过走廊相连，走廊外墙上有射击孔，形成严密的战斗堡垒。

多瑙河三角洲 全球著名湿地之一，也是世界上面积最大的芦苇区。在注入黑海之前，多瑙河分流为三，形成了世界上独一无二的多瑙河三角洲。多瑙河三角洲已被联合国教科文组织宣布为自然生物圈保护区，这里生存着300多种鸟类和45种多瑙河及其支流中特有的鱼类。1991年，多瑙河三角洲作为自然遗产入选联合国教科文组织《世界遗产名录》。

罗马尼亚人民宫 位于罗马尼亚首都布加勒斯特，罗马尼亚国会的所在地。根据吉尼斯世界纪录，人民宫是世界第三大建筑物，排在美国华盛顿的五角大楼和中国西藏的布达拉宫之后。

马尔代夫国旗呈长方形，长宽比 3：2。旗底为绿色长方形，四周为红边，一牙白色新月位于绿色长方形正中。红色象征为国家主权和独立而献身的民族英雄的鲜血；绿色象征国家的繁荣以及海洋和陆地的富饶；白色新月既表示和平与安宁，又代表对伊斯兰教的信仰。

马尔代夫

The Republic of Maldives

马尔代夫全景

马尔代夫 MALDIVES

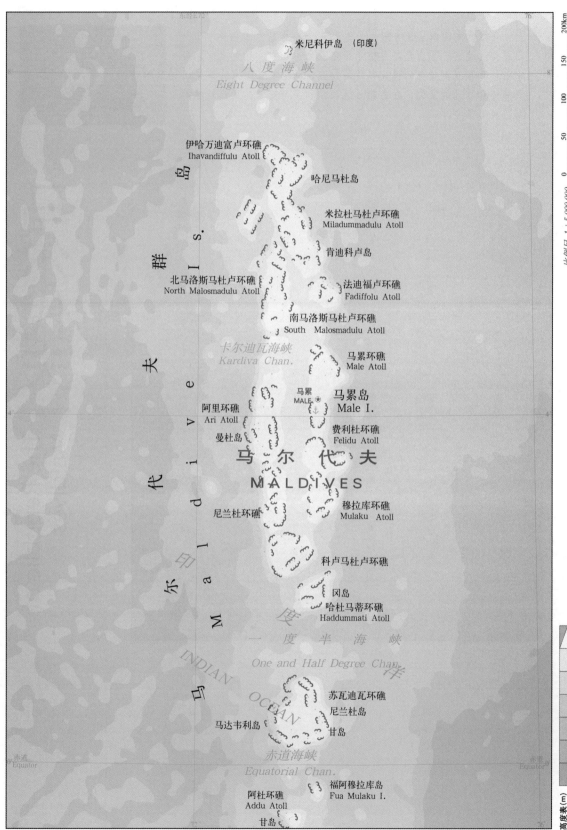

米尼科伊岛 （印度）

八 度 海 峡
Eight Degree Channel

伊哈万迪富卢环礁
Ihavandiffulu Atoll

哈尼马杜岛

米拉杜马杜卢环礁
Miladummadulu Atoll

肯迪科卢岛

北马洛斯马杜卢环礁
North Malosmadulu Atoll

法迪福卢环礁
Fadiffolu Atoll

南马洛斯马杜卢环礁
South Malosmadulu Atoll

卡尔迪瓦海峡
Kardiva Chan.

马累环礁
Male Atoll

马累 马累岛
MALE Male I.

阿里环礁
Ari Atoll

费利杜环礁
Felidu Atoll

曼杜岛

马 尔 代 夫
MALDIVES

尼兰杜环礁

穆拉库环礁
Mulaku Atoll

科卢马杜卢环礁

冈岛

哈杜马蒂环礁
Haddummati Atoll

一 度 半 海 峡
One and Half Degree Chan.

INDIAN OCEAN

苏瓦迪瓦环礁
尼兰杜岛
甘岛

马达韦利岛

赤道
Equator

赤道海峡
Equatorial Chan.

福阿穆拉库岛
Fua Mulaku I.

阿杜环礁
Addu Atoll

甘岛

200km
150
100
50
0

比例尺 1 : 5 000 000

高度表 (m)
0
200
1000
2000
3000
4000
5000

马尔代夫，全称马尔代夫共和国，原名马尔代夫群岛，位于南亚，是印度洋上的一个岛国，临近印度和斯里兰卡，由大约 1200 个小珊瑚岛屿和沙洲组成，其中约 200 个岛屿有人居住。国土总面积 115 300 平方千米（含领海），其中陆地面积为 298 平方千米，人口约 34 万。

🗣 语言

马尔代夫的官方语言是迪维希语。由于马尔代夫下属的各个岛屿星罗棋布，使得迪维希语在发展过程中形成了多种方言，主要有马累、苏瓦迪瓦、穆拉库、阿杜、哈杜马蒂、马利库等方言。迪维希语以马尔代夫首都马累通行的马累语为基础。英语在马尔代夫也是通用语。此外，阿拉伯语、僧伽罗语、印地语、乌尔都语等在马尔代夫也有使用。在马尔代夫的上层人物和商人中，流行印地语、乌尔都语、僧伽罗语、泰米尔语和印度的其他方言。

迪维希语属于印欧语系印度语族。迪维希语有 11 个元音和 24 个辅音，其语音系统与南印度的语言很相似，有长元音和短元音、齿音和卷舌音、单辅音和复辅音的对立。迪维希语没有声调。现代迪维希语口头语和书面语有着较大区别。迪维希语是一种屈折性语言，名词有主格、与格、离格、属格等变化。动词有及物动词和不及物动词、主动动词和使役动词之分。迪维希语的词序较为重要，虽然与英语一样在句子中词序的变化会使意思有细微差别，但并不像英语那么"死板"。

现代迪维希语在书写上采用字母文字系统，其字母类似于阿拉伯字母或其变体形式。与阿拉伯语一样，迪维希语的书写顺序是从右向左。文中的阿拉伯数字，依照从左向右的顺序书写。迪维希语在书写时还有拉丁语转写方案，该方案由马尔代夫政府在 1976 年通过并投入使用。

迪维希语示例：

ﺍﺭﻭﻓﻪ ﻭﺭﺍﻛﺮﻭﺭﺍﻛﻪ ﺳﻪ ﻋﺰﺭﻩﺭﻩ

（我爱你。）

拉丁文转写示例：

Aharen Varah Loabivey

（我爱你。）

受其他语言的影响，马尔代夫人在说迪维希语时，会使用大量的外来词。具体使用哪种语言的外来词取决于说话者对哪种语言更熟悉，例如一个曾经受过英语教育的人说话时会使用更多的英语外来词。有很多外来词已经成为马尔代夫语言的一部分，甚至有无法取代的地位。迪维希语虽然受到这些语言的影响，但始终没有消失，这在很大程度上归功于马尔代夫的教育，相较于其他南亚国家，马尔代夫全民读写率非常高，达到 98%。

👥 民族

据统计，马尔代夫总人口约 34 万，均为马尔代夫族。马尔代夫人在外表、语言、性格、文化、传统和行为等方面类似于印度人、斯里兰卡人和阿拉伯人。

马尔代夫民族自称为迪维希人，是不同时期迁徙来的僧伽罗人、达罗毗荼人、阿拉伯人和尼格罗人的混血后裔。北部各岛与印度西海岸来往密切，因此居民具有达罗毗荼人的特征；中部各岛受阿拉伯人和马来人影响较深；而南方各岛居民与僧伽罗人相近。

马尔代夫民族是一个包容性较强的民族。马尔代夫人说迪维希语，也说阿拉伯语、英语、印度语，伊斯兰教是他们的国教。大家广泛认为最早的移民者是来自印度和斯里兰卡的泰米尔人和僧伽罗人。来自阿拉伯国家、马来西亚、马达加斯加、印度尼西亚和中国的商人在几个世纪里也到访过马尔代夫。除了住在马累的居民，其他居民分散居住在环礁的小村庄里。马尔代夫只有 20 个岛屿的人口超过 1000 人；与北部的岛屿相比，南部岛屿的人口更密集。

语言国情沿革与发展

迪维希语的发展

迪维希语以梵语为基础，12 世纪时发展成为一种相对独立的语言。

迪维希语起源于印度西部马哈拉施特拉邦的一种在古代和中世纪印度使用的帕拉克里语，这种语言最早源于吠陀梵语。早期有人认为迪维希语是僧伽罗语的派生语言，直到 1969 年，僧伽罗语的文献学者第一次提出迪维希语与僧伽罗语都是同一个母语——帕拉克里语的分支。僧伽罗语是雅利安语的变异，在斯里兰卡很流行。迪维希语中很多词汇和岛屿名称都与僧伽罗语非常相似。

迪维希语在马尔代夫的形成有一个漫长的过程。由于马尔代夫族是由历史上众多的民族融合发展而来的，所以目前的迪维希语是僧伽罗语、泰米尔语、乌尔都语、波斯语和阿拉伯语等多种语言相互融合的变异语种。迪维希语中吸收了很多阿拉伯语、乌尔都语和泰米尔语的词汇。在数字和日期的表达方面，既有僧伽罗语，又有印地语，如数字 1—12 为僧伽罗文，12 以后为印地文，日期也是用僧伽罗语和印地语混合表示。

迪维希语有独特的字母文字。目前所知道的迪维希语最早的书写文献是埃维拉阿库鲁版本，是用尖锐的金属工具在狭窄的铜条上用埃维拉阿库鲁文字刻下的著述，用于记录国王历史。约 16 世纪 80—90 年代，马尔代夫出现了一种新的文字代夫阿库鲁版本，逐渐代替了原来的埃维拉阿库鲁文。代夫阿库鲁版本流行了很长一段时间。随着伊斯兰教的盛行，马尔代夫与阿拉伯世界的接触越来越广泛，原来的文字难以表达日常生活中日益出现的大量阿拉伯词汇，18 世纪末 19 世纪初，迪维希文开始出现，即现在所用的塔纳版本。

目前，除迪维希文外，阿拉伯文也是马尔代夫通行的书面文字，它不仅用于宗教仪式，也用于人名。迪维希语有拉丁语转写方案，在 1976 年由马尔代夫政府通过，并广泛使用。

虽然马尔代夫国土面积很小，但是由于地理条件的限制，人们交往相当困难，再加上长期缺乏大众媒体，除标准的迪维希语外，在马尔代夫群岛北部、中部和南部还同时流行着迪维希语的不同方言。这些方言都源于标准的迪维希语，由于地域差异，在某些词语的发音上有所不同。马尔代夫南北岛屿之间跨度很大，最北部的岛屿邻近印度，而最南部的岛屿又距斯里兰卡很近，因而各种不同类型的文化和语言对当地的迪维希语也产生了不小的影响。

马尔代夫的多语现象

除了阿拉伯语，英语、僧伽罗语、印地语、乌尔都语等目前在马尔代夫也同样流行，其中英语在马尔代夫的影响日益增大。

在教育方面，马尔代夫在 1960 年引进了西方教育模式，建立了现代教育体制，同时将全国大部分学校的教学语言由迪维希语改为英语。此后相当长的一段时期内，英语教学占据主导地位。2003 年 7 月，由克里斯托弗·贝利所编的《英语－马尔代夫语词典》出版发行，共 412 页，收录词条 5000 多个。

虽然英语教学在马尔代夫占据主导地位，但马尔代夫部分学校也保留了迪维希语教学，意在强调采用英语教学的同时，对民族语言教学也有所保护。不过目前马尔代夫用迪维希语教学的学校数量已经很少，只局限在首都马累，多以私立学校为主，且实行收费教学。

从大众媒体看，迪维希语和英语在马尔代夫主流媒体上均使用频繁。马尔代夫现有近 10 种日报，有的同时以迪维希语和英语两种文字出版发行，有的使用迪维希语出版发行，如《迪奴格–马古》（宗教刊物）、《独立新闻》和《迪维希观察》，也有极小部分用英语出版，如《马尔代夫新闻》和《星期一时报》。电台"马尔代夫之声"始建于 1962 年，用迪维希语和英语两种语言广播。

近年来，迪维希语受英语的冲击比较大，很多年轻人为了出国发展，对英语的学习表现出了很高的热情，有些年轻的父母甚至在他们孩子掌握语言的早期阶段就教孩子英语。马尔代夫政府在保护迪维希语方面也做出了很大努力，如前总统瓦希德曾呼吁实施国家计划以唤起民众对于迪维希语的热情。

语言服务

中国尚未有高校开设迪维希语专业。

中国尚未在马尔代夫设立孔子学院。

马尔代夫尚未有高校开设中文系或中文专业。不过，马尔代夫目前有很多岛屿提供中文服务，云南开放大学与马尔代夫国立大学在马尔代夫共建有汉语学习中心；天津外国语大学 2012 年在马尔代夫国立大学开设了为期一年的汉语课程。

小贴士

○ 首都

马累，位于马累环礁的马累岛上，面积 1.9 平方千米。马累是马尔代夫的交通枢纽及全国人口最多的城市，约有 10 万人。同时也是全国经济、政治及文化中心和金融中心、国际交往中心、宗教中心。

○ 自然与经济

马尔代夫是印度洋上最平坦的群岛国家，在全世界所有国家中海拔最低，平均海拔只有 1.2 米。岛屿平均面积只有 1—2 平方千米。马尔代夫位于赤道附近，大部分地区属热带季风气候，南部为热带雨林气候，终年炎热、潮湿、多雨，无四季之分。马尔代夫渔业资源丰富，盛产金枪鱼、鲣鱼、鲛鱼、龙虾、海参、石斑鱼、鲨鱼、海龟和玳瑁等。鱼类主要出口欧盟、泰国、斯里兰卡等。旅游业目前是马尔代夫的第一大经济支柱。

⊙ 美食

马尔代夫的饮食颇像印度，但没有印度菜那么辛辣，口味以甜淡为主。马尔代夫人喜欢吃加有刺激性芳香调味品的肉、鱼、蔬菜、米饭，以及红薯、芋等淀粉食物。热带水果和蔬菜全年不断。当地几种著名的佳肴有炸鱼球、金鱼、椰子煮成的古拉、辣鱼糕、椰奶加白饭布丁的浮尼玻阿绮巴、一种称为其露撒把特的甜奶饮品等。

○ 节日

穆斯林开斋节（伊斯兰教历 10 月 1 日，伊斯兰教历每年的第 9 个月为斋月，第 10 个月的第 1 日到第 3 日是教徒们的开斋节）、祭礼节（伊斯兰教历第 12 个月的第 10 日到第 12 日）、圣纪日（穆罕默德的诞辰，伊斯兰教历第 3 个月的第 12 天）、独立日（7 月 26 日）、共和国日（11 月 11 日，为了纪念马尔代夫第二共和国的成立）等。

○ 名胜古迹

马尔代夫群岛常被旅游爱好者称为"失落的天堂"。其中著名的岛屿有维拉岛、卓美亚德瓦娜芙希岛、阿雅达岛、四季兰达吉拉瓦鲁岛、哈达哈岛、第六感拉姆岛、姬莉岛、可可拉岛、卡努呼拉岛、索尼娃富士岛等。除岛屿外，一些名胜古迹也吸引着来自全世界的游客。

胡库鲁清真寺 马累岛上最古老的清真寺，

建于 1656 年。寺中有种类繁多的巨大石雕和一条长长的镶板，该镶板刻于 13 世纪，以纪念 1153 年将伊斯兰教引入马尔代夫的哲人阿布尔·巴拉卡特·约瑟夫·阿尔·巴巴里。清真寺内外的墙壁上都刻有阿拉伯文字及各种装饰，周围还围绕着几座墓碑，纪念古代的苏丹及统治者。

马尔代夫博物馆 位于马累市中心的苏丹公园内，在原来的苏丹王府邸的基础上改建，为一座 3 层楼房。馆内陈列着苏丹王朝的宝座、皇冠、古炮、刀枪、砍斧、长矛和从入侵者手中缴获的武器，还有制作精良、图案优美的古代手工艺品，如石刻、木雕和漆雕等。展品中有一支锃亮的铜制长枪，是马尔代夫民族英雄穆罕默德曾使用过的枪，也是马尔代夫人民追求自由和独立的象征。

伊斯兰中心 首都马累最大和最具标志性的建筑物，也是全国穆斯林的圣地，可同时容纳5000 人前来朝圣。中心的金顶既反映了岛上穆斯林的虔诚信仰，又是马尔代夫繁荣的象征。伊斯兰中心主要由礼拜大殿和两个侧殿构成，另有南殿为妇女专用殿。伊斯兰中心的宣礼塔是马尔代夫目前最高的建筑，是国家的象征之一。目前，伊斯兰中心已经成为马尔代夫的一个具有重大宗教、历史、民族意义的场所，是赴马累旅游者的必到之处。

外岛 存有大量的人文古迹：托杜岛的佛教寺庙中隐藏着一尊巨大的佛像；尼兰杜岛上有一座马尔代夫第二古老的清真寺——阿萨里清真寺；伊斯杜岛上的清真寺是一座有着 3 个多世纪历史的古寺，该寺以独有的漆艺、流畅的书法和精美的雕刻而闻名；嘎杜岛有一座巨大的白色金字塔，全部用石灰石砌成，是马尔代夫最令人难忘的名胜之一。

马来西亚国旗呈长方形，长宽比2∶1。旗面由14道红白相间的横条组成，左上方有一深蓝色的长方形，上有一弯黄色新月和一颗14个尖角的黄色星。14道条纹代表13个州和联邦政府，14个尖角的星象征团结，新月象征国教伊斯兰教。蓝色象征团结，黄色象征皇室，红色象征勇敢，白色象征纯洁。

马来西亚

Malaysia

吉隆坡双子塔

马来西亚 MALAYSIA

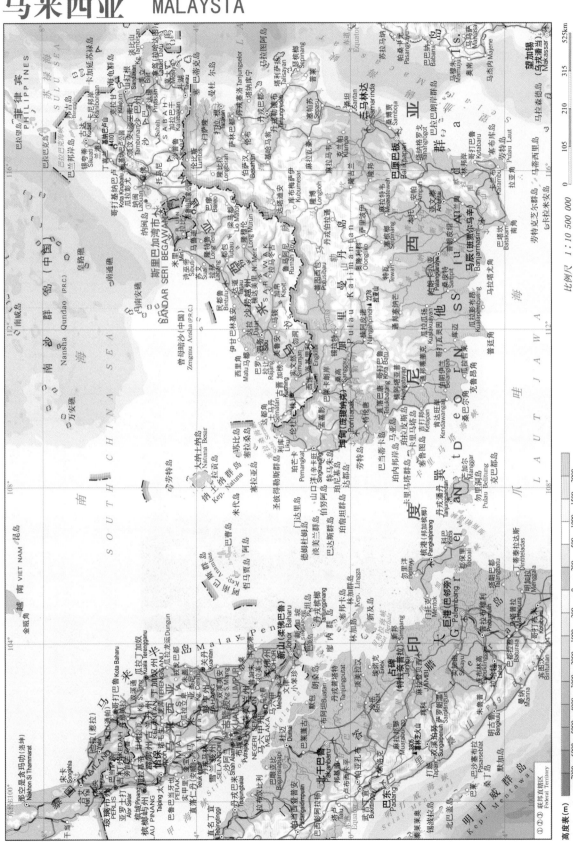

比例尺 1:10 500 000

高度表(m)

马来西亚，位于东南亚，由 13 个州和 3 个联邦直辖区组成。国土被南中国海分成东、西两部分。西马位于马来半岛南部，北与泰国接壤，南与新加坡隔柔佛海峡相望，东临南中国海，西濒马六甲海峡。东马位于加里曼丹岛北部，与印度尼西亚、菲律宾、文莱相邻。国土面积 330 000 平方千米，人口约 3000 万。

💬 语言

马来西亚的官方语言是马来语，又称标准马来语，曾被称作马来西亚语。英语曾作为马来西亚的官方语言使用，至今仍然通行。汉语和泰米尔语的使用也很广泛。马来西亚族群众多，每个族群基本上都有自己的语言，据统计，大约共有 138 种正在使用的语言，其中西马有 41 种，主要使用的是马来语、英语和汉语，而东马有近百种，使用最广泛的是伊班语、杜顺语和卡达山语。马来语属于南岛语系印度尼西亚语族马来 – 查加语支，马来西亚境内的语言大多数也属于这一语系。在马来西亚，马来人使用马来语，华人以汉语为主，印度人大多使用泰米尔语。

全球大约有 1800 万人使用马来语。马来西亚大约有 1300 万人以马来语作为母语。马来西亚的双语现象很普遍，有超过 1000 万人将马来语作为第二语言。政府为了突出马来语的主导地位，规定在牌匾广告等用字时，如果使用到其他民族语，在尺寸上不得大于同时呈现的马来文。而相关机构也规定国家电台、电视台华语广播中涉及非华族人名、当地地名时，要采用马来语读法。马来语的国语地位决定了它成为最重要的教学媒介语。

根据发音和词汇差异，马来语分成北方和南方两种方言形式，北方方言主要在马来西亚、新加坡和文莱使用，南方方言主要在印度尼西亚使用。

马来语有 6 个元音，其中 [e] 和 [o] 较少见，[e] 和 [ə] 具有相同的书写形式，通过读音可以区别书写形式相同的两个词。辅音系统相对简单，复辅音一般存在于外来词中。音节通常由"辅音 + 元音"或"元音 + 元音"组成。其重音不区分词义，通常落在词的倒数第二个音节上。

马来语的词汇大多由派生词构成，主要派生手法有添加前缀、中缀和后缀等形式。复合构词法形成的词汇也很常见。还有大量从阿拉伯语、梵语、葡萄牙语、荷兰语、汉语方言及英语借来的词。

马来语动词没有人称和时态标记，时态通过时间副词及其他指示时间的词来表示；叠词可以用来表示复数；代词很丰富，大多数代词都有正式和非正式两种用法；形容词、指示代词和物主代词位于其所修饰的名词之后，量词通常在名词之前。语序主要为 SVO（主语 + 谓语 + 宾语）和 OVS（宾语 + 谓语 + 主语）。在句首出现的词或短语通常表示最重要的或新的信息。

马来语示例：

Saya pergi ke pasar kemarin.

（我昨天去了市场。）

马来西亚受过葡萄牙、荷兰、日本和英国的殖民统治，近代英国的影响力是最大的，这也是英语在马来西亚广泛流行的原因。目前，英语在服务业使用广泛，也是中小学的必修科目。英语在马来西亚有着特殊的地位，在某些特定的官方场合优先于马来语，在沙巴和沙捞越，英语还被用作官方语言。马来西亚英语也被称为马来西亚标准英语，是从英式英语衍生出来的。除非与教育相关，"马来西亚英语"这个术语一般很少使用。据早期统计，马来西亚英语大约有 38 万人使用，但是有 700 多万人将英语作为第二语言。马来西亚英语发音受到马来语、汉语方言和泰米尔语口音的影响。

大多数马来西亚人都精通英语,但是英语大多数时候仅在商业交易中使用,有时候也会在官方通信中出现。19世纪上半叶之前的马来西亚英语与英式英语几乎一致,但是在马来西亚独立之后产生了一些变化,例如因为马来语使用拉丁字母,所以在某些表达中直接用马来语替代了英语。现代马来西亚英语中存在许多与英式、美式英语不同意思的词汇,还有一些词汇仅在马来西亚英语中使用。马来西亚英语口语的某些语法形式,在标准英语中有不同的说法。马来西亚英语有特殊的口音,相比较而言,发音受美式英语的影响要大一些。

汉语普通话是马来西亚最常用的语言之一,在马来西亚华人群体中使用最为广泛,它是华人不同方言群体的通用语言,也是商业往来中很重要的语言。由于大多数马来西亚华人的祖先来自中国的南方省份,所以南方各种方言都有马来西亚人使用,比较常见的有闽南语、粤语和客家话等。早期对汉语其他方言在马来西亚使用人口的统计结果显示,仅粤语的使用人数就超过100万,闽南语更是接近300万。20世纪80年代之后,马来西亚汉语采用简化字书写系统,但繁体字目前依然大量存在。马来西亚汉语受到马来语、英语以及汉语方言的影响,在词汇和发音上,与目前通行的汉语普通话有一些差异;在口语上,不同地区不同群体之间使用的汉语也大相径庭,但这些都不影响华人间的交流。

除了英语和汉语外,使用人数较多的语言还有泰米尔语、依班语等。泰米尔语主要是在马来西亚半岛上的印度人族群中的泰米尔人使用,是马来西亚官方教育语言,使用者近380万。泰米尔人占印度裔人群的绝大多数,所以泰米尔语也是马来西亚主要的语言之一。泰米尔语在历史上主要用于商业贸易,因此马来语中很多与商业相关的词汇都从泰米尔语中借用而来。依班语的主要使用范围是西南地区的诗里阿曼省到东北部的美里省,主要使用的领域是市场、教会、商业和媒体等。依班语的使用人口有近80万,同时还有大约70万人将依班语作为第二语言使用。

除了上述使用人口比较多的语言之外,马来西亚还有大量土著语言。这些土著语言内部还有如同方言一样的分支,形成了马来西亚上百种正在使用的语言。

👥 民族

马来西亚约有85%的人口居住在马来西亚半岛,15%居住在沙巴和沙捞越州。由马来人族群、印度人族群、华人族群、欧亚混血族群、东马的沙巴州的卡达山-杜顺人、沙捞越的伊班部落以及非常多的原始部落等组成。丰富的自然资源和显要的战略位置(靠近马六甲海峡)吸引了印度、中国和欧洲各地民族迁居马来西亚。

马来西亚的原始族群涵盖居住在马来西亚的各色土著居民,包括一些居住在森林里的原始部落,这些原始族群有100多个,分布范围广,至今还有部分族群保持着游牧习惯。在政府计划及森林砍伐加剧等形势下,许多原始族群走出森林,在城市中寻求教育和工作机会。婆罗洲的达雅族(或称达雅克族)是其中最大的原始族群,有290万人左右。依班部落是达雅族最大的一个分支,生活在马来西亚的大约有60万人。

马来族是马来西亚的主体民族,占人口的50%—55%。印度尼西亚和菲律宾也有马来族人。关于马来族的起源,有许多假说。多数研究者认为,广义上的马来族人的祖先大约是在5000年前从亚洲内陆地区逐渐南下形成的,随后这批人开始迁至中南半岛,同时经过马来半岛(或安达曼群岛)进入苏门答腊岛,然后分为东西两路,往东到爪哇、加里曼丹、苏拉威西和菲律宾群岛,往西到马达加斯加岛,这种亚洲内陆人口的南迁活动一直持续了数千年。

　　马来西亚的印度人族群较为复杂。马来西亚的槟榔屿在被英国殖民前就已经是贸易地，当地的马来族人混有阿拉伯族人或印度族人血统。一些马来族女性嫁给经商的印度族穆斯林，他们的子女被称为"土生回教徒"，他们还叫自己为"嘛嘛档"，这部分人与不把马来语作为母语的印度族人中的穆斯林群体不同。在英国殖民期间，许多非穆斯林的印度族人作为受雇劳工、橡胶工以及种植园工人大量涌入马来西亚，他们大多来自印度南部或斯里兰卡，少部分是锡克教徒、帕西人、泰卢固人、孟加拉人和印度西南的喀拉拉邦人。

　　马来西亚早期华人族群，由海上丝绸之路及郑和下西洋期间的明朝移民形成。15世纪初期，这些定居在马六甲海峡附近的中国明朝移民、少数中国唐宋时期的移民和当地原住民通婚后产生了一个新的族群，叫作"峇峇娘惹"，这一族群一直被归为土著民族，但在20世纪60年代后被归入了华人族群。华人移民的大量引入是从鸦片战争后开始的，英国殖民者从清朝引入大量的苦力到马来亚半岛成为锡矿工、种植工人、道路和铁路建设工人。1929年世界经济大萧条后，英国殖民者停止输入华工，女性华人开始大量进入马来西亚，逐渐形成了今日马来西亚的华人族群。马来西亚独立初期，华人族群占总人口的37%左右，50年代曾达到40%以上，但华人族群保持了较低的出生率，近年来，华人族群占总人口的比例已经降到24%左右。今天，作为马来西亚第二大族群，华人是推动马来西亚经济发展的一支重要力量。

 ## 语言国情沿革与发展

早期马来西亚的语言国情

　　马来西亚历史上受到印度文明、伊斯兰文明、中国文明和西方殖民的影响，其语言和民族都打上了这些文明或殖民经历的烙印。公元2—3世纪，马来西亚由30多个王国组成，早期马来语文字采用梵文，在伊斯兰教传入之前，还采用过爪哇语书写系统。大约在1402年由拜里米苏拉建立的马六甲苏丹王朝被认为是马来第一个独立的国家，也叫满剌加王国。与此同时，伊斯兰教开始兴盛，并采用改良的阿拉伯字母来书写，被称为"爪夷文"，随后又改用罗马字母书写系统。已知最早的马来语铭文于公元683年6月在苏门答腊南部和邦加岛被发现，它们被用于写作室利佛逝帝国时期的一个印度语手稿。历史语言学家认同马来语起源于婆罗洲西部的可能性。至少在公元前1000年，一种被称为原始马来语的语言形式已经在婆罗洲使用，尽管有争议，但它被认为是后续所有马来语形式的源头。马来语的历史可分为5个时期：古马来语、过渡时期、马六甲时期（古典马来语）、早期现代马来语时期和现代马来语时期。

　　马六甲被葡萄牙侵占后，逐渐出现了葡萄牙克里奥尔语，随着近代中国和印度移民的增多，汉语、泰米尔语开始被广泛使用。

英国殖民时期马来西亚的语言国情

　　1786年开始，英国通过东印度公司逐渐开始对马来西亚实行殖民统治。1826年，英国殖民者控制了西马来西亚包括新加坡的大部分地区，这部分地区成为英属海峡殖民地的一部分，除了1942—1945年日本占领期间，英国殖民者对马来西亚的殖民统治长达100多年。在此期间，英语在马来西亚被广泛使用，自然地成为统治阶级行使权力所使用的语言，具有不可撼动的地位。殖民政府为加强统治，与马来西亚的贵族阶层合作，奉行"马来西亚是马来人国家"的政策，而将华人和南印度移民定性为短期移民。同时，殖民政府扶持马来人建立相关政治制度，以确保马来人特权。英国殖民政府积极在马来西亚建立英语及马来语学校，这个时期在马来西亚英语和马来语并重。

1874年，殖民政府制定"邦古协定"，开始建立英语及马来语学校，但并未建立汉语及泰米尔语学校。20世纪开始，马来西亚偏重于英语教育。但是，这并不意味着殖民政府放弃使用马来语，相反越来越重视马来语的使用，对汉语和泰米尔语基本上不予重视。1904年，第一个以汉语官话为教学用语的华文学校在槟榔屿建立，其后类似的华文学校开始设立。1932年，英国殖民政府提出的教育构想规定，除以英语或马来语为教学用语及已经接受政府津贴的方言学校之外，将不再设立任何新的学校，这个规定没有明确禁止已经设立的汉语和泰米尔语学校。

1951年，殖民政府设立的巴恩委员会提出，废除以其他各种语言为教学用语的学校，只保留以英语和马来语为教学用语的学校，将这些学校称为"国民学校"，并要求华人和其他族群放弃以母语为教学用语的学校。《巴恩报告书》被非马来族群体批判为马来种族主义的产物，马来人至上的原则遭到华人等群体的抗议。该报告书在全国学校系统中推广并提供初级学习者6年的马来语和英语教育，这必然导致汉语和泰米尔语独立学校会逐渐减少并最终消失。华人等群体虽然同意马来语作为主要语言的基本建议，但同时认为应该有一些规定承认汉语和泰米尔语的地位。同年，方卫廉和吴德耀两位教育家对马来西亚汉语学校进行了调查，向政府提交了《方吴报告书》，主要内容是促使政府同意华人同时学习汉语、马来语和英语3种语言，但并未获得政府许可。

为了缓和民族之间的语言矛盾，英国殖民政府通过了修改后的法案，允许在马来语学校使用双语（马来语和英语），在泰米尔语和汉语学校使用三语（泰米尔语-马来语-英语或者汉语-马来语-英语）。《1952年教育法令》

要求全国学校以英语为媒介，再次引起华人等群体的抗议。在此形势下，1956年，殖民政府发布了殖民时代最后一个有关马来西亚语言政策的规定，即《拉萨报告书》，主要目的是改革马来西亚的教育体制。《拉萨报告书》提出把马来语作为教学的主要媒介，允许学校保留用其他语言授课的权力。该报告还提出在小学阶段建设马来语、英语、汉语和泰米尔语学校，在中学阶段建设马来语和英语学校。以马来语授课的学校称为"国民学校"，其他学校称为"国民型学校"，所有学校都由政府资助，并使用共同的国家课程体系。

独立后马来西亚的语言国情

1957年，马来西亚宣布独立。受民族主义等因素的影响，政府大力推广马来语，排斥汉语、泰米尔语等，马来语成为唯一的官方语言。

这一时期的语言政策主要来自1961年颁布的教育法令。该法令规定，在任何情况下，只要教育部长认为某所小学已适合转型为国民小学，就可直接命令该学校改制为以马来语为教学语言的国民学校，这一举措引起华人等群体的联合抵制。1967年，《国语法案》彻底废除了英语作为官方语言的规定，确立马来语为唯一的国语及官方语言，进一步巩固了马来语的地位。1968年，政府制定了由英语为教学语言的国民型学校（马来语是必修课）向国民学校（教学语言为马来语，英语为必修课）转变的方案，计划到1975年完成全部英语为教学语言的国民型学校向国民学校的转变。

马来西亚华人对这一系列新的语言、民族等政策不满，1969年5月13日，马来西亚大选结束之后，爆发了历史上最严重的民族冲突事件——五一三事件，这一事件也促使政府实行新经济政策，同时对语言政策进行了较大的调整。"新经济政策"优待和扶持马来人，在语言和民族方面，以马来语为尊，限制其他语言的发展，种族问题和语言问题成为敏感话题。1974年，马来西亚组成了"内阁检讨教育政策实施委员会"，1979年发布报告书，指出要将马来语变成所有课程的教学科目，并实施壮大马来语师资的计划。

该报告书指出，马来语在1970年已成为一年级学生的教学语言，1975年成为所有初级学校的教学语言。报告书计划，到1982年，马来语逐渐成为中学的教学语言，1983年成为大学所有课程的教学语言。这种过分强调马来语重要性的做法减少了汉语和泰米尔语的学习机会，华人等族群在接受母语教育上受到很大限制。

除了教学语言外，在各种考试中也规定了马来语的地位。1969年，在艺术和科学学科的高中毕业证书考试中，马来语被选为考试媒介，从1970年开始，通过马来语作为考试媒介取得证书已成为建立教师培训机构的前提。1970年，剑桥学校考试证书被具有同等地位的国家考试马来西亚教育考试证书取代。1978年开始在其他层次的教育考试中使用马来语，1980年马来西亚教育考试证书、1982年高等学校考试证书，已经只能使用马来语了。

面对教学用语的变革，华人团体积极维护华文教育，通过复兴已经停办的独立中学及上呈建议书等多种形式向政府表达重视华文教育的要求。然而一直到20世纪90年代初，政府对包括华人在内的其他民族的母语教育仍然持比较消极的态度，没有给予政策上的倾斜。因此，1970—1990年间，马来语作为马来族人的母语和官方语言、英语作为国际交流语言（即官方认为是第二语言）的局面一直得以保持。

马来西亚于1990年开始推行新发展政策，政府也开始重新审视语言政策。政府意识到马来西亚人英语水平已经恶化到最低点，阻碍了国家全球化行动的步伐，这也被认为是阻碍马来西亚成为发达国家的主要原因之一。为防止英语能力退化，马来西亚政府制定了多项政策：

1996年颁布了《私立高等教育制度法》，认可在私立大学使用英语授课。2002年宣布数学以及科学学科的教学要使用英语，并于2003年1月在所有公立学校实施。使用英语教授这些科目的决定引发了来自社会公众的激烈反应。针对这一决定，许多民众通过主流媒体表达他们的意见，质疑政策制定者在对语言政策做出最后决定之前，没有考虑公众的意见。

在使用英语作为教学媒介语言的措施实行6年多后，马来西亚政府于2009年7月8日宣布，国内公立学校的数学和科学课自2012年起停止使用英语教学，恢复使用马来语授课，主要原因是使用英语教学导致了学生在这些科目上的成绩下滑。停止用英语教学后，政府通过补充英语课程的师资力量、增加语言课程等方式，促进学生英语水平的提高。

🤝 语言服务

中国开设马来语专业的高校有9所，分别为北京大学、北京外国语大学、上海外国语大学、广西民族大学、中国传媒大学、云南民族大学、天津外国语大学、解放军外国语学院和广东外语外贸大学。

中国在马来西亚设立的孔子学院有2所，分别为马来亚大学孔子汉语学院和世纪大学孔子学院，合作单位分别为北京外国语大学和海南师范大学。

马来西亚开设中文系或中文专业的高校有7所，分别为马来亚大学、博特拉大学、苏丹伊德里斯教育大学、南方大学学院、新纪元学院、韩江学院和拉曼大学。马来西亚现有华文小学1290所，华文独中60所，还有153所国民小学提供交际华文课程，78所国民改制型中学设有华文必修课程，24所寄宿中学向马来学生提供华文课程，16所师范学院开办中小学中文教师培训课程。

小贴士

⊙首都

吉隆坡，位于马来西亚半岛中央偏西海岸。城市总面积243平方千米，是马来西亚政治、经济、金融、工业、商业和文化中心。

⊙姓氏

马来人通常没有固定的姓氏，儿子以父亲的名字作为姓，父亲的姓则是祖父的名，所以一家几代人的姓都不同。他们的姓名中，名排在前，姓排在后。男子姓与名之间用"宾"隔开，女子姓与名之间用"宾蒂"隔开。

⊙自然与经济

马来西亚由西马和东马两部分组成。西马地形北高南低，蒂迪旺沙山脉由北向南延伸，把西马分隔成东西两部分。西马海岸平原海拔大都在50米以下，平均宽度只有20—30千米。其他都是茂密的热带雨林。东马地势从内地向沿海逐渐降低，沙捞越和沙巴西部沿海为冲积平原，其他大部分都被森林覆盖。马来西亚属于热带雨林气候，海洋性特征明显，常年多雨，形成湿热的热带气候，低地温度大致在21—23℃，高地温度相对较低。由于接近赤道，马来西亚炎热潮湿，一年皆夏。农业以经济作物为主，主要有油棕、橡胶、热带水果等，粮食自给率约为70%，盛产热带林木，渔业以近海捕捞为主。

⊙美食

马来西亚有很多特色美食，如沙爹、咖喱饭、干咖喱牛肉、印度煎面包、叻沙、鸡饭、各式炒面粉等。主食为米，食物调料常使用 Chichalok（用虾皮发酵配合香辛料及辣椒调制而成的一种虾酱）。家常菜还有炸鸡、炸鱼及咖喱牛肉等。

⊙节日

新年（1月1日）、开斋节（伊斯兰教历10月1日，马来西亚人的春节，全国最重要的节日）、古尔邦节（伊斯兰教历12月10日，每年的这一天穆斯林们便为真主安拉宰牲献祭，又称宰牲节）、大宝森节（1月下旬到2月初，印度教教徒为印度神穆卢干王举行的奉献礼）、卫塞节（农历4月15，又称灯节，是佛历最重要的日子）、国庆节（8月31日，又称独立日）等。

⊙名胜古迹

国油双峰塔 也称双子塔，位于吉隆坡黄金地段，是吉隆坡的标志性建筑物，美国建筑设计师凯撒·佩里设计。高451.9米，共88层，是世界最高的建筑物之一。

马六甲圣保罗山 又名马六甲升旗山，1548年圣方济教士在此山上建圣保罗教会学校，圣保罗山与圣保罗教堂因此而得名。圣保罗教堂据说是远东地区最古老的一座教堂。

马六甲峇峇娘惹遗产博物馆 曾姓私人博物馆，较为全面地展示了峇峇和娘惹们当时的日常生活形态。"峇峇"和"娘惹"为华人男子与马六甲当地妇女通婚后生下的男性和女性后代。

独立纪念馆 前身为马六甲俱乐部，建于1912年，主要展示马来西亚独立斗争时期的珍贵文物。马来西亚首任总理拉赫曼在此宣布独立。

马其顿国旗呈长方形，长宽比 2：1。红色旗面，正中有一轮金黄色太阳，向外放射出八道光芒。太阳是马其顿民族的象征；红底金色太阳表示马其顿人民为了自由的天空，愿意献出自己的鲜血和生命；八道光芒象征其世世代代护佑着马其顿人民。

马其顿

The Republic of Macedonia

斯科普里广场和亚历山大大帝雕像

马其顿 MACEDONIA

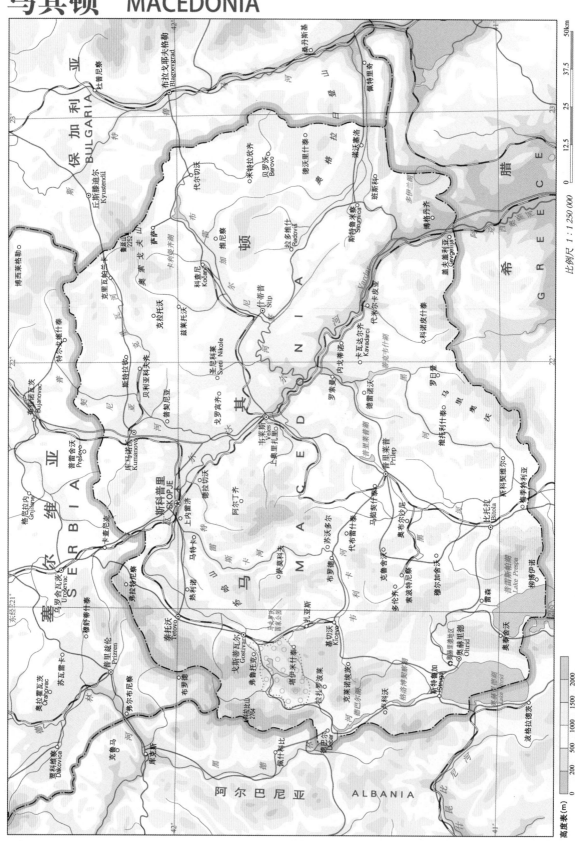

比例尺 1 : 1 250 000

50km
37.5
25
12.5
0

高度表(m)
0 200 500 1000 1500 2000

主要地名

亚
保加利亚 BULGARIA
塞尔维亚 SERBIA
马其顿 MACEDONIA
阿尔巴尼亚 ALBANIA
希腊 GREECE

博西莱格勒
布拉戈耶夫格勒 Blagoevgrad
桑丹斯基
佩特里奇
丘斯腾迪尔 Kyustendil
米特洛欣齐
贝罗瓦 Berovo
德沃里什蔡
莱沃塞洛
克里瓦帕兰卡
代尔切沃
萨萨
科查尼 Kočani
拉多维什 Radoviš
斯特鲁米察 Strumica
多伊兰湖
博格丹齐
盖夫盖利亚 Gevgelija
克拉托沃
益莱科沃
圣尼科莱 Sveti Nikole
什蒂普 Štip
卡瓦达尔齐 Kavadarci
科诺皮什特湖
布亚诺瓦茨 Bujanovac
斯科普里 SKOPJE
库马诺沃 Kumanovo
普雷舍沃 Preševo
上内戈迪诺
德拉切沃
戈罗宾齐
韦莱斯 Veles
内戈蒂诺
德鲁梅诺沃
格尼拉内 Gnjilane
马特诺尼蔡
阿尔丁齐
罗莱蒂
普里莱普 Prilep
维托利什蔡
罗日登
卡拉维里亚
斯科普里
上莫里扎
阿尔丁齐
布罗德
代布雷什蔡
马哈契尼蔡
奥布尔沙尼
比托拉 Bitola
斯科契维尔
梅季特利亚
网博伊诺
弗尔巴尼蔡
佩奇
普里兹伦 Prizren
雷特里克
布罗德
热利诺
特托沃 Tetovo
戈斯蒂瓦尔 Gostivar
塔博尔什蔡
拉扎罗波莱
苏沃多尔
基切沃 Kičevo
克鲁舍沃
代布尔什蔡
多伦齐
克鲁舍沃
塞波利尼蔡
穆波鲁舍尼
奥赫里德地区
奥赫里德 Ohrid
斯特鲁加 Struga
奥黛奇沃
普雷斯帕湖 Lake Prespa
细博伊诺
黑科维蔡 Đakovica
库克斯
克鲁木克
德巴尔 Debar
科拉比山 2764
弗鲁罗波莱
克莱诺埃沃
拉布罗恩戈斯柯
斯科鲁比
波格拉德次

东经 21°
东经 22°
东经 23°
北纬 42°
北纬 41°

马其顿，全称马其顿共和国，位于欧洲南部，巴尔干半岛中部，东邻保加利亚，南接希腊，西毗阿尔巴尼亚，北面与塞尔维亚接壤。境内多山，河流被分为爱琴海水系和亚得里亚海水系，是个典型的内陆国家。国土面积 25 713 平方千米，人口约 207 万。

🗨 语言

马其顿语是马其顿的官方语言，也是马其顿境内使用人口最多的语言，约占人口总数的 65%。全世界使用马其顿语的总人数约 200 万，其中马其顿国内使用人口占三分之二，其他使用人口分布在塞尔维亚、保加利亚、阿尔巴尼亚、希腊、美国、加拿大等国家。马其顿语现是境内绝大多数居民的第一语言，也是众多少数民族的第二语言。除了国家官方语言外，根据马其顿的语言政策，任何使用人口超过人口总数 20% 的语言也都是官方语言，属于地区性或区域性官方语言，其书面语可以使用该语言的字母系统。一旦使用其他官方语言与中央政府各主要部门进行交流和沟通，各部门必须同时使用该官方语言和马其顿语进行回复。

马其顿语属印欧语系斯拉夫语族南斯拉夫语支的东分支，由于 12 世纪以后长期受到拜占庭和奥斯曼等非斯拉夫语的影响，马其顿语同古斯拉夫语的差别日益扩大，现已演化为分析型语言，而与大多数综合型的斯拉夫语言不同。马其顿语语音有 5 个元音、26 个辅音，辅音系统有浊音和清音的对立。马其顿语的文字系统使用西里尔字母，共 31 个。双音节词的重音在第一个音节上，多音节词的重音通常落在倒数第三个音节。名词的格形态变化缺乏，多借助介词来表达成分与成分之间的关系。马其顿语词汇中有一部分与塞尔维亚语和保加利亚语相同，同时还从英语、土耳其语、老教会斯拉夫语、俄语等语言中吸收了部分外来词。

马其顿语曾为教会斯拉夫语的基础方言，发展为现代语言后，长期被认为与保加利亚语是同一种语言，或为其一种方言（在语法上都缺乏形态变化），20 世纪中叶现代马其顿标准语形成，其基础方言为马其顿西部方言。马其顿语有两大主要方言，即东部方言和西部方言，两大方言之间的差别较小。总体上看，马其顿语方言间的差异不如其他斯拉夫语言（如斯洛文尼亚语、波斯尼亚语、克罗地亚语等）方言间的差异显著。

马其顿语示例：

Jac cyм jа купила оваа книга во Македонија.

（我是在马其顿买的这本书。）

马其顿境内还存在其他少数民族语言，其中官方承认的少数民族语言共有 6 种，分别是：阿尔巴尼亚语，使用人口超过 50 万；土耳其语，使用人口 7 万多；罗姆语，使用人口 5 万多；塞尔维亚语，使用人口超过 2.5 万；波斯尼亚语，使用人口近 1 万；阿罗马尼亚语（属于罗曼语，与罗马尼亚语有相似之处，不同之处在于阿罗马尼亚语中存有希腊古语，而在罗马尼亚语中，斯拉夫语和匈牙利语则保存相对较多），使用人口近 7000 人。除了上述官方认可的少数民族语言之外，马其顿境内其他少数民族语言的使用人口大约有 2 万。

马其顿的国际化程度较高，大多数马其顿人懂一门外语。年龄大一点儿的人多使用塞尔维亚－克罗地亚语、法语、德语和俄语；而年轻人多使用英语，有些也懂一点儿塞尔维亚－克罗地亚语和德语。

👥 民族

马其顿境内的主体民族是马其顿族，其人口约占马其顿人口总数的 65% 左右。马其顿族属欧罗巴人种巴尔干类型。公元 6—7 世纪，斯拉夫人开始移居巴尔干半岛，在马其顿地区的斯拉夫人同化了当地土著居民，形成了操斯拉夫语的现代马其顿人，他们与上古（公元前4世纪）时在该地崛起的马其顿帝国无直接关系。马其顿人多数信奉东正教，少部分人信奉伊斯兰教。

马其顿境内其他少数民族主要有阿尔巴尼亚族、土耳其族、罗姆族、塞尔维亚族等。

阿尔巴尼亚族是马其顿境内最大的少数民族，人数超过50万，约占马其顿人口总数的24.2%。阿尔巴尼亚人绝大部分生活在马其顿西北部。在马其顿的所有城市中，有15个城市的阿尔巴尼亚人占到人口数的一半以上，尤其是在热利诺市、里普科沃市、博戈维涅市、萨拉伊市和阿拉契诺沃市，阿尔巴尼亚人达到90%以上，热利诺市的阿尔巴尼亚人口数甚至超过了99%。

土耳其族是马其顿境内的第二大少数民族，主要分布在马其顿西部，人口数近8万，约占人口总数的3.9%。但土耳其族群对这一官方统计数据并不十分认可，他们认为境内族群人数大约在17—20万。土耳其族主要信奉伊斯兰教，多属逊尼派。

马其顿境内大约有5万多罗姆（吉卜赛）人，约占人口总数的2.4%。苏托奥利扎里市是马其顿唯一一个罗姆人占多数的城市，也是唯一一个把罗姆语作为区域性官方语言的城市。

塞尔维亚族人口约3.6万，占马其顿人口总数的1.7%。

语言国情沿革与发展

独立前马其顿的语言国情

历史上马其顿这一名称闻名遐迩，但更多的是指巴尔干半岛核心地区的一个地理名称。这块土地上的早期居民是操希腊语、与希腊人有渊源关系的古代马其顿人，他们的祖先在公元前3000年左右来到马其顿，一部分人继续

南下，与当地居民共同建立了辉煌的古希腊文明，留在马其顿地区的古代马其顿人的文明发展晚于古希腊，但在公元前4世纪也建立了属于大希腊的马其顿帝国，全盛时期又称亚历山大帝国。亚历山大帝国崩溃之后，马其顿先后由罗马帝国、拜占庭帝国统治。

公元6世纪以后，大量斯拉夫人迁居马其顿地区并与当地人融合，构成了现今马其顿共和国的主体民族，他们属斯拉夫人的一支，操斯拉夫语，与上古大希腊的马其顿王国没有什么直接关系。

公元9世纪左右，保加利亚入侵并占领了马其顿。从10世纪下半叶开始至1018年，萨莫伊洛建立了历史上第一个马其顿国，之后，拜占庭、保加利亚、塞尔维亚又反复多次占领马其顿。15世纪初，奥斯曼帝国征服马其顿，在其后近5个世纪里，马其顿又长期处于土耳其的统治之下。20世纪初，两次巴尔干战争直接导致马其顿地区被希腊、保加利亚和塞尔维亚瓜分。长期的战乱使得马其顿语的使用和发展受到了极大的压制。因为马其顿语和保加利亚语、塞尔维亚语一样都是从古斯拉夫语发展而来的，都属于印欧语系斯拉夫语族；同时保加利亚、塞尔维亚和希腊都是马其顿的邻国，马其顿被殖民占领后，境内居民开始出现使用邻国语言的倾向。但是，随着马其顿境内民族主义情绪的高涨，一些爱国人士创办使用本民族语言的学校和刊物，在宗教仪式上反对使用希腊语等，旨在保护、规范和发展马其顿语。

1945年，马其顿共和国加入了南斯拉夫联邦，这是现代马其顿人在联邦制结构内第一次组建自己的民族国家。1945年5月，西里尔字母的马其顿语变体和正字法得到官方正式承认。

由于历史和地理的原因，马其顿语与保加利亚语和塞尔维亚语关系密切，3种语言中有相当数量的相同词汇。第二次世界大战后，马其顿政府积极开展马其顿语的纯净化运动，务

力排除保加利亚语和塞尔维亚语对马其顿语的影响。除了规范马其顿语的字母表和缀字法之外，还积极扶植本民族的教会组织，从塞尔维亚教会手中获得使用马其顿语的权利。

独立后马其顿的语言国情

马其顿独立前，在南斯拉夫联邦内部，马其顿共和国的马其顿语的官方语言地位已经基本得到认同。独立后，马其顿的语言生态却面临严峻考验。一是希腊与马其顿爆发国名之争，希腊认为马其顿是地理概念，反对将马其顿作为国名，马其顿语的名称自然也受到质疑，1993 年马其顿不得不以"前南斯拉夫马其顿共和国"的名义加入联合国；二是马其顿独立后，重要的邻国保加利亚承认马其顿为主权国家，但却不认可马其顿语为独立的民族语言，而将其视为保加利亚语的一种方言；三是 1999 年科索沃战争爆发，大约 40 万阿尔巴尼亚族难民从科索沃涌入马其顿，数量庞大的阿尔巴尼亚人要求政府认可阿尔巴尼亚语为官方语言。2001 年，马其顿修改宪法，承认阿尔巴尼亚语是第二官方语言。

今天，在马其顿学校教育中，除马其顿语外，阿尔巴尼亚语、土耳其语和英语也是不同学校主要的教学语言或学习的语言。但从政府行为看，显然马其顿语和阿尔巴尼亚语受重视的程度更高。例如，由政府支持出版的马其顿语和阿尔巴尼亚语报纸都是属于日报性质，而用土耳其语出版的报纸则是每三周一版。此外，马其顿还有一些用少数民族语言出版的报纸，但基本上都是非政府性的。

🤝 语言服务

中国尚未有高校开设马其顿语专业。

中国在马其顿设立的孔子学院有 1 所，为圣基里尔·麦托迪大学孔子学院，合作单位为西南财经大学。

马其顿尚未有高校开设中文系或中文专业。马其顿第一国立大学开设了汉语课程，圣·基里尔·麦迪迅大学语言学院比较文学系开设了汉语选修课。

小贴士

⊙ 首都

斯科普里，位于马其顿西北部，是巴尔干半岛通往爱琴海和亚得里亚海的重要交通枢纽。斯科普里夏季炎热干燥，冬季寒冷湿润，全年平均温度 13℃，现有人口 51 万。

⊙ 自然与经济

马其顿位于巴尔干半岛中部，是个多山的内陆国家。气候以温带大陆性气候为主，大部分农业地区夏季最高气温达 40℃，冬季最低气温达 −30℃，西部受地中海式气候影响，夏季平均气温 27℃，全年平均气温为 10℃。马其顿主要出口产品有食品、水果蔬菜、烟酒、化工产品、纺织品、铜、锌、铅、电缆、电冰箱等。

⊙ 美食

马其顿人在饮食上以面食为主，口味偏重，不怕油腻，而且爱吃辣味食品。马其顿街上随处可见的是马其顿特有的快餐店——普雷斯卡维采店。在店铺外边冒着烟的柴火上烧烤汉堡一样的肉和香肠，上菜时烤肉和面包、大葱、青辣椒一起端上来，很多人在点这道菜时，还会配上白扁豆做的汤。饮料有土耳其咖啡和当地的啤酒斯科普斯克。

⊙ 节日

新年（1 月 1 日）、独立日（9 月 8 日）、革命纪念日（10 月 11 日）、东正教圣诞节（1 月 7 日）、东正教复活节（主复活日，在每年春分月圆之后第一个星期日，按东正教教历算一般为春季四五月份）等。

⊙名胜古迹

奥赫里德市和奥赫里德湖　奥赫里德市位于马其顿的西南部，奥赫里德湖的东北岸，于公元 7—19 世纪建造而成，是欧洲最古老的人类聚居地之一。这里保存了中世纪教堂、修道院、壁画、城堡等古迹，是著名的旅游胜地。奥赫里德湖是巴尔干半岛第二大湖。1980 年，奥赫里德地区的文化历史遗址与自然景观作为文化与自然双重遗产入选联合国教科文组织《世界遗产名录》。

奥赫里德剧场　坐落于塞缪尔王城堡脚下。该剧场建于 2000 多年前的希腊文化晚期（一说建于罗马统治伊始时期），是马其顿现存的唯一一座古希腊剧场。

圣思巴斯教堂　建于 1826 年，1970 年被宣布为国家历史地标。教堂最有名的是一个 10 米宽、6 米高的圣像间壁，雕刻全部用核桃木制作。

圣索菲亚教堂　马其顿最重要的纪念馆之一，建于中世纪。教堂内部保留了 11—18 世纪美丽的壁画。

蒙古国旗呈长方形，长宽比2∶1。旗面由红、蓝、红三个竖长方形组成，红色象征快乐和胜利，蓝色象征忠于祖国；左边黄色的火、太阳、月亮，表示祝愿人民世代兴隆永生，三角形和小的横长方形象征人民的智慧、正直和忠于职责，阴阳图案象征和谐与协作，两个垂直的长方形象征国家坚固的屏障，整个黄色是民族自由和独立的象征。

蒙古 | Mongolia

国家历史博物馆

蒙古 MONGOLIA

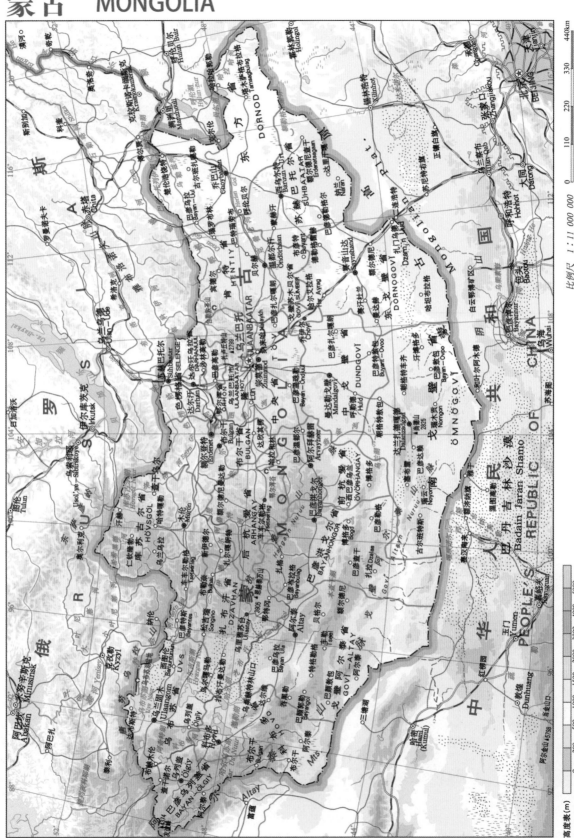

比例尺 1 : 11 000 000

高度表 (m)

蒙古，全称蒙古国，位于亚洲东部，是一个内陆国家，其东部、西部、南部均与中国相邻，北部与俄罗斯接壤。国土面积1 566 500平方千米，人口约296万。

语言

蒙古语是蒙古的国语和官方语言。蒙古语的主要使用者是蒙古境内的蒙古族，约266.4万人，此外，在蒙古还有近15万少数民族人口使用蒙古语。蒙古语还分布在中国内蒙古自治区蒙古族聚居区和俄罗斯西伯利亚联邦管区等。各地的蒙古语有一定差别，比如蒙古国蒙古语的标准音是以乌兰巴托方言为主的喀尔喀蒙古语；中国内蒙古自治区的蒙古族使用的蒙古语以内蒙古察哈尔蒙古语为标准音。喀尔喀蒙古语在口音和语句的用法方面跟中国鄂尔多斯蒙古语有些相似，但在现代名词的使用上差别很大，喀尔喀蒙古语的常用名词很多来自俄语和英语，这反映了喀尔喀蒙古语的欧化。

蒙古境内还使用卫拉特蒙古语（西北部）、布里亚特蒙古语（北部、东北部）、达斡尔语（肯特省）、哈萨克语（西北部）、图瓦语（西部）、俄语（北部）和汉语（西北部）等。

蒙古语属于阿尔泰语系蒙古语族。现代蒙古语语音的主要特点包括：音节种类较多，语音结合比较自由；有比较丰富的元音，元音有开口度、舌位、唇形、发音长短和舌根松紧（即阴性、阳性）的对立；在一个单词里，阳性元音和阴性元音不能同时出现，在同性元音中还会表现出一定的唇形和谐；辅音相对较少，绝大多数辅音既可以出现在音节的开头，也可以出现在音节的末尾，在音节末尾还可以出现复辅音和辅音腭化现象。

蒙古语有较为丰富的形态变化。蒙古语有动词和静词，动词包括体、态、式、时、人称、形动词和副动词等范畴，静词含有数、格、领属等范畴。附加成分和助词是蒙古语表示语法意义的主要手段。蒙古语重要的语法手段还有词序和词根重叠。蒙古语的语序为主语在谓语前，定语在中心词前，宾语和状语在动词前。

蒙古语中还有一定数量的借词，它们来源于汉语、突厥语、满语、藏语、梵语、阿拉伯语、波斯语、希腊语、俄语和英语等。

蒙古语示例：

Сайн байна уу, намайг Баатар гэдэг. Би Монгол хүн. Танилцсандаа баяртай байна.

（你好，我叫巴特尔。我是蒙古人，很高兴认识你。）

民族

蒙古是以蒙古族为主体的国家，90%以上的人口都是蒙古族。其中绝大多数是喀尔喀蒙古人，占蒙古族总人数的78.8%，此外还有杜尔伯特（2.7%）、巴雅特（1.9%）、布里亚特（1.7%）、达里岗嘎（1.4%）、扎哈沁（1.1%）、乌梁海（1%，蒙古、突厥人中均有该族群）、达尔哈特（0.7%）、土尔扈特（0.5%）、厄鲁特（0.4%）、明阿特（0.2%）、巴尔虎（0.1%）等蒙古部族和少数内蒙古人（分布在察哈尔、乌珠穆沁等地）。

喀尔喀人人数最多，大多居住于中部和南部地区。杜尔伯特人大部分聚居在乌布苏省，少数居住在巴彦乌勒盖省和科布多省。布里亚特人主要分布在北部和东北部，由于历史、地缘和人文环境等原因，布里亚特人受俄罗斯文化和语言影响较大。巴雅特人、扎哈沁人、乌梁海人、土尔扈特人、厄鲁特人和明阿特人主要聚居在西部的乌布苏省和科布多等省。巴尔虎人在语言、历史渊源、风俗习惯、地域分布上与布里亚特人较为接近。达里岗嘎人主要分布在南部苏赫巴托省的6个县，在语言、服饰、风俗习惯上与喀尔喀人区别不大。

蒙古的少数民族主要有哈萨克人、霍屯人、查唐人和图瓦人，虽然后三者中也有少数属于蒙古部族，但大多属于突厥民族。哈萨克人主要聚居在西部紧靠我国新疆的巴彦乌勒盖省。除哈萨克外，其他各族人口均很少，主要居住在西北部的库苏古尔和乌布苏等省。此外还有少数俄罗斯人、乌兹别克人和华人。

语言国情沿革与发展

蒙古族群时期（公元6—13世纪）的蒙古语

公元13世纪以前，蒙古曾被多个游牧民族统治，如匈奴、鲜卑、突厥等。这时的蒙古语尚未真正统一，处于各部族间语言接触、融合和形成的阶段。

公元6—9世纪，蒙古语出现，当时蒙古高原上使用蒙古语的有蒙兀室韦、迭儿勒勒蒙古、十姓卫拉特和三十姓达怛等部落。这些部落先后处在突厥、回鹘等族的统治之下。

公元10—12世纪，蒙古高原各部又先后受到契丹人建立的辽王朝和女真人建立的金王朝统治，经过漫长的发展、繁衍、融合、同化，逐渐形成了一个松散的族群联盟。这期间蒙古族群与北部、东北地区的室韦、女真和西北地区的突厥、回鹘等族群往来密切，随着蒙古部族向西迁徙，在民族融合的同时，语言接触、语言融合和文化影响都在发生。匈奴和突厥发达的生产力和先进的文化影响着蒙古族群，其语言也作为强势语言对各部族蒙古语产生了深远影响。这一时期蒙古各族群还没有自己的文字，蒙古语尚未统一。

蒙元、北元和清朝时期的蒙古语

12世纪末至13世纪，蒙古部族逐渐征服了乃蛮部、克烈亦惕部等说突厥语的游牧部落，1206年成吉思汗统一蒙古高原，建立了规模空前的蒙古帝国。蒙古帝国的建立，使得蒙古高原第一次出现了统一而强大的民族——蒙古族。此后，蒙古高原形成了新一轮民族融合、语言融合的潮流，原来到处都是突厥语族的漠北高原，开始了蒙古化过程。蒙古帝国时期的蒙古语属于当时蒙古东北地区的方言，并作为强势语言逐渐代替其他民族语言，而在被推广的同时，蒙古语也不断接受其他民族语言的影响，最终成为蒙古族的通用语言，实现统一。语言的统一促进了国家的发展。1271年元朝建立后，持续对外进行军事扩张。1368年，元朝灭亡，蒙古人北迁，以蒙古高原为中心继续统治了近300年，史称"北元"。蒙古帝国统治蒙古高原的几百年间，蒙古人散居在横跨欧亚大陆的广大疆土上，使得蒙古语广泛传播。

17世纪上半叶，北元政权灭亡。蒙古高原上散居的各部族蒙古人往来渐趋减少，统一的蒙古语逐渐分化出各地方言。根据蒙古语的历史发展和语音、词汇及语法方面的差异，蒙古语大致分为北部（布里亚特）方言、中部（中国内蒙古、喀尔喀）方言和西部（卫拉特）方言。北部方言包括东部、西部和南部及色楞格土语群，中部方言包括察哈尔土语群、鄂尔多斯土语群、科尔沁土语群、巴尔虎土语群、喀尔喀土语群，西部方言包括准噶尔土语群、科布多土语群、伏尔加土语群。

蒙古帝国建立前，为了民族统一需要，铁木真（成吉思汗）便开始创制统一的蒙古文字。1204年，蒙古人吞并乃蛮部，俘虏了乃蛮国师塔塔统阿。塔塔统阿深通回鹘文字，铁木真便命令在回鹘文字的基础上创制蒙古文字。因此，早期的蒙古文字与回鹘文字有很多类似之处，蒙古文字正字法中的部分原则也直接借鉴了回鹘文字，学术界常称之为"回鹘体蒙文"。13—16世纪末期蒙古的通行文字即为回鹘体蒙古文。16—17世纪，通过对回鹘体蒙古文的进一步革新，逐渐形成了近代蒙古文，近代蒙古文是传统蒙文（也称胡都木蒙文，旧蒙文）的直接前身。

元朝建立后，为进一步对外扩张和巩固统治，元世祖忽必烈命当时蒙元帝师、吐蕃人佛教萨迦派领袖八思巴创制了八思巴文，用统一的文字书写帝国内的一切语言。八思巴文脱胎于藏文字母。蒙古语、汉语、藏语、回鹘语、梵语、波斯语等语言都曾用八思巴字母书写，但是这些语言的差别非常大，同一种字母很难确切地表示每一种语言，所以这种努力没有成功。现存的八思巴文蒙古文献主要是元代的诏令。元朝被推翻后，这种文字也逐渐消亡。

17世纪下半叶，蒙古逐步归入清朝统治。清政府在18世纪下半叶又征服了蒙古准噶尔部，重新统一了蒙古各部。在清朝统治的二百多年间，蒙古语没有发生大的分化，也没有分裂成不同的方言。而且，由于游牧经济的流动性，牧民往往从一个盟到另一个盟，进行越界放牧，这在一定程度上保持了语言的统一。

现代蒙古国的语言国情

1924年蒙古人民共和国成立。这一时期使用的语言仍为统一的蒙古语，两种重要文字在此时产生——托忒蒙文和新蒙文，语言文字改革随之展开。

为了将黄教经典译成蒙文，以便在蒙古卫拉特部传播，1648年卫拉特和硕特部高僧扎雅·班迪达开始创制托忒蒙文。托忒蒙文主要用于卫拉特部族中，它能够比较准确地表达卫拉特方言的语音系统，成为卫拉特方言的文字并得以沿用。但托忒蒙文的创制以卫拉特方言为基础，没能推广到其他方言区。

蒙古人民共和国在1930—1940年推行蒙古文字改革，确定了创立拉丁字母蒙古文字的文字改革方案，计划于1942年起试用，1946年正式使用。但这一时期蒙古受到苏联控制，苏联在这一时期已废弃文字拉丁化方针，改为斯拉夫化，因而蒙古也被迫转向，重新颁布法令，改用苏联和东欧国家普遍使用的西里尔字母，并将其作为国家法定语文，遂使具有近千年历史的传统蒙古文退出日常使用。新蒙文（斯拉夫蒙古文）就是蒙古使用的西里尔字母蒙古文。新蒙文采用的西里尔字母形体差异较大，各自分开，不易误读，便于区别音节，因而基本做到了"怎么说就怎么写"。新蒙文的书写方式采用从左向右横写，方便排版和印刷，但与传统蒙文相比，新蒙文也没有了书写迅速、兼顾各地方言等优势。

随着东欧剧变、苏联解体，20世纪80年代中后期，蒙古掀起语言文字改革热潮。1989年，恢复使用传统蒙古文字。决定从1990年起，小学一年级用蒙古文授课，中学开始教授蒙古文字，成立"恢复使用蒙古文字协会"等民间组织，开办培训班和学习园地，恢复传统语言文字的活动在全国蓬勃开展。1991年，蒙古国政府决定，从1994年开始，国家所有公文正式使用传统蒙古文字，但这一计划未能实现。1994年，蒙古国议会决定继续使用西里尔字母，待条件成熟再讨论恢复使用传统蒙古文的问题。目前，传统蒙文与新蒙文在蒙古国都是正式文字，在学校里同时教授。

在外语教育方面，俄语曾是蒙古国最重要的外语，如今英语已成为蒙古国的第一外语。蒙古国政府的许多高官曾就读于美国名校，他们成为在蒙古国推广英语的主要倡导者。各种私人英语教育机构在蒙古国不断涌现，以满足不断扩大的市场需求。除了各类英语学校，电子媒体也是传播英文的有效工具。此外，蒙古国际大学里的所有课程都用英语讲授；一些宗教组织以免费教英文吸引新信徒。近年来，美国大使馆、英国大使馆先后在蒙古国开设了英文阅览室，为蒙古的英语热推波助澜。由于蒙古人英语整体水平的提高，蒙古国政府希望大量从英国、美国、印度、新加坡和马来西亚等国招募英语教师，以满足国内不断高涨的英语学习需要。

🤝 语言服务

中国开设蒙古语专业的高校有 10 所，分别为北京大学、中央民族大学、西北民族大学、北京外国语大学、厦门大学、山东大学、内蒙古大学、内蒙古师范大学、内蒙古民族大学、内蒙古农业大学。

中国在蒙古开设的孔子学院有 3 所，分别为蒙古国立大学孔子学院、蒙古国立教育大学孔子学院和科布多大学孔子学院，合作单位分别为山东大学、东北师范大学和新疆职业大学。孔子课堂 1 个，为蒙古育才广播孔子课堂。

蒙古国开设中文系或中文专业的高校有 5 所，分别为蒙古国立大学、蒙古伊赫扎萨克大学、蒙古人文大学、蒙古国立教育大学、蒙古国立农业大学。

小贴士

⊙首都

乌兰巴托，全国政治、经济、文化、交通、工业和科技中心，有 300 多年的历史，面积为 4704 平方千米，常住人口 131.8 万。"乌兰巴托"在蒙古语中的意思是"红色英雄城"。

⊙姓氏

蒙古人的姓氏大体有 4 种：以本部落的名称为姓；以本氏族的名称为姓；以祖先的名字为姓；直接取汉族姓氏为姓。一般是姓在前，名在后。姓氏的选取还有以下倾向：以动物名称命名；用"巴图"（意为"结实"）命名；以祝福、吉祥、幸福的词命名；以星辰、花草树木、珠宝等为女性命名；按出生月份为女性命名。

⊙自然与经济

蒙古地势自西向东逐渐降低，西部、北部和中部多为山地，东部为丘陵平原，南部是戈壁沙漠。山地间多河流、湖泊，主要河流为色楞格河及其支流鄂尔浑河。大部分地区属大陆性温带草原气候，季节变化明显，冬季长，常有大风雪；夏季短，昼夜温差大；春、秋两季短促。每年有一半以上时间被大陆高气压笼罩，为亚洲季风气候区冬季"寒潮"的发源地之一。蒙古素有"畜牧业王国"之称。畜牧业是传统经济部门，也是国民经济的基础，主要饲养羊、牛、马、骆驼等。工业以肉、乳、皮革等畜产品加工业为主。

⊙美食

蒙古族的传统饮食大致有 4 类：面食、肉食、奶食、茶食。通常蒙古族称肉食为"红食"，蒙古语叫"乌兰伊德"；称奶食为"白食"，蒙古语叫"查干伊德"（纯洁、吉祥、崇高之意）。而农区多以谷物蔬菜为主食，以肉食为辅。肉类主要是牛肉、绵羊肉，其次为山羊肉、马肉。

⊙节日

白月节（也称春节，民间最隆重的节日，日期与中国藏历年相同，以前称牧民节，只在牧区庆祝，后经蒙古大人民呼拉尔主席团决定，春节为全民的节日）、国庆节（7 月 11 日，举行全国性的那达慕，又称国庆节 - 那达慕；"那达慕"蒙古语意为"游戏"或"娱乐"，原指蒙古民族历史悠久的摔跤、赛马、射箭"男子三竞技"，现指一种按着古老的传统方式举行的集体娱乐活动，富有浓郁的民族特点）等。

⊙名胜古迹

国家历史博物馆 位于乌兰巴托市苏赫巴托广场的西北角，原称革命博物馆。共分七个展区，重点展示成吉思汗统一蒙古及其继承者建立蒙古帝国，进而建立元朝和蒙古独立后的情况。

成吉思汗景区 距离乌兰巴托 60 千米，是具有浓郁民族特色的草原风情旅游点。景区有高 30 米的成吉思汗骑马铜像，高 9 米、用 225 张牛皮制成的皮靴，长 4 米的马鞭，展示"一代天骄"成吉思汗东征西讨、威震欧亚的"蒙古兵法"。

库苏古尔湖 位于蒙古国北部，是蒙古面积最大的湖泊，水域总面积为 2760 平方千米，素有"东方的蓝色珍珠"之美誉。

孟加拉国国旗呈长方形，长宽比 5 : 3。旗面为深绿色，中央为红色圆轮。深绿色象征朝气蓬勃、充满生机的绿色大地，寓意青春活力和繁荣昌盛；红色圆轮象征经过流血斗争的黑夜之后的黎明；旗面构图如广阔平原上一轮红日正冉冉升起，寓意国家的光明前景和无限生机。

孟加拉国

The People's Republic of Bangladesh

国家英雄纪念碑

孟加拉国 BANGLADESH

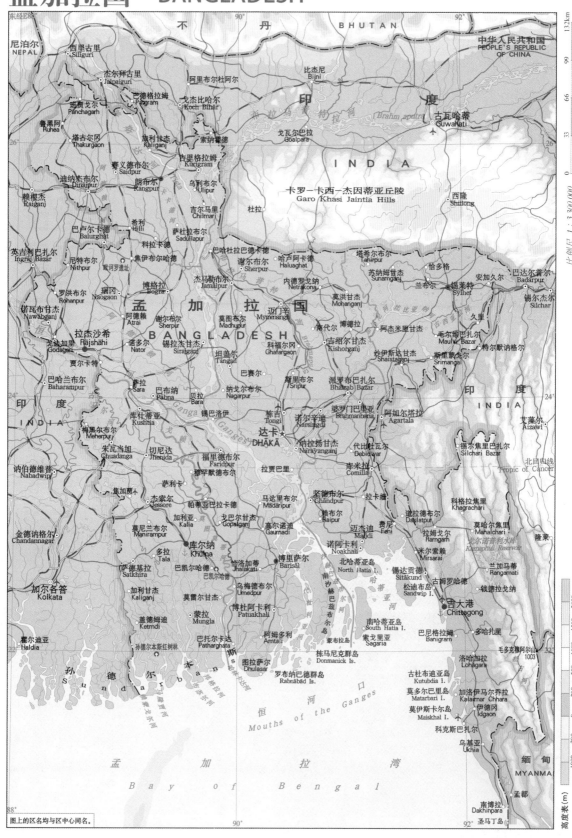

孟加拉国，全称孟加拉人民共和国，位于南亚次大陆东北部的恒河和布拉马普特拉河（上游即中国的雅鲁藏布江）冲积而成的孟加拉三角洲上。东、西、北三面与印度接壤，东南部与缅甸毗邻，南部濒临孟加拉湾。国土面积147 570平方千米，人口约16 628万，是世界上人口密度最高的国家之一。

🗨 语言

孟加拉国的国语和通用语是孟加拉语，官方语言是孟加拉语和英语，孟加拉语的使用人口约占全国总人口的98%以上。现代孟加拉语标准语，一般以西孟加拉邦首府加尔各答一带的语音为基础；首都达卡一带原有的方言，尤其是吉大港附近地区方言的发音与孟加拉语标准语差异较大。目前孟加拉国广泛通行孟加拉语标准语。全球约有23 000万人使用孟加拉语。

孟加拉语隶属于印欧语系印度－伊朗语族印度－雅利安语支，是一种以梵语为基础的语言，有7个元音和31个辅音，语序为SOV（主语＋宾语＋谓语），名词一般没有性的变化，只有一些指人名词和来自梵语的极少数形容词有性的区别，动词有人称和时态变化。词汇多达10万个，70%源自梵语、巴利语、波斯语和阿拉伯语等，在殖民地时期，又从葡萄牙语、法语、荷兰语、英语，尤其是英语中吸收了很多新词。孟加拉文属于拼音文字，其字母是由古印度婆罗米字母演变而来的，谓之孟加拉体，与印地语所使用的天城体字母同源，但差异非常明显，两种语言的人相互不能识别对方的文字。孟加拉文由10个元音字母和40个辅音字母组成，元音字母单独使用或用于词首时，使用字母原形，与辅音拼合在一起时则采用其简写形式。书写时自左向右，没有大写字母，每个字母上面有一条横线，用这一条横线将各个字母连接成词。标点符号来源于19世纪的英语。

孟加拉语示例：

১৬ই ডিসেম্বর বাংলাদেশের জাতীয় দিবস। ১৯৭১ সালের ১৬ই ডিসেম্বর স্বাধীন সার্বভৌম বাংলাদেশের জন্ম হয়। প্রতি বছর ১৬ই ডিসেম্বরে বাংলাদেশের জাতীয় দিবস পালিত হয়। সেই দিন সারাদেশে অনেক রকম অনুষ্ঠান হয়।

（12月16日是孟加拉国国庆节。1971年12月16日，独立的孟加拉国诞生了。每年的12月16日，孟加拉国举行各种活动庆祝国庆节。）

孟加拉国是一个多民族国家，语言相当丰富，很多少数民族都有自己的民族语言，如比哈尔人讲的乌尔都语属于印欧语系印度语族，桑塔尔人使用的桑塔尔语属于南亚语系蒙达语族，卡西人的语言属于南亚语系孟－高棉语族，马尔玛人、穆如人的语言则属汉藏语系藏缅语族，还有许多穆斯林使用阿拉伯语。英语广泛应用于教育、法律、商业和新闻等领域，很多中产阶级及以上的人把英语作为第二语言，现在孟加拉国的宪法等法律文本则既用英语也用孟加拉语书写。

👥 民族

孟加拉国有20多个民族，主体民族孟加拉族人口约占总人口的98%；其他民族人口约占总人口的2%，如比哈尔人、查克马人、桑塔尔人、迦洛人、奥拉昂人、蒙达人等。

孟加拉族是南亚次大陆孟加拉地区的古老民族，有文字记载的历史可追溯到公元前4世纪。族群人口约24 000万，其中孟加拉国占65%。孟加拉族虽是单一民族，却具有多样化的民族来源，族群人口主体是印度－雅利安人一个分支的后裔，达罗毗荼人、奥斯特罗亚细亚人也是其族源之一。孟加拉人主要信奉伊斯兰教，穆斯林人数约占总人口的88%，其次是印度教，约占总人口的10%。

比哈尔人，是对1947年印巴分治时期从印度迁入东巴基斯坦地区的移民的统称，并非一个严格意义上的民族。当时由于教派冲突，大约100万"比哈尔难民"先后从印度的比哈尔、西孟加拉、阿萨姆、奥里萨、那加兰、曼尼普尔、特里普拉以及锡金等地移居孟加拉地区，主要居住在达卡、兰格普尔等地，信奉伊斯兰教。比哈尔人文化程度较高，使用比哈尔语。除孟加拉国外，比哈尔人还分布于印度、巴基斯坦、尼泊尔等国。

除孟加拉人和比哈尔人之外，孟加拉国尚有20多个少数民族，多为土著族群，人口总数约为100万，约占全国人口总数的0.6%，多生活于边远山区，主要分布在吉大港区、米门辛格北部的山区以及锡尔赫特地区。吉大港山区聚居生活有13个土著族群，即查马克人、马尔玛人、穆如人、莫绒人、卢赛人、库基人、巴姆人、特里普拉人、萨克人、汤昌雅人、山度人、班居基人、潘卡人等，人数约在60万以上。山区的族群多从事农业生产，一般采用较为原始的刀耕火种方式进行。其中，查克马人是吉大港山区最大的族群，人数约35万，占当地族群人口总数的一半以上，属蒙古人种；查克马人信奉佛教，操孟加拉语方言，多生活在远离城市的山区，受现代教育的机会较少。马尔玛人约有14万，源自缅甸，"马尔玛"即"缅甸人"的意思，信奉佛教。

另外，在东北部锡尔赫特山区生活的有卡西人、潘枸人、曼尼普尔人3个少数民族人群，属于蒙古人种，人口数量12万左右。迦洛人、哈迪人、布纳人等6个少数民族人群生活在米门辛格北部以及西部的山区和森林之中，多属蒙古人种。桑塔尔人、胡人、梅泰人、蒙达人、拉杰班希人等少数民族则聚居在兰格普尔、迪纳杰布尔、博格拉、拉杰沙希、诺阿卡利、库米拉、巴克甘吉等县的城镇里。

📖 语言国情沿革与发展

源自梵语的孟加拉语

孟加拉语的形成与原始印欧人（雅利安人）

的迁徙密切相关。雅利安人的一支由欧亚大草原向东迁徙至伊朗、阿富汗一带，在公元前1500年前后，一部分人继续向东南方向迁徙，先后征服了印度河、恒河流域，最后抵达恒河下游和恒河三角洲的孟加拉大平原。耆那教经典记载，孟加拉的文迦国和鸯迦国皆是印度雅利安人建立的国家。雅利安人征服了印度河流域，对南亚文化最深远的影响就是带来了一种新的语言，即一种初期形式的梵语，现存印度最古老的经典吠陀称之为吠陀语。以吠陀语为基础，公元前4世纪形成的梵语，是印欧语系较为原始的语言形态。梵语是古印度上层社会的通用语言，普通百姓使用的是存在于各地区的变体，即各种俗语。

孟加拉语的历史可以追溯到两千多年前恒河下游地区的摩揭陀王国。大约公元700年以前，古印度东部的百姓使用的是摩揭陀俗语；公元700—800年，摩揭陀俗语逐步演变成为摩揭陀阿帕卜朗沙语，也就是尚未完全分化的孟加拉、比哈尔、阿萨姆地区各语言的前身；公元800年之后，这种语言再次分化，最终形成了现在的孟加拉语、比哈尔语和阿萨姆语等。也有学者认为孟加拉语源于两千多年前印度东部的一种俗语——高尔语，经过高尔阿帕卜朗沙语阶段之后，于公元7世纪前后发展成为孟加拉语。总之，古吠陀语与孟加拉地区土著居民的语言文化相融合，经过约两千多年的演化，逐渐形成了现代孟加拉语。

伊斯兰教对孟加拉语的影响

12世纪时，伊斯兰教随着阿拉伯商人和苏非派传教士的脚步来到孟加拉，此时为波罗王朝末期，孟加拉地区佛教盛行。12世纪中叶，毗阇耶犀那推翻波罗王朝建立犀那王朝，孟加拉地区印度教复兴，佛教退居边缘地带。犀那王朝扶植梵文文学，宫廷诗人胜天的梵语抒情长诗《牧童歌》既是古典梵语文学的回光返照，又是孟加拉语文学的开端。1338年，孟加拉脱离德里苏丹国独立。1342 年，沙姆苏丁·伊利亚斯·沙希建立独立的穆斯林王朝伊利亚斯·沙希王朝，沙希王朝统治孟加拉近 200 年。由于犀那王朝强行在孟加拉推行严厉的种姓制度，从 13 世纪开始，孟加拉人民开始大规模皈依伊斯兰教，到 14 世纪，孟加拉已基本上改信伊斯兰教。沙希王朝时期，历任孟加拉苏丹的观念逐渐本土化，大规模修筑清真寺，设立马德拉沙伊斯兰宗教学校，奖掖孟加拉语文学的发展，促进了统一的孟加拉民族文化的形成。在穆斯林统治时期，孟加拉语受波斯语和阿拉伯语影响，发音变得更加简约，开始省略词尾 ô 的发音，复合动词出现并广泛使用，还从波斯语和阿拉伯语中吸收了大量的借词。这一时期，孟加拉语文学也取得了里程碑式发展。

殖民者语言对孟加拉语的影响

15 世纪下半叶开始，葡萄牙人踏上了孟加拉的土地。继葡萄牙人之后，荷兰人、法国人、英国人接踵而至。1690 年，孟加拉省督将加尔各答等 3 座渔村卖给英国东印度公司，英国人以此为立足点，逐步控制了整个孟加拉地区。18 世纪至 19 世纪中期，莫卧儿帝国走向衰落，英国在印度争夺殖民地的战争中取得胜利，独霸印度，东印度公司成为印度实际上的最高统治者。1858 年，维多利亚女王任命总督直接统治印度，印度沦为英国的殖民地。英国占领印度后，在政治、经济、文化教育等领域大力推行英语，打压印地语、孟加拉语。殖民者开办以英语为教学语言的学校，发行英文报刊，创办以英语为工作语言的邮局、电报、铁路，开设教堂用英语传教，在行政和司法上以英语为正式语言，英语最终确立了官方语言的地位。殖民者的语言统治，虽说弱化了孟加拉语的社会地位，但在一定程度上也激活、强化了孟加拉人的民族语言意识，19 世纪，孟加拉涌现出了大批作家，促进了孟加拉语的发展；20 世纪，泰戈尔的作品更使孟加拉语获得了新的生命力。殖民时期，孟加拉语受到英语的强烈干扰，借入了大量的英语词汇，尤其是科技类的词汇，甚至在语言生活中出现了英语、孟加拉语夹杂混用的现象。2012 年 2 月 16 日，孟加拉国高等法院裁定，在孟加拉语中混杂英语破坏孟加拉语的纯洁性，电台和电视台今后不得使用英式孟加拉语。

"世界母语日"与孟加拉国语言国情

1947 年 8 月 14 日，巴基斯坦宣布独立。由于在地理上被印度领土分割成东西两翼，而东巴基斯坦（今孟加拉国）较之于西巴基斯坦在国家的政治、经济、文化生活等方面一直处于弱势地位，两翼裂隙突显，矛盾对立加剧。1948 年，巴基斯坦试图通过宪法确定乌尔都语为唯一官方语言来巩固和强化国家的统一，该政策忽视了孟加拉语在国家语言生活中的重要地位，极大地伤害了孟加拉人的民族自尊心，直接导致了 1952 年的孟加拉语言运动。1952 年 2 月 4 日，达卡大学的学生罢课，强烈要求将孟加拉语定为国语之一。2 月 21 日，达卡大学学生再次罢课并示威游行，遭到政府的武力镇压，造成流血事件，孟加拉人要求语言权利的语言运动演变成为争取民族独立的政治运动。1971 年，孟加拉国独立，孟加拉语成为孟加拉国的国语和官方语言。为纪念语言运动中为国捐躯的烈士，孟加拉国将 2 月 21 日定为"国家烈士节"。1999 年，联合国教科文组织将这一天确定为"世界母语日"。

🤝 语言服务

中国开设孟加拉语专业的高校有 2 所，分别为中国传媒大学和北京外国语大学。北京大学外国语学院东方语言文学系也拥有孟加拉语教学资源，曾于 2004 年开设孟加拉语课程。

中国在孟加拉国开设的孔子学院有 2 所，分别为孟加拉国南北大学孔子学院和达卡大学孔子学院，合作单位均为云南大学。目前，已经建立了孟加拉国美国国际大学、孟加拉国国际中学等 9 个汉语教学点。另有孔子课堂 1 个，

为孟加拉国山度玛丽亚姆机构广播孔子课堂。

孟加拉国开设中文系的高校有 2 所，分别为达卡大学和 BRAC 大学。此外，2007 年 5 月，孟加拉国美国国际大学面向教职工和在校学生开设过汉语教学课程，后中断。

小贴士

⊙ 首都

达卡，全国政治、经济、文化和教育中心，孟加拉国的第一大城市，坐落在恒河三角洲布里甘加河北岸，面积 415 平方千米，人口约 1440 万，是世界上人口密度最大的城市之一。

⊙ 姓氏

孟加拉国穆斯林约占全国人口总数的 88%，人名采用"本人名字 + 父名 + 祖父名"命名方式。女性结婚后一般要添加夫名，如前总统齐亚·拉赫曼的妻子名为"卡莉达·齐亚"。贝格姆、拉赫曼、侯赛因为孟加拉国的三大姓氏。

⊙ 自然与经济

孟加拉国 90% 以上的地区是平原，只有东部和东南部为丘陵地带，河流、湖泊、沼泽和湿地构成水陆兼备的地形特征。孟加拉国沿海平原属热带季风草原气候，其余地区属亚热带季风森林气候；一年分为夏、雨、冬三季，全年 75% 的降雨量集中在雨季。动植物资源丰富，茂密的原始森林是孟加拉虎、亚洲象等 200 余种哺乳动物和 650 余种鸟类生活的天堂。经济支柱为传统的农业经济，主要产品有稻米、黄麻、茶叶、小麦、甘蔗、白糖、棉纱等；工业基础薄弱，以轻工业为主，有麻纺、棉纺、成衣、皮革、制糖等；矿产资源主要是天然气，储量约 8500 亿立方米。

⊙ 美食

孟加拉人以大米为主食，鱼类是孟加拉人蛋白质的主要来源，通常与蔬菜和辣汁等酱料共同食用。孟加拉人还喜好甜味，经常食用蔗糖和蜜糖制成的甜品。

⊙ 节日

新年（孟加拉历的正月初一，通常在公历 4 月间）、独立日（3 月 26 日，又称国庆节，1971 年 3 月 26 日孟加拉国宣布脱离巴基斯坦独立）、烈士节（2 月 21 日，为纪念孟加拉语言运动的死难烈士，联合国教科文组织也将这一天定为世界母语日）、开斋节（伊斯兰教历 10 月 1 日，伊斯兰教历每年的第 9 个月为斋月，第 10 个月的第 1 日到第 3 日是教徒们的开斋节）、古尔邦节（伊斯兰教历 12 月 10 日，每年的这一天穆斯林们便为真主安拉宰牲献祭，又称宰牲节）等。

⊙ 名胜古迹

达卡 素有"清真寺之都"的美誉，全市共有 500 余座清真寺。其中建于 1457 年的比纳特·比比清真寺是达卡现存的最古老的宗教建筑。达卡的国家博物馆、国家英雄纪念碑也是重要的文化景观。

圣马丁岛 位于孟加拉湾东北部，是孟加拉国唯一的珊瑚岛。岛上遍布形状各异的珊瑚礁，附近水域还可以看到五彩斑斓的活珊瑚。岛上高大的棕榈树随处可见，又被称为椰子岛。

库卡塔沙滩 亚洲唯一能同时观赏到日出和日落景观的著名沙滩，也是孟加拉国原始景观保存较好的景点之一。

孙德尔本斯国家公园 位于孟加拉国西南部，是该国最大的沿海林地，拥有世界上最大的红树林，栖息着大量的野生动物，是孟加拉虎之乡。1997 年，孙德尔本斯国家公园作为自然遗产入选联合国教科文组织《世界遗产名录》。

帕哈尔普尔佛教毗河罗遗址 又称大寺院，位于瑙冈地区东北角，是 7 世纪大乘佛教在孟加拉兴起的见证，其简单和谐的线条和精美绝伦的雕刻装饰代表着独一无二的艺术成就。1985 年，帕哈尔普尔佛教毗河罗遗址作为文化遗产入选联合国教科文组织《世界遗产名录》。

缅甸国旗呈长方形，长宽比有 3 : 2、9 : 5、11 : 6 三种。旗面为黄、绿、红三个长方形，中间是一颗白色的五角星。黄色象征团结，绿色象征和平、安宁，同时代表青葱翠绿的国家，红色象征勇敢和决心。中间的白色五角星象征联邦国家永久长存。

缅甸 | The Republic of the Union of Myanmar

仰光金塔

缅甸 MYANMAR

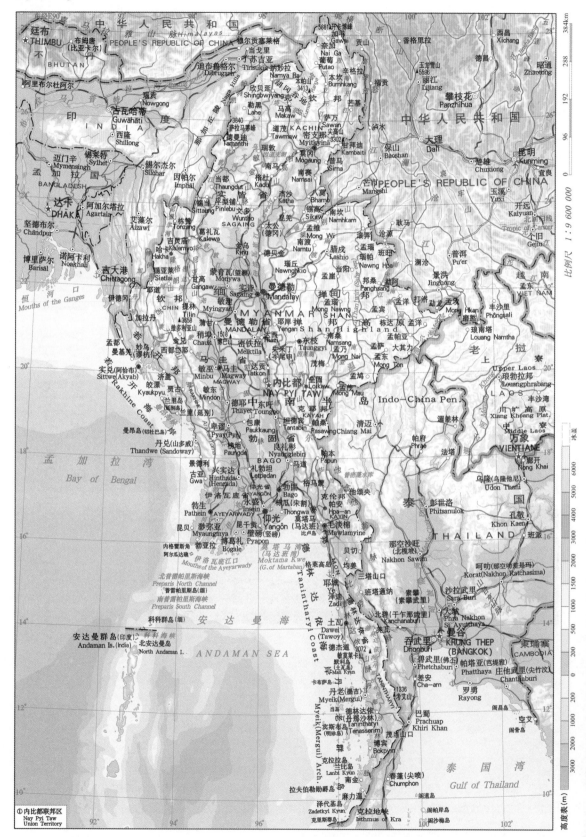

缅甸，全称缅甸联邦共和国，地处东南亚，位于中南半岛西部，东北紧邻中国，东南与泰国和老挝接壤，西北与印度、孟加拉国相邻，南部是安达曼海，西南则是孟加拉湾。国土面积约 676 581 平方千米，人口约 5142 万。

🗨 语言

缅甸境内的语言状况非常复杂，目前约存有 100 种。其中有近 10 种语言历史悠久，是缅甸主要使用的语言；约有 20 种语言正面临使用人口减少、频率降低等各种困境。

缅甸语是缅甸的官方语言。约有 3200 万缅甸人将缅甸语作为第一语言使用，此外还有近 1000 万人将其作为第二语言使用。大部分缅甸语使用者生活在伊洛瓦底江流域。目前全世界除缅甸外，泰国、孟加拉国、马来西亚、老挝、新加坡、美国、英国、澳大利亚等国也有少量的缅甸语使用人群。缅甸人使用多种方言，各种缅甸语方言之间的相似度非常高。缅甸封建王朝时期，由于政治经济文化中心在伊洛瓦底江流域中上部，因而这一地区的缅甸语被作为标准缅甸语当时进行推广；后来随着政治势力的变迁以及社会经济的发展，仰光逐渐成为缅甸的政治经济和文化中心，该地区的缅甸语则成了标准缅甸语。

缅甸语属于汉藏语系藏缅语族缅语支。缅甸语与汉语一样是声调语言，声调与语义关系密切，声调不同词义往往也不同。现代缅甸语包括高平、高降、低平、短促共 4 个声调。在拼写中，用符号标记声调，标记位置为词的左边、右边、上边或下边。

缅甸语词类大致可以分为名词、动词、代词、形容词、数词、量词、副词、连词、助动词、感叹词及助词等。缅甸语的主要构词方式有附加、插入、重叠、复合等，基本语序是主宾谓结构。由于缅甸语形态变化较少，因此各种语法关系主要通过虚词来表达。

缅甸语书面文字称为缅文，属于音素－音节文字，由辅音与元音拼合构成音节，书写特征为圆形或半圆形。

缅甸语示例：

ခင်ဗျားမြန်မာပြည်အလည်လာတာလား။
（你是来缅甸旅游的吗？）

除了缅甸语，在缅甸使用人口较多的语言还包括掸语、孟语、克伦语、克钦语和若开语等。掸语主要流行于东部的掸邦，在克钦邦也有部分人使用。在掸邦北部、南部和东部所使用的掸语方言相互有所区别，但它们之间相似度非常高。缅甸境内将掸语作为第一语言使用的人口约 350 万。孟语是孟族的语言，有三种主要方言，相互之间相似度较高。孟语在缅甸历史上影响很大，甚至有学者认为缅文就是根据孟文发展起来的。孟语主要在孟邦和克伦邦使用。缅甸境内将孟语作为第一语言使用的人口约 80 万。克伦语主要为克伦和克耶族人使用。缅甸境内将克伦语作为第一语言使用的人口约 240 万。克钦语主要流行于克钦族，内部也有多种方言。缅甸境内将克钦语作为第一语言使用的人口约 90 万。若开语是若开族的第一语言，有三种主要方言，缅甸境内将若开语作为第一语言使用的人口约 80 万。

缅甸人使用的主要外语是英语。由于经济、历史等方面的原因，不少人还在学习汉语、日语等其他语言。

👪 民族

缅甸是一个多民族国家。考古发现，缅甸早在石器时代就已经有人类定居。早期的骠人是缅甸有历史记录的最早定居者，他们大约从现在的中国云南、甘肃和青海等地进入伊洛瓦底江流域。而不久之后孟族则在当今缅甸南部兴起。随着元朝蒙古族进入该区域，加上丝绸之路上不同民族的经贸往来和迁徙，以及从其他区域迁徙而来的族群，形成了当今主要的缅甸民族。

根据缅甸政府划定的民族表，缅甸境内共分布着 135 个民族，几个大的族系及人口比例大致为：缅族，约占总人口的 68%；掸族，约占总人口的 9%；克伦族，约占总人口的 7%；若开族，约占总人口的 3%；孟族，约占总人口的 2%；钦族，约占总人口的 2%；克钦族，约占总人口的 1%；克耶族，约占总人口的 0.75%。华人华侨约占缅甸人口总数的 4.9%（约250 万），但华人族群未被缅甸政府认定为少数民族。印度人、孟加拉人等族群也未被缅甸政府认定为少数民族。此外有部分地区因为战争等原因无法进行人口普查，因此这一人口数据与实际情况存在一定出入。

缅族是缅甸的主体民族。他们主要居住在伊洛瓦底江中下游和三角洲一带，因此这一区域也被称为"缅甸本部"。掸族是缅甸的第二大民族，主要分布在北部的掸邦境内，也有部分人口分布在克钦邦、克耶邦等区域。克伦族三分之一的人口在克伦邦，其他的则与缅族杂居于三角洲区域。有人根据居住地域将克伦族分为山地克伦和平原克伦。若开族主要居住在若开邦，其支系众多。孟族多数居住在孟邦、三角洲等区域。孟族具有悠久的历史，甚至在缅甸蒲甘王朝建立之前就已经建立了国家，有着自己的文字，且对缅文有着非常深刻的影响。克钦族主要分布在克钦邦，在伊洛瓦底江上游。钦族主要分布在西部钦邦山区，但由于山林地区交通不便，内部交流少，造成钦族有不少在内部语言与生活习惯方面不同的支系。克耶族主要分布在克耶邦、克伦邦内，人数不多。克耶族是克伦族的兄弟民族，因而其语言、风俗习惯与克伦族相似。

语言国情沿革与发展

从封建王朝建立到被英国殖民，缅甸语经历了被定为官方语言和被剥夺官方语言地位的起伏；1948 年缅甸独立及随后的军政府时期，缅甸语被再次确认为官方语言至今。当前，缅甸政府一方面把缅甸语作为官方语言和公立学校的教学语言，另一方面也在一定程度上保护少数民族语言的使用。

封建王朝时期缅甸语的形成与推广

大约在公元 9 世纪，缅人在当今缅甸中部的蒲甘城建立政权。公元 1044 年，阿奴律陀成为蒲甘国王，经过 30 年东征西伐，建立了缅甸历史上第一个统一的封建王朝。为了巩固统治，不同历史时期的缅甸王朝都很重视缅甸语的推广，加速了缅甸语在伊洛瓦底江流域的传播与使用。在贡榜王朝时期，缅甸语教育达到这一时期的顶峰，约一半的男性和 5% 的女性都接受过语文教育。寺庙是一个重要的教育场所。缅甸的封建王朝还多次开展文字规范运动。不仅大臣和寺庙高僧通过著书立说为文字使用提供规范，封建王朝的国王也亲自撰写文字使用说明。

缅甸语的发展和推广还受到民族交融的影响。一方面，缅甸语借用了许多其他民族的语言词汇。例如早期缅甸语借用了巴利文和孟文。缅甸在东吁王朝时期还占据了当今泰国所属部分区域，缅甸语也由此借用了很多泰语词汇。此外，缅甸处于丝绸之路中国与东南亚和南亚联结点上，对相关国家的词汇也有所借用。另一方面，语言是民族认同的先决条件之一，在缅甸语占优势、缅甸族占据统治地位的封建王朝时期，其他少数民族族群的民众可能为了改善自身政治地位、更好地融入主流社会而学习缅甸语，在一定程度上促进了缅甸语的广泛使用。

英属殖民地时期缅甸的语言国情

英国于 19 世纪对缅甸发动了多次侵略战争，最终将缅甸变成了它的殖民地。英国殖民当局规定英语为缅甸的官方语言，采取了推行英语、打压缅甸语和帮扶少数民族语言等一系列政策。

殖民当局这些政策充分利用了缅甸的民族关系特点，即缅甸民族众多，民族问题比较突出。在封建社会时期，缅族独大，其他少数民族以邦属国的形式向缅族政权称臣进贡，或由缅族政权直接进行统治；缅族政权还对少数民族进行压迫统治、讨伐，使得不少少数民族只能在山林中生存，因而缅族与少数民族之间的征战一直没有停止。英国殖民统治者充分利用这一民族问题，对缅族实行打压，而对少数民族实行怀柔政策。

英国殖民当局规定，从幼儿园到大学都要使用英语教学，并在缅甸开办了英语学校和英缅双语学校。同时割裂了寺庙与政权的联系，导致寺庙失去了支持力量，大大压制了缅甸语的发展。1910 年成立的缅甸研究协会进一步禁止缅甸人保护和传承缅甸语言文字，使得英国殖民当局与缅甸民众的矛盾加剧。这一矛盾引发了以仰光大学青年学生为首的民众与殖民当局之间的激烈斗争。

与打压缅甸语的政策不同，英国殖民当局对缅甸少数民族语言则采取帮扶政策，在其促进和帮助下，多个少数民族创制了自己的文字，如克伦文和克钦文都是在此期间由传教士创立的。在英国殖民统治中后期，缅甸的少数民族，尤其是克伦族，在高等学府及在社会治安系统中所占人数都占优势，并获得了一些政治特权。与此同时，大批华侨华人闯南洋，从福建、广东和云南等中国南部省份来到缅甸，使得华文教育也在缅甸兴起。随着华人的聚集与发展，19 世纪末缅甸也开始出现了华文学校。英国殖民当局对缅甸的华文教育没有特殊限制，因而华文教育在这一时期得到了较快的发展。但这些移居缅甸的华侨华人大多采用自己的方言进行教学，学生所学的是各式汉语方言，如中国福建籍学生学习闽南语，中国广东籍学生学习粤语。

独立后缅甸的语言国情

缅甸独立后，缅甸语经历了恢复和发展两个时期，大致对应于联邦政府和军政府时期。

1948 年 1 月，缅甸宣告独立，脱离英国殖民统治。缅甸建立了联邦政府，实行议会制。为了加强统治，联邦政府开展了提升缅甸语地位的一系列活动。首先，联邦政府在宪法里明确缅甸语为官方语言，并同时作为各级公立学校的教学语言。其次，在全国推广普及使用缅甸语。再次，出版缅甸语书籍，特别是用标准缅甸语编写《缅甸百科全书》和各种专业术语词汇，为缅甸语的推广使用做出了重要贡献。需要指出的是，尽管缅甸语被政府定为官方语言，但那个时期英语在缅甸的使用仍然非常广泛，特别是政府领导层都能够讲一口流利的英语，而且英语作为发达国家的通用语言，缅甸民众也仍然愿意接受。

独立之后的缅甸国内民族矛盾仍然激烈。1947 年，缅甸独立运动领袖昂山联合各少数民族首领先后通过了《彬龙协议》和《缅甸联邦宪法》，重点是规定各民族人民享有平等的权利，各少数民族地区具有自治权。然而，缅甸独立后，由于《彬龙协议》和《缅甸联邦宪法》中的许多政治承诺并没有兑现，使得缅甸民族矛盾加剧。为了缓和民族冲突，联邦政府规定，在少数民族地区内，公立中小学可以教授当地主要少数民族的语言。政府对华文教育也不加限制，使得华文学校各自为政，中国大陆版华文教材、中国台湾版华文教材和新加坡版华文教材流行于不同背景的华文学校。但与殖民时代用方言教学明显不同的是，此时的华文学校多采用普通话进行教学。

1962 年军方开始接管政府，缅甸进入军政府时期。缅甸又开始推行"一国、一语、一教"政策，即只有一个联邦政府、使用缅甸语、奉佛教为国教。缅甸语作为官方语言的地位得到进一步提升和巩固。政府首先对缅甸语进行了改造，很多英语借用词被去除，同时也减少了英语的使用。其次，缅甸政府还开展缅甸语正规化运动和扫盲活动。另外，为了消除殖民统治对缅甸的影响，缅甸政府规定从中学才开始学习英语。但这一政策并没有持续太久。受全球化风潮和英语全球化的影响，缅甸政府于 1981 年再次确定英语为必修课，并从幼儿园教起。

军政府比早期联邦政府更加强调民族语言的学习。例如政府以教育法规的形式规定民族地区的公立小学在二年级之前就要开展民族语言教学。缅甸教育部还印制了少数民族语言（如孟语、克钦语等）教学的课本。但受到少数民族语言师资力量的制约，民族语言教育无法满足民众需求。军政府统治初期加强了对华文教育的管制，许多华文学校被收归国有。1967 年排华事件后，缅甸政府禁止开设华文补习班。直到 1981 年中缅对照版《佛学教科书》经缅甸宗教部批准发行后，华文补习班才得以解禁。

对外开放后缅甸的语言国情

1988 年缅甸开始实施对外开放政策。缅甸政府进一步开展了缅甸语的净化、标准化和审查工作。缅甸政府开展缅甸语标准化的目的是方便语言推广，同时尽可能地清除殖民统治的影响。缅甸政府将缅甸国名和一些地名，特别是用英语拼写的名称，进行了更改。例如，国名"缅甸"由 Burma 改为 Myanmar，"仰光"由 Rangoon 改为 Yangon。

此外，政府对少数民族语言教育、英语教育和华文教育实行开放。少数民族人口较多的地区可以使用自己的少数民族语言开展非正规文化教育活动，如掸族、克伦族、孟族等少数民族聚居区开展了寺院教育、社区学校教育等。随着国际贸易和国际合作的发展，英语在缅甸也再次受到重视，各式英语媒介（如英文电视等）在缅甸有了更大的生存空间，缅甸政府也强调英语的实际应用学习。公立学校及大量私立的英语学习和培训机构共同为民众英语学习提供了支持。

缅甸的华文教育自 20 世纪 90 年代以来得到了较快发展。一方面，华文教育机构增多，学习华文的人数在增长；另一方面，华文媒体开始出现，例如 1998 年《缅甸华报》开始发行。此外，缅甸的华文教育受中缅贸易和人员聚居地域差异影响比较明显，华文教育在华人聚居的缅北地区发展较快，而其他地区占主导地位的仍然是缅甸语，华文主要是作为第二语言教学和学习。

语言服务

中国开设缅甸语专业的高校有 9 所，分别是北京大学、北京外国语大学、解放军外国语学院、云南民族大学、云南师范大学、天津外国语大学、广西民族大学、广东外语外贸大学和保山学院。其中北京大学具有学士、硕士和博士 3 个层次的学位授予权。

中国尚未在缅甸设立孔子学院，但设有孔子课堂 3 个，分别为福星语言电脑学苑孔子课堂、福庆语言电脑学校孔子课堂、东方语言与商业中心孔子课堂。

缅甸开设中文系或中文专业的高校有 3 所，分别为仰光大学、仰光外国语大学和曼德勒外国语大学。

小贴士

⊙首都

　　内比都，位于缅甸中部，坐落在勃固山脉与本弄山脉之间锡塘河谷的狭长地带，约居于北边的缅甸古都曼德勒和南边的前首都仰光的中间位置，战略地位重要。内比都是缅甸第三大城市，人口约为 100 万。

⊙姓氏

　　缅甸人只有名字，没有姓氏。缅甸人通常在自己的名字前加冠词，用来表示性别、年龄、身份和地位。对男性称呼添加的冠词是"貌、郭、吴"。"貌"是"弟弟"义，多用于青年男子谦称或对小辈、少年的称呼；"郭"是"哥哥"义，多用于称呼平辈或兄长；"吴"则是"叔伯"义，多用于尊称长辈或有身份地位的人。例如，某男子叫"登敏"，随着年龄和地位的变化，其名字相应变化为"貌登敏""郭登敏"和"吴登敏"。"玛、杜"则是添加在女性名字上的冠词。缅甸女子不论结婚与否，通常在名字前加上"玛"（"姑娘"义）以表示谦虚；对小辈或平辈也称"玛"，对长辈或有身份地位的则尊称"杜"（"姑、姨、婶"义）。例如，某女子叫"桑达"，随着年龄和社会地位的变化，其名字相应变化为"玛桑达"和"杜桑达"。此外，还可在自己名字前加上"波"（"军官"义）、"耶波"（"同志"义）等。

⊙自然与经济

　　缅甸地貌地形较为复杂。地貌特征以山地和高原为主。北部地势高，山脉河流均呈南北走向。缅甸三面环山，北部、西部、东部为山脉环绕。北部是高山区，西部是那加丘陵和若开山脉，东部是掸邦高原，中间是伊洛瓦底江冲积平原，地势较为低平。缅甸大部地区都在北回归线以南，属于热带季风气候。根据降水量、风向和气温等，缅甸一年可以分成较为明显的雨季、凉季和热季3 个季节。缅甸以农业为主，农作物主要有水稻、小麦、玉米、棉花、甘蔗和黄麻等。缅甸森林资源非常丰富，森林覆盖率约为 41%。缅甸的工业主要有石油开采、小型机械制造等。

⊙美食

　　缅甸沿海地区多食用海鲜，内陆地区则多食用家禽肉类，部分少数民族地区民众仍然保留古代狩猎习俗而喜欢兽肉。缅甸饮食中还包括各种沙拉，通常与主食（如米饭、面食等）一起食用，是城市里流行的快餐食品之一。典型的缅甸饮食包括米饭、咖喱、淡水鱼、家禽肉品，加上清淡或带酸味的汤以及蔬菜，同时还有几乎每顿必备的鱼酱。缅甸人吃米饭通常揉成团用手抓着蘸料而食。

⊙节日

　　独立日（1 月 4 日）、联邦节（2 月 12 日）、农民节（3 月 2 日）、建军节（3 月 27 日）、泼水节（通常为 4 月中旬，缅历 1 月底 2 月初，一般持续 4 天，第 5 天为缅历新年首日）、劳动节（5 月 1 日）、烈士节（7 月 19 日，纪念 1947 年 7 月 19 日昂山将军等人遇难）、点灯节（公历 10 月，缅历 7 月月圆日，传说佛祖在雨季时到天庭守戒诵经 3 个月，到缅历 7 月月圆日重返人间，人们张灯结彩迎接佛祖归来）等。

⊙名胜古迹

　　大金塔－皇家太湖－卡拉威宫景点群　大金塔位于仰光市内一座小山上，是仰光最具代表性的景点之一，已有 2500 多年历史。皇家太湖（缅甸语名为"甘道基"）位于仰光市区大金塔下，湖的西面是大金塔，东面是卡拉威宫，北面是昂山公园。卡拉威宫是具有缅甸风格的代表性建筑物。

　　曼德勒皇宫　位于曼德勒市，贡榜王朝所建，内有 100 多座建筑。所有建筑均为木结构，是皇宫最大的特点。

　　曼德勒碑林佛塔　又叫石经院。位于曼德勒山脚，塔院中央区域有一座巨大佛塔，四周的 729 块大理石上刻着全本三藏经文。

蒲甘佛塔 蒲甘市位于缅甸中部，是缅甸第一个封建王朝的皇都，有1800多年历史。蒲甘市内佛塔林立，被誉为"万塔之城"，现有佛塔建筑2000余座。比较著名的有瑞喜宫佛塔和阿难陀佛塔。

骠国古城群 位于缅甸中部的勃固省等地，约存在于公元前200年至公元900年间。2014年作为文化遗产入选联合国教科文组织《世界遗产名录》。

摩尔多瓦国旗呈长方形，长宽比 2∶1。旗面蓝、黄、红三色源自罗马尼亚国旗，代表摩尔多瓦与罗马尼亚是同一个民族；旗面中央为国徽，口衔十字架的白鹤左右爪各持权杖和橄榄枝，象征权威与和平，中心的黄色牛头象征正义，牛头上方的黄色八角星代表国家主权。

摩尔多瓦

The Republic of Moldova

首都基希讷乌

摩尔多瓦 MOLDOVA

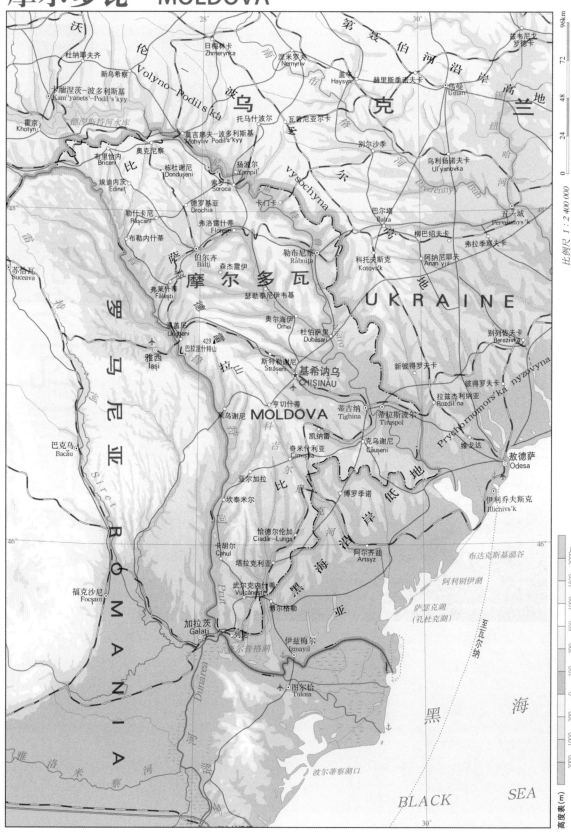

沃
杜纳耶夫卡

伦
Volyno-Podil'ská

乌

克

兰

第聂伯河沿岸高地

日梅林卡
Zhmerynka

涅米裘夫
Nemyriv

盖辛
Haysyn

赫里斯季诺夫卡

乌曼
Uman'

慈韦尼戈罗德卡

新乌克希察

卡缅涅茨-波多利斯基
Kam'yanets'-Podil's'kyy

托马什波尔

瓦首尼亚尔卡

霍京
Khotyn

莫吉廖夫-波多利斯基
Mohyliv Podil's'kyy

别尔沙季

乌利扬诺夫卡
Ul'yanovka

哈

奥克尼察

布里恰内
Bricent

比

栋杜谢尼
Donduşeni

扬波尔
Yampil'

vysochyna

巴尔塔
Balta

五城
Pervomays'k

埃迪内茨
Edinet

索罗卡
Soroca

卡门卡

柳巴绍夫卡

弗拉季耶夫卡

勒什卡尼
Raşcani

德罗基亚
Drochia

弗洛雷什蒂
Floreşti

萨

勒布尼察
Râbniţa

科托夫斯克
Kotovs'k

阿纳尼耶夫
Anan'yiv

布勒内什蒂

伯尔齐
Balti

森杰雷伊

科

摩尔多瓦

弗莱什蒂
Fâleşti

德

瑟勒泰尼伊韦基

UKRAINE

苏恰瓦
Suceava

罗

温盖尼
Ungheni

奥尔海伊
Orhei

杜伯萨里
Dubasari

别列佐夫卡
Berezivka

乌

巴拉温什特山
429

斯特勒谢尼
Strâşeni

新彼得罗夫卡

雅西
Iaşi

尼

拉

基希讷乌
CHIŞINĂU

别

亚

亨切什蒂

莫乌谢尼

MOLDOVA

蒂吉纳
Tighina

蒂拉斯波尔
Tiraspol

彼得罗夫卡

拉兹杰利纳亚
Rozdil'na

Prychornomors'ka nyzovyna

巴克乌
Bacău

科

凯纳雷

克乌谢尼
Căuşeni

维戈达

吉

奇米什利亚
Cimişlia

尔

敖德萨
Odesa

亚尔加拉

比

低

坎泰米尔

尔

地

伊利乔夫斯克
Illichivs'k

恰德尔伦加
Ciadâr-Lunga

博罗季诺

岸

卡胡尔
Cahul

海

阿尔齐兹
Artsyz

布达克斯基溺谷

塔拉克利亚

泊

阿利别伊湖

福克沙尼
Focşani

武尔克内什蒂
Vulcâneşti

黑

河

萨瑟克湖
(孔杜克湖)

至瓦尔纳

博尔格勒

亚

加拉茨
Galati

列

伊兹梅尔
Izmayil

黑

海

图尔恰
Tulcea

波尔蒂察湖口

BLACK

SEA

罗

M

A

N

I

A

Prut

Dunarea

雅洛米察河

摩尔多瓦，全称摩尔多瓦共和国，位于东欧平原南部边缘地区、多瑙河下游，巴尔干半岛东北部。其绝大部分国土位于普鲁特河和德涅斯特河之间。东、南、北与乌克兰接壤，西面与罗马尼亚毗邻。国土面积 33 800 平方千米，人口约 357 万（不含德涅斯特河左岸和本德尔市人口）。

🗨 语言

摩尔多瓦境内的居民最常使用的两种语言为摩尔多瓦语和俄语，前者为官方语言，后者为通用语。

在摩尔多瓦境内，摩尔多瓦族绝大部分人使用摩尔多瓦语作为第一语言，少数使用俄语；乌克兰族和俄罗斯族主要讲俄语，也使用摩尔多瓦语；其他民族如加告兹族（土耳其族的一支）、东正教土耳其族、罗马尼亚族、保加利亚族、犹太族、匈牙利族、波兰族等除了使用本民族语言外，在日常生活中还讲俄语，或俄语和摩尔多瓦语双语。在德涅斯特河左岸地区，摩尔多瓦语、俄语、乌克兰语一起被作为官方语言使用。

由于历史原因，摩尔多瓦几乎所有的人都会说俄语。在 1989 年人口普查中，68% 的居民认为自己能讲一口流利的俄语。2004 年人口普查显示，11.26% 的居民以俄语为母语，35% 的城镇居民在日常生活中主要使用俄语。知识分子在讨论专业问题的时候通常也会使用俄语。在摩尔多瓦，俄文书籍甚至占据了全国各地图书馆馆藏的绝大部分。

摩尔多瓦语属印欧语系罗曼语族东部语支。从纯语言的观点看，摩尔多瓦语与罗马尼亚语是同一种语言，两者在语法、语音、词汇方面几乎相同，在实际会话中只存在方言差异。例如，摩尔多瓦和罗马尼亚的摩尔达维亚地区一般使用相同的词汇，与罗马尼亚的特兰西瓦尼亚和瓦拉几亚地区所使用的词汇存在细微差别。值得一提的是，超过三分之二的摩尔多瓦族人认为自己说的不是摩尔多瓦语，而是罗马尼亚语。许多人认为罗马尼亚和摩尔多瓦两国所使用的语言近乎相同，摩尔多瓦语只是历史和政治的产物。

与其他罗马尼亚语变体不同的是，摩尔多瓦语最初的书写系统采用斯拉夫字母，而非拉丁字母。这是由于保加利亚王朝统治时期摩尔多瓦人的先辈——瓦洛赫人在接受斯拉夫人的东正教的同时，掌握了斯拉夫文字系统，并将斯拉夫文字广泛应用于文学创作、祈祷仪式和公文撰写。1918 年之前，摩尔多瓦人使用罗马尼亚语西里尔字母。1924—1932 年期间以及 1938—1989 年期间，受苏联语言政策影响，摩尔多瓦人使用摩尔多瓦语西里尔字母。摩尔多瓦语西里尔字母至今仍在德涅斯特河左岸地区使用。自 1990 年起，摩尔多瓦语采用拉丁字母。

使用西里尔字母的摩尔多瓦语示例：

Спасибо вам и сердцем и рукой.

（谢谢你，谢谢你的心和手。）

使用拉丁字母的摩尔多瓦语示例：

Eu sint moldovean! Eu vorbesc in limba moldovenească!

（我是摩尔多瓦人！我讲摩尔多瓦语！）

民族

摩尔多瓦共和国的主体民族为摩尔多瓦族，占全国人口总数的 75.8%。摩尔多瓦族属欧罗巴人种东欧类型。摩尔多瓦人与罗马尼亚人同宗同语，都是居住在古代喀尔巴阡山脉和特兰西瓦尼亚地区的达契亚人的子孙。公元 106 年，罗马人征服达契亚；6 世纪起，又受到斯拉夫人的影响。因此，其民族构成中融合了罗马人和斯拉夫人的成分，并且因为长期与罗马尼亚是一个国家，所以也有人认为摩尔多瓦族与罗马尼亚族事实上是同一个民族。13—14世纪，蒙古人和匈牙利人入侵，他们（达契亚人）逐渐分为摩尔多瓦人、瓦拉几亚人、特兰西瓦尼亚人3支，之后曾经形成过独立统一的公国，也曾分属过3个公国，但多数时间为奥斯曼帝国和俄国占领。1859年摩尔多瓦与瓦拉几亚合并，称罗马尼亚。其后俄国和苏联先后统治其部分地区，称比萨拉比亚，即后来摩尔多瓦共和国的大部分地区。在苏联时期成立加盟共和国——摩尔达维亚苏维埃社会主义共和国，后更名为摩尔多瓦苏维埃社会主义共和国、摩尔多瓦共和国。1991年苏联解体后，摩尔多瓦共和国成立。

正是由于这些历史原因，摩尔多瓦的国内民族关系以及与其他国家的民族关系一直非常复杂。比如摩尔多瓦人和罗马尼亚人在民族历史和语言使用方面有着共同的渊源，因而在摩尔多瓦独立前后一些党派多次提出同罗马尼亚合并的主张。然而此举遭到摩尔多瓦族之外的一些少数民族的强烈反对。于是，在摩尔多瓦共和国宣布脱离苏联的同时，摩尔多瓦南部和东部俄语区的居民先后宣布成立加告兹共和国和德涅斯特河沿岸共和国。摩尔多瓦共和国议会随即宣布这种行为违背了摩尔多瓦共和国宪法，不予承认。紧接着，加告兹人举行了加告兹共和国最高苏维埃代表的选举，又遭到摩尔多瓦族的强烈抗议，民族冲突愈演愈烈。

历史原因不仅造成摩尔多瓦族与其他民族的矛盾，也造成了摩尔多瓦族内部的矛盾，其中一派认为摩尔多瓦人与罗马尼亚人是一个民族，应与罗马尼亚统一，另一派则强调摩尔多瓦的民族意识，主张民族认同。目前后者主导了国家的民族政策。虽然其他少数民族无法在摩尔多瓦共和国境内拥有行政自主权，但是政府同意各少数民族拥有在文化协会保存、展示和发展他们的民族、语言、文化和宗教的权利。

除摩尔多瓦族之外，摩尔多瓦共和国境内还有许多其他民族，人数较多的有乌克兰族、俄罗斯族和加告兹族，分别占总人口的8.4%、5.9%和4.4%。另外，罗马尼亚族、保加利亚族、罗姆族（当地人称茨冈族）和犹太族分别占2.2%、1.9%、0.4%和0.1%。其他民族还有匈牙利族、日耳曼族、波兰族、捷克族和朝鲜族等，共占0.5%。

摩尔多瓦的多数人信奉东正教，少数人信奉犹太教。

语言国情沿革与发展

独立前摩尔多瓦的语言国情

摩尔多瓦在古代跟罗马尼亚是同一个民族，后来又是同一个国家，摩尔多瓦共和国横空出世，是由于苏联解体，其15个加盟共和国之一摩尔多瓦共和国宣布独立形成的，而摩尔多瓦之所以成为苏联加盟共和国，要追溯到1812年沙俄战胜奥斯曼土耳其后，土耳其将其所占领的摩尔达维亚公国的东部地区割让给俄罗斯帝国，这一地区被称为比萨拉比亚，即今摩尔多瓦共和国的大部分地区。

摩尔多瓦人和罗马尼亚人原本都是生活在古代喀尔巴阡山脉和特兰西瓦尼亚地区的达契亚人后裔，该地区大致相当于今罗马尼亚和摩尔多瓦地区，公元前70年他们建立了达契亚国，居民操色雷斯语。罗马帝国在公元106年征服该地区之后，将该地区设为罗马帝国的一个省，此后达契亚人逐渐与罗马人融合，形成达契亚-罗马人，公元4—6世纪民族大迁徙浪潮后，一部分斯拉夫人在6—7世纪留居在该地区，至10世纪已完全融合于达契亚-罗马人，形成了罗马尼亚民族（包括今摩尔多瓦人），并于14世纪先后组成瓦拉几亚、摩尔多瓦和特兰西瓦尼亚3个公国。

罗马尼亚族形成后,对摩尔多瓦来说,比较重大的事件有13—14世纪蒙古人和匈牙利人先后入侵和统治该地区,1359年波格丹一世推翻了匈牙利人的统治,创立了独立的摩尔多瓦公国,到15世纪中叶,摩尔多瓦和瓦拉几亚都沦为奥斯曼帝国的附庸,特兰西瓦尼亚则处于匈牙利和奥地利的统治之下。1812年沙俄通过对奥斯曼土耳其战争的胜利将摩尔多瓦一部分(比萨拉比亚)划入俄国版图。1859年,在泛罗马尼亚民族主义的影响下,瓦拉几亚公国和摩尔多瓦公国合并,称为罗马尼亚,并于1877年宣布脱离奥斯曼独立,此时南比萨拉比亚还在俄罗斯人手中。第一次世界大战期间,罗马尼亚在协约国一方,战后胜利方协约国获得利益调整,1918年比萨拉比亚宣布独立,随后并入罗马尼亚,年底特兰西瓦尼亚公国也与罗马尼亚合并,罗马尼亚形成了统一的民族和国家。在这些分分合合的年代中,摩尔多瓦不论是独立还是被别国占领和控制,在语言和民族上都基本认同为大罗马尼亚语言和民族。当然小矛盾还是有的。主要是从沙俄回归罗马尼亚的摩尔达维亚人,即原比萨拉比亚的摩尔多瓦人,特别是受过教育的摩尔达维亚人,觉得与具有成熟中央集权的俄罗斯相比,罗马尼亚的管理水平就像尚未开化的国家,因而形成了一小股轻视罗马尼亚的风潮;而罗马尼亚人则感到比萨拉比亚农民的"罗马尼亚人化"远远不够。所以从罗马尼亚政府来说,比萨拉比亚的摩尔多瓦人的罗马尼亚共同民族意识不够;相应地,当地居民则认为自己遭到排斥,似乎自己不是罗马尼亚人,没有与同胞统一的感受,反而有被占领的感觉。如果假以时日,这些陌生感和不适感也许会逐渐走向统一和认同。但不幸的是,第二次世界大战又爆发了,而且罗马尼亚此次加入战败的轴心国一方。苏联红军占领罗马尼亚后,将当年沙俄统治的比萨拉比亚再次划入其版图,先成立了摩尔达维亚自治共和国,后更名为摩尔多瓦苏维埃社会主义共和国,成为苏联15个加盟共和国之一。

为了长久占有摩尔多瓦,苏联当局施行反罗马尼亚主义政策,宣布泛罗马尼亚支持者为"人民公敌",试图将摩尔多瓦人从罗马尼亚人中分离出来,将摩尔多瓦语从罗马尼亚语中分离出来,确立摩尔多瓦语的独立语言地位。与此同时又以俄语书面语所使用的西里尔字母为基础,创制西里尔文字系统来书写摩尔多瓦语,并且只承认摩尔多瓦语,禁止使用罗马尼亚语这一名称。可以说,从沙俄吞并摩尔多瓦,到苏联时期鼓励摩尔多瓦主义,摩尔多瓦人的民族意识有被引导、强化、加深的趋势。

但是沙俄和苏联的真正目的并不在于摩尔多瓦民族的崛起,而是俄苏国家统一和中央集权。所以沙俄统治时期,比萨拉比亚的摩尔多瓦人被强制学习、使用俄语,第二次世界大战时并入的摩尔多瓦又赶上苏联对各加盟共和国强制推行俄罗斯化政策。在语言政策方面,苏联规定俄语为各民族的交际语言及非俄罗斯民族的第二语言,各非俄罗斯民族必须学习俄语。到了20世纪80年代,俄语的强制推广达到顶峰,非俄罗斯族的民族语言受到歧视,摩尔多瓦年青一代本民族语言的水平越来越低。与此同时,苏联还采取移民政策,改造摩尔多瓦的居民结构,20世纪50年代之后,伴随着150万俄罗斯、乌克兰和白俄罗斯血统居民的迁入,摩尔多瓦居民中会讲俄语的人数节节攀升。20世纪40年代,摩尔多瓦人中讲罗马尼亚语(摩尔多瓦语)的人口超过80%,而1989年,把罗马尼亚语作为母语的居民占人口数不足64%。

但苏联的强制俄罗斯化政策适得其反,在20世纪苏联解体的时代背景下,80年代各加盟共和国在反对苏联民族政策的运动中,抵制俄语、确立国语成为争取主权、实现独立的重要手段。摩尔多瓦青年一代也尝试寻找一条通过语言改革来实现民族复兴的道路。1989 年，15 位诗人多次聚会，提出建议，认为政府应该将他们的语言作为罗马尼亚语，并重新使用拉丁字母；68 位著名文化人士也联合签名，呼吁建立国家的民族语言。此后，去殖民化运动在摩尔多瓦各地展开，俄语学校数量逐渐减少，罗马尼亚语学校、幼儿园的数量逐渐增加。最终在独立前，摩尔多瓦的《语言法》出台，将摩尔多瓦语确立为国语，并恢复使用拉丁字母，同时规定在官方场合限制使用俄语和其他少数民族语言。当然，当时的做法尚未至臻完美，对其他民族语言权益缺乏全面考虑，少数民族尤其是使用俄语的民族对《语言法》表现出强烈不满并提出抗议。许多俄语居民因不满语言问题造成的上学、就业等方面的歧视被迫移居国外。摩尔多瓦境内的俄罗斯人既不愿意讲摩尔多瓦语，也不愿意上混合学校，语言使用没有达到预期目标，反而引发了一些民族矛盾，使用摩尔多瓦语的美好愿望一度大受挫折。

独立后摩尔多瓦的语言国情

1991 年苏联解体，摩尔多瓦共和国独立，但是在语言和民族认同方面，摩尔多瓦面临着两个方面的困扰：其一是在苏联俄罗斯化高压下反弹的民族意识高涨，脱离俄罗斯、抵制俄语、回归到罗马尼亚的语言和民族认同上来成为一种思潮，但俄语已经是全国人民事实上不能不用的全民通用语；其二是在沙俄和苏联长期引导下形成的摩尔多瓦主义已经悄然形成，真正回到罗马尼亚已经不可能。民族已经形成，民族复兴箭在弦上，不可能回头，于是，摩尔多瓦人是罗马尼亚人的一部分，还是与罗马尼亚人是不同的两个民族，包括如何看待语言问题，成为普通大众和知识界的困扰。

对于第一个问题，1989 年，摩尔多瓦颁布了《语言法》，把摩尔多瓦语定为国语；摩尔多瓦独立之后进一步实行族权化政策，规定总统候选人必须通晓摩尔多瓦语，废除俄语作为交际语言的特殊地位，明确俄语为少数民族语言，在官方场合限制使用除摩尔多瓦语之外的语言，规定报考高等院校的考生必须能够熟练掌握并使用摩尔多瓦语，将公民的摩尔多瓦语知识与其职位的保留与升迁、就业甚至公民权的获得等挂钩。到了 20 世纪 90 年代前半期，大量的管理、医学、教育、科学和文化领域的俄语专家和领导人被以不懂国语为由开除。1989—1994 年，摩尔多瓦政府大规模关闭俄语学校，以限制俄语的使用，结果引起俄语居民的强烈不满与对抗，甚至发生流血冲突。目前，约有 78.4% 的大学生使用摩尔多瓦语（罗马尼亚语）接受教育。这个数字与摩尔多瓦族人口数目相差不多。仅有 19.5% 的大学生使用俄语修学大学课程，其中包括加告兹人和保加利亚人。

尽管如此，俄语同加告兹语、乌克兰语一样，仍然是摩尔多瓦的少数民族地区官方语言，并作为族际通用语存在。在加告兹和塔拉克里亚，俄语拥有地方性官方语言地位。而在全国范围内，93.2% 的俄罗斯人以俄语为第一语言，4.9% 的摩尔多瓦人主要使用俄语，50% 的乌克兰人、27.4% 的加告兹人、35.4% 的保加利亚人，以及 54.1% 的其他少数族裔，都在日常生活中主要使用俄语。

对于第二个问题，摩尔多瓦共和国独立之后最先是将其官方语言定为罗马尼亚语的，学校教育采用两种语言（罗马尼亚语和俄语）并行的做法。母语为俄语的保加利亚人、乌克兰人和加告兹人则用俄语完成学业，他们中的一些人也在学校学习罗马尼亚语。但这一政策显然与摩尔多瓦民族意识不符，因此，1994 年摩尔多瓦共和国通过宪法将官方语言改为摩尔多瓦语。2003 年，摩尔多瓦共和国颁布《民族法》，宣布罗马尼亚人属少数民族，意在区分罗马尼亚和摩尔多瓦这两个民族，以便进一步巩固摩尔多瓦语的地位，促进摩尔多瓦民族认同。

但是，学术界一般认为罗马尼亚语和摩尔多瓦语基本相同，只是在实际会话中存在方言意义上的差别。因此，摩尔多瓦共和国的《民族法》引发摩尔多瓦学者及各界的批评。

在 2009 年的民族意识调查中，26% 的人认为摩尔多瓦人和罗马尼亚人"完全相同"或"几乎相同"，47% 的人认为"不同"或"完全不同"。与青年人相比，年长者更倾向于认为摩尔多瓦人和罗马尼亚人"不同"或"完全不同"。而事实上，自独立以来摩尔多瓦学校里所教的语文课都被称作"罗马尼亚语言"。2013 年 12 月，摩尔多瓦立宪委员会宣布，《独立宣言》中有关国语的规定高于《宪法》的相关规定，摩尔多瓦共和国的官方语言应该称为"罗马尼亚语"。也就是说分歧仍然存在，纠结还在继续，但国语称为摩尔多瓦语已是不可更改的事实。

摩尔多瓦的外语主要是英语、法语和德语，这也是摩尔多瓦教育部门主要教授的外国语言。2013 年的统计资料显示，超过 60% 的中小学生将英语作为第一外语学习，近 50% 的中小学生学习法语。尽管自独立以来大部分摩尔多瓦公民在学校里把英语当作第一外语来学习，但英语水平能够达到流利程度的相当少。因为在法国、意大利、爱尔兰、西班牙、葡萄牙、希腊、土耳其、塞浦路斯、德国等国的企业工作，所以，除了英语和本国语言外，一些摩尔多瓦人也会说其他一些国家的语言。但总的来说，外国语言在摩尔多瓦受欢迎程度不高。尽管在摩尔多瓦青年人当中英语

和法语受到青睐，且法语是大学里拥有最多选修人数的一门外语，但 2010—2011 学年，仅有 1.8% 的大学生通过英语或法语授课完成了学业。

总体看来，由于历史原因，自独立以来摩尔多瓦在语言和民族认同方面存在较大分歧，但摩尔多瓦人也渐渐适应并探索出宽松可行的对策，目前摩尔多瓦共和国的语言政策较为灵活，尽管摩尔多瓦语（罗马尼亚语）是该国的官方语言，但地方政府出于需要，有权决定使用当地多数人使用的语言，这给每个少数民族在地方行政机关提供了使用母语的机会。摩尔多瓦共和国的法律规定，少数民族有通过幼儿园、学校和国家媒体来保存和延续其民族性的权利。在官方文件、媒体报道中，使用的语言以摩尔多瓦语为主，兼用俄语。许多报纸发行俄语和摩尔多瓦语两个版本。街道路牌和商店招牌采用摩文和俄文两种文字书写的例子也不在少数。一部分学校的授课语言为摩尔多瓦语，另一部分学校则采用俄语进行教学。文艺演出采用双语（摩尔多瓦语和俄语）报幕。

语言服务

中国尚未有高校开设摩尔多瓦语专业。

中国在摩尔多瓦设立的孔子学院有 1 所，为摩尔多瓦自由国际大学孔子学院，合作单位为西北师范大学。

摩尔多瓦尚未有高校开设中文系或中文专业。摩尔多瓦国立大学设有汉语中心，成立于 2002 年。该中心每年为约 30 名摩尔多瓦学生提供学习汉语和中国传统文化的机会；同时，该中心每年有 10 名学员可获得中国政府提供的汉语进修奖学金，到中国西北师范大学进修一年。

小贴士

⊙首都

基希讷乌，位于德涅斯特河支流贝克河畔，面积 200 多平方千米，是摩尔多瓦的政治、经济、科学和文化中心，现有城市人口 80.96 万。市区内的大多数建筑是用纯白色的花岗岩石料建成，因此获得"白色的城市，石雕的花"的美誉。

⊙姓氏

摩尔多瓦的常见姓氏来源有以下几种：来源于祖先的民族身份，如"鲁苏"，意思是俄罗斯人；来源于职业，如"塞班"表示牧羊人，"赛博塔利"表示鞋匠，"坡帕"表示牧师；来源于动植物，如"乌尔苏"表示熊，"古图"表示鸽子；来源于山川河流，如"蒙挺努"意为高山。全国排名前十的姓氏分别是"鲁苏""塞班""奇奥班努""图尔坎""赛博塔利""西尔布""轮古""蒙挺努""罗塔利""坡帕"。

⊙自然与经济

摩尔多瓦突出的地貌特点是丘陵和谷地纵横交错。境内有丘陵、平原、草原和森林。全国可分为 3 个自然地理区域：北部为科德腊高地森林区，中部属森林草原区，南部是辽阔的草原。摩尔多瓦地处俄罗斯平原与喀尔巴阡山交接地带，属于温带大陆性气候，阳光较为充沛。摩尔多瓦盛产葡萄、食糖、食油和烟草等。主要农作物有玉米、冬小麦、大麦、裸麦；主要经济作物有烟草、甜菜、大豆、向日葵、亚麻和大麻。草药、香精、玫瑰油、母菊油、薰衣草油、鼠尾草油等也享誉国际市场。摩尔多瓦拥有几千年的酿酒历史，是世界公认的葡萄酒王国。

⊙美食

摩尔多瓦人的传统民族饮食是热玉米面粥，佐以羊奶干酪、油炸洋葱、黄油、西红柿等。典型的食品是菜汤、熏鱼、腌肉、奶酪夹心青椒、用葡萄叶卷肉做成的菜卷、洋葱末拌豌豆、蒜泥等。摩尔多瓦妇女擅长泡制各种小菜和酿制葡萄酒。

⊙节日

新年（1 月 1 日）、东正教圣诞节（1 月 7 日）、洗礼节（1 月 19 日）、三一节（3 月 1 日，又称迎春花节，摩尔多瓦人迎接春天来临的节日）、胜利日（5 月 9 日）、国庆日（8 月 27 日）、圣诞节（12 月 25 日）等。

⊙名胜古迹

斯特凡大公公园 摩尔多瓦首都基希讷乌市主要的步行游玩区域。公园大门前矗立着一尊斯特凡大公的雕像，这位中世纪的摩尔达维亚大公是摩尔多瓦强大勇敢历史的最好见证。

米列什季米奇酒窖 全长 200 千米，收藏了 150 万瓶葡萄酒，对外开放 55 千米，据说是世界上最大、藏酒最多的酒窖。

普希金博物馆 位于基希讷乌市的一座农舍内，俄罗斯诗人亚历山大·普希金曾于 1820—1823 年在这里度过了 3 年流放生活，写下了传世名作《高加索的囚徒》。

宾杰里 摩尔多瓦东南部城市，在德涅斯特河下游右岸。市内有 16 世纪城堡、19 世纪教堂和地质陈列馆等。

尼泊尔国旗由上小下大、上下相叠的两个三角形组成，宽与高比例4∶5。旗面为红色，旗边为蓝色。红色是国花红杜鹃的颜色，蓝色代表和平。上面旗中的白色弯月、星图案，代表皇室；下面旗中的白色太阳图案为拉纳家族的标志。太阳和月亮也代表尼泊尔人民祈盼国家像日月一样长存的美好愿望。两个旗角表示喜马拉雅山脉的两个山峰。

尼泊尔

The Federal Democratic Republic of Nepal

帕坦古城

尼泊尔 NEPAL

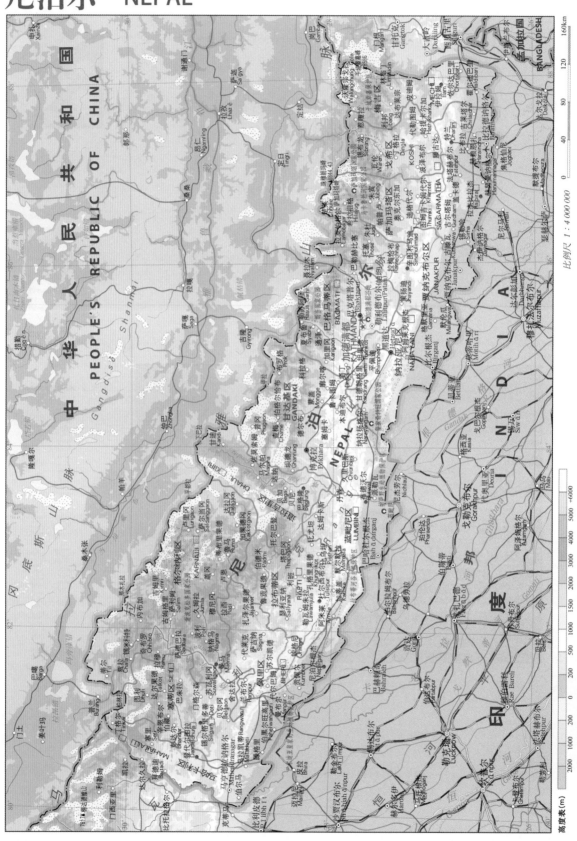

比例尺 1:4 000 000

高度表 (m)

尼泊尔，全称尼泊尔联邦民主共和国，为南亚山区内陆国家，位于喜马拉雅山南麓，北邻中国，其余三面与印度接壤，从北向南，大体可划分为北部高山区、中部山丘区和南部特莱平原区 3 个自然区域。全世界 14 座海拔超过 8000 米的高峰有 8 座在其境内，有"高山王国"之称。国土面积 147 181 平方千米，人口约 3099 万。

语言

从人口和国土幅员看，尼泊尔是一个"小国"，但从语言的多样性来看，它却是一个"大国"。长期以来，因受民族迁移和融合、宗教文化以及国内地理条件的制约，不同语言之间相互混合、相互影响，尼泊尔境内的语言情况十分复杂。此外，由于分类标准不同及国内环境的影响，早期尼泊尔对其境内语言使用情况的数据统计并不连贯，尼泊尔官方公布的统计数据也不一致。1954 年的人口普查数据显示尼泊尔有 36 种语言，1981 年的人口普查数据显示尼泊尔全国仅有 18 种语言，然而 1991 年人口普查报告显示尼泊尔全国约有 60 余种语言。一些学者则认为尼泊尔大约有 70 多种互不相通的语言。根据近年来世界少数民族语文研究院最新数据统计，尼泊尔境内的语言有 118 种，包括 117 种主要为印欧、汉藏、南亚和达罗毗荼四大语系的语言，1 种为不定系属的语言。

尼泊尔的官方语言为尼泊尔语。尼泊尔语又名卡斯库拉语、廓尔喀语，原为卡斯族的语言，属印欧语系印度－伊朗语族，是印度雅利安语支帕哈里语中的东帕哈里语。尼泊尔语在发展过程中与藏缅语族的语言有着非常紧密的联系。尼泊尔语与印地语和梵语相近，许多词汇源自梵语，还有一部分词源自印地语、英语，也有少量的波斯语、阿拉伯语词汇。

在尼泊尔，把尼泊尔语作为母语的人口大约 1600 万，占尼泊尔总人口的 51.6%，其他尼泊尔人将尼泊尔语作为第二语言。除尼泊尔外，不丹、印度和缅甸的一些地区也有人使用尼泊尔语。

尼泊尔语属无声调语言，有 11 个元音音位、29 个辅音音位，口语中不区分元音长度。尼泊尔语的语序为 SOV（主语＋宾语＋谓语），动词一般放在句子末尾，是整个句子的核心。尼泊尔语的名词具有性、数、格等形态变化。尼泊尔语的文字是一种拼音文字，一般使用天城文书写体系。

尼泊尔语示例：

हातका मैला सुनको थैला के गर्नु धनले? साग र सिस्नु खाएको बेश आनन्दी मनले।

（装满金币的钱袋犹如手中的浮尘，钱财于我有什么用呢？只要内心快乐，即使只吃青菜和荨麻也就满足了。）

天城文是一种元音附标文字，以多数字母上面有一道长横为特征，是目前印度和尼泊尔最流行的文字，是印地语、梵语、尼泊尔语等语言的书写符号。天城文最早出现在 13 世纪初，是城文变体之一。城文来自笈多文，源自公元前 3 世纪的婆罗米文。大致演化路径如下：原始西奈字母→腓尼基字母→亚兰字母→婆罗米文→笈多文→城文→天城文。

尼泊尔境内的语言主要分属于印欧语系、汉藏语系、南亚语系和达罗毗荼语系。

印欧语系包括 28 种语言，主要属于印度雅利安语族，如尼泊尔语、梅蒂尼语、博杰普里语、阿瓦迪语、塔鲁语、拉杰班西语、达努瓦尔语、马吉语、达莱语等。这些语言伴随着雅利安人的迁移从西部和南部地区传入尼泊尔，早期主要集中于特莱平原区，后来随着人口的流动，有些语言传入中部地区甚至北部山区，其中的一些语言保留着丰富的文学作品。

汉藏语系包含 85 种语言，属藏缅语族，主要有尼瓦尔语、达芒语、拉伊语、古隆语、林布语、迪马尔语、塔卡利语、谢尔巴语、雷布查语、梅奇语、哈龙语、马嘉语、切朋语等。这些语言主要流行于喜马拉雅高山区及中部山区。在藏缅语族中尼瓦尔语最为重要，这种语言主要通行于加德满都谷地，这是尼泊尔的一种非常古老的语言，它在谷地的不同地区形成了不同的方言，尼泊尔的大量文献中最主要的是宗教文献，除用梵文外，大多使用尼瓦尔文写成。马嘉语和古隆语主要通行于中部和西部。而林布语、迪马尔语等少数语言则流行于尼泊尔东南部。

南亚语系主要包含蒙达里语、桑塔利语和卡里亚语 3 种，属蒙达语族。这 3 种语言均无文字，主要流行在特莱平原区的梅吉、贾帕和莫朗等地区。其中桑塔利语属无声调语言，有 6 个元音、33 个辅音，其语序为 SOV（主语 + 宾语 + 谓语）。

达罗毗荼语系仅有库鲁克语 1 种，属北库鲁克语族，主要流行于戈西专区。库鲁克语为无声调语言，有 10 个元音、29 个辅音，其语序为 SOV（主语 + 宾语 + 谓语）。达罗毗荼语系对印度雅利安语族语言语法结构的影响要大过后者对前者的影响，这可能是由于印度雅利安语族语言是建立在达罗毗荼语言底层之上的缘故。

因为历史因素的影响，英语在尼泊尔也颇为流行。英语虽不是尼泊尔的官方语言，但高等院校、中小学私立学校仍会使用英语教学，所以英语在受过高等教育的尼泊尔人中比较普及，尼泊尔的上层人士、政府官员和知识分子一般均使用尼泊尔语和英语两种语言。

此外，印地语在尼泊尔南方的某些地区和特莱平原的一些地区也都通行，因为这些地区的印度移民较多。由于与印度交往频繁，在加德满都地区也有许多人能够熟练使用印地语。在尼泊尔北部高山地区，藏语也在一定范围内流行。

民族

尼泊尔地处中印两个大国之间，自古以来便是南北两大文化和不同民族交流的汇合点，这使得在尼泊尔这片不大的土地上，民族同源异化或者异源同化的现象极易发生。近百年来，由于相当多的民族移民迁入尼泊尔，从而使其族群构成比以往更加复杂。不同民族间经过许多世纪的融合和衍化，语言、文化与宗教互相渗透并稳定下来，逐渐形成了特色各异的语言文化以及为数众多的民族。尼泊尔的民族构成因受语言、宗教、族裔认同、种姓差别和分布地区等因素的影响而有着惊人的多样性。

尼泊尔有 62 个民族，包括信奉印度教的卡斯族（由 4 个传统种姓组成）和其他 61 个非印度教民族。从尼泊尔各民族的来源看，可以分为 3 种类型：第一种是早期一直定居在尼泊尔的民族，这些原住民族大多居住在中部山丘地带，少数居住在尼泊尔南部丛林地带，语言多属汉藏语系藏缅语族，属蒙古人种，原先多信仰佛教或萨满教，后来在印度教的强大影响下，不同程度地改信印度教，属于这一类型的民族有尼瓦尔族、古隆族、马嘉族、林布族、逊瓦尔族等。第二种是古代从中国西藏移入的民族，他们大多居住在靠近中尼边境的北部高山地带，人数不多，基本上保持着与中国藏族相近的语言和文化，属于这一类型的民族有夏尔巴族、塔卡利族、洛米族、洛巴族等。第三种是中世纪以来从印度迁入的民族，他们几乎全是印度教徒，这些早期的移民经过与当地民族长期的融合与演化，已经完全被尼泊尔化了，如拉吉普特族，而近现代以来的移民则被同化程度较低，仍保留着自身较强的特色，如羌噶德族。

在尼泊尔，86.2% 的居民信奉印度教，7.8% 信奉佛教，3.8% 信奉伊斯兰教，2.2% 信奉其他宗教。在人们的日常生活中，没有任何一个方面能够摆脱宗教的关系，或者不受宗教的影响。从宗教信仰和社会制度来看，尼泊尔的众多民族可分为两大类：一类是信奉印度教并遵守种姓制度的民族，主要为卡斯族，其作为尼泊尔印度教社会的主要民族，内部分为婆罗门、刹帝利、吠舍和首陀罗四大种姓和不可接触者；另一类是非印度教社会的民族，主要为除卡斯族之外的各个民族，包括尼瓦尔族、马嘉族、塔鲁族等，他们大多信奉佛教或萨满教，内部也没有像印度教社会那样严格的种姓制度。

虽然尼泊尔本来是一个多民族、多语言、多宗教的国家，但沙阿王朝几十年来推行"一个民族（卡斯族）、一个语言（尼泊尔语）、一个宗教（印度教）"的政策，导致国内各民族的发展不平衡，其他民族的文化、语言和宗教受到不同程度的压制。因此在尼泊尔社会里，似乎没有"少数民族"这个概念，也从来不用"少数民族"这个词语。这主要是因为，在尼泊尔人看来，国内没有一个民族是在人口上超过全国半数的大民族。按人口来排列，比较大的民族是卡斯、马嘉、塔鲁、达芒、尼瓦尔、穆斯林、嘎米、亚达夫、拉依。而不同的尼泊尔民族皆有自己的特色，包括独特的语言、文化和生活习惯。

虽然从人口数量来说，尼泊尔没有一个主体民族，但从国家和社会生活等方面的实际情况来看，卡斯族却是一个起主导和中枢作用的民族。卡斯族是尼泊尔国内印度教社会的主要民族，早期主要生活在喜马拉雅山山麓地带，属欧罗巴人种地中海人类型，在体质特征上与雅利安人比较接近，骁勇善战，使用的语言是卡斯库拉语，又称廓尔喀语，即现代的尼泊尔语。早期的卡斯族并没有什么固定的信仰，中世纪由于受印度教移民的影响，逐渐皈依了印度教，并遵守印度教的种姓制度和其他有关规

定。在当今尼泊尔统治阶层中，大部分人都来自这个民族，他们无论是在卡斯族发展成为在全国政治生活中起主导作用民族的过程中，还是在建设尼泊尔特有的印度教文化事业中，都起到了突出的作用。

尼瓦尔族是尼泊尔国内非印度教社会的主要民族之一，尼泊尔的国家名称就是来自尼瓦尔，尼瓦尔族是加德满都谷地的原住居民，主要信奉佛教，因受印度教影响较深，其内部也存在根据不同职业划分的独特的种姓制度。尼瓦尔族拥有自己的语言尼瓦尔语，属藏缅语族，拥有丰富的历史文献。此外，尼瓦尔族还是一个具有高超艺术技能的民族，他们在艺术、建筑和绘画等众多领域为尼泊尔做出了巨大贡献，取得了辉煌成就，加德满都谷地耸立的数以千计的寺庙建筑，大都出自尼瓦尔族的工匠之手。

语言国情沿革与发展

18 世纪以前到现代尼泊尔王国形成初期

在过去的两千多年里，许多不同群体的人们，在不同的时期，从不同的地方，移居尼泊尔。在这一阶段，具有不同语言、不同传统习惯的尼泊尔人居住得很近但却有着独立而相异的身份。尼泊尔语是由卡斯族人讲的一种山地语言卡斯语（又称廓尔喀语）演变而来的，是在中世纪时期由移民与尼泊尔西部山区原住民族在语言上经过长期融合和发展形成的。卡斯语形成于 11 世纪左右，最初流行于尼泊尔的西部山区，随着中世纪印度移民大量涌入，给卡斯语带来了许多新的词汇和其他成分。

在中世纪前期（公元 9—12 世纪），尼泊尔一直没有一个稳定的国家政权。从公元 13 世纪开始，在尼泊尔南部特莱平原区出现了"德瓦"和"马拉"两个同时并存的强大政权。随

着扩张征战，马拉王国逐步向加德满都河谷挺进，并于 1328 年建立了马拉王朝。1482 年亚克西亚·马拉去世后，马拉王朝开始分裂。受国家分裂的影响，在随后的几百年间，尼泊尔出现诸多族群的混合体并分裂为诸多政治自治的小国。因此在尼泊尔境内并没有一种可以在全国范围内通行的语言。

18 世纪，廓尔喀族崛起，形成了现代尼泊尔王国的基础，因此尼泊尔语有时也称为廓尔喀语。由于廓尔喀人不断东扩及印度移民的涌入，早期只在尼泊尔西部流行的尼泊尔语逐渐沿着喜马拉雅山脉向东扩散，并作为当时的第二国语进入加德满都地区，从而加快了尼泊尔语的普及与发展，其适用范围及影响力得以不断扩大。1769 年，廓尔喀人攻占加德满都谷地，实现了尼泊尔的统一，建立了尼泊尔沙阿王朝。由于尼泊尔是一个由多民族组成的国家，语言较为复杂，为统治的需要，沙阿王朝将廓尔喀语（卡斯语）定为国语，改称尼泊尔语，并采取各种措施进行大力推广和扶持。这一举措既促进了全国各地之间的交流、巩固了国家的统一，又增强了卡斯族强烈的民族认同感。尼泊尔语也因此在加德满都取代了尼瓦尔语，成为首都地区通用的语言。

近代以来尼泊尔的语言国情

1814 年，英国人侵尼泊尔。在英国的支持下，廓尔喀军人忠格·巴哈杜尔·拉纳夺得军政大权，其家族开始世袭首相职位。拉纳认识到，要保持在尼泊尔的统治，就必须处理好与英国的关系。1850 年，他访问英国，并且在回国后进行教育改革，推行了两个具体措施，一是将英语纳入尼泊尔的教育体系中，重视西方式的教育；二是对英语和尼泊尔语之外的语言（如尼瓦尔语、林布语等）采取压制和排斥的政策。这严重阻碍了其他语言在尼泊尔国内的发展。因此在拉纳统治时期，英语不仅仅是尼泊尔精英阶层所享有的特权，而且是首相强化政权的重要工具。在拉纳政权统治末期，许多农民被迫放弃自己的土地，不得不逃荒到不丹、缅甸等地，尼泊尔语也随之传播到这些国家。

第二次世界大战之后，第三世界掀起人民解放和独立运动的浪潮，尼泊尔也深受影响，并在 1950 年掀起了一场武装革命，结束了拉纳政权的统治。由于尼泊尔处在中国和印度之间，并与世界其他国家隔绝，这样的特殊地理位置，促使尼泊尔中央政府把培养国家凝聚力和保护国家信仰作为优先解决的问题。这一时期，尼泊尔在语言规划和教育领域都采取了新的政策，并将尼泊尔语定为全国教育用语。20 世纪 60 年代初期，尼泊尔出版了规模巨大的尼泊尔语字典和一系列语法书，有力地促进了尼泊尔语的规范化。1969 年，尼泊尔政府开始制定语言规划政策，尼泊尔语成为小学和中学的教学语言。1971—1976 年，尼泊尔国家教育系统进一步完善，制定出国家教育标准、国家课程标准，出版尼泊尔语的相关教材。伴随着学校的国有化，尼泊尔语成为所有国有学校中唯一且优先选择的教学语言，同时也是大学阶段优先选择的语言。英语则被指定为国际语言，从四年级开始加入教育课程体系。尼泊尔政府借助这些改革措施，强化了尼泊尔语在教学过程中的学习和使用地位，使尼泊尔语得到空前的普及和传播。1990 年的临时宪法继续赋予尼泊尔语官方语言地位，尼泊尔语地位的确立对维护国家统一和推广大众教育都具有非常重要的意义。如今在国家的大力提倡和支持下，尼泊尔语正在向更加完善和现代化的方向发展。目前尼泊尔语几乎已经能在全国范围内通行，虽然有少数民族既不会说也不会写尼泊尔语，但他们仍能大体听懂尼泊尔语。

🤝 语言服务

中国开设尼泊尔语专业的高校有 3 所，分别为中国传媒大学、解放军外国语学院和北京外国语大学。

中国在尼泊尔设立的孔子学院有 1 所，为加德满都大学孔子学院，合作单位为河北经贸大学。另有孔子课堂 2 个，分别为尼泊尔—中国人民友好联络委员会广播孔子课堂和 L.R.I 国际学校孔子课堂。

尼泊尔开设中文专业的高校有 1 所，为特里布文大学。特里布文大学中文系所属的国际语言学院是尼泊尔开展汉语教学最早的地方。

小贴士

⊙ 首都

加德满都，位于加德满都谷地，巴格马提河和比兴马提河的汇合处。加德满都市四周环山，海拔 1370 米。在面积不到 7 平方千米的市中心有佛塔、庙宇 250 多座，全市有大小寺庙 2700 多座，有人把这座城市称为"寺庙之城""露天博物馆"。

⊙ 姓氏

尼泊尔人的姓名顺序为：开始第一部分是名字，名字和姓之间的部分表示宗教信仰和自己的愿望，最后是姓。许多人喜欢把印度教传说中神灵的名字作为自己姓名的一部分。在姓和名的组成部分中，有很多叫"巴哈杜尔""普拉萨德"等，它们既不是姓，也不是名字，而是代表一定的意义或神名。例如"巴哈杜尔"是英雄的意思。很多尼泊尔人都喜欢叫"普拉萨德"，这个词来自印度教，意思是恩情。

⊙ 自然与经济

尼泊尔地势北高南低，从北面海拔 8000 多米的世界屋脊经过中部的高山、丘陵地带，到南部海拔 200 余米的平原，在短短 200 余千米的距离内，地势递降急剧。这种北高南低的落差，形成自北向南、横贯东西的 3 座山脉和一个带状平原，构成尼泊尔的四大阶梯状地貌形态。尼泊尔属内陆山地亚热带季风气候，但由于其地形复杂，气温变化很大，平原、河谷、高山分属亚热带、温带和寒带。全年分热、雨、冷 3 个季节，北部高山最低气温为 -40℃，南部平原最高气温可达

45℃。尼泊尔是世界上较为贫穷的国家之一，国民经济主要依赖于农业，农业耕作技术较原始。近年来，旅游业逐渐兴起，开始成为尼泊尔国民经济的重要支柱。

⊙ 美食

尼泊尔的饮食很大程度上受到了印度的影响，喜欢大量使用各种香料，口味浓重。尼泊尔境内的美食主要可以分为尼泊尔菜、尼瓦尔菜、印度菜、泰菜和中国西藏菜等。

⊙ 节日

洒红节（尼历 11 月下旬举行，通常在公历 3 月间，是尼泊尔最色彩缤纷、最欢乐的节日，也称霍里节）、德赛节（每年尼历 6 月举行，通常在公历 9—10 月间，犹如中国的春节，是尼泊尔最盛大、时间最长的节日，全国放假 10—15 天）、共和国日（5 月 28 日）等。

⊙ 名胜古迹

加德满都谷地 处于尼泊尔的心脏地带，拥有加德满都、帕坦、巴德冈王宫广场、斯瓦亚姆布、博德纳特佛教圣地、伯舒伯蒂和钱古·纳拉扬印度神庙等 7 组历史遗址和建筑群，代表了尼泊尔的历史和艺术成就。1979 年，加德满都谷地作为文化遗产入选联合国教科文组织《世界遗产名录》。

皇家奇特万国家公园 印度和尼泊尔之间喜马拉雅丘陵地带中为数不多的未遭破坏的自然区域之一，也是世界上罕见的亚洲独角犀牛的栖息

地和孟加拉虎的最后藏身地之一。1984年，皇家奇特万国家公园作为自然遗产入选联合国教科文组织《世界遗产名录》。

萨加玛塔国家公园 位于尼泊尔喜马拉雅山区，北部与中国西藏珠穆朗玛自然保护区接壤，面积约1244平方千米。萨加玛塔国家公园内有包括珠穆朗玛峰在内的海拔超过7000米的7座高峰，冰川深谷数量可观，生态环境丰富，适于多种动植物生长。1979年，萨加玛塔国家公园作为自然遗产入选联合国教科文组织《世界遗产名录》。

塞尔维亚国旗呈长方形，长宽比 3：2。旗面自上而下依次为三道平行的红、蓝、白条纹。国旗上国徽的上方为王冠，是古塞尔维亚王国的象征；下方红色盾面有一双头鹰，象征着南欧斯拉夫民族；鹰的胸部是一个被白色十字居中分割成四个区域的红色小盾徽，代表"唯有团结拯救塞尔维亚人"的国家格言。

塞尔维亚

The Republic of Serbia

贝尔格莱德·圣萨瓦教堂

塞尔维亚 SERBIA

比例尺 1 : 2 500 000

高度表 (m)

塞尔维亚，全称塞尔维亚共和国，位于欧洲的东南部，巴尔干半岛中部，是内陆国家。北与匈牙利毗连，东与罗马尼亚、保加利亚接壤，南与马其顿、阿尔巴尼亚交界，西与黑山、波黑和克罗地亚等相连。国土面积 88 300 平方千米，人口约 930 万。

🗨 语言

塞尔维亚语是塞尔维亚的官方语言。除塞尔维亚语外，塞尔维亚境内还有匈牙利语、斯洛伐克语、阿尔巴尼亚语、罗马尼亚语、卢森尼亚语、克罗地亚语、保加利亚语、乌克兰语、吉卜赛语、捷克语等。

塞尔维亚语属于印欧语系斯拉夫语族南部语支，主要为塞尔维亚、黑山、波斯尼亚和黑塞哥维那等地的塞尔维亚人所使用，在塞尔维亚有 88% 的人以其为母语。在南斯拉夫社会主义联邦共和国时期，塞尔维亚语被称作塞尔维亚－克罗地亚语。随着南斯拉夫社会主义联邦共和国的解体，塞尔维亚和克罗地亚官方及民间都不承认"塞尔维亚－克罗地亚语"或"克罗地亚－塞尔维亚语"的存在，他们认为塞尔维亚语和克罗地亚语虽然十分相似，但却是两种彼此独立的语言。因此，塞尔维亚－克罗地亚语在塞尔维亚等地官方称为塞尔维亚语，在克罗地亚等地则被称为克罗地亚语。

塞尔维亚语被认为是塞尔维亚－克罗地亚语的变体，同属塞尔维亚－克罗地亚语变体的还有波斯尼亚语、克罗地亚语和黑山语。南部塞尔维亚人说的保加利亚语事实上是托拉克语，属塞尔维亚语的一种方言。可见，塞尔维亚民族语言之间的差异并不大，界限也不是那么明显。

塞尔维亚－克罗地亚语是在南斯拉夫联邦人民共和国成立后成为国家官方语言的。但宪法同时规定，少数民族语言是少数民族地区官方行政和学校教育的语言。特别是塞尔维亚签署的《欧洲区域或少数民族语言宪章》明确规定其境内的很多少数民族语言在使用地都享有官方语言地位，不仅可以在本民族居住区的教学、出版、社团活动和文化活动中使用，也可以在使用官方语言的场所（如法庭等）使用。如在科索沃，阿尔巴尼亚族学生从小学到大学均可以以阿尔巴尼亚语接受教育。1974 年南斯拉夫联邦颁布宪法，阿尔巴尼亚语成为与塞尔维亚语具有平等地位的阿族官方语言。从 1974 年到 1989 年，越来越多的出版物使用阿尔巴尼亚语。科索沃在 2008 年独立后也宣布其官方语言为阿尔巴尼亚语和塞尔维亚语。在伏伊伏丁那，官方语言还包括匈牙利语、罗马尼亚语、斯洛伐克语。

塞尔维亚的教学可以采用一种或多种语言。在只有用少数民族语言教学的学校，需保证完成塞尔维亚语的教学大纲和计划。而在没有少数民族语言教学的学校，则需要保证少数民族学生学习母语的条件。

塞尔维亚语属于高度屈折语，有极为丰富的词形变化。塞尔维亚语是典型的双书写系统语言，也是欧洲唯一的完全双书写系统语言。西里尔字母和拉丁字母在塞尔维亚平等使用，官方文字既可用西里尔字母书写，也可用拉丁字母书写。

西里尔字母书写的塞尔维亚语示例：

Сва људска бића рађају се слободна и једнака у достојанству и правима. Она су обдарена разумом и свешћу и треба једни према другима да поступају у духу братства.

（人人生而自由，在尊严和权利上一律平等。他们赋有理性和良知，并应以兄弟关系的精神相对待。）。

英语在塞尔维亚也比较普及，会讲英语的人占塞尔维亚总人口的 40%，会讲德语和俄语的人也比较多。

👪 民族

塞尔维亚是一个多民族的国家。塞尔维亚族为塞尔维亚主体民族，其他民族包括阿尔巴尼亚族、匈牙利族、穆斯林族（不认同其他民族的穆斯林）、波斯尼亚克族、罗姆族、克罗地亚族、斯洛伐克族、保加利亚族、罗马尼亚族等。塞尔维亚 930 万人口（不包括科索沃）中，超过 80% 是塞尔维亚人、3.5% 是匈牙利人、2% 是罗姆人、2% 是波斯尼亚克人、0.8% 是克罗地亚人、0.7% 是斯洛伐克人，其他人口约占 7%。

塞尔维亚境内的多数民族，包括塞尔维亚人、克罗地亚人、斯洛文尼亚人、马其顿人、黑山人和保加利亚人，历史上都是南部斯拉夫人，在人种上属于欧罗巴人种东欧类型。公元 395 年，罗马帝国分裂为东罗马帝国和西罗马帝国，其分界线正好穿过巴尔干半岛，这条分界线大致相当于拉丁语世界和希腊语世界的语言分界线，与后来巴尔干半岛的罗马天主教和希腊正教的分界线也大致吻合。公元 8—14 世纪，斯拉夫人向南迁移进入巴尔干半岛，并逐步衍化为不同的南斯拉夫民族。

由于受到东方拜占庭文化和西方拉丁文化的影响，以及不同异族的统治与分化，南斯拉夫各民族形成了不同的宗教信仰：塞尔维亚人、黑山人和马其顿人皈依东正教，而克罗地亚人与斯洛文尼亚人则信奉天主教，还有部分南斯拉夫人改信伊斯兰教。这些不同信仰的民族有着相对稳定的生活区域。历史上塞尔维亚人、黑山人及克罗地亚人都曾建立过自己的国家，但摆脱外族统治和实现民族独立的共同使命，使得来源相同和语言文化十分相近的南斯拉夫各民族有了建立统一的南斯拉夫民族共同体的愿望。19 世纪前叶，克罗地亚等地掀起伊利里亚运动。该运动认为南部斯拉夫各族属于同一共同体，提出了建立统一的南斯拉夫的计划。19 世纪 40 年代，塞尔维亚民族主义者提出建立以塞尔维亚为中心的南斯拉夫国家。但这种带有大塞尔维亚主义特征的南斯拉夫统一运动伤害了克罗地亚人的民族自尊心，大塞尔维亚主义给塞尔维亚人和克罗地亚人之间业已存在的矛盾增添了新的冲突。第一次世界大战后，南斯拉夫各民族首次有了统一的独立国家，即塞尔维亚－克罗地亚－斯洛文尼亚王国，后改名为南斯拉夫王国。第二次世界大战爆发后，南斯拉夫王国被德意法西斯占领并随之解体。法西斯统治期间，塞尔维亚人与克罗地亚人、穆斯林之间的民族冲突和相互残杀，使得民族问题成为南斯拉夫各族人民心头难以愈合的伤痛。此后，虽然以铁托为首的南斯拉夫共产党以联邦制重建了南斯拉夫多民族统一国家，使民族矛盾暂时得以缓和，但各民族对统一的多民族国家的认同意识仍较为淡薄。

目前，塞尔维亚境内的塞尔维亚族主要分布在塞尔维亚本土和伏伊伏丁那自治省。匈牙利族主要居住在靠近塞尔维亚和匈牙利接壤处的博西莱格勒市和季米特洛夫格勒市，博西莱格勒市人口相对较多。波斯尼亚克族主要分布在塞尔维亚西南部地区。克罗地亚族绝大部分居住在伏伊伏丁那自治省和首都贝尔格莱德等地区。罗姆族主要分布在塞尔维亚中部，一小部分罗姆人生活在塞尔维亚南部，他们大多是来自科索沃的难民。阿尔巴尼亚族大部分居住在塞尔维亚南部的普雷舍沃、布亚诺瓦茨等地区，部分居住在梅德韦贾市。在科索沃自治省，由于 1996—1999 年爆发了阿尔巴尼亚人争取独立的战争，自治省境内的塞尔维亚人纷纷逃离科索沃，结果使阿尔巴尼亚人成为科索沃地区人口占绝对多数的民族。据统计，目前阿尔巴尼亚人超过科索沃自治省人口总数的 90%，是该自治省绝对的主体民族。

语言国情沿革与发展

19 世纪之前塞尔维亚语的发展

塞尔维亚语在南斯拉夫社会主义联邦共和国时期被称为塞尔维亚－克罗地亚语。塞尔维亚－克罗地亚语属古斯拉夫语的地方变体，现存最古老的文献见于 12 世纪。7 世纪前半叶，塞尔维亚人的祖先陆续迁入塞尔维亚地区。克罗地亚人和塞尔维亚人同源同种，在大致相同的时间迁来巴尔干，两族在长期相处中使用一种语言。东西罗马教会分裂之后，双方的分界线就从南斯拉夫中央穿过，塞尔维亚人信仰东正教，使用西里尔字母拼写文字，克罗地亚人皈依天主教，使用拉丁字母拼写文字，出现了"一语两文"的局面。

武克·斯蒂凡诺维奇·卡拉季奇（1787—1864 年）为塞尔维亚语的发展做出了重大贡献。他改革了塞尔维亚书面语，并通过约翰·克里斯托弗·阿德隆的模式和扬·胡斯的捷克语字母严格的音位准则对塞尔维亚语西里尔字母进行了标准化处理。这一举措使得塞尔维亚语书面语有了很大改观，接近比较常见的民间语言。

塞尔维亚－克罗地亚语的发展

1850 年 3 月，克罗地亚人和塞尔维亚人中的一些知识分子在维也纳签署了《文字协议》，开启了统一南斯拉夫各民族语言的运动，并将其语言定名为塞尔维亚－克罗地亚语。塞尔维亚－克罗地亚语以两地通用的什托方言的依耶化次方言为基础，使用西里尔字母和拉丁字母两套字母体系，这两套字母体系相互之间有着一对一的关系。但从 19 世纪 60 年代到 20 世纪 20 年代，统一塞尔维亚－克罗地亚语的努力虽然有了一定的进展，但并没有成功。随着两次世界大战的爆发和民族内部矛盾的激化，统一语言的进程一度陷于停顿。

1945 年 11 月南斯拉夫联邦人民共和国建立（1963 年改为南斯拉夫社会主义联邦共和国），统一民族语言工作得以继续开展。当时的南斯拉夫主要有三种官方语言：塞尔维亚－克罗地亚语、斯洛文尼亚语、马其顿语。塞尔维亚－克罗地亚语是波斯尼亚、塞尔维亚、克罗地亚三个共和国的官方语言。塞尔维亚－克罗地亚语（以塞尔维亚为主）偏向用西里尔字母书写，克罗地亚－塞尔维亚语（以克罗地亚为主）偏向用拉丁字母书写，斯洛文尼亚语采用拉丁字母书写，马其顿语以西里尔字母书写。在南斯拉夫，塞尔维亚人、克罗地亚人、穆斯林和黑山人均使用塞尔维亚－克罗地亚语，使用人数占 6 个主要民族总人数的 83.7%，占全国总人数的 68.2%。因此，塞尔维亚－克罗地亚语已是南斯拉夫使用最为广泛的语言。

然而克罗地亚人和塞尔维亚人在语言统一的进程中矛盾不断产生，克罗地亚知识界认为纯正标准的克罗地亚语在统一过程中被塞尔维亚化，尤其是两卷本《塞尔维亚－克罗地亚语言词典》的编纂，引起了克罗地亚知识界的强烈不满，最终导致了政府 1967 年 3 月为突显克罗地亚语言地位而颁布了《关于克罗地亚语言名称和地位的宣言》。

独立后塞尔维亚的语言国情

20 世纪 90 年代初，南斯拉夫解体。2006 年，塞尔维亚宣布独立。随着南斯拉夫的解体，塞尔维亚人和克罗地亚人民族独立意识开始觉醒，"塞尔维亚－克罗地亚语"因而分为独立的塞尔维亚语和克罗地亚语。对语言间差异的确定已成为塞尔维亚民族认同的一个重要途径，为此，塞尔维亚人发起了塞尔维亚语净化运动，例如用新的、具有塞尔维亚语特点的词汇代替之前塞尔维亚语、克罗地亚语和波斯尼亚语词汇系统中共有的词汇。时至今日，塞尔维亚语已成为塞尔维亚的国语和官方语言，是塞尔维亚民族认同的重要象征。

🤝 语言服务

中国开设塞尔维亚语专业的高校有 1 所，为北京外国语大学，于 20 世纪 60 年代初开设。

中国在塞尔维亚设立的孔子学院有 2 所，分别为贝尔格莱德孔子学院和诺维萨德大学孔子学院，合作单位分别为中国传媒大学和浙江农林大学。

塞尔维亚开设中文专业的高校有 1 所，为贝尔格莱德大学。2012 年 3 月，塞尔维亚启动了"塞尔维亚全国中小学开设汉语课试点计划"。

小贴士

⊙首都

贝尔格莱德，位于巴尔干半岛核心，多瑙河与萨瓦河的交汇处，扼守多瑙河和巴尔干半岛的水陆交通要道，是欧洲和近东的重要联络点，具有重要战略地位，被称为"巴尔干之钥"。

⊙自然与经济

塞尔维亚北部属温带大陆性气候，南部受地中海气候影响，四季分明，夏季炎热。自然资源丰富，矿藏有煤、铁、锌、铜等，森林覆盖率 25.5%，水力资源丰富。得天独厚的地理位置为旅游业及交通运输业的发展创造了有利条件。

⊙美食

塞尔维亚的食物属于典型的东欧风味，具有巴尔干与法国特色，以西餐为主。喜欢焦香浓郁的菜肴，讲究餐桌调味品，喜食菜品的微酸味道，口味不喜太咸。以面食和土豆为主食，副食包括肉类、鱼类、蛋品等；蔬菜主要为番茄、生菜叶、洋葱、酸菜等。调料爱用生葱、大蒜、辣椒、胡椒粉、奶油等。

⊙节日

新年（1 月 1 日）、东正教圣诞节（1 月 7 日）、国庆节（2 月 15 日）、宪法日（4 月 27 日）、东正教的耶稣受难日（4 月 29 日）等。

⊙名胜古迹

贝尔格莱德 欧洲最古老的城市之一，自古以来就是东西方重要的交通枢纽，被称为"巴尔干的大门"和"中欧的大门"。主要景点有卡莱梅格丹公园、米哈伊洛大公街、铁托墓、圣萨瓦教堂、阿瓦拉山、白宫、塞尔维亚国家博物馆等。

贾姆济格勒－罗慕利亚纳的加莱里乌斯宫 古罗马的皇宫，位于今天的扎叶查尔城附近。该建筑在所有罗马帝国的宫廷建筑中占有特殊地位，是罗马"四帝共治"时代留下的为数不多且保存完好的建筑。2007 年，贾姆济格勒－罗慕利亚纳的加莱里乌斯宫作为文化遗产入选联合国教科文组织《世界遗产名录》。

科索沃中世纪古迹 主要包括代查尼修道院、佩奇牧首管辖区大修道院、普里兹仑的列韦撒圣母院和格拉查尼察修道院。它们代表了拜占庭－罗马宗教文化的最高成就，壁画风格独特，自成一派。2004 年，科索沃中世纪古迹作为文化遗产入选联合国教科文组织《世界遗产名录》。

佩特罗瓦拉丁古城堡 欧洲最著名的军事要塞之一，位于多瑙河的右岸，为奥匈人统治时期所建，建筑过程长达一个多世纪，占地面积 112 公顷，内有 16 千米长的地下战道。土耳其和奥地利之间著名的"瓦拉丁战役"就在此发生。

兹拉蒂博尔山脉 位于塞尔维亚西南部，最高海拔 1496 米，空气清新，景色多样，有辽阔的草原、茂密的丛林、湛蓝的湖泊。夏季可以避暑，冬季可以滑雪，是欧洲著名的度假胜地。

沙特阿拉伯国旗呈长方形，长宽比3：2。绿色的旗帜上写着伊斯兰教的清真格言"万物非主，唯有安拉；穆罕默德，主之使者"。下方绘有宝刀，象征圣战和自卫。绿色象征和平，是伊斯兰国家所喜爱的一种吉祥颜色。

沙特阿拉伯

Kingdom of Saudi Arabia

麦加圣城

沙特阿拉伯 　SAUDI ARABIA

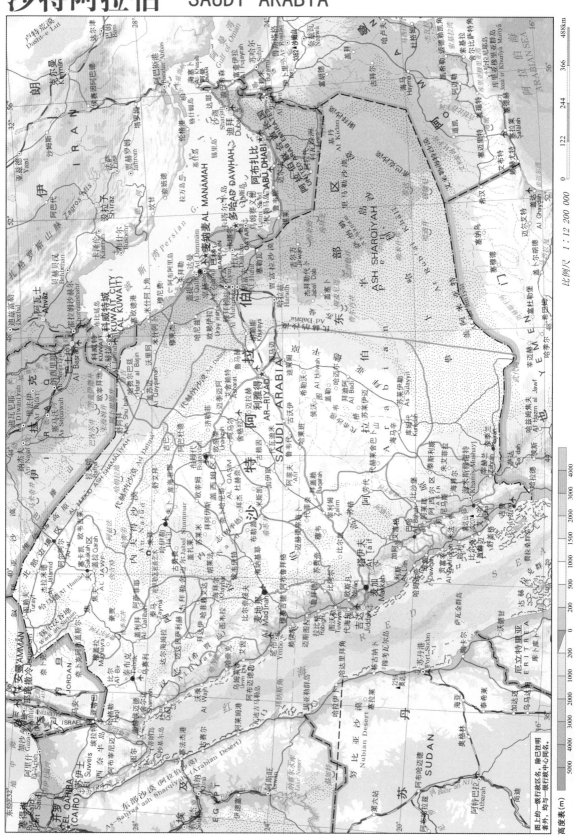

比例尺 1:12 200 000

沙特阿拉伯，全称沙特阿拉伯王国，占据阿拉伯半岛大部分，北接约旦和伊拉克，东北毗邻科威特，东临卡塔尔、巴林和阿拉伯联合酋长国，东南毗邻阿曼，南接也门，是唯一一个同时位于红海海岸和波斯湾海岸的国家。沙特阿拉伯是伊斯兰教的诞生地，圣城麦加和麦地那是全世界穆斯林最重要的朝觐之地。国土面积 2 250 000 平方千米，是阿拉伯世界第二大国家；人口约 3077 万。

🗨 语言

沙特阿拉伯的官方语言为阿拉伯语。沙特人所使用的阿拉伯语有两种主要变体：纳杰迪阿拉伯语和现代标准阿拉伯语。此外，沙特阿拉伯还存在众多的移民语言。

阿拉伯语属于闪－含语系闪米特语族，是包括沙特人在内的全体阿拉伯人的母语，可分为标准阿拉伯语和方言。根据阿拉伯语的发展阶段，标准阿拉伯语又可分为古典阿拉伯语和现代标准阿拉伯语。阿拉伯语方言指的是古典阿拉伯语在不同阿拉伯国家传播中，经过不断变异所形成的不同地方变体。沙特阿拉伯的 3 种主要方言为：纳杰迪阿拉伯语，使用人口 800 万；赫亚兹阿拉伯语，使用人口 600 万；海湾阿拉伯语，使用人口 20 万。

在沙特阿拉伯口语中，人们通过在动词前增加 *ma*（not）、*la*（not）、*lan*（never，用于未完成体）表示否定，这和埃及阿拉伯语形成鲜明对比，埃及阿拉伯语在否定词前后分别使用音节词 *ma* 和辅音 *sh*，例如 *ma' rafsh* 或者 *mish 'arif*（意为"我不知道"）。祈使句是通过形式 I 动词得来，即在动词根字母（组合）前加上具有 *a* 或具有 *a* 元音的字母（有时是 *u*），例如 *Iqra*（意为"读"）。若是祈使句源于高级形式动词，句子形式会有所不同。

沙特阿拉伯是当今世界上最富有的国家之一，因而吸引了众多的外国人前往工作，这使得沙特阿拉伯的移民语言非常丰富。具体语言有：孟加拉语（1.5 万人），汉语（5.8 万人），埃及阿拉伯语（30 万人），英语（6 万人），法语（2.2 万人），印尼语（3.7 万人），伊朗波斯语（10.2 万人），意大利语（2.2 万人），韩国语（6.6 万人），罗兴伽语（40 万人），索马里语（4.27 万人），苏丹阿拉伯语（8.6 万人），他加禄语（70 万人），乌尔都语（38.2 万人），维吾尔语（0.592 万人），西占语（0.01 万人）。

👥 民族

沙特阿拉伯主体民族为阿拉伯人，占人口总数的 90%。另外 10% 的人口主要是居住在红海沿岸的外来移民。沙特阿拉伯人属欧罗巴人种地中海类型，部分混有尼格罗人种特征。传统上的沙特阿拉伯社会由 3 个地区差异明显的阿拉伯群体构成，即以放牧为生的贝都因游牧者，生活在沙漠绿洲的定居农耕者，生活在农村和城镇的商人、手工业者和其他人。在 18 世纪 70 年代末，大部分农村地区的沙特人生活才刚刚达到温饱。20 世纪中期以后，沙特王国逐渐城市化，到 2012 年，约 80% 的沙特人住在利雅得、吉达、达曼这样一些大都市。另外，大部分贝都因人已定居在城镇中，但他们仍保持着自己的族群认同意识。

沙特阿拉伯是伊斯兰教这一世界性宗教的发源地。沙特阿拉伯居民 100% 都是穆斯林，其中逊尼派穆斯林占绝大多数，分布在全国各地；什叶派人数极少，仅占全国人口的 10% 左右，主要居住在东部地区。

沙特稳定的工作和高收入吸引了大量的外国劳工，且人数增长极快。这些外国劳工及其家属人数在 20 世纪 90 年代后期为 400—500 万，目前已达 1000 多万，多从事建筑业、服务行业、采油和炼油业等。他们大部分是阿拉伯人，也有的来自南亚、东南亚和欧洲。所有这些外来人员都不是沙特永久居民，不纳入该国人口统计数字，也不能像沙特人那样享受社会和教育福利。

语言国情沿革与发展

阿拉伯语的形成和早期发展

沙特阿拉伯作为一个独立的民族国家历史并不长，但其所使用的语言——阿拉伯语，则有着悠久的历史。从已经发现和整理的文献资料看，发源于阿拉伯半岛的阿拉伯语早在1500多年前就已是一种较为成熟的语言。阿拉伯语可以分为4个历史发展阶段，分别是古阿拉伯语、早期阿拉伯语、中期阿拉伯语（古典阿拉伯语）和现代标准阿拉伯语。

早在公元前9世纪，在亚述语的铭文中就已提及阿拉伯语，并出现了表示阿拉伯人的专有名词。亚述语深深地影响了古阿拉伯语。其后，从3世纪到6世纪的这段时间称为早期阿拉伯语时期。这一时期首次出现了完整的自成体系的阿拉伯书写字母，这些字母在公元前4世纪岩石上的涂鸦中已有零星出现。同时出现了双语共存现象，即一种语言包含两种语言变体（口语阿拉伯语和诗歌体阿拉伯语），或者两种或多种书写形式。古典阿拉伯语即由此进化而来。

根据地理分布的不同，阿拉伯人分为南方阿拉伯人和北方阿拉伯人，分别讲南方阿拉伯语方言和北方阿拉伯语方言。其中北方阿拉伯语方言又称阿德南语，使用地区希贾兹和纳季德在今沙特阿拉伯境内。伊斯兰教兴起后，北方阿拉伯语方言成为《古兰经》语言，随着伊斯兰教和《古兰经》的传播，北方阿拉伯语方言为南方阿拉伯人所接受，成为阿拉伯半岛全体居民统一使用的语言。自公元7世纪起，阿拉伯人以传播伊斯兰教为名从半岛向外扩张，先后征服了西亚和北非的广大地区，建立了阿拉伯大帝国，逐渐同化了这些地区的居民。《古兰经》在同化过程中起到了非常重要的作用。成为穆斯林，必须学习《古兰经》，而《古兰经》是用阿拉伯语吟诵的，因此古典阿拉伯语就随着《古兰经》的传播扩散到了很多地区，数百年间保持不变，成为阿拉伯世界通用的文学语言。

为适应现代社会生活的需要，现代标准阿拉伯语在古典阿拉伯语的基础上增加了新的内容，广泛使用于书刊、报纸、学校教学、政府办公、广播节目等。在全球范围内，现代标准阿拉伯语作为第一语言的使用人口达20 600万，作为第二语言的使用人口达24 600万。与其他很多阿拉伯国家一样，沙特阿拉伯也将现代标准阿拉伯语定为官方语言。

当代沙特阿拉伯的语言国情

在沙特阿拉伯，阿拉伯语是官方语言，同时受《古兰经》的影响，阿拉伯语又被称为"神圣的语言"。沙特政府采取了一系列措施，用以加强阿拉伯语的地位。首先是在各级学校教育中加强对阿拉伯语的教学。例如，让小学生背诵《古兰经》各章节，并讲解各章的含义，在提高他们语言能力的同时，增强他们对阿拉伯语的自豪感；培养年青一代对阿拉伯语的热爱，教育他们通过掌握阿拉伯语，熟悉阿拉伯世界的历史文化，促进阿拉伯世界的统一和交流；修订阿拉伯语教学大纲，增加教材中实践部分的内容，选择古诗文中的精品作为精读教材内容；加强中小学师资的培训，提高他们阿拉伯语教学能力；在大学教育中，把阿拉伯科学文化遗产列入教学内容，让大学生意识到阿拉伯语的重要性。其次是充分利用传媒的影响力来推广阿拉伯语。在新闻媒体、影视娱乐方面，政府招募优秀的播音员、主持人、杰出的演艺界人士，让他们成为公众心目中使用阿拉伯语的典范，让阿拉伯文艺作品不仅在阿拉伯世界普及，而且在世界范围内推广；在出版界，政府设立专门基金，将本国的文学作品介绍到国外，并将优秀的外国作品翻译成阿拉伯语，进而促进阿拉伯语的使用和传播。再次，政府部门采取了一系列限制和倡导措施。例如，要求各部门使用标准阿拉伯语，限制外来词对阿拉伯语的侵扰；出资支持阿拉伯语协会开办各种学术活动，尤其是资助编纂阿拉伯语词典，协调科技术语的统一使用工作。

沙特阿拉伯的外语教育就是英语教育。根据其外语教育政策，英语是学生的第一也是唯一的外语。但同时提出要求，官方英语教育必须在该国学生达到一定年龄后方可开始。例如，6—9岁的儿童必须学好阿拉伯语，学校尽量不让他们接触英语，以免影响阿拉伯语的习得。10—18岁的学生有机会学习英语，前提是已娴熟掌握阿拉伯语。但随着科技的发展、网络的普及，学生外语学习的意识和诉求越来越强烈。他们不再受官方外语学习限制，通过各种方式学习英语之外的外语，某种程度上体现出沙特学生外语学习的日常化和大众化。家长对于外语的学习态度大致分为两种：支持方认为，在学校，孩子除了英语之外，若是能够系统地学习其他外语未尝不可；反对方则认为，英语是国际通用外语，再学习其他外语就是浪费时间。但双方一致认为，不管学习哪门外语，最好不要影响其他科目的成绩。

然而，面对学生渴望学习多门外语的诉求，以及学生通过非官方或非校方的方式随时随地学习其他外语的现实，学校依然拥护相关政策规定，提出英语依然是学校唯一外语，非课堂、非英语的外语教育会带来很多意想不到的问题，例如家庭教育中外语的介入会影响孩子们阿拉伯语作为母语的习得。

不管怎样，科技的突飞猛进和国际交流的蓬勃发展一定会促使沙特阿拉伯外语教育改变英语一语独大的局面，让更多的学生有更加丰富的外语学习选择。

语言服务

中国开设阿拉伯语专业的高校有近40所，具体参见"阿拉伯联合酋长国"（第19页）。

中国尚未在沙特阿拉伯设立孔子学院。

沙特阿拉伯尚未有高校开设中文系或中文专业，但有民间组织举办汉语学校，进行营利性质的汉语教学。

小贴士

⊙首都

利雅得，位于阿拉伯半岛中部的哈尼法谷地的平原，是典型的绿洲城市，也是国际大都市，阿拉伯半岛第二大城市，沙特第一大城市。人口超过420万。

⊙姓氏

阿拉伯人姓名一般由3节或4节组成：第一节为本人名字，第二节为父名，第三节为祖父名，第四节为姓。如沙特阿拉伯前国王费萨尔的姓名是"费萨尔·伊本·阿卜杜勒·阿齐兹·伊本·阿卜杜勒·拉赫曼·沙特"，其中"费萨尔"为本人名，"阿卜杜勒·阿齐兹"为父名，"阿卜杜勒·拉赫曼"为祖父名，"沙特"为姓。正式场合应用全名，但有时可省略祖父名，有时还可省略父名，简称时只称本人名字。但事实上很多阿拉伯人，特别是有社会地位的上层人士都简称其姓，如"穆罕默德·阿贝德·阿鲁夫·阿拉法特"简称"阿拉法特"，"加麦尔·阿卜杜勒·纳赛尔"简称"纳赛尔"。阿拉伯人名字前常带有一些称号，如"埃米尔"为王子、亲王、酋长；"苏丹"为君主、国王，"伊玛姆"是清真寺领拜人，"赛义德"是先生、老爷，"谢赫"是长老、酋长、村长、族长。这些称号有的已转为人名。

○自然与经济

沙特阿拉伯主要由阿拉伯沙漠和相关的半沙漠及灌木丛构成。全国几乎没有河流或湖泊，却有众多的旱谷。只有在旱谷、盆地和绿洲的冲积层矿床里才能发现少量的肥沃土地。沙特阿拉伯是世界上最热的地区之一，夏季平均温度45℃，有时可能会高达54℃，半岛绝对最高气温常达50—55℃。冬季气温很少低于0℃。阿拉伯半岛干燥少雨，大部分地区年降水量在100毫米以下。沙特以"石油王国"著称，石油储量世界第一；天然气储量世界第四位。石油工业是经济的主要支柱，沙特是世界上石油产量和出口量最大的国家，石油收入占国家财政收入的70%以上。

○美食

沙特阿拉伯人的主食是大饼和手抓饭，菜肴以烧烤的牛羊肉为主。阿拉伯大饼由特制的炉子烘烤而成，外脆内嫩，常蘸着霍姆斯酱吃。沙特人喜甜食，即点心，统称为"哈尔瓦"，往往甜得发腻，上面涂满一层层的糖，糖上还浇蜂蜜，蜂蜜上再加一层糖。阿拉伯人对红茶也情有独钟。他们在每杯红茶里都要放进半杯甚至大半杯的白糖，再放几片鲜嫩的薄荷叶，清凉幽香。

○节日

国庆日（9月23日）、开斋节（伊斯兰教历10月1日，伊斯兰教历每年的第9个月为斋月，第10个月的第1日到第3日是教徒们的开斋节）、古尔邦节（伊斯兰教历12月10日，每年的这一天穆斯林们便为真主安拉宰牲献祭，也称宰牲节）等。

○名胜古迹

麦加 伊斯兰教第一圣城，位于沙特阿拉伯西部赛拉特山地中段易卜拉欣涸河的峡谷中。伊斯兰教先知穆罕默德于公元507年诞生于此。麦加四周群山环抱，气候酷热，有公路通往首都利雅得及穆罕默德陵墓所在地麦地那。

麦地那城 伊斯兰教第二大圣城，伊斯兰教先知穆罕默德陵墓所在地，位于沙特西部，四面环山，海拔620米，系山区高原城市。城市面积50万平方千米，常住人口约50万。

塔伊夫 沙特阿拉伯西部古城，位于塞特拉山地中段，是一个群山环抱的山城。气候温和，冬暖夏凉，是避暑胜地，素有沙特的"夏都"之称。标志性建筑有阿巴斯清真寺、苏布拉宫等。

骚尔山洞 伊斯兰教圣迹之一，位于麦加北部骚尔山麓。据圣训学家传述，穆罕默德为传播伊斯兰教，行至骚尔山附近，为避开古莱什多神教徒追杀，曾进入此山洞暂行隐避。

希拉山洞 伊斯兰教圣迹之一，位于麦加近郊的希拉山腰，为一狭窄的岩洞。此山洞是伊斯兰教先知穆罕默德传教之初接受安拉"启示"的神圣之地。

吉达 位于沙特阿拉伯王国西部、红海东海岸的中部，是红海乃至中东地区历史最悠久、规模最大的港口城市之一，被誉为"红海新娘"。吉达市区面积1200平方千米，人口300多万，其中外籍人口约占三分之一，是沙特第二大城市，经济、金融、贸易中心和海、陆、空交通枢纽。吉达距麦加72千米，距麦地那424千米，是世界穆斯林进入麦加朝觐的交通要道和主要门户。2014年，吉达古城作为文化遗产入选联合国教科文组织《世界遗产名录》。

王国中心大厦 位于沙特阿拉伯首都利雅得中心，建造于20世纪90年代，是全球标志性建筑之一。该大厦由沙特王子出资建造，被美国著名旅游杂志《旅游者》列为最新现代化建筑的新"世界七大奇观"之一。

斯里兰卡国旗呈长方形，长宽比 2 : 1。黄色边框和竖条将旗面划分为左右结构的框架。左框是绿色和橙色的两个竖长方形；右侧为咖啡色长方形，中为紧握战刀的黄色狮子，四角各有一枚菩提树叶。咖啡色代表僧伽罗族，橙、绿色代表少数民族；黄色边框象征光明和幸福；菩提树叶表示对佛教的信仰，而其形状又与国土轮廓相似；狮子图案表示该国的古称"狮子国"，象征着刚强和勇敢。

狮子岩

斯里兰卡

The Democratic Socialist
Republic of Sri Lanka

斯里兰卡 SRI LANKA

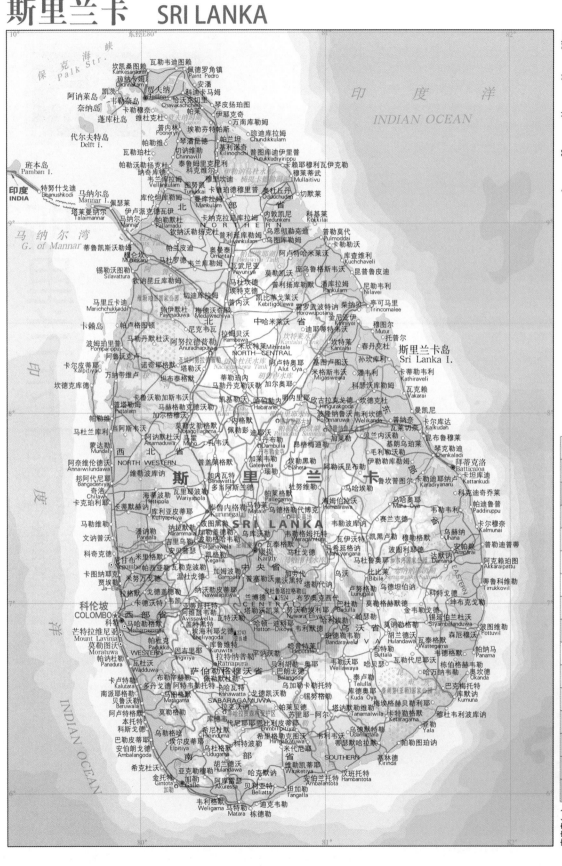

比例尺 1 : 2 200 000

高度表(m)

斯里兰卡，全称斯里兰卡民主社会主义共和国，旧称锡兰，是位于南亚次大陆东南方向印度洋上的一个岛国，西北隔保克海峡与印度半岛相望，南北长 432 千米，东西宽 224 千米，国土面积 65 610 平方千米，人口约 2036 万。

🗨 语言

斯里兰卡官方语言为僧伽罗语、泰米尔语。上层社会通用英语。

僧伽罗语是斯里兰卡主体民族僧伽罗族的语言，也是斯里兰卡的主要官方语言。斯里兰卡除北方省以外的大部分地区都通用僧伽罗语。使用人口约 1506 万，约占全国人口的 74%。僧伽罗语属于印欧语系印度－伊朗语族印度语支，最早的文字是婆罗米字母，7—8 世纪逐渐演变为僧伽罗体，一直沿用至今，自左而右书写。环形的僧伽罗体与印度南部达罗毗荼诸语言的字母近似。纯僧伽罗字母共 36 个，加上 18 个表示梵语语音的字母，共计 54 个。僧伽罗语元音有 16 个，分长短；辅音有 38 个，分清浊、送气与不送气；没有重音、轻音的区别，也没有声调的变化。僧伽罗语是一种屈折型语言。僧伽罗语在发展过程中，受巴利语、梵语及泰米尔语的影响很大，近代以来又从葡萄牙语、荷兰语尤其是英语中吸取了大量的借词，使之更加丰富和完善。现代僧伽罗语的口语和书面语有非常明显的区别。

泰米尔语有超过 2000 年的历史，属于达罗毗荼语系南部语族，通行于印度南部、斯里兰卡东北部。泰米尔语包括 12 个元音、18 个辅音。与其他婆罗米系文字相同，所有的辅音都包括一个继承的元音 a。泰米尔文字不区分有声及无声的塞音标注，而是根据其在文字中的位置来决定其有声或无声，其拼读规则服从泰米尔音位学。除了标准的文字外，泰米尔文从格兰塔文中借了 6 个字母，用在泰米尔语中

书写梵语，也用来标示当地未使用的一些发音，如梵语及其他语言的外来语。

僧伽罗语示例：

 මගේ යාළුවා බාස්කට්බෝල් ගහන්න කැමති නැහැ නමුත් ඔහු චීන කුංෆුවලට කැමතියි.

（我朋友不喜欢打篮球，但是他喜欢中国功夫。）

泰米尔语示例：

வந்த பெரியதொரு குண்டு விமான அணியினால் தாக்கப்பட்டது. தாக்கதல் தொடர்பான முன்னெச்சரிக்கை

（与敌人损失的 17 人相比。不管怎样，锡兰成功地抵御住了敌人的进攻。）

👥 民族

斯里兰卡为多民族国家，有僧伽罗族、泰米尔族、摩尔族等民族，其中：僧伽罗人约 1506 万，约占总人口的 74%；泰米尔人约 366 万，约占总人口的 18%；摩尔人约 143 万，约占总人口的 7%；其他民族约占总人口的 1%。

僧伽罗人，是印度－雅利安人种的一个种族，与南亚次大陆北部各民族血缘相近。主要聚居在人口稠密、经济发达的西部、西南部和中部山区。除了斯里兰卡的僧伽罗人之外，还有部分僧伽罗人散居在世界各地。根据僧伽罗历史传说，僧伽罗人是印度维贾亚王子的后代。僧伽罗人主要讲僧伽罗语，信仰佛教，少部分信仰基督教。僧伽罗人是斯里兰卡佛教发展的重要推动力量。自公元前 3 世纪佛教传入后，斯里兰卡逐渐成为小乘佛教的大本营，是东南亚上座部佛教的发源地，东南亚各国佛教多属斯里兰卡大寺派法统。上座部佛教经典著作三藏（律藏、经藏、论藏）于公元前 1 世纪左右在斯里兰卡记录成书，并保留至今，是僧伽罗人对人类文化的一大贡献。

泰米尔族是世界最古老的民族之一。他们

所属的达罗毗荼人很可能是辉煌的印度河文明的主人，也就是南亚次大陆最早的居民。其发源地就是泰米尔纳德邦。雅利安人来到印度后，泰米尔人被迫迁往南部，但泰米尔文化深深地融入了雅利安人的文化之中。泰米尔人擅长建筑、青铜雕塑、航海、数学，有悠久的文化传统。泰米尔人多信奉印度教。

斯里兰卡的民族问题主要是僧伽罗人和泰米尔人之间的矛盾，而语言问题一直是双方冲突的焦点之一。

斯里兰卡 70.2% 的居民信奉上座部佛教，12.6% 信奉印度教，9.7% 信奉伊斯兰教，此外还有少量天主教和基督教的信徒。

斯里兰卡许多习俗都与佛教有关，佛教僧侣在斯里兰卡备受尊敬，斯里兰卡居民和佛教僧侣对话时，不论是站着，还是坐着，都设法略低于僧侣的头部，更不能用左手拿东西递给佛教僧侣和信徒。在参观佛教寺院时，不能对佛像做踩、跨、骑等无礼动作，而且进入寺院，要赤脚，不可穿鞋和袜子，也不可戴帽子。

语言国情沿革与发展

斯里兰卡历史悠久，民族文化源远流长。其语言也随着原始土著族群语逐渐演化成多民族语言和现代语言。在斯里兰卡，关于语言的争论的主要焦点在于僧伽罗语和泰米尔语之间的取舍以及谁具有决定性影响。

古代斯里兰卡的语言国情

公元前 5 世纪，来自北印度的雅利安人（即后来的僧伽罗人）移民至锡兰岛，建立了僧伽罗王朝，僧伽罗语因此而得名，即僧伽罗语起源于印度 – 雅利安人的语言。公元前 3 世纪，佛教传到岛上，僧伽罗语得到了丰富和发展。最初阶段的僧伽罗语和古印度通俗语（普拉克利特语）相近，公元 4 世纪后才脱离古印度通俗语而独立发展。僧伽罗语在 13 世纪进入近代阶段。13 世纪成书的语法著作《希达特桑格拉沃》为僧伽罗语语法奠定了基础。

公元前 2 世纪前后，南印度的泰米尔人也开始迁徙并定居锡兰岛。此后，僧伽罗王国和泰米尔王国之间发生民族交流、语言交流并相互影响。但从公元 5 世纪开始直至 16 世纪，僧伽罗王国和泰米尔王国之间征战不断。

16 世纪至 19 世纪末，斯里兰卡先后受到葡萄牙、荷兰和英国的殖民统治。葡萄牙、荷兰的殖民占领并未根本改变当地的语言状况，僧伽罗语和泰米尔语仍是当地的主体语言。但是英国的殖民统治给斯里兰卡带来了语言上的冲击，英语和僧伽罗语、泰米尔语都成为当地的教育语言，并持续至今。

1802 年英法两国签订了《亚眠条约》，斯里兰卡被正式宣布为英国的殖民地。之后，斯里兰卡走上了近现代化的道路，英语在这一阶段大规模进入斯里兰卡社会，特别是上层社会，而僧伽罗语和泰米尔语则受到殖民者的排挤和压制。在反抗殖民统治的运动中，英语在一定程度上被视作殖民主义的象征。

现代斯里兰卡的语言国情

1948 年 2 月 4 日斯里兰卡正式宣布独立，成为英联邦的自治领地，定国名为锡兰。1972 年 5 月 22 日改国名为斯里兰卡共和国。1978 年 8 月 16 日新宪法颁布，改国名为斯里兰卡民主社会主义共和国。

斯里兰卡独立后，之前掩盖的民族问题日趋突出。占人口多数的僧伽罗族人执掌政权，僧伽罗民族主义也因此日益高涨，政府采取了一系列不利于泰米尔人的政策，导致民族矛盾日渐突出，矛盾的焦点之一即是语言问题。

1954 年僧伽罗族政党提出"放弃两种官方语言，僧伽罗语唯一"的主张，1956 年议会通过这一提法，成为法律规定。这一规定遭到泰米尔族的强烈反对，泰米尔族认为泰米尔语和僧伽罗语地位平等，二者共存。在泰米尔族的不断抗议下，议会于1958年通过了《泰米尔语（特别条款）法案》，允许泰米尔族在与政府交往时可以使用本民族的语言，北方省和东方省官方可以使用泰米尔语，但在握有实权的僧伽罗族政府官员的反对下，这一法案并未得到贯彻。

1974年斯里兰卡政府颁布实施了一项教育考试政策，以僧伽罗语为考试语言，进一步限制了泰米尔人的高考升学率，许多泰米尔人无法升入大学，被人为地限制了接受高等教育的权利，许多泰米尔青年学生失学、失业，由此激发了泰米尔族学生的强烈反对，爆发了激烈的学生团体冲突，甚至有的学生组织起来反抗这一不公平的政策，进一步激化了民族矛盾。

斯里兰卡政府的语言政策最终导致内战。1976年泰米尔族成立反政府武装组织——泰米尔伊拉姆猛虎解放组织，目的是要在斯里兰卡东部和北部建立泰米尔国家政权，追求泰米尔人的独立，使用自己的母语——泰米尔语。该组织自成立以来便一直和斯里兰卡政府进行武装斗争。由此斯里兰卡陷入了30余年的内战，直到2009年5月18日才得以结束内战。这场内战给斯里兰卡各个民族带来了深重灾难。

在泰米尔族的斗争下，"僧伽罗语唯一"的政策不断受到挑战。僧伽罗族政党也做出了一些妥协，1978年的新宪法规定僧伽罗语为官方语言，而泰米尔语也是国家通用语言之一，泰米尔人可以在地方法院使用自己的民族语言。1987年，印度和斯里兰卡签署和平协议，对斯里兰卡的语言政策做出了更大的修订，协议把僧伽罗语和泰米尔语都定为官方语言，泰米尔语的地位一定程度上得到了认可和提升。

斯里兰卡从古代开始到今天的主体语言一直是僧伽罗语和泰米尔语，但由于没有解决好这两种语言的地位问题，使得这两种语言和民族的矛盾一直难以化解，语言问题被摆到了两个民族冲突的中心。其实这两种语言都有广泛的使用范围，泰米尔语在印度海岸和斯里兰卡海岸的商业和贸易中起到了至关重要的作用，僧伽罗语也有400多个词语借自泰米尔语，这充分说明了两种语言相互间的影响。

由于受英国殖民统治以及英语在世界上的影响，英语在斯里兰卡也占据着重要的地位。在当今的斯里兰卡，可以说主要有3种语言：僧伽罗语、泰米尔语（达罗毗荼语）和英语。

🤝 语言服务

中国开设僧伽罗语专业的高校有2所，分别为北京外国语大学和中国传媒大学；开设泰米尔语专业的高校有2所，分别为北京外国语大学和中国传媒大学。

中国在斯里兰卡设立的孔子学院有2所，为凯拉尼亚大学孔子学院和科伦坡大学孔子学院，前者合作单位为重庆师范大学，后者合作单位为北京外国语大学和红河学院。另有孔子课堂1个，为CRI斯里兰卡兰比尼听众协会广播孔子课堂。

斯里兰卡开设中文专业的高校有2所，分别为凯拉尼亚大学和萨巴拉格穆瓦大学。此外，科伦坡大学和东南大学开设了中文选修课。

小贴士

⊙首都

斯里兰卡有两个首都：政治首都斯里·贾亚瓦尔达纳·普拉·科泰，通常略称为科泰或科克；经济首都科伦坡，面积 37.31 平方千米，素有"东方十字路口"之称。

⊙姓氏

斯里兰卡约在公元前后开始使用姓氏，一般来讲，姓在前，名在后。最早的姓氏多是父亲的名字，后来又加上原居住地名和村名，有的加进种姓或官职名，还有的在姓名中加进生辰八字、宗教信仰、个人爱好等，因此当地人的名字大多数很长，最多时甚至超过 10 段接近 100 字。

⊙自然与经济

斯里兰卡岛大致呈梨形。中南部是高原，其中的皮杜鲁塔拉格勒山海拔 2524 米，为全国最高点；北部和沿海地区为平原，其中北部沿海平原宽阔，南部和西部沿海平原相对狭窄，海拔均在 150 米左右。北部属热带草原气候，南部属热带雨林气候，接近赤道，终年如夏，年平均气温 28℃。各地年平均降水量 1283—3321 毫米不等。经济以农业、特别是种植园经济为主，是世界三大产茶国之一，最重要的出口产品是锡兰红茶。其他主要作物还有橡胶、椰子和稻米。渔业、林业和水力资源丰富。斯里兰卡最大优势在于矿业和地理位置，其宝石生产世界排名前五。

⊙美食

斯里兰卡人大多以大米、椰肉、玉米、木薯等为主要食物，尤为偏爱椰汁和红辣椒。他们有嚼酱叶的嗜好，习惯在酱叶上抹些石灰，再加上几片槟榔，然后把它们卷在一起嚼。

⊙节日

国庆节（2 月 4 日）、月圆日（2 月 16 日，纪念斯里兰卡第一位佛教僧侣诞生）、湿婆神节（印度教节日，印历 5 月下半月第三天夜晚，通常在公历 2—3 月间，纪念印度教主神之一湿婆的诞辰）、僧伽罗和泰米尔新年（4 月 14 日，斯里兰卡最重要的传统节日）、卫塞节（5 月的满月节，斯里兰卡最大的传统佛教节日，这一天是世界佛陀日，纪念佛陀释迦牟尼出生、悟道和涅槃）、建军日（10 月 10 日）等。

⊙名胜古迹

锡吉里耶壁画 位于科伦坡东北约 170 千米处。壁画绘制于公元 5 世纪达都舍那王朝时期，当时共有约 500 幅天女图，如今只有 21 幅因画在岩壁内侧而得以幸存。

科伦坡 斯里兰卡古老的城市之一。国树铁木树和睡莲在街道上随处可见，椰子树高耸入云，郁郁葱葱之中，各种宗教寺院和基督教堂交相辉映。位于科伦坡维多利亚公园南侧的国家博物馆是主要景观之一。这里是斯里兰卡最大的文物收藏地，其中收藏有明朝三宝太监下西洋时建立的纪念碑，碑顶端刻着中国的图案和文字。

班达拉奈克国际会议大厦 位于科伦坡贝塔区中心地带，是科伦坡市标志性建筑之一。大厦是由中国政府无偿援助斯里兰卡的项目，于 1973 年 5 月竣工。中国政府援建的纪念西丽玛沃·班达拉奈克展览中心和班达拉奈克国际研究中心分别于 2003 年 1 月和 4 月落成，与大厦构成统一的整体，被誉为"中斯友谊的象征"。

阿努拉德普勒圣城 斯里兰卡最古老的城市，拥有 2500 年历史。公元前 380 年成为斯里兰卡首都，并在之后的 1000 年都是斯里兰卡王权所在地。古皇城的遗址在 19 世纪被发现，并且修缮至今。1982 年，阿努拉德普勒圣城作为文化遗产入选联合国教科文组织《世界遗产名录》。

亚当峰 又名圣足山，既是朝觐圣地，也是著名的风景区，佛教、印度教、伊斯兰教、天主教、基督教教徒均以此山为顶礼膜拜之地。位于斯里兰卡中南部，西距科伦坡约 40 千米，山高 2243 米，为斯里兰卡南部最高峰。

狮子岩 一座平地崛起的石山，海拔高度 370 米。传说斯里兰卡古国王迦叶波一世在此处修建城堡。用石灰、砖和泥筑成的长廊和台阶由巨狮口中延伸而出，人们可由此拾级而上前往锡吉里耶古城。锡吉里耶古城是斯里兰卡古代文化宝库中的艺术遗存。

斯洛伐克国旗呈长方形，长宽比3:2。旗面由三个平行相等的长方形相连而成，自上而下分别为白、蓝、红三色，居于旗面中心偏左侧的是斯洛伐克的国徽图案。整个国徽的外形犹如一个红色的盾，蓝色代表斯洛伐克境内的塔特拉山主峰，白色的双十字架表明了斯洛伐克人民坚定的天主教信仰。

布拉迪斯拉发城堡

斯洛伐克 | The Slovak Republic

斯洛伐克 SLOVAKIA

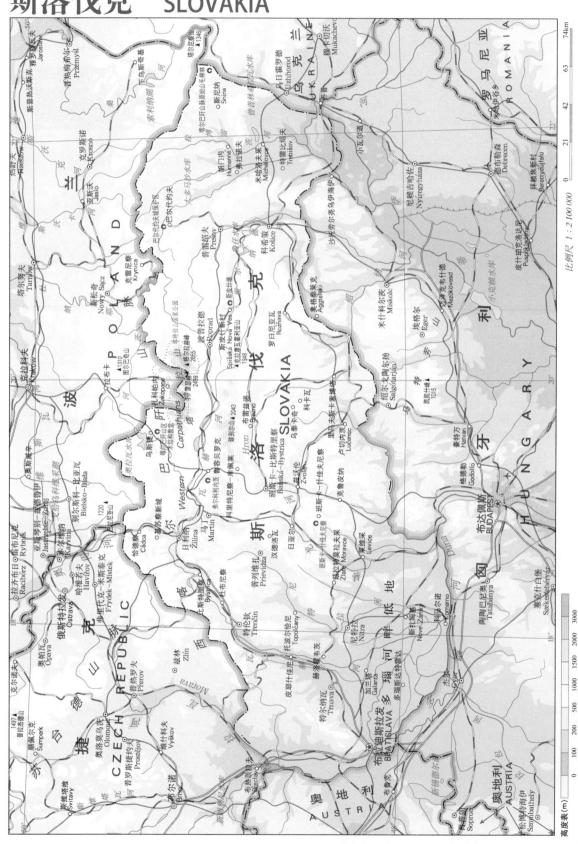

比例尺 1 : 2 100 000

高度表 (m)

斯洛伐克，全称斯洛伐克共和国，北临波兰，东接乌克兰，南毗匈牙利，西南部与奥地利接壤，西部、西北部与捷克相连。国土面积49 035 平方千米，人口约 542 万。

语言

斯洛伐克官方语言为斯洛伐克语。境内86% 以上人口以斯洛伐克语为母语。目前世界范围内使用斯洛伐克语的人口大约有 600 万，绝大多数集中在斯洛伐克及其周边国家。

斯洛伐克境内方言可以划分出 3 个方言区：西斯洛伐克方言区（主要包括特尔纳瓦方言、扎霍里方言和摩拉维亚 - 斯洛伐克方言），中斯洛伐克方言区（主要有班斯卡·比斯特里察方言、洪达方言、杰特瓦方言、奥拉瓦方言和利普托夫斯基米古拉什方言），东斯洛伐克方言区（包括斯皮什方言、兹姆普里方言和科拉尔方言等）。西斯洛伐克方言与捷克语中的摩拉维亚方言相近，中斯洛伐克方言具有斯拉夫语族南支语言的特点，而东斯洛伐克方言与波兰语和乌克兰语相似。但总体来说，斯洛伐克语方言之间的差异主要表现在音节结构、词尾变化和词汇上，句法上的差异很小。

从语言谱系上看，斯洛伐克语属于印欧语系斯拉夫语族西斯拉夫语支，与捷克语相似，与波兰语也有些联系。但自从 1993 年斯洛伐克与捷克分开之后，捷克语与斯洛伐克语的差异逐渐拉大，现在年青一代的斯洛伐克人与捷克人之间使用各自母语交流已有困难。

斯洛伐克语文字系统使用拉丁字母，字母表中共有 46 个字母。斯洛伐克语能"见字读音"，其字母拼读规则比较简单，通常情况下一个字母对应一个音。词汇都有重音，多音节词汇的重音一般固定在第一个音节上。词汇分为名词、形容词、代词、数词、副词、动词、前置词、连接词、语气词和感叹词 10 大类。斯洛伐克语属于典型的屈折语，动词有丰富的形态变化，名词的性从词尾上无法辨别，只能单独记忆。

斯洛伐克语示例：

Všetci ľudia sa rodia slobodní a sebe rovní, čo sa týka ich dostôjnosti a práv. Sú obdarení rozumom a majú navzájom jednať v bratskom duchu.

（人人生而自由，在尊严和权利上一律平等。他们赋有理性和良知，并应以兄弟关系的精神相对待。）

斯洛伐克境内主要少数民族语言为匈牙利语，主要分布在南部地区，使用人口大约为 50万，其他少数民族语言还有罗塞尼亚语、捷克语和乌克兰语等，使用人数约占总人口的 10%。英语为主要外语和通用语言。

民族

斯洛伐克境内的民族数量并不多，斯洛伐克族和匈牙利族是最主要的两个民族，其他还有罗姆族、捷克族、罗塞尼亚族、乌克兰族、犹太族。

斯洛伐克族人口约 460 万人，占总人口的80% 以上，分布在斯洛伐克各地。匈牙利族人口约 46 万，占全国人口总数的 8.5%，是人数最多的少数民族，主要居住在南部与匈牙利交界的地区，包括西南部的布拉迪斯拉发、特尔纳瓦和尼特拉等地区。

公元 9—10 世纪左右，早期匈牙利族的祖先便来到斯洛伐克境内，并在喀尔巴阡盆地的中心区定居下来，在那里逐渐建立了匈牙利王国，如今的斯洛伐克便是匈牙利王国的一个组成部分。1918 年捷克斯洛伐克国家成立后，一部分匈牙利族人成为新国家的少数民族，主要聚居在斯洛伐克南部与匈牙利交界的地区。匈牙利族人至今仍保留了一些本族文化，尤其是服饰和建筑等方面，但随着社会的发展，斯洛伐克族和匈牙利族逐渐互相影响、融合。

首批罗姆人于 1322 年来到斯洛伐克皮什地区，直至 20 世纪中叶，罗姆人一直生活在居住地中心地带的独立定居点中。过去，罗姆族人主要从事打铁，还有许多是音乐人、小商贩、短工、捡拾垃圾者和懒散的无业游民。罗姆人保留了一些古老的习惯，如首领领导群体和买卖新娘等，他们爱好音乐舞蹈，有自己独特的谜语、俗语和传说。

1918—1945 年间，有许多捷克人来到斯洛伐克成为政府雇员。大多数捷克人生活在大城市，尤其是布拉迪斯拉发、科希策、普雷绍夫和特伦钦。1991 年捷克斯洛伐克联邦解体，生活在斯洛伐克境内的捷克人因选择斯洛伐克国籍而失去捷克国籍。

罗塞尼亚族和乌克兰族生活在斯洛伐克东北部农村地区靠近波兰和乌克兰的边境处，罗塞尼亚族人有 2 万左右，乌克兰族人仅有约 1 万人，他们在语言和传统文化等方面都比较接近。自 11 世纪始，斯洛伐克境内就有罗塞尼亚族人定居，这些罗塞尼亚族人大部分都是居于从属地位的农民，本来信仰东正教，后来有许多人改信天主教。社会主义时期，斯洛伐克政府曾致力于将罗塞尼亚族人改变为纯正的乌克兰人，但结果不尽如人意，由于民族意识强烈，大部分罗塞尼亚族人仍保留了本民族身份。

斯洛伐克境内的犹太人并不多，约 2300 人，主要居住在斯洛伐克东部和西部地区。根据记载，早在 10 世纪就有一些犹太商人来到斯洛伐克，他们一般定居在尼特拉、特尔纳瓦和布拉迪斯拉发等地区，主要从事贸易、金融、医疗、法律和手工业。犹太人的饮食、服装与其他民族有很大的区别，他们也保留了自己民族的传统习惯。犹太人的社会地位不高，从一开始就受到社会和政府的歧视，国家和教会颁布了专门的法规对犹太人进行约束，如不允许犹太人拥有田地等。斯洛伐克政府对犹太人的这种歧视在第二次世界大战期间达到顶峰，遭到了犹太人强烈抗议，但抗议最终失败，犹太人的财产被没收，许多犹太人被驱逐出境。

 ## 语言国情沿革与发展

斯洛伐克语官方语言地位的确立

公元 5—9 世纪，斯洛伐克语的基础逐渐形成，到 10 世纪时，斯洛伐克语作为一种独特的斯拉夫语言已发展成熟，并形成了东、中、西 3 个斯洛伐克方言区。

从 10 世纪直至 19 世纪早期，拉丁语作为匈牙利地区（包括斯洛伐克）的行政、礼拜和文学用语使用，但平民则说斯洛伐克方言。13—14 世纪，斯洛伐克的市民和官方文书上开始将斯洛伐克语与拉丁语一起作为行政语言使用。由于政治因素，14 世纪捷克语开始以教会书面语的形式渗入斯洛伐克境内。15—16 世纪，斯洛伐克语继续被作为行政语言使用，而捷克语的书面形式仅被一些斯洛伐克人用于特定的领域，如通信、契约和致平民的宗教性文本等，而且其中也常常包含许多斯洛伐克语的成分。17—18 世纪，天主教徒将西斯洛伐克语用作宗教语言，在宗教因素的影响下，斯洛伐克语作为日常的书面语使用，但仍受到捷克语的影响。1787 年，神学家安东尼·贝尔诺拉克在西斯洛伐克方言的基础上尝试进行了斯洛伐克标准语的规范化，出版了最初的斯洛伐克语法教材，编写了《斯洛伐克词源学》和《斯洛伐克语－捷克语－拉丁语－德语－匈牙利语词典》。19 世纪 40 年代，斯洛伐克民族复兴运动的先驱卢多维特·什图尔及其合作者以中斯洛伐克方言为基础也做了规范斯洛伐克语的努力。1851—1991 年间，斯洛伐克语的语法进行数次语言改革之后得以固定，斯洛伐克语基本的语言体系最终形成。

1918 年，捷克斯洛伐克共和国成立，斯洛伐克语在历史上第一次成为官方语言。尽管是与捷克语一起被确立为官方语言，但自此之后，在斯洛伐克地区的学校、社会生活、法院和文化领域，斯洛伐克语占据了主导地位。

斯洛伐克于 1993 年取得独立，斯洛伐克语成为斯洛伐克的官方语言。1995 年 11 月 16 日斯洛伐克国民议会通过《斯洛伐克语言法》，规定凡斯洛伐克公民必须掌握并使用斯洛伐克语，所有的官方往来中必须以斯洛伐克语为官方语言，同时在媒体宣传上确保斯洛伐克语的地位，要求播放外国电视节目时必须使用斯洛伐克语。该法律从 1996 年 1 月 1 日起生效，规定斯洛伐克文化部有权对破坏语言法者处以 5 —50 万斯克朗的罚款。至此，斯洛伐克语的官方语言地位得以真正确立。

匈牙利语对斯洛伐克语的影响

斯洛伐克曾长期属于匈牙利的一部分，直到第一次世界大战后才脱离匈牙利的统治。在匈牙利统治期间，匈牙利政府推行匈牙利化政策：1874 年下令关闭境内仅有的 3 所斯洛伐克中学；1907 年，颁布法律正式将斯洛伐克小学变为匈牙利小学，仅允许斯洛伐克语作为外语每周教授 1 小时。而捷克斯洛伐克共和国建立之后，政府便采取一系列措施限制匈牙利语的使用，如 1920 年捷克斯洛伐克颁布语言法，降低匈牙利族人在传统居住区的人口比例；减少用匈牙利语教学的大中学校的数量。1968—1988 年，斯洛伐克地区约 200 所匈牙利语学校被关闭，使用匈牙利语的媒体受到严格控制。1990 年，捷克斯洛伐克再次颁布语言法，规定只有在匈族人口超过 10% 的居住区内，才允许匈牙利人使用其母语。1993 年捷克和斯洛伐克分别独立后，斯洛伐克南部地区虽仍是传统的匈牙利族聚居区，但数量已明显减少，匈牙利语的使用人数也就更少了。

斯洛伐克语言政策的实施，在一定程度上受到了匈牙利族人的反对。例如，在脱离匈牙利之前，斯洛伐克地区的正式地名都为匈牙利语，而 1918 年后，这些地名逐渐恢复或改成了斯洛伐克语，但在匈牙利和斯洛伐克当地的匈牙利族至今仍习惯使用匈牙利语地名。

捷克语对斯洛伐克语的影响

在第一次世界大战之前，斯洛伐克与捷克都属于奥地利 – 匈牙利帝国的一部分，斯洛伐克是匈牙利的殖民地，捷克是奥地利的殖民地。同时，捷克是奥匈帝国最主要的工业基地，其经济及工业发展水平在某些方面或一定程度上比奥地利还要发达，而斯洛伐克是帝国的主要农业产区，两地需要在资源上取长补短。最重要的是捷克人和斯洛伐克人都属于斯拉夫人，在语言、风俗等方面有很多相同点，尤其是捷克的语言文化一直在很大程度上影响着斯洛伐克。所以，第一次世界大战之后，捷克人和斯洛伐克人共同建立了捷克斯洛伐克资产阶级共和国，并颁布法律，确定捷克语和斯洛伐克语的共同官方语言地位。在两种语言的共同使用过程中，斯洛伐克语受到捷克语的强烈影响，尤其表现在词汇部分。

但由于历史原因，斯洛伐克与捷克的地位并不平等，与斯洛伐克相比，捷克的发展水平相对较高，捷克人在社会中更有优越感，所谓的"种族问题"由此产生。虽然历届捷克斯洛伐克政府都在一定程度上试图缓解两个民族的矛盾，但最终捷克和斯洛伐克还是分道扬镳，各自建立了独立的主权国家。

1993 年取得独立后，斯洛伐克确定斯洛伐克语为其官方语言，同时规定，只有至少占居住区人口 20% 的少数民族才能使用自己的语言。这项规定曾引起其境内的捷克人的抗议。

1999 年，斯洛伐克为了加入欧盟，开始开放少数民族语言使用权，允许在医院等公共场合使用少数民族语言，但仍有附加前提，就是少数民族人口需超过居住区人口的 20%。此外，还规定捷克、匈牙利、德国、波兰和乌克兰国籍的公民有权用母语进行教学，国家电视台和广播电台有义务依法用少数民族语言广播，等等。这些措施某种程度上确立了其他少数民族语言的地位。

🤝 语言服务

中国开设斯洛伐克语专业的高校有 3 所，分别为北京外国语大学、对外经济贸易大学和广州中医药大学。

中国在斯洛伐克设立的孔子学院有 2 所，分别为布拉提斯拉发孔子学院和考门斯基大学孔子学院，合作单位分别是天津大学和上海对外经贸大学。

斯洛伐克开设中文专业的高校有 1 所，为斯洛伐克考门斯基大学。1988 年，斯洛伐克考门斯基大学哲学院东亚语言文化系（东亚研究系）开设汉学专业，颁发学士和硕士学位证书。此外还有很多高校开设汉语课程，以首都布拉迪斯拉发为例，其市内 7 所高校中有 4 所已开设汉语课程，分别是考门斯基大学、斯洛伐克技术大学、经济大学和斯洛伐克医科大学，同时还有斯洛伐克国立语言学校也设有汉语课程。

小贴士

⊙首都

布拉迪斯拉发，位于多瑙河畔的小喀尔巴阡山麓，是斯洛伐克最大的内河港口以及政治、经济、文化、石化工业中心。由新、老两个城区组成，老城区历史悠久，新城区现代化程度高。

⊙自然与经济

斯洛伐克位于中欧，是一个地势北高南低的内陆国家，山地面积较大，北部主要是西喀尔巴阡山地，海拔大都在 1000—1500 米；西南和东南则是小片平原。斯洛伐克处于由海洋性气候向大陆性气候过渡的北温带地区，四季交替明显，少严寒和酷暑；年降水量在 500—700 毫米。工业在国民经济结构中占据重要地位，工业生产总值占国内生产总值的四分之一，工业产品占出口产品的 80% 以上。畜牧业比较发达，主要农作物有大麦、小麦、玉米、油料作物、马铃薯、甜菜等。

⊙美食

斯洛伐克民族特色的饭菜有意大利面加羊乳酪酱油、鸭肉或鹅肉炒白菜汤团和马铃薯面团加白菜做成的蓬松汤团。传统的斯洛伐克饮食还有蘑菇汤、白菜汤和豆汤。美酒也比较有名。

⊙节日

斯洛伐克共和国独立日（1 月 1 日）、斯洛伐克民族起义日（8 月 29 日）、斯洛伐克宪法纪念日（9 月 1 日）等。

⊙名胜古迹

特伦钦城堡　斯洛伐克最大的城堡群之一，是特伦钦城和整个瓦赫河流域地区的制高点。

红石头城堡　斯洛伐克保存最好的文艺复兴风格堡垒建筑。其巨大的地下室和庞大的建筑在欧洲独一无二。形状为不规则的四边形，耸立在小喀尔巴阡山上。

斯皮思城堡　中世纪时中欧最大的城堡，其历史可追溯到公元 1113 年，是建在通往波罗的海重要贸易通道上的一座皇家城堡。1993 年，斯皮思城堡作为文化遗产入选联合国教科文组织《世界遗产名录》。

巴尔代约夫　14 世纪的哥特式城镇，以保存完整的城堡和哥特式房屋、文艺复兴时期的房屋而闻名于世。2000 年，巴尔代约夫城镇保护区作为文化遗产入选联合国教科文组织《世界遗产名录》。

斯洛文尼亚国旗呈长方形，长宽比2：1。旗面自上而下由白、蓝、红三色构成。白色象征对和平与神圣的向往和憧憬；蓝色代表大海般自由宽阔的胸襟；红色象征争取独立和主权的勇气。旗面左上角为国徽，其中的白色山峰是该国海拔最高的特里格拉夫峰。

斯洛文尼亚

The Republic of Slovenia

布莱德湖

斯洛文尼亚 SLOVENIA

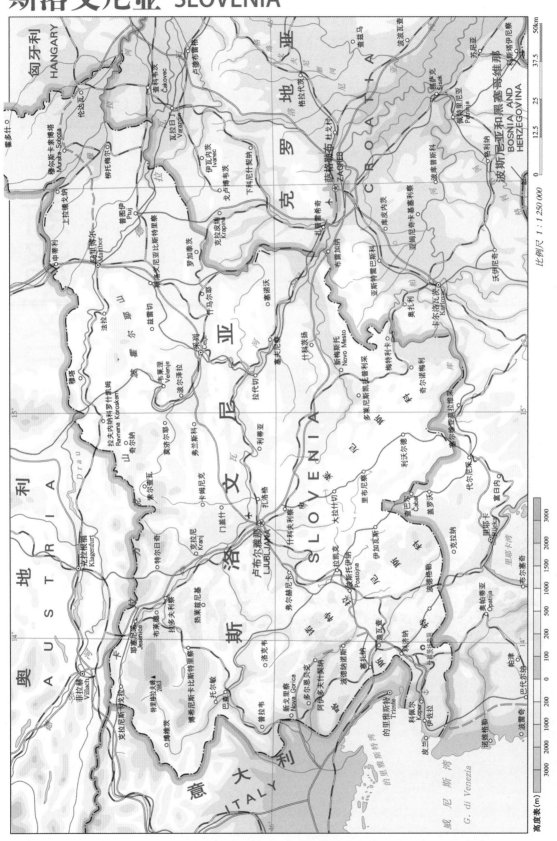

匈牙利
HANGARY

克罗地亚
CROATIA

波斯尼亚和黑塞哥维那
BOSNIA AND
HERZEGOVINA

斯洛文尼亚
SLOVENIA

奥地利
AUSTRIA

意大利
ITALY

威尼斯湾
G. di Venezia

霍多什

铁尔卡-索博塔
Murska-Sobota

伦达瓦

柳特梅尔

查科韦茨
Čakovec

卢登布雷格

上拉德戈纳

普图伊
Ptuj

瓦拉日丁
Varaždin

杜戈塞洛

波波夫克

查兹马

苏尼亚

锡萨克
Sisak

申蒂利

马里博尔
Maribor

伊瓦内茨
Ivanec

克拉皮纳
Krapina

北里塞什契里蔡

戈卢博韦茨

萨格勒布
ZAGREB

库皮内茨

波库普斯科

佩特里尼亚
Petrinja

格利纳

格利纳

禄塔

法拉

兹普切

什马尔耶

塞诺沃

竹马尔耶

亚姆尼察

亚塞诺巴塞利蔡

沃尔利什茨

卡尔洛瓦茨
Karlovac

拉文纳科罗什凯姆
Ravnena Koroskem

韦莱涅
Velenje

采列
Celje

什科茨扬

新梅斯托
Novo Mesto

多莱尼斯凯托普利采

梅特利卡

奇尔诺梅利

菲拉赫
Villach

克拉根福
Klagenfurt

波尔泽拉

拉代切

利蒂亚

卡姆尼克

克拉尼
Kranj

弗兰斯科

门盖什

扎格格

大波什切

里布尼察

塞尔娜娅弗拉察

利沃尔尔德

科奇耶维

奥扎利

卡尔洛瓦茨

库

科

库

耶塞尼采
Jesenice

博姆德

特尔日奇

热莱兹尼基

卢布尔雅那
LJUBLJANA

什科夫利耶

拉凯克

波斯托伊纳
Postojna

迪瓦查

富日内

代尔尼采

布罗德

维莱兹

里耶卡

库帕

奥帕蒂亚
Opatija

帕津

克尔克

克拉尼斯卡戈拉

托尔敏

博希尼斯卡比斯特里蔡

博维茨

特里格拉夫峰
2863

克尔敏

策里沃

多波沃

新戈里察
Nova Gorica

多布尔达夫

阿伊多夫什契纳

波斯托伊纳

塞扎纳

迪瓦查

科佩尔
Koper

伊佐拉

波兰

的里雅斯特
Trieste

皮兰

的里雅斯特

里耶卡卡湾

布尔塞奇

库因茨

波雷奇

威尼斯湾
G. di Venezia

高度表 (m)

3000 2000 1000 200 100 0 200 500 1000 1500 2000 3000

比例尺 1 : 1 250 000

0   12.5   25   37.5   50km

斯洛文尼亚，全称斯洛文尼亚共和国，地处中欧南部、巴尔干半岛西北端、阿尔卑斯山脉南麓。西面与意大利相邻，北面毗连奥地利和匈牙利，东面和南面与克罗地亚接壤，西南濒临亚得里亚海。国土面积 20 273 平方千米，人口约 206 万。

 语言

斯洛文尼亚语是斯洛文尼亚的官方语言，也是其主要民族斯洛文尼亚族的母语。斯洛文尼亚语在斯洛文尼亚的使用人口约 200 万。

斯洛文尼亚语属于印欧语系斯拉夫语族南斯拉夫语支，来源于古斯拉夫语。在语音上，斯洛文尼亚语包含 5 个元音和 20 个辅音，词重音有长扬重音、长抑重音和短重音 3 种形式。在语言类型上，斯洛文尼亚语属于屈折型语言，名词和形容词有复杂的性、数、格等屈折变化，动词包含时、体、态等屈折变化。语序类型主要为 SVO（主语＋谓语＋宾语）模式，但语序排列较灵活。在书写形式上，斯洛文尼亚语使用拉丁字母书写。

由于历史上战争不断，领土也在不断变更，外来的少数民族众多，因此境内存在众多斯洛文尼亚语方言，传统上可分为上卡尔尼奥拉方言、下卡尔尼奥拉方言、施蒂利亚方言、潘诺尼亚方言、卡林西亚方言、沿海方言、洛特方言、混合的科切维次方言（即科切维地区所有有着异质起源的斯洛文尼亚方言）8 个主要的地理方言群体。这些方言群体中又包含至少 48 种方言和次方言。大多数方言差异显著，相互之间难以理解。

当代标准斯洛文尼亚语不同于任何斯洛文尼亚语方言，而是几种方言的综合体，主要是在上卡尔尼奥拉区和下卡尔尼奥拉区方言的基础上形成的。当代标准斯洛文尼亚语在很多方面也不同于斯洛文尼亚口语标准语言，它是受

过教育的斯洛文尼亚人必须学习的书面标准语言，在中学和大学里被教授使用，主要用于文学作品和媒体等正式场合。而斯洛文尼亚口语标准语是都市受过教育的人在日常生活中使用的语言，受当地语言习惯的影响，在语音、句法和词汇方面有别于书面标准语。首都卢布尔雅那的口语标准又有别于其他方言区。

斯洛文尼亚语语示例：

Vsi ljudje se rodijo svobodni in imajo enako dostojanstvo in enake pravice. Obdarjeni so z razumom in vestjo in bi morali ravnati drug z drugim kakor bratje.

（人人生而自由，在尊严和权利上一律平等。他们赋有理性和良知，并应以兄弟关系的精神相对待。）

使用的其他语言还包括克罗地亚语、匈牙利语、意大利语、阿尔巴尼亚语、罗姆语等。

 民族

斯洛文尼亚为多民族国家，斯洛文尼亚族是主要民族，占总人口的 83.06%。其他少数民族包括塞尔维亚族、克罗地亚族、波斯尼亚族、穆斯林、匈牙利族、阿尔巴尼亚族、罗姆族（吉卜赛人）、黑山族、意大利族、日耳曼族、俄罗斯族、乌克兰族、捷克族、奥地利族、保加利亚族、波兰族、罗马尼亚族、斯洛伐克族、土耳其族、希腊族、犹太族等，所占人口比例均不高。

斯洛文尼亚族来源于斯拉夫部落，属欧罗巴人种巴尔干类型。公元 570 年，一支斯拉夫部落开始在阿尔卑斯山脉和亚得里亚海之间的区域生活，7 世纪上半叶，在上易比河和卡克凡克山脉的斯拉夫人在萨莫大公的领导下建立了萨莫大公国，萨莫大公去世后，这个联盟瓦解，但在卡琳提亚一带一个较小的斯拉夫国家卡兰塔尼亚公国延续下来了，这是斯洛文尼亚

人建立的第一个国家，斯洛文尼亚民族和领土从此开始确定，直到9世纪发展到极盛。

但在其后漫长的历史发展过程中，斯洛文尼亚曾多次遭受异族入侵。20世纪之前，斯洛文尼亚先后处于日耳曼人、法国人和奥地利人的统治之下。第一次世界大战之后，斯洛文尼亚人与塞尔维亚人和克罗地亚人联合成立了"塞尔维亚、克罗地亚和斯洛文尼亚王国"，王国内其他地区的居民逐渐向当时经济最发达的斯洛文尼亚地区迁移。第二次世界大战期间，斯洛文尼亚又被德国、意大利和匈牙利占领，境内大部分奥地利日耳曼人迁走，犹太人的数量也大大下降。斯洛文尼亚独立以后，来自前南斯拉夫不同地区的许多外国移民加入斯洛文尼亚国籍，构成了境内众多的少数民族。斯洛文尼亚的居民主要信奉天主教。

语言国情沿革与发展

斯洛文尼亚语的起源与形成

公元5世纪，古斯拉夫人迁居到现在斯洛文尼亚的领土上，并在公元7世纪中叶建立了独立的国家卡兰塔尼亚公国，古斯拉夫语成为早期斯洛文尼亚人的统一语言。

公元8世纪，斯洛文尼亚地区被日耳曼人、法兰克人所统治，虽然斯洛文尼亚人政治上依附于法兰克人，并与法兰克人混居在一起，但语言上仍然使用斯拉夫语，并以此与日耳曼人相区别，很好地保持了自己的民族特性。

在公元11—15世纪日耳曼人殖民化的过程中，斯洛文尼亚人主要信奉基督教，基督教会在上帝崇拜仪式中使用拉丁文书写的斯洛文尼亚语向斯洛文尼亚人传教。例如，写于公元972—1039年的祷告书"弗赖兴手稿"是记载斯洛文尼亚语言特点的最早书面记录，基督教会在这一时期还逐渐建立了使用斯洛文尼亚语的教堂和修道院。

公元16世纪，新教改革运动在欧洲兴起，对斯洛文尼亚语言的统一起到了很大的促进作用。出于对本民族的热爱，斯洛文尼亚新教牧师普里莫日·特鲁巴尔使用斯洛文尼亚语向本族人民传播新教。1550年，特鲁巴尔首先用斯洛文尼亚语撰写了《教义问答》和《识字读本》两本著作，并首次用斯洛文尼亚语出版，其中《识字读本》后来还成为第一本斯洛文尼亚语教科书。特鲁巴尔还用斯洛文尼亚语撰写各种书籍，翻译《圣经·新约》，撰写新教的仪式规程等。这些奠定了斯洛文尼亚文学语言发展的基础，进一步促成了斯洛文尼亚民族的形成，所以特鲁巴尔也被斯洛文尼亚人称为"斯洛文尼亚民族和文学语言之父"。除了特鲁巴尔之外，还有许多新教作家使用斯洛文尼亚语撰写、翻译和出版了许多重要图书。在此基础上，斯洛文尼亚语开始了统一的进程。

斯洛文尼亚语与民族发展

公元16世纪末，奥地利哈布斯堡王朝实行了反新教改革和重新天主教化的运动，在一定程度上阻碍了斯洛文尼亚民族语言文化的发展，公元17世纪期间的许多主要著作都是用德语或拉丁语撰写的。

公元18世纪，哈布斯堡王朝的首领玛利亚·特蕾莎在经济、政治、文化、教育、社会生活等方面进行了一系列改革。在学校教育中，斯洛文尼亚语成为教学语言。使用斯洛文尼亚语撰写和出版的著作也大量增加，例如教士马克·波赫林撰写了《克拉尼斯卡语法》，卢布尔雅那主教赫博斯泰恩用斯洛文尼亚语重新翻译和出版了《圣经》，诗人瓦伦廷·沃德尼克创办了第一份斯洛文尼亚语的报纸。作为民族语言，斯洛文尼亚语的使用范围不断扩大，有力推动了斯洛文尼亚的民族复兴运动，成为再次唤醒斯洛文尼亚人民族独立意识的重要途径之一。

1797—1813年，斯洛文尼亚处于法国的占领和统治之下。这一时期，斯洛文尼亚的经济遭受沉重打击，行政管理权也在法国的控制之下，但语言的发展环境却相对宽松。斯洛文尼亚语在初级和高级学校中被积极推广，例如，在使用法语、意大利语教学的同时，还可使用本地方言教学；在首都卢布尔雅那的小学和中学的初级班中，斯洛文尼亚语完全代替了德语。

1813—1860 年间，奥地利重新控制斯洛文尼亚，强行推广德语，德语再次成为斯洛文尼亚学校和政府机关使用的主要语言，只有需要斯洛文尼亚人必须了解的行政、司法律令等，才会被翻译成斯洛文尼亚语。小学中、高级班必须使用德语，小学低级班可以使用斯洛文尼亚语，但实际上也受很大限制，例如在奥地利哈布斯堡王朝解体时，以斯洛文尼亚语作为教学语言的小学不超过两所。然而，在奥地利的政治高压统治下，斯洛文尼亚的民族文化运动并没有停滞，用斯洛文尼亚语编撰的书籍、发行的杂志仍然在民众中流传。这一时期，斯洛文尼亚杰出诗人、民族运动中自由派的代表人物弗朗茨·普雷舍伦在斯洛文尼亚民族独立和维护斯洛文尼亚语统一方面做出了重要贡献。他主张统一斯洛文尼亚文学语言的标准，反对斯洛文尼亚语与克罗地亚语融合，在其著作中确立了最初的斯洛文尼亚语语法，将斯洛文尼亚语提升到与德语、意大利语平等的地位。

1848 年，欧洲革命爆发，斯洛文尼亚人也发起自治运动，积极进行变革，提出了"统一的斯洛文尼亚纲领"，要求在学校和政府中使用斯洛文尼亚语，将斯洛文尼亚人居住的各个地区统一成一个斯洛文尼亚，并享有民族自治权。虽然自治运动最终失败，但斯洛文尼亚族的身份得到了承认，斯洛文尼亚语也得以在学校使用，并成为中学教学科目。19 世纪末，中学和大学中斯洛文尼亚族和讲斯洛文尼亚语的学生人数大量增加，斯洛文尼亚语的使用再次受到奥地利政府的限制，有些地区的学校甚至

不顾斯洛文尼亚人的反对，将德语作为唯一的教学语言，讲斯洛文尼亚语一度被作为敏感的政治问题对待。直到 1904 年，第一所私立斯洛文尼亚语学校才得以在首都卢布尔雅那创办。

1918 年，"塞尔维亚、克罗地亚和斯洛文尼亚王国"成立，斯洛文尼亚在政治上真正独立。此后，国内政局发生多次变化，1941 年，斯洛文尼亚被德国、意大利和匈牙利瓜分，1941—1990 年期间，又成为南斯拉夫联邦中拥有自决权的加盟国，1991 年最终成为一个主权独立的国家。在这近一个世纪的时间里，斯洛文尼亚语作为民族语言的地位始终没有动摇，1991 年之后，斯洛文尼亚语最终被确定为国家的官方语言。

独立后的斯洛文尼亚采取多种措施来保护各民族语言的权益，其中最为重要的措施是通过立法和法律维持了斯洛文尼亚语的官方语言地位，同时也规定了各民族拥有使用各自民族语言的权利。政府同时推出法令、法规来规定语言使用的规范。21 世纪初，斯洛文尼亚相继出台了斯洛文尼亚语在公共场合的使用规范以及关于国家语言政策规划的决议等法律文件。

在外语教育方面，独立后的斯洛文尼亚积极开展富有特色的双语教育。意大利族和匈牙利族是斯洛文尼亚共和国宪法承认的"国家少数民族"。在斯洛文尼亚族和意大利族混居的地区，无论是大学生还是中小学生都可以选择自己的母语学校，或是意大利语，或是斯洛文尼亚语。而在斯洛文尼亚族和匈牙利族混居的地区，斯洛文尼亚语和匈牙利语都是学校大纲规定的课程和课堂教学语言。

🤝 语言服务

中国尚无高校开设斯洛文尼亚语专业。北京外国语大学将斯洛文尼亚语作为"第三外语"通选课面向全校学生开放，但暂未开设此专业。

中国在斯洛文尼亚设立的孔子学院有1所，为卢布尔雅那大学孔子学院，合作单位为上海对外经贸大学。另有孔子课堂2个，分别为卢布尔雅那孔子课堂和马里博尔孔子课堂。

斯洛文尼亚尚未有高校开设中文系或中文专业。卢布尔雅那大学于1995年成立了文学院亚非学系，并成立了由米加·萨耶和罗亚娜创办的汉学教研室。

小贴士

⊙首都

卢布尔雅那，位于斯洛文尼亚西北部的萨瓦河上游，全国政治和文化中心，面积902平方千米，人口约33万。

⊙自然及经济

斯洛文尼亚境内拥有高原、山地、湖泊、森林、海滨、平原等多种地形地貌。南部大部分地区为石灰岩高原，具有喀斯特地貌特征。气候类型包括山地气候、大陆性气候和地中海式气候。沿海属地中海气候，内陆属温带大陆性气候，年平均气温约为12℃。工业基础良好，主要有黑色冶金、造纸、家具制造、制鞋、纺织、电子、机械、食品、电力等工业。农产品以马铃薯、谷物、水果为主。畜牧业方面主要饲养牛、猪、马、羊、家禽等。旅游业较发达。森林和水力资源较丰富，矿产资源相对贫乏。

⊙美食

斯洛文尼亚内陆地区以肉食为主，沿海地区以海鲜类食物为主。特色食物有牛排、荞麦粥、巴尔干风味的辣牛肉、肉饼和烤肉等。盛产葡萄酒，比较有特色的是喀斯特地区葡萄酿造的特朗红酒。面点很丰富，特色面点"波提察"，是用小麦粉加入杏仁和核桃等烤制而成的花卷式蛋糕。

⊙节日

新年（1月1日）、全国文化日（2月8日，

是斯洛文尼亚诗人弗兰策·普列谢仁的逝世纪念日）、反占领起义纪念日（4月27日，纪念1941年斯洛文尼亚解放阵线起义反抗德国、意大利、匈牙利的军事占领）、国庆日（6月25日，又称独立日）、宗教改革日（10月31日，纪念马丁·路德开启的基督教新教改革）、万圣节（11月1日）、圣诞节（12月25日）等。

⊙名胜古迹

卢布尔雅那 公元前1世纪由罗马人建立的城市，其建筑风格混合了文艺复兴时期、新艺术时期和现代巴洛克等建筑的特色，独具风情。

皮兰 位于亚得里亚海湾，是一个只有4000多人的中世纪古镇。皮兰历史上曾属于威尼斯城市共和国，有"小威尼斯"之称。现在城中许多建筑留有威尼斯时期的风格。

布莱德湖 位于北部的布莱德小镇，是斯洛文尼亚最著名的湖泊，由约14 000年前阿尔卑斯山脉冰川地质移动而形成。布莱德湖湖岛上建有圣玛利亚古教堂，布莱德城堡位于湖岸峭壁之上。

马里博尔 被誉为"欧洲文化之都"，是斯洛文尼亚的第二大城市和重要的旅游中心。城中著名的景点有12世纪建造的哥特风格的马里博尔大教堂，是斯洛文尼亚仅存的两座犹太教堂之一，也是欧洲现存的最古老的犹太教堂之一；还有代表文艺复兴时期建筑风格的马里博尔市政厅。

　　塔吉克斯坦国旗呈长方形，长宽比约 2∶1。旗面自上而下分别为红、白、绿三个长方形，红、绿、白分别象征国家的胜利、繁荣和希望、宗教信仰；白色部分中间有一顶王冠和七颗均匀分布的五角星，为塔吉克民族的象征图案，分别象征国家的独立和主权。

首都杜尚别

塔吉克斯坦

The Republic of Tajikistan

塔吉克斯坦　TAJIKISTAN

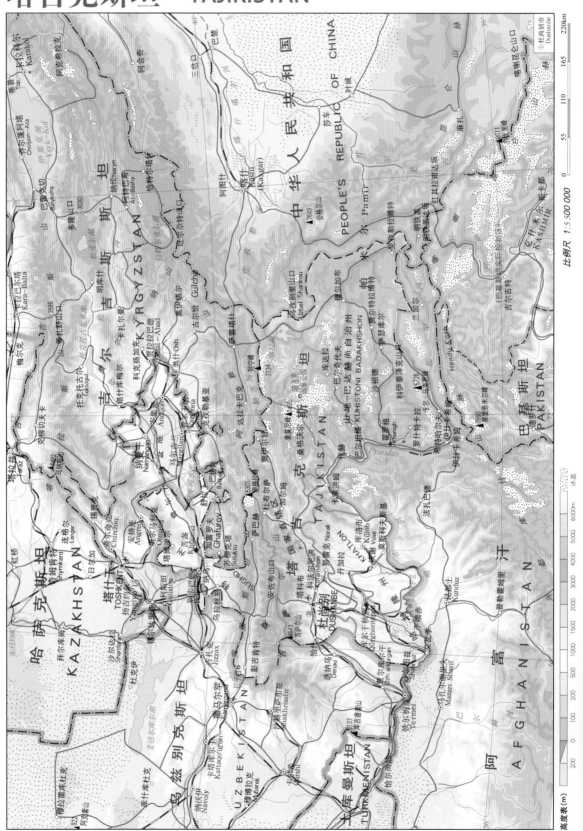

比例尺 1:5 500 000

高度表(m)

塔吉克斯坦，全称塔吉克斯坦共和国，位于中亚的东南部，其东部、东南部与中国接壤，南部与阿富汗交界，西部与乌兹别克斯坦毗连，北部与吉尔吉斯斯坦共和国相邻。国土面积 143 100 平方千米，人口约 816 万。

语言

塔吉克斯坦境内语言复杂，种类繁多，约有 100 多种，其中塔吉克语为国语，俄语为族际交流用语。

塔吉克语属印欧语系印度－伊朗语族，是一种在波斯古典文学语言基础上发展起来的语言。2010 年，塔吉克斯坦约有 638 万人口使用塔吉克语，在乌兹别克斯坦和阿富汗也各有 100 万左右的塔吉克语使用者。塔吉克语内部还有不同的方言土语，在塔吉克斯坦境内，塔吉克语共有东南部、南部、北部和中部 4 个土语群。塔吉克语有 8 个元音、24 个辅音。词的音节类型与其他印欧语系的语言基本相同，但重音位置有别，大多落在词的最后一个音节上。词汇中有不少阿拉伯语、俄语借词。语序主要是 SOV（主语＋宾语＋谓语）型。

历史上，塔吉克语曾使用过以阿拉伯字母为基础的波斯文作为书写符号。1930 年起，改用拉丁字母。1940 年后，又改为西里尔字母，并沿用至今。在塔吉克文中，共有 39 个字母。另外，还有专门用来拼写俄语借词的软音符号和隔音符号。

塔吉克语示例：

Ҳоло ман дар донишгоҳ кор мекунам.

（现在我在大学工作。）

在塔吉克斯坦，俄语为通用语，但以俄语为第一语言的人口仅约 4 万（2010 年），其中俄罗斯本族人口约 3.48 万（2010 年）。

此外，使用人口稍多些的还有舒格南语、伊什卡什米语、北部乌兹别克语、柯尔克孜语、波斯语、南部普什图语、瓦罕语、雅格诺比语、亚兹古列姆语、帕拉语等。舒格南语属于印欧语系印度－伊朗语族东伊朗语支帕米尔舒格南－雅兹古伦语，分布在戈尔诺巴达赫尚自治州及帕米尔山脉一带。舒格南语在塔吉克斯坦又分为舒干语、奥若什语和操鲁尚语 3 个方言。伊什卡什米语属于印欧语系印度－伊朗语族东伊朗语支帕米尔东南语组，分布于戈尔诺巴达赫尚自治州地区。北部乌兹别克语属于阿尔泰语系突厥语族西匈语支葛逻禄语组，分布在列宁纳巴德和哈特隆州地区。柯尔克孜语属于阿尔泰语系突厥语族咸海－里海语支，主要分布在戈尔诺巴达赫尚自治州地区。波斯语属于印欧语系印度－伊朗语族西部语支，分布在哈特隆州地区和首都杜尚别。南部普什图语属于印欧语系印度－伊朗语族伊朗东南语支普什图语，分布在哈特隆州地区。瓦罕语属于印欧语系印度－伊朗语族东南伊朗语支，分布在戈尔诺巴达赫尚自治州及帕米尔山脉一带。瓦罕语有中部、东部和西部 3 种方言。雅格诺比语属于印欧语系印度－伊朗语族西南伊朗语支，分布在列宁纳巴德、扎法拉巴德、杜尚别北部的格诺布河及高山山谷。雅格诺比语有东亚诺比语和西亚诺比语两种方言。亚兹古列姆语属于印欧语系印度－伊朗语族东伊朗语支帕米尔东南语组，分布在戈尔诺巴达赫尚自治州亚兹古列姆河谷，以及布顿、乌什哈乌、安达拜克、扎玛格、扎克、乌巴格、库尔干秋别、杜尚别等地区。亚兹古列姆语有上亚兹古列姆和下亚兹古列姆两种方言，差别较小。帕拉语属于闪－含语系闪米特语族中北部帕拉语支，分布在哈特隆州、瓦赫什河流域的村庄、古拉和列宁纳巴德的城市以及大部分的乡村。

民族

塔吉克斯坦是一个多民族国家，全国共有

120多个民族，其中塔吉克族现约有653万人，占全国人口的80%。塔吉克族是中亚最古老的民族之一，其族源可以追溯到古代的大夏（巴克特里亚）、粟特（索格底）、塞人等古代部落和部族。现代塔吉克人属欧罗巴人种印度帕米尔类型；在文化上，塔吉克人与波斯人有着较多的共同点。

在塔吉克斯坦，塔吉克族主要分布在东部和中部地区。塔吉克族分为高山塔吉克族和平原塔吉克族（舒瓦汗、格南）两部分，二者的语言有所区别，但都属于印欧语系印度－伊朗语族东部语支。

在塔吉克斯坦的其他民族中，人口最多的是乌兹别克族，占全国人口的15.3%，主要分布在哈特隆州和列宁纳巴德州。俄罗斯族是塔吉克斯坦的第三大民族，独立之初，俄罗斯族人口占到塔吉克斯坦人口总数的7.6%，主要分布在城市和集镇。目前，俄罗斯族人口在全国人口中所占比重不到1%。此外，还有吉尔吉斯族、土库曼族、鞑靼族、阿富汗族、茨冈族、乌克兰族、朝鲜族、日耳曼族、亚美尼亚族、哈萨克族、阿塞拜疆族、白俄罗斯族以及格鲁吉亚、犹太等民族。

塔吉克斯坦居民多信奉伊斯兰教，多数属逊尼派，帕米尔一带属什叶派伊斯玛仪支派。

 ## 语言国情沿革与发展

苏联时期之前塔吉克斯坦的语言国情

塔吉克人的远祖可追溯至公元前10世纪前后从伊朗高原来到今塔吉克地区的操波斯语的伊朗部落，随后在漫长的岁月中，先后与当地的大夏人、粟特人、帕尔坎人、塞种人融合，在9—10世纪时基本形成塔吉克民族。塔吉克人的特点是民族文化、风俗习惯被突厥化（6世纪时始），但在语言使用上仍为波斯语。在历史上，塔吉克斯坦曾被波斯阿赫美尼德王朝、希腊马其顿帝国、萨珊王朝、突厥汗国、阿拉伯帝国、蒙古察合台汗国等政权统治。但在沙俄势力进入塔吉克斯坦之前，对塔吉克族影响最深的是源自阿拉伯化的突厥汗国和阿拉伯帝国的伊斯兰文化。塔吉克斯坦的民众在诵读、传写经文时常使用阿拉伯语。在书写方面，14世纪以来，塔吉克语所采用的文字即是以阿拉伯文字为基础的察合台文字。

1868年，塔吉克斯坦作为布哈拉汗国的一部分被纳入沙俄的版图，19世纪下半叶起，塔吉克斯坦的大部分土地逐渐被沙俄吞并。沙俄政府推行俄罗斯化的政策，强制在塔吉克居民地区普及俄语教育，并在行政指令和社会交流中广泛地使用俄语，传播俄国文化。在此期间，沙俄严禁塔吉克斯坦的穆斯林使用阿拉伯语或波斯语背诵、传写经文；在塔吉克斯坦地区打破本地原有的传统教育方式，设立了一定数量的俄语学校，并选拔一些儿童到俄国学习俄语和俄罗斯文化。19世纪中期以后，随着沙俄势力的扩大，俄语在塔吉克斯坦的影响力逐渐增强，塔吉克语中出现了许多源自俄语的借词。

苏联时期塔吉克斯坦的语言国情

1917年新成立的苏联政府实行扶持和发展少数民族语言文化的政策，宣传各民族语言、文化平等的思想观念，该语言政策得到了各民族和各社会阶层的拥护和支持。塔吉克斯坦开展了群众性的扫盲运动，创造了塔吉克民族文字，塔吉克斯坦的人口识字率迅速提高。从1926年的3.8%提高到1939年的62.8%，到1959年时达到了96.2%，塔吉克斯坦的文盲问题基本得到解决。为摆脱阿拉伯伊斯兰教的影响，1928—1930年间包括塔吉克语在内的中亚五大民族的文字发生了较大的变化，由原来以阿拉伯字母为主的文字改成以拉丁字母为主的文字。但30年代后期，苏联语言政策发生变化，国家推行俄罗斯化。因此，1939—1940年间，又将拉丁字母改成以西里尔字母为基础的文字。由此，中亚民族语言最终完成了从阿拉伯字母到俄语字母的转变。

1938 年 3 月 5 日，斯大林号召所有少数民族把俄语当作第二语言来掌握，并且不断扩大俄语的使用范围。赫鲁晓夫上台后，进一步主张俄语是各民族的共同交际语，苏共二十二大决议正式确立俄语作为苏联各族人民"第二母语"的地位，苏联开始实施双语化的语言政策，即要求少数民族除掌握本民族语言外，还要掌握俄语。同样，居住在少数民族地方的俄罗斯人也必须要掌握当地的语言。"双语制"也是勃列日涅夫时期的主要语言政策之一。但这一语言政策存在以排挤少数民族语言为代价来大力推广俄语的现象，这引起少数民族的不满和抗议。

1989 年 7 月 22 日塔吉克斯坦通过了《塔吉克苏维埃社会主义共和国语言法》，该法规定："塔吉克苏维埃社会主义共和国的国语是塔吉克语"，"可在塔吉克苏维埃社会主义共和国的领域内自由使用作为苏联各民族族际交际的语言——俄语"。

独立之后塔吉克斯坦的语言国情

1991 年苏联解体，塔吉克斯坦共和国于 9 月 9 日宣布独立。独立后，出于与俄罗斯及其他中亚各国保持良好关系的现实考虑，语言政策得到了延续。1994 年的宪法中再次重申："塔吉克斯坦的官方语言是塔吉克语"，"俄语是族际交际语言"。在这段时间内，塔吉克斯坦成了事实上的双语制国家。

此后，为了提高民族的向心力和凝聚力，塔吉克斯坦不断推行去俄罗斯化的政策。在历史寻根、恢复过去的地理名称和更换姓名一系列活动中，政府力求降低俄语在人们日常生活中的使用频率。2009 年 10 月 5 日，《塔吉克斯坦共和国国家语言法》颁行，这部新的语言

法在又一次强调塔吉克语的国语地位的同时，并未彰显俄语的族际交际语的地位。从新的语言法可以看出，"去俄罗斯化"已经明确成为一种政府行为，语言问题被严重政治化。这一明显的变化引起了国内外舆论的强烈关注，关于新国家语言法与俄语地位的各种言论铺天盖地，反对派与支持派各执一词，展开了声势浩大的辩论。而俄罗斯政府为了保持自己在塔吉克斯坦的影响力，也加入了反对派的阵营，对塔吉克斯坦新语言政策忽视俄语地位表示强烈不满，并且做出了相应的回应，提高了塔吉克斯坦赴俄罗斯务工人员俄语水平的要求。

总而言之，沙俄和苏联的语言政策改变了中亚的语言状况，是现代塔吉克斯坦语言状况形成的一个重要历史原因。塔吉克斯坦独立以来，国内丰富的俄语资源面临着"去俄罗斯化"的威胁，政府成为这种"去俄罗斯化"的引导者，俄语使用空间被压缩，在政府机构中的使用受到了排挤。不过，民间有保留俄语地位、使用塔吉克语 – 俄语双语制的心理倾向。俄罗斯政府顺势而为，积极与塔吉克斯坦进行教育合作，创办斯拉夫大学，开展对外俄语教学，组织俄罗斯文化节，以保持境外俄语的使用空间。近年来，塔吉克斯坦为增强主体民族的地位、争取更多的国家利益，经常利用俄语地位和使用问题与俄罗斯周旋，俄语问题成为塔、俄两国进行"文化博弈"的重要砝码和工具。

独立后的塔吉克斯坦非常重视国际化，为了积极开展同世界其他国家的贸易，开展对外经济技术合作，寻求并努力开辟引进外资的途径，兴办合资企业和独资企业，塔吉克斯坦的外语教学发展较快。目前英语、汉语、日语和德语等外语的学习者不断增多。

🤝 语言服务

中国尚未有高校开设塔吉克语专业。

中国在塔吉克斯坦设立的孔子学院有2所，分别为塔吉克斯坦国立民族大学孔子学院和冶金学院孔子学院，合作单位分别为新疆师范大学和中国石油大学（华东）。

塔吉克斯坦开设中文系或中文专业的高校有9所，分别为俄罗斯塔吉克斯坦斯拉夫大学、塔吉克斯坦国立语言学院、塔吉克斯坦国立民族大学、塔吉克斯坦苦盏州立大学、塔吉克斯坦彭吉肯特师范学院、塔吉克斯坦国立师范大学、塔吉克斯坦阿维林那医科大学、莫斯科大学杜尚别分校和塔吉克斯坦国立政法商业大学。其中，俄罗斯塔吉克斯坦斯拉夫大学开设汉语专业较早，至今已有18年的汉语教学历史；塔吉克斯坦国立语言学院的汉语学习者最多。

小贴士

⊙首都

杜尚别，位于瓦尔佐布河及卡菲尔尼甘河之间的吉萨尔盆地，海拔750—930米，面积125平方千米。人口约73万。杜尚别是国家政治、经济、科技和文化的中心。

⊙自然与经济

塔吉克斯坦境内山地和高原占90%，其中约一半在海拔3000米以上，素有"高山国"之称。北部山脉属天山山系，中部属吉萨尔－阿尔泰山系，东南部为冰雪覆盖的帕米尔高原。塔吉克斯坦大部分河流属咸海水系。全境属典型的大陆性气候，气温多变，南北温差较大，降水较少。山间谷地为亚热带气候，海拔1500—3000米的半山区为温带气候，3000米以上的高山地区为寒带气候。塔吉克斯坦经济基础薄弱，结构单一。塔吉克斯坦有褐煤、岩煤、焦炭和无烟煤等，焦炭质量及储量都属中亚之最，无烟煤质量等级排名世界第二。种植业占农业总产值的70%。植棉业在农业中举足轻重，40%的可耕面积用于种植棉花。

⊙美食

塔吉克斯坦的饮食有牧区和农区之别：牧区以奶制品和面食为主；农区则主要是面食，辅以奶和羊肉、鸡肉等肉食。早餐一般是由馕和奶茶组成，午餐多为面条，晚餐则主要是肉食。塔吉克斯坦民众喜欢饮茶，常配以干果和甜食。

⊙节日

纳乌鲁斯节（3月21日，相当于中国的春节）、胜利纪念日（5月9日）、独立日（9月9日）、宪法日（11月6日）、开斋节（伊斯兰教历10月1日，伊斯兰教历每年的第9个月为斋月，第10个月的第1日到第3日是教徒们的开斋节）、古尔邦节（伊斯兰教历12月10日，每年的这一天穆斯林们为真主安拉宰牲献祭，也称宰牲节）等。

⊙名胜古迹

塔吉克地质博物馆 1959年建成，最初是地质矿产部的内部展览，后改为公共博物馆。展品丰富，展示了塔吉克斯坦的矿产情况以及各类矿产的不同起源演化阶段，有各种矿石、宝石样品1.6万余件。

图尔松扎德纪念碑 位于杜尚别市西部，为纪念著名诗人米尔佐·图尔松扎德而建。图尔松扎德代表作品有《印度叙事》《永恒之光》《祖国的儿子》和《亚洲之声》等。

萨马尼纪念碑 位于杜尚别市中心，为纪念萨马尼王朝而立。萨马尼王朝由纳斯尔·阿马德创建，因其祖先为波斯贵族萨马尼而得名。王朝最初建都撒马尔罕，后改在布哈拉。

鲁达基纪念碑 位于杜尚别市东北角。阿卜杜拉·鲁达基曾出任萨马尼王朝首席宫廷诗人40余年，一生创作了大量作品，写过的两行诗就达13万首之多，被认为是塔吉克－波斯文学的奠基人。

泰国国旗呈长方形，长宽比 3 : 2。旗面由红、白、蓝、白、红五条横带组成，蓝带的宽度是红、白带宽度的两倍。红色代表民族，象征各族人民的力量与献身精神；白色代表宗教，象征宗教的纯洁；蓝色代表王室，居中象征王室受到各族人民的拥戴和纯洁宗教之佑护。

泰国

The Kingdom of Thailand

普吉岛

泰国 THAILAND

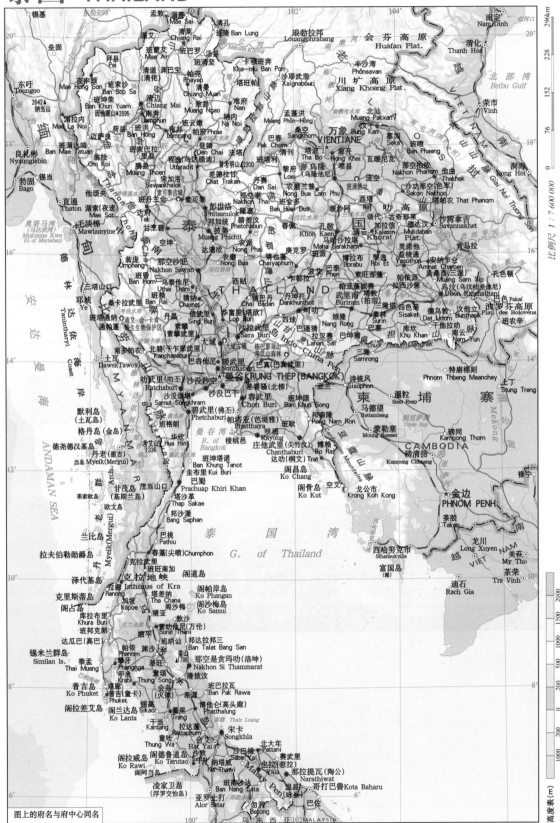

比例尺 1 : 7 600 000

图上的府名与府中心同名

高度表 (m)

泰国，全称泰王国，旧名暹罗，位于东南亚中南半岛中部，背靠印度洋、安达曼海，怀抱泰国湾；西部和北部与缅甸接壤，东北部与老挝毗邻，东南部则紧挨柬埔寨，南部狭长的半岛与马来西亚相连。国土面积 513 115 平方千米，人口约 6740 万。

🗨 语言

泰语是泰国的官方语言，旧称暹罗语，属汉藏语系侗傣语族壮傣语支，使用人口约 6000 万，约占全国人口的 90%。泰语可分为中部、北部、东北部和南部 4 个方言区，曼谷话是泰语的标准语。

泰语有 21 个单辅音、9 个复辅音和 2 个唇化音；9 个单元音、3 个复合元音和 8 个特殊元音，单元音和复合元音皆有长短之别。泰语是一种声调语言，有低平调、中平调、高平调、次半高降调、中升调 5 个声调。泰文是一种拼音文字，属于印度婆罗米字母系列，有 76 个字母符号，其中辅音字母 44 个、元音字母 32 个，有 4 个声调符号，第一声不标声调。泰语是一种孤立型的 SVO（主语＋谓语＋宾语）型语言，缺少严格意义的形态变化，词序和虚词是表达语法意义的主要手段；定语一般在中心词之后，状语位于中心词前、后均可；数词、量词、名词组合时语序一般为"名＋数＋量"，基本词汇以单音节词居多，复合词的构成广泛采用词根合成或重叠等手段。

泰语的语用特征非常显著，存在敬语系统、性别差异和严格的社会等级区别。一般说来，下级对上级、晚辈对长辈要使用敬语，而上级对下级、长辈对晚辈或相互熟识的朋友之间则无须使用敬语。男性和女性对语尾助词的选择存在明显的差异，男性一般使用 ครับ[khrab55]，是塞音韵尾，收音短促；女性则选择 ค่ะ[kha22]，属于开口韵，尾音略长；两者混用可能引起不必要的性别误会。

泰国是一个崇尚佛教、皇权至上的国家，佛教和皇权对泰国的语言生活影响至深，泰语中皇室用语、僧侣用语和世俗用语层级森严，绝不能混用。皇族用语专归国王及王族使用，多采用源自梵语和巴利语的词汇，官员和百姓不能擅用，否则会因亵渎皇权而受到严惩。比如，普通人说 นอน（睡觉），王室用语为 บรรทม。僧侣是泰国地位尊崇的社会群体，跟僧侣交流时一般不能使用世俗词语，要采用僧侣专用词汇，否则会被认为对僧侣不敬。比如，世俗词语 ตาย（去世），僧侣词汇则是 มรณภาพ（圆寂）。称呼僧侣，禁忌更多，须用尊称，绝不能直呼其名；僧侣称呼语一般由亲属称呼语 ตา（外祖父）、ปู่（祖父）、พ่อ（父亲）、พี่（哥哥）等前加 หลวง（伟大的、皇家的、首要的）构成，用亲属称呼语来泛称僧侣，并冠之以 หลวง，充分反映了泰国社会对僧侣的敬仰。

泰语示例：

กรุงเทพมหานคร อมรรัตนโกสินทร์ มหินทรายุธยามหาดิลกภพนพรัตน์ ราชธานีบุรีรมย์ อุดมราชนิเวศน์ มหาสถานอมรพิมานอวตารสถิต สักกะทัตติยะ วิษณุกรรมประสิทธิ์

（天使之城、伟大都市、玉佛宿处、坚不可摧的城池、被赠予九块宝石的乐都、似统治转世神之天上住所的至高无上的巍峨皇宫，因陀罗赐予、毗湿奴建造的大都会。）

泰国是一个多语言的国家，汉语和马来语是泰国最重要的少数民族语言。汉语，尤其以中国潮州话为主的南方方言，主要通行于曼谷以及泰国中部、北部的城镇地区。马来语主要通行于那拉提瓦、北大年等南部地区。此外，还存在一些使用人口相对较少的少数民族语言，如高棉语、越南语、旁遮普语、克木语等。

英语是泰国的第二语言，是学校的必修语言。泰国政治、经济和社会生活的国际化开放程度较高，其主要经济支柱为旅游业和对外经济贸易，贸易业、服务业的高级管理人员大都通晓英语；泰国还是联合国亚太经济社会委员会总部以及世界银行、世界卫生组织、国际劳工组织等 20 多个国际性和地区性组织的总部或区域办事处所在国，国际交往频繁，因而英语是泰国学术和职业领域最广泛使用的国际语言。

👥 民族

泰国是一个多民族国家，主体民族为泰族，非主体民族包括华族、马来族、高棉族、孟族、泰国山民等 30 多个民族。

泰族，又名泰佬民族，旧称暹罗人，约占全国人口总数的 75%（泰族约占 40%，佬族约占 35%），多信仰佛教。泰族同老挝之寮族、缅甸之掸族、印度之阿洪族、中国之傣族和壮族族源相近，根据分布地区和方言，又分中部泰人、东北部泰人、北部泰人和南部泰人。中部泰人受古代孟人和高棉人文化影响较深，其社会、经济和文化的发展都比其他泰人较为先进，中部泰语（曼谷话）是全国通用的标准泰语；东北部泰人简称东北人，在语言、文化和风俗习惯等方面与老挝人近似；北部泰人，即泰阮，也称兰那泰人、清迈人，自称昆勐，意即本地人；南部泰人主要指南部半岛春蓬府以南的泰人，是由当地泰人、孟人、马来人及北部、东北部的移民长期融合而形成的。佬族，多聚居于泰国东北部的伊森地区，泰国中部地区也有部分佬族存在；佬族和泰族同源，语言差别较小，广义的泰族，即泰佬民族。

华族，约占泰国总人口的 14%，是泰国最大的少数民族族群。中国人早在汉代就通过海上丝绸之路到达现今泰国的中南部地区，据历史记载，素可泰王朝时期兰甘亨王就曾聘请数百名中国陶瓷工匠到泰国发展陶瓷业；历史上，华人移居泰国有 3 个高峰期，即阿瑜陀耶王朝时期、吞武里王朝时期、曼谷王朝之 19 世纪下半叶到 20 世纪 30 年代。移居泰国的华人多居住于曼谷和外府城市，泰国华人大部分来自中国广东潮汕地区。

马来族，约占泰国总人口的 4.5%，多聚居于南部与马来西亚接壤的那拉提瓦、北大年、宋卡府、也拉府、陶公府、沙敦府，一般操马来语，大多信仰伊斯兰教，保持着传统的马来文化。

高棉族，又称吉蔑人，约占泰国总人口的 1.5%，主要分布在与柬埔寨接壤的东南部地区、与老挝接壤的东北部地区。高棉语属于南亚语系孟高棉语族。

孟族，主要分布在中部曼谷市、大城府、北碧府、叻丕府、佛丕府、华富里等地，是传统的农耕民族，擅长种植水稻。孟族人大多已同化于泰族，使用孟语，孟语属南亚语系孟高棉语族。

泰国山民是一个统称，泛指生活于泰国边远山区的民族，包括孟高棉语族的操本人、闯人、拉瓦人、帕朗人（崩龙族/德昂族）、布朗人、帕劳人、拉篾人、克木人、丁人、黄叶人、桂人、布鲁人、梭人、卡棱人、卡霍人，藏缅语族的克伦族、巴洞人、阿卡人（哈尼族）、木瑟人（拉祜族）、傈僳族、克钦族（景颇族）、毕苏人，苗瑶语族的苗族（赫蒙/蒙）、瑶族（勉/尤勉），南亚语系马六甲语族的塞芒人、塞诺伊人（沙盖人），南岛语系印度尼西亚语族的莫肯人（召莱人），以及操汉语的云南籍穆斯林之秦霍人、藩泰人。人口不足泰国总人口的 5%，教育普及率较低，经济较为落后。

📖 语言国情沿革与发展

泰文形成及梵文、巴利文的影响

公元 13 世纪以前，泰国土地上主要流行孟语和高棉语。公元 3 世纪以后，泰国版图上先后出现过很多小的城邦制国家，绝大多数为孟人所建。中国存世文献《吴时外国传》《扶南异物志》中就曾记录了金邻（或金陈）、林阳两个由孟人所建的国家（约在泰国中部的湄南河盆地）。公元 4—5 世纪，孟人在泰国中南部先后建立了顿逊、盘盘、狼牙修、赤土、罗斛（拉沃）等城邦制国家。公元 6 世纪，在泰国南部建立了堕罗钵底国，中国典籍称之为"投和、杜和钵底、杜和罗、堕和罗"等。公元 8 世纪中叶，罗斛国的孟族公主占玛黛维在泰国北部南奔地区建立了哈利奔猜国，樊绰著《蛮书》称之为女王国。显然，公元 8 世纪之前，孟人是当时泰国版图的主宰者，孟语、孟文支配了政治、经济和文化生活。公元 9 世纪开始，柬埔寨吴哥王朝进入强盛时期，统治了中南半岛的绝大部分区域，泰国版图上的清盛国、帕耀国、哈利奔猜国、罗斛国、差良国等城邦制国家大都隶属于吴哥王朝。公元 10 世纪，堕罗钵底国为吴哥王朝所灭，古高棉文字取代了孟文，直到 13 世纪末期素可泰王朝建立之前，吴哥高棉文化一直是泰国版图的主宰。

公元 11 世纪前后，中国南部泰族的一支逐渐移居目前的泰国，并形成泰民族意识。公元 13 世纪，当地泰族人起义，于 1238 年创建了泰国的开国王朝——素可泰王朝。泰族崛起，泰语登上历史舞台。兰甘亨大帝在位时，为彻底摆脱高棉王国的控制和影响，于 1283 年在孟文和高棉文（吉蔑文）的基础上创造了泰语文字。13 世纪的泰国兰甘亨碑文——最早的泰文文献记载了这一事件。素可泰文经 700 多年的沿革演变成现代泰文。

泰国受印度宗教文化的影响较深，婆罗门教、佛教在泰国传播较广较早，约公元前 3 世纪印度孔雀王朝阿育王之时，就有须那与郁多罗两位长老前往金邻（今泰国佛统）弘扬佛法；公元 13 世纪素可泰王朝时期，佛教更被尊为国教。佛教对泰国的政治、经济、社会和文化生活等都有着重大影响，政府和民间的重大庆典活动大都采用佛教礼仪；泰国男子，上至国王，下及平民，一生中须剃度出家一次。

伴随着婆罗门教、佛教的传播，泰语吸纳了古印度大量的政治、宗教、哲学、艺术、心理等领域的词语，泰语中大约 60% 的词汇源自古印度的梵文、巴利文。泰语中这类借词的书写形式和语音形式多有繁简不一的现象，书写形式借用完整原字形，而语音形式却往往趋简，常常简化掉借词末尾的一两个音节，或省减掉其他辅音因素，以便发音，如"车（Ratha，泰音：Rod）、云（Megha，泰音：Meg）、刹那（Ksana，泰音：Sana）"等。因此，泰语书面语表达相较口语表达要困难得多。另外，巴利文常见于泰国人正式的姓名中，如"颂汶塔纳（富裕）、通猜（胜利的旗帜）、瓦拉里洛（超群）"等就常用于命名。

外国语言文化的影响

中泰交流的历史可以追溯到西汉初期，《汉书·地理志》明确记载了西汉武帝之时，自中国南海到东南亚，经皮宗（今克拉地峡的帕克强河口）到南亚的"海上丝绸之路"；随着海上丝绸之路的开辟，古代中国与东南亚国家的政治、经济交往频繁，逐渐形成了特殊的宗藩体系和朝贡贸易经济模式。中国典籍《汉书》《吴时外国传》《扶南异物志》《南海寄归内法传》《通典》《旧唐书》《诸蕃志》《岛夷志略》《宋史》等文献记载了泰国素可泰王朝之前同古代中国交往的情形，而《元史》《明实录》《明史》《清史》等史籍更是呈现了素可泰王朝之后古代中泰两国交流的盛况。从元世祖至元二十九年（1262 年）至元成宗大德七年（1303 年），素可泰王国先后 9 次遣使访元。元明交替之际，泰国阿瑜陀耶王朝建立，洪武九年（1377 年），朱元璋赐给阿瑜陀耶国王"暹罗国王之印"，"始称暹罗"。据文献记载，仅有明一代，暹罗使者访明就达 102 次，明廷遣使访暹 26 次，郑和 7 次下西洋，5 次访暹，《明史》专列《暹罗传》，明太祖称"暹罗最近"。阿瑜陀耶王朝、吞武里王朝时期，大批华人移居泰国；吞武里王朝更是华裔郑信所开创，而曼谷王朝王室则和中国存在血统关系。拉玛七世曾训谕："泰人和华人是两个真正的兄弟民族，泰人和华人的血液已融合在了一起，无法分清……乃至朕身上都流有华人的血液。"

随着中泰两国政治、经济、文化的交流，泰语中积淀了大量的汉语词汇。泰语中的汉语借词数量多、分布广，据不完全统计，泰语中汉语借词的数量约占词汇总数的 15% 左右，涉及吃穿住行用等各个方面，且多为使用频率较高的基本词汇，既有饮食类、动植物类、日常生活用品类、称呼类词汇，也有传统商贸领域、文化娱乐领域词汇，如"白果（แปะก๊วย）、柳（วิลโลว์）、茶（ชา）、马（ม้า）、猫（แมว）、鲍鱼（หอยเป๋าฮื้อ）、豆芽（ถั่วงอกถั่ว）、豆腐（เต้าหู้）、芹（ฉิน）、交椅（เก้าอี้）、桌（โต๊ะ）、坛（แท่น）、清明（เชงเม้ง）、观音（กวนอิม）、签诗（เซียมซี）、风水（ฮวงจุ้ย）、憎（ชัง）、易（ง่าย）、软（อ่อน）、八（แปด）"等。汉语借词多源自汉语的南方方言，如潮州话、闽南话、广东话、客家话等，源自北方官话的借词则相对较少。汉语借词，经过长时间的融合，已融入泰语的词汇系统之中，丰富了泰语的词汇表达手段。

泰国与欧洲国家的交往始自大城王朝中期以后。从 1512 年葡萄牙人派战舰进入泰国开始，泰国先后遭到葡萄牙、荷兰、法国、英国等殖民主义者的入侵。尤其是英国，1761 年占领印度之后，开始了对东南亚的殖民扩张，1855 年英国强迫泰国签订了第一个不平等条约《英暹通商条约》，导致泰国丧失部分主权。为避免泰国沦为英国的殖民地，曼谷王朝精通英语的拉玛四世蒙固王一方面采用列强相互制衡的"以夷制夷"方略，一方面着手实行政治、经济等方面的社会改革。尤其是其子朱拉隆功国王在 19 世纪末"泰体西用"的变革，更是加速了泰国的"欧化"进程。与此同时，西方诸国语言，尤其是英语词汇开始被广泛地借入泰语之中，随着西方科技突飞猛进式的发展、泰国国际化步伐的加快，泰语中的英语外来词迅速增多。此外，由于泰国开放的语言政策和学校外语教育的推进，英语成为泰国通用的交际语言，当代泰国社会经济的国际化已达到很高的程度，极大地推动了泰国经济、文化的发展。

🤝 语言服务

中国开设泰语专业的高校有约 40 所，主要分布于距离泰国较近的广西、云南等省份。云南省开设泰语专业的高校有 19 所，分别为云南民族大学、云南师范大学、云南大学、西南林业大学、云南财经大学、云南农业大学、玉溪师范学院、楚雄师范学院、曲靖师范学院、昆明理工大学、红河学院、大理学院、昆明学院、文山学院、云南师范大学商学院、云南师范大学文理学院、昆明医科大学海源学院、云南大学滇池学院、昆明理工大学津桥学院；广西壮族自治区开设泰语专业的高校有 11 所，分别为广西大学、广西民族大学、广西师范大学、广西师范学院、广西外国语学院、玉林师范学院、广西财经学院、广西师范大学漓江学院、百色学院、钦州学院、梧州学院；另外还有 9 所，分别为北京大学、北京外国语大学、上海外国语大学、解放军国际关系学院、解放军外国语学院、成都学院、四川外语学院成都学院、西安外国语大学、广东外语外贸大学。

中国在泰国设立的孔子学院有 14 所，分别为孔敬大学孔子学院、皇太后大学孔子学院、曼松德·昭帕亚皇家师范大学孔子学院、清迈大学孔子学院、宋卡王子大学普吉孔子学院、玛哈沙拉坎大学孔子学院、川登喜皇家大学素攀孔子学院、泰国勿洞市孔子学院、宋卡王子大学孔子学院、朱拉隆功大学孔子学院、泰国农业大学孔子学院、泰国东方大学孔子学院、易三仓大学孔子学院、海上丝路孔子学院，合作单位分别是为西南大学、厦门大学、天津师范大学、云南师范大学、上海大学、广西民族大学、广西大学、重庆大学、广西师范大学、北京大学、华侨大学、温州医学院、温州大学和天津科技大学。另有孔子课堂11个，分别为岱密中学孔子课堂、合艾国光中学孔子课堂、玫瑰园中学孔子课堂、彭世洛醒民公立学校孔子课堂、明满学校孔子课堂、南邦嘎拉尼亚学校孔子课堂、吉拉达学校孔子课堂、罗勇中学孔子课堂、暖武里河王中学孔子课堂、普吉中学孔子课堂和易三仓商业学校孔子课堂。2006年11月在泰国首都曼谷开设的岱密中学孔子课堂是全球首个孔子课堂。

泰国开设中文系或中文专业的高校有55所。其中公立高校有40所，分别为朱拉隆功大学、法政大学、农业大学、诗纳卡琳大学、艺术大学、兰甘亨大学、曼谷皇家科技大学、拉达纳可信皇家科技大学、庄甲盛皇家师范大学、吞武里皇家师范大学、萱素南塔皇家大学、曼松德昭披耶皇家师范大学、佛统皇家师范大学、帕沙迪皇家师范大学、那空沙旺皇家师范大学、睦班宗彭皇家师范大学、东方大学、北柳皇家师范大学、宋卡王子大学、南方大学、

娃莱拉大学、普吉皇家师范大学、也拉皇家师范大学、孔敬大学、玛哈萨拉坎大学、乌汶大学、呵叻皇家师范大学、玛哈萨拉坎皇家师范大学、黎逸皇家师范大学、四色菊皇家师范大学、素林皇家师范大学、乌汶皇家师范大学、清迈大学、纳莱萱大学、皇太后大学、程逸皇家师范大学、甘烹碧皇家师范大学、清莱皇家师范大学、南邦皇家师范大学、清迈皇家师范大学；民办高校有15所，分别为国科大学、曼谷大学、兰实大学、华侨崇圣大学、泰国商会大学、博仁大学、易三仓大学、东亚大学、正大管理学院、曼谷北部大学、合艾大学、西北大学、远东大学、彭世洛学院、南邦国际技术学院。这些高校多集中于曼谷及泰国中部、北部、东北部地区。

1998年朱拉隆功大学与北京大学合作，率先在泰国开设了汉语言硕士研究生课程，2004年又与台湾师范大学签署协议开办了对外汉语教学（国际班）硕士专业。截至2013年年底，泰国开设汉语言专业硕士课程的高校已有10所，分别为朱拉隆功大学、法政大学、农业大学、萱素南塔皇家师范大学、易三仓大学、华侨崇圣大学、兰实大学、玛哈萨拉坎大学、皇太后大学、清莱皇家师范大学。另外，朱拉隆功大学于2009年创建了汉语专业博士点。

小贴士

○首都

曼谷，泰国唯一的府级直辖市，位于湄南河三角洲，昭披耶河东岸，南临曼谷湾，距入海口仅15千米；面积1568.737平方千米，人口1197.1万，是东南亚第二大城市，为泰国政治、经济、文化、宗教、教育和交通运输的中心。

○姓氏

泰国人原本有名无姓，姓氏出现于20世纪初期。1912年3月23日，拉玛六世颁布《用姓条例》，从此泰国人才开始使用姓氏。泰国人的命名采用"名＋姓"的方式，姓氏一般有两个或两个以上的音节（一个音节的极少），而王族和贵族的姓氏有长达十几个音节的。泰国姓氏，或源于皇家或官府赐姓，或源于爵位，或源于父母名字，或源于血缘关系，或源于职业，或源于居住地；大多具有祝福、吉祥、祈祷之义或宗族特征，如"颂汶他纳（富裕）、瓦拉里洛（超群）、钦那瓦（循

规蹈矩地做好事）"等。

⊙ 自然与经济

泰国地形多样，既有山岭、峡谷、高原，也有平原、洼地和海洋；地势北高南低，由西北向东南倾斜，国内最大河流湄南河自北向南流贯全境。泰国位于北回归线以南，属于热带季风性气候，一年分为热季、雨季、凉季三季。农业是传统经济产业，主要生产稻米、玉米、木薯、甘蔗、绿豆、麻、烟草、咖啡豆、棉花、棕油、椰子果等，大米出口额约占世界市场稻米交易额的三分之一。自然资源丰富，主要有矿产、森林、渔业等，其中，钾盐储量、锡矿资源均居世界首位，橡胶产量占世界总产量的三分之一。泰国是一个新兴的工业化国家，为东南亚第二大经济体，工业产值占国内生产总值的 39.2%。旅游资源也是泰国外汇收入的重要来源之一。

⊙ 美食

泰国人喜酸、辣、甜。鱼露和咖喱酱是泰国人佐餐不可或缺的调味品。泰国餐汤有三大类：清淡的肉、菜汤，稀米汤，冬阴功汤（泰国的一道经典汤品，被誉为"王者之汤"）。主食大米，有杜果糯米饭、菠萝饭、咖喱饭、糯米抓饭、泰式鸡油饭等。

⊙ 节日

万佛节（泰历 3 月 15 日，公历一般在 2 月）、宋干节（公历 4 月 13 至 15 日，又称泼水节，是泰历新年）、农耕节（5 月的吉日举行，具体日期由国王选定）、守夏节（泰历 8 月 16 日，又称坐守居节、入夏节、入雨节，重要的佛教节日）、水灯节（泰历 12 月 15 日，泰国民间最热闹、最富诗意的传统节日）、国庆节（12 月 5 日，又称万寿节，也是泰国国王普密蓬·阿杜德的生日）、浴佛节（泰历 6 月 15 日，又称佛诞节，佛祖释迦牟尼诞辰纪念日）等。

⊙ 名胜古迹

素可泰古城镇及其相关古镇 位于泰国中部平原，南距曼谷 400 多千米。素可泰古城是泰国首个王朝——素可泰王国的首都，也是泰国文化的摇篮，泰国的文字、艺术、文化与法规，大多是素可泰时代开创的，同时还有逾百座佛寺佛塔及逾千尊佛像。1991 年，素可泰古城镇及其相关古镇作为文化遗产入选联合国教科文组织《世界遗产名录》。

阿瑜陀耶古城及其相关古镇 位于曼谷以北 88 千米的湄南河畔，泰国大城府首府，也是泰国第二个王朝——阿瑜陀耶王朝的故都。阿瑜陀耶古迹众多，崖差蒙空寺、帕楠称寺、帕兰寺、帕席桑碧寺、拉嘉布拉那寺等依稀显露出昔日的辉煌。1991 年，阿瑜陀耶古城及其相关古镇作为文化遗产入选联合国教科文组织《世界遗产名录》。

芭堤雅 位于曼谷东南 154 千米处的曼谷湾，市区面积约 200 平方千米，隶属于泰国春武里府。素以阳光、沙滩、海鲜名扬天下，风光旖旎，气候宜人，被誉为"东方夏威夷"，是世界著名的海滨旅游度假胜地。

普吉岛 泰国最大的海岛，也是泰国最小的一个府，位于泰国南部马来半岛西海岸外的安达曼海东北部，离曼谷 867 千米。自然资源丰富，素有"珍宝岛""金银岛"之美称，普吉岛因迷人的风光和丰富的旅游资源被称誉为"南方的珍珠"，是东南亚最受欢迎的度假胜地之一。

大皇宫 位于曼谷湄南河东岸，始建于 1782 年，是拉玛一世至拉玛八世王的寝宫，分为外宫、内宫、主宫，占地约 26 万多平方米，四周是高 5 米、长 1900 米的白色宫墙。大皇宫是泰国历代王宫中保存最完好、规模最大、民族特色最鲜明的王宫。东北角是泰国最大最著名的佛寺——玉佛寺，玉佛寺兴建于 1784 年，寺内供奉玉佛一尊，是皇族供奉佛祖和举行宗教仪式的场所。

金佛寺 又称黄金佛寺，位于华南蓬火车站西南面的唐人街，为泰国著名寺庙之一。寺内供奉着世界最大的用纯金铸成的如来佛像，重 5.5 吨，高近 4 米，金光灿烂，宝相庄严。

土耳其国旗呈长方形，长宽比 3 : 2。旗面为红色，偏左位置是一弯白色的新月和一颗白色五角星。红色象征鲜血和胜利；新月和五角星象征驱走黑暗、迎来光明，还标志着土耳其人民对伊斯兰教的信仰，也象征幸福和吉祥。

土耳其 | The Republic of Turkey

圣索菲亚大教堂

土耳其 TURKEY

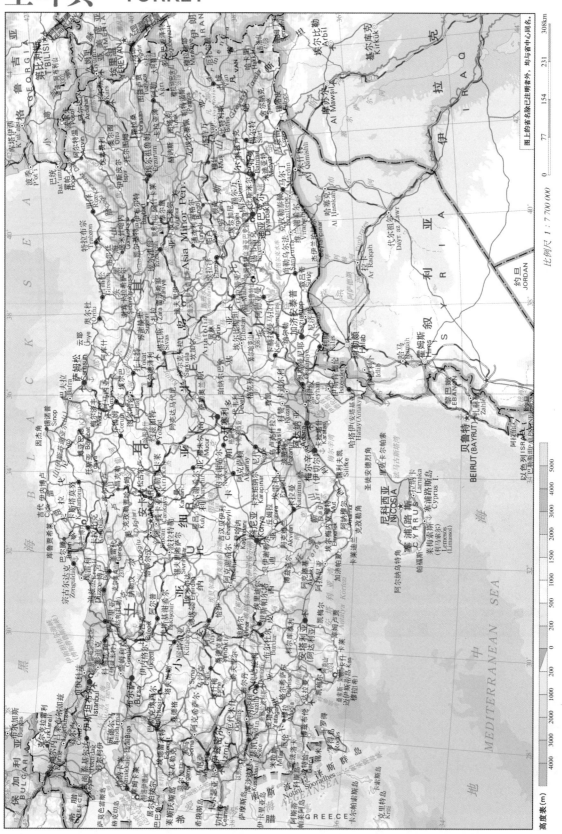

比例尺 1:7 700 000

高度表(m)

土耳其，全称土耳其共和国，横跨欧、亚两大洲，北濒黑海，南望地中海，西临爱琴海并与希腊、保加利亚接壤，东部与格鲁吉亚、亚美尼亚、阿塞拜疆和伊朗为邻，东南则与叙利亚和伊拉克交界。国土面积 783 600 平方千米，其中约 97% 位于亚洲的小亚细亚半岛，3% 位于欧洲巴尔干半岛，海岸线长 7200 千米，陆地边境线长 2648 千米，人口约 7770 万。

语言

土耳其语是土耳其的官方语言，使用人数为全国人口的 90%，土耳其境内的少数民族语言主要有库尔德语、扎扎其语、亚美尼亚语、阿拉伯语、拉兹语、含姆辛语等。

从语言谱系上看，土耳其语隶属于阿尔泰语系突厥语族；从类型分类法上看，土耳其语属于黏着型语言，其基本语序为 SOV（主语 + 宾语 + 谓语）。在语音方面，土耳其语有 8 个元音和 21 个辅音。在词法方面，土耳其语具有人称领属词缀，通常附着在中心词后，表示所属人称。没有介词，介词的语法功能由附加在词干后的位格、从格、向格等词缀来承担。在句法方面，不同的语法范畴通过在词根上附加相应的成分来表示。句子谓语结尾处都有和主语一致的人称词缀，主语常省略。

1923 年土耳其共和国建立后，政府进行相应的文字改革，将土耳其语的书面语由阿拉伯文字改为拉丁字母文字并沿用至今。

土耳其语示例：

Kira anlaşmamızın süresi dolmak üzere, müdürümüz harcamaları kısmak istiyor, kirada biraz yardımcı olabilirseniz dairenizi tutmaya devam etmek isteriz.

（租房合同快到期了，领导要求降低开支，希望房租能便宜些，以后还会继续租住你的房子。）

库尔德语是土耳其使用人口最多的少数民族语言，隶属于印欧语系伊朗语族。历史上，库尔德族和土耳其族之间一直存在矛盾和冲突，政府一直限制库尔德语的使用，禁止库尔德语作为教育和广播用语。但为了加入欧盟，2002 年 8 月起，土耳其政府开始允许媒体用库尔德语进行广播，同意学校教授库尔德语。

其他少数民族语言，如扎扎其语、阿拉伯语、亚美尼亚语、拉兹语、含姆辛语等，近年来受土耳其语的影响较大。这些少数民族语言的使用者多为本民族者，所占比例较小。

自从土耳其人皈依伊斯兰教，受伊斯兰文化的影响，阿拉伯语和波斯语也曾在土耳其占据过一席之地。此外，阿塞拜疆语、吉尔吉斯语、维吾尔语、雅库特语、阿尔泰语、哈卡斯语、哈萨克语、乌兹别克语、土库曼语、巴什基尔语、鞑靼语、楚瓦什语等在土耳其也有使用。

民族

据 2014 年的数据，土耳其国家人口中，土耳其族约占 80%，库尔德族占 15%，其他少数民族约占 5%。

土耳其族是土耳其国内的主体民族，也是人数最多的民族，分布在土耳其各地。土耳其族人种上可归入欧罗巴人种地中海类型。土耳其人大多数信奉伊斯兰教逊尼派；少部分人信奉伊斯兰教什叶派。

库尔德族是土耳其境内人口最多的少数民族，约 1140 万，主要分布在土耳其东部和东南部的大片地区，且大多为穆斯林。库尔德族与土耳其族在语言和文化传统上有很大差异。

拉兹族属于高加索民族的南支，约有 25 万人，多为穆斯林。含姆辛族约有 50 万人，主要分布在东部省份。含姆辛族信奉伊斯兰教。亚美尼亚族主要分布在伊斯坦布尔、凡湖和安塔基亚等地区，约有 8 万人，信奉基督教。扎扎族主要分布在土耳其的东部，约有 250 万人，大部分信奉伊斯兰教什叶派，居住在北部地区；少部分信奉伊斯兰教逊尼派，居住在南部地区。人口相对较少的民族还有：阿拉伯族，主要分布在安纳托利亚的东南部；阿塞拜疆族，主要分布在东北角萨勒卡默什周围地区；格鲁吉亚族，主要分布在北部连接格鲁吉亚的小片区域；切尔克斯族，零星分布在中部、北部、西北部等小片地区；土库曼族，主要分布在南部加济安泰普靠近叙利亚的一小片区域。

 ## 语言国情沿革与发展

20 世纪前土耳其的语言国情

土耳其所在的小亚细亚地区原本居民为古波斯人，古波斯人曾建有当时世界第一个地跨亚欧非三洲的阿契美尼德王朝（公元前 550 年—公元前 334 年）。公元 7 世纪，突厥族被唐朝击败，其中的一支乌古斯西突厥族西迁，在长期融合过程中，突厥人与数量众多的当地人混血，发展为以欧罗巴血统为主的土耳其人，并皈依伊斯兰教；但在语言方面则相反，发生了语言替换现象，即突厥语取代了波斯语，并在吸收当地语言的基础上形成了土耳其语，仍属于突厥语族。13、14 世纪，奥斯曼帝国逐渐形成，15—17 世纪进入鼎盛时期，在旷日持久的奥斯曼征服进程中，作为奥斯曼土耳其人官方行政用语的土耳其语逐步渗入巴尔干地区、欧洲中部至北部、阿拉伯内陆、北非及其南部等地，由此，土耳其语成了这些地区的通用语。但在奥斯曼帝国时期，土耳其的语言受伊斯兰教文化影响很大。这一时期，土耳其语言政策的主要目的是培养宗教人士以及更好地了解他们的宗教。因此，尽管官方语言是土耳其语，但教学用语却是阿拉伯语和波斯语，阿拉伯语服务于科学，波斯语服务于文学。在坦志麦特改革之前，受过良好教育的标准就是要掌握阿拉伯语和波斯语。因此，长期以来，土耳其语本身的发展十分缓慢，语言系统又具有很强的封闭性，尤其是在口语和诗歌方面。当然，在适应伊斯兰教和阿拉伯－波斯文化的过程中，土耳其语也逐渐吸收了阿拉伯语和波斯语中的许多词汇和句法要素。随着奥斯曼土耳其人成为伊斯兰世界的领导者，土耳其语从阿拉伯语和波斯语中借鉴的成分越来越多。到了 19 世纪，只有同时精通土耳其语、波斯语和阿拉伯语的精英才能看懂奥斯曼土耳其的官方文件或文学作品。

从 18 世纪开始，土耳其的一些学者便致力于提升土耳其语的地位。这主要体现在海军学校使用土耳其语进行教学，以及土耳其语在文化、教育、传媒、科学等领域的普及使用上。进入 19 世纪，大多数学者对奥斯曼土耳其语的"不纯正"问题表示不满。为了净化土耳其语，政府和爱国学者都做了很多努力。如 1876 年宪章中提出将土耳其语作为官方语言。虽然阿拉伯语和波斯语的地位在慢慢动摇，偶尔也会出现一些非纯正奥斯曼土耳其语的文学作品，但阿拉伯语和波斯语的"贵族语言"地位仍未彻底结束，这些努力并未达到"净化语言"的预期目标。

独立后土耳其的语言改革

20 世纪初期，建立土耳其语独特身份的民族主义观念激发了人们的行动，目的是废除语言中过多的外来成分。第一次世界大战后奥斯曼帝国的解体也加速了这一进程。

1923 年 10 月 29 日，穆斯塔法·凯末尔·阿塔图尔克领导土耳其人民成立土耳其共和国，国家实现统一。此时，土耳其的书面语和口语已经严重脱节，语言中阿拉伯语和波斯语的词汇比例占到 60% 左右。同时，以辅音字母为主的阿拉伯字母表已不能适应土耳其语的特点，严重阻碍了土耳其国民学习识字。为此，凯末尔认为应该确保土耳其语的优越性，最终实现语言的统一。凯末尔采取了一些措施，包括施行"教育统一"政策，将所有学校归于教育部管辖，提高土耳其语的教育地位，彻底改变阿拉伯语、波斯语优先教学的现状等。

在凯末尔的领导下，1928 年土耳其开始进行语言文字改革。此次改革主要体现在 3 个方面：一是废除阿拉伯字母表，讨论通过法律实施土耳其语的拉丁化。这一举措对现代土耳其语的形成具有十分重大的意义。二是清除先前土耳其语中的阿拉伯语和波斯语词汇，纯化并发展土耳其语。三是规范语法和正字法，解决书面语和口语脱节的问题。通过采取上述措施，最终形成了以伊斯坦布尔的方言为基础的现代土耳其语。

在现代土耳其语的改革过程中，土耳其语言协会起到了重要的作用，尤其体现在土耳其语的词汇方面。1932 年，凯末尔成立语言调查协会来简化语言，之后这个协会改名为土耳其语言协会。作为隶属于语言和历史高级协会的主要机构，土耳其语言协会现在仍在发挥作用。该协会在简化土耳其语的工作中取得了积极的进展，采取了一系列重要的举措，如在 1932 年采取"清洗"阿拉伯语和波斯语的措施，淘汰了采用国外语法构造的词汇，消除了土耳其语中没有被完全同化的阿拉伯语和波斯语词汇，取而代之的是一些新词和从欧洲语言中借来的词语。土耳其语言协会取得的最重要的成果是将纯土耳其语的词汇量从 1932 年前的 35%—40% 提高到了 75%—80%。从现代土耳其语词汇表可以看出，土耳其语主要通过借鉴其他语言以实现词汇量的扩充。

总体看来，土耳其的语言改革达到了预期的目标，提升了土耳其语的地位，拉近了土耳其与欧洲的关系。然而，为了维护伊斯兰国家在政治、宗教上的联系，土耳其政府对少数民族语言权利的保护较少。长期以来，土耳其政府限制除土耳其语外其他语言的使用，如拉兹语、含姆辛语就不被承认是合法的语言。即使后来允许使用库尔德语，也只是为了加入欧盟。

20 世纪 80 年代以来土耳其的语言国情

土耳其共和国成立之时，世界正处在科技迅速发展的时代，西化运动使得土耳其与欧洲、美洲等大国的联系越发紧密。在这种情况下，为了跟上其他发达国家的步伐，土耳其国内加大外语学习和教学的力度，加速了英语教学在全国的传播。

1980 年土耳其的外语政策迈出了最重要的一步，即"外语教育和教学法"法规的编撰，该法规设计了新的教育政策，极大地推动了英语等外语在土耳其的发展。1997 年是土耳其外语政策的又一重要节点，土耳其国家教育部联合土耳其高等教育委员会建立了一个"国家教育部发展工程"项目，这一项目的目的是促进土耳其教学机构的英语教学。以上措施都极大地促进了英语等外语在土耳其的发展，也进一步改变了土耳其境内的语言使用情况。

新时期，土耳其的教育改革也发生了新的变化。2012 年土耳其进行教育改革，加强对各少数民族语言的关注，其中就包括库尔德语。2013 年的民主化改革允许私立学校在讲授课程时使用宗教语言和少数民族语言，同时还新增了阿塞拜疆语作为学校的选修课程。

新时期土耳其语言国情的变化还体现在对阿拉伯语和波斯语词汇的重新引入、传统的突厥－伊斯坦词汇再次出现等方面。突厥语成分也逐渐融入土耳其语中，建立有特色的土耳其语言日益成为土耳其当前语言发展的一种趋势。

🤝 语言服务

中国开设土耳其语专业的高校有 5 所，分别为北京外国语大学、中国传媒大学、上海外国语大学、解放军外国语学院和西安外国语大学。

中国在土耳其开设的孔子学院有 4 所，分别为中东技术大学孔子学院、海峡大学孔子学院、奥坎大学孔子学院和晔迪特派大学孔子学院，合作单位分别为厦门大学、上海大学、北京语言大学和南开大学。另有孔子课堂 1 个，为佳蕾小学孔子课堂。

土耳其开设中文系或中文专业的高校有 5 所，分别为安卡拉大学、法提赫大学、埃尔吉耶斯大学、奥坎大学和伊斯坦布尔大学。安卡拉大学是土耳其汉语教学历史的开端，1935 年凯末尔就成立了安卡拉大学汉学系。中东技术大学、海峡大学、LOTUS 语言中心以及一些公立和私立的中小学等开设了汉语课程。

小贴士

⊙首都

安卡拉，位于安纳托利亚高原的西北部，是土耳其第二大城市和全国第二大工业中心（仅次于伊斯坦布尔）。安卡拉是土耳其贸易的一个重要集散地，也是公路和铁路网络的中心，素有"土耳其的心脏"之称。

⊙姓氏

土耳其人原来无姓，《取姓法》规定每个土耳其人必须有姓。为了让公民取姓方便，政府提供了一份姓氏名单，让人们从中挑选，如"厄兹蒂尔克（真正的土耳其人）、切廷蒂尔克（严肃的土耳其人）"等。此外，重大历史事件、神话故事、动物、绰号等一些独特的词亦可取为姓。土耳其人姓名是姓在前、名在后。

⊙自然与经济

土耳其地形复杂，以高原山地为主。境内河流湖泊众多，底格里斯河和幼发拉底河均发源于此。气候类型差异很大，东南部较干旱，中部安纳托利亚高原比较凉爽。一般来说，夏季长，气温高，降雨少；冬季寒冷，多降雪和冷雨。轻纺、食品工业、汽车配件加工工业较发达，粮、棉、蔬菜、水果、肉类等基本自给自足。制造业发展滞后，大量制成品需要进口。

⊙美食

土耳其是一个非常注重美食的国家，和中国、法国并称"世界三大烹饪王国"。传统的主食除了面包，还有羊肉、葡萄酒、点心。当地人喜吃羊肉和小牛肉，因为嗜吃羊肉，为了净口，当地人常用各种酸味小黄瓜佐餐。

⊙节日

胜利日（8 月 30 日）、开斋节（伊斯兰教历 10 月 1 日，伊斯兰教历每年的第 9 个月为斋月，第 10 个月的第 1 日到第 3 日是教徒们的开斋节）、古尔邦节（伊斯兰教历 12 月 10 日，每年的这一天穆斯林们便为真主安拉宰牲献祭，又称宰牲节）、共和国日（10 月 29 日）等。

⊙名胜古迹

蓝色清真寺 土耳其著名清真寺之一，也是伊斯坦布尔的标志性建筑之一。寺内墙壁用蓝、白两色依兹尼克瓷砖装饰。属阿拉伯风格的圆顶建筑，周围有六根尖塔，象征伊斯兰教六大信仰。

圣索菲亚大教堂 古代建筑的珍品，有近 1500 年的历史，因巨大的圆顶而闻名于世，是一幢"改变了建筑史"的拜占庭式建筑典范。

王子群岛 避暑胜地，在这里可以尽情享受清爽的海风和 19 世纪的幽雅居所。群岛上最大的特色是除了警局、消防局、医疗和其他特殊需要外，没有任何现代交通工具，只要步行就可以欣赏岛上特有的建筑物。

以佛所 位于土耳其西部的爱琴海东岸，这里有世界七大遗迹之一的阿尔忒弥斯神庙遗址、古希腊胜利女神尼克雕像、哈德良神庙等众多古迹。

土库曼斯坦国旗呈长方形，长宽比3：2。旗面底色为深绿色。左侧有一垂直宽带通过旗面，自上而下排列着五种地毯图案，象征土库曼斯坦人民的传统观念和宗教信仰。旗面上部中间有白色新月和五颗五角星，白色象征平静与仁慈，新月象征光明前途，五颗星象征人类视、听、嗅、味、触五种器官功能，同时象征该国的五个地区，星与月的组合图案是伊斯兰教的标志。

阿什哈巴德独立柱

土库曼斯坦

Turkmenistan

土库曼斯坦　TURKMENISTAN

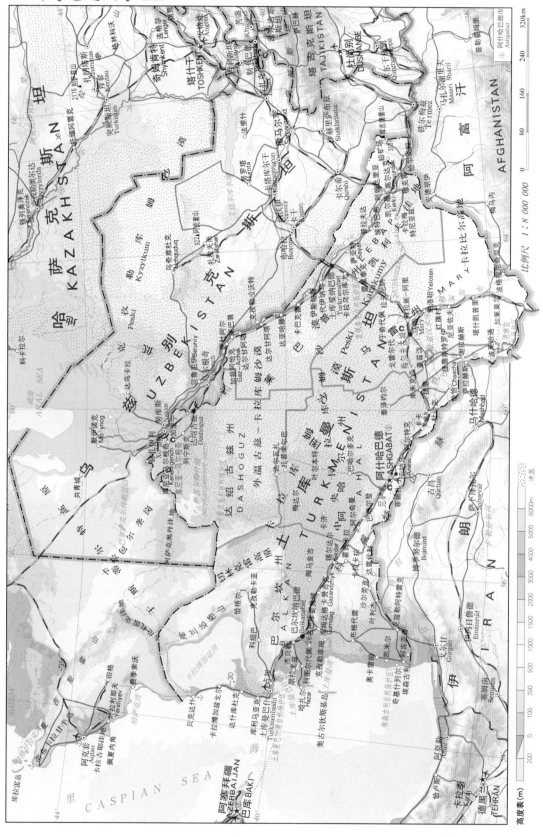

土库曼斯坦，位于中亚地区的西南部。南面与伊朗相邻，东南与阿富汗接壤，西面是里海，北面是哈萨克斯坦和乌兹别克斯坦，东北毗邻乌兹别克斯坦。国土面积 491 200 平方千米，人口约 684 万。

🗨 语言

土库曼语是土库曼斯坦的国语，使用人口超过 350 万。土库曼语属阿尔泰语系突厥语族乌古斯语支，与撒拉语、土耳其语、鞑靼语和格鲁吉亚语有较为密切的联系。

土库曼语主要有两大方言群：东部、中部和西部等地区的方言构成的方言群；与伊朗交界的南部地区方言构成的方言群，内部细分为约穆德、铁克、萨雷克、萨拉尔、艾尔萨里、乔乌都尔等方言。从整体上看，土库曼语的方言划分与部落分布有一定的关系。

土库曼语的标准语在中部方言基础上发展而来，元音保留了古代突厥语中的长元音。土库曼语语音系统共有元音 16 个，短元音和长元音各 8 个；辅音 24 个，特点是有齿间辅音 s、z（这一点与同语族的巴什基尔语相同），其余辅音一般与其他突厥语一样。土库曼语中的元音和谐保持得较有规律，文字上只反映了展唇元音之间的和谐，但实际口语中圆唇元音也是和谐的，音节结构形式及重音位置等与突厥语族的其他语言大致相同。

土库曼语动词有人称变位、态、式、时的变化及多样化的副动词和形动词，名词有格、数和领属人称的变化。土库曼语词语中有不少词是突厥语族乌古斯语支语言中共有的，同时也吸收了许多阿拉伯语、波斯语和俄语借词。

土库曼族自信仰伊斯兰教以来，便使用阿拉伯文字记录土库曼语。1928 年改用拉丁字母，1940 年改用西里尔字母，从 2000 年开始全面改用修改过的 30 个拉丁字母。

土库曼语示例：

Türkmen halkynyň gadymy halk bolşy ýaly onuň dili hem gadymydyr.

（土库曼民族是古老的民族，其语言也如同民族一样历史悠久。）

俄语为土库曼斯坦的通用语。苏联时期，土库曼斯坦的居民大都可以用俄语交流。土库曼斯坦独立后，政府大力推广土库曼语，限制俄语的使用，近些年懂俄语的青少年逐渐减少。

除了土库曼语和俄语外，使用人数较多的是北部乌兹别克语（属阿尔泰语系突厥语族葛逻禄语支），约有 31.7 万的使用者。

此外，土库曼斯坦还有许多种语言，如西部俾路支语、库尔德语、哈萨克语、塔吉克语、巴什基尔语、白俄罗斯语、布拉灰语、达尔格瓦语、厄尔兹亚语、格鲁吉亚语、波斯语、卡拉卡尔帕克语、朝鲜语、希腊语、莱兹金语、立陶宛语、北阿塞拜疆语、奥赛梯语、塔巴萨兰语、鞑靼语、乌克兰语等。

👥 民族

当代土库曼斯坦国内民族成分复杂，共有 100 多个民族，是一个典型的多民族国家，土库曼族为其主体民族，人口约占境内人口总数的 95% 左右。除土库曼斯坦外，土库曼族在伊朗、土耳其、阿富汗等国也有分布。

土库曼人属欧罗巴人种与蒙古人种混合类型，其祖先为古代西突厥乌古斯人。公元前 7000 年至公元前 5000 年，土库曼斯坦地区就有人类定居，在历经波斯帝国、希腊马其顿帝国、安息王国、突厥汗国和阿拉伯帝国的统治之后，大约在 9—11 世纪，土库曼族最终形成。从 13 世纪开始，土库曼人一直处在蒙古人和乌兹别克人等外族统治之下。16 世纪末至 17 世纪初，居住在土库曼斯坦北部的土库曼人开始向南迁徙，并与当地居民融合，大约 19 世纪逐渐形成现代土库曼人的主体。20 世纪 90 年代以来，随着讲俄语的俄罗斯族等少数民族的大量迁出，土库曼族在土库曼斯坦总人口中所占比例大幅上升，由 1990 年的 72% 增长至如今的 94.7%。土库曼人大多信奉伊斯兰教逊尼派。

除土库曼族外，土库曼斯坦境内还有俄罗斯族、乌兹别克族、哈萨克族、亚美尼亚族、阿塞拜疆族、鞑靼族、维吾尔族、俾路支族、朝鲜族和库尔德族等少数民族。

语言国情沿革与发展

沙俄和苏联时期土库曼斯坦的语言国情

公元前 2000 年前，就有古伊朗部落迁徙至现今土库曼斯坦领地，此后波斯、马其顿、突厥、阿拉伯、蒙古等不同民族都曾先后在此聚居，印欧系语言、阿尔泰系语言、闪－含系语言都曾在这里流行过，大约在 11 世纪，以阿尔泰语系突厥语族乌古斯语支的塞尔柱人的统治为标志，土库曼民族和土库曼语开始形成。土库曼族从人种上看属于蒙古人种西伯利亚类型（突厥人）和欧罗巴人种地中海类型（波斯人）的混血，语言选用了突厥族语言，但信仰为伊斯兰教，所以在 19 世纪之前，土库曼族的语言和文字深受阿拉伯语的影响，长期以来，土库曼语采用阿拉伯字母作为书写符号。19 世纪以后，俄国势力进入中亚地区，土库曼斯坦的语言呈现出不同的面貌。

1873 年土库曼当地政权希瓦汗国成了俄国的附庸国，但土库曼部族聚居地区大部分没有被俄国占领，此后俄国对土库曼地区发动了长达 10 年的战争；1891 年，整个中亚正式并入俄罗斯帝国的版图。

沙俄的统治使得土库曼斯坦语言文化状况产生了较大的变化。沙皇政府抑制土库曼斯坦原有的文化、风俗和民族语言，极力推行俄罗斯化的政策，在土库曼斯坦大力传播俄国文化，

无论是政府机关的公文，还是民间的日常用语，都大力推行俄语，力求俄语成为当地的官方语言。这种语言政策在一定程度上使得部分土库曼斯坦本土居民学习并掌握了俄语，但由于当时土库曼斯坦地区文盲率高，加之沙俄政府对土库曼斯坦的重视程度远逊于波罗的海和东欧地区，在土库曼斯坦地区的语言政策缺乏系统性、连贯性和策略性，所以大部分土库曼族并未放弃自己的母语，俄语在土库曼斯坦发展成为官方语言的政策并未取得预期的效果。

苏联时期，苏维埃政府于 1917 年 11 月 15 日通过了《俄罗斯各族人民权利宣言》，宣告"俄罗斯各族人民的平等和独立自由"。这在语言方面的体现是每个民族都有权利保持自己的民族认同，也保留自己在任何场合说"母语"的权利；每个人都有用民族语言接受教育和发展本民族文化的权利；废除俄语作为官方语言的规划，宣称在苏维埃俄罗斯境内没有官方语言。

1918 年 10 月，人民教育委员部在《关于少数民族学校》的决议中要求少数民族学校要采用本族语言教学。

1921 年 3 月，俄共（布）十大正式通过一项决议，废除沙俄时代强力推行的俄罗斯化的政策，将俄语定位为族际共通语。与此同时，努力实现各民族语言的自决、自我发展的权利。

从斯大林时代开始，苏联政府逐渐推出并不断强化语言俄语化的政策。1958 年 11 月 12 日，苏共中央和苏联部长会议通过了《关于加强学校同生活的联系和进一步发展国民教育的提纲》，废除了原先制定的"本民族语言作为必修课"的规定，将民族语言列入选修课的范畴，而俄语仍然是必修课程。如此一来，俄语很快成为土库曼族等少数民族熟练使用的"第二母语"。

1961 年，苏共二十二大正式通过决议，规定俄语是苏联各族人民的"第二母语"。决议还明确提出在包括土库曼斯坦在内的中亚地区

实施语言发展的"两条线"政策，即民族语言仅适用于当地民族文化的发展，而俄语则用于更为宽阔的范围。在此政策影响下，俄语在土库曼斯坦地区各个领域都占有绝对优势。

在不平衡的双语制背景下，土库曼斯坦居民纷纷学习俄语，俄语使用人数逐渐增加。到1979年，62.1%的土库曼斯坦非俄罗斯族居民能同时流利地说俄语和本民族语言。

独立后土库曼斯坦的语言国情

1991年，土库曼斯坦脱离苏联正式独立。独立之初，土库曼斯坦首要的政治任务和基本国策就是建构主体民族的政治地位。这在语言方面的突出体现是，《土库曼斯坦宪法》规定主体民族语言即土库曼语为本国国语，总统候选人的主要条件之一是必须通晓国语。

除了通过宪法来保证土库曼语的国语地位之外，还专门出台了《土库曼斯坦语言法》，规定土库曼斯坦公民在学校、国家机关等公共场合都必须使用土库曼语，在学校教学过程中必须使用土库曼语进行授课。

在去俄语化的政策推动下，土库曼斯坦的俄语居民不断外迁，境内的俄罗斯人比重变小，俄语被逐渐"边缘化"。1996年，俄语在土库曼斯坦丧失了族际交际语的法律地位。土库曼斯坦作为较早较快脱离苏联影响的中亚国家，在较短的时间内就把曾经是"第二母语"的俄语降为了一种通用的外语。

土库曼斯坦的去俄语化政策也表现在文字改革上。从1993年起，政府开启了新土库曼文的设计工作，目的是弃用与俄语关系密切的西里尔字母。1999年，在这项工作基本完成之后，尼亚佐夫总统签署了相关决议，规定自2000年1月1日起，全面改用新的字母表。新字母表共有30个字母，是在拉丁字母的基础上修订而成。从总体上讲，土库曼斯坦的文字改革走得比较快，文字拉丁化后很快就进入实质性普及和推广阶段。

随着国际化的进程，土库曼斯坦政府对外语也越来越重视。最重要的外语是英语，土库曼斯坦各个学校都开设了英语课程，英语普及程度相当高。

由于经济、宗教、文化等因素的影响，土库曼斯坦和土耳其的关系非常密切。土耳其语是土库曼斯坦的另外一种较为重要的外语。土库曼斯坦的高校中开设有土耳其语课程，有相当一部分人可以流利地使用土耳其语。

近年来，随着土库曼斯坦与中国经济、文化、教育领域友好往来的日益加强，尤其是油气能源的合作发展，国内学习汉语的人数逐年增加，也相应地在大学开设了汉语专业。

🤝 语言服务

中国开设土库曼语专业的高校有2所，分别为北京外国语大学和中央民族大学。

中国尚未在土库曼斯坦设立孔子学院。

土库曼斯坦尚未有高校开设中文系或中文专业，但土库曼斯坦科学院开设了研究生层次的汉语专业。另有3所高校开设了汉语课程，分别为国立马赫图姆库里大学、阿扎季世界语言学院和国际关系学院。

小贴士

⊙首都

阿什哈巴德，位于土库曼斯坦南部卡拉库姆沙漠和科佩特山交界处，面积约 300 平方千米，是土库曼斯坦政治、经济、文化和科学中心，也是阿什哈巴德州首府，同时还是土库曼斯坦乃至中亚地区的重要交通枢纽，建于 1881 年，人口 68 万。

⊙自然与经济

土库曼斯坦全境大部分是低地，80% 的领土被卡拉库姆沙漠覆盖，平原多在海拔 200 米以下。南部和西部为科佩特山脉和帕罗特米兹山脉。主要河流有阿姆河、捷詹河、穆尔加布河及阿特列克河等，主要分布在东部。横贯东南部的卡拉库姆大运河是世界上最大灌溉及通航运河之一。土库曼斯坦属于典型的温带大陆性气候，是世界上最干旱的地区之一。年平均温度为 14—16℃，日夜和冬夏的温差很大，夏季气温长期高达 35℃ 以上，冬季在接近阿富汗的山区，气温也可以低至 −33℃。经济结构单一，以种植业和畜牧业为主。主要出口产品有天然气、石油制品、皮棉等；主要进口产品有粮食、肉类、轻工业品等。

⊙美食

比较有名的传统食品有烤肉、抓饭、馕、烤肉饼、炸馓子和包子等，饮料以茶为主，夏天常喝酸骆驼奶以消暑。土库曼斯坦食品的一大特色是广泛地使用胡椒、洋葱、孜然、薄荷等调味品。

⊙节日

新年（1 月 1 日）、国旗日（2 月 19 日）、独立日（10 月 27 日）、中立日（12 月 12 日）、开斋节（伊斯兰教历 10 月 1 日，伊斯兰教历每年的第 9 个月为斋月，第 10 个月的第 1 日到第 3 日是教徒们的开斋节）、古尔邦节（伊斯兰教历 12

月 10 日，每年的这一天穆斯林们为真主安拉宰牲献祭，也称宰牲节）等。

⊙名胜古迹

古梅尔夫国家历史文化公园 土库曼斯坦首屈一指的名胜古迹，位于第二大城马雷市东郊 30 千米，保存着土库曼斯坦历史上数代王朝与帝国的遗址，是土库曼斯坦历史的缩影，也是中亚各著名景点中年代最久远、最多元的遗址之一。古梅尔夫国家历史文化公园现存具有数百年历史的哈马达尼清真寺、克兹卡拉要塞、埃雷克卡拉遗址、基亚乌勒卡拉遗址、苏丹－桑扎尔王陵等众多古迹。1999 年，古梅尔夫国家历史文化公园作为文化遗产入选联合国教科文组织《世界遗产名录》。

埃雷克卡拉 公元前 6 世纪—公元前 4 世纪阿契美尼德王朝在此建立的城堡，也是中亚最古老的遗址。其最顶端是拜火教的祭坛，象征着拜火教至高无上的尊荣，站在该处可以一览整个梅尔夫城遗址。城堡旁边有一个巴扎遗址，是当时的统治者为建造该城堡的工人们建立的。

基亚乌勒卡拉遗址 坐落于古梅尔夫国家历史文化公园的南方区域，是由亚历山大帝国分裂出的塞琉古王朝所建立的城堡，后来帕尔提亚（安息国）、萨珊朝都一直沿用该城。古城的南角有佛塔和寺院的遗迹。1950 年的考古挖掘发现了 6 世纪萨珊朝时期的陶壶、佛像等文物。

萨珊朝遗址齐兹卡拉 "齐兹卡拉"意为"姑娘城堡"，由大小两座组成。该城建于萨珊朝，一直沿用到塞尔柱朝。遗址内部有庭院的痕迹；从外部形状看，城墙呈波浪状。

苏丹－桑扎尔王陵 位于梅尔夫古城遗迹的中心地，墓主是塞尔柱朝后半期的君王苏丹－桑扎尔。该王陵建造于 1140 年，陵墓地基深 6 米，外壁厚 5 米，高达 38 米，结构非常坚固。

文莱国旗呈长方形，长宽比2∶1。旗面由黄、白、黑、红四种颜色构成。黄色为背景，代表苏丹至高无上；黑色和白色代表文莱历史上有功的两位亲王；红色部分为国徽，构成元素为华盖、小旗、一对翼、一双手和上弦月，分别象征王权、正义、宁静、繁荣及和平；国徽上的马来语意为"永远在真主指导下，万事如意"及"和平之城——文莱达鲁萨兰国"。

文莱 | Brunei Darussalam

首都斯里巴加湾市

文莱 BRUNEI

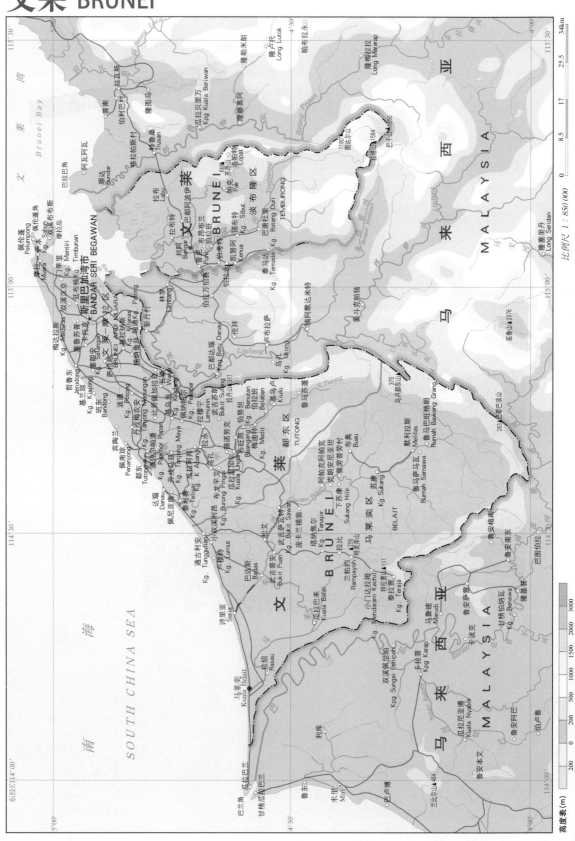

比例尺 1 : 850 000

高度表(m)

文莱，全称文莱达鲁萨兰国，又被称作文莱伊斯兰教君主国，位于亚洲东南部加里曼丹岛的西北部，北接中国南海，东、南、西三面与马来西亚的沙捞越州接壤。陆地边界总长约381千米，海岸线总长约161千米，共有33个岛屿，国土面积5765平方千米，人口约39万。

🗨 语言

文莱人口不多，但境内语言使用情况较为复杂，马来语、英语和华语是使用最为广泛的语言，阿拉伯语是文莱的宗教语言，另外还有数十种本地少数民族语言和少量外来语言。

马来语是文莱的国语和官方语言。1959年宪法明确规定马来语为文莱官方语言，"文莱的国语是马来语，并需要用法律规定的字体来书写"。马来语是文莱马来人的母语，其他少数民族既讲本族语，也将马来语作为通用语言，因此马来语是文莱使用人数最多的语言。

从语言谱系上看，马来语属于南岛语系印度尼西亚语族。文莱的马来语有文莱马来语和标准马来语之分，文莱马来语是现代马来语在文莱的一种方言变体，其84%的词汇与现代马来语一致，主要用于马来人的日常交际，同时也是马来人民族身份的象征。标准马来语即为现代马来语，其形成的基础是马来西亚和印度尼西亚的马来语，包含9个元音（单元音6个、双元音3个）和24个辅音，大部分马来语词由双音节词根组成，并通过增加前、中、后缀的形式构成派生词，或表达相应的语法意义。马来语中有很多来自梵语和阿拉伯语的借词。从语言类型上看，现代马来语属于分析型语言，主要通过功能词和词序表达句法关系，定、状语位于中心语之后，基本语序是 SVO（主语＋谓语＋宾语）。现代马来语的书写形式经历了从印度帕拉瓦文字到阿拉伯字母（加威文），再到拉丁字母的阶段。现代马来语主要用于政

府公文、印刷等领域。

马来语示例：

Media Permata bermula sebagai sisipan mingguan dalam akhbar Borneo Bulletin pada 13 Januari 1994 dan seterusnya diterbitkan secara harian mulai 30 Julai 1998.

（婆罗洲公报每周一到周日发行，但自1994年1月13日开始，马来文日报占据了一席之地，每周发行一次，1998年7月30日改为每日发行。）

英语也是文莱的通用语言。19世纪英国入侵文莱之后，英语在文莱开始广泛使用。1959年宪法规定"英语可以作为法庭办案语言"。1985年，文莱实行双语教育政策，规定从小学四年级开始，学校应将英语作为大多数学科的教学语言。2008年，文莱实施"21世纪国家教育制度"，规定从小学开始，数学和科学课必须使用英语授课。直至今日，英语在文莱的教学和日常交流中一直起着十分重要的作用，而且也越来越广泛地应用于商业、科教、外交和文化传媒等领域。受马来语的影响，文莱英语并非标准英语，主要表现在词首的 [th] 发为 [t]、句法趋向简单化、模仿马来语的句子结构等方面。

华语也是文莱使用较为广泛的语言。文莱境内的华语以闽南语、客家话和广东话为主，还有部分文莱华人说潮州话、雷州话、兴化话、广西官话、台山话、福州话、海南话以及其他的汉语方言。一些文莱的华文私立学校，从小学起就对学生进行汉语普通话教学，中学开始教授汉语，因此，汉语普通话成为华人社区的通用语言。

文莱境内的本地少数民族语言主要有6种，分别是达雅克语、都东语、马来奕语、杜松语、比莎雅语和姆鲁语。此外，文莱境内还有几种非本地语言，如印地语等。

阿拉伯语是文莱的国教伊斯兰教的宗教语

言。一些文莱的学校，尤其是宗教学校，包括普通高等院校都会开设阿拉伯语课程。据不完全统计，文莱境内约有 6 所阿拉伯语学校和 1 所宗教教师大学。

民族

从 8 世纪开始，文莱就有人定居，14 世纪文莱伊斯兰教君主国摆脱爪哇的控制，于 15 世纪归附于马六甲王国，独立后重新皈依伊斯兰教，改制苏丹国。16 世纪中期，葡萄牙、西班牙、荷兰、英国等资本主义国家相继入侵，1888 年文莱沦为英国的殖民地，1941 年被日本占领，1945 年英国恢复对文莱的控制，直到 1984 年文莱获得完全独立。文莱的民族史就是马来人抗击外来侵略和与其他民族不断融合、发展的奋斗史。

文莱是一个多民族国家，境内共分布着 20 多个不同的民族，大致可以分为土著居民和非土著居民两大类。土著居民主要是马来人和达雅克人，马来人约占总人口的 66.4%，达雅克人约占总人口的 6%。其他非土著居民主要有华人、印度人、欧洲人等。华族是人数最多的少数民族，约占文莱总人口的 15%。

马来族是文莱的主体民族，主要是早期迁入文莱的境外马来人的后裔。从 13 世纪开始，文莱马来人的祖先从苏门答腊、马六甲、沙捞越、沙巴、菲律宾和印度尼西亚等地区迁徙到文莱。文莱马来人等级森严，主要的等级有苏丹、亲王、贵族、富人、自由民和仆役等。不过随着社会经济的发展，近年来文莱的等级划分有所减弱。

达雅克人是文莱其他土著居民的统称，包括伊班人、卡达扬人、杜逊人、穆鲁特人、马兰诺人、加央人和比南人等。达雅克人有着自己古老的风俗习惯，使用的达雅克语也属于南岛语系，包括多种方言。达雅克人生活水平并不高，有些部族现尚处在人类最古老的原始公社或氏族社会阶段，有的达雅克人部族甚至仍处在游牧和渔猎时代，但也有一些已定居的土著部族能够从事农业生产，比如种植旱稻和橡胶等，还有一些土著居民擅长木船制造、编织和金属加工等。达雅克人多在山区居住，土著村落以建在江河边居多。

华人是文莱境内除马来人外人口最多的人群，主要聚居在首都斯里巴加湾市、白拉奕市、诗利亚市。根据史书记载，华人移居文莱始于唐代，宋代和 19 世纪末也有华人大规模移居文莱。20 世纪之后，随着橡胶业和石油业的迅猛发展，文莱的华人人口数量也迅速增加，为此文莱政府还设立专门的部门来管理华人。文莱的华人主要来自中国福建、广东、海南和广西等省区。

欧洲人是文莱外来居民中除华人外，人数较多、地位较高的人群，文莱的欧洲人以英国人居多。欧洲人自 16 世纪中叶起入侵文莱，1888—1959 年，文莱都处于英国的殖民统治之下，在此期间，为数不多的英国人对文莱的政治、经济、文化、语言等方面都产生了巨大影响。除了政治统治外，英国人在进出口贸易、矿产业和庄园种植业等领域发挥着重要作用；在宗教方面，他们利用传播基督教教义的名义对文莱人民进行殖民统治，影响文莱的文化。

文莱现有的印度人数量不多，主要来自马来西亚等地。英国殖民者统治文莱之后，印度人作为油田工人陆续移居文莱开发油田。除此之外，文莱还居住着其他一些外来居民，主要有巴基斯坦人、锡兰人、印度尼西亚人、菲律宾人、澳大利亚人、新西兰人、加拿大人和南非人等，大部分人在油田工作，少部分在中心城市从事纺织等工作。

语言国情沿革与发展

文莱语言国情的发展与文莱主体民族的变迁、独立和发展密切相关。现已形成以马来语为国语，英语为通用语言，中国闽南语、客家话并存及少数民族语言和谐发展的局面。

独立前文莱的语言国情

早在 13 世纪，苏门答腊和马六甲等地的马来人就已迁入文莱。到 20 世纪初，来自沙捞越和沙巴地区的马来人迁入文莱，开采石油和发展种植业。同时期，菲律宾、印度尼西亚等地的马来人也迁入文莱，并逐渐形成文莱的主体民族。

由于迁入文莱的马来人来自不同的地区，其语言必然存在差异，但这些马来人同文同种同宗教，因此，这种差异并不影响彼此之间的交流。马来语逐渐成为文莱马来人的最佳选择，马来语主体语言的地位由此奠定。与此同时，在文莱境内还居住着少数达雅克人等土著居民，他们与马来人之间的交往或多或少地影响着马来语，从而导致文莱的马来语在发音和拼写上都有些不同，但这种变化并没有影响马来语在文莱的主体地位。因此，文莱马来人的迁入是马来语国语地位确立的先决条件，也是最基本条件。

15 世纪，文莱君主改信伊斯兰教，改制苏丹国。苏丹国由马来人建立，因而马来人一直处于统治地位，其他民族则处于附属或者被统治地位，马来人的统治地位进一步巩固了马来语的主体地位。至 16 世纪初，文莱国力强盛，国土已经扩展至菲律宾南部及沙捞越等地。1859 年文莱宪法正式确立马来语的国语地位，同时，文莱政府也积极采取一系列措施以巩固和提高马来语的国语地位，如建立语文局，公布《国语宣言》，以及规定政府各部门必须使用马来语发布通告等。这些措施都表明马来语的国语地位不仅是政治统治的需要，也是马来人民族和语言尊严及自豪感的体现。

1847 年，文莱政府被迫与英国签订不平等条约，沦为英国的殖民地。在英国殖民统治期间，英国人在文莱兴办西式学校，包括很多私立学校和教会学校，提倡并坚持以马来语为主、英语为辅的双语制度，仿照英国模式、依照英国的教学大纲进行教育。不仅如此，英国的入侵也改变了文莱马来语的书写形式，即由原来的阿拉伯字母改为拉丁字母形式。因此，英国的殖民统治使得英语在文莱占据了重要地位，直到今天，英语也是文莱使用较为广泛的语言之一。然而，殖民国的特殊身份使得这个时期文莱的英语无法满足马来人等的民族自信心和自豪感。因此，此时期的英语虽然也是文莱的主要语言，但它并未动摇马来语的国语地位。

独立后文莱的语言国情

1983 年，文莱宣布独立，真正成为一个拥有独立主权的穆斯林君主制国家。独立后，文莱开始在地区和国际事务中扮演自己的角色，但曾长期作为英国殖民地的历史使得文莱仍然与英国保持着紧密联系，文莱保留了传统的君主制度，1985 年 1 月开始实施双语教育计划等。文莱政府所提倡的新教育体系，目的是在保护马来语官方语言地位的同时，使学生能够同时熟练掌握两种语言。但事实上，文莱政府在同时使用马来语和英语两种语言的过程中发现，英语往往在教学中起着更为重要的作用。这表明，随着文莱的民族独立，虽然最主要的语言仍然是马来语和英语，但其地位已经发生了变化。马来语作为国语，仍然承载着文莱民族的自豪感和自尊心，但英语已经不是英国进行政治统治的工具，英语的学习和使用越来越体现出文莱整个民族的进步与发展。

文莱独立后的语言变化不仅仅体现在英语地位的变化上，还体现在汉语的流行上。由于文莱长期处于英国的殖民统治下，与其他国家的交往受到很大限制。例如，居住在文莱的华人数量减少。但自 1991 年 9 月 30 日中国和文莱建交以来，双方友好交流与合作不断扩大，如今两国关系已进入全面发展的新时期。两国交好使得文莱境内的华人数量显著增加，华族逐渐成为人数最多的少数民族。事实上，早在18世纪，就有许多华人定居文莱，并以各种方式传播汉语和中华文化，可以说文莱华人的存在带来了文莱语言生态新的变化。文莱的华人大部分是中国广东、福建等地的移民，福建话、闽南语是文莱华人的主要交际语言。

🤝 语言服务

中国开设马来语专业的高校有9所，具体参见"马来西亚"（第221页）。

中国尚未在文莱设立孔子学院。

文莱尚未有高校开设中文系或中文专业。汉语教学主要集中在华文私立学校，目前有16所华文私立学校，主要集中在中小学。

小贴士

⊙首都

斯里巴加湾市，文莱最大的城市，有"东方威尼斯"的美称，位于婆罗洲北部，文莱湾西南角的滨海平原，主要居民为马来人和华人。斯里巴加湾市属典型的热带海洋性气候，白天炎热，夜晚凉爽，没有旱季。

⊙姓氏

文莱马来人的姓氏并不固定，一般都采用父名作为姓氏，名字通常包括3个部分：本人名字、父名，中间为表示"儿子"或"女儿"的bin或binti。文莱马来人习惯在名字前加尊称，尊称有男、女和朝圣、未朝圣之分，如"阿旺（男性尊称）、达扬（女性尊称）、阿旺·哈吉（男性朝圣）、达扬·哈贾（女性朝圣）"，名字可以反映出其家族和社会地位。

⊙自然与经济

文莱国土的四分之三被原始森林覆盖，地势东高西低，东部多为广阔的沿海平原和崎岖的山地，西部多为丘陵和洼地。文莱属于热带雨林气候，全年分为旱季和雨季，雨季为11月至次年2月，旱季为3—10月。目前经济结构正逐步由依靠石油、天然气的单一经济，向渔业、农业、旅游业和金融服务业等多元化经济模式转变。

⊙美食

文莱饮食多带辣味，著名小吃有沙爹、烤鸡、烤鱼、椰浆饭、五彩点心和拉茶；主食多为米饭和面食；水果多为清新爽口、汁甜味美的热带水果。受伊斯兰文化影响，全国禁酒，酒店、餐厅和娱乐场所均不售酒，公共场合不得饮酒。

⊙节日

新年（1月1日）、国庆节（2月23日）、文莱皇家武装部队庆祝日（5月31日）、开斋节（伊斯兰教历10月1日）、华人的春节（中国农历正月初一）、圣诞节（12月25日）等。

⊙名胜古迹

努洛伊曼皇宫 世界上最大的皇宫，世界六大宫殿之一，文莱苏丹住所。建筑风格奇特，金碧辉煌，集宗教的神圣和皇权的威严于一身。

奥玛尔·阿里·赛福鼎清真寺 位于首都斯里巴加湾市，是文莱的象征，也是东南亚最美丽的清真寺之一，突出特点是具有极富现代化气息的塔内电梯。

博而基亚清真寺 文莱最大的皇家清真寺，由29个金碧辉煌的圆顶和4个尖塔构成，29个圆顶代表的是历史上统治文莱的29个苏丹，4个尖塔装饰有蓝色和白色的马赛克。寺内的礼拜堂气势宏伟，可以容纳3500多人。

苏丹纪念馆 位于斯里巴加湾市中心，建成于1992年，馆内收藏丰富，不仅有苏丹使用的各种王冠、战车，还有登基大殿的复制版，纪念馆二楼还存放着各国政要送给现任苏丹的纪念品。

乌克兰国旗呈长方形，长宽比3∶2。旗面由蓝黄双色条组成，蓝色代表天空与海洋，象征自由与主权；黄色代表麦田，象征乌克兰悠久的农业历史。黄蓝二色为乌克兰的传统颜色，源自该国蓝盾黄狮徽章。

乌克兰 | Ukraine

基辅独立广场

乌克兰 UKRAINE

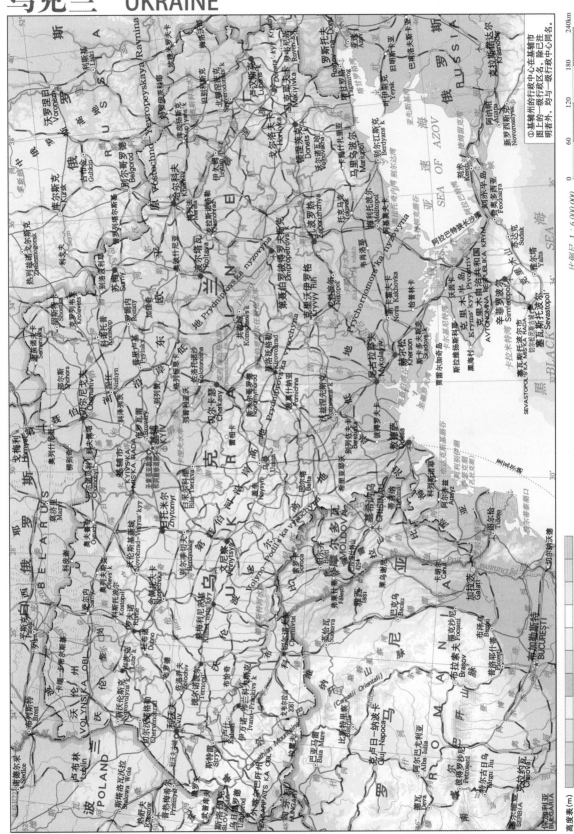

比例尺 1:6 000 000

乌克兰，位于东欧西南部，黑海、亚速海北岸，东部和东北部与俄罗斯毗邻，北面与白俄罗斯接壤，西面邻接波兰、斯洛伐克、匈牙利、罗马尼亚，西南部紧靠摩尔多瓦。国土面积 603 700 平方千米，人口约 4555 万。

🗨 语言

乌克兰语是乌克兰的官方语言，约有 67.5% 的人使用乌克兰语，俄语的使用人数约占 29.6%，与乌克兰语一起成为乌克兰的两种主要通用语言。还有 2.9% 的人使用克里米亚鞑靼语、摩尔多瓦语和匈牙利语等少数民族语言。

乌克兰语属于印欧语系斯拉夫语族东斯拉夫语支。乌克兰语可分为北方、东南、西南及喀尔巴阡四大方言，各方言之间存在一定差异，但不影响彼此交流。标准语以东南方言区的基辅方言为基础。乌克兰语在语音、词汇和语法等方面与俄语有许多共同之处，因此两种语言之间可以互通。

乌克兰语语音系统包括 6 个元音、32 个辅音，共 38 个音位。文字采用西里尔字母，共 32 个字母符号，其中 9 个元音字母，21 个辅音字母，1 个音组字母，1 个无音字母——软音符号，硬音符号以撇号（'）代替。乌克兰语是屈折语，语法意义主要依靠词形变化表示，词形变化多通过添加词尾的形式实现，语序为 SVO（主语＋谓语＋宾语）型。

乌克兰语示例：

Ви розмовляєте українською?

Так, трохи.

（你会说乌克兰语吗？是的，会一点儿。）

乌克兰还有白俄罗斯语、犹太语、克里米亚鞑靼语、摩尔多瓦语、波兰语、匈牙利语、罗马尼亚语、希腊语、德语、保加利亚语等少数民族语言。1996 年，乌克兰国家宪法规定乌克兰语为国语。目前，乌克兰在文化、教育、新闻、出版、广播电视方面均使用乌克兰语，但国家保证俄语以及其他少数民族语言和文字的使用自由。

乌克兰语在俄罗斯、白俄罗斯、波兰、保加利亚、哈萨克斯坦、摩尔多瓦、乌兹别克斯坦、美国、加拿大、巴西、阿根廷、澳大利亚、立陶宛等国家也有大量的使用者。

👥 民族

乌克兰是一个多民族国家，共有 130 个民族。乌克兰族是主体民族，在现今乌克兰的 24 个州中，乌克兰族占比很高的州有 17 个，其中人口比例超过 90% 的州有捷尔诺波尔州、伊万诺－弗兰科夫斯克州、沃伦州、里夫宁州及切尔卡瑟州等。据相关统计，目前 500 多万乌克兰族人侨居美国、加拿大、阿根廷、巴西、澳大利亚、波兰、捷克、斯洛伐克、罗马尼亚、摩尔多瓦等美洲、澳洲和西欧地区，500 多万人生活在俄罗斯、白俄罗斯、哈萨克斯坦、乌兹别克斯坦、立陶宛、拉脱维亚、爱沙尼亚等国家。此外，还有许多乌克兰族人被迫登记为其他民族。

俄罗斯族是乌克兰的第二大民族，约占全国总人口的 17.3%，主要集中居住在克里米亚自治共和国、卢甘斯克州、顿涅茨克州、哈尔科夫州、扎波罗热州、敖德萨州、第聂伯罗彼得罗夫斯克州和赫尔松州等地区，尤其是在克里米亚自治共和国，俄罗斯族约占该州总人口的四分之三。由于历史、政治、文化等方面因素的影响，俄罗斯人和乌克兰人之间的民族关系并非一直和谐平稳，而是起起伏伏，时而亲密，时而对立，但总体上看，族源关系已经把两个民族紧紧地联系在一起。

白俄罗斯族是乌克兰的第三大民族，约占总人口的 0.6%。白俄罗斯族主要居住在乌克兰各地的城镇，分布在克里米亚自治共和国、顿涅茨克州、第聂伯罗彼得罗夫斯克州、卢甘斯克州、尼古拉耶夫州、哈尔科夫州、扎波罗热州和基辅市。白俄罗斯族与乌克兰族、俄罗斯族同宗同源，语言均隶属于东斯拉夫语支。由于历史和政治等原因，白俄罗斯族、乌克兰族和俄罗斯族普遍存在混居现象。

犹太族的人口数量约占全国人口的 0.2%。犹太人主要居住在城市，大部分会说俄语或乌克兰语，信奉犹太教。乌克兰独立后，很多犹太族人已移居国外。

此外，在乌克兰还有人口数量较少的其他少数民族。如摩尔多瓦族，主要分布在与摩尔多瓦共和国相近的敖德萨州和扎波罗热州，人口约 30 万；保加利亚族，主要分布在敖德萨州和扎波罗热州，人口约 23 万；波兰族，主要居住在日托米尔州、赫梅利尼茨基州、利沃夫州和基辅市，人口约 21 万。还有一些少数民族人数虽然相对很少，但居住相对较为集中，比如匈牙利人主要居住在外喀尔巴阡州，加告兹人多聚居在敖德萨州，希腊人生活在顿涅茨克州，罗马尼亚人居住在外喀尔巴阡州。鞑靼族多聚居于克里米亚半岛，因苏联政府采取强制性政策，将鞑靼族迁移到中亚，导致鞑靼族的不满，1991 年乌克兰独立后，制定了一系列的政策，希望帮助鞑靼人逐步重返克里米亚。

乌克兰是一个信仰自由的国家，主要宗教有东正教、天主教、浸礼教、犹太教等，其中东正教是乌克兰第一大宗教，其教徒约占全国信教人数的 85%。

语言国情沿革与发展

乌克兰语与俄罗斯语、白俄罗斯语同属印欧语系斯拉夫语族东斯拉夫语支，在斯拉夫语族中是仅次于俄语和波兰语的第三大语言。

独立前乌克兰的语言国情

公元 5 世纪左右，东斯拉夫人就已生活在第聂伯河和德涅斯特河与多瑙河下游西南部之间的广大区域。6 世纪开始，居住于第聂伯河流域的东斯拉夫各部落以居住在现今基辅地区的波利安人为核心，结成部落联盟，波利安人首领基伊创建了古罗斯国，直到 9 世纪下半期，才出现了以基辅为都城的早期封建国家——基辅罗斯。

由于封建割据，古罗斯族逐渐分裂成俄罗斯人、乌克兰人和白俄罗斯人 3 个支系。约 14 世纪，乌克兰人基本形成了具有独特语言、文化和生活习惯的单一民族，也是从此时开始，乌克兰不断受到匈牙利、鞑靼、立陶宛、波兰、土耳其等外族的入侵。13 世纪前匈牙利占领了外喀尔巴阡地区；1240 年蒙古鞑靼人占领了基辅，乌克兰大部分地区被蒙古金帐汗国征服；14 世纪立陶宛、波兰和莫尔达公国瓜分了乌克兰人的领地；16 世纪下半叶乌克兰全境被波兰统治。因屡次遭受外族统治，乌克兰语在乌克兰的社会地位常常受到外族语言的威胁。17 世纪之后，乌克兰民族意识开始觉醒，在第聂伯河一带以基辅、波尔塔瓦为中心形成了乌克兰现代民族。1648 年，乌克兰哥萨克首领鲍格丹·赫梅利尼茨基发动起义，遭到占领者波兰军队的残酷镇压，鲍格丹被迫向俄罗斯公国求援。1654 年，佩里亚斯拉夫哥萨克大会通过了《佩里亚斯拉夫协定》，乌克兰（东乌克兰）与俄罗斯"统一"。从 17 世纪下半叶开始，东乌克兰归属俄罗斯，俄语通行，沙皇将乌克兰语视为俄语的地方方言，并对其使用加以限制。由于乌克兰和俄罗斯的族源关系、历史关系以及较近的语言亲属关系，东乌克兰语受俄语的影响较大。西乌克兰则先后受到波兰、俄罗斯、奥地利等民族的控制，西部乌克兰民族的语言文化特征因民族冲突和压迫反而得以强化，与东乌克兰的俄罗斯化相比，西乌克兰在乌克兰语演变进程中扮演着相当重要的角色。

从 1654 年签署《佩里亚斯拉夫协定》到 1917 年俄国十月革命前的 260 多年间，乌克兰一直受沙皇俄国统治。俄国十月革命后，乌克兰于 1922 年加盟苏联，自此俄语作为官方语言在乌克兰使用，乌克兰超过半数的出版物及大部分报纸均用俄文出版。沙皇统治时期，乌克兰语被一定程度地禁止使用；苏联初期，乌克兰语一度有所发展。但随着俄罗斯化进程的加速，俄语成为苏联官方语言和苏联各民族的族际语，也因此成为乌克兰的官方语言，对乌克兰的政治、经济、文化和社会生活等方面都产生了深刻影响，乌克兰语仅作为俄语方言而存在，乌克兰语的生存空间一直受到一定程度的挤压。

独立后乌克兰的语言国情

1991 年乌克兰宣布独立，乌克兰语被正式确立为乌克兰官方语言，俄语的影响仍十分强大。乌克兰独立后，乌克兰族人口占国内总人口的 72.7%，其中自认为乌克兰语为第一语言的人口约占 87%，自认为俄语为第一语言的人口约占 12%，但能够熟练使用俄语的乌克兰族人却接近 60%，俄语实际上占据了主导地位，乌克兰族人出现了俄乌双语现象，人口也分化为俄语阶层和乌克兰语阶层。乌克兰的双语分化并不是俄乌对等关系下的双语，而是俄语优势下的单向双语，主要是乌克兰语群体有人说俄语，而俄语群体基本上不使用或不会使用乌克兰语。

为了更好地推广乌克兰语，乌克兰政府采取强有力的政策和措施强化乌克兰语教学，如把基辅所有俄文学校改为乌克兰语学校，为语言能力欠缺者开设语言课程等。到 21 世纪初，以乌克兰语授课的全日制中学占到 75.1%，而以俄语授课的学校则降至 23.9%。全国性地更改地名和街道标识语，将俄语换成乌克兰语。

乌克兰独立 20 多年来，尽管乌克兰语作为法定官方语言，成为各级学校的主要教学语言，但是由于历史原因及 20 世纪以来乌克兰语言生活的俄罗斯化，语言政策的实施效果并不理想，俄语作为乌克兰通用语言之一的属性只是受到了一定程度的影响。不少乌克兰族人承认乌克兰语为母语，但在日常生活中大量使用俄语，很多人同时使用这两种语言。在维护语言地位方面，乌克兰和俄罗斯双方出于维护自身利益而表现出不同的态度，俄罗斯政府公开支持并保护前加盟共和国的所有俄语群体，包括俄罗斯族之外的其他俄语使用者，而乌克兰民族则坚持要忠于国家，使用乌克兰语，不允许俄语成为独立后国家的主要语言。语言政策引发的分歧致使乌克兰的语言生活始终处于失衡的状态，在乌克兰人的政治和社会生活中语言问题依然复杂而微妙。

🤝 语言服务

中国开设乌克兰语专业的高校有 2 所，分别为北京外国语大学和上海外国语大学。

中国在乌克兰设立的孔子学院有 5 所，分别为国立卢甘斯克师范大学孔子学院、基辅国立大学孔子学院、哈尔科夫国立大学孔子学院、南方师范大学孔子学院和基辅国立语言大学孔子学院，合作单位分别为浙江师范大学、吉林大学、安徽大学、哈尔滨工程大学和天津外国语大学。另有孔子课堂 1 个，为基辅第一东方语言中学孔子课堂。哈尔科夫国立大学孔子学院在苏梅国立大学、扎巴罗日国立大学、波尔多瓦消费者联合大学和克里木半岛塔夫里国立大学开设了汉语培训班。

乌克兰开设中文系或中文专业的高校有 16 所，其中：公立大学 9 所，分别为第聂伯罗彼得罗夫斯克大学、国立基辅大学、国立基辅语言大学、国立哈尔科夫师范大学、国立卢甘斯克师范大学、喀尔巴阡大学、基辅格林琴科大学、顿涅茨克国立大学和哈尔科夫国立大学；私立大学7所，分别为私立克拉玛托尔斯克经济文化学院、基辅国际大学、基辅东方世界大学、私立基辅国际大学、基辅总统大学、基辅农业大学和基辅大学国际关系学院。

小贴士

⊙首都

基辅，位于乌克兰中北部，第聂伯河中游。人口278万，面积827平方千米。基辅是东欧最重要的工业、科学、文化及教育中心之一，也是乌克兰高等教育机构和历史著名建筑的所在地。

⊙姓氏

乌克兰人的全名一般由"姓氏＋名字＋父称"构成。乌克兰人一般不单用姓来称呼某人，即使用也在姓前面加上"先生""女士"等称谓。如果对方说明自己的全称，那就可以用"先生＋姓"或"名字＋·父称"来称呼对方，前者比较郑重，而后者显得更加友善，人情味更浓。

⊙自然与经济

乌克兰东部地区有中俄罗斯高地西南支脉、顿涅茨高地和亚速海沿岸高地。乌克兰西部是山地，主要是喀尔巴阡山，南部有克里米亚山脉。除克里米亚西南部黑海沿岸具有亚热带气候特点外，全国大部分地区属于温和的大陆性气候。冬季1月份最冷，平均气温为-7.4℃；夏季平均气温19.6℃。农业资源丰富，黑土带面积占世界黑土带总面积的40%，森林覆盖率达14%。工农业较为发达，重工业在国民经济中占主要地位，煤炭、冶金、机械制造和化学工业是现代经济的支柱。

⊙美食

乌克兰人以面食、稻米为主食，特别喜欢吃奶渣或樱桃馅儿的饺子。红菜汤被誉为乌克兰最有特色的"国菜"，有30多种，比较出名的有基辅红菜汤、珀尔塔夫斯基红菜汤、沃伦斯基红菜汤、里沃夫红菜汤等。

⊙节日

新年（1月1日）、东正教圣诞节（1月7日）、统一日（1月22日，纪念东西乌克兰合并）、胜利日（5月9日）、宪法日（6月28日）、独立日（8月24日，又称国庆节，乌克兰最为重大的节日）等。

⊙名胜古迹

雅尔塔 位于克里木半岛南部，南临黑海，三面环山，四季如春，花香林秀，有"克里木明珠"之称。雅尔塔有哥特式古堡、东方式的基奇金奈官殿、契诃夫故居、土耳其古堡"燕子窝"、艾托多尔岬角的灯塔、乌冒苏瀑布等名胜。

基辅索菲亚大教堂 建于公元11世纪，属于巴洛克式风格的建筑，是智者雅罗斯拉夫为庆祝古罗斯军队战胜突厥佩切涅格人和颂扬基督教而修建的。现陈列着许多考古文物和建筑模型。1990年，基辅索菲亚大教堂作为文化遗产入选联合国教科文组织《世界遗产名录》。

卫国战争纪念馆 矗立于古老的第聂伯河右岸，是一组雄伟的雕刻和建筑艺术群，占地10公顷，馆中陈列8000多件第二次世界大战时期的展品及许多油画和雕塑，记录了乌克兰人民在卫国战争中建立的不朽功勋。

乌兹别克斯坦国旗呈长方形，长宽比 2：1。旗面由浅蓝、镶两条红边的白和浅绿三色条纹组成。蓝色象征永恒的天空、纯净的水；白色象征和平、出门平安的祈愿；绿色为自然、新生命的颜色，也是伊斯兰教的颜色；红色镶边象征旺盛的生命力。左上角的白色新月和十二颗白色星星，分别象征新的共和国、一年 12 个月和黄道十二宫。

撒马尔罕

乌兹别克斯坦

The Republic of Uzbekistan

乌兹别克斯坦 UZBEKISTAN

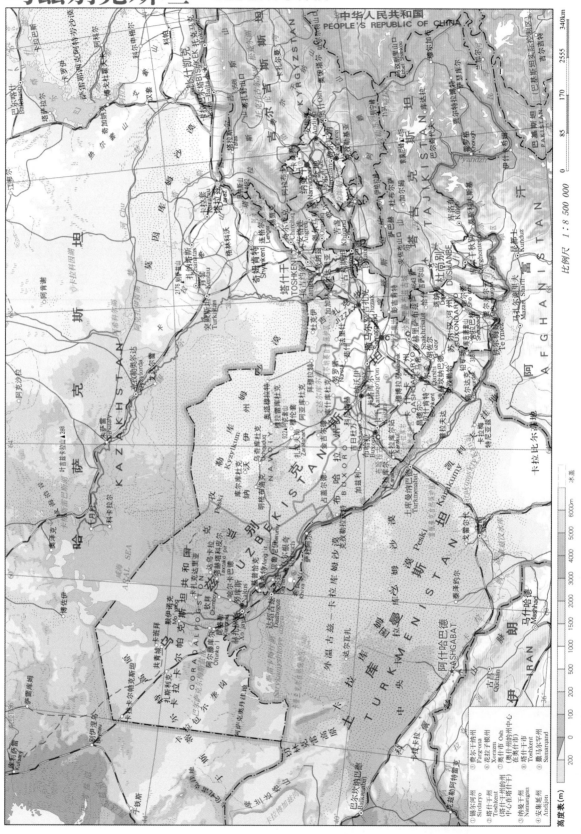

乌兹别克斯坦，全称乌兹别克斯坦共和国，位于中亚腹地，南接阿富汗，北部和西北部同哈萨克斯坦接壤，东邻吉尔吉斯斯坦，东南部同塔吉克斯坦相连，西南部与土库曼斯坦相邻，是世界上仅有的两个"双重内陆国"之一（另一个是位于中欧的列支敦士登公国）。国土面积 447 400 平方千米，人口约 3100 万。

语言

乌兹别克斯坦是一个多民族、多语言的国家，乌兹别克语为国语，俄语是通用语。此外，还有一些少数民族语言和移民语言。

乌兹别克语属阿尔泰语系突厥语族葛逻禄语支，使用人口约 1500 万，大部分使用者分布在乌兹别克斯坦。乌兹别克语有三大方言群：乌古斯方言群、克普恰克方言群和察合台（东南部）方言群。乌兹别克现代标准语的基础是察合台（东南部）方言群中的塔什干 – 费尔干纳土语群（即东南方言），标准音的基础是塔什干市的规范语音。

乌兹别克语有 6 个元音、25 个辅音。与其他突厥语族语言相比，乌兹别克语的元音和谐规律并不严格。单词的重音常落在最后一个音节上。

乌兹别克语的词有动词、名词、形容词、数词、代词、副词、后置词、连词、助词和感叹词等。有比较丰富的波斯语、阿拉伯语及俄语外来词。词汇中畜牧方面的术语较多。

乌兹别克语曾采用以阿拉伯字母为基础的察合台文，1929 年后改为以拉丁字母为基础的文字，1940 年后又改用西里尔字母。1991 年独立后，推行去俄罗斯化政策，总统卡里莫夫通过一项法案，宣布采用新修订的拉丁字母系统。新的字母共有 29 个。

乌兹别克语示例：

Siz bilan tanishganimdan xursandman.

（很高兴和您认识。）

俄语为乌兹别克斯坦的族际交际语。乌兹别克斯坦的俄罗斯族人口不足 200 万，但境内使用俄语者却有 407 万。在乌兹别克斯坦，俄语识字率高达 99%。

其他主要民族语言还有乌兹别克语化的阿拉伯语、希伯来语、克里米亚鞑靼语、卡拉卡尔帕克语、哈萨克语、塔吉克语和土耳其语等。

乌兹别克语化的阿拉伯语，又称中亚阿拉伯语、喀什卡达利亚阿拉伯语或乌兹别克斯坦的阿拉伯语，主要分布在纳沃伊州、喀什卡达利亚、布哈拉、撒马尔罕、泽拉夫尚河谷的中下游地区，少数分布在卡塔库尔干镇和一些小村庄，该语言为濒危语言。布哈拉和喀什卡达利亚地区的阿拉伯语有明显差异，布哈拉地区的阿拉伯语深受塔吉克语的影响，而喀什卡达利亚地区的阿拉伯语则受到乌兹别克语和其他突厥语族诸语言的影响，可能是一种混合语言，其核心是阿拉伯语。

希伯来语属闪 – 含语系闪米特语族的一个分支，分布在乌兹别克斯坦的很多地区，约有 1 万人使用。该语言又被称为犹太人的语言、哈拉语、布哈林或犹太 – 塔吉克语。

克里米亚鞑靼语又称克里米亚土耳其语，属阿尔泰语系突厥语族回鹘语支，主要分布在纳沃伊州和撒马尔罕，在乌兹别克斯坦大约有 15 万人使用。该语言有 3 种方言：北部克里米亚方言、中部克里米亚方言（克里米亚诺盖语分布于克里米亚草原）和南部克里米亚方言。

卡拉卡尔帕克语属阿尔泰语系突厥语族克普恰克语支，主要分布在活塞州、纳沃伊州、布哈拉和花剌子模地区、阿姆河下游地区和咸海南部地区，在乌兹别克斯坦约有 40.7 万人使用。卡拉卡尔帕克语是卡拉卡尔帕克斯坦省的法定语言，有两种方言：东北卡拉卡尔帕克语和东南卡拉卡尔帕克语。

哈萨克语属阿尔泰语系突厥语族克普恰克语支，在乌兹别克斯坦约有 80 万人使用，主要分布在纳沃伊州、吉扎克、活塞州、布哈拉和锡尔河等地区。

塔吉克语属印欧语系印度－伊朗语族伊朗西南波斯语支，主要分布在喀什卡河流域、锡尔河流域、布哈拉、撒马尔罕和纳沃伊州等地区，在乌兹别克斯坦的使用者约 126 万。

乌兹别克斯坦的土耳其语又称为西支土耳其语，属阿尔泰语系突厥语族乌古斯语支，主要分布在锡尔河流域、吉扎克、喀什卡河流域、布哈拉、撒马尔罕、纳沃伊州等地。

乌兹别克斯坦的主要移民语言包括亚美尼亚语、巴什基尔语、贝拉尔西语（白俄罗斯语）、车臣语、楚瓦什语、达尔格瓦语、多马里语、东干语、厄尔兹亚语、格鲁吉亚语、印古什语、伊兰语、卡拉恰伊－巴尔卡尔语、朝鲜语、吉尔吉斯语、腊克语、莱兹吉语、立陶宛语、诺盖语、北阿塞拜疆语、奥塞特语、西班牙语、罗马尼亚语、标准德语、塔巴萨兰语、土库曼语、乌克兰语、维吾尔语等。

民族

乌兹别克斯坦境内有 130 多个民族。乌兹别克族是主体民族，约占人口总数的 78.8%；俄罗斯族，占 4.4%；塔吉克族，占 4.9%；此外还有哈萨克族、鞑靼族、卡拉卡尔帕克族、吉尔吉斯族、土库曼族、朝鲜族、乌克兰族、土耳其族、维吾尔族、白俄罗斯族、犹太族等。

苏联时期，大批俄罗斯、犹太、鞑靼、乌克兰和朝鲜等族居民迁移到包括乌兹别克斯坦在内的中亚国家。1917 年，在乌兹别克斯坦的俄罗斯族人仅占人口总数的 2%，到 1959 年所占比例已上升到 13.5%。但 20 世纪 70 年代后，乌兹别克斯坦的俄罗斯族人口比例逐年下降，从 1970 年至 1989 年，由 12.5% 减少到 8%。乌兹别克斯坦独立后，俄罗斯族在工作、生活、学习等诸多方面受到了歧视，人口数量下降的

趋势更加明显，目前已下降至 4.4%。其他非主体民族如德意志族也大批离开。到 20 世纪 90 年代末期，乌兹别克国内局势稳定，经济得到一定程度的发展，使用俄语的居民迁出数量有所减少。

乌兹别克斯坦主体民族乌兹别克族信奉伊斯兰教，属逊尼派。境内信奉伊斯兰教的民族还有塔吉克族、哈萨克族、吉尔吉斯族、阿塞拜疆族、鞑靼族、维吾尔族等。

 语言国情沿革与发展

独立前乌兹别克斯坦的语言国情

早在公元前 1000 年左右，中亚地区就有操印欧语系伊朗语族语言的游牧民族定居。公元前 2 世纪以后，今乌兹别克斯坦的布哈拉、撒马尔罕等地成为丝绸之路贸易中心，发展为富裕的城市。公元 7 世纪中期以后，阿拉伯人开始征讨此地，带来了伊斯兰教和阿拉伯语，对其后的中亚地区文化发展影响很大。8 世纪，被唐朝击溃的一支突厥部落西进，在该地区迅速发展。9 世纪，波斯人在此建立了强大的萨曼帝国，并通过各种手段使突厥各部落接受了波斯文化和伊斯兰教，许多突厥农牧民纷纷定居城市，同波斯人、东伊朗人一起生活，拉开了中亚地区突厥化的序幕，并逐渐取代波斯王朝，9—11 世纪相继出现了伽色尼、喀喇汗等突厥王朝。乌兹别克族在此时形成，由突厥人和东伊朗人（以最早生活在这块土地上的伊朗人后裔粟特人为主）组成，语言的竞争则以突厥语胜出而告终，但阿拉伯语及其书写符号阿拉伯字母对乌兹别克斯坦的语言文字也产生了重要影响。这一时期，一些阿拉伯语的词汇进入了乌兹别克语，乌兹别克人也逐渐开始使用阿拉伯字母书写乌兹别克语。

19 世纪和 20 世纪初，乌兹别克斯坦先是被沙俄征服，后又并入苏联。苏联初期奉行各

民族平等政策，乌兹别克语的文字由阿拉伯字母改用拉丁字母。其后，苏联开始俄罗斯化进程，从 1936 年开始，苏联各加盟共和国各族语言的书写形式开始向西里尔字母转化，1940 年，乌兹别克斯坦开始转用西里尔字母。

与此同时，作为苏联加盟共和国之一，乌兹别克斯坦境内俄语的地位越来越重要。政府发行了大量的俄语报刊，播放更多的俄语广播节目，俄语开始与乌兹别克语一同在社会政治、经济和文化生活中发挥着重要作用。

20 世纪 40 年代，苏联又向乌兹别克斯坦进行大规模的人口转移，迁居而来的人口能够熟练地掌握和使用俄语。为了与外来俄语使用者交流，更为了争取更多的工作机会、更好的工作条件，乌兹别克斯坦当地居民也开始学习俄语。俄语的影响力日益增强，这种趋势一直持续到 20 世纪 80 年代。

1989 年，乌兹别克斯坦通过了《语言法》，将乌兹别克语定为国语，而俄语的地位则次于乌兹别克语。这部《语言法》拉开了乌兹别克斯坦去俄罗斯化的序幕。

独立后乌兹别克斯坦的语言国情

1991 年，乌兹别克斯坦独立。独立后的政府继续推行去俄罗斯化的政策。1995 年重新修订的《语言法》为了照顾俄罗斯族和其他操俄语的民众，提到俄语可以出现在日常函件中，但并未将俄语从法律上确定为族际交际语。整部《语言法》还是旨在突出乌兹别克语的国语地位，对俄语则加以限制。

为了推行乌兹别克语，乌兹别克斯坦政府采取多方面的措施。比如书写符号用拉丁字母取代西里尔字母，将部分地名、街道名称中的俄语更换为乌兹别克语，成立词汇学研究委员会，专门对乌兹别克语词汇（特别是科技术语）的成分进行甄别，除了保留部分已经融入乌兹别克语的俄语词汇外，其他俄语借词整体或者词干替换为乌兹别克语。在教育方面，政府通过免费提供乌兹别克语课程等方式大力推行乌兹别克语。在语言上采取的去俄罗斯化措施取得了一定的效果，但由于俄语使用历史悠久、使用人口众多以及对外交流需要等因素的影响，俄语依然有较强的活力。而乌兹别克语在成年人、特别是精英阶层中的使用范围，离政府的预期目标还有较大的差距。

为了提升在全球经济中的竞争力，乌兹别克斯坦于 2013 年 1 月推出外语培训计划，旨在从小教授学生英语和其他外语，并设置等级标准。与此同时，"俄式英语"在乌兹别克斯坦被取缔。由俄罗斯语言学家 Irina Vereshagina 编写的系列英语教科书 2013 年被废止，取而代之的是由乌兹别克斯坦语言学家 Lutfulla Juraev 和 Svetlana Khan 编写的"飞得高"系列英语教科书。自 2013 年下学期开始，乌兹别克斯坦大量增加学生外语课程的学习时间，同时，提高外语教师待遇，为外语教师安装新式培训设备。总统卡里莫夫曾下令改革外语学习，自五年级到九年级，外语授课增加课时量。

在乌兹别克斯坦，英语是官方人员必须掌握的语言。韩语在乌兹别克斯坦也广受欢迎。当前，包括塔什干国立师范大学和塔什干国立东方研究学院在内的 4 所大学开设了韩语课程。乌兹别克斯坦境内有近 200 所韩语学校。

🤝 语言服务

中国开设乌兹别克语专业的高校有 3 所，分别为解放军外国语学院、北京外国语大学、中央民族大学。上海外国语大学将增设乌兹别克语专业。

中国在乌兹别克斯坦设立的孔子学院有 2 所，分别是塔什干孔子学院和撒马尔罕国立外国语学院孔子学院，合作单位分别是兰州大学和上海外国语大学。

乌兹别克斯坦开设中文专业的高校有1所，为塔什干国立大学。乌兹别克斯坦世界语言大学、乌兹别克斯坦世界经济与外交大学、撒马尔罕国立外国语学院也开展汉语教学活动。

小贴士

⊙首都

塔什干，位于锡尔河支流奇尔奇克河谷的绿洲中心，古代东西方贸易的重要中心和交通要冲，乌兹别克斯坦政治、经济、文化和交通中心。常住人口230多万，是中亚人口最多的城市。

⊙自然与经济

乌兹别克斯坦平原低地占全部面积的80%，全境地势东高西低。东部和南部属天山山系和吉萨尔－阿赖山系的西缘，内有著名的泽拉夫尚盆地和费尔干纳盆地。全境属温带大陆性气候，春季温暖短促，夏季炎热干燥、昼夜温差大，秋季凉爽多雨，冬季较冷。年均降雨量为200毫米，降雨地区分布不均。国民经济支柱产业是"四金"，即白金（棉花）、黄金、黑金（石油）和蓝金（天然气），是世界第二大棉花出口国，世界第七大黄金生产国。轻工业不发达，一半以上的日用品靠进口。

⊙美食

乌兹别克人以牛肉、羊肉、马肉和奶制品为主要食物，喜欢吃面包、馕、抓饭和烤肉串，餐后常饮红茶。

⊙节日

纳乌鲁斯节（3月21日，"纳乌鲁斯"是"春天"的意思，乌兹别克斯坦第一大节日）、胜利日（5月9日）、独立日（9月1日）、开斋节（伊斯兰教历10月1日，伊斯兰教历每年的第9个月为斋月，第10个月的第1日到第3日是教徒们的开斋节）、宪法日（12月8日）、古尔邦节（伊斯兰教历12月10日，每年的这一天穆斯林们便为真主安拉宰牲献祭，又称宰牲节）等。

⊙名胜古迹

撒马尔罕 曾是粟特王国都城、丝绸之路上最大的商贸中心，也是世界上最古老的城市之一。13世纪初，撒马尔罕遭蒙古人入侵，重建后成为帖木尔帝国首都。其建筑艺术别具一格，至今旧城区仍保存大量富有东方特色的名胜古迹。2001年，撒马尔罕城作为文化遗产入选联合国教科文组织《世界遗产名录》。

布哈拉 被誉为"中亚麦加"，曾是东方文化的中心，涌现出很多学者、思想家和诗人。以集市闻名，阿尔卡城堡是城中最古老的城堡。1993年，布哈拉历史中心作为文化遗产入选联合国教科文组织《世界遗产名录》。

希瓦 一座绿洲城市，有"太阳之国""中亚明珠"和"露天博物馆"之称。希瓦是花剌子模国的都城，也是丝绸之路上保存较为完好的古老城市。

新加坡国旗呈长方形，长宽比 3：2。旗面由上红下白两个平行相等的长方形组成，左上角有一弯白色新月以及五颗白色小五角星。红色代表平等和友谊，白色象征纯洁和美德。新月表示新加坡是一个新建立的国家，五颗五角星代表了国家的五大理想——民主、和平、进步、公正、平等。

新加坡

The Republic of Singapore

首都新加坡市

新加坡 SINGAPORE

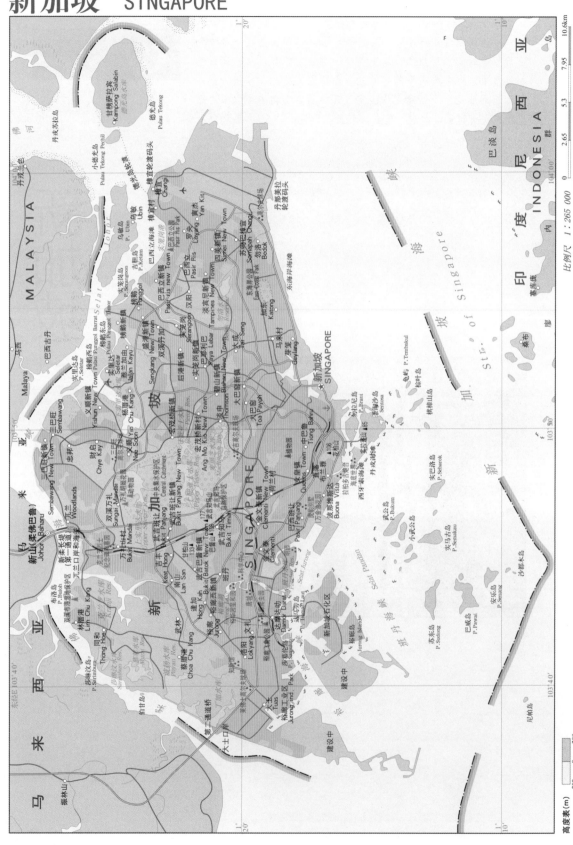

比例尺 1：265 000

高度表 (m)
200 0 200

新加坡，全称新加坡共和国，又称星岛或星洲，东南亚的城邦岛国，位于马来半岛南端，南隔新加坡海峡与印度尼西亚相望，北隔柔佛海峡与马来西亚相邻，西边由马六甲海峡通印度洋，东北方经南中国海入太平洋。国土面积714.3平方千米，人口约540万。

🗨 语言

新加坡是一个多语言的国家。《新加坡共和国宪法》规定马来语为国语，并明确英语、马来语、华语及泰米尔语4种语言为官方语言。新加坡与马来西亚渊源颇深，1965年新加坡脱离马来西亚联邦，建立新加坡共和国，为了尊重历史和新加坡原住民，虽然操马来语的马来人只占新加坡人口的13%左右，但政府仍将马来语定为国语，国歌《前进吧，新加坡》就是用马来语作词，军队号令也用马来语。但马来语不是所有新加坡人必修的语言，主要在马来族家庭中使用，所以马来语虽然是新加坡唯一的国语，但在使用范围上远比不上英语和华语。马来语属南岛语系印度尼西亚语族，新加坡的马来人使用的马来语包括爪哇语、玻亚尼语和德拉威地安语等。

英语作为新加坡官方语言，既有历史渊源，也有现实需要。新加坡在19世纪初沦为英国殖民地，英语一直是管理国家和统治人民的行政语言，并成为新加坡最重要的社会用语。新加坡建国后，为了保持国际化和社会经济快速发展，英语不仅是新加坡各族人民用于沟通的最为方便的语言，也是新加坡与国际社会沟通的最为重要的语言。虽然大多数新加坡人的母语不是英语，但独立后新加坡一直采用英语作为不同族群之间的主要通行语，并将其定位为"第一语言"，学校的教学语言也为英语。新加坡宪法及法律也以英语书写，在法院中，使用英语以外的语言也会翻译成英语。

在4种官方语言中，华语是作为母语使用人口最多的语言，但新加坡华人使用的汉语方言各不相同，包括福建话、潮州话、广东话、海南话、客家话、福州话、上海话等23种（新加坡统计局2001年数据）。为了扭转方言杂乱局面，1979年，新加坡政府开始在全国华人中推广华语（普通话），提倡"多讲华语（普通话），少说方言"，以使华语（普通话）最终成为新加坡全体华族同胞的通用语言。目前多数华裔员工在办公时间及公共场合都能流利地使用标准华语。同时新加坡官方规定华文使用简化汉字。

泰米尔语是新加坡使用人数最少的官方语言，使用人口约25.8万，大多是19世纪移民到新加坡的印度贫困人口和20世纪40年代移民到新加坡做各类工人的印度人。泰米尔语属于达罗毗荼语系。在新加坡的印度人还使用属于印欧语系印度语族的马拉亚拉姆语、旁遮普语、锡克语、孟加拉语、僧伽罗语和属于印欧语系伊朗语族的帕坦语等。

此外，新加坡还有人数极少的一些族群使用阿拉伯语、尼泊尔语、泰语、日语以及欧洲国家的语言等。

👥 民族

新加坡是多民族国家，境内有3个主要民族，分别是华族、马来族和印度族。其中华族人口总数占全国人口的74%左右，马来族占13%左右，印度族占9%左右，其他民族占4%左右。

新加坡华人第一代移民主要来自中国福建、广东、海南。发展到今天，从数量上看，新加坡境内华人居多，经济、文化的发展水平较高，但却被马来族视为外来民族。马来族在新加坡虽然人口相对较少，但从整个马来半岛看却是当地最大的一个族群，新加坡的邻国也均是马来人为主或伊斯兰文化的国家。

在新加坡，尽管华族、马来族和印度族长期混合杂居，但都保持着各自民族的文化、语言、宗教和风俗习惯，民族差异性较大。英国殖民统治时期采取"分而治之"的措施，对不同民族实行人为的隔离政策。例如各个族群在社会中的分工不同：欧洲人占据了行政和军队的重要职位；印度人地位次之，大多在服务业工作；华人主要从事服务业、商业和金融业，虽然在政治上受到压制，但经济上却有相当实力；马来人则处于最底层，主要从事农业和运输业。在此背景下，20世纪五六十年代马来族和华族之间发生过多次冲突。与此同时，印度族和其他民族也有自己的民族平等要求。为缓和民族矛盾，实现多民族共存，保障国家稳定和经济发展，新加坡自独立以来一直将多元文化政策作为处理民族关系的一项基本国策，目的在于逐渐消除民族间的经济差异，鼓励各民族互相帮助、共同进步。

作为多元移民社会，新加坡汇集了世界上的多种宗教，宗教的民族色彩鲜明。佛教为新加坡第一大宗教，其他宗教依人口多寡分别为基督教、伊斯兰教、道教和印度教。据统计，境内33.3%的人口信奉佛教，大多为华人；约18%的人口信奉基督教；约15%的人口信奉伊斯兰教，多是具有马来或巴基斯坦血统的穆斯林，也有一部分是具有印度血统的穆斯林；约10.9%的人信奉道教，基本上都是华人；约5.1%的人信奉印度教，基本上是印度族裔；另外还有2万人信奉锡克教或其他宗教。

🔖 语言国情沿革与发展

独立前新加坡的语言国情

与新加坡有关的最早史料记载是中国三国时东吴将领康泰《扶南传》所载的地名"蒲罗中"（意为"马来半岛末端的岛屿"），

当时已有土著居民；中国明朝时称作"淡马锡"。公元14世纪末，来自室利佛逝的王子拜里米苏拉在该地区建立了马六甲苏丹王朝，"新加坡（Singapura）"即为梵文"狮城"之谐音。1819年后英国宣布新加坡为自由港，1824年新加坡正式成为英国殖民地。英国人登上新加坡岛之前，岛上有居民150余人，大部分是马来族原住民，另有母语为华语的华人30名；成为自由港和英国殖民地后，外地和外国劳工大批涌入，1860年岛上华人人数就已达到4.9万人，占全岛人数的61%。此时，岛上已是多民族、多语言的聚居区。英国殖民当局在这一时期的语言政策，概括起来，就是"独尊一语"，即独尊英语"一语"。凡是官方层面的立法、行政等公告和文书均用英语撰写。尽管英语是最重要的语言，但殖民政府对待其他语言却也抱着开放与宽容的态度。其结果是，依靠民间力量兴办的不同语文源流的学校并存；以不同语文发行的报刊并见。当时各民族之间融合程度不高，保持表面接触，只有少数人同时兼通英语和其他民族语言，而这些人充当了殖民统治者和其他民族人士之间的"中间人"。

第二次世界大战结束之后，争取独立自治的浪潮席卷亚洲和非洲的殖民地区。20世纪50年代起，新加坡在人民行动党的领导下，开始争取独立自治。出于政治策略上的考虑，领导层谋求跟当时的马来西亚联邦合并，作为新加坡政治发展的目标。为此，自治政府在语言方面也采取了相应的规定，即提出"独尊一语，多语并重"的语文政策，规定以马来语为跨民族共同语、国语的同时，尊重其他语言的存在，并给予其他语言发展的空间。

独立后新加坡的语言国情

1965年，由于新加坡与联邦中央在新马联邦运行中发生了一系列矛盾，"马来人至上"

的观念引起了非马来人的公开反对，最终导致新加坡脱离马来西亚联邦，成立新加坡共和国。立国后，政府在处理新加坡复杂的语言问题时采取稳妥和积极的语言政策，收到了很好的效果。新宪法继承了自治时期的政策，将马来语、华语、泰米尔语、英语规定为新加坡4种官方语言，马来语为国语；同时在全国推行双语教育政策，并以此作为新加坡教育体制的基础，即各族学生必须学习英语，同时也要学习本族语，主要是华语、马来语和泰米尔语。由此形成了所谓的"四种语言，分工并存"的语文政策，其基本精神是以多语政策谋求民族和谐与政治稳定，以英语的应用推动经济繁荣和社会进步。具体表现为：4种官方语言并存；4种官方语言中，英语是跨民族共同语，也是日常工作行政语言，马来语是国语，华语、马来语和泰米尔语分别是相应社区的交际语言；各族学生均须学习英语和本民族的语言，即"英语+X语"。其中英语的学习重在实用，重在生存和发展需要；本族语言的学习主要是为了族内社交和保留传统文化。

这一语言政策保证了新加坡各族人民友好相处，各种语言资源在国家建设中充分发挥各自的作用，但同时客观上推动英语成为新加坡事实上的第一语言。随着英语作为顶层语言地位的确立，新加坡的教育必定会受到一定的影响，各民族语言教育会逐渐弱化，今天，英语在新加坡的年青一代中已经完全普及，作为跨民族共同语的语言地位已经牢固确立。

在英语成为新加坡各族彼此认同的语言之后，原有的几大民族语言，尤其是华语，面临着空前的挑战。马来语因为是马来族的宗教语言，因此受到的挑战和冲击相对较小。而华语并没有强大的宗教力量支持，在新加坡逐渐式微乃至消失不是没有可能。有鉴于此，政府采取了两项重要措施：一是规定民族语言（包括华语）为必修科并且作为升学的条件之一；二

是开展讲华语（普通话）运动。讲华语运动始于1979年，出发点是帮助解决学生学习华语的困难，在各汉语方言盛行的新加坡华人社会普及华语（普通话），使汉语普通话成为华人的共同语言。华语运动在取代方言成为华人社会家庭用语和跨民族共同语方面取得了成功，绝大多数华人家庭用语从方言转变为华语（普通话）。尽管在华语运动开始后的20多年间，华语逐渐取代方言，但仅限于华人社区，对英语社群的影响较小，而且华族讲英语的家庭10年中竟然增加了14%。因此，近年来华语运动开始调整工作目标，由原来针对讲方言的华人转向针对传统讲英语的新加坡华人。与早期华语取代方言不同，现在不是让华语取代英语，而是希望这部分华人在使用英语的同时，也必须关注自己的华语水平，在合适的场合更多地使用华语。

与此相应的是，英语虽然在新加坡取得事实上第一语言的地位，但也是通过妥协甚至变得支离破碎才获得这样的地位，即新加坡英语在与其他语言长期的接触中逐渐形成了新加坡地方英语变体，并广为传播和流行，严重影响到新加坡各级各类学校标准英语的教学，也造成一定程度的国际交往困难。为此，新加坡政府于2000年在全国范围内开展了大规模的"讲标准英语运动"。但从语言发展的角度来看，各种语言变体的产生是难以避免的。

🤝 语言服务

中国开设马来语专业的高校有9所，具体参见"马来西亚"（第221页）。开设泰米尔语专业的高校有2所，为中国传媒大学和北京外国语大学。

中国在新加坡设立的孔子学院有1所，为南洋理工大学孔子学院，合作单位为山东大学。另有孔子课堂2个，分别是新加坡孔子学校和

新加坡科思达孔子课堂。

新加坡开设中文系或中文专业的高校有 4 所，分别为新加坡国立大学、南洋理工大学、新跃大学和义安理工学院。

小贴士

⊙首都

新加坡市（城邦市区中心、金融区），位于新加坡岛南端，面积约 98 平方千米，约占全岛面积的六分之一，是全国政治、经济、文化中心。新加坡是城邦国家，广义地说整个城市即国家，国家即城市，因此也可以说其首都即为新加坡。

⊙姓氏

新加坡本地华人姓名的罗马字拼写法大多基于方言发音，比如同是"张"姓，就存在 Chong（客家）、Teo（闽潮）和 Cheung（粤）等拼法，也有人按照汉语拼音方案写作 Zhang。马来人通常没有固定的姓氏，而只有名字；儿子则以父名为姓，父姓则是祖父名。马来人名在前、姓在后，男子的姓与名之间用"宾（bin）"字隔开，女子则用"宾蒂（binti）"隔开。例如"侯赛因·宾·奥恩"，"侯赛因"是名，"奥恩"是姓，也就是父名，"宾"表示男性。印度人的命名方式因家庭出身或来源地不同而各异。例如，泰米尔新加坡人没有姓，而是把父名的首字母放在自己名字的开头，例如 R Subramanian，Subramanian 是名，R 是其父名的首字母。

⊙自然与经济

新加坡共有大小岛屿 63 个，主岛新加坡岛的面积占到 90% 以上。新加坡地处热带，为赤道多雨气候，长夏无冬，年温差和日温差小，年平均温度 24—34℃。新加坡是世界主要贸易据点，国际第四大金融中心；新加坡港是世界最繁忙的港口之一。

⊙美食

当地特色食物有虾面、叻沙、海南鸡饭、炒粿条、沙爹、椰浆饭、辣椒螃蟹、咖椰烤吐司、黑咖啡、螃蟹米粉等。

⊙节日

卫塞节（夏历 4 月 15 日，佛教一年中最重要的一天）、开斋节（伊斯兰教历 10 月 1 日，伊斯兰教历每年的第 9 个月为斋月，第 10 个月的第 1 日到第 3 日是教徒们的开斋节）、屠妖节（一般在 10—11 月，全世界印度教徒最为重要的节日，新加坡也称排灯节）等。

⊙名胜古迹

鱼尾狮公园 新加坡国家标志性景点。鱼尾狮像坐落于市内新加坡河畔，狮头代表公元 11 世纪苏门答腊王子桑尼拉乌达玛巡视狮城时看到的一头狮子，鱼尾象征古城淡马锡（新加坡旧称，爪哇语意为"海洋"）。

圣淘沙岛 广受欢迎的新加坡岛屿和旅游胜地，包括圣淘沙名胜世界及新加坡环球影城主题公园。岛的南岸有长度超过 2 千米的海滩。

新加坡植物园 始建于 1822 年，邻近新加坡市中心，占地 74 公顷，内有众多珍贵品种的植物。2015 年，新加坡植物园作为文化遗产入选联合国教科文组织《世界遗产名录》。

匈牙利国旗呈长方形，长宽比2∶1。旗面自上而下由红、白、绿三个平行相等的长方形组成。红色象征爱国者的热血、国家的独立和主权；白色象征和平，代表人民追求自由和光明的美好愿望；绿色象征国家的繁荣昌盛，还象征人民对未来充满信心和希望。

匈牙利

Hungary

首都布达佩斯

匈牙利 HUNGARY

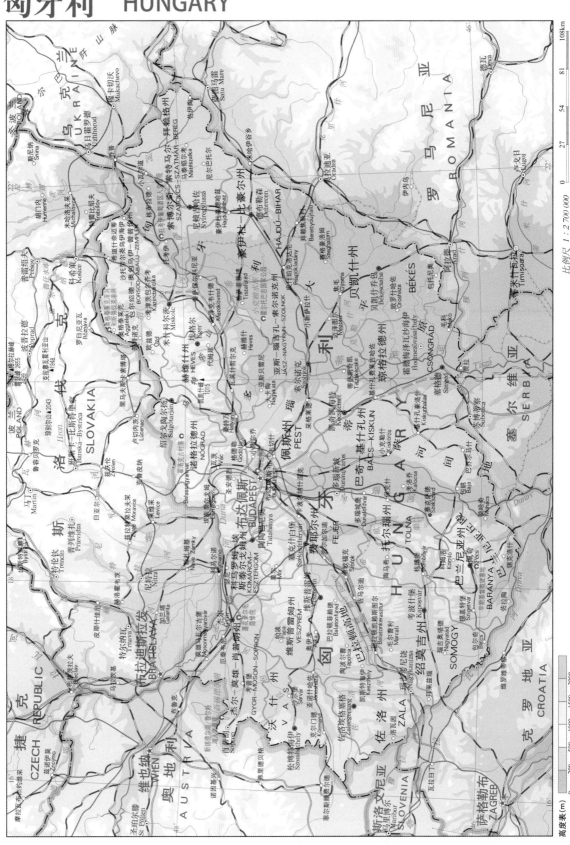

比例尺 1:2 700 000

高度表 (m)

匈牙利，欧洲中部内陆国家，北接斯洛伐克，南邻塞尔维亚，东与罗马尼亚接壤，西与斯洛文尼亚毗连，西南与克罗地亚交界，西北和东北部分别与奥地利和乌克兰相邻。国土面积 93 030 平方千米，人口约 988 万。

语言

匈牙利语是匈牙利的官方语言，也称马扎尔语，属乌拉尔语系芬兰－乌戈尔语族乌戈尔语支，是在欧洲使用最为广泛的非印欧语系语言，也是欧盟 24 种工作语言之一。在塞尔维亚的伏伊伏丁那自治省，斯洛文尼亚的霍多什、杜布罗夫尼克和伦达瓦 3 个自治区，匈牙利语还被当作地方性官方语言使用。

匈牙利全国总人口中约有 99.6% 的人日常生活中讲匈牙利语，其中占人口总数 98.9% 的人以匈牙利语为第一语言，还有 0.7% 的人将匈牙利语作为第二语言使用。除了匈牙利族人外，生活在匈牙利的其他少数民族，如吉卜赛族、罗马尼亚族、塞尔维亚族等，除能说本族语外，大多都能讲匈牙利语。

匈牙利语有 10 种左右的地域变体，如西部方言、西北方言、东北方言、西多瑙河方言、塞凯伊方言等，各方言间差异不大，不同方言区的人彼此间可以相互交流。只有生活在罗马尼亚巴克乌县的匈牙利人因为与其他地区的匈牙利人相隔绝，语言保留了早期匈牙利语的特征，与其他匈牙利语方言差异稍大。

匈牙利语的语音系统包括 14 个元音和 25 个辅音，其中元音大多是长短元音对立分布，辅音里音长也是区别性特征。匈牙利语是有元音和谐律的语言，这也就意味着大多数后缀有两三种形式，需要根据词首元音选择不同的后缀，以实现元音和谐。作为偏黏着语的语言，匈牙利语有丰富的词缀系统，可以通过大量的后缀以及一些前缀和环缀来改变词的意义或句法功能。

从语序上看，匈牙利语的语序比较特殊，它虽然是 SVO（主语＋谓语＋宾语）语言，但是由于匈牙利语中话题优先，最终决定语序的不仅仅是句法，还有句子话题－述题结构。因此一般而言，一个匈牙利语的句子会遵循如下的结构顺序：话题＋述题（或焦点）＋动词＋其他成分。

匈牙利语示例：

Boldog születésnapot！

（生日快乐！）

匈牙利境内还有十余种其他语言被当作少数民族语言或者外语使用。匈牙利境内的少数民族语言包括德语、克罗地亚语、斯洛伐克语、塞尔维亚语、斯洛文尼亚语、罗马尼亚语、吉卜赛语、亚美尼亚语、鲁辛语等。德语是匈牙利境内德意志族的民族语言，也是匈牙利国内通行的语言之一，有 11.2% 的匈牙利人会说德语。匈牙利境内官方语言外的其他语言发展状况差异较大，亚美尼亚语、希腊语、乌克兰语使用人数正在减少，而克罗地亚语、保加利亚语、吉卜赛语等由于使用人数相对稳定，语言发展状况较好。

在匈牙利通行程度最高的外语是英语，约有 16% 的匈牙利人能够掌握。其他外语如俄语、法语、意大利语在匈牙利能够掌握的人较少，分别为 1.6%、1.2% 和 0.8% 左右。根据欧盟民意调查局的统计数据，匈牙利人的外语能力在欧洲较为落后，相比于其他欧盟国家半数以上的居民至少能掌握一门外语的情况，匈牙利人口中有近四分之三的人不会讲任何外语，这一比例在欧盟各国中最高。

民族

匈牙利的主体民族是匈牙利族，也称马扎尔族。在 2011 年匈牙利人口普查中，由于有 15% 左右的匈牙利人没有明确申报自己的所属民族，结果显示匈牙利族人约占人口总数的

83.7%。但根据匈牙利境内民族人口的分布情况，匈牙利族人实际上占匈牙利总人口的 90% 以上。此外，由于匈牙利法律允许人们在人口普查中申报一个或一个以上民族，因此按各民族人口相加得到的人口总数可能高于匈牙利的总人口数。

匈牙利族的缘起尚没有明确的定论，但多数人认为匈牙利族来源于东方，匈牙利族的语言文化中也确实存在许多东方文化的影子。公元 9 世纪，东方游牧民族马扎尔部落从乌拉尔山和伏尔加河一带迁徙至喀尔巴阡盆地，并在此定居下来。马扎尔人与迁徙到欧洲的其他民族的一个显著差异是，其他民族大部分操日耳曼语或斯拉夫语，都属印欧语系，而马扎尔人的语言属于芬兰－乌戈尔语系，同时又受土耳其语和波斯语的影响。马扎尔人的外貌、民俗等也都与欧洲其他众多民族不同。马尔扎人的文化吸收了曾在这里定居的民族的许多元素，如土耳其、伊朗以及斯拉夫民族的文化。因此，匈牙利族文化具有明显的东西方文化融合的特点，这在他们的文学、艺术以及音乐等方面也有充分的体现。

由于喀尔巴阡盆地的地形特点，定居在此的马扎尔人有效阻止了来自北方、东方和东南方外族的侵入，但无法阻止其他民族沿多瑙河从西方和南方的进入。历史上，匈牙利族人由于受到西方和东方强国的双重压迫，常常不得不为了自己的利益而参加到某个集团中去。第一次世界大战后，作为战败国的匈牙利王国在 1920 年签署了《特里亚农条约》，70% 的国土被邻国所瓜分。在罗马尼亚、斯洛伐克、塞尔维亚、乌克兰、奥地利等原属于匈牙利王国领土的一些地区生活着大量匈牙利族人。比如今天的罗马尼亚西部的特兰西瓦尼亚地区是最大的匈牙利语社区，该地区大约有 125 万人讲匈牙利语。

除匈牙利族外，匈牙利境内少数民族人口在总人口中所占比例较低，且多聚居于边境地区。吉卜赛族是匈牙利国内最大的少数民族，约占匈牙利总人口的 3.1%，匈牙利境内的吉卜赛族也是欧洲各国中规模最大的吉卜赛族群。这一群体包括吉卜赛人的诸多分支，如罗姆人、辛蒂人、博亚什人、罗蒙格罗人等。德意志族、斯洛文尼亚族、斯洛伐克族、克罗地亚族、塞尔维亚族以及罗马尼亚族等其他少数民族在匈牙利某个历史时期人数较多，但由于战争等原因，目前在匈牙利总人口中所占比例较低。如德意志人虽然在 17 世纪便已经开始定居匈牙利，但由于第二次世界大战期间很多匈牙利境内的德意志族人帮助纳粹德国，战后匈牙利政府驱逐了国内大约 25 万德意志人，大量过去德意志族人聚居的地区今天都已经生活着匈牙利族人，现在德意志族人仅占匈牙利总人口的 1.3% 左右。

现在的匈牙利政府实施各民族文化自由的政策，目的是希望周边国家能以同样的政策对待那里的匈牙利族人。这一政策的实施使得匈牙利国内的族际关系较为平和，但对吉卜赛人的歧视现象仍旧存在。

基督教一直是匈牙利最主要的宗教，尽管匈牙利没有官方宗教，但是其宪法"承认基督教在建设国家中起到的重要作用"。根据 2012 年欧盟的一份民意调查，71% 的匈牙利人信仰基督教，其中天主教徒占匈牙利总人口的 58%，新教徒占 7%。第二次世界大战之前，匈牙利生活着大量信奉犹太教的犹太人，但在第二次世界大战期间这些犹太人要么被屠杀，要么被驱逐，时至今日，匈牙利境内犹太人主要集中生活在首都布达佩斯，信奉犹太教的人不足 0.1%。

语言国情沿革与发展

近代之前匈牙利的语言国情

公元 9 世纪，匈牙利族人征服了喀尔巴阡盆地，公元 10 世纪，在匈牙利及其周边地区建立了公国，圣斯蒂芬一世被教皇加冕标志着匈牙利王国的建立。虽然来自东方的匈牙利族人征服了喀尔巴阡盆地，但是在宗教和文化上却被当地文明同化，匈牙利成为一个天主教国家，而拉丁语作为当时欧洲的文学和宗教语言，成为匈牙利王国的官方语言。这一时期，匈牙利语旧有的文字被取代，形成了以拉丁字母为基础的新文字体系。匈牙利语成为这片土地上通行的民众日常生活语言。正式文献中仅在特定情况下会使用匈牙利语，如匈牙利语单词有时会出现在用拉丁语写成的法律文献中，用以避免因语言歧义等引起的财产所有权纠纷等。

匈牙利王国的第一份法律文件使用的并不是拉丁语，而是希腊语，这份法律文件中出现了一些匈牙利语的地名。此后最重要的一份文献是 1055 年的《帝豪尼修道院的创立章程》，在这份用拉丁语写成的文献中，一共出现了 3 个匈牙利语的句子，共计有 58 个词、33 个词缀。直到 1192 年，才有了第一部完全由匈牙利语写成的书面文献《葬礼布道与祈祷》。

15 世纪匈牙利王国在摄政匈雅提·亚诺什和其子马加什一世的统治下，大力扩张领土，国力达到鼎盛。尤其是在马加什一世统治时期，文艺复兴成就推广到匈牙利，科学文化备受重视，建立了当时欧洲最大的图书馆。匈牙利语得以快速发展，出现了一些拉丁 - 匈牙利语的双语简明词典，一些与宗教相关的匈牙利语书籍开始出现。至 1490 年马加什一世去世，当时欧洲大约有 320 万人会讲匈牙利语，这是一个相当高的数字。

这一时期的匈牙利语在宗教和政治领域深受当时官方语言拉丁语的影响。同时，随着匈牙利人从原先的游牧民族逐渐发展为定居于此的农耕民族，他们向周边的斯拉夫人学会了农耕技术。斯拉夫语中的农业词汇，如"黑麦、燕麦、垄沟、稻草、草垛"等，得以大量地进入匈牙利语。

1533 年，现存可见的最早的匈牙利语著作《圣保罗的信》在克拉科夫（今属波兰）出版。1541 年，奥斯曼帝国占领了匈牙利王国的首都布达，匈牙利王国分裂为 3 个部分，南部为奥斯曼帝国统治区，西部仍为匈牙利王国，东部的特兰西瓦尼亚地区成为独立的公国。第一次世界大战后，根据《特里亚农条约》的规定，特兰西瓦尼亚地区成为罗马尼亚的一部分，成为今天匈牙利境外最大的匈牙利语社区。

在奥斯曼土耳其帝国统治下的 150 年（1541—1699 年）中，匈牙利语进一步受到了土耳其语的影响，约有 800 多个土耳其语常用词、俗语、人名、地名，尤其是与畜牧业相关的词汇进入匈牙利语中。同时来自德语、意大利语和法语的借词也开始进入匈牙利语。17 世纪时的匈牙利语已经很接近于今天的匈牙利语，例如动词的时态由过去的 6 种简化为今天的 2 种。

1686 年来自奥地利的哈布斯堡家族将土耳其人赶出了匈牙利的中部和西部。1699 年，哈布斯堡家族统治匈牙利全境，匈牙利成为奥地利的附庸。一方面，由于哈布斯堡家族在匈牙利施行较为严苛的中央集权统治，加之奥地利的官方语言是德语，这一时期的匈牙利行政机构和议会使用拉丁语，而商业及其他重要场合主要使用德语。因此匈牙利语的发展受到较大压制，而德语在匈牙利的地位则越来越高，并一度成为官方语言。另一方面，由于持续战争，匈牙利国家民族结构变化较大，匈牙利族人口大幅减少，周边民族如塞尔维亚族人、克罗埃西亚人、罗马尼亚人大量移入，加之哈布斯堡家族向匈牙利引入了大量日耳曼人。到 1720 年，匈牙利族人仅占当时匈牙利总人口的 35% 左右。使用人口的大规模减少，使得匈牙利语的地位进一步受到威胁，渐渐有沦为田间地头的农民语言的可能。匈牙利语发展十分缓慢，18 世纪晚期的匈牙利语缺乏表达新兴科学概念的能力，文学词汇也相对贫乏。

近代以来匈牙利的语言国情

18 世纪末期，法国大革命推动了匈牙利的民族民主运动。匈牙利先进的知识分子以法国雅各宾派的方式组成秘密团体，准备发动革命，建立独立的资产阶级共和国，未能成功。为推动民族独立和民主革命的发展，进入 19 世纪后，以费伦茨·考律齐为代表的一群匈牙利学者发动了一场"语言变革"。这场变革包括两个方面的内容：其一，采取若干方法改变匈牙利语在科学和文学上的缺陷，包括简化一部分词语，如将 gyzedelem（胜利）简化为 gyzelem 等，吸收部分方言词汇进入通用语中，使其在全国范围内通行，或复活已经死去的词汇，或通过派生法以及其他一些较少使用的方法来创造大量的新词，上述方法极大地丰富了匈牙利语的词汇系统。总之，在"语言变革"运动中创造的词语超过了 10 000 个，其中很大一部分仍然活跃在今天匈牙利人的言语交际之中。其二，为提高匈牙利语的地位，在大学里设置了匈牙利语教学和研究机构，随后推动匈牙利语成为中学生的必修课，在确立了教育领域中匈牙利语的地位后，又进一步推广其在行政及立法机构的使用。1836 年，匈牙利语被重新确定为正式的法律用语。1844 年，匈牙利语被确立为这个多民族国家的官方语言。19 世纪末 20 世纪初，匈牙利语在规范化和普及推广方面的系列举措和不懈努力，使得匈牙利语不同方言间的差异逐步减少，方言间达到了可以互相理解的程度。这在一定程度上为 1918 年匈牙利民族民主革命的胜利及最终独立奠定了基础。

由于匈牙利历史发展和地理位置的特殊性，匈牙利语中引进了大量德语、意大利语、法语、乌戈尔语、突厥语和斯拉夫语的借词，借词丰富成为匈牙利语词汇系统的一个重要特点。今天的匈牙利语词汇规模大致为 6—10 万，

如果计算匈牙利语中所有的词目，包括科技、方言等其他领域，规模将超过 100 万。匈牙利语的词汇系统中表亲属关系的词汇大多来自乌戈尔语，与农业相关的词汇大多来自突厥语和斯拉夫语。除了来自希腊语和拉丁语的借词，其他的借词已经完全融入匈牙利语，不为母语者所察觉。据统计，现代匈牙利语词汇中，45% 为来自外族语言的借词，55% 为本族词，但是 55% 的本族词的使用频次占所有词汇使用频次的 88%，而 45% 的外来借词的使用频次大致仅为 12% 左右。匈牙利语作为非印欧语系语言，与欧洲其他印欧语系语言差异较大，对其他语言的影响较少。如英语词汇源自匈牙利语的较少，仅有如 paprika（红辣椒）、coach（四轮马车）、shako（一种有檐平顶筒状的军帽）等少数词汇。

第一次世界大战结束，作为战败国，匈牙利王国丧失了 70% 的国土以及 33% 的人口，这些地区虽然成为其他国家的领土，但是生活在这里的匈牙利族人仍以匈牙利语为母语。匈牙利语分布也最终定型为今天的样子，即既是匈牙利的官方语言，同时也是罗马尼亚、斯洛伐克、塞尔维亚等周边国家地方性的官方语言。第二次世界大战后，匈牙利加入东方阵营，受苏联影响较大，与西方阵营对立，导致国内会英语的人不多，学外语以德语为先。在匈牙利，同时懂德语和英语的人只占全国人口的 2% 左右。

🤝 语言服务

中国开设匈牙利语专业的高校有 4 所，分别为北京外国语大学、中国传媒大学、上海外国语大学和北京第二外国语学院。

中国在匈牙利设立的孔子学院有 4 所，分别为罗兰大学孔子学院、赛格德大学孔子学院、米什科尔茨大学孔子学院和佩奇大学中医孔子学院，合作单位分别为北京外国语大学、上海

外国语大学、北京化工大学和华北理工大学。另有孔子课堂 2 个，分别为博雅伊中学孔子课堂和中匈双语学校孔子课堂。

匈牙利开设中文系或中文专业的高校有 6 所，分别为罗兰大学、外贸学院、法门佛教学院、卡文纽斯大学、医科大学和国防大学。罗兰大学早在 1923 年便开设了汉语专业。经过半个多世纪的发展，匈牙利的汉语教学形成了公立院校和私立培训机构结合，小学、中学、大学逐步衔接的教学体系。2004 年建立的位于首都布达佩斯的匈中双语小学，是匈牙利唯一一所以汉语为必修科目的小学。此外，匈牙利部分中学还开设中文兴趣课。

小贴士

⊙ 首都

布达佩斯，匈牙利最主要的政治、商业、运输中心和最大的城市。布达佩斯是欧洲著名古城，位于匈牙利中北部，坐落在多瑙河中游两岸，早先是隔河相对的两座城市，后经几个世纪的扩建，在 1873 年由位于多瑙河左岸的城市布达与位于右岸的城市佩斯合并而成。

⊙ 姓氏

匈牙利人的姓名，与欧洲其他民族名在前、姓在后的习惯不同，而是与中国人一样，姓在前、名在后。

⊙ 自然与经济

匈牙利 80% 的国土海拔不足 200 米，属多瑙河中游平原。山地不足五分之一，位于首都布达佩斯东北的凯凯什峰海拔 1014 米，是全国最高点。匈牙利属于温带大陆性气候、温带海洋性气候和地中海气候的交汇点，但是大陆性气候明显，大部分地区夏季温度较高，湿度较低，但常有阵雨，冬季则温和多雪。自然资源比较贫乏，主要矿产资源是铝矾土，蕴藏量居欧洲第三位，此外有少量褐煤、石油、天然气、铀、铁、锰等。森林覆盖率为 20.6%。匈牙利是中东欧地区有机农产品生产和出口大国，工业基础良好，旅游业比较发达，旅游外汇收入是匈牙利外汇的重要来源。

⊙ 美食

匈牙利美食的一大特点是辣。匈牙利菜肴中最重要的一种原料是被称作 paprika 的红辣椒粉，作为一种调味品被广泛使用。此外，在很多匈牙利菜的汤汁、甜点里，奶油或酸奶油也是必不可少的。匈牙利菜中经常出现的材料还包括洋葱、卷心菜、土豆、面条、香菜籽等。匈牙利的香肠也很有名。

⊙ 节日

复活节（3—4 月之间）、独立战争纪念日（3 月 15 日，纪念自由战争革命的开始和议会的诞生）、国庆节（8 月 20 日，纪念匈牙利第一个国王伊斯特万登基，又称伊斯特万节）、匈牙利共和国日（10 月 23 日，纪念匈牙利共和国成立）、诸圣节（11 月 1 日）、圣诞节（12 月 25 日）等。

⊙ 名胜古迹

布达皇宫 位于首都布达佩斯，在多瑙河左岸，阿鲁巴多王朝于 13 世纪所建。土耳其占领布达期间，皇宫长期失修，19 世纪中期起得到修复并扩建为新巴洛克式建筑，其后又毁坏于第二次世界大战，战后匈牙利成立特别复兴委员会重建布达皇宫。布达皇宫中心部分现为历史博物馆、画廊及工人运动博物馆。从皇宫南侧的中世纪城墙遗迹可俯瞰多瑙河及街市全景。1987 年，多瑙河两岸和布达城堡区作为文化遗产入选联合国教科文组织《世界遗产名录》。

巴拉顿湖 位于匈牙利中部，是中欧最大的湖泊，有"匈牙利海"的美誉。巴拉顿湖凭借优美的湖光山色和丰富的物产，成为欧洲著名的旅游风光区和疗养胜地。

托卡伊葡萄酒产区 从 12 世纪就开始人工种植葡萄，被认为是世界上最早的葡萄种植园和葡萄酒加工地，充分展示了匈牙利东北部葡萄酒生产的悠久历史和灿烂文化。这里同时也是自然和人文景观完美结合的游览胜地。2002 年，托卡伊葡萄酒产地历史文化景观作为文化遗产入选联合国教科文组织《世界遗产名录》。

潘诺恩哈尔姆千年修道院 当今匈牙利境内唯一一个保存完整的传统本笃会庙宇建筑群。修道院的核心部分是带有古典主义色调的基督教堂大炮塔，炮塔周围是圆柱状的楼座。修道院的左边是具有巴洛克风格的图书馆，右面是建于 18 世纪早期的巴洛克式建筑物，南面是建于 1940 年的体育馆。1996 年，潘诺恩哈尔姆千年修道院及其自然环境作为文化遗产入选联合国教科文组织《世界遗产名录》。

叙利亚国旗呈长方形，长宽比3∶2。旗面自上而下由红、白、黑三个长方形相连构成，白色部分有两个大小一样的绿色五角星。红色象征勇敢，白色象征纯洁和宽容，黑色是穆罕默德已赢得胜利的象征，绿色是穆罕默德的子孙所喜爱的颜色，五角星象征阿拉伯革命。

叙利亚

The Syrian Arab Republic

首都大马士革

叙利亚　SYRIA

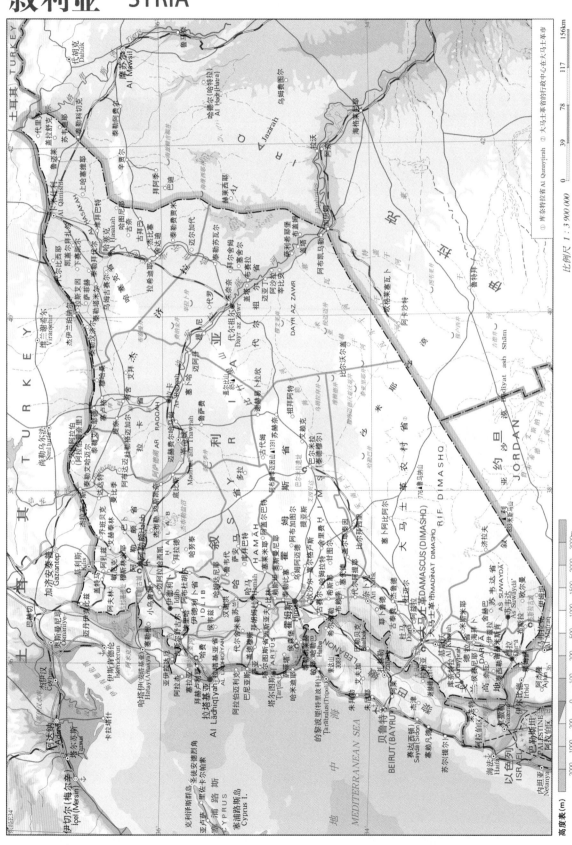

① 库奈特拉省 Al Qunaytirah

② 大马士革省的行政中心在大马士革市

比例尺 1 : 3 900 000

| 0 | 39 | 78 | 117 | 156km |

高度表(m)

| 2000 | 1000 | 0 | 200 | 100 | 200 | 500 | 1000 | 1500 | 2000 | 3000m |

叙利亚，全称阿拉伯叙利亚共和国，位于亚洲西部，地中海东岸，北与土耳其交界，南与约旦为邻，东跟伊拉克接壤，西与塞浦路斯隔地中海相望，西南与黎巴嫩和巴勒斯坦毗连。国土面积 185 180 平方千米，人口约 2240 万。

语言

现代标准阿拉伯语为叙利亚官方语言，是叙利亚阿拉伯语两种主要变体之一，另一种变体是北黎凡特阿拉伯语方言。现代标准阿拉伯语以古典阿拉伯语为基础，北黎凡特阿拉伯语方言是《古兰经》和早期伊斯兰文学的语言。

现代标准阿拉伯语使用于正式场合，如传教、教学、新闻广播和演讲以及所有的正式写作中，如官方通讯报道、文学作品和报纸等。现代标准阿拉伯语的使用存在语域差异。用于正式场合的高语域现代标准阿拉伯语更接近古典阿拉伯语的语法和词汇，这在所有阿拉伯语国家中均是如此；低语域现代标准阿拉伯语用于非正式场合，由于混合了现代标准阿拉伯语和方言的特征，往往因国家不同而有所差异。

在非正式场合，如家庭、工作、朋友和社区等，叙利亚人主要使用北黎凡特口头阿拉伯语。北黎凡特阿拉伯语是黎凡特阿拉伯语口语的一个变体，使用人口以叙利亚为最多，约808 万。黎凡特阿拉伯语口语是一个总称，指的是叙利亚、黎巴嫩、约旦、巴勒斯坦和以色列等国沿地中海东岸地区的一个方言口语连续体，根据其空间分布，这个口语连续体通常被分为南黎凡特口头阿拉伯语和北黎凡特口头阿拉伯语两个主要变体，每一种变体内部又包含很多地区方言。不过，所有使用黎凡特阿拉伯语的国家都没有将其列为官方语言。全世界使用黎凡特阿拉伯语的人数约 2000 万，其中很多人是外国侨民。除了地理上的区别，黎凡特阿拉伯语还存在城乡差异。一般来说，人们会

觉得使用黎凡特阿拉伯语的城市方言要比使用农村方言更受人尊重。

阿拉伯语属于闪 – 含语系闪米特语族，其书写系统有 28 个字母，一些字母通过在其上方或下方加点来表示不同的发音。同一个阿拉伯字母的不同形状取决于该字母是首字母（在单词的开头）、中间字母（在一个单词的中间）还是尾字母。

叙利亚的少数民族语言主要有库尔德语、亚美尼亚语和亚拉姆语。叙利亚东北部的库尔德地区广泛使用库尔德语。库尔德语是印欧语系伊朗语族的一个分支，叙利亚的库尔德人使用阿拉伯字母记录库尔德语。亚美尼亚语属于印欧语系亚美尼亚语族，文字方面有自己的字母体系。在阿拉伯语出现之前，亚拉姆语是叙利亚地区的通用语言，时至今日亚述人仍在使用这种语言。另外，古典叙利亚语是古典叙利亚文学作品的载体，在公元 4—8 世纪成为中东地区的书面语言，现在仍然作为叙利亚基督教教派宗教仪式中所使用的语言。

除了传统的少数族群语言，叙利亚还有一些移民语言。如迦勒底新亚拉姆语，使用者约0.5 万人；埃及口头阿拉伯语，使用者 7.5 万人左右；土库曼语，使用者 12.6 万人。其他的移民语言还包括伊朗波斯语和车臣语。

英语和法语作为外语，在受过教育的叙利亚人中使用得很多。

民族

叙利亚历史上曾经有多个民族居住，如塞姆人、迦南人、腓尼基人、阿拉米人和亚述人等。今日叙利亚境内的主要民族有阿拉伯人、库尔德人、亚美尼亚人和切尔克斯人等。

阿拉伯人的祖先是古老的闪米特人，最早居住在阿拉伯半岛。公元 7 世纪，阿拉伯穆斯林军队征服了叙利亚后，通过大规模的阿拉

伯运动进一步和当地居民融合，逐渐形成了叙利亚的主体民族。目前阿拉伯人占全国人口的90.3%，其中90%为穆斯林。大部分阿拉伯居民过着定居生活，集中分布在大马士革、阿勒颇、沿海地区和其他地区的城乡。游牧的阿拉伯人，即贝都因人，主要生活在叙利亚沙漠地带，一般从事畜牧业。

叙利亚是一个在族裔及宗教方面均为同质性的社会。与其他中东国家相似，叙利亚的阿拉伯人多属伊斯兰教逊尼派；少数群体是阿拉维派和德鲁兹派。国内教派之争出现在逊尼派与阿拉维派之间。阿拉维教派主要分布在北部，他们自20世纪60年代开始参与叙利亚复兴党活动，主张建立世俗的叙利亚国家。阿萨德总统和不少政治领导人都属于阿拉维派。德鲁兹派是公元11世纪产生的一个阿拉伯人穆斯林少数群体，一直是阿拉伯人中一个特殊的族裔宗教少数群体，分布在叙利亚南部与以色列交界的地区。德鲁兹派在不同时期曾受到阿拉伯基督徒和穆斯林的迫害。他们遵循自己独有的伊斯兰形式，生活在联系紧密的社区内，为争取自治和改善待遇而抗争。

叙利亚主要的非阿拉伯人族群有库尔德人、亚美尼亚人和切尔克斯人。库尔德人是叙利亚最大的少数族群，人口约130万。库尔德人信仰伊斯兰教，多属逊尼派。叙利亚的库尔德人基本上都过着定居生活，也有一小部分过着游牧或半游牧生活。与叙利亚阿拉伯人共同生活的库尔德人在语言、穿着、居住方式等风俗习惯上受阿拉伯人的影响很大。

叙利亚的亚美尼亚人是一个混合群体，其中一部分人原先生活在黎巴嫩，另外一部分人1915年因遭受土耳其驱逐而迁入叙利亚。叙利亚的亚美尼亚人主要居住在城镇，他们最重要的聚居区是大马士革的亚美尼亚区。亚美尼亚人民族观念较强，受其他民族同化的程度比较小。

切尔克斯人只有数千人，生活在首都大马士革，是1967年以色列占领戈兰高地后，从自己的农村家乡迁来的，其中不少人已经移居美国。

语言国情沿革与发展

叙利亚阿拉伯语的传播和发展

历史上，大叙利亚（又称沙姆）包括今天的叙利亚、黎巴嫩、巴勒斯坦、约旦等地。大叙利亚在被阿拉伯人征服前曾是东罗马帝国的一部分，其阿拉伯化进程早在伊斯兰教产生之前就开始了。阿拉伯人先后在此地区建立过若干个王国。阿拉伯人早期在大叙利亚的活动，以及他们与当地人民的接触，必然带来血缘上和语言上的交流，为后来阿拉伯语在这一地区的广泛传播创造了良好的历史条件。

公元638年，阿拉伯人打败拜占庭人，占领大马士革，不久夺取巴勒斯坦，从此整个大叙利亚地区都被阿拉伯人征服。伴随着军事征服的是宗教和语言征服。大叙利亚的官方语言主要是希腊语，居民的日常生活语言是古叙利亚语。阿拉伯人征服大叙利亚后采取了一系列政策，加快了阿拉伯语在该地区的传播。当地居民饱受拜占庭的经济压榨和宗教迫害，他们非常欢迎阿拉伯人的到来。阿拉伯统治者无论在种族上还是在语言文化上，都与当地居民有着紧密的联系，有利于认同的实现。

公元700年，倭马亚王朝的第五任哈里发阿卜杜·马立克将帝国的官方语言定为阿拉伯语。随着阿拉伯人和当地居民的混合杂居和通婚联姻，到公元8—9世纪，大多数居民开始信仰伊斯兰教，学习阿拉伯语。由于受到官方限制，古叙利亚语作为全民交际工具的资格逐渐被阿拉伯语所取代。9—10世纪之交，阿拉伯语已成为大叙利亚地区的全民日常生活语言。

《西伯威息的书》是第一部完整的阿拉伯语语法巨著，概括了现代阿拉伯语绝大部分语法内容，成为一千多年来各种阿拉伯语语法著作的主要依据，是阿拉伯语发展史上的一个里程碑。该书规定了古典阿拉伯语的正确形式，同时也使阿拉伯语成为必须经过学校教育才能掌握的标准语，使它附加上了有文化、社会地位较高、信仰伊斯兰教等社会色彩。与此同时，书面语只限于少数人使用，加上《古兰经》的权威性，使得记载它的语言成为神圣不可更改的准则，因而这一时期的古典阿拉伯语与日常生活用的口语的差别日益扩大。

19 世纪下半叶，叙利亚民族资产阶级知识分子领导的阿拉伯民族文化复兴运动在叙利亚和黎巴嫩蓬勃发展。文化复兴运动唤醒了阿拉伯人民的民族意识，铺平了阿拉伯民族解放运动的道路。随着第二次世界大战的结束，英国在中东的统治也宣告结束。民族的解放、政治的独立、经济的发展为阿拉伯语的大发展提供了必要的历史条件和物质基础。独立后的阿拉伯国家为了根除原先殖民文化的影响，大力发展教育事业，推广古典阿拉伯语。

1971 年，大马士革阿拉伯语学会、开罗阿拉伯语学会、巴格达阿拉伯语学会和安曼阿拉伯语学会组成了阿拉伯语学会联合协会。协会的中心任务是统一步骤，发掘阿拉伯文化遗产，注释出版阿拉伯古籍，编辑出版新词典，汇编现代科技新词汇，鼓励文艺创作，开展现代语言学研究，推广古典阿拉伯语并使之现代化、科学化。这些措施对于阿拉伯语的规范和发展有着重要的意义。但由于阿拉伯语在社会文化背景有所差别的不同地域经历了不同的发展过程，因此逐渐表现出一些地域差异，形成了多种地方变体，叙利亚阿拉伯语即其中的一种。不同地方的叙利亚人所讲的方言在词汇、语法和口音上有很大差别，根据这些差别可以判断出讲话者的籍贯、所属族群、居住城市等信息。

叙利亚库尔德人的语言选择

由于语言、文化和政治等诸多因素的作用，库尔德人的语言选择成为叙利亚语言国情的一个重要方面。叙利亚建国后不久，当时处在法国托管下的库尔德人宣布在叙利亚境内自治，要求在库尔德地区同时使用库尔德语和其他官方语言，实施库尔德语教育，并改由库尔德人担任政府雇员。然而，托管当局并不支持库尔德人在叙利亚境内自治。由于缺乏库尔德语教材，且大众也没有这方面的呼声，使得库尔德语教育难以实行。不过，当局允许发售库尔德语出版物。1932 年，大马士革的一群知识分子和来自土耳其的前政治活动家，开始用北部库尔德语———一种用罗马字母书写的方言——从事语言文学创作。第二次世界大战期间，由于库尔德人所处地区具有重要的战略意义，叙利亚和伊朗的库尔德人得以享有更多的母语写作和出版权利。

在政治托管后期（1946 年）和阿拉伯联合共和国成立之初（1958 年），库尔德语出版物仍被允许发行，其后情况发生变化。1957 年，库尔德人民主党在叙利亚成立，要求承认库尔德人的民族权利，但该党派随即受到了阿拉伯联合共和国的打压，拥有库尔德语出版物甚至一张留声机唱片，都可能会有牢狱之灾。1961 年，叙利亚与埃及的联盟解散后，库尔德语的使用受到更严厉的限制。到 20 世纪 80 年代中期以后，库尔德人逐渐得到了比较宽松的环境，被允许在全国各地包括首都大马士革庆祝自己的民族新年。

🤝 语言服务

中国开设阿拉伯语专业的高校有近 40 所，具体参见"阿拉伯联合酋长国"（第 19 页）。

中国尚未在叙利亚设立孔子学院。

叙利亚尚未有高校开设中文系或中文专业。叙利亚大马士革大学提供了较好的汉语教学场地和设备，汉语学习者几乎包含了叙利亚各行各业的人士。

小贴士

⊙首都

　　大马士革，位于叙利亚西南巴拉达河右岸，是世界著名古城，有着4500多年的历史，被誉为"天国里的城市"。市区建在克辛山山坡上，面积100平方千米，人口约470万。

⊙自然与经济

　　叙利亚领土大部分是西北向东南倾斜的高原。全国分为4个地带：东部内陆高原；东南叙利亚沙漠；西部山地和位于两座山脉之间的山间纵谷；西北部地中海沿岸平原，有长183千米的海岸线，是全国少数比较青绿的地方。沿海和北部地区属亚热带地中海气候，南部是热带沙漠气候。气候比较干燥，全国有五分之三的地区全年降雨量少于250毫米。农业在国民经济中占据重要位置，是阿拉伯世界的五个粮食出口国之一。耕地大都依靠灌溉，出产小麦、棉花、葡萄、油橄榄、大麦、无花果以及梨、李等水果。

⊙美食

　　叙利亚人的主食是大米和白面。面粉发酵后制成的面饼是百姓喜欢的食品。叙利亚人餐桌上的常见菜有烤羊肉、炸鱼、煮牛肉、鸡肉、腌橄榄、黄瓜、西红柿沙拉、生菜、焖蚕豆、奶酪、洋葱等。甜食也是叙利亚人爱吃的食品，几乎每餐必备。饮料主要是红茶和咖啡。

⊙节日

　　元旦（1月1日）、母亲节（3月21日）、国庆节（4月17日）、烈士日（5月6日）、开斋节（伊斯兰教历10月1日，伊斯兰教历每年的第9个月为斋月，第10个月的第1日到第3日是教徒们的开斋节）、古尔邦节（伊斯兰教历12月10日，每年的这一天穆斯林们便为真主安拉宰牲献祭，也称宰牲节）等。

⊙名胜古迹

　　阿勒颇古城　历史悠久，古老的卫城上耸立着巨大的城堡，是叙利亚最壮观的伊斯兰阿拉伯军事建筑。1986年，阿勒颇古城作为文化遗产入选联合国教科文组织《世界遗产名录》。

　　波斯拉古城　叙利亚第一个穆斯林城市，拥有伊斯兰世界最古老的清真寺光塔，这里曾是麦加朝圣的停留站。市中心的奥马尔清真寺是早期伊斯兰遗留下来的唯一一座清真寺。1986年，波斯拉古城作为文化遗产入选联合国教科文组织《世界遗产名录》。

　　大马士革　世界上有人居住的最古老的城市之一，其历史可追溯至公元前5000年。主要景点是倭马亚大清真寺，位于哈米迪亚大市场后，其原址是被拜占庭人摧毁的一座罗马人寺庙，随后改建为施洗约翰大教堂，公元636年阿拉伯人将其改为清真寺，寺内有施洗约翰的坟墓。1979年，大马士革古城作为文化遗产入选联合国教科文组织《世界遗产名录》。

　　帕米拉古城　叙利亚境内丝绸之路上的著名古城，有着"叙利亚沙漠新娘"的美称，曾是具有传奇色彩的季诺比亚皇后统治过的地区，季诺比亚皇后曾在此抵抗来自罗马帝国及波斯帝国的军队。1979年，帕米拉古城遗迹作为文化遗产入选联合国教科文组织《世界遗产名录》。

亚美尼亚国旗呈长方形，长宽比 2∶1。由红、蓝、橙三个长方形组成。红色象征烈士的鲜血和国家革命的胜利，蓝色代表国家的丰富资源，橙色象征光明、幸福和希望。

首都埃里温

亚美尼亚 | The Republic of Armenia

亚美尼亚 ARMENIA

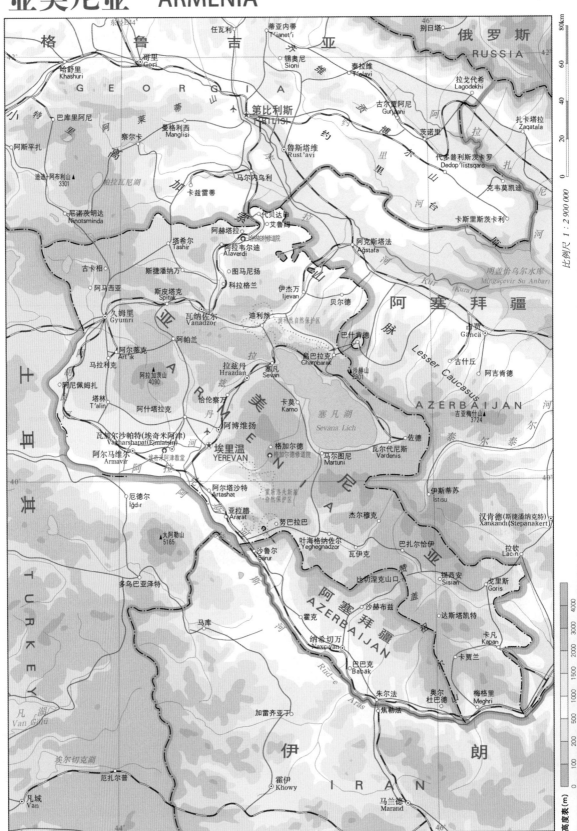

比例尺 1 : 2 900 000

格 鲁 吉 亚 GEORGIA

俄 罗 斯 RUSSIA

阿 塞 拜 疆 AZERBAIJAN

土 耳 其 TURKEY

伊 朗 IRAN

哈舒里 Khashuri
哥里 Geri
任瓦利 T'ianet'i
蒂亚内蒂 T'ianet'i
别日塔
锡奥尼 Sioni
泰拉维 T'elavi
拉戈代希 Lagodekhi
巴库里阿尼
曼格利西 Manglisi
察格卡
第比利斯 TBILISI
鲁斯塔维 Rust'avi
古尔罗阿尼 Gurjaani
扎卡塔拉 Zaqatala
阿斯平扎
马尔内乌利
代多普利斯茨卡罗 Dedop'listsqaro
克韦莫凯迪
卡兹雷蒂
尼诺茨明达 Ninotsminda
代斯达申
艾鲁姆
阿克斯塔法 Ağstafa
卡斯里斯茨卡利
阿赫塔拉
塔希尔 Tashir
阿拉韦尔迪 Alaverdi
哈格帕特修道院
明盖恰乌尔水库 Mingäçevir Su Anbarı
古卡相
斯捷潘纳万
图马尼扬
科拉格兰
伊杰万 Ijevan
贝尔德
Kür (Kura)
阿马西亚
斯皮塔克 Spitak
久姆里 Gyumri
瓦纳佐尔 Vanadzor
迪利然
拜科自然保护区
巴什肯德
甘贾 Gäncä
阿尔塔克 Art'ik
阿帕兰
Lesser Caucasus
古什丘
阿吉肯德
马拉克
拉兹丹 Hrazdan
塞凡 Sevan
巴拉克 Chambarak
沙赫山 3901
吉亚梅什山 3724
阿尼佩姆扎
阿拉加山 4090
卡莫 Kamo
塔林 T'alin
阿什塔拉克
哈伦察万
阿博维扬
塞凡湖 Sevana Lich
佐德
瓦加尔沙帕特(埃奇米阿津) Vagharshapat(Ejmiatsin)
埃奇米阿津教堂
埃里温 YEREVAN
格加尔德修道院
马尔图尼 Martuni
瓦尔代尼斯 Vardenis
阿尔马维尔 Armavir
厄德尔 Iğdır
阿尔塔沙特 Artashat
亚拉腊 Ararat
努巴拉巴
杰尔穆克
伊斯蒂苏 Istisu
霍尔维罗斯自然保护区
大阿勒山 5165
叶海格纳佐尔 Yeghegnadzor
瓦伊克
汉肯德(斯捷潘纳克特) Xankändi(Stepanakert)
沙鲁尔 Särur
比切涅克山口
拉钦 Laçin
多乌巴亚泽特
沙赫布兹
锡西安 Sisian
戈里斯 Goris
达斯塔凯特
霍克
纳希切万 Naxçıvan
卡凡 Kapan
马库
巴巴克 Babak
卡贾兰
凡湖 Van Gölü
加雷齐亚丁
朱尔法
奥尔杜巴德
焦勒法
梅格里 Meghri
凡城 Van
厄扎尔普
霍伊 Khowy
马兰德 Marand

阿塞拜疆 AZERBAIJAN
阿 脉
亚 美 尼 亚 ARMENIA

Rud-e Aras

高度表(m)
4000 3000 2000 1500 1000 500 200 100 0

亚美尼亚，全称亚美尼亚共和国，位于外高加索南部的亚美尼亚高原东北部，是一个山地为主的内陆国家。东部与阿塞拜疆为邻，东南部和西部与土耳其、伊朗及阿塞拜疆的纳希切万自治共和国接壤，北部与格鲁吉亚相连。国土面积 29 800 平方千米，人口约 302 万。

语言

亚美尼亚语为亚美尼亚的官方语言，全国有近 300 万人以亚美尼亚语为母语或第一语言。

亚美尼亚语属印欧语系中的一个独立语族，也是该语系中最古老的有文字形式的语言之一，经历了古亚美尼亚语（5—11 世纪）、中期亚美尼亚语（11—17 世纪）和现代亚美尼亚语（17 世纪以后）3 个发展阶段。现代亚美尼亚语包括东亚美尼亚语和西亚美尼亚语。

亚美尼亚语示例：

Ես քեզ կարոտում եմ
ինչպե՞ս ես

（我好想你。你好吗？）

亚美尼亚语文学历史悠久，现存最古老的文学作品是公元 5 世纪的《圣经》译文。

亚美尼亚境内主要的少数民族语言是库尔德语，库尔德语是叶继德族（即雅兹迪族）和库尔德族的母语，也是亚美尼亚使用人口最多的少数民族语言，使用人口约有 4.5 万。其他少数民族语言使用人数极少，如亚述语等。亚美尼亚境内的少数民族一般会讲 3 种语言，即亚美尼亚语、本民族语和俄语。

俄语是亚美尼亚最为流行的外语，大部分亚美尼亚人都会讲俄语。俄语在亚美尼亚还是族际交际语。根据 2011 年的全国人口普查，52.7% 的亚美尼亚居民第二语言是俄语，这其中包括了除俄罗斯族以外的所有族群，0.8% 的亚美尼亚居民的第一语言是俄语。而据 2012

年的一项民意调查数据，94% 的居民宣称掌握了俄语， 59% 的人认为自己的俄语达到中级水平，其中 24% 的人认为自己精通俄语。

目前，尽管亚美尼亚高等学校的教学语言为亚美尼亚语，官方文件主要使用亚美尼亚语，但有一些部门文件也使用俄语。国内主要报刊、电视及广播同时使用亚美尼亚语和俄语。

英语是第二大外语。2012 年的调查数据表明，英语的普及度和熟练度尚不及俄语，尽管如此，50% 的成年人认为公立初中和高中应该开设英语课程，赞成开设俄语课的成年人占40%。在首都埃里温，许多大学用俄语、英语和法语授课。埃里温国立语言大学等高校可以开设数种不同语言的课程。

其他流行的外语包括阿塞拜疆语、法语、德语、意大利语、西班牙语和波斯语。根据2011 年的人口普查资料，超过 10 000 人以法语为第二语言，6342 人以德语为第二语言，4396 人以波斯语为第二语言。而 1988—1994年的难民潮导致亚美尼亚境内约有 37 万人以阿塞拜疆语为第二语言。

民族

亚美尼亚是一个多民族国家，境内共有十余个民族，其中亚美尼亚族占全国人口总数的98.1%，叶继德族（亦称雅兹迪族）和俄罗斯族分别占 1.2% 和 0.4%，库尔德族和亚述族均占 0.1%。其他民族还包括乌克兰族、希腊族、犹太族、茨冈族、鞑靼族、阿塞拜疆族、格鲁吉亚族、白俄罗斯族等。

绝大多数亚美尼亚公民信奉基督教。基督徒约占全国人口总数的 94.8%。也有一些人信奉天主教、东正教和伊斯兰教。雅兹迪教派约占全国人口总数的 0.8%。

亚美尼亚人属欧罗巴人种西亚类型，自称哈伊，又称阿尔明尼亚人。亚美尼亚族是一个多灾多难的民族。公元前7世纪，乌拉尔图人、斯基泰人和基美里人等共同组成了亚美尼亚族。因此，亚美尼亚人可谓南高加索地区的古老民族。公元8—15世纪，亚美尼亚先后遭受阿拉伯人、罗马人、突厥塞尔柱人、蒙古人等的入侵。1828年被沙俄征服。1894—1921年，数百万亚美尼亚人屡遭土耳其人的驱赶和屠杀。

近代以来的亚美尼亚民族独立运动风起云涌。亚美尼亚人在本民族一些资产阶级政治家的领导下，坚持进行民族解放斗争。苏联解体后，1991年9月21日亚美尼亚恢复独立国家身份。

亚美尼亚民族独立运动给阿塞拜疆共和国纳戈尔诺－卡拉巴赫地区的亚美尼亚人带来深远影响。这个地区95%的居民都是亚美尼亚人。十月革命胜利后，新成立的阿塞拜疆革命委员会曾经承认纳－卡州属于亚美尼亚，但于1921年7月重又划归阿塞拜疆。该地区的亚美尼亚人民族情绪高涨，于1987年起不断提出要求脱离阿塞拜疆，加入亚美尼亚。亚美尼亚则表示欢迎。两国之间的民族矛盾在苏联解体后愈演愈烈，最终发展成为武装冲突。

独立后的亚美尼亚少数民族人口发生了较大变化。阿塞拜疆族曾在1989年占到亚美尼亚全国人口总数的2.5%，但由于和邻国阿塞拜疆之间的紧张局势，几乎所有的阿塞拜疆族人都离开了亚美尼亚，俄罗斯族、乌克兰族和白俄罗斯族也有相当多的人离开了亚美尼亚。与此同时，纳－卡争端导致阿塞拜疆境内的亚美尼亚族难民大量涌入亚美尼亚，这使得亚美尼亚的民族构成更趋单一。

 语言国情沿革与发展

亚美尼亚语的形成与发展

亚美尼亚语的起源和发展与亚美尼亚的民族发展和基督教在该国的传播息息相关。

大约从公元前2300年起，米坦尼和亚美尼亚部分地区的居民使用胡里安语，这是亚美尼亚高原最早的有文字记录的语言，后该语言消亡。公元前9世纪，乌拉尔图语出现，公元前585年，乌拉尔图语消亡。与此同时，亚美尼亚语的早期口语形式开始出现。

波斯帝国统治西亚时期和希腊统治时期，亚美尼亚人建立了埃尔万德王朝和阿尔塔克西王朝。公元前190年至公元65年，阿尔塔克西王朝消灭了其他政权，建立了历史上第一个统一的亚美尼亚人国家。统一之后，亚美尼亚语成为社会各阶层的共同语言。

但此后，亚美尼亚族逐渐沦为其他民族的统治对象。公元1年左右，阿尔塔克西王朝灭亡，西亚美尼亚先后沦为罗马帝国的一个省或保护国。公元64年，东亚美尼亚建立阿尔沙克王朝。公元428年，阿尔沙克王朝灭亡。此后200年间东亚美尼亚一直被波斯人所统治。在这期间，东亚美尼亚两次爆发反对波斯人统治的全民起义，亚美尼亚人恢复了实际上的自治并保持基督教信仰。公元680年，阿拉伯人入侵亚美尼亚，强迫亚美尼亚人改信伊斯兰教，未获成功。公元1064年，亚美尼亚王国巴格拉提德王朝被拜占庭征服。1071年，塞尔柱土耳其接替拜占庭统治亚美尼亚。1220年以后，亚美尼亚为蒙古人所统治。1454年，奥斯曼土耳其征服亚美尼亚。1828年，土耳其将东亚美尼亚割让给沙俄。因此，在近两千年的外族统治史中，亚美尼亚语的发展受到多种外族语言的影响，特别是受到波斯语和帕提亚语的影响巨大。

亚美尼亚人始终努力通过宗教和语言来强化民族意识，保持民族的独立性。在伊朗帕提亚人统治时期，亚美尼亚贵族格利高里将基督教传到亚美尼亚，并于公元301年建立基督教会，使亚美尼亚成为该地区历史上第一个以基督教为国教的国家。后来，亚美尼亚基督教会逐渐从基督教东支中分离出来，成为基督教的一个独立教派，即格利高里教会。该教派虽然在组织礼仪上接近东正教，但在宗教仪式中使用亚美尼亚语。因此，绝大多数亚美尼亚人至今仍笃信基督教，并使用亚美尼亚语。

公元 405 年，圣梅斯罗布创造了亚美尼亚语字母，标志着亚美尼亚语的书面语正式形成。从公元前 7 世纪到公元 19 世纪 70 年代，亚美尼亚相继被迫接受阿拉伯、拜占庭、奥斯曼等外族统治，1828 年之后又受到沙俄和苏联的统治，但亚美尼亚语一直有所发展。

独立前后亚美尼亚的语言国情

1918 年 5 月 28 日，亚美尼亚从土耳其独立，1922 年加入苏联。苏联早期实行"各民族语言与俄语同为官方语言"的语言政策，受此语言政策影响，1922—1991 年，虽然在学校教育方面可使用本民族语言作为教学语言，但亚美尼亚的一切法律和决定都要有俄语和亚美尼亚语两个版本，并同时颁布。20 世纪 50 年代以后，苏联宣布俄语为各民族的交际语言及非俄罗斯民族的第二语言，规定非俄罗斯民族必须学习俄语。到了 80 年代，俄语的强制推广达到顶峰，亚美尼亚人的民族语言受到歧视，民族语言学校的数量大大减少，年青一代的本民族语言水平严重下滑。

1991 年苏联解体，亚美尼亚再度独立，1995 年新宪法宣布亚美尼亚语为国语，亚美尼亚学习和使用俄语的人数锐减。几乎所有学校的教学语言都是亚美尼亚语，甚至许多大学的俄语系也采用亚美尼亚语组织教学。俄语变成了亚美尼亚人的外语。2001—2011 年，以俄语为母语或第一语言的人数下降了 21%，其中亚美尼亚族中以俄语为母语或第一语言的人数下降了 19%。这些现象反映出亚美尼亚人强烈的民族意识。亚美尼亚现成为南高加索地区成功实现去俄语化的国家之一。

独立之后，亚美尼亚语作为母语和官方语言在教育和日常使用方面得到全面发展。俄语失去了昔日政府行政管理主导语言的地位和日常生活法定官方语言的地位，但由于亚美尼亚为多民族国家，历史因素造成各民族之间需要用俄语来交流，同时前苏联成员国彼此交往也离不开俄语，因此俄语在亚美尼亚人的生活中依然扮演着通用语的角色，且短期内不会动摇。

独立后的亚美尼亚对其他民族语言采取了包容的态度，明确允许所有民族语言共同发展，这些语言应该与作为国语的亚美尼亚语共享语言的社会功能。但实际上，不同民族的语言的地位并不等同。例如，希腊族人、库尔德族人如果想要进入主流社会，就必须学习亚美尼亚语；而俄罗斯族人则不需要学习亚美尼亚语。

🤝 语言服务

中国尚未有高校开设亚美尼亚语专业。

中国在亚美尼亚设立的孔子学院有 1 所，为亚美尼亚国立布留索夫语言与社会科学大学孔子学院，合作单位现为大连外国语大学。

亚美尼亚尚未有高校开设中文系或中文专业。埃里温布留索夫国立语言与社会学大学开设了翻译专业汉语方向。另外，斯拉夫大学成立了中国汉语与文化中心，该中心开设汉语课程。

小贴士

⊙ 首都

埃里温，位于拉兹丹河畔，面积约 90 平方千米，人口约 106 万，是亚美尼亚经济、文化中心。埃里温城历史悠久，国家级博物馆多达 30 个，现藏有数以千计的古老的历史、地理、哲学和医学等精美手稿，其中古代写本博物馆收藏有亚美尼亚从公元前 5 世纪创立文字后保存至今的历代文献，古本收藏量世界第一。

⊙ 姓氏

亚美尼亚人名结构是"教名＋父名＋姓氏"，父名一般有 -vich 作为后缀，表示"某某之子"。亚美尼亚人的五大姓氏分别是"霍万尼西安、哈鲁秋尼扬、萨尔格扬、卡恰特尼扬、格利高尼扬"。另有一个特别的姓氏"马米科尼扬"，其祖先是中国三国时期迁居亚美尼亚的中国人马抗（亚美尼亚人民争取民族独立与解放斗争史上的英雄人物）。

⊙ 自然与经济

亚美尼亚境内多山，90% 的领土海拔在 1000 米以上。北部是小高加索山脉，东部有塞凡洼地，西南部的亚拉腊大平原被阿拉克斯河分成两半。属亚热带高山气候。1 月平均气温 −2—12℃；7 月平均气温 24—26℃。资源主要有铜矿、铜钼矿和多金属矿。主要出口机械制造设备、纺织品及其他制造产品来换取原材料和能源。葡萄种植业发达，酿造的白兰地酒历史悠久，享誉海外。

⊙ 美食

亚美尼亚人喜欢用各种香辛料腌制牛、羊肉，在炭火上烧烤。喜欢用碾碎的小麦加坚果仁和橄榄油，用蒜粉调味，做成类似炒饭的食物。亚美尼亚人喜欢用酥皮饼包着奶酪，烤得金黄酥脆的时候吃。亚美尼亚的甜品也很有特色。

⊙ 节日

建军节（1 月 28 日）、共和国日（5 月 28 日，纪念亚美尼亚从土耳其独立）、宪法日（7 月 5 日）、共和国独立日（9 月 21 日）等。

⊙ 名胜古迹

加尔尼古堡 离首都埃里温市 27 千米，为公元前 2 世纪至公元 5 世纪的加尔尼古堡遗迹，原是基督教前期的亚美尼亚国王夏宫。堡内的列柱教堂是希腊文化末期（公元 1 世纪）亚美尼亚文化的唯一遗迹。

哈格帕特修道院和萨那欣修道院 建于公元 10 世纪的拜占庭式建筑，为基乌里克王朝繁荣时期（约 10—13 世纪）的重要学府。这两个修道院建筑群融汇拜占庭教会建筑风格和高加索地区本土传统建筑风格，形成独特的艺术风格，代表了亚美尼亚宗教建筑的顶尖水平，哈格帕特修道院和萨那欣修道院作为文化遗产分别于 1996 年和 2000 年入选联合国教科文组织《世界遗产名录》。

埃奇米阿津大教堂和教堂群及兹瓦尔特诺茨考古遗址 亚美尼亚最古老的教会建筑，建于公元 303 年，藏有诺亚方舟残片和公元 405 年由梅斯罗普·马什托茨创造的亚美尼亚字母的黄金模板。埃奇米阿津大教堂每 7 年炼一次圣油，并分送给国内外的亚美尼亚人教堂。兹瓦尔特诺茨考古遗址，建于公元 641—661 年。2000 年，埃奇米阿津大教堂和教堂群及兹瓦尔特诺茨考古遗址作为文化遗产入选联合国教科文组织《世界遗产名录》。

格加尔德修道院 大部分建筑物在岩石中凿成，也称"岩洞教堂"。中心教堂建于 1215 年，是迄今保存完整的亚美尼亚中世纪修道院建筑及装饰艺术之典范。2000 年，格加尔德修道院作为文化遗产入选联合国教科文组织《世界遗产名录》。

也门国旗呈长方形，长宽比3∶2。旗面自上而下由红、白、黑三种颜色构成。红色象征革命和胜利；白色象征神圣与纯洁；黑色象征过去的黑暗时代。

也门

The Republic of Yemen

萨那清真寺

也门 YEMEN

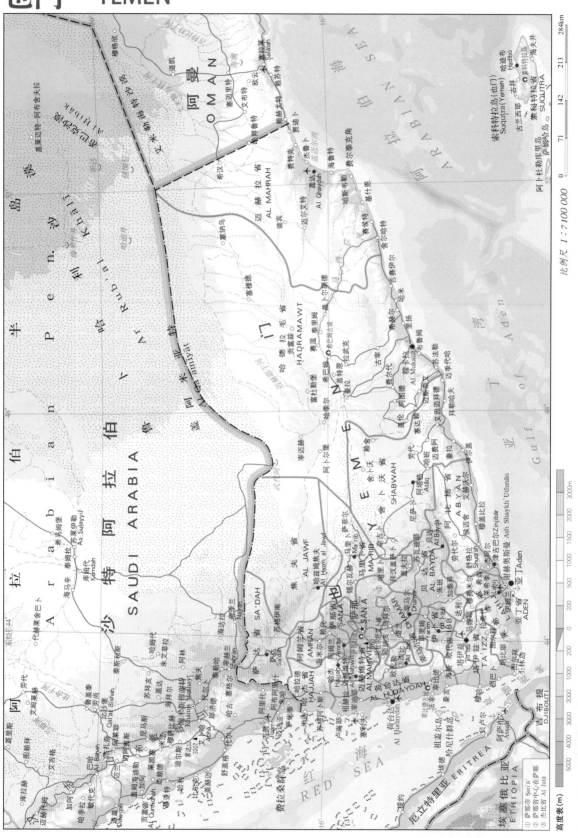

比例尺 1:7 100 000

| 0 | 71 | 142 | 213 | 284km |

高度表 (m)

5000 4000 3000 2000 1000 500 200 0 200 500 1000 1500 2000 3000m

① 萨那市 San'a
② 萨那省中心在萨那
③ 杰比省 Al Jahā

也门，全称也门共和国，位于西南亚，阿拉伯半岛西南部，北部与沙特阿拉伯接壤，东部与阿曼毗邻，南临亚丁湾，西部与厄里特立亚、吉布提隔红海相望。也门一直以来都是连接东西方的交通要道，曾为古代海上丝绸之路的中转站和香料之路的出发点。国土面积 555 000 平方千米，人口约 2605 万。

🗨 语言

标准阿拉伯语是也门共和国的官方语言，同时也是也门主要的宗教语言。也门讲阿拉伯语的人约占总人口的 90%，主要是阿拉伯人，也称也门人。也门的阿拉伯语存在很多方言，各方言之间的口语差异较大，但都以标准阿拉伯语为书面语。

也门阿拉伯语方言（也称为也门阿拉伯语）可以进一步区分出下位方言，主要包括提哈马方言、东南也门方言、中原方言、南方平原方言、北方平原方言和东北也门方言等。也门阿拉伯语通常被认为是一个比较保守的方言集群，有些地区由于对外交流不特别完善，在一定程度上保留了伊斯兰教诞生前的方言。也门阿拉伯语的发音与苏丹、海湾地区的阿拉伯语方言比较接近，具有很多相同的特征。与现代标准阿拉伯语被官方使用并用于教育、商务和媒体明显不同，也门阿拉伯语主要用于日常生活。

阿拉伯语属于闪–含语系闪米特语族中的闪米特语支，体现了明显的闪米特语特征，尤其是在音系方面，例如保留了闪米特语原型的边音摩擦音等。作为阿拉伯世界的一员，从公元 7 世纪起，也门人就普遍信仰伊斯兰教，1994 年也门宪法明确规定伊斯兰教为国教，阿拉伯语的宗教语言地位也得以确立。

也门境内现存部分闪米特语南支（以下称为南闪语），分为南阿拉伯语和埃塞俄比亚闪米特语，即南闪语的西片和东片。西片是几乎消亡的古老南阿拉伯语，被认为是现代南阿拉伯语和埃塞俄比亚闪米特语的前身。东片就是现代南阿拉伯语，主要是也门和阿曼的一小部分人群在使用，比如远东的马哈拉地区和索科特拉岛居民。

美热语是也门南部闪米特语最大的一支，与现代阿拉伯语体系比较相近，使用民族主要为马哈拉人，人数超过 7 万。与现代阿拉伯语差别较大的索科特拉语，主要为索科特拉岛居民使用，人数超过 6 万。此外还有一支南闪语——休比特语已濒临灭绝，它更接近埃塞俄比亚语，大约有 400 人在使用。也门也是古老南阿拉伯语的故乡，古老南阿拉伯语语族中唯一现存的一支语言为内志阿拉伯语，它的基本词汇、介词以及一些其他语法现象都与阿拉伯语不同，在也门的西北部仍有部分地区使用。

英语是也门共和国部分政府部门的工作语言，主要应用于政府涉外活动、报刊、电台等媒体机构以及教学机构，因此也是较为通用的一门语言。也门的报纸中有以英文出版的《也门时报》，作为官方通讯社的也门通讯社（简称萨巴社）以及萨那广播电台也均使用阿拉伯语和英语。

此外，也门还存在其他的民族语言，主要是一些欧洲和非洲语言。比如 20 世纪七八十年代以移民或者通婚的形式迁入的少数欧洲人、亚洲人、非洲人，他们使用的语言主要为英语、俄语等。在首都萨那也有一些小社团使用占语，他们主要是 20 世纪 70 年代越战后移居来的越南人。

👥 民族

也门是阿拉伯文明的发祥地之一，其主要民族是也门阿拉伯人，约占人口总数的 90% 以上。生活在也门的阿拉伯人大多以部落为单位，它们有自己独立的武装和法律，大多会按照自己部落的方式处理内部事务，有时甚至连政府都难以干涉。因此，也门是个部落势力极其强大的国家，部落在国家事务中起着举足轻重的作用。部落的首领多为世袭制的酋长，在部落中具有绝对权威，集政治、军事、经济、财政和司法等大权于一身。

也门境内共有 200 多个部落，其中 150 多个部落分布在山区。也门最主要的部落有哈希德、巴基尔、哈卡和穆德哈基，其中，哈希德部落是实力最强、知名度最高的部落。该部落由 50 多个中小部落组成，人口有百万之多，主要集中在萨那、哈贾、萨达 3 个省，是一个集政治、经济、军事、宗教四位一体的强大部落。

也门境内除阿拉伯人之外，还有少数非洲人、亚洲人，他们约占总人口的 10% 左右，主要分布在沿海平原地区。非洲人主要包括索马里人、达纳基尔人、安哈拉人、苏丹人等，约 6 万人；亚洲人主要有伊朗人、印度人、孟加拉人和巴基斯坦人，约 1 万人；还有少部分犹太人。

📖 语言国情沿革与发展

也门阿拉伯语的起源和形成

早在公元前 1200 年以前，古代也门人就有了自己的语言，即希木叶尔语，其书面语形式为希木叶尔文字，是一种拼音文字，有 29 个字母，这也是也门出现的最早的语言，但后来希木叶尔语逐渐被阿拉伯语的北支所取代，这与阿拉伯语南、北两大支系的不断交融和替代密切相关。

一般认为，整个阿拉伯语大致可分为两大支系：一是也门地区的南方语，称为葛哈唐语（阿拉伯语南支）；二是汉志地区的北方语，称为阿德南语（阿拉伯语北支）。大约公元前 2000 年，阿卡德族在幼发拉底河流域和底格里斯河流域崛起，建立了人类历史上第一个帝国——阿卡德帝国，并辉煌一时，阿卡德语也因此成为闪米特语中的主要语言，并逐渐成为阿拉伯半岛各部落的通用语言。公元前 1000 年，阿卡德帝国衰亡，阿卡德语逐渐被阿拉米语取代，阿拉米语是古叙利亚语的前身，在公元 3—5 世纪成为阿拉伯半岛唯一的基督教语言。与此同时，也门地区由于族群迁入，与当地人通婚、融合，逐步形成了一个新的族群——阿拉伯人，他们此时所说的语言被称作葛哈唐语，也就是阿拉伯语南支。同一时期阿拉伯半岛汉志地区的族群所使用的是阿德南语，即阿拉伯语北支。虽然阿拉伯语的南、北两支都属于阿拉伯语，但两者差异很大，每一个部落对同一事物、同一概念都有自己的用词。

公元 3—5 世纪间，也门地区的主要语言有阿拉米语、葛哈唐语，同时阿拉伯半岛还存在阿德南语。而阿拉伯半岛居民的频繁迁移对也门语言的演变和融合产生了极大的影响。公元 2—3 世纪，也门地区的一些族群，如莱哈米、太努哈和艾兹德等，曾向阿拉伯半岛北方进行过一次大迁移。公元 3 世纪上半叶，也门马里布大坝被洪水冲垮，致使也门出现了大灾荒，埃塞俄比亚人趁机占领了也门，开始了长达 38 年的统治。公元 4 世纪，也门最有势力的葛哈唐族群迁移到阿拉伯半岛的北方，他们凭借着曾经的权势和地位，迫使说阿德南方言的部落归服他们。因此两个部落在政治、经济领域会使用一些比较相似的词语，但这个时期始终没有出现语言完全同化的情况。

公元 6 世纪，葛哈唐族群受到了埃塞俄比亚人和波斯人的袭击，逐渐衰败，而阿德南族群乘机摆脱了葛哈唐族群的统治，日益强大，公元 7 世纪初，阿德南语取代了葛哈唐语，成为阿拉伯半岛的主要语言。同一时期，麦加取代也门，成为阿拉伯半岛重要的南北商贸要道以及宗教、政治和文化的中心，属于阿德南语的麦加城古莱什族人的语言，逐步成为阿拉伯人的通用语，也就是通常所说的北阿拉伯语，至此，阿拉伯语在也门的地位基本确立。

从宗教因素看，伊斯兰教是也门的国教，90%以上的人都信奉伊斯兰教，伊斯兰教对也门的社会生活有重大影响。国家规定，伊斯兰法规是一切法律的源泉，在政府中，有两个宗教部门，即宗教基金部和司法部，掌握全国清真寺和宗教法庭、法官并负责解释教法。此外，也门的学校体系中，从小学至大学，都有伊斯兰宗教学校，并由专门教师教授阿拉伯语。所以宗教和教育因素在阿拉伯语地位的确立中也起到了不可忽视的作用。

也门阿拉伯语的发展及地位

公元4—6世纪，也门曾先后被阿比西尼亚和波斯所统治，7世纪并入阿拉伯帝国。15世纪，随着新航路的开辟和殖民主义的入侵，也门又先后遭到葡萄牙和奥斯曼帝国的两次侵占。直到第一次世界大战结束，也门才宣布独立，成立穆塔瓦基里王国。虽然不同统治时期也门的语言情况有所变化，但整体上阿拉伯语的主体地位并未改变。这一时期，阿拉伯语借用了大量的外来词汇，以丰富自己的语言。这些外来语多为生活方面不可或缺的实物名词，以及政治、经济、社会、宗教、学术文化等各方面的术语，同时也吸收了不少抽象名词。例如，波斯人统治也门时期（575—628年），波斯语中的"水壶、盘子、桌子、丝织、绸缎、机关、首相"等词语就被阿拉伯语借用。阿拉伯人吸收外来语并不仅仅是将外来词直接音译，而是对其音调、词型、词法、语法都加以改造，使之完全阿拉伯语化，真正做到同阿拉伯语水乳交融、协调一致，甚至本来引进的只是一个外来名词，阿拉伯人却把这个名词演变为动词，再由其词根派生出各式各样的名词。

也门历史上也曾受到英国的殖民统治。1799年英国殖民者占领王林岛，1839年占领亚丁，随后又占领了哈德拉毛等30多个部落酋长领地，组成了英国的"亚丁保护地"，将也门南部从也门整体中分离出来。1934年也门一分为二，北也门处于封建统治之下，南也门则沦为英国的殖民地。尽管英国对也门的统治时间很久，但英语并未能在也门扎根，阿拉伯语仍然是也门最重要的语言，而且在口音、词汇等方面还影响了也门境内的英语。英国东方学者华尔特·泰勒在《英语中的阿拉伯单词》中指出，"阿拉伯词汇充斥着欧洲人的头脑，英语从阿拉伯语中吸收的单词众多"，据当时详细描述阿拉伯语对英语词汇影响的书籍记载，来源于阿拉伯语的英语单词共计7800多个。

因此，也门在历史上虽然遭受过多国的入侵和殖民，但民族统一思想和反对殖民主义的思想始终是也门人的政治目标。1990年，南、北也门统一。1994年宪法明确规定了也门的官方语言为阿拉伯语，为阿拉伯语官方语言的地位提供了法律依据。

随着也门共和国的建立，也门的对外交往日益频繁。在外交方面，除了密切与所有阿拉伯国家的关系之外，还加强同西方国家的联系，并进一步保持和发展了与中国、俄罗斯等国家的传统友好关系。频繁的对外交往，促进了也门统一后语言格局的多样化，使用俄语、英语、汉语的人口大增，也门的外语使用得到了飞速发展。

🤝 语言服务

中国开设阿拉伯语专业的高校有近40所，具体参见"阿拉伯联合酋长国"（第19页）。

中国尚未在也门设立孔子学院。

也门尚未有高校开设中文系或中文专业。目前仅有萨那技校开设汉语教育班。

小贴士

⊙首都

萨那，全国政治、经济和文化中心，位于阿邦山和纳卡木山之间的萨那盆地，平均海拔2200米，气候温和，日照充足。人口约175万。

⊙自然与经济

也门境内大部分是高原，主要位于西部、南部和东北部地区，平原主要分布在阿拉伯沿海，沙漠地区主要集中在哈德拉毛省。也门的气候多样，南部为热带干旱气候，每年4—10月为热季，11月至次年3月为凉季；北部气候较为多样，东部沙漠和半沙漠地区，干燥炎热；中央高原地区气候凉爽；丘陵地区气候温和，雨量充沛。也门的工业不发达，经济发展主要依赖石油出口；农业是最主要的产业之一，农产品主要有棉花、咖啡、高粱、谷子、玉米、大麦、豆类、芝麻等。

⊙美食

也门人的主食是阿拉伯大饼，喜欢在喝茶时加入咖啡豆壳，喝咖啡时则要放大量的香料和姜。特色菜肴为烤全羊，风味菜肴还有爆炒羊肉、烤肉、辣子鸡丁、清蒸牛肉、香酥鸡、番茄牛肉片、清炖鸡加元葱、炸八块等。

⊙节日

元旦（1月1日）、统一纪念日（5月22日）、独立日（11月30日）、开斋节（伊斯兰教历10月1日，伊斯兰教历每年的第9个月为斋月，第10个月的第1日到第3日是教徒们的开斋节）、古尔邦节（伊斯兰教历12月10日，每年的这一天穆斯林们便为真主安拉宰牲献祭，又称宰牲节）等。

⊙名胜古迹

萨那清真寺 位于萨那旧城，是也门著名的清真古寺，寺内有30 000页《古兰经》手抄稿，是伊斯兰教最珍贵的文物之一。1986年，萨那旧城区作为文化遗产入选联合国教科文组织《世界遗产名录》。

希巴姆古城 位于也门中部哈德拉毛河谷边的小山丘上，呈长方形，东西长约500米，南北宽约400米，被城墙环绕，是基于垂直建筑规则建造的古老、杰出的都市规划典范之一。1982年，希巴姆古城作为文化遗产入选联合国教科文组织《世界遗产名录》。

宰比德历史古城 位于红海岸边的提哈迈平原。公元7世纪宰比德就已经是也门的政治和贸易中心。宰比德的民用和军用建筑以及它的城市规划使之成为杰出的建筑和历史遗址。1993年，宰比德历史古城作为文化遗产入选联合国教科文组织《世界遗产名录》。

伊拉克国旗呈长方形，长宽比3∶2。旗面由红、白、黑三个平行长方形组成。白色中间为绿色的阿拉伯文"真主至高无上"。四种颜色是泛阿拉伯颜色，分别代表穆罕默德后代的四个王朝。此外红色象征勇猛与革命，白色象征宏大与和平，黑色象征圣战胜利与石油，绿色象征土地。

伊拉克 | The Republic of Iraq

萨达姆巴比伦宫殿

伊拉克　IRAQ

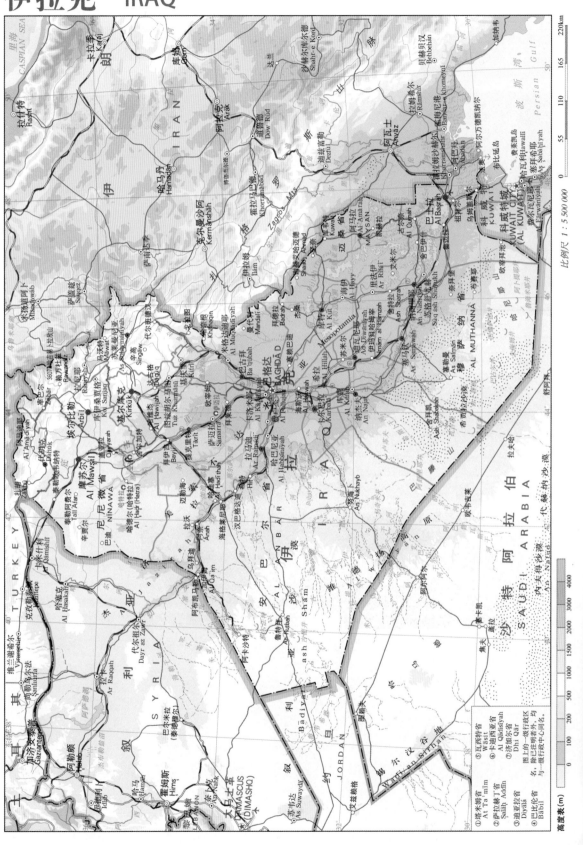

比例尺 1 : 5 500 000

0　55　110　165　220km

高度表（m）

0	100	200	500	1000	1500	2000	3000	4000

① 塔米姆省
At Ta'mīm

② 萨拉赫丁省
Salāḥ Addīn

③ 迪亚拉省
Diyālá

④ 巴比伦省
Bābil

⑤ 瓦西特省
Wāsiṭ

⑥ 卡迪西亚省
Al Qādisīyah

⑦ 济加尔省
Dhī Qār

图上的一级行政区
除已注明者外，均
名，一级行政中心同名。
与一级行政中心同名。

伊拉克，全称伊拉克共和国，位于亚洲西南部的阿拉伯半岛，南部与科威特和沙特阿拉伯交界，北部与土耳其接壤，东部与伊朗相邻，西部与约旦相望，西北部紧邻叙利亚。国土面积 438 317 平方千米，人口约 3600 万。

语言

伊拉克境内共有 23 种语言，阿拉伯语和库尔德语为其官方语言，使用人数分列前两位。

阿拉伯语包括标准阿拉伯语和阿拉伯语的地区变体。标准阿拉伯语主要使用在宗教及外交等各种正式场合，而各种阿拉伯语变体使用在其他场合。美索不达米亚阿拉伯语（也称美索不达米亚吉列特阿拉伯语）是阿拉伯语的一种方言，是事实上的国家工作语言，使用人口 1150 万，主要分布于底格里斯河和幼发拉底河流域。美索不达米亚阿拉伯语口语以巴格达口音为标准。北部美索不达米亚阿拉伯语（也称美索不达米亚科勒图阿拉伯语）实际上是库尔德省使用的语言，使用人口 540 万，分布于中北部地区。纳易第阿拉伯语在西部沙漠有约 90 万贝都因人使用。海湾阿拉伯语在伊拉克有 4 万人使用，主要分布于巴士拉。

标准阿拉伯语有内部词根和派生关系上的屈折变化，词根可以通过附加各种成分派生出若干不同时态的动词和不同含义的名词。词法的主要手段是先由几个辅音构成词根框架，然后填进不同的元音，或附加词缀，形成表示不同概念的派生词。阿拉伯语书写系统除了经典和幼教材料外一般不标示元音。名词有性、数、格、式（即确指或泛指）的区别，显示为各种词尾的变化。动词的形态特征包括人称、性、数、时态及语态等。句子没有固定的语序，比较固定的结构是修饰结构（前正后偏）。阿拉伯语字母的书写顺序是从右往左，但在某些非正式或特殊场合也用拉丁字母从左到右书写。

库尔德语属于印欧语系伊朗语族西伊朗语支，包含多种方言，包括中部库尔德语、北部库尔德语和南部库尔德语。中部库尔德语分布在东北部大扎伯河南岸等地，使用人口 350 万，是省内通用语，使用者为基督徒、什叶派穆斯林、耶兹地人。北部库尔德语分布在大扎伯河北岸等地，使用人口 280 万，也是省内通用语，使用者为逊尼派穆斯林和耶兹地人。南部库尔德语分布于巴格达东部边界附近的广大地区，使用者为什叶派穆斯林，使用人口 20 万。

境内其他语言使用人口较少。南阿塞拜疆语（法定名称是"土库曼语"）分布于各个语言飞地，是宪法承认的语言，使用者是伊拉克境内的土库曼人和突厥人，使用人口约 60 万，均为穆斯林。伊朗波斯语分布于与伊朗交界地区，有 23 万人使用，均为穆斯林。马乔语有 20 万人使用，现存有公元 1300 年以来用马乔语书写的古老文献，使用者主要为穆斯林。叙利亚语包括新亚拉姆亚述语和新亚拉姆迦勒底语，均为宪法承认的语言。新亚拉姆迦勒底语的使用者有 10 万，信仰基督教，居住在中西部、北部伊拉克的库尔德地区和土耳其交界地区。新亚拉姆亚述语使用人口为 3 万，分布于巴格达、巴士拉、塔米姆、阿尔比勒等省。亚美尼亚语也是宪法承认的语言，使用人口 6 万，均为基督徒，分布在巴士拉、巴格达等地区。

民族

从族群谱系关系来说，阿拉伯人占伊拉克总人口的 75%—80%，库尔德人占 15%—20%，其他族群占 5% 左右。

除了阿拉伯族群和库尔德族群，伊拉克境内其他族群有基督教阿拉伯族群、沼泽阿拉伯族群、亚述族群、伊拉克土库曼族群、非洲裔族群、波斯阿贾姆族群、亚美尼亚族群、巴哈伊族群、贝都因族群、菲利斯族群、犹太族群、曼达族群、卡卡伊族群、沙巴克族群、吉卜赛罗姆族群和雅兹迪族群等。

基督教阿拉伯族群自公元 1 世纪起居住在伊拉克地区，人口不多，信仰希腊正教和罗马天主教，主要分布在巴格达、巴士拉和摩苏尔。

沼泽阿拉伯族群分布在南部的底格里斯－幼发拉底沼泽地区。有关该族群的历史渊源尚存争议，有学者认为来自印度，有学者认为与苏美尔人有亲缘关系，理由是他们的农耕方法和房子建造方式相同，还有学者则注意到其文化与沙漠贝都因人相同，认为至少部分人与贝都因人有渊源关系。

亚述族群为阿拉姆语族群，为伊拉克第三大族群，公元 1—2 世纪皈依基督教。

伊拉克土库曼族群操突厥语族乌古斯语。乌古斯语与阿塞拜疆所说的语言很接近，其书写系统采用标准土耳其语的文字系统。

波斯阿贾姆族群是伊朗人的后裔。20 世纪 70 年代萨达姆政府驱逐了 35—65 万的伊朗裔伊拉克人，其中约有 40 万人证实了自己的祖先是伊朗人而获得了伊朗国籍，其余有部分人在萨达姆下台后返回伊拉克。

亚美尼亚族群是信仰基督教的正教派，与美索不达米亚有渊源关系，这种关系可追溯到公元前。亚美尼亚族人在伊拉克的足球俱乐部广受追捧，亚美尼亚族民歌和舞蹈也很受欢迎。

贝都因族群在伊拉克的人口将近 100 万，贝都因人的分布地区很广，从北非的广袤沙漠到中东的多石山区都有分布。

吉卜赛罗姆人是在拜占庭时代从南亚地区（特别是印度）来到伊拉克的。他们的舞蹈和音乐在伊拉克较为著名。他们有自己的族群认同，区别于当地的文化。

从宗教信仰来说，总人口的 99% 为穆斯林，0.8% 为基督徒，0.2% 为其他。在穆斯林中，什叶派占 51%，逊尼派占 42%，另有一些教派认同较为模糊，只说他们是穆斯林。

 语言国情沿革与发展

早期伊拉克的语言国情与官方语言确立

伊拉克所处的两河流域是人类古代文明的发祥地之一，公元前 4000 多年前，苏美尔人在伊拉克及邻近地区建立多个城邦国家，发明了象形文字，并能够大规模地生产商品，一度被称为"文明的摇篮"。苏美尔人的书写系统第一次记载了人类的各种科学及社会活动，包括数学、天文学、法律、医药和制度性宗教等。大约公元前 3000 年，苏美尔人和阿卡德人之间的交流催生了很多懂双语的人，并孕育出一种文化的共生体，即苏美尔－阿卡德文明。

公元前 2000 年以后，巴比伦王国、亚述帝国、新巴比伦王国相继在此建立。公元 6 世纪新巴比伦王国为波斯帝国所灭，到 7 世纪时，该地区被阿拉伯帝国吞并，阿拉伯语取得了绝对优势，为其扩展奠定了坚实的基础。此后，阿拉伯语成为伊拉克最强势的语言，巴格达成为后来 500 年内阿拉伯和穆斯林世界中影响力和规模最大的都会，是当时最大的多文化都市，是伊斯兰黄金时期各种学说的中心。虽然伊拉克后来又遭到突厥人、蒙古人和土耳其人的统治，但阿拉伯语非但未被其他语言所替代，反而成为了伊拉克的国家官方语言。

当代伊拉克的语言国情

当代伊拉克语言国情最大的特点是政治多极化和语言多样性。第一次世界大战后，摆脱奥斯曼土耳其帝国统治的伊拉克又沦为英国的"委任统治区"，1921 年 8 月伊拉克独立之后，先后经历了几次政权更迭和两伊战争、海湾战争、美英发动的伊拉克战争，伊拉克成了各方势力角逐的战场，国内各方政治势力此消彼长，政局长期不稳。如何使各种政治势力和谐共存并增强国家认同感，是伊拉克面临的一大挑战。

首先是不同宗教之间的矛盾，比如两伊战争期间，近一半的基督徒逃离伊拉克，许多人不再返回，突显了基督教与伊斯兰教之间的矛盾；其次是宗教内部的矛盾，如伊斯兰教逊尼派、什叶派等的长期矛盾；再次是族群之间的矛盾，如非洲裔族群来源于过去 1000 多年以来贩卖到当地的奴隶人口，目前主要居住在巴士拉周边，他们虽然也是说阿拉伯语的穆斯林，但仍保留一部分从非洲带来的文化和宗教特点，这些特点使他们受到歧视。宗教与族群交互矛盾，对伊拉克政局的影响更大。如在萨达姆掌权的复兴党统治时期，基本上是逊尼派穆斯林统治什叶派穆斯林，而库尔德族群虽为印欧语系伊朗语支族群，但绝大多数属于伊斯兰逊尼派，库尔德人曾于 1945 年起义反对当时的中央政府，未获成功，复兴党执政后准许库尔德人有限的自治权，萨达姆下台后，逊尼派则开始抱怨他们在各方面都受到政府的歧视，而库尔德人一直想建立自己的国家。能否找到各派力量的平衡点是局势稳定的关键。目前，总统、议长、总理等重要职位来自不同的教派和族群，这成为了伊拉克政局的常态。这样，各派的政治利益得到了暂时的平衡。但是，因族群关系复杂，各派势力不分伯仲，又缺乏长期有效的平衡措施，伊拉克族群和教派之间的关系虽有向好的趋势，但仍隐患重重。

与之相应，伊拉克语言使用呈现出多语并存的格局。伊拉克绝大多数人使用阿拉伯语，因此阿拉伯语自然而然地成为优势语言。除了现代标准阿拉伯语为官方语言之外，各种阿拉伯语方言大行其道。7 世纪后大量贝都因阿拉伯人的到来带来了各种阿拉伯语口语形式；非洲裔族群的大量聚居在这个族群内部形成了具有非洲裔特色的阿拉伯语。库尔德人长期不懈的斗争也为后来库尔德语继阿拉伯语之后被认定为官方语言起到了很大作用。

2004 年以前，阿拉伯语是伊拉克的唯一官方语言。最新的 2004 年伊拉克宪法规定阿拉伯语和库尔德语同为官方语言。根据教育指导方针，在政府建立的教育体制中使用自己的母语，即土库曼语、亚述语和亚美尼亚语，来教育儿童的权利将受到保护。私立教育体制中用其他语言教育儿童的权利也受到保护。伊拉克允许任何一个省份或地区自己宣布某种语言为官方语言，但要通过公投来决定。民族结构的多元化使得伊拉克没有规定任何语言为国语，而复杂的政治结构和民族格局也使得多个地区分别拥有自己的官方语言。

伊拉克语言的复杂性还源于文字系统的差异所造成的族群认同的分化。比如库尔德语虽然是法定官方语言，但并没有统一的文字系统，内部一种语言两种文字的现状使得库尔德人内部产生了不同的群体认同。伊朗和伊拉克的库尔德人使用修改过的波斯－阿拉伯字母，而与土耳其有渊源关系的库尔德人却使用拉丁字母。这种同族不同文的情形造成不同文字群体间的紧张关系，也使两者形成了不同的文化传统。跟以上两个库尔德族群不同，生产方式以游牧为主的山区库尔德部落则没有书写传统，独自形成了第三种库尔德文化的认同群体。绝大多数库尔德人是双语者，除了说库尔德语外还说当地官方语言。20 世纪 90 年代政治转型后，库尔德地区获得了更大的自治权，库尔德语在地区政府和教育系统中得到了更广泛的使用。

英语是伊拉克最有影响的外语。第一次世界大战期间，英国军队进入伊拉克并与轴心国军队进行作战，打败了奥斯曼军队，占领了巴格达。直至 1918 年底，英国在该地区部署了 41 万人，其中 11 万人为战斗部队人员。第一次世界大战后，伊拉克成为英国控制下的国际联盟被托管国。英国的军事占领直到 1947 年才结束，但在伊拉克仍驻有军队，一直到 1954 年才撤出。英国占领时期的政治和军事影响力奠定了英语在伊拉克的强大影响力，使之变成商务和官方场合的一种通用语言。

🤝 语言服务

中国开设阿拉伯语专业的高校有近40所，具体参见"阿拉伯联合酋长国"（第19页）。

中国尚未在伊拉克设立孔子学院。

伊拉克尚未有高校开设中文系或中文专业。巴格达大学语言学院正制订讲授中文、日文以及斯堪的纳维亚各国语言的计划。另有少数零星的中文培训班。

小贴士

⊙首都

巴格达，名称来自波斯语，为"神的赠赐"。巴格达跨底格里斯河两岸，河东部分称为鲁萨法，河西部分称为卡尔赫，东西两岸有5座大桥相连。巴格达历史上曾是阿拉伯帝国的首都，叫"马迪纳·萨拉姆"，意为"和平之城"。

⊙姓氏

伊拉克人名为父子连名，即"己名·父名·祖父名·曾祖父名……"，比如"萨达姆·侯赛因"中，"萨达姆"是己名，"侯赛因"是父名。

⊙自然与经济

伊拉克西南为阿拉伯高原的一部分，向东部平原倾斜；东北部有库尔德山地，西部是沙漠地带，高原与山地间有占国土大部分的美索不达米亚平原。幼发拉底河和底格里斯河自西北向东南贯穿全境，注入波斯湾。除东北部山区外，属热带沙漠气候。6—9月降雨最少，3月降雨最多。石油、天然气资源丰富，石油工业是经济支柱。农牧业占有重要地位，主要农产品有小麦、黑麦、大麦、稻米、棉花、烟草、温带水果与椰枣等。椰枣输出量居世界首位。

⊙美食

伊拉克人喜欢烤肉，如烤绵羊肉、烤羊肉串以及某些在炉膛中制作的炸肉。伊拉克菜肴具有较浓烈的味道，使用很多辣椒、葱、蒜以及各种各样的辣根和香料。用水果制作的甜食、馅儿饼以及酸奶、酸乳渣和奶酪普遍受欢迎。喜欢饮用含很多泡沫的酸奶"些明"和各种果汁类饮料。

菜谱有什锦拼盘、炸八块、手抓羊肉、香酥鸡、干烧牛肉丝、炒山芋、挂烤鸭子、番茄牛肉排等。

⊙节日

伊拉克解放日（4月9日）、建国日（7月14日）、圣纪节（伊斯兰教历3月12日，又称圣忌节或冒路德节，伊斯兰教三大节日之一，相传为穆罕默德诞辰和逝世日）、开斋节（伊斯兰教历10月1日，伊斯兰教历每年的第9个月为斋月，第10个月的第1日到第3日是教徒们的开斋节）、古尔邦节（伊斯兰教历12月10日，每年的这一天穆斯林们为真主安拉宰牲献祭，也称宰牲节）、登霄节（伊斯兰教历7月27日，纪念穆罕默德登霄游天见先知）等。

⊙名胜古迹

巴比伦古城　始建于公元前3000年，是古巴比伦王国和新巴比伦的都城。汉谟拉比国王统治时期，巴比伦文明达到鼎盛。举世闻名的"空中花园"诞生在新巴比伦王国尼布甲尼撒二世时期，被古希腊学者誉为当时"七大奇观"之一，但早已湮没于黄沙之中，其遗址至今尚未能确定。

阿舒尔神宫　阿舒尔是亚述宗教的主神和战神，亚述古城是古亚述王国的第一个都城，也是古亚述人的主神阿舒尔的神宫所在地，城西和城南有一系列坚固的防御工事以及3座宫殿遗址。

阿斯卡里清真寺　位于底格里斯河东岸萨玛拉城内，寺内有伊玛姆阿里·阿斯卡里父子的陵墓，墓上的穹顶由72 000块金板砌就。两座镏金尖塔各高36米，光彩夺目。

伊朗国旗呈长方形，长宽比7∶4。旗面自上而下由绿、白、红三个长条组成。绿色象征伊斯兰、希望和农业，白色象征和平与圣洁，红色表示丰富的矿产资源。白色横条正中嵌有红色国徽，其中四弯新月和一册经书构成阿拉伯文的真主"安拉"，表明伊朗以伊斯兰教为国教，一柄宝剑则象征着坚定与力量。

伊朗

The Islamic
Republic of Iran

自由纪念塔

伊朗 IRAN

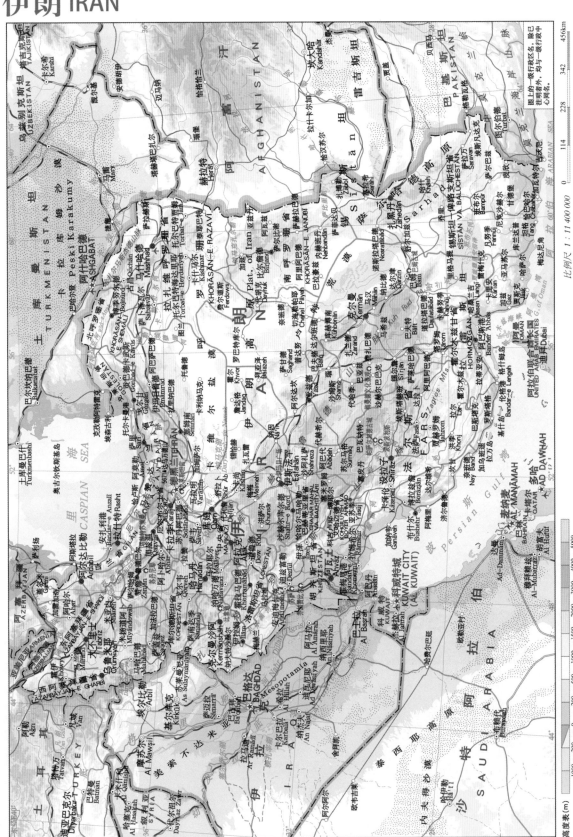

伊朗，全称伊朗伊斯兰共和国，古称波斯。地处亚洲西南部，北与亚美尼亚、阿塞拜疆、土库曼斯坦相邻，西与土耳其和伊拉克毗连，东与巴基斯坦、阿富汗接壤，南临波斯湾和阿曼湾，北隔里海与哈萨克斯坦、俄罗斯相望。伊朗的地理位置十分重要，素有"东西方空中走廊"和"欧亚陆桥"之称。国土面积 1 636 000 平方千米，人口约 7786 万。

🗨 语言

伊朗是一个多语言的国家，境内的语言约有 69 种。其中较为重要的有波斯语、阿塞拜疆语、库尔德语和阿拉伯语等。

波斯语是伊朗的官方语言，使用人口约占伊朗境内人口总数的 66%。除伊朗外，阿富汗、塔吉克斯坦、土库曼斯坦、巴基斯坦和印度等国家的部分地区也使用波斯语，使用人口约有 10 000 万。由于使用地域较广、人口较多，因而波斯语是近东地区比较重要的语言。

波斯语，又名法尔斯语，属印欧语系印度 – 伊朗语族伊朗语支，与拉丁语、条顿语和希腊语等语言有一定的联系。波斯语历史悠久，沿用至今，其发展经历了古波斯语、中古波斯语和现代波斯语 3 个阶段。

现代波斯语语音系统有 8 个元音和 23 个辅音，其中单元音 6 个（长元音、短元音各 3 个），双元音 2 个；清辅音 10 个，浊辅音 13 个。波斯语采用拼音文字作为书写符号，共有 32 个字母，其中阿拉伯字母 28 个、波斯字母 4 个，书写顺序为从右向左。波斯字母多数可以连写，32 个字母中，部分元音和辅音字母的写法相同。每个字母处于词首、词中、词尾等不同位置时，写法也有不同，但读音相同。

在波斯语中，除一小部分单词的重音放在第一个音节上外，绝大部分单词的重音都落在最后一个音节上。与古波斯语、中古波斯语以及阿拉伯语相比，现代波斯语的语法相对简单，句法上词序相对固定，一般为 SOV（主语 + 宾语 + 谓语）语序，修饰语在中心语之后。动词有人称、数、语气、语态和时态等语法范畴，代词和名词没有明显的格和性的形态变化，一般用一个连接符（波斯语称作"伊扎菲"）来表示领属关系。

波斯语示例：

چینی (خطاب به یک جوان ایرانی):سلام آقا ببخشین من مهندس چینی هستم . می خوام به تجریش برم.ممکنه بفرمایین از کدوم طرف برم؟

（先生，您好！打扰一下，我是一位中国工程师。我想去塔季里什，您能告诉我怎么走吗？）

在伊朗的少数民族语言中，使用人数相对较多的是阿塞拜疆语、库尔德语和阿拉伯语。阿塞拜疆语属阿尔泰语系，有学者认为伊朗阿塞拜疆人所使用的阿塞拜疆语是土耳其语在伊朗的变体，也称作南阿塞拜疆语。

库尔德语属印欧语系印度 – 伊朗语族伊朗语支，有南北之分，伊朗的库尔德语属南库尔德语。库尔德语主要有 3 种不同的书写体系，尚未有统一的书写文字。伊朗境内的库尔德文使用修改过的阿拉伯字母。在伊朗，库尔德语可以出现在媒体上，但并不允许在公立学校的日常教学中使用。

阿拉伯语属于闪 – 含语系，伊朗境内主要的使用者为胡泽斯坦省和波斯湾沿岸的阿拉伯人。由于地域的因素，伊朗境内的阿拉伯语的发音与标准阿拉伯语有一定的区别。

除了阿塞拜疆语、库尔德语和阿拉伯语，伊朗的少数民族语言还有吉兰语、马赞达兰语、卢尔语、俾路支语、土库曼语和格鲁吉亚语等。

👥 民族

伊朗是一个多民族国家，主体民族为波斯族，约占人口总数的 66%，主要分布在伊朗的中部和东部。此外，还有阿塞拜疆族、库尔德族、吉兰族、马赞达兰族、卢尔族、阿拉伯族、巴赫蒂亚尔族、俾路支族、亚美尼亚族、亚述族、土库曼族、塔吉克族、土耳其族和犹太族等40余个民族。

波斯人属欧罗巴人种南支印度－地中海类型。一般认为波斯人是古代雅利安人的后裔。大约在4000年前，波斯人就生活在伊朗地区。历史上，波斯人曾先后建立阿契美尼德王朝、萨珊王朝、萨曼王朝、萨法维王朝等政权，也曾被马其顿人、阿拉伯人、蒙古人和土库曼人等外族统治。古代波斯人在政治、科技、文学、建筑、艺术等方面均有一定的建树和贡献。以文学为例，阿拉伯文学名著《卡里米与迪木乃》和《天方夜谭》，均由波斯人从中古时期的波斯语文学作品翻译而来。波斯人所创造的波斯文明，是世界文明的重要组成部分。波斯人曾信奉琐罗亚斯德教，7世纪中叶后改信伊斯兰教，绝大多数属什叶派。

在伊朗的少数民族中，阿塞拜疆人所占比例最大，约占25%，将近2000万人。伊朗的阿塞拜疆人主要分布在伊朗西北部，属欧罗巴人种西亚类型。伊朗和阿塞拜疆两国的阿塞拜疆人同宗同源，都使用阿塞拜疆语，但在19世纪后，受周边国家和民族的影响，文化上存在一定的差异。历史上，南部阿塞拜疆也曾希望民族自治或统一，并发起过相关的运动，但在伊朗政府的努力下，局势趋于稳定。在伊朗，阿塞拜疆人活跃在政、军、商、学各界。阿塞拜疆人大部分信奉伊斯兰教，属什叶派。

伊朗的第二大少数民族是库尔德人，约有389万，占总人口的5%。除了伊朗外，库尔德人还分布在伊拉克、叙利亚、土耳其、亚美尼亚等国，其中人数较多的是伊拉克和土耳其，分别约有540万和1100万。生活在伊拉克和土耳其的库尔德人，生存状况欠佳。为摆脱他族统治，这两国的库尔德人长期致力于民族自治活动。而伊朗境内的库尔德人，与波斯人在文化、风俗等方面相似，且整体生存状况相对较好，虽然也展开了民族地区行政自治活动，但与伊拉克和土耳其相比，这些活动的规模比较小，激烈程度也比较低。

吉兰人，约240万，主要聚居在里海东南沿岸地区，大多通晓波斯语，信奉伊斯兰教，属什叶派，主要从事农业生产。

马赞达兰人，约244万，主要居住在伊朗的马赞达兰省，使用马赞达兰语，没有文字，信奉伊斯兰教，属什叶派，主要从事农业和渔业生产。

卢尔人，约160万，主要聚居在伊朗西南部的法尔斯和卢里斯坦，使用卢尔语，信奉伊斯兰教，属什叶派，原多为游牧民，现逐渐转为定居，从事农业生产。

阿拉伯人，约100万，主要居住在经济较为发达的波斯湾沿岸和胡齐斯坦平原，讲阿拉伯语，多数为逊尼派穆斯林。

巴赫蒂亚尔人，约100万，主要生活在巴赫蒂亚里－恰哈尔马哈勒省及其周边，说卢尔语，信奉伊斯兰教，属什叶派，大多为农民或石油工人。

此外还有俾路支人、亚美尼亚人、亚述人、土库曼人、塔吉克人、土耳其人和犹太人等。

📖 语言国情沿革与发展

古代伊朗的语言国情

公元前2000年左右，波斯人的祖先——自称是雅利安人的印度伊朗部落，从黑海和里海附近迁徙到伊朗地区。他们所说的古印欧语后来演变为古波斯语。公元前550年至公元前330年，统治伊朗的是由波斯人建立的阿契美尼德王朝。在此期间，官方语言是古波斯语，记录古波斯语的是一种楔形文字，主要流行于伊朗西部，使用范围较窄，一般只用于帝王颁布的正式公文。当时的古波斯语还包括一种称作阿维斯塔语的语言，主要在伊朗东北部地区使用。这种语言的得名，与记录琐罗亚斯德教的经书《阿维斯塔》有关。

阿契美尼德王朝之后，伊朗进入塞琉古王朝（公元前312—前64年）时期。该政权为希腊人所建，文化上推行希腊化政策，古希腊语成为其官方语言。当时，古希腊语采用的文字是阿拉米文字。

公元前3世纪至公元7世纪，古波斯语逐渐演变为中古波斯语，又被称作巴列维语。中古波斯语书写系统不再使用楔形文字，而改用阿拉米字母，共有25个，从右至左书写。中古波斯语的方言主要有两种，即安息巴列维语和萨珊巴列维语（又名钵罗婆语），这两种方言的区别并不显著。现存的中古波斯语典籍非常丰富，如萨珊王朝（224—651年）时期的铭文、摩尼教的经书等。

公元651年，萨珊王朝被阿拉伯人征服，伊斯兰教传入伊朗，伊朗开始了伊斯兰化的进程。公元7—9世纪，阿拉伯语成为当时占主导地位的官方语言和书面语言，而波斯语则继续在民间使用。这一时期的知识分子，无论是波斯人，还是在伊朗生活的阿拉伯人，基本上都掌握阿拉伯语和波斯语这两种语言。在此背景下，作为本土语言的波斯语深受阿拉伯语的影响，一方面，波斯语的文字采用了阿拉伯语的书写体系；另一方面，波斯语从阿拉伯语中吸收了大量的词汇和表达方式。在与阿拉伯语的融合中，波斯语逐渐发展成为一种新型的语言。8世纪左右，一种通行于伊朗南方法尔斯部族中的波斯语方言影响力逐渐增强，在该方言以及阿拉伯语的基础上，形成了现代波斯语。现代波斯语最大的特征是借用了大量的阿拉伯语词汇，时至今日，波斯语中约有60%的词汇借自阿拉伯语。除了纯粹的阿拉伯语借词外，

现代波斯语中还有一些由波斯语和阿拉伯语共同构成的复合词。

公元9世纪后，萨曼王朝（874—999年）出于统治广大波斯人的目的，在信奉伊斯兰教的同时，也积极提倡波斯的传统文化，波斯语的地位得到提升，并作为通用语在宫廷和知识分子中使用，而阿拉伯语更多出现在宗教场合和外交场合。在此后相当长的一段时间里，阿拉伯语依然非常重要，如11世纪时，波斯学者昂苏尔·玛阿里在其《卡布斯教诲录》一书中曾指出，一封书信，不要用波斯语，否则不够文雅；用阿拉伯语写信，才显得考究。由此可见，阿拉伯语在部分上层人士心目中依然占据着比波斯语更为重要的地位。

面对波斯语被阿拉伯语深度影响的局面，也有部分作家和学者有意识地开展净化波斯语的活动。如伊朗中世纪著名诗人菲尔多西（940—1020年），虽然精通阿拉伯语，但在其民族史诗《王书》等著作中却极少使用阿拉伯语词汇，主要使用波斯语，该书成为波斯语文学的典范，也是捍卫波斯语纯洁性的代表作；又如伊朗著名学者阿维森纳（980—1037年），精通阿拉伯语，但他在《医典》《哲学、科学大全》等著作中，有意避免甚至抵制阿拉伯语词汇的使用，为了使波斯语更好地表达文意，他赋予一些波斯语原有的词汇新的意义，或者直接创造出一批新的波斯语词汇。这些净化波斯语的运动，对近现代伊朗语言政策的制定以及波斯语的发展产生了一定的影响。

萨法维王朝（1501—1736年）时期的通用语言是波斯语和土耳其语，无论是城市，还是游牧部落，都有两种语言的使用者。在此期间，波斯语吸收了部分土耳其语词汇。

近现代伊朗的语言国情

1906 年，伊朗颁行第一部宪法，规定波斯语是国家唯一的官方语言。20 世纪 20 年代，巴列维王朝（1925—1979 年）推行"一个国家、一个民族"的"波斯主义"理念，在全国范围内普及波斯语。这对维护国家统一、增强国家凝聚力和促进文化事业发展无疑具有一定的积极作用，但也导致政府与一些少数民族之间关系紧张。

近现代以来，受北阿塞拜疆独立建国的影响，伊朗境内的阿塞拜疆人的民族主义情绪不断高涨，分别于 20 世纪 20 年代、40 年代两次发起大规模的民族自治甚至独立的运动。与此同时，在语言方面，阿塞拜疆人要求政府允许将阿塞拜疆语定为地区正式通用语。

阿塞拜疆人所使用的阿塞拜疆语大约形成于 11 世纪，在伊朗有很长的使用历史，甚至在恺加王朝（1779—1921 年）之前的一段时期里，阿塞拜疆语曾经是伊朗上层人物使用的宫廷语言。但近现代以来，在政府推行"波斯主义"政策的背景下，伊朗阿塞拜疆语的使用受到了较大的压制。在巴列维王朝时期，公开发行的阿塞拜疆语出版物数量非常少，而且受到严格的审查。伊朗阿塞拜疆人与执政者进行了长期的斗争，在历次谋求自治或民族统一的过程中都明确提出了语言方面的诉求。可以说，阿塞拜疆族一直在争取使用本民族语言的权利。语言问题成为伊朗阿塞拜疆族和伊朗政府之间一个较为尖锐的矛盾。

为了缓和与阿塞拜疆族的紧张关系、抑制"阿塞拜疆族统一主义"，维护国家的统一，从 20 世纪 70 年代末起，伊朗政府也做出一些政策上的调整。巴列维政权倒台后，新的政府在波斯语成为伊朗实际主导语言的前提下，允许书籍、报刊在一定范围内使用少数民族语言。对于阿塞拜疆人来说，长期的语言诉求最终得到了一定程度的满足。由于历史上受波斯文化影响较深，且和波斯族一样都信奉什叶派的伊斯兰教，伊朗境内的大部分阿塞拜疆人对于伊朗还是有相当程度的认同感的，这也使得大部分阿塞拜疆人在坚持使用本民族语言的同时，也可以接受波斯语。

伊朗库尔德人也提出了使用本民族语言的诉求。1945 年，库尔德民主党成立，该党主张库尔德人能够在不脱离伊朗的前提下，获得民族自治的权利。在语言上，希望当地的公文和学校教学用语可以是库尔德语，但这些意愿并未得到满足。目前伊朗的宪法承认库尔德语的地位，允许库尔德人公开使用库尔德语，但公立学校并未开设库尔德语课程，因而有一部分伊朗的库尔德人到允许教授库尔德语的伊拉克学习本民族的语言。

在近现代伊朗发展过程中，另外一个值得关注的问题是外语在伊朗的命运。

恺加王朝（1779—1921 年）末期，伊朗在与西方列强的交往中，渐渐意识到与西方强国之间在科技等方面的差距。为了发愤图强，伊朗积极向西方学习，开始设置现代教育机构，并开展外语教学。当时的伊朗贵族和知识分子比较崇尚法国文化，说法语成为一种时髦。法语在伊朗的流行一直延续到 20 世纪，成为当时伊朗的主要外语之一。在此期间，波斯语中的法语借词也开始大量增加。

俄国与伊朗相邻，两国交流频繁。特别是 19 世纪以后，沙俄势力延伸到伊朗北部，俄语词汇逐步进入波斯语。在俄语媒体和俄语课程的影响下，波斯语，特别是法制和军事等术语中，借用了不少俄语词汇。

礼萨·汗巴列维王朝时期，伊朗和美国来往密切，于 1925 年成立了伊朗－美国协会，在该机构的推动下，德黑兰等城市都设立了英语培训机构，英语也逐渐成为伊朗最主要的外语课程。1934 年，英语进入官方教育体制，并成为伊朗全国教学中唯一的外语。伊朗还不断派遣学生、军官去英语国家留学，同时也邀请英语国家的学者来伊朗讲学，这进一步加强了英语在伊朗的地位。现代波斯语中也增加了不少源自英语的外来词。

1979 年，伊斯兰革命爆发，新政府在各方面进行变革，语言教学也深受影响。新伊斯兰政府在 1980 年关闭了大学，实行文化革命。1982 年，经改造后的大学复学。波斯语作为国家官方语言，是大学和整个全民教育的教学语言。而阿拉伯语，因其在伊斯兰世界的特殊地位，也成为学校日常课程中的重要组成部分。特别是在教授学生伊斯兰教义的过程中，阿拉伯语发挥着不可替代的作用。

革命后，英语的地位有所下降，但由于英语是一种最为通行的国际性语言，为了适应对外交流的需要，在伊朗各公立和私立学校中，英语教学依然保留。随着全球化进程的深入，伊朗对英语的重视又逐渐得到加强，近年来，伊朗加大了对英语教育的投入，一些杂志、报纸乃至电视台也开始使用英语。

但随之而来的问题是，在与其他语言交流的过程中，波斯语借用了为数众多的法语、俄语、英语以及土耳其语词汇，为了增强波斯语的表达能力和活力，提升民族自信心，增进民族对国家的认同，自 20 世纪 20 年代起，伊朗官方发起了纯洁波斯语的运动。如在语言文字方面，将阿拉伯字母更改为拉丁字母，鼓励创造新的波斯语词汇。20 世纪 20 年代，教育部与国防部组建了一个委员会，创造了大约 400 个军警界常用的术语新词。国防部后来成立的另一个委员会，除了翻译军队术语外，还把人们平时使用的一些常见的俄语、阿拉伯语、土耳其语的词语转换为波斯语。到了 30 年代，伊朗教育界、医学界、科技界分别成立了学会、研究院和科学院等机构，其职责之一即是创造波斯词语新词（主要是科技术语），或者是将波斯语中的外来词改换为波斯语词汇。1935 年，伊朗政府专门成立了伊朗语言学院，下设 8 个委员会，全力推进旨在"保护波斯语不受外来词和表达式入侵"的创造新词和替换波斯语借词的工作。1976 年，伊朗语言学院各委员会已经遴选出 3.5 万个新的波斯语词。1991 年，政府又新成立了波斯语语言与文学学院，其职责之一即是继续开展纯洁波斯语运动。从效果上看，历届语言机构创制的新词，一部分晦涩难懂，民众难以接受，也有一部分的新词已经为伊朗民众所使用。

🤝 语言服务

中国开设波斯语专业的高校有 7 所，分别为北京大学、北京外国语大学、上海外国语大学、中国传媒大学、解放军外国语学院、对外经济贸易大学、西安外国语大学。

中国在伊朗设立的孔子学院有 1 所，为德黑兰大学孔子学院，合作单位为云南大学。

伊朗开设中文系的高校有 1 所，为伊朗国立沙希迪－贝赫希提大学。此外，伊朗库姆伊斯兰国际大学、菲尔多西大学也准备筹建中文系或开设中文课程。

小贴士

⊙首都

德黑兰，伊朗最大的城市，人口1100万，平均海拔1220米。德黑兰市区坐落在自北向南缓缓而下的山坡上，西、北、东三面被厄尔布尔士山环绕。德黑兰是伊朗全国的政治、经济、文化和交通中心。

⊙姓氏

现代伊朗人的姓名结构为"名＋姓"。其姓氏或源于父辈的职业或名字，如"扎尔加尔"意谓"首饰匠"；或源于出生地或祖籍，如"赛义德·阿里·哈梅内伊"中，"哈梅内伊"表示祖籍为东阿塞拜疆省的哈梅纳。伊朗人取名一般选用历史名人或宗教领袖的名字，常见的有"大流士、穆罕默德、阿里、侯赛因、哈桑"等。女子起名则一般采用阿拉伯女性名字，或为文学故事中的女性名，或为动植物名，如"约赛敏"，意为"茉莉花"。为了表示尊敬，一般在见陌生人或长辈时只称姓，不称名。

⊙自然与经济

伊朗是一个高原、盆地和山地相间的国家，只有海边的一小部分是平原，国土面积大部分都在海拔900—1500米。伊朗境内约有三分之一的国土为沙漠。伊朗气候四季分明，北部春夏秋季较为凉爽，冬季较为寒冷，南部夏季炎热、冬季温暖。农业主产区集中在里海和波斯湾沿岸平原地带。水果、干果种类繁多，是世界上最大的开心果出口国。伊朗的石油和天然气的储量和产量，在世界各国的排名中都比较靠前。

⊙美食

伊朗的主食为馕和米饭，菜品则以洋葱、鸡肉、牛肉、羊肉等为主。禁食猪肉、狗肉等。大部分人喜欢吃酸，如酸黄瓜、酸橄榄、酸橘子等。伊朗的烹饪方法以烧烤见长，烤肉串是伊朗的名菜。烤鸡块、烤鸡腿以及土豆、牛肉加上番茄汁煮制而成的菜是伊朗人餐桌上较为常见的菜肴。

伊朗人喜欢喝茶（以红茶为主）和酸奶。伊朗禁止喝酒，也不能携带酒精类的饮料。

⊙节日

伊朗历新年（相当于伊朗的春节，一般在3月）、伊斯兰革命胜利日（2月11日）、开斋节（伊斯兰教历10月1日，伊斯兰教历每年的第9个月为斋月，第10个月的第1日到第3日是教徒们的开斋节）、古尔邦节（伊斯兰教历12月10日，每年的这一天穆斯林们便为真主安拉宰牲献祭，又称宰牲节）等。

⊙名胜古迹

乔加赞比尔 位于伊朗西南部的阿瓦士以北的一座山上，是伊拉姆古国首都的遗址，面积约有18万平方米，其中有古庙塔、神殿等建筑。此处的古庙塔相传就是《圣经》中所提到的"巴别通天塔"，塔基呈正方形，边长105米，现高约25米（原高估计在50米左右）。该庙塔是整个美索不达米亚平原现存众多庙塔中保存最好，也是最为壮观的一座庙塔。1979年，乔加赞比尔作为文化遗产入选联合国教科文组织《世界遗产名录》。

波斯波利斯 意谓"波斯国的都城"，位于伊朗西南的平原与山脉之间，在拉赫马特山的山脚下。公元前518年前后为大流士大帝所建，曾经是帝国的都城。波斯波利斯城中的建筑主要由平台、门楼、宫殿等组成，宏伟庞大。公元前4世纪被亚历山大的军队焚毁，现存有重达数吨的石兽以及20多米高的石柱。1979年，波斯波利斯作为文化遗产入选联合国教科文组织《世界遗产名录》。

伊斯法罕王侯广场 位于伊朗中部的伊斯法罕市。伊斯法罕曾是波斯塞尔柱王朝的都城。伊斯法罕王侯广场周围保存了公元11—19世纪伊兰风格的建筑。广场周边的主要建筑有穹隆形波斯风格的皇家清真寺、装饰华丽的圣·路得富拉清真寺和富丽堂皇的阿里·加普官。1979年，伊斯法罕王侯广场作为文化遗产入选联合国教科文组织《世界遗产名录》。

以色列国旗呈长方形，长宽比3：2。白色旗面，上下各有一条蓝色宽带，蓝白两色是犹太教僧侣披肩的颜色，蓝色代表以色列的天空，白色代表洁净之心；中间的"大卫之星"是古以色列王国大卫王的盾牌上的标志，代表犹太教与以色列传统文化。

以色列 | The State of Israel

特拉维夫-雅法古城

以色列 巴勒斯坦 ISRAEL PALESTINE

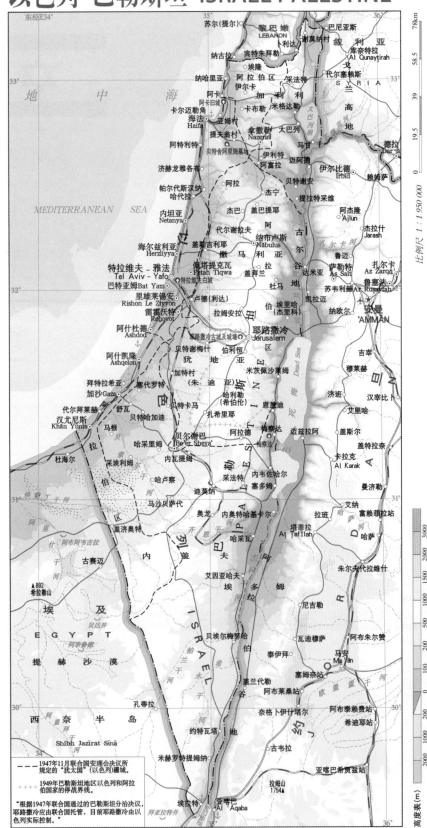

比例尺 1 : 1 950 000

1947年11月联合国安理会决议所规定的"犹太国"(以色列)疆域。

1949年巴勒斯坦地区以色列和阿拉伯国家的停战界线。

"根据1947年联合国通过的巴勒斯坦分治决议,耶路撒冷应由联合国托管,目前耶路撒冷由以色列实际控制。"

高度表(m)

以色列，全称以色列国，地处亚洲西部，东与约旦为邻，东北部与叙利亚交界，南部与亚喀巴湾相连，西南部与埃及接壤，北部毗连黎巴嫩，西濒地中海。海岸线长约 198 千米。根据 1947 年联合国关于巴基斯坦分治决议的规定，国土面积 15 200 平方千米，目前实际控制的国土面积 25 000 平方千米，人口约 813 万。

语言

以色列的官方语言为希伯来语和阿拉伯语，通用英语。希伯来语属于闪－含语系闪米特语族，是世界上最古老的语言之一。在以色列境内，90% 的犹太人和超过 60% 的阿拉伯人具有良好的希伯来语听说能力。阿拉伯语也属于闪－含语系闪米特语族。阿拉伯语的使用者主要有阿拉伯人、德鲁兹人，以及一些米兹拉希犹太人，尤其是那些从阿拉伯语国家移民过来的以色列人。由于以色列有大量的英语国家移民，英语也是以色列所有学校都要教授的语言，以色列人大多会说一口流利的英语。

以色列有大量的来自其他国家的移民，据 2011 年以色列政府的调查，20 岁以上的人群中，以希伯来语作为母语的占 49%，以阿拉伯语作为母语的占 18%，以俄语作为母语的占 15%，以意第绪语作为母语的占 2%，以法语作为母语的占 2%，以英语作为母语的占 2%，以西班牙语作为母语的占 1.6%，还有一部人以其他语言（包括罗马尼亚语、德语、阿姆哈拉语等）作为母语。

希伯来语字母表中共有 22 个辅音字母，没有元音字母，拼写的时候用 4 个辅音字母当作元音来拼写单词，也就是说这 4 个辅音字母既做辅音字母又做元音字母，并且也可以互相组合成为复合元音。

希伯来语示例：

?האם תרצי לרקוד איתי

（你愿意和我一起跳个舞吗？）

阿拉伯语词法主要手段是先由几个辅音构成词根框架，然后填进不同的元音，或附加词缀，形成表示各种不同概念的派生词。句子没有固定的语序，比较固定的结构是修饰结构，采用前正后偏的形式。

阿拉伯语示例：

هي أفضل صديقة لي.

（她是我最好的朋友。）

民族

以色列的主体民族是犹太人，属欧罗巴人种闪米特－含米特亚种，在以色列总人口中，犹太人约占 75.3%，阿拉伯人约占 20.6%，其余为德鲁兹人、贝都因人和切尔克斯人等。

犹太人远祖是古代闪米特族的支脉希伯来人，他们曾生活在两河流域。公元前 13 世纪左右，希伯来人来到迦南（巴勒斯坦地区），公元前 1000 年左右，希伯来人开始改称自己为"以色列人"。从公元前 586 年到公元前 332 年，犹太人持续不断地处于异族的统治之下，经历了新巴比伦时期、波斯时期、希腊化时期和罗马人统治时期。期间大批犹太人逃离巴勒斯坦地区，迁移到世界各地，从此开始了犹太历史上长达 1800 多年大流散时期。19 世纪末，在巴勒斯坦地区大概有 5 万犹太人，到了 1930 年，居住在巴勒斯坦的犹太人数增加到 16.5 万人。1947 年 11 月 29 日，联合国通过《巴勒斯坦分治决议》，决议规定在巴勒斯坦建立两个国家，犹太国和阿拉伯国，当时犹太国中有犹太人口 50 万，阿拉伯人口 40 多万。1948 年 5 月 14 日，以色列国宣布成立，之后犹太人在国内人口的比例逐渐提高，成为世界上唯一一个以犹太人为主体民族的国家。

以色列的阿拉伯人集中居住在 4 个自成一体的城镇和村庄里，分别是加利利、佩塔提克瓦和哈代拉之间的中心地带、耶路撒冷和内塔夫，还有少数阿拉伯人杂居在其他城区中。以色列的阿拉伯人拥有公民权、选举权，可以加入各种政治党派，能够参加议会，担任政府官员。近些年来，以色列阿拉伯人的社会经济地位获得了很大的提升。

德鲁兹人在以色列只有 8 万多，主要居住在以色列加利利的农村和卡尔梅尔山区的村庄。他们讲阿拉伯语，祖祖辈辈生活在巴勒斯坦，与相邻的犹太人友好相处。贝都因人在以色列大约有 7 万多，分属约 30 个族群，生活在以色列南部内盖夫沙漠中，是一个在驼背上生活的民族。切尔克斯人来自俄罗斯，奥斯曼帝国向北拓展到俄属地区时，在那里教化了一些信仰穆斯林的教徒，后来沙俄又重新占领了该地区，强迫这些穆斯林教徒改信基督教，但这些切尔克斯人坚持自己的信仰，逃离家园，流落到以色列等地。以色列的切尔克斯人既讲切尔克斯语，也讲阿拉伯语，现在也在逐渐使用希伯来语。

语言国情沿革与发展

民族大流散时期的语言状况

希伯来人原是游牧民族，生活在两河流域美索不达米亚，约公元前 1900 年以后迁入叙利亚、埃及一带，公元前 13 世纪进入迦南（今巴勒斯坦地区）。迦南地区当时在文化上较为先进，周围的古文明如埃及、腓尼基、苏美尔、巴比伦等都对其产生过影响，希伯来人虽然征服了迦南地区，但在一定程度上却接受了"迦南文化"，在语言上也接受了迦南语（属闪－含语系闪米特语族），通过融合、发展，形成了希伯来语。因此希伯来语属闪－含语系闪米特语族。最早的希伯来语见于《圣经》诗歌

中所使用的古体圣经希伯来语。《士师记》中的《底波拉之歌》被考证为最早的希伯来语文书，大约成书于公元前 12 世纪。公元前 11 世纪希伯来人建立了自己的王国，后分裂为以色列王国和犹太王国，公元前 721 年以色列王国被亚述帝国灭亡，公元前 586 年犹太王国被迦勒底王国（又称新巴比伦王国）灭亡（迦勒底王国公元前 538 年被波斯帝国所灭）。迦勒底王国两度攻占犹太王国都城耶路撒冷，大批民众、工匠、祭司等被掳往巴比伦，史称"巴比伦之囚"事件，这次事件导致大批犹太人流离失所。在此之后的六百年间，犹太人经历了多次家园重建。犹太人的流亡命运急剧改变了希伯来语的发展进程，希伯来语从此不断吸收其他语言中的成分，甚至不得不使用其他民族语言，先是阿拉米语，后是希腊语和拉丁语。罗马帝国统治时期，犹太人未曾停止反抗，公元 135 年犹太人巴尔·科赫巴起义失败，几十万犹太人被杀，绝大部分幸存者被赶出家园，流落到世界各地，成为没有国家的民族。在长期的流散过程中，犹太人开始使用所在国的语言，或者把希伯来语与当地语言混用。所以巴尔·科赫巴起义失败通常被看作口语希伯来语消亡的标志，但实际上口语希伯来语消亡时间可能还要更早一些。例如基督出生于公元元年，作为犹太人，他的母语是阿拉米语，而不是希伯来语。

自公元 2 世纪起，罗马帝国驱散犹太人，犹太人开始了悲壮的全球流浪史，犹太人的民族语言希伯来口语就逐渐无人使用了，为了生活下去，犹太人使用各自所生活地区的语言，民族意识的维系主要靠犹太教作为纽带。中世纪以后，希伯来语逐渐复苏，成为犹太人使用的书面语言和特殊场合下的宗教语言。犹太人在举行宗教活动和祈祷时使用希伯来语，犹太学者在研究历史、创作诗歌和篆刻碑铭时也使用希伯来语。公元 3—5 世纪，出现了使用《圣经》

希伯来语创作的宗教赞美诗。公元 10—13 世纪，希伯来语诗歌创作在意大利和西班牙达到了繁荣时期，犹太诗人们用希伯来语反映世俗生活，宗教领袖使用希伯来语诠释《圣经》和创作赞美诗。

由于宗教信仰的需要，用希伯来语阅读也是犹太人的传统。犹太人希望能够使用希伯来语做祈祷，阅读和唱颂《圣经》，所以犹太人都很重视教育子女学习希伯来语。因此，近代以来，对于流散到世界各地的犹太人来说，希伯来语不仅是书面交流的工具，也与犹太教一同成为显示犹太人民族身份的标志和维系民族身份的重要手段。

民族复兴思潮促使希伯来语口语复活

19 世纪的欧洲，产生了犹太复国主义社会思潮，该思潮的最终目的就是在巴勒斯坦重建一个犹太人家园。1878 年，第一个大型的犹太人农场殖民区（定居点）在巴勒斯坦佩塔提克瓦出现；1897 年，第一届"世界锡安主义（犹太复国主义）大会"召开，大会决议建立"一个得到公众承认的、有法律保障的家园（或国家）"。与此相配合，犹太复国主义者努力使希伯来语复活，重新成为犹太人民的民族语言。

希伯来语口语的复苏是由俄裔犹太人本·耶胡达及其追随者倡导和实现的。耶胡达首次提出在犹太人的早期家园巴勒斯坦发展希伯来语口语，他意识到语言是把一个民族凝聚到一起的重要工具，犹太民族要想延续和复兴，不仅需要赖以生存的土地，还要有共同的语言，因此，必须要想办法把希伯来语重新用于犹太人的口语交际中。

1881 年，耶胡达移居巴勒斯坦，到处宣传使用希伯来语口语，开始了一个人复苏一个民族语言的战斗。他本人坚持与一切人都用希伯来语说话，是全体现代犹太人中第一个在日

常生活中说希伯来语口语的人，他的孩子也成了近两千年来第一个把希伯来语当作母语来说的孩子。然而，耶胡达的行为遭到了一些人的敌视。极端犹太教徒们认为，希伯来语是神圣的宗教语言，把它用于日常口语交际是对宗教的亵渎。为此，他们向当时统治巴勒斯坦的土耳其政府告发说耶胡达煽动犹太人造反，耶胡达为此遭到了审判和监禁。但是，耶胡达出狱后继续宣传和使用希伯来语。1884 年，耶胡达与他人合办了第一份希伯来文报纸，进一步宣传他的思想。1890 年希伯来语委员会（即今天希伯来语研究院）成立，耶胡达担任主席。1904 年，耶胡达在收集和创造了数千个新词汇的基础上，编制出第一本现代希伯来语词典。

此后，支持使用希伯来语口语的犹太人越来越多，到了 1914 年前后，巴勒斯坦地区全部使用希伯来语的幼儿园、中小学和专业学校已达 64 所。根据 1916—1917 年间的统计，巴勒斯坦地区的 8.5 万犹太人中有 3.4 万人把希伯来语当作第一用语或日常用语。由此，希伯来语的延续得到了保证。

1922 年，巴勒斯坦地区的英国托管当局认可了希伯来语的重要地位，把它与阿拉伯语、英语一起作为该地区的官方语言。这是希伯来语在现代社会第一次成为一个政治实体的官方语言。

建国后以色列的语言国情

1948 年以色列建国后，散居在世界各地（150 多个国家和地区）的犹太人纷纷回到离别近两千年的故土，他们操世界各地语言，因此以色列人的语言使用呈现出高度多语化现象。显然，以色列政府面临着是否要设立全国统一的官方语言的问题，最终，决策者达成一致意见，作为一个完整的国家，以色列必须要有统一的语言，希伯来语被确定为官方语言；

同时考虑到当地阿拉伯人口的数量，政府将阿拉伯语也确定为官方语言（第二官方语言），并且实行"熔炉"语言政策，即每个移民都要学习希伯来语，还要起个希伯来语的别名。1953年，以色列议会以立法方式成立希伯来语研究院。今天，在说阿拉伯语的学校里，从三年级起就把希伯来语作为必修科目，同时希伯来语考试也是以色列大学入学测验的主要内容之一。

阿拉伯语虽然是以色列的第二种官方语言，但在"一个民族，一种语言"的意识形态之下，政府在语言推广上的支持力度是不同的，多年以来，以色列政府不愿意使用阿拉伯语，比如卫生机构、银行、法庭、媒体等都几乎只使用希伯来语，甚至阿拉伯职员也只说希伯来语，除非有法律明确规定要求使用，或者要对阿拉伯人讲演的时候，官方才使用阿拉伯语。在阿拉伯人的不懈努力下，同时也随着以色列社会经济的发展和阿拉伯人社会地位的提升，阿拉伯语的地位也得到了改善。2000年11月，以色列高等法院裁定，即便阿拉伯语作为官方语言要次于希伯来语，阿拉伯语的使用范围也应当更加广泛。之后，所有的道路标志、食物标签以及政府发布的信息必须要翻译成阿拉伯语，如果信息是由专讲希伯来语的社区地方政府发布，则不做翻译要求。2007年3月，以色列议会通过了一项新的法令，决定建立一个类似于希伯来语研究院的阿拉伯语研究院，并于2008年在海法成立；同时在说希伯来语的学校中，从七年级到九年级广泛开设阿拉伯语课程，对于那些希望深入学习阿拉伯语的学生，可以在第十二年级继续学习，并且能够参加阿拉伯语的预科考试。

英语是当今以色列的通用语言。在以色列建国早期，由于以色列和法国的同盟关系，英语的使用率急剧下降，法语被广泛地用作外交语言。在20世纪60年代后期，以法同盟逐渐削弱，以色列与美国的同盟关系得到加强，英语在以色列又重新获得它先前的地位。在中小学和大学中，无论是说希伯来语的学生，还是说阿拉伯语的学生，都把英语作为第二语言来学习。尽管以色列有被英国托管统治的历史，但以色列所使用的英语主要采用美式英语的拼写和语法。英语是以色列处理国际关系和对外事务时所使用的主要语言，但不允许在议会辩论和法律起草时使用。

1996年，以色列教育部发布实施了《国家语言政策》，鼓励以色列学生在掌握希伯来语、阿拉伯语和英语之外，还要努力学习其他语言，如意第绪语、俄语、西班牙语、德语等，从语言政策层面更广泛地接受多语制，加强对各民族语言和外语的保护、推广，希望让使用不同语言的犹太人、阿拉伯人等境内不同民族的人能够以同一个国家成员的身份紧密团结生活在一起。

🤝 语言服务

中国开设希伯来语专业的高校有6所，分别为北京外国语大学、上海外国语大学、北京大学、北京语言大学、中国传媒大学、解放军外国语学院。

中国在以色列设立的孔子学院有2所，分别为特拉维夫大学孔子学院和希伯来大学孔子学院，合作单位分别为中国人民大学和北京大学。

以色列尚未有高校开设中文系或中文专业，但有一些高校开设了中文教学课程。希伯来大学早在1958年就开始了中文教学，特拉维夫大学在1988年开始中文教学，海法大学在2002年成立了东亚系，也把教授中文作为重要的教学任务之一。此外，以色列还在中小学开设汉语选修课程，为了培养中文教师，莱温斯基教育学院开设了中文教育专业；特拉维夫大学孔子学院与特拉维夫大学教育学院合作开办了以色列首个中小学汉语师资培训项目，成绩合格的学员颁发以色列政府承认的汉语教师资格证书。

小贴士

⊙首都

以色列的首都建国时在特拉维夫，1950年迁往耶路撒冷。1947年11月联合国大会第181号决议规定耶路撒冷国际化，由联合国管理。以色列通过1948年和1967年两次战争先后占领整个耶路撒冷地区，并于1980年7月宣布耶路撒冷为其"永恒的与不可分割的首都"。绝大多数同以色列有外交关系的国家仍把使馆设在特拉维夫。

⊙姓氏

现代犹太人的姓名姓在后，名在前。见得较多的犹太姓氏是"科恩、列维、罗森堡、施密特"等。

⊙自然与经济

以色列可以分为4个区域，分别是内盖夫沙漠、约旦河谷、中部丘陵和地中海沿岸的海岸平原。内盖夫沙漠大约占据了以色列国土面积的一半。海岸平原地区土壤肥沃，降水量较大，是农作物和水果种植的重要地区。主要为地中海气候，夏季漫长、炎热少雨，冬季短暂、凉爽多雨。夏季地中海沿岸地区气候潮湿，中部高原地区则气候干燥。以色列超过70%的降雨是在11月至次年3月之间，6—9月通常无雨。以色列是中东地区经济发展程度最高的国家，在电子技术、软件开发、生物医疗、信息通信、钻石产业等领域处于世界顶尖水平。

⊙美食

以色列美食的代表是一种被称作"胡姆斯"的豆制品酱料。制作方法是先把煮好的鹰嘴豆磨碎，然后根据个人口味添加不同的调料。各种主食都可以添加胡姆斯。披塔是以色列人喜欢的主食之一，当地犹太人在吃披塔之前，喜欢往里面加入胡姆斯。法拉费也是以色列的特色食品，它的原料也是胡姆斯，形状像是一个个小丸子，略带一些辣味。

⊙节日

犹太新年（犹太历提斯利月7月1日，通常在公历9月间）、普珥节（犹太历阿达月14日，通常在公历2—3月间，又称为签节，犹太历中最欢乐的民间节日，为了纪念和庆祝犹太人从灭族的危难中幸存的节日）、赎罪日（犹太历提斯利月10日，通常在公历9—10月间，犹太人一年中最神圣的日子，节日当天犹太人全日禁食，只是祈祷）、住棚节（从犹太历提斯利月15日开始，通常在公历9—10月间，持续7天）、逾越节（从犹太历散月14日的黄昏开始，通常在公历3—4月间，持续7—8天）、大屠杀纪念日（1月17日）、独立日（犹太历以珥月5日，通常在公历4—5月间）等。

⊙名胜古迹

特拉维夫－雅法 通常称为特拉维夫，以色列地区人口最稠密的地带，是以色列的经济中心，被列为中东生活费用最昂贵的城市。以拥有在中东地区开放而繁荣的夜生活著称，被称为"不眠之城"。特维拉夫也是以色列的文化之都，拥有多个文化中心，如特拉维夫歌剧院、弗来德里克·曼恩礼堂和卡美尔剧院等。现代特拉维夫尤以建筑风格闻名于世，其中最具国际知名度的是以包豪斯建筑铸成的特拉维夫白城。包豪斯建筑多为方正平顶，构造轻巧，线条简洁明晰。墙面多，窗户小，外表为白色或混凝土色，玻璃与砖石相间得当，正面往往有开阔而圆润的阳台。2003年，被联合国教科文组织列入世界文化遗产。2003年，特拉维夫白城作为文化遗产入选联合国教科文组织《世界遗产名录》。

拉宾广场 位于特拉维夫市中心，市政厅办公楼门前。原名特拉维夫国王广场，1995年11月4日，前总理拉宾在此召开和平大会，离开时被刺杀身亡，为纪念这位伟大的和平战士，以色列政府将其更名为拉宾广场。至今，每年的11月4日，都有成群结队的以色列人来到拉宾广场举行纪念活动。

阿克古城 位于地中海东部海岸以色列北部，是世界上最古老的城市之一，也是一个有城墙的港口城市。2001年，被联合国教科文组织列入世界文化遗产。2001年，阿克古城作为文化遗产入选联合国教科文组织《世界遗产名录》。

印度国旗呈长方形，长宽比 3∶2。旗面自上而下由橙、白、绿三个长方形组成，中心有一个含 24 根轴条的蓝色法轮。橙色代表勇气、献身和无私，也是印度教法衣的颜色；白色代表真理与和平；绿色代表繁荣、信心和生产力；法轮象征真理和道德及印度古老的文明；24 根轴条代表一天的 24 小时，象征国家时时都在前进。

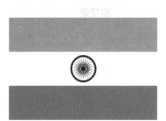

印度

The Republic of India

泰姬陵

印度　INDIA

比例尺　1 : 19 500 000

① 喜马偕尔邦 Himāchal Pradesh
② 旁遮普邦、哈里亚纳邦行政中心在昌迪加尔 Capitals of Punjab and Haryāna in Chandīgarh
③ 昌迪加尔中央直辖区 Chandīgarh Union Terr.
④ 北阿肯德邦 Uttarakhand
⑤ 德里国家首都区 Delhi, National Capital Terr.
⑥ 北方邦 Uttar Pradesh
⑦ 比哈尔邦 Bihār
⑧ 锡金邦 Sikkim
⑨ 阿萨姆邦 Assam
⑩ 那加兰邦 Nāgaland
⑪ 曼尼普尔邦 Manipur
⑫ 特里普拉邦 Tripura

⑬ 米佐拉姆邦 Mizorām
⑭ 中央邦 Madhya Pradesh
⑮ 切蒂斯格尔邦 Chhattisgarh
⑯ 恰尔肯德邦 Jharkhand
⑰ 奥里萨邦 Orissa
⑱ 达曼、第乌中央直辖区 Damans and Diu Union Terr.
⑲ 达德拉-纳加尔哈维利中央直辖区 Dādra and Nagar Haveli Union Terr.
㉑ 特伦甘纳邦，安得拉邦的行政中心在海德拉巴 Karnātaka
㉒ 卡纳塔克邦 Karnātaka
㉓ 本地治里中央直辖区（包括：本地治里、加里加尔、亚南和马埃）Pondicherry Union Terr. (incl. Pondicherry, Karikal, Yanam and Mahe)
㉔ 泰米尔纳德邦 Tamil Nādu

高度表(m)

印度，全称印度共和国，是南亚次大陆最大国家，地处喜马拉雅山和印度洋之间，东临孟加拉湾，西濒阿拉伯海，海岸线长 5560 千米。印度邻国较多，东北与中国、不丹和尼泊尔接壤，东部与缅甸相邻，西北与巴基斯坦交界，东南、西南分别与斯里兰卡、马尔代夫隔海相望。国土面积 2 980 000 平方千米（不包括中印边境印占区和克什米尔印度实际控制区等），是世界上领土面积第七大的国家；印度也是世界上人口第二多的国家，约 121 010 万。

语言

因为历史的原因，印度语言的多样性特征非常明显，被称为天然的"语言博物馆"。印度的官方语言为印地语，辅助官方语言是英语。印度境内至少有 461 种语言，其中 14 种语言已经无人使用。这些语言分属印欧语系、南亚语系、汉藏语系和达罗毗荼语系。其中主要的语言有：印地语，使用人口占全国总人口的42.9%；孟加拉语，占 8.3%；泰卢固语，占 8.2%，马拉地语，占 8%；泰米尔语，占 6%；乌尔都语，占 5.7%；古吉拉特语，占 5.4%；卡纳达语，占 4.2%；马拉雅拉姆语，占 4.2%；奥里亚语，占 3.7%；旁遮普语，占 3.2%；信德语，占 0.3%；阿萨姆语，占 0.01%。

印度宪法规定，除了印地语和英语为官方语言及辅助官方语言外，另有 21 种地方语言在各邦也具有官方语言地位。这 21 种语言是：阿萨姆语、孟加拉语、博德语、多格拉语、古吉拉特语、卡纳达语、克什米尔语、孔卡尼语、迈蒂利语、马拉雅拉姆语、曼尼普尔语、马拉地语、尼泊尔语、奥里亚语、旁遮普语、梵语、桑塔利语、信德语、泰米尔语、泰卢固语、乌尔都语。

印地语从谱系来看，属于印欧语系印度语族，是由梵语发展而来的一种现代印度－雅利安语言。印度国内以印地语为母语的人数超过 18 000 万，能够使用印地语进行日常交流的人数达到 80 000 万。印地语是印度北方邦、中央邦、比哈尔、拉贾斯坦、西玛恰尔邦、哈里亚纳邦、北安查尔邦等地区的官方语言。大部分宝莱坞电影都使用印地语。但在印度南方的某些邦，特别是在泰米尔纳德邦，使用印地语的人数不多。印地语有五大方言，即西部印地语、东部印地语、比哈尔语、拉贾斯坦语和山地印地语，每种方言下又各有若干下位方言。印地语标准语的基础方言属于西部印地语的克里波利方言。

印地语标准语有元音 11 个（1 个外来音），辅音 43 个（5 个外来音）。印地语元音有长短之别，每个元音都有对应的鼻化形式。同汉语类似，送气与不送气在印地语辅音中具有区别意义的作用。印地语一般没有重音，也没有声调。印地语是 SOV（主语＋宾语＋谓语）型语言，印地语没有定冠词，如果需要强调的话，可以使用数词"1"作为不定单数冠词。此外，印地语介词多放在名词或代词之后。其名词具有阳性和阴性的区别。印地语的人称代词反而没有性的对立，第三人称不像汉语和英语有"他"和"她"的区别。代词的性属依靠动词性的变位来表达。人类有很多语言在第二人称表达上往往有熟悉度的差异，低熟悉度的第二人称也就是一般人所谓的"敬称"。印地语的第二人称也不例外，而且有 3 种形式：（1）尊敬形式（相当于汉语的"您"），单复数形式一致，多用于正式场合以及称呼或资历或工作级别或年龄比自己高的人；（2）一般形式（相当于汉语的"你"），单复数形式也一致，一般用于非正式场合以及称呼或资历或工作级别或年龄等于或低于自己的人；（3）随意形式，只能用于称呼非常亲密的朋友或家人，否则对方会认为你是在挑衅或冒犯。印地语动词的时态通常通过使用助动词来表达。其体（aspect）大致有惯常体(未完成体)、进行体(也叫作连续体)和完成体 3 种,时(tense)有现在时、过去时、将来时(假定式)3 种,另也有虚拟表达(被很多语言学家称为一种语气)。印地语动词的语法意义主要通过动词的变位来表达,动词变位反映的不仅仅是其主语的数和人称(第一、第二、第三),还有性。但印地语的动词一致关系较复杂:只有当动词主语不接任何后置词语,动词才必须与其主语的人称、数和性一致;否则,动词就与宾语的数和性(前提是这个宾语没有任何后置词)一致。如果与宾语一致的条件也得不到满足的话,则动词与其主语、宾语皆不一致。这种现象被学者们称作混合作格。

印地语使用天城体文字,这是一种音节拼音文字,由古代的婆罗米字母演变而来,自左而右书写。

天城文印地语示例:

सभी मनुष्यों को गौरव और अधिकारों के मामले में जन्मजात स्वतंत्रता और समानता प्राप्त है। उन्हें बुद्धि और अन्तरात्मा की देन प्राप्त है और परस्पर उन्हें भाईचारे के भाव से बर्ताव करना चाहिए।

(人人生而自由,在尊严和权利上一律平等。他们赋有理性和良知,并应以兄弟关系的精神相对待。)

英语是印度的辅助官方语言。从使用人数来看,印度国内使用印地语的人数远远多于说英语者。印度真正掌握英语的人不到全国总人口的 5%,即使把粗通英语的人全统计进来,最多也只能到 15%,但这些人却是印度的精英阶层,影响和主导着印度的社会生活。而这些精英更习惯将英语作为工作语言。

👥 民族

印度是一个多民族国家,其民族构成之复杂,世界罕见,所以素有"世界民族博物馆"之称。约公元前 3000 年前,达罗毗荼人就居住

在印度。此后,雅利安人的游牧部落从西北部迁入;以后又有波斯人、大月氏人等陆续从西北部进入,形成了印度民族的复杂现象。

印度全国现有几百个民族和部族,其中:印度斯坦族人数最多,约占全国总人口的 46.3%,分布在印度北方邦、中央邦、哈利亚纳邦、比哈尔邦和拉贾斯坦邦等地,多数人信奉印度教,部分人信奉伊斯兰教、佛教、基督教和耆那教等,大部分操印地语,少数人说乌尔都语(印地语与乌尔都语实际上是同一种语言,不过前者是用天城体文字书写,大部分词汇来源于梵语,也有来源于波斯语和阿拉伯语的;后者用阿拉伯字母书写,波斯语和阿拉伯语借词更多一些);泰卢固族,又称安得拉族,占印度总人口的 8.6%,多分布在安得拉邦,多数人信奉印度教,其次是伊斯兰教和基督教;孟加拉族,占印度总人口的 7.7%,多分布在西孟加拉邦、比哈尔邦和奥里萨邦等,操孟加拉语,多数人信奉印度教;马拉地族,占印度总人口的 7.6%,多分布在马哈拉施特拉邦,操马拉地语,多数人信奉印度教和佛教;古吉拉特族,占印度总人口的 4.6%,多分布在古吉拉特邦,操古吉拉特语,多数人信奉印度教,少数人信奉伊斯兰教和耆那教;卡纳达族,占印度总人口的 3.87%,主要分布在卡纳塔克邦,操卡纳达语;马拉雅拉姆族,占印度总人口的 3.59%,主要分布在喀拉拉邦,操马拉雅拉姆语;旁遮普族,占印度总人口的 2.3%,多分布在印度旁遮普邦,大部分人操旁遮普语,少数操印地语和乌尔都语,信奉锡克教和印度教;阿萨姆族,多分布在印度的阿萨姆邦,操阿萨姆语,信奉湿婆神;奥里萨族,主要分布在奥里萨邦,操奥里亚语,信奉印度教,奥里萨一向被誉为印度教之乡,素有印度教圣地之称。

印度的民族长期存在"种姓"这一社会结构制度,反映了存在数千年之久的瓦尔纳制度。在这种制度中,个人和群体被划分为 4 个等级,

依次是婆罗门、刹帝力、吠舍和首陀罗。最高种姓等级是婆罗门，多为僧侣，地位最高，从事的都是体面的文化教育和祭祀工作；第二高种姓等级是刹帝力，多为武士出身，地位较高，多在执法、军队、警察等部门工作；第三级种姓吠舍，多为商人出身，从事商业贸易和生产制造；最低等级的种姓为首陀罗，也即农民，身处社会底层，主要从事农耕和各种体力及手工业劳动。事实上，还存在一个最底层的在原有瓦尔纳制度中不存在的种姓，比首陀罗还要低，一般被称作"不可接触者"。

随着社会的进步，印度的种姓制度也在发生变化。印度宪法第十五条规定任何人不得因种姓、宗教出生地而受歧视；第十七条明文规定废除"不可接触制"。目前，人们对职业的看法发生了变化，衡量职业高低不再以宗教思想为基础，而以金钱、权力为基础。在城市里，各种姓人们之间的来往与交流有所加强。

📖 语言国情沿革与发展

梵语的兴衰

约公元前2000年，印度的原住民主要是达罗毗荼人和高尔人，所使用的语言为泰米尔语、泰卢固语和坚那语。公元前1500年前后，有一支操"印欧语"的游牧民族雅利安人从开伯尔山口进入印度次大陆，占领了印度"五河流域"（今巴基斯坦和印度的旁遮普地区），征服了当地的土著民族（一般认为是达罗毗荼人）。雅利安人带动了恒河流域农业、手工业和商业的发展，其本身也由氏族社会逐渐向阶级社会过渡，其内部逐渐形成不同的部落集团，已有被称为"罗阇"（早期吠陀时代雅利安人部落军事首领的名称，与长老会议"萨巴"和部落成员会议"萨米提"共同构成了雅利安人军事民主制权力机构的3个要素）的领导者出现。敌对部落集团之间战争频繁，最终形成了

为数众多的早期印度国家。约在公元前600年时，印度历史出现了著名的"十六雄国"。在雅利安人人主印度的这段时期，具有印度特色的社会等级制度——种姓制度，以及婆罗门教也逐步形成。

公元前4世纪崛起的孔雀王朝开始统一印度次大陆，公元前3世纪阿育王统治时期疆域辽阔，政权强大，佛教兴盛并开始向外传播。公元4世纪笈多王朝建立，后形成中央集权大国，统治印度200多年。中世纪印度境内小国林立，印度教兴起。自11世纪起，来自西北方向的穆斯林民族不断入侵并长期统治印度。

这段时期，印度占主流地位的语言是雅利安人带来的语言——梵语。梵语被认为是一种纯洁、神圣的语言，是古印度标准语，是现代印度语言文化发展的一个直接源头，也是公认的印欧语系最古老的语言。广义上，梵语有吠陀梵语、史诗梵语和古典梵语3种，狭义的梵语只指古典梵语。在古印度及之前可以考证的近3000年的历史中，印度先民创造出大量的内容丰富的梵语文献，数量仅次于汉语，远远超过希腊语和拉丁语。原始佛教的经典，原来用俗语写成，后来也逐渐梵语化，形成了一种特殊的佛教梵语或混合梵语。公元10世纪以后，由于近代印度之各种方言甚为发达，又加上回教徒入侵印度，梵语逐渐丧失其实际的势力，仅以古典语的地位存在，最终沦为一种死语言，不再是任何民族的本族语。

印度斯坦语的产生

早在公元7世纪初，阿拉伯帝国就曾试图向印度扩张，并最终在信德、木尔坦维持了3个世纪之久的统治。这段时期，阿拉伯人开始把伊斯兰教带入印度，但对印度的影响有限。真正对印度全局发生重大影响的是11—12世纪穆斯林突厥人入侵后，于13世纪初在印度建立的伊斯兰王朝——德里苏丹国。即使如此，

德里苏丹国的统治范围也还比较有限，仅限于印度北部及德干高原，直到16世纪初期穆斯林在印度建立了莫卧儿王国，才促使中亚伊斯兰教文化逐渐在印度全面占据统治地位。

与此同时，中东穆斯林所使用的波斯语地位日益提高，逐渐成为印度宫廷、法庭、商业贸易以及文学创作等诸方面的主导语言，而宗教领域也一律改用阿拉伯语，波斯－阿拉伯语在印度强势崛起。另一方面，穆斯林突厥人征服印度以后（莫卧儿王国时期），将当时印度首都德里及其周边城市的通用方言（有学者指出这些语言是由梵语演变而来的，二者是"文白"关系，但其具体演变过程已很难考证）取名"印度斯坦语"，随着印度和伊斯兰两种文化的接触，印度斯坦语吸收了大量的波斯语、阿拉伯语和突厥语词汇，之后随着莫卧儿帝国的进一步扩张，该语言作为通用语传播到整个北印度，随后几个世纪一直作为主要通用语言保留下来。这种语言以北印度当地语言为主，融合了很多波斯语、阿拉伯语、突厥语新的词汇，渐渐成为一种文学语言，最后被称为"乌尔都语"，是一种混杂、高度波斯化的印度宫廷语言。

英语等外族语言在印度的使用

近现代的印度依然饱受外族侵略之苦。莫卧儿帝国时期，葡萄牙率先在莫卧儿帝国版图之外的印度领地建立自己的殖民地，之后，荷兰人再次入侵，并打败了竞争者葡萄牙人，随之而来的是荷兰语开始在印度流行。到了18世纪，在印度追逐利益的欧洲强国主要是英国和法国。经过一番斗争，英国人胜出。英国通过设在印度的不列颠东印度公司管理其印度事务，并巧妙地利用莫卧儿帝国分裂的混乱局面，步步蚕食各独立印度王公的领土，最后成为印度的实际统治者，英语也取代法语开始在印度流行。

伴随着政治统治，英国在文化和语言使用上制定了一系列有利于英国殖民统治的政策，印度传统语言文化受到极大挑战，英语被统治者规定为高等院校教学语言，成为传播基督精神、引入西方文化的媒介，也是获取政府职位、其他文职、邮政和铁路系统职位的一个必备条件。英语对印度影响深远，直到今天，英语依然是印度最为重要的语言之一。同时，英国殖民统治印度时期，也将印度斯坦语（此时的名称尚与乌尔都语交替使用）定为英属印度官方的行政事务语言，这进一步促成了印度斯坦语日后成为印度和巴基斯坦的官方语言。

印地语的官方语言地位和《三语方案》

在英国对印度的殖民统治过程中，印度的民族运动一直没有停止过。第二次世界大战结束后，英国实力急剧衰落，在印度的殖民统治已经不可能维持。1946年印度皇家海军起义，1947年英国提出蒙巴顿方案。根据该方案，巴基斯坦和印度两个自治领分别于1947年8月14日和8月15日成立，英国在印度的统治宣告结束。1950年1月26日，印度宣布成立印度共和国。

独立后的印度在宪法里规定印地语为印度官方语言。另外，乌尔都语后来也成了巴基斯坦的国语。此后，印度斯坦语在印度和巴基斯坦分别被命名为印地语和乌尔都语，乌尔都语不再是印度斯坦语的同义词。

由于印度非印地语地区强烈反对唯印地语的政策，印度诸邦主要部长会议于1967年达成了著名的《三语方案》。该方案规定，中等学校必须讲授英语、地方语言和印地语这3种语言。在印度北部的印地语地区，除了英语和印地语之外，还应讲授另外一种印度语言或欧洲语言。《三语方案》适应了印度次大陆的语言文化传统，符合传统上的多语现象和语言多样性特征，具有一定的优越性。但是，以印地语为母语的人在印度毕竟只是一部分，所以印度国内以其他语言为母语的人，尤其是南方各邦，学习印地语非常困难。由于高等教育需要使用统一的语言，事实上还是会形成学生学习语言上的困难，所以现在印度各邦都在实行一种以印地语或英语为主、地方语言为辅的渐进的语言教学法。这种渐进的语言教学法的一个重要举措是，从 2007 年开始，印度最著名的 15 所大学的统一入学考试，虽然还是使用印地语和英语出题，但学生可以在以下语言里任选一种答题：英语、阿萨姆语、孟加拉国语、古吉拉特语、印地语、马拉雅拉姆语、马拉地语、奥里亚语、旁遮普语、信德语、泰米尔语、泰卢固语和乌尔都语。

🤝 语言服务

中国开设印地语的高校有 8 所，分别为北京大学、北京外国语大学、中国传媒大学、解放军外国语学院、解放军国际关系学院、广东外语外贸大学、西安外国语大学、四川外国语大学。

中国在印度设立的孔子学院有 2 所，分别为印度韦洛尔科技大学孔子学院和孟买大学孔子学院，合作单位分别为郑州大学和天津理工大学。

印度开设中文系或中文专业的的高校有 5 所，分别为尼赫鲁大学、印度国际大学、贝拿勒斯印度大学、杜恩大学和锡金国立大学。其中尼赫鲁大学、印度国际大学和贝拿勒斯印度大学开设有汉语学本科、硕士和博士专业，杜恩大学和锡金国立大学开设有汉语学本科专业。印度教育部门还在一些高校开设了非学历教育的汉语文凭及证书课程班，有全职班和业余班两种。前者的授课对象是非汉语专业的本科毕业生，目的是为了满足他们学习汉语的需求，以扩大他们的就业机会；后者的授课对象没有明确限制，大多数学生是印度的企业家、商人，他们学习汉语的主要目的是为了更好地和中国的生意伙伴或贸易对象交流。印度开设汉语非学历教育的大学主要有德里大学、古吉拉特中央大学、印度维迪亚大学、英语和外语大学、本地治里大学、班加罗尔大学、旁遮普大学、奥兰加巴德大学和摩揭陀大学等。

小贴士

⊙首都

新德里，位于印度西北部，面积 1482 平方千米，人口约 1637 万。新德里以姆拉斯广场为中心，城市街道成辐射状、蛛网式地伸向四面八方，宏伟的建筑群大多集中于市中心。新德里也是全国交通的中心。

⊙姓氏

印度人的姓名比较复杂，常因民族、地区、种姓、宗教而不同。如西印度人，一般先说本人名，再说父亲名，最后才是姓；南印度人则往往把村名冠在姓名之前，从名字就可以知道是什么地方

人。一般来说，印度人的名在前、姓在后，如"弗罗兹·甘地"，"弗罗兹"是名，"甘地"是姓。称呼印度男人，只称呼姓，不称呼名，而对妇女则只称呼名，不称呼姓。对尊长，人们用"古鲁"称呼，意是"老师、长者"；对大人物用"圣雄"尊称，如"圣雄泰戈尔、圣雄甘地"等；"巴尔"意为"先生、老爷"。在印度，夫妻之间不可以直接叫名字，这与宗教信仰关系密切。

⊙自然与经济

印度地貌多样，肥沃的印度恒河平原覆盖了印度北部、中部和东部的绝大部分。德干高原占

了印度南部的绝大部分。印度西部是塔尔沙漠，东部和东北部边境线涵盖了喜马拉雅山脉。多条河流发源于或流经印度。印度大部分地区属于热带季风气候，终年高温。受季风的影响，一年之中也分旱雨两季，风向随季节变化。印度经济产业多元化，涵盖农业、手工业、纺织业以至服务业。近年来服务业增长迅速，日益重要。其他行业如制造业、制药、生物科技、电信、造船、航空和旅游的发展也有很大潜力。

⊙美食

印度的饮食习惯随着信仰及地区而有不同的变化。主要的美食有波亚尼炖饭、菠菜吉士、坦都里烤鸡、奶油鸡、塔利、面饼、沙摩沙、拉西等。

⊙节日

元旦（1月1日）、印度共和日（1月26日，又称国庆节）、甘地逝世纪念日（1月30日）、湿婆神节（湿婆神之夜节，印度教节日，时间在印度教历5月下半月第三天夜晚，通常在公历2—3月间，用来纪念印度教主神之一湿婆神的诞辰）、洒红节（即泼水节，时间在2—3月间）、拉玛节（时间在3—4月间，印度教徒庆祝拉玛的生辰）、马哈维那节（时间在3—4月间，耆那教徒庆祝其祖师马哈维那寿辰之日）、复活节（时间在3—4月之间）、佛诞节（时间在5—6月间，纪念佛祖释迦牟尼诞生）、独立节（8月15日，印度全国性节日，纪念1947年8月15日印度摆脱殖民主义统治，获得独立）、十胜节（时间在9—10月间，印度教最盛大的节日，又称凯旋节，用来庆祝拉玛战胜邪魔）、灯节（印度教四大节日之一，在公历10—11月间举行）。

⊙名胜古迹

锡克教圣地阿姆利则 位于印度旁遮普邦西北部，是印度七大奇迹之一，那里有锡克教最神圣的庙宇——金庙。金庙坐落在一个叫作"神池"的水池中央，庙宇墙壁上镶嵌着熠熠闪光的大理石，十分壮观。

马杜赖 位于印度南部泰米尔纳德邦，是一座历史名城和印度教圣地。其中的大米纳克希庙是印度七大奇迹之一。这座巍峨的大庙周围有9座宝塔环绕，庙内有1000根石柱，上雕五彩缤纷的图案。

布巴内斯瓦尔 奥里萨邦首府，是座古老的宗教之城，盛时曾建有7000多座寺庙，如今只留存有数百座。其中林伽拉贾庙是最典型的印度教庙宇。城内另两座著名寺庙是拉贾拉尼庙和穆克泰斯瓦尔庙。

海德拉巴 安得拉邦首府，位处基思持纳河支流穆西河畔。城内多16世纪末宗教艺术建筑，其中梅卡·马斯基德清真寺规模宏大、雄伟壮观可容10 000名信徒礼拜。城外的千柱寺受到成千上万善男信女顶礼膜拜。海德拉巴西南面的比加普尔城内有苏丹英哈米德·阿迪尔·沙赫陵，这座陵墓建筑精美，拥有世界第二大圆顶，是印度七大奇迹之一。

印度尼西亚国旗呈长方形，长宽比3：2。旗面由上红下白两个相等的长方形构成。红色象征勇敢、正义和印度尼西亚独立以后的繁荣昌盛；白色象征自由、公正、纯洁。

婆罗浮屠

印度尼西亚

The Republic of Indonesia

印度尼西亚　INDONESIA

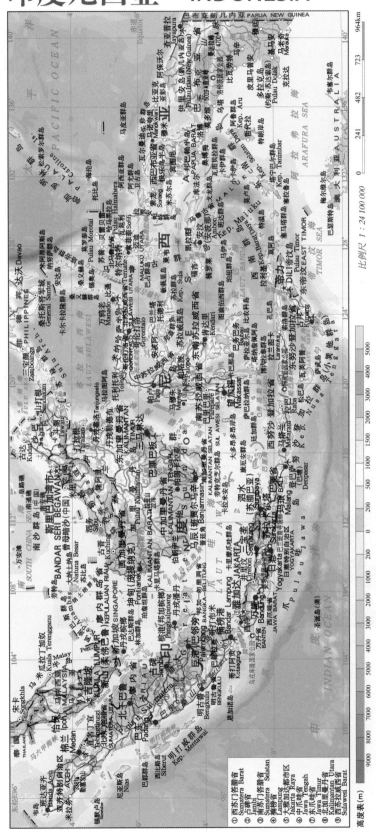

比例尺 1 : 24 100 000

高度表(m)

① 西苏门答腊省
　Sumatera Barat
② 占碑省
　Jambi
③ 南苏门答腊省
　Sumatera Selatan
④ 楠榜省
　Lampung
⑤ 雅加达首都特区
　Jakarta Raya
⑥ 万丹省
　Banten
⑦ 中爪哇省
　Jawa Tengah
⑧ 东爪哇省
　Jawa Timur
⑨ 北加里曼丹省
　Kalimantan Utara
⑩ 西苏拉威西省
　Sulawesi Barat

印度尼西亚，全称印度尼西亚共和国，简称印尼。印尼属东南亚国家，地域横跨亚洲及大洋洲，与巴布亚新几内亚、马来西亚和东帝汶接壤，与澳大利亚、帕劳、菲律宾、新加坡和泰国等国隔海相望。印尼由大小约 17 000 个岛屿组成，是全世界最大的群岛国家，有"千岛之国"之称。陆地国土由苏门答腊、爪哇、加里曼丹、苏拉威西、新几内亚 5 个大岛及 2 个大群岛和 6 个小群岛组成，面积 1 904 443 平方千米，海洋面积 3 170 000 平方千米，人口约 25 361 万，位列中国、印度、美国之后，为世界第四人口大国。

 ## 语言

印度尼西亚境内语言众多，印尼语是唯一的官方语言，也是印尼的国语。其他语言及方言共有 700 多种。全世界目前大约有 3000 万人将印尼语作为母语使用，还有约 20 000 万人将印尼语作为第二语言使用。

印尼所有地区都通用印尼语，政府管理、商业贸易、学校教育和电台电视台新闻广播主要使用的都是标准印尼语，绝大多数图书报纸也用印尼语出版。而事实上，大部分普通印尼人不用印尼语而用自己本民族语言或方言作为第一语言进行相互交流。2010 年印尼人口调查显示，只有 19.94% 的人在家说印尼语。

印尼语隶属于南岛语系印度尼西亚语族。印尼语单词发音简洁明快。元音分单元音、双元音和复合元音 3 类，其中单元音 6 个；辅音 25 个；重音一般落在倒数第二个音节上。印尼语的基本语序为 SVO（主语＋谓语＋宾语）；形容词、指示代名词及所有格代名词接在名词之后，采用后位修饰法。介词为前置词，置于其所修饰的名词之前。名词一般没有性、数、格等的形态变化，但有时名词以重叠的方式构成复数形式。印尼人待人接物尊敬他人，在语法中会出现代名词省略的现象，以表示礼貌及尊敬。20 世纪以前，印尼语文字用改良的阿拉伯字母书写，后逐渐改用拉丁字母，今天的印尼语字母看起来与英语完全相同。

印尼语示例：

Semua orang dilahirkan merdeka dan mempunyai martabat dan hak-hak yang sama. Mereka dikaruniai akal dan hati nurani dan hendaknya bergaul satu sama lain dalam semangat persaudaraan.

（人人生而自由，在尊严和权利上一律平等。他们赋有理性和良知，并应以兄弟关系的精神相对待。）

与书面语相比，印尼口语的词汇和语法"准确性"很低。究其原因，主要是印尼人倾向于在使用印尼语时混入当地语言的词汇（如爪哇语、巽他语、巴厘语和汉语）。这就形成了印尼语有各种各样的区域方言。

印尼实行唯一官方语言制度，除印尼语外，其他任何民族语言不管是在全国还是在区域范围都不得作为官方语言使用。印尼的双语现象十分普遍。使用人数最多的民族语言是爪哇语（主要分布在巴丹岛北部和爪哇全岛），其次是巽他语（分布在西爪哇和巴丹岛）、马都拉语（分布在马都拉岛和东爪哇）、米南加保语（分布在西苏门答腊和柔内）、木犀语（分布在南苏门答腊）、万鸦老马来语（分布在万鸦老和北苏拉威西）、布吉语（分布在北苏拉威西）、班贾尔语（分布在加里曼丹岛的东、中和南部）、巴厘语（分布在巴厘岛和龙目岛）、巴达维语（分布在雅加达）、萨萨基语（分布在龙目岛）、巴塔克语（分布在北苏门答腊）、汉语（分布在北苏门答腊、爪哇岛、廖内岛和西加里曼丹岛）等。

为了保护各民族语言，2013 年印尼文化教育部宣布把各地不同民族语言教学作为学校的必修课程，纳入全国语言课程大纲。

民族

印度尼西亚民族是印尼各民族的总称，其中包括爪哇族、巽他族、马都拉族、马来族、亚齐族、米南加保族、巴达克族、巴连榜族、南榜族、达雅克族、曼雅尔族、米南哈沙族、布吉斯族、多拉查族、望加锡族、巴厘族、沙沙克族、安汶族、沙布族和伊里安查雅各族等300多个民族。各民族人口规模大小不一，大到人口数千万，小到只有数千人。

爪哇族是印尼人数最多的民族，约占全国人口总数的45%，主要集中在爪哇岛，但也有一部分人因为跨岛迁徙计划而分布在其他群岛上。巽他族占14%，马都拉族占7.5%，马来族占7.5%，尼亚斯族、巴塔克族和米南加保族等其他民族共占26%。印尼各民族常常跨岛迁徙，民族语言和文化相互影响，所以各民族之间的区分有时并不严格，甚至很不清晰。例如，有人认为巴丹人和井里汶人同属爪哇族，但也有人认为他们属不同民族，因为两者使用互不相同的方言。另一个例子就是混合民族巴达维族，这个民族是早期来到印尼的巽他人、马来人、爪哇人、巴厘人、望加锡人以及华人等通婚的后代。

华族是印尼最有影响的外来少数民族，其人口约占印尼总人口的4%，总数超过1000万。华人从15世纪就开始来到印尼，18、19世纪更是有大批华人移民涌入。他们大多数人集中在爪哇、苏门答腊和加里曼丹都市中的中国城。虽然华人占印尼总人口比例不高，但影响力巨大。印尼国家大多数商业及财富都由印尼华人掌控，不过此种情况曾引发大量仇恨，甚至是排华暴力。

阿拉伯人很早就来到印尼经商，他们后来被当地的民族，如巴达维族、马来族、爪哇族和巽他族逐步同化。部分城市仍有众多的阿拉伯人口，如棉兰、班达亚齐、巴东、雅加达和泗水等，他们至今保持着阿拉伯文化和身份。在印尼群岛也生活着不少印度人，但数量远没有华人多，主要集中在雅加达和棉兰等地的城市。印尼的印欧人或称欧亚人是印尼本土民族和欧洲血统的混血种族，他们出现在荷属东印度时期。今天大约有100万印欧人可以不同程度地追溯到欧洲血统。但是印尼取得独立后，大部分人选择回到荷兰，现在具有欧亚血统的印尼人数量逐步减少。日本人从荷属东印度时期就开始移民印尼，但是在第二次世界大战失败后，日本移民人数开始锐减。20世纪70年代后，随着日本在印尼贸易和投资的增加，日本裔人口在印尼有了新的增长，这些人多住在印尼雅加达和巴厘岛地区。近几十年来，开始有韩国人移民印尼，成为印尼外来的少数民族。

尽管印尼民族众多，构成复杂，但各民族对国家的认同主要体现在使用统一的印度尼西亚民族身份上，国家所倡导的格言就是"存异求同"。

印尼是世界上穆斯林人口最多的国家，总人口中大约有87%的人信奉伊斯兰教，约6.1%的人信奉基督教，3.6%的人信奉天主教，其余信奉佛教、印度教和原始拜物教等。印尼成为世界上穆斯林人口最多的国家，跟印尼阿拉伯移民自古以来在印尼群岛潜心传播伊斯兰教密不可分。

语言国情沿革与发展

印尼语的形成

印尼语是在马来语基础上发展起来的。公元7—8世纪，苏门答腊岛佛教王国的建立为马来语的传播创造了有利条件，公元8—15世纪，马六甲苏丹国昌盛时期，马来语得到了长足的发展。印尼语从马来语发展成印尼国语大致经历了4个阶段：

第一阶段是古马来语时期（7世纪至13世

纪末）。古马来语以 7 世纪室利佛逝的 4 块碑铭上的文字为标志。这 4 块碑铭分别刻载：国王达奔他·希昂乘船求神助力；国王建造花园，求神为万物生灵赐福；室利佛逝王国征服了邦加；室利佛逝王国占据了摩罗游的墨朗音，并准备攻占爪哇。碑铭用跋罗婆字母刻写，系古马来语，是在印尼发现的最古老的马来语碑铭。语言学家通过比较碑铭上的古马来语与现代马来语拼写上的差异，发现现代马来语正是由古马来语发展而来的。

第二阶段是中期马来语时期（14—19 世纪）。13 世纪末，伊斯兰教传入印尼，很多阿拉伯商人也纷至沓来，当时的马来语受阿拉伯语影响很大，吸收了很多阿拉伯语外来词，甚至一度改用阿拉伯字母拼写文字。随着伊斯兰教的传播和商业活动的扩展，马来语进一步发展成为印尼诸岛屿之间的交际语。另外，印尼不少文艺和科技方面的著作也在此时用马来语写成，如 1612 年出版的《马来纪年》、17 世纪最优秀的马来古典文学作品《杭·杜阿传》、19 世纪上半叶的马来自传体长篇著作《阿卜杜拉传》等都是采用贴近人民生活的马来语完成的，而且语言有一定的革新。这些著作的问世都对马来语的发展起到相当大的促进作用。

第三阶段是马来混合语时期（19 世纪末至 20 世纪初）。印尼马来族人分布广泛，生活在苏门答腊岛的东海岸和苏门答腊与加里曼丹之间的许多岛屿上，再加上马来族自古以来就是一个善于航海的民族，这大大促进了马来语的广泛传播。随着各民族之间不断交往，马来语就成了印尼诸岛和东南亚一带的日常交际语，这种交际语就是"马来混合语"。16 世纪环球航海家麦哲伦的"译员"使用的第一份马来语词汇表和荷兰学者德欧在《印尼新文学》一书中的记录表明，当时马来语是印尼群岛之间唯一的交际混合语。后来在传播和发展过程中，马来语进一步吸收印尼各地方民族语和外来语

的若干成分，至 19 世纪末、20 世纪初，成为印尼各民族更加广泛使用的混合语。印尼最早的报纸《马来文报》就是用马来混合语印刷出版的。

第四阶段是印尼民族共同语的形成时期（20 世纪以来）。20 世纪初，印尼争取独立的民族运动风起云涌。但由于印尼岛屿众多，语言又多达数百种，因此，不得不寻找一种现实中能够为绝大多数民族所接受和理解、既不会使民族分裂也不偏向于任何民族的全国性语言。当时混合马来语比荷兰语或印尼任何其他地方民族语更为印尼各民族人民所熟悉，而且马来语与其他民族语相比，结构简单易懂，易于接受其他语言的词汇和句式，比较开放，再加上爪哇族和巽他族等较大的民族也认识到一门国语对印尼民族独立的意义，自愿接受马来语为国语，于是，马来语作为印尼民族共同语——印度尼西亚语便应运而生了。现在马来西亚的国语马来语和印尼的国语印尼语从语言学角度看本是同一种语言。

1928 年 10 月 28 日，来自印尼不同种族、不同语言、不同宗教和不同文化背景的青年在巴达维亚（即现雅加达）举行了第二届全印尼青年大会，大会通过了 3 项决议：第一，承认只有一个祖国——印度尼西亚祖国；第二，承认只有一个民族——印度尼西亚民族；第三，尊重统一的语言——印度尼西亚语言。从此，在印尼的马来语就称为印度尼西亚语。

独立后的语言国情

1945 年日本投降后，印尼爆发"八月革命"，8 月 17 日印尼宣布独立，又先后爆发了抵抗英国、荷兰入侵的独立战争，1950 年 8 月印尼联邦议院通过临时宪法，正式宣布成立印度尼西亚共和国，其后印尼语被确定为印度尼西亚的官方语言。但当时印尼总人口中只有 5% 的人说印尼语。在独立后的 50 多年间，印尼的第一位总统苏加诺和第二位总统苏哈托始终以倡

导推广印尼语来强化国家统一意识，政府通过实施语言规划项目，使印尼语成为政治、教育和国家建设和治理用语。会说印尼语成为印尼国家公民身份的重要标志。

印尼语和马来语虽然从语言学角度看是同一种语言，但由于印尼经历了不同时期的殖民统治，印尼语和马来西亚的马来语之间产生了一些差别。19世纪初，英国人基于拉丁字母系统设计了现在普遍使用的马来文字；而荷兰人殖民印尼期间，编辑出版了《马来语字典》，该字典中使用的拼音方案被称为"奥珀胡森拼音方案"，该方案套用了荷兰语拼音方案的一些规则，塞入一些阿拉伯语音素，又使用一些附加符号，此后造成马来语和印尼语书写系统在拼音和语汇拼写上不完全一样。为了能与马来语书面文字达到统一，1972年印尼政府推出以马来文拼写系统为标准的精确拼音，所以现在的印尼语跟马来语拼写非常接近，标准形式的印尼语和马来语两者之间甚至有超过80%的同源性。印尼语和马来语还有一个共同特点，就是外来词的数量十分庞大，来源也很广，短短的几十年中增加了数万个新词。印尼语外来词主要来自两个方面，一是来自国内同一语系的其他民族语言的借词，一是来自荷兰语、英语、闽南话等各种语言的外来词。印尼语在吸收和引进这些外来词的同时，根据印尼语的形态结构特点加以改造，这些经过改造的外来词丰富和完善了印尼语，使之更能表达复杂和高深的思想。

今天，印尼语已成为开展学校教育、提高民族文化水平、推动社会交流和促进国家现代化建设的统一语言。对大多数印尼国民来说，印尼语尽管还是第二语言，但毫无疑问它已成为彰显国民身份的全国性语言。印尼语最终被定为国语是由民族主义、国家政治和社会问题多重因素促成的。

近代与印尼语的发展存在较为密切关系的外国语言是荷兰语。在印尼成为荷兰殖民地期间，荷兰人与法国人、西班牙人和葡萄牙人的做法不同，他们没有努力在殖民地推广荷兰语，实施殖民同化。荷兰人直到1799年接管了破产的东印度公司才开始引入使用荷兰语，之后又过了一段时间才开始荷兰语教育。当时荷兰语是精英阶层使用的语言，到1940年仅有2%的印尼人会说荷兰语。一方面，荷兰人希望阻止印尼人通过学习荷兰语言文化来提升他们的社会地位，这样印尼人就不会与荷兰人平起平坐。另一方面，荷兰人在殖民期间，还在印尼传播基督教，抵制葡萄牙人的天主教，鉴于绝大多数印尼人不懂荷兰语，各地的民族语言和方言又种类繁多，荷兰人便利用群岛间广泛使用的马来语作为传播基督教的语言，但随着伊斯兰教和基督教的传播和商业贸易活动的扩展，马来语不知不觉在群岛之间迅速流通，这有助于印尼民族运动的兴起，因此荷兰人又开始意识到他们必须教授当地人荷兰语以便设法抑制马来语越来越广泛的使用，但此时印尼人的民族意识已经觉醒，荷兰语难以推广。1942年，日本人占领了印尼并宣布禁止使用荷兰语。3年后，印尼独立，印尼人正式废除了荷兰语，而把印尼语确立为国家的官方语言。

从语言发展史的角度看，印尼成功地把本国较小民族的一门语言而不是殖民国语言变成具有法律地位的国语，这样成功的例子在国际上并不多见。

在外语使用和外语教育方面，英语是印尼境内重要的外语之一，其出现和使用最早可以追溯到15世纪英国殖民统治时期。虽然英国殖民统治印尼时间较短，但英语还是在一定范围内得到了传播。1945年印尼独立后，英语作为一门正式课程出现在印尼的学校教育中，随后英语教育的办学形式也开始多样化，私立学校不断涌现。随着国际化程度越来越高，英语在印尼语言教学中的地位也不断提升，印尼人对英语教育也越来越重视，能够说一口流利的英语在一定程度上已成为印尼人身份和地位的象征。

华文（汉语）在印尼也是最重要的外语之一，是仅次于英语的学校选修课。1945 年印尼独立后，华文教育发展迅速，华文学校也得到空前发展，但自 20 世纪 60 年代爆发的"九三〇事件"后，印尼的华文教育被禁止。1990 年，印尼同中国恢复外交关系，1998 年苏哈托政府垮台，印尼新政府积极关注和支持华文教育，2001 年，印尼教育部把华文正式纳入国民教育体系。

🤝 语言服务

中国开设印尼语专业的高校有 14 所，分别为北京大学、上海外国语大学、广东外语外贸大学、北京外国语大学、中国传媒大学、对外经济贸易大学、广西民族大学、西安外国语大学、云南民族大学、北京第二外国语学院、天津外国语大学、南京师范大学、广西大学、四川外国语大学。

中国在印尼设立的孔子学院有 6 所，分别为丹戎布拉大学孔子学院、玛琅国立大学孔子学院、阿拉扎大学孔子学院、玛拉拿塔基督教大学孔子学院、泗水国立大学孔子学院、哈山努丁大学孔子学院，合作单位分别为广西民族大学、广西师范大学、福建师范大学、河北师范大学、华中师范大学、南昌大学。

印尼开设中文系或中文专业的高校有 6 所，分别为印度尼西亚大学、达尔马·佩萨达大学、印度尼西亚基督教大学、印度尼西亚建国大学、新雅学院、邦达玛利亚大学；还有一些私立学院（如民智学院等）与中国高校合作，开展汉语相关专业本专科及研究生层次人才的培养。

小贴士

⊙首都

雅加达，位于爪哇岛的西北海岸，是印尼的经济、文化和政治中心，也是东南亚第一大城市，世界著名海港。雅加达现有人口约 1018 万，面积 650.4 平方千米。

⊙姓氏

印尼很多人只有名而没有姓，名字即为其全名，包括"纯粹本名系统"和"本名-继承名系统"。苏门答腊岛的巴塔克、马六甲群岛、弗洛勒斯岛等地的居民则是以氏族名作为姓。爪哇岛的爪哇人和巽他人一般只有名，仅有贵族才有姓。而信奉伊斯兰教的马来人、亚齐人、爪哇人和巽他人等会用阿拉伯的方式，将父名置于名字之后作为姓。

⊙自然与经济

印尼的陆地地形由岛屿构成，岛屿之间形成许多海峡与内海。各岛内部多崎岖山地和丘陵，仅沿海有狭窄平原，并有浅海和珊瑚环绕。印尼地处赤道周边，属典型的热带雨林气候，年平均温度 25—27℃，一年四季差别不大。印尼境内的煤炭、天然气资源储量巨大，盛产铁木、檀木、乌木和袖木等各种热带名贵木材，渔业资源也极为丰富，棕榈油产量全球第一。

⊙美食

印尼居民的主食是大米、玉米或薯类。制作菜肴喜欢放各种香料以及辣椒、葱、姜、蒜等。盛产鱼虾，吃鱼虾也很讲究。印尼风味小吃种类很多，主要有煎香蕉、糯米团、鱼肉丸、炒米饭及各种烤制糕点。印尼各地菜肴中，最典型的是巴东菜，以油炸及辣味重而闻名。印尼人还喜欢吃凉拌什锦菜和什锦黄饭。

⊙ 节日

"命令书"纪念日（3月11日，纪念苏哈托接收当时的苏加诺总统签署移交权力的命令书）、民族节（5月20日）、建国五基诞生日（6月1日，纪念苏加诺总统提出的建国指导思想"潘查希拉"五基原则）、独立日（8月17日）、青年宣誓节（10月28日）、开斋节（伊斯兰教历10月1日，伊斯兰教历每年的第9个月为斋月，第10个月的第1日到第3日是教徒们的开斋节）、古尔邦节（伊斯兰教历12月10日，每年的这一天穆斯林们便为真主安拉宰牲献祭，又称宰牲节）等。

⊙ 名胜古迹

苏门答腊热带雨林 位于苏门答腊岛，面积250万公顷，各类热带植物汇聚于此，仅哺乳类动物就有176种之多。除此之外还有众多的爬行类、两栖类动物。2004年，苏门答腊热带雨林作为自然遗产入选联合国教科文组织《世界遗产名录》。

桑吉兰早期人类遗址 位于梭罗市北15千米处的梭罗河谷中。遗址中有早期原始人类化石50多种，包括远古巨人、猿人直立人/直立人等，占世界已知原始人类化石的一半。1996年，桑吉兰早期人类遗址作为文化遗产入选联合国教科文组织《世界遗产名录》。

乌戎库隆国家公园 坐落于爪哇半岛的西南部。公园包括乌戎库隆半岛和沿海的一些岛屿等，其中有著名的喀拉喀托活火山。除此之外，爪哇平原上还保留着最大面积的低地雨林，生活着几种濒危的植物和动物，其中生存受到威胁最大的是爪哇犀牛。1992年，乌戎库隆国家公园作为自然遗产入选联合国教科文组织《世界遗产名录》。

婆罗浮屠寺庙群 位于印尼日惹市西北部的马吉冷婆罗浮屠村，是举世闻名的大乘佛教佛塔遗迹。佛塔主要建筑分为塔基、塔身和塔顶三个部分，分别代表着佛教三个修炼境界，即欲界、色界和无色界。这座佛教艺术建筑与中国的长城、印度的泰姬陵、柬埔寨的吴哥窟并称为古代东方四大奇迹。1996年，婆罗浮屠寺庙群作为文化遗产入选联合国教科文组织《世界遗产名录》。

科莫多国家公园 位于巴厘岛的东部200海里处，公园主要由科莫多岛、林卡岛、帕达尔岛3个较大的岛和26个较小的岛屿组成，占地约22万公顷。公园内生活着全世界最大的蜥蜴——科莫多龙。1992年，科莫多国家公园作为自然遗产入选联合国教科文组织《世界遗产名录》，为世界七大自然奇景之一。

洛伦茨国家公园 位于巴布亚省，是世界上唯一一个包含完整的海岸红树林、淡水沼泽林、低地和山地雨林、高山苔原和赤道冰川垂直阵列生态系统的国家公园，总面积超过25 000平方千米。1999年，洛伦茨国家公园作为自然遗产入选联合国教科文组织《世界遗产名录》。

巴厘岛 爪哇岛东部、小巽他群岛西端的一个岛屿，总面积约为5600平方千米。岛上四季长春，百花齐放；庙宇林立，古迹众多；艺术作品，堪称一绝；碧蓝天海，风景绮丽。素有"花之岛""神明之岛""艺术之岛""天堂之岛"等称号，是印尼所有岛屿中最耀眼的岛屿。

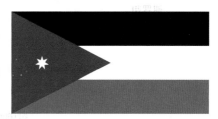

约旦国旗呈长方形，长宽比 2 : 1，旗面自上而下为黑、白、绿三色的平行宽条，靠旗杆一侧为红色等腰三角形，三角形中间有一颗白色七角星。黑、白、绿、红四种颜色为泛阿拉伯色，白色七角星象征《古兰经》。

约旦
The Hashemite Kingdom of Jordan

佩特拉遗址

约旦 JORDAN

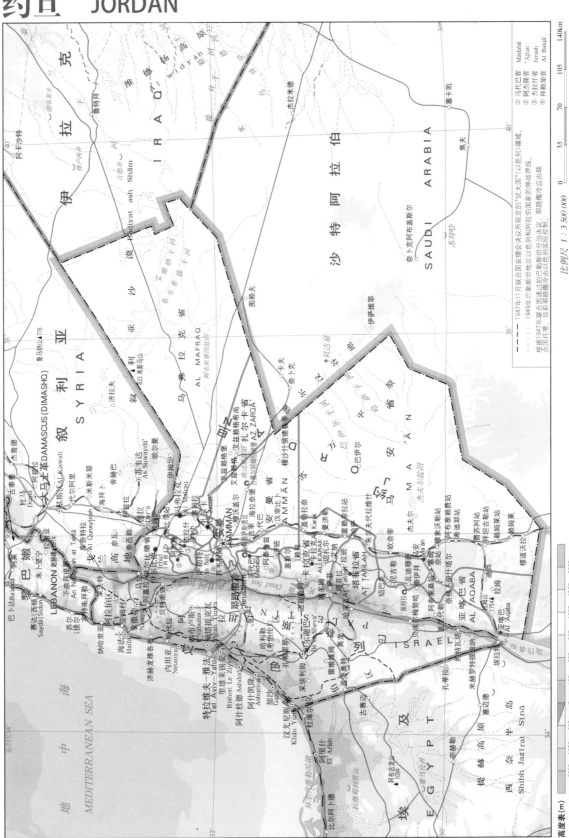

比例尺 1 : 3 500 000

0	35	70	105	140km

① 马代巴省 Mādabā
② 阿杰隆省 Ajlun
③ 杰拉什省 Jarash
④ 拜勒加省 Al Balqā'

- - - - - 1947年11月联合国安理会决议所规定的"犹太国"以色列疆域。
━━━━━ 1949年以巴斯坦通过的巴勒斯坦阿拉伯国家的停战界线。
根据第1947年以联合国通过的巴勒斯坦分治协议，耶路撒冷应由联合国托管，目前耶路撒冷由以色列实际控制。

MEDITERRANEAN SEA 地中海

高度表 (m)

| 2000 | 1000 | 200 | 0 | 200 | 100 | 200 | 500 | 1000 | 1500 | 2000m |

约旦，全称约旦哈希姆王国，位于亚洲西部，阿拉伯半岛西北，东南和南部与沙特阿拉伯相连，东北与伊拉克交界，西与巴勒斯坦、以色列为邻，北与叙利亚接壤，西南濒临红海的亚喀巴湾是约旦唯一出海口。国土面积89 340平方千米，人口约663万。

语言

约旦的官方语言为标准阿拉伯语，约旦阿拉伯语是阿拉伯语的地方变体，即一种阿拉伯语方言。约旦阿拉伯语一般来说还可以分为3种次方言，分别是约旦城市阿拉伯语、约旦农村阿拉伯语和贝都因阿拉伯语。约旦城市阿拉伯语大约形成于20世纪初，是约旦北部、约旦南部以及后来巴勒斯坦移民语言融合的结果，混杂着这些移民语言的特征。约旦农村阿拉伯语又可进一步分为豪兰阿拉伯语和摩押阿拉伯语，使用人群主要是农村居民、小城市的居民以及出生在农村的城市居民。贝都因阿拉伯语的使用人群主要是约旦山地和高原东部沙漠地区的贝都因人，在农村和城市使用人口均不多。由于历史的原因，约旦阿拉伯语受英语、法语、土耳其语以及波斯语影响较深，来自上述语言的借词在各种方言变体中随处可见，其中来自英语的借词最多。

约旦境内绝大多数约旦人的母语是约旦阿拉伯语的各种方言。英语作为通用语，多用于约旦人的日常生活和社会事务，例如约旦政府一般同时采用标准阿拉伯语与英语来印发官方文件。境内少数民族在使用本族语言的同时，把阿拉伯语作为第二语言。

标准阿拉伯语属于闪－含语系闪米特语族闪米特语支。阿拉伯文字是由28个辅音字母和12个发音符号（不包括叠音符）组成的拼音文字。辅音的发音要靠加在字母上面或者下面的发音符号来完成，这些发音符号实际上构成了阿拉伯语的元音，相当于汉语拼音中的韵母。发音符号通常只在初级读本以及《古兰经》等典籍中标出。

阿拉伯语的书写和阅读顺序是从右往左。阿拉伯语的字母没有大小写之分，但书写时，每个字母均有单写与连写之分。

民族

约旦的主体民族是阿拉伯族，主要由约旦阿拉伯人和巴勒斯坦阿拉伯人构成，两者人口总数约占约旦总人口数的98%，其中巴勒斯坦阿拉伯人人数相对较多，约占60%；约旦阿拉伯人约占40%。其他分支的阿拉伯人还有贝都因人等。此外，约旦境内还有少量切尔克斯人、土库曼人和亚美尼亚人。

约旦境内的巴勒斯坦人，多是来自两次阿以战争后的巴勒斯坦难民。由于境内巴勒斯坦人口众多，因此巴以冲突对约旦影响较大。

贝都因人分布在西亚和北非的沙漠和荒原地带。"贝都因"为阿拉伯语译音，意为"荒原上的游牧民"。贝都因人以畜牧业为生，至今还有一些人过着游牧生活。在约旦的民族构成中，贝都因人是一个重要的、不可忽视的族群，因为约旦境内大多数人口都具有贝都因血统，贝都因人的文化和传统深深影响着约旦整个国家的文化和传统，约旦乃至阿拉伯社会的诸多特征在贝都因人的文化中都可以找到。

由于阿拉伯民族长期的分裂和近现代国际政治的影响，"一族多国"构成了阿拉伯民族的典型特征，这样的特征使约旦形成了一种复杂的国家民族主义，而这种民族主义则促使了约旦复合民族的形成。第一次世界大战后，西方国家的插足以及以色列犹太人的介入，曾经使用同一种语言、信仰同一种宗教、拥有同一种文化的阿拉伯人因此各自隶属于不同的阿拉伯主权国家，他们虽然都是阿拉伯人，但更倾向于认同自己作为不同国家公民的身份，因而往往会形成一种复杂的国家民族认同。作为阿拉伯世界众多国家民族主义的一种，约旦也形成了复合民族，它是约旦国家属性和阿拉伯属性的有机统一。

🔖 语言国情沿革与发展

作为西亚地区的主要国家，约旦以阿拉伯语为主，因此其国家的语言历史，实际上主要就是阿拉伯语的发展历史。阿拉伯语成熟之后，随着部落战争与征服，得以在西亚地区传播，直至成为主体语言。在这个过程中，伊斯兰教和《古兰经》对阿拉伯语的影响不可小觑，可以说，没有《古兰经》，就没有今天的标准阿拉伯语。

阿拉伯语在约旦的传播与使用

今天的约旦在公元 6 世纪前属于沙姆地区。沙姆地区（又称大叙利亚地区，范围包括今天的叙利亚、黎巴嫩、巴勒斯坦、约旦等地）最先使用阿拉米文字。公元前 6 世纪初，阿拉伯游牧部落奈伯特人夺取佩特拉（在今约旦马安西北的穆萨谷）及其周围地区，建立奈伯特国。奈伯特人在日常生活中讲阿拉伯语方言，在书写上则采用阿拉米文字。公元前 323 年，马其顿国王亚历山大去世后，陆续形成了一系列各具特色的希腊化国家，从这时候开始，沙姆地区的语言、文字、风俗、政治制度等逐渐受希腊文明的影响，希腊语成为地区的官方语言。公元 6 世纪，第二任哈里发欧默尔在位时，阿拉伯人在经济利益、政治野心以及宗教信念的驱使之下，开始向外扩张，整个沙姆地区最终被欧默尔全部征服。伴随着军事征服的是语言征服。当时沙姆地区人们日常使用的语言是阿拉米语，而官方用语则是希腊语。阿拉伯人征服沙姆地区之后，通过采取一系列经济和政治措施，使得阿拉伯语在该地区迅速传播，并且逐步取代了该地区的原有语言。

到了公元 7 世纪，第五任哈里发阿卜杜·马立克规定官方语言为阿拉伯语，希腊语的官方语言的地位随即被废除。随着阿拉伯人和当地居民的混合杂居、通婚联姻，8—9 世纪，大多数居民开始信奉伊斯兰教，主动学习阿拉伯语。同时，阿拉米语的使用也受到官方的限制并逐渐丧失作为全民交际工具的地位，阿拉伯语逐渐走入人们的日常生活中。

10 世纪左右，阿拉伯语已成为沙姆地区全民的日常生活用语，甚至连基督教教会人员也开始使用阿拉伯语著书立说。至此，阿拉伯语在沙姆地区取得了全面的胜利。

约旦民族国家构建中的语言国情

1516 年，作为原巴勒斯坦的一部分，约旦被土耳其人占领，成为奥斯曼帝国版图的一部分，隶属大马士革省。殖民统治带来了殖民语言，在之后的 4 个世纪中，土耳其语成了约旦地区实质上的官方语言。第一次世界大战期间，英法两国秘密签订了瓜分奥斯曼帝国亚洲地区版图的《赛克斯－皮科协定》。1920 年，巴勒斯坦地区被划为英国的委任统治地，同年，法国军队占领了大马士革省。1921 年，英国以约旦河为界，将巴勒斯坦分为两个部分，西部称为巴勒斯坦，在东部则建立了外约旦酋长国。1928 年通过英约协定，英国取得了对外约旦合法的统治权，英语也正式取代土耳其语，成为外约旦的官方语言。

第二次世界大战后，外约旦人民发起了反对英国委任统治的运动，1946 年，英国被迫承认外约旦独立。1950 年，外约旦更名为"约旦哈西姆王国"。1957 年，约旦政府废除了《英约同盟条约》，走上了独立发展的道路。之后的 50 年间，约旦在获得主权独立的同时，政治经济不断发展。更为重要的是，阿拉伯语作为约旦民族认同的核心要素，再次成为约旦的官方语言。

今天，在约旦境内，绝大多数约旦人至少把一种约旦阿拉伯语的次方言作为母语使用。由于历史的原因，约旦阿拉伯语受到英语、法语和土耳其语的影响。英语虽然没有取得官方语言地位，但仍是约旦境内的通用语言，也是约旦公立学校教授外语的第一选择。在约旦的教育领域，英语事实上与阿拉伯语一样，具有官方语言的地位。

🤝 语言服务

中国开设阿拉伯语专业的高校有近 40 所，具体参见"阿拉伯联合酋长国"（第 19 页）。

中国在约旦设立的孔子学院有 2 所，分别为安曼 TAG 孔子学院和约旦费城大学孔子学院，合作单位分别为沈阳师范大学和聊城大学。

约旦开设中文系的高校有 1 所，为约旦大学。汉语最初只是约旦大学亚洲语言系开设的选修课，约旦大学中文系于 2009 年正式成立。此外，约旦军队外国语学院从 2009 年开始开设汉语班，截至 2013 年已成功举办了 5 期。

小贴士

⊙首都

安曼，约旦最大的城市，经济、文化中心。安曼位于阿杰隆山脉东部的丘陵地带，临安曼河及其支流，因坐落在 7 个山头之上，故有"七山之城"之称。

⊙姓氏

约旦的姓氏，与整个阿拉伯民族的姓氏结构一样，没有姓，名字的命名方式是"父子联名制"，通常由本名、父名、祖父名加上部落或祖籍地名构成。

⊙自然与经济

约旦是阿拉伯高原的一部分，地势西高东低。西部多山地，最西部为东非大裂谷带北延的裂谷带，自北而南分为约旦河谷地、死海谷地和阿拉伯谷地。死海谷地是世界上最深的低地。东部和东南部为沙漠地带，北部为火山熔岩和玄武岩，南部由沙岩和花岗岩组成，全境大部分地区是干旱的沙漠高原。约旦属于大陆性气候，气候炎热、干旱、多阳光，西部山区属于地中海气候。主要资源有磷酸盐、钾盐、铜、锰和油页岩，工业多属轻工业和小型加工工业，主要农作物有小麦、大麦、玉米等。

⊙美食

约旦人喜欢吃甜食，品种繁多。咖啡则是表示友好的重要载体，阿拉伯咖啡通常会加入豆蔻，味道浓郁。阿拉伯三明治是约旦最出名的小吃，由面包夹牛羊肉片构成。约旦人进餐的顺序是开胃菜、主菜、甜食、咖啡或茶。各种开胃菜总称为"梅扎"，多数餐馆会先给客人上开胃菜，开胃菜非常丰富，许多人不点正餐，在吃完开胃菜之后侍者才会问是否点餐。

⊙节日

登宵节（伊斯兰教历 7 月 27 日，纪念穆罕默德登霄游天，面见先知，并从安拉那里领命）、穆罕默德诞辰日（伊斯兰教历 3 月 12 日）、独立日（5 月 25 日）、杰拉什狂欢节（8 月中旬，为期 15 天，期间举行大规模集市，展销各种手工艺品）等。

⊙名胜古迹

佩特拉 位于约旦南部的历史古城，当地岩石多为褐红色，故又被称作玫瑰城。1985 年，作为文化遗产入选联合国教科文组织《世界遗产名录》。

圣地尼泊山 摩西升天之地，山上耸立着一个巨大的象征摩西神杖的钢制盘蛇十字架。每年都有许多宗教信徒和游客前来朝拜、观光。

亚喀巴 约旦西南角的海滨城市，约旦唯一的海港，以海滨度假地和奢华的酒店闻名于世，亚喀巴湾的珊瑚礁与位于其南部的佩特拉古迹、东部的月亮谷大沙漠共同构成"约旦旅游金三角"。

越南国旗呈长方形，长宽比3∶2。旗面红底中间是一枚金黄色的五角星。红色代表着为民族独立而付出的牺牲，五角星代表着共产党领导下的统一国家，星的五角分别代表着工人、农民、战士、学生和知识分子。

越南 | The Socialist Republic of Vietnam

河内巴亭广场

越南 VIETNAM

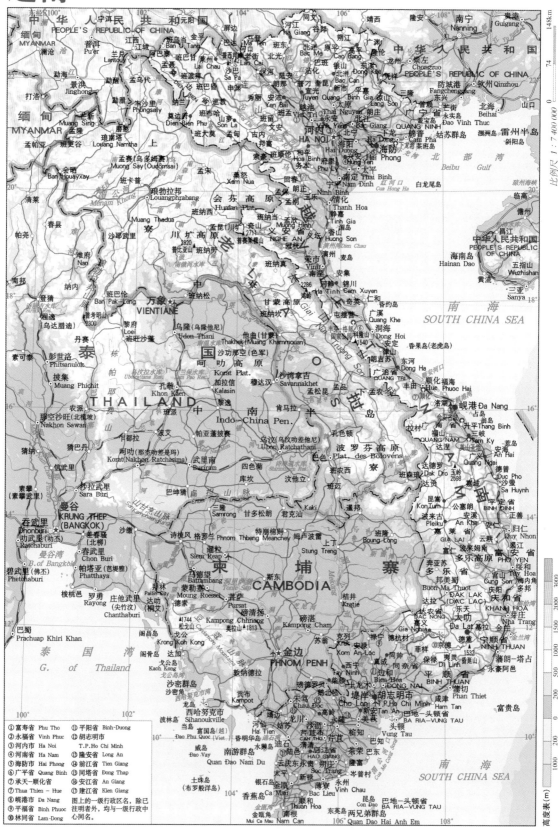

比例尺 1：7 400 000

高度表 (m)
3000
2000
1500
1000
500
200
0
200
1000

越南，全称越南社会主义共和国，地处东南亚，位于中南半岛东部，北与中国广西、云南接壤，西与老挝、柬埔寨交界，东面和南面临南海，海岸线长约 3444 千米。越南国土地形狭长，面积约 320 000 平方千米，人口约 9000 万。

🗨 语言

越南的官方语言和民族共同语是越南语（京语）。越南 9000 万人口中，近 7800 万是京族，将越南语作为母语使用。其他近 1000 万少数民族人口除了使用本族语之外，也能说越南语。

越南语的语言系属至今未有定论，有人认为越南语属于南亚语系越芒语族，也有人说属于孟－高棉语族。越南语有三大方言区，即北部方言、中部方言和南部方言。其中，以河内为中心的北部方言和以胡志明市为中心的南部方言具有较大的优势，越南国家广播电台使用河内方言和胡志明方言进行播音。越南语的标准语至今没有确定，但一般认为北部方言已约定俗成地成为越南的标准语，北部方言也几乎是越南唯一使用的教学语言。尽管不同地区的方言会有些差异，但是对当今越南人来说，不管身处何地，也不管属于哪个社会阶层，甚至不管是在国内还是在国外，他们之间都可以自由交流。

与汉语一样，越南语是声调语言，有 6 个声调，分别是平声、锐声、跌声、弦声、问声和重声，其最主要的语音特点是没有复辅音。越南语的词汇有单音节词和多音节词，绝大多数单音节词都可以作为构词成分，构成多音节词，而造词方式与现代汉语相似，主要有偏正式、联合式、重叠式等。越南语中有一部分词汇是来自汉语的借词，即汉越语，不过汉越语多见于文言，在日常用语中较少使用。从结构类型上看，越南语也与汉语十分相似，均属于孤立语，最大的语法特点是缺乏形态变化，语法关系主要通过语序和虚词表达，语序类型是 SVO（主语 + 谓语 + 宾语）型。越南语与汉语一样，都属于话题优先的语言。

越南语示例：

Nhiệt liệt chào mừng các bạn đến thăm trang mạng điện tử của Đại sứ quán Việt Nam tại Trung Quốc.

（欢迎访问越南驻华大使馆网站！）

越南是一个多民族国家，每个民族、每种文化都有特定的语言禁忌。以京族为例，京族的语言禁忌主要表现在节日、场合、性别、年龄、职业等方面。例如以前在越南，去朋友家做客，一般不说"你的孩子很可爱"，而说"你的孩子很讨厌啊"。这一风俗在乡村特别流行，大城市用"讨厌"表委婉说法的较少。孩子到了十几岁之后，就不能再说"你很讨厌"了。随着社会的发展以及人们思想观念的变化，上述语言禁忌愈发显得老套，人们也慢慢不以为然了。

👥 民族

越南境内分布着 54 个民族，其主体民族是京族，又被称为越族。据统计，越族约占总人口的 86%，而其他 53 个民族人口之和占总人口的 14% 左右。53 个少数民族中，人口超过 10 万人以上的民族有山泽族（约 170 万人）、岱依族（约 162 万人）、泰族（约 155 万人）、芒族（约 127 万人）、高棉族（约 126 万人）、赫蒙族（苗族，约 107 万人）、侬族（约 97 万人）、华族（约 82 万人）、瑶族（约 75 万人）、嘉莱族（约 41 万人）、埃德族（约 33 万人）、巴那族（约 23 万人）、色当族（约 17 万人）、戈豪族（约 17 万人）、占族（约 16 万人）、山由族（约 15 万人）、赫耶族（约 13 万人）、拉格莱族（约 12 万人）、莫侬族（约 10 万人）；人口不足 10 万的少数民族有艾族、哈尼族、热依族、寮族、拉基族、拉哈族、伏拉族、欣门族、卢族、俅俅族、莽族、克姆族、巴天族、仡佬族、贡族、拉祜族、布依族、西拉族、抗族、布标族、耶特阳族、麻族、朱儒族、布娄族、勒僈族、斯汀族、布鲁－云乔族、土族、戈都族、哥族、达渥族、遮罗族、哲族和俄都族。不同民族的人生活在不同的地区。每个民族内部含有一些不同的"地方团体"，例如，仡佬族包括白仡佬、绿仡佬和红仡佬。据统计，越南的 54 个民族由 195 个不同的地方团体构成。

越南的多民族性以及长期受殖民统治的历史使得越南民族关系较为复杂，主要体现为京族和世界其他国家民族的关系、京族和其他少数民族的关系以及少数民族之间的关系。京族和世界其他国家民族的关系表现为京族民族认同感的形成，是宗教、语言、文化等外来元素与民族特点融合的结果。京族和其他少数民族的关系与历史环境密切相关，许多民族的历史和文化不同于京族，比如泰族和芒族。泰族与东南亚大陆地区、中国和印度的民族相连。芒族是原来越芒的后裔，在基督教传播的前几个世纪，芒族从越芒分离出来成为一个独立的民族。芒族和京族族源相近，当今的京族迁移到平原地区，受汉文化影响，而芒族则居住在山区，受泰族影响很大，在社会和文化层面均与泰族有很多相似之处。另外，越南境内少数民族之间的关系也不可忽视。越南的民族一部分是土生土长的，还有一部分是人口迁移的结果。迁移造成了民族间杂分布的形态特征，也使得许多民族和他们邻近的民族发展出共同的文化特征。同时，小民族为了生存会采取大民族的文化习惯，通过保留他们民族起源和迁移的神话来保留他们本民族的文化特征。

语言国情沿革与发展

20 世纪之前越南语及其书写系统

最早居住在越南地区的居民是 4000 多年前百越诸民族中的骆越族人，主要生活在今天越南的北部和中部。大约 3000 年前，孟高棉人和岱依人开始在红河北部以及马江三角洲地区混居并逐渐形成一种新的语言——越芒语，此时的越芒语可分为城市越芒语和高地越芒语，城市越芒语的使用人群主要生活在低地地区，高地越芒语的使用人群则主要集中在内陆和山区。

从公元前 111 年汉武帝开始，汉朝版图扩张至越南北部，之后，中国在越南的封建君主专制持续了近千年。其间，越南国内最主要的民族京族主要使用越南语和汉语，且只有一种语言书写体系，即汉字书写体系。10 世纪京族获得独立，独立后的京族开始尝试创造自己的书面语表达体系。

从 11 世纪晚期开始，以中国象形文字为基础创制的"喃字"开始用于书写越南本国语。从 15 世纪开始，直到 19 世纪法国殖民统治时期，喃字系统不断发展壮大。这一时期的越南有两种语言——越南语和汉语，两种书写体系——喃字和汉字。但是，喃字除了短期内受到皇室的青睐之外，从未占据过重要地位，行政书写和官方颂词用的是汉越语，直到 19 世纪晚期，汉越语还是文学作品用来表达国家身份主题的主要语言形式。

1802 年，阮朝建立，国家正式命名为"越南"。此时，一种被称为"国语字"的拉丁化书写系统对之前的文字发起了挑战。国语字的基础是一种系统的拉丁化了的越南口语，它实际上是 17 世纪由耶稣会传教士发明的。传教士在越南首先面临的是语言沟通方面的障碍，由于学习汉字对他们来说十分困难，于是这些传教士开始尝试用各自的母语来记录越南语。在最早来到越南的传教士中，值得一提的是罗马传教士亚历山大·罗德。罗德不是最早创造越南拉丁文字的人，但是他编撰出版了最早的两部越南拉丁文字著作，即《越葡拉丁字典》

和《八日教程》。《越葡拉丁字典》的问世使得五花八门的各种记音符号得到相对统一，罗德因此被视为越南拼音文字的创始人。在之后的两个世纪内，尽管国语字的字母写法被大大地简化了，但是在越南，国语字的学习和交流仍然仅限于天主教团体。19 世纪期间，越南境内的语言主要是汉语和越南语，而书写体系则有喃字、汉字和国语字 3 种。

在法国占领越南之前，越南是按照儒家的标准来划分社会等级的，即文人、农民、工匠和商人。处于社会顶层的是知识分子，他们必须走科举考试之路，要进入社会的上层不仅要熟知儒家经典和汉越语，还要会写象形文字。法军占领越南之后，由于需要神职人员，法国人决定用国语字来培养正式的翻译人员，他们故意不用越南传统的官僚机制和汉越语，希望逐渐减弱中国对越南的影响，并慢慢让大多数越南人脱离那些不肯对他们让步的知识分子阶层。更有一部分法国人倾向于把越南同化，认为应该直接改变越南的语言和社会结构，希望最终能用法语替代越南语。

20 世纪是越南语言发展的重要转折点，其标志为汉语和喃字的消失，国语字开始成为交流的主要媒介。这与法国殖民时期的语言政策密不可分。法国推广国语字主要基于两点考虑：培养越南合作者来帮助他们管理地方事务；断绝越南和中国的文化联系并将越南引入法国的文化圈。法国并不想把国语字发展为越南官方书写体系，殖民者只是想把国语字作为一种桥梁，便于越南人学习法语。国语字只在小学一至三年级教授，三年级以后法语成为授课的主要语言。

刚开始推广国语字时，越南人在一定程度上是持消极态度的，因为它跟法语的联系非常紧密。但是，一段时间之后人们就发现，拉丁化的本国语很有实用价值，因为跟冗长且词与词之间不连续的喃字书写系统相比，国语字的

使用更有利于传播民族主义思想，帮助越南实现现代化。国语字从最初是消极、亲法的表现，逐渐跟帮助越南民族主义者实现现代化的积极意义联系到了一起，最终成为了新的民族身份的象征。

第二次世界大战后越南的语言国情

1945 年第二次世界大战结束后，越南人经过抗法、抗日斗争，迎来了"八月革命"的胜利，9 月成立了越南民主共和国，宣布独立；后又经过了第二次抗法战争和抗美战争，1975 年越南南北方统一，改国名为越南社会主义共和国。越南虽然曾被殖民者统治过很长时间，受外国的影响很大，国内也发生过巨大冲突和动乱，但在 20 世纪后期却以一种有着强烈的民族独立感的国家身份而崛起。构成这个身份的核心，也是其特色，就是语言。1946 年越南教育部颁布语言政策，在大学里，无论是口试还是笔试都要用越南语。在政策推行过程中，越南各地的教育者开始用越南语撰写并发行新的教科书。依据时代的要求，这些教科书体现了生活的方方面面，意在抵制法语，但只是将旧的法语课本翻译成越南语还不够，越南中小学以及高等教育需要一套崭新的用越南语编写的教材，越南的教育需要进行重大的改革。越南政府致力于构建新的词汇体系，为了达到这个目标，在越南语政策方面提出了 3 点要求，即民族化、通俗化和科技化。"民族化"是指充分利用越南语已经存在的语素，避免不必要的借用；"通俗化"是指可用性，避免专业化词语，这曾被认为是越南语的突出特点；"科技化"重在强调术语的规范性。20 世纪 60 年代中期起，越南国内掀起了一场净化、简化越南语的运动，重点强调在语言教学、民众交流与印刷出版方面做到"通俗化"和"民族化"，努力去除本国语言中过于专业的公共话语以及一些不合适的外来语。

虽然越南存在多种方言，但是越南语对大多数越南人来说有很强的凝聚力。越南从小学到大学都使用越南语教学，在比较正式的领域都使用标准越南语。越南语虽然有不同的变体，不过跟标准越南语差别不大，这些变体通常在日常生活中使用，如家人、朋友和同事之间。正是由于越南语被广泛使用的特性，越南语成了越南民族身份的核心，并且是极为重要的组成部分。1975 年，越南重新恢复了统一，此时的越南语已确立了其核心地位，成为民族认同的重要象征，1980 年，越南政府规定越南语为越南境内各民族的共同语。

20 世纪 80 年代以后，越南开始实行对境外投资开放，经济自由化，国际上的紧张局面也得到了缓和，越南开始更多地参与地区之间的事务，希望能与亚洲和世界上其他国家建立联系，因此外语又成了人们关注的焦点。

早期越南跟苏联和东方阵营国家关系密切，盛行学习俄语等东欧国家语言，近年来对俄语和东欧语言感兴趣的学生大幅减少。法语曾经是越南最早的外语，现在强势回归。为了增加与中国之间的贸易往来，越来越多的人开始对汉语感兴趣，对日语和韩语也一样。但总体来说，人们学习英语的兴趣远远超过其他外语。早期对英式英语感兴趣，但是从 1995 年开始，美式英语占据了统治地位。为了帮助本国学生"走向世界"，越南国内的一些机构，如河内外国语大学（现河内大学）正致力于制订详细的计划，打算开始授予全英文教学的学位。随着人们对外部世界的兴趣不断提高，21 世纪，一个多语的越南时代的到来似乎是大势所趋。

🤝 语言服务

中国开设越南语专业的高校有 25 所，分别为北京大学、北京外国语大学、对外经济贸易大学、上海外国语大学、中国传媒大学、云南大学、四川外国语大学、四川外国语大学成都学院、西南林业大学、广东外语外贸大学、云南民族大学、云南师范大学、红河学院、云南师范大学商学院、云南农业大学、云南财经大学、文山学院、云南大学滇池学院、广西大学、广西民族大学、广西师范学院、广西民族大学相思湖学院、广西师范大学漓江学院、广西民族师范学院、广西外国语学院等。

中国在越南开设的孔子学院有 1 所，为河内大学孔子学院，合作单位为广西师范大学。

越南开设中文系或中文专业的高校有 20 余所，分别是河内外国语大学（现河内大学）、河内国家大学所属外语大学、胡志明市国家大学所属师范大学、胡志明市国家大学所属人文社科大学、外贸大学、军事大学、外交学院、顺化大学所属师范大学、岘港大学所属外语大学、艺安省荣市师范大学、太原大学所属师范大学等（上述高校均为公办高校）以及河内东方民立大学、河内东都民立大学、胡志明市孙政胜半公大学、胡志明市开放半公大学、胡志明市外语信息民立大学、胡志明市鸿庞民立大学、胡志明市雄王民立大学、胡志明市文献大学、同奈省骆鸿民立大学、顺化富春民立大学、海防民立大学（上述高校均为民办或半公办高校）等。

除了开设中文系或中文专业外，越南部分高校还开设汉喃专业（主要讲授古代汉语）以及中国语专业（主要讲授现代汉语）。开设汉喃专业的高校有胡志明市人文社科大学、大叻大学等。开设中国语专业的高校有胡志明市人文社科大学、河内国家大学所属人文社科大学、外语信息民立大学、骆鸿民立大学等。

小贴士

⊙首都

河内，全国第二大城市和政治中心，地处红河三角洲西北部，面积 3324 平方千米，人口 600 余万，素有"百花春城"之称。

⊙姓氏

越南人的姓名姓在前、名在后，绝大多数为汉姓。姓氏有 250—300 个，前十大姓氏依次为：阮、陈、黎、范、黄、潘、武（禹）、邓、裴、杜。

⊙自然与经济

根据地貌特征，越南可以分为三大区域，分别是南部、中部和北部。南部地区以湄公河及其肥沃的三角洲地区为特色，是越南主要的经济带，该地区平坦开阔；中部地区是位于长山山脉和南中国海之间的狭长地带，农业资源相对丰富；北部地区以高原为主，遍布着森林和山脉。越南属于热带气候，且与大海相连，国内水体又比较丰富，这两大因素造成越南气候最主要的特征是降雨多、湿度大，年平均湿度达到 84%。越南是重要的农业国，农业经济占国民生产总值的 30%，农业人口占全国总人口的 80%。主要粮食作物是稻米，南部湄公河三角洲是世界著名稻米产区。

⊙美食

越南菜以蒸煮、烧烤、熬焖、凉拌为主，热油锅炒者较少。即使是一些被认为较"上火"的油炸或烧烤菜肴，也多会配上新鲜生菜、薄荷菜、九层塔、小黄瓜等可生吃的菜一同食用。越南菜偏酸辣，一般来说，越南南方人更偏爱稍辣的菜肴。

⊙节日

春节（越南最重要的节日，农历新年，一般在 1 月末或 2 月初）、越南解放日（4 月 30 日）、胡志明诞辰日（5 月 19 日）、国庆节（9 月 2 日）。还有清明节、中秋节、端午节、劳动节等，节日时间与中国相应的节日一致。

⊙名胜古迹

会安古城　位于越南中部，城中随处可见保存完好的古建筑、古街道，体现了中国、日本文化与越南建筑风格的有机结合。1999 年，会安古城作为文化遗产入选联合国教科文组织《世界遗产名录》。

古芝地道　处于胡志明市郊区的古芝县。始建于 1948 年，最初只是将地下掩体连接。该地道全长 200 千米，有医院、会议室、卧室等，规划极其完善。

顺化古都　越南 1945 年之前的首都，是越南的三朝古都，因其历史悠久和建筑保存完好而入选世界文化遗产。1993 年，顺化历史建筑群作为文化遗产入选联合国教科文组织《世界遗产名录》。

美山遗址　位于会安市，是唯一一个体现占族艺术形成与发展过程的建筑艺术群体。美山是占婆国最重要的圣地。占婆国每一个国王登基都要在这里建一座塔、一座殿堂，作为拜佛的地方。

河内大教堂、河内文庙和巴亭广场　均位于河内市。大教堂是河内最古老的教堂；文庙依据中国曲阜文庙的建筑格局建造而成，曾是越南的最高学府；巴亭广场位于河内市区的中心位置，广场西侧集中了胡志明陵墓、胡志明博物馆和胡志明故居，这里也是越南国家领导人会见外宾和举行重大活动的场所。